Jürgen Raab · Michaela Pfadenhauer · Peter Stegmaier
Jochen Dreher · Bernt Schnettler

Phänomenologie und Soziologie

Jürgen Raab · Michaela Pfadenhauer
Peter Stegmaier · Jochen Dreher
Bernt Schnettler

Phänomenologie und Soziologie

Theoretische Positionen,
aktuelle Problemfelder und
empirische Umsetzungen

Bibliografische Information der Deutschen Nationalbibliothek
Die Deutsche Nationalbibliothek verzeichnet diese Publikation in der
Deutschen Nationalbibliografie; detaillierte bibliografische Daten sind im Internet über
<http://dnb.d-nb.de> abrufbar.

1. Auflage 2008

Alle Rechte vorbehalten
© VS Verlag für Sozialwissenschaften | GWV Fachverlage GmbH, Wiesbaden 2008

Lektorat: Frank Engelhardt

VS Verlag für Sozialwissenschaften ist Teil der Fachverlagsgruppe
Springer Science+Business Media.
www.vs-verlag.de

Das Werk einschließlich aller seiner Teile ist urheberrechtlich geschützt. Jede Verwertung außerhalb der engen Grenzen des Urheberrechtsgesetzes ist ohne Zustimmung des Verlags unzulässig und strafbar. Das gilt insbesondere für Vervielfältigungen, Übersetzungen, Mikroverfilmungen und die Einspeicherung und Verarbeitung in elektronischen Systemen.

Die Wiedergabe von Gebrauchsnamen, Handelsnamen, Warenbezeichnungen usw. in diesem Werk berechtigt auch ohne besondere Kennzeichnung nicht zu der Annahme, dass solche Namen im Sinne der Warenzeichen- und Markenschutz-Gesetzgebung als frei zu betrachten wären und daher von jedermann benutzt werden dürften.

Umschlaggestaltung: KünkelLopka Medienentwicklung, Heidelberg
Druck und buchbinderische Verarbeitung: Krips b.v., Meppel
Gedruckt auf säurefreiem und chlorfrei gebleichtem Papier
Printed in the Netherlands

ISBN 978-3-531-15428-2

Inhalt

Einleitung der Herausgeber

Phänomenologie und Soziologie. Grenzbestimmung eines Verhältnisses 11

I Theoretische Positionen und Perspektiven

Thomas Luckmann
Konstitution, Konstruktion: Phänomenologie, Sozialwissenschaft 33

Ilja Srubar
Die pragmatische Lebenswelttheorie 41

Hans-Georg Soeffner
Symbolische Präsenz: unmittelbare Vermittlung – zur Wirkung von Symbolen 53

Hubert Knoblauch
Transzendentale Subjektivität. Überlegungen zu einer wissenssoziologischen
Theorie des Subjekts 65

Jo Reichertz
Das Ich als Handlung oder das handelnde Ich? Nachdenken über einen
lieb gewonnenen Begriff der Phänomenologie 75

Martin Endreß
Reflexive Wissenssoziologie als Sozialtheorie und Gesellschaftsanalyse.
Zur phänomenologisch fundierten Analytik von Vergesellschaftungsprozessen 85

Andreas Göttlich
Sociologia Perennis? Überlegungen zur Problematik
prototheoretischer Aussagen in der Soziologie 97

Daniel Šuber
Phänomenologie/Lebensphilosophie. Zu einem zentralen Kapitel
im *Streit um die Phänomenologie* 109

Joachim Fischer
Tertiarität. Die Sozialtheorie des »Dritten« als Grundlegung
der Kultur- und Sozialwissenschaften 121

Ronald Hitzler
Von der Lebenswelt zu den Erlebniswelten. Ein phänomenologischer Weg
in soziologische Gegenwartsfragen 131

Bernt Schnettler
Soziologie als Erfahrungswissenschaft. Überlegungen zum Verhältnis
von Mundanphänomenologie und Ethnophänomenologie 141

Thomas S. Eberle
Phänomenologie und Ethnomethodologie 151

Armin Nassehi
Phänomenologie und Systemtheorie 163

Rainer Schützeichel
Transzendentale, mundane und operative (systemtheoretische) Phänomenologie 175

II Problemfelder und aktuelle Debatten

Nico Lüdtke
Intersubjektivität bei Schütz – oder: Ist die Frage nach dem Anderen
aus der Phänomenologie entlassen? 187

Jens Bonnemann
Wege der Vermittlung zwischen Faktizität und Freiheit. Zur Methodologie
der Fremderfahrung bei Jean-Paul Sartre 199

Ingo Schulz-Schaeffer
Soziales Handeln, Fremdverstehen und Handlungszuschreibung 211

Gregor Bongaerts
Verhalten, Handeln, Handlung und soziale Praxis 223

Jürgen Raab
Präsenz und mediale Präsentation. Zum Verhältnis von Körper und technischen
Medien aus Perspektive der phänomenologisch orientierten Wissenssoziologie 233

Michael Kauppert
Wie erschließt sich der Erfahrungsraum? Zur Transformation des
Lebensweltheorems 243

Joachim Renn
Emergenz – Das soziologische Problem heterogener Ordnungsebenen
und die Zeit der Phänomenologie 253

Peter Stegmaier
Normative Praxis: konstitutions- und konstruktionsanalytische Grundlagen 263

Dirk Tänzler
Repräsentation. Brücke zwischen Phänomenologie und Soziologie des Politischen ... 273

Thilo Raufer
Politik, Symbolismus und Legitimität. Zum Verhältnis von Konstitutions-
und Konstruktionsanalysen in der empirischen Forschung 283

III Methodische Reflexionen und Analysen

Jochen Dreher
Protosoziologie der Freundschaft. Zur Parallelaktion von phänomenologischer
und sozialwissenschaftlicher Forschung 295

Dariuš Zifonun
Widersprüchliches Wissen. Elemente einer soziologischen Theorie
des Ambivalenzmanagements 307

Inhalt 7

Tobias Röhl
Symbole des Unfalltodes. Eine mundanphänomenologisch informierte Analyse
privater Erinnerungsmale 317

Sebastian Deterding
Introspektion. Begriffe, Verfahren und Einwände in Psychologie
und Kognitionswissenschaft 327

Michaela Pfadenhauer
Doing Phenomenology: Aufgrund welcher Merkmale bezeichnen wir
ein Handeln als »kompetentes Organisieren«? 339

Margarethe Kusenbach
Mitgehen als Methode. Der »Go-Along« in der phänomenologischen
Forschungspraxis 349

Thorsten Berndt
Das beobachtende Interview. Zur relevanztheoretischen Rekonstruktion
und innovativen Ergänzung qualitativer Interviews 359

Ronald Kurt
Vom Sinn des Sehens. Phänomenologie und Hermeneutik
als Methoden visueller Erkenntnis 369

Anne Honer
Verordnete Augen-Blicke. Reflexionen und Anmerkungen
zum subjektiven Erleben des medizinisch behandelten Körpers 379

Silvana K. Figueroa-Dreher
Musikalisches Improvisieren: Die phänomenologische Handlungstheorie
auf dem Prüfstand 389

Siegfried Saerberg
Das Sirren in der Dschungelnacht – Zeigen durch
Sich-wechselseitig-aufeinander-Einstimmen 401

Autorenangaben 411

Einleitung der Herausgeber

Phänomenologie und Soziologie
Grenzbestimmung eines Verhältnisses

Einleitung

Die Beziehungen zwischen Phänomenologie und Soziologie sind weder eindeutig noch unumstritten. Wissenschaftshistorisch liegen die Wurzeln der Soziologie bekanntermaßen zwar in der Philosophie und es nähme Wunder, hätte die Phänomenologie als bedeutsame philosophische Denkrichtung des 20. Jahrhunderts mit ihrer weitreichenden Wirkung auf die gesamten Wissenschaften die zur eigenständigen Disziplin sich gerade ausbildende und ausdifferenzierende Soziologie von ihren Einflüssen ausgespart. Doch offensichtlich unterscheiden sich Phänomenologie und Soziologie ganz grundlegend in ihren Zielen und Methoden. Die häufig anzutreffende Bezeichnung ›phänomenologische Soziologie‹ erscheint deshalb auf den ersten Blick als ebenso hölzernes Eisen wie deren Umbezeichnung zur ›Sozialphänomenologie‹. Denn wie auch immer die Versuche des Zusammenziehens von Phänomenologie und Soziologie zu einem Begriffszusammenhang ausfallen, sie vermengen zwei Reflexionsebenen über menschliche Wirklichkeiten miteinander. Dieser Umstand mag gerade innerhalb der deutschen Soziologiediskussion viel dazu beigetragen haben, entsprechend ausgeflaggte Unternehmungen als unkritisch oder gar wissenschaftlich inakzeptabel zurückzuweisen. Erst die Vergewisserung über die Unterschiede beider Zugangsweisen vermag die Grenze offenzulegen, an der sich Phänomenologie und Soziologie berühren und abstoßen, und damit Aufschluss zu geben über die besondere Qualität ihrer Beziehungen.

Die Phänomenologie ist keine ›objektive‹ Wissenschaft, sondern wesentlich ein Mittel strenger egologischer Reflexion. Deshalb ist sie ein proto-theoretisches Unterfangen und bezeichnet eine durchaus einer wissenschaftliche Grundhaltung folgende, indes nicht unmittelbar verallgemeinerbare Zugangsweise zur Wirklichkeit. Sie hat das Ziel, die Möglichkeitsbedingungen von Sinn, Deuten und Wissen zu untersuchen, also die allgemeinen Strukturen der ›subjektiven‹ Orientierung der Lebenswelt von Menschen aufzudecken, um Antwort auf die Frage zu geben, welche Rolle die Subjektivität im Zustandekommen von Wirklichkeit spielt. Ihre Methode ist die kontrollierte Reflexion auf die Akte der Bedeutungs- und Sinnkonstitution, so wie sie sich dem menschlichen Bewusstsein präsentieren.

Die Soziologie als ›objektive‹ Erfahrungs- und Wirklichkeitswissenschaft setzt hingegen an, wo die phänomenologischen Analysen enden. Sie hat die Aufgabe, die Bedingungen der Möglichkeit ebenso wie das Repertoire von Alternativen sozialen Handelns zu erforschen. Mithin geht es ihr um die Beobachtung und Analyse der Zusammenhänge, Wechselwirkungen und Spannungsverhältnisse von im menschlichen Handeln hergestellten, aktualisierten, aufrechterhaltenen und sich verändernden historisch-sozialen Wirklichkeiten: der Handlungsprodukte, der Vergesellschaftungs- und Wirtschaftsformen von Gruppen, Milieus, Gesellschaften und Kulturen ebenso wie deren Deutungsmuster, Weltbilder und Weltanschauungen. Methodisch gründet die Soziologie als empirische Unternehmung auf dem deutenden Verstehen, also auf der kontrollierten Auslegung und Rekonstruktion der ›objektiven‹ Konstruktionen von Wirklichkeit sozialen Handelns *und* auf dem ursächlichen Erklären dieser Wirklichkeiten über die Beschreibung ihrer vielfältigen Erscheinungsformen, und zwar stets unter Maßgabe der Konstruktion und Kontrastierung historisch-genetischer Idealtypen.

Doch trotz der Grundverschiedenheit in Ansatz, Zuschnitt und analytischer Bezugsebene ist die Soziologie der Phänomenologie in mehrfacher Weise verbunden. Den Beiträgen des vorliegenden Bandes ist es darum getan, diese Bezüge aufzuhellen. Sie gehen in überwiegender Zahl auf zwei jüngst von den Herausgebern veranstaltete Tagungen zurück, deren erklärtes Ziel es war, die gegenwärtige Bedeutung der Phänomenologie für die soziologische Forschung und Theoriebildung in einem möglichst breiten, kritische Positionen deshalb nicht ausschließenden Zugang zu sondieren. Diese Pluralität ist intendiert und wird von uns vehement verteidigt. Sie erlaubt keiner der hier vertretenen, dezidiert diversen Richtungen die Erhebung eines Alleinvertretungsanspruchs. Jenseits der Pluralität der hier niedergelegten und nachfolgend kurz vorgestellten Perspektiven, Problemfelder und Untersuchungsbereiche eint die Autoren jedoch eine gemeinsame Auffassung und ein übergreifendes Anliegen. Sie teilen nahezu ausschließlich die Einsicht in die konstitutive Bedeutung der Subjektivität für die Sozialwissenschaften, und sie stimmen darin überein, dass sozialwissenschaftliche Untersuchungen, Begriffsbildungen und Theoriekonstruktionen um eine Auseinandersetzung mit der phänomenlogischen Perspektive und Methodenhaltung nicht umhinkommen – gleich auf welche Art und Weise sie letztlich auf sie Bezug nehmen und sich ihrer bedienen. Gemeinsam ist ihnen darüber hinaus das Anliegen, die je vertretene Haltung und die Bewertung des Ertrags der phänomenologischen Perspektive für die Beschreibung sozialer Phänomene sowie für die Analyse sozialer Ordnung durch theoretische, methodologische und empirische Arbeiten zu begründen und abzusichern. In dieser engen Verknüpfung von Forschung und Theoriearbeit äußert sich eine der bedeutsamsten Akzentsetzungen dieses Bandes, der damit einer immer drohenden Gefahr des Auseinandertretens dieser beiden Seiten soziologischen Arbeitens deutlich entgegenwirken will. Ebenso klar dürfte somit sein, dass dem hier verfolgten Unternehmen die Spezialisierung auf eine rein konservatorische Werkexegese genauso fern liegt wie die traditionsvergessene Neuerfindung längstbekannter Zusammenhänge oder die Beförderung eines theorieblinden Empirismus.

Damit offeriert dieser Band nicht nur einen umfassenden Überblick über den aktuellen Stand einer in den letzten Jahren wieder verstärkt geführten Diskussion (vgl. Knoblauch 1996, 2007, Luhmann 1996, Eberle 2000, Bühl 2002, Kurt 2002, Srubar & Vaitkus 2003, Srubar 2007). Die vergleichende Lektüre der Texte verschafft dem Leser darüber hinaus eine Übersicht über die thematischen Felder der Debatte, mit ihren Konvergenzpunkten und den sie durchziehenden Konfrontationslinien. Fünf für uns deutlich sich abzeichnende Themenfelder wollen wir kurz skizzieren.

1. Ein erstes Feld durchzieht und markiert der Gedanke, dass die phänomenologische Philosophie im Verbund mit der philosophischen Anthropologie in der Tradition von Max Scheler, insbesondere aber von Helmuth Plessner und Arnold Gehlen der Soziologie zu einer *theoretischen Grundlegung* verhilft. Die von Thomas Luckmann in Anschluss an Alfred Schütz erarbeitete und vertretene ›Protosoziologie‹ erachtet eine solche theoretische Fundierung mit der auf sie aufbauenden methodologischen Grundlagenforschung sogar als die wichtigste Funktion der Phänomenologie für die empirische Soziologie. Protosoziologie meint denn auch die auf dem Wege phänomenologischer Konstitutionsanalysen Schicht um Schicht freizulegende Matrix jener invarianten und damit universalen ›Strukturen der Lebenswelt‹ (Schütz & Luckmann 2003), auf denen alle in einer konkreten kulturellen, historischen und sozialen Welt möglichen menschlichen Erfahrungen aufbauen. Ihr kommt damit die Rolle einer *mathesis universalis* zu, die jener vergleichbar ist, wie sie die Mathematik für die empirischen Naturwissenschaften einnimmt. Die aus den phänomenologischen Analysen sich entfaltende Protosoziologie geht den soziologischen Forschungs-, Begriffs- und Theoriearbeiten aber weder vorweg, noch fällt sie gar mit diesen zusammen, sondern sie entwickelt sich parallel zu und mit ihnen. So wird beispielsweise »[…] die Analyse der Zeitdimensionen gewohnheitsmäßigen Alltagsverhaltens einerseits die invarianten Formen der Artikulation der inneren Zeit aufweisen können, andererseits aber die institutionell festgelegten Kategorien für Zeitabläufe und den Kalender beschreiben müssen« (Luckmann 2007: 64). In diesem Verstande bewegen sich Phänomenologie und Soziologie also auf parallelen Schienen – erste auf eisern philosophischen, letztere auf eisern soziologischen, die obwohl sie nie zusammenkommen, gleichwohl im Sinne eines ›Parallelunternehmens‹ (vgl. den Beitrag von Luckmann in diesem Band) zur wechselseitigen Informie-

rung und Irritation sehr wohl in der Lage sind. Dabei bildet die phänomenologische *mathesis universalis* den Ausgangspunkt, auf dem sich die Variation aller menschlichen Wirklichkeiten letztlich bildet und der vor allem Kulturrelativismus liegt. Zugleich bietet insbesondere die kulturvergleichende soziologische Forschung immer wieder Korrektive für eine als wissenschaftliche Theorie immer auf Vorläufigkeit und Überwindung hin angelegten Phänomenologie, welche die Erkenntnisse neuer Bewusstseinsstudien ebenso einzuarbeiten hat, wie die immer rarer werdenden Entdeckungen über die kultureller Breite der Strukturen menschlicher Erfahrungswelten.

2. Wenn Goethe notiert, »man suche nur nichts hinter den Phänomenen, sie selbst sind die Lehre« (Goethe 1982: 423), nimmt er das zu Beginn des 20. Jahrhundert vorgelegte phänomenologische Programm gewissermaßen ebenso vorweg wie einen für die mehrere Jahrzehnte später erst sich etablierende qualitative Sozialforschung äußerst bedeutsamen Gesichtspunkt. Aus phänomenologischer Sicht ergibt es nämlich keinen Sinn zu behaupten, vor oder hinter den Dingen gebe es etwas ›Fundamentales‹, ›Eigentliches‹ oder ›Wesentliches‹, von dem das konkret Erfahrbare nur einen bloßen Anschein und blassen Abglanz gibt. Denn das Selbst- und Wirklichkeitsverständnis von Menschen und die Bedeutungen, die sie ihrem Handeln beimessen, liegen nicht unter den Phänomenen verborgen, sondern kommen in den von ihnen verwendeten Zeichen- und Symbolsystemen sinnlich wahrnehmbar zum Ausdruck: »Die Dinge selbst«, so der Goethe zumindest in dieser Hinsicht im Denken verwandte Fernando Pessoa, »sind der einzig verborgene Sinn der Dinge« (Pessoa 1989: 69). Mit der Einlassung auf die Phänomenologie konturiert sich für die Soziologie somit ein *Forschungsstil* heraus. Er rückt zuallererst das, was vom theoretischen Standpunkt des alltagsweltlichen und wissenschaftlichen Vorwissens aus zu erwarten ist in den Hintergrund und lässt sich vom vorhandenen ›Gegenstand‹ bestimmen und anleiten: von der Anschauung und Auslegung der Materialität und Gestalt konkret präsenter Erscheinungsformen sozialen Handelns in der Lebenswelt. Sich den Sachen selbst zuzuwenden, mithin das Naheliegende und Alltägliche, das vermeintlich Triviale und Selbstverständliche zum Ausgangsort und steten Bezugspunkt der Analyse zu nehmen, um Anderes, Neues und Überraschendes in ihm zu entdecken, erfordert allerdings die Einnahme einer für den wissenschaftlichen Mainstream nicht alltäglichen, ja von diesem geradezu als ›widernatürlich‹ empfundenen Haltung. Methodisch vorbereitet und eingelöst wird diese veränderte Einstellung, welche dem Forscher erst dazu verhilft, »mit anderen Augen« (Plessner 1982) zu sehen, durch die beiden methodischen Grundprinzipien der phänomenologischen Konstitutionsanalyse: Epoché und Reduktion befördern die Abstandnahme zum vordergründig Gewissen, zum sich selbst Erklärenden und Bestätigenden, indem sie helfen, die vielschichtigen Überlagerungen des Denkens so gut es geht einzuklammern (nicht: *aus*zuklammern!). Damit lenken Epoché und Reduktion die Aufmerksamkeit auf jene Tätigkeiten des Bewusstseins, auf denen auch und vor allem die eigenen Alltags- und Wissenschaftstheorien des Forschers beruhen. Phänomenologisch gesprochen: die beiden Operationen legen den Richtungsstrahl und die Intentionalität frei, von denen aus das Bewusstsein Wirklichkeiten und Welten aufbaut. Soziologisch gewendet: Das systematische und kontrollierte Einklammern der Sinnbestände des Bewusstsein-von-etwas – das In-Klammern-Setzen des Kontextwissens um den zu untersuchenden Fall – gilt somit als obligatorisches Entree einer jeden empirischen Analyse.

3. Mit ihrem herausgehobenen Interesse am Bewusstsein erweist sich die Phänomenologie für die Soziologie als derjenige Bezugsrahmen, über den die menschliche Erfahrung philosophisch begründet zu einem unabdingbaren Grundelement der Gesellschaftstheorie wird. Hieraus leitet sich ein *Erkenntnisstil* ab. Er erachtet Wirklichkeit nicht als etwas bloß Vorhandenes, das unabhängig von den menschlichen Erfahrungen des leiblichen, räumlichen, zeitlichen, historischen und sozialen In-der-Welt-seins existiert. Im Unterschied zu objektivistischen Wissenschaftsverständnissen gilt für ihn vielmehr die Annahme, dass jedes Wissen und mithin jede Wissenschaft auf dem Zusammenhang von Welt und Subjektivität beruhen. Denn Wirklich-

keit konstituiert sich in subjektiven Bewusstseinstätigkeiten wie Wahrnehmen, Deuten, Erinnern, Schlussfolgern usw., ohne die auch so genannte ›objektive Faktizitäten‹ empirisch überhaupt nicht evident zu fassen wären. Pointiert ausgedrückt: Alles gesellschaftlich Objektivierte zeigt sich als das was es ist nur im subjektiven Zugang. Mithin ist auch die menschliche Subjektivität als ›Phänomen‹ anzusehen, woraus wiederum folgt, dass auch sie in der Mannigfaltigkeit ihrer Gegebenheitsweisen zu erforschen ist. Mit diesem Verständnis nimmt die phänomenologisch orientierte Soziologie – ganz im Sinne von Max Webers ›methodologischem Individualismus‹ – Zugriff auf die einzig unmittelbare Evidenz, die jedermann jederzeit, unabhängig vom jeweiligen Standort und vom Stand der Wissenschaften, zur Verfügung steht. Entheben sich jedoch die wissenschaftlichen Konstruktionen über soziale Wirklichkeiten umgekehrt der Evidenz konkreter Erfahrungen, dann – so lässt sich abermals auf Weber rekurrieren – verlässt die Soziologie ihr erfahrungs- und wirklichkeitswissenschaftliches Terrain.

4. Die Bezugnahme auf die Phänomenologie fordert von der Soziologie nicht nur einen Erkenntnisstil ein. Sie reicht ihr außerdem ein Kontroll- und Korrekturinstrument für die in Vollzug befindlichen materialen Analysen an die Hand. Der phänomenlogische Ansatz eröffnet der soziologischen Forschung und Theoriebildung die Chance zur fortlaufenden Reflexion auf die eigenen Verfahren deutenden Verstehens und ursächlichen Erklärens, und zwar durch Auflage zur Offenlegung und Begründung aller Auslegungsschritte sowie durch die Anforderung zur Aufrechterhaltung des Zweifels auch an den eigenen interpretatorischen Schlüssen und theoretischen Konstruktionen. Dieser *Methodenstil* leistet zweierlei. Zunächst gelangen die Arbeitsweisen, die Regeln, die Motive und die Ergebnisse des wissenschaftlichen Deutens, Verstehens und Erklärens in den Griff des Bewusstseins. Die Ergänzung der wissenschaftlichen Auslegung um eine Phänomenologie der Deutungsakte und Deutungsleistungen verwandelt sozialwissenschaftliche Interpretationen in selbstreflexive Untersuchungen der Deutungsprozesse und Verstehensstrukturen. So wird aus der analytischen Beschreibung eine Beschreibung der Analyse und aus der Soziologie als verstehender Wissenschaft eine Soziologie des Verstehens. Die Phänomenologie dient aber nicht allein der Klärung des Wirklichkeitszugangs eines Interpreten, mithin dem Einlösen jener Ausweis- und Überprüfungspflicht, die der Sozialwissenschaftler sich und anderen wissenschaftlichen Interpreten auferlegt und schuldet. Vielmehr vermag die Reflexion auf die eigenen Erfahrungs- und Verstehensweisen zugleich dazu beizutragen, neues Licht auf das untersuchte Handeln, auf Problemhintergründe dieses Handelns und auf seine konkreten Erscheinungsformen zu werfen.

5. Ein letztes, nach wie vor äußerst kontrovers diskutiertes und entsprechend von einer Reihe der Autoren diesen Bandes aus unterschiedlichen Perspektiven erörtertes Themen- und Problemfeld in der Diskussion um die Beziehungen zwischen Phänomenologie und Soziologie ist das Verständnis der Fremdwahrnehmung und damit letztlich die Frage nach der Konstituierung der Lebenswelt als jener Welt vorwissenschaftlicher Erfahrungen, die wir für unser Handeln im Alltag als selbstverständlich voraussetzen und unbefragt hinnehmen. Edmund Husserls Theoriestück der fünften Cartesianischen Meditation zählt zwar zu den einflussreichsten der Phänomenologie überhaupt, in der Soziologie hat es aber allemal dadurch gewirkt, dass man der Verabsolutierung des denkenden Ich zu Lasten seiner Mitsubjekte nicht gefolgt ist. Vielmehr schlug die Soziologie einmal jene Richtung ein, die im Gefolge von Alfred Schütz das *Problem der Intersubjektivität* angeht, indem sie die transzendentale Fragestellung in eine empirische überführt. In die andere Richtung wiesen Niklas Luhmann und Jürgen Habermas, wenn sie trotz der zugestandenen Verwandtschaft der transzendentalen Phänomenologie zur Systemtheorie einerseits und der erklärten Bedeutung des phänomenologischen Lebensweltbegriffs für die Theorie des kommunikativen Handelns andererseits konstatierten, dass es Husserl nicht gelungen sei, überhaupt eine überzeugende philosophische Grundlage zur Intersubjektivitätstheorie zu formulieren – so wie auch Jean-Paul Sartre mit seinem berühmten Satz »die Hölle, das sind die anderen« (1991 [1947]: 59) eine fundamentale Dissonanz aussprach.

Wie aber können Menschen einander verstehen und sozial handlungsverpflichtende Ordnungen herstellen und aufrechterhalten, tradieren und verändern, wenn sie keinen direkten Zugriff auf die Bewusstseinsleistungen ihrer Mitmenschen haben? Und welche Konsequenzen ergeben sich für die soziologische Praxis bei der Suche nach Antworten auf diese Frage? Die dieses Themenfeld im vorliegenden Band bearbeitenden Beiträge spiegeln die Vielzahl und Vielgestalt diesbezüglicher Ansichten und Vorschläge wider. Gemeinsam ist ihnen jedoch jene Grundeinsicht der Phänomenologie, nach der die Klärung des Intersubjektivitätsproblems die Erforschung der Verhältnisse von Subjekt und Welt erfordert: als Analyse des Zeitbewusstseins und der Erfahrungsräume, des Leibes, des Sehens oder der Blicke ebenso, wie als Untersuchung der Verwendung von Zeichen und Symbolen, von Sprache, Text, Bild oder Musik in den historischen und sozialen Formen der Ausgestaltung beispielsweise religiöser und politischer Deutungs- und Handlungssphären, von Rechtsnormen und Erlebnismilieus oder medial-technisch konstruierter Wahrnehmungswelten.

Gliederung des Bandes und Überblick über die Beiträge

1. Theoretische Positionen und Perspektiven

Die von uns umrissenen Themenfelder kommen in den drei Kapiteln dieses Bandes unter je einem Schwerpunkt zur Sprache. Die im ersten Kapitel vertretenen theoretischen Positionen und Perspektiven setzen sich zum einen mit einer produktiven Verflechtung phänomenologischer und soziologischer Überlegungen auseinander, die insbesondere an Analysen von Alfred Schütz und Thomas Luckmann in der Tradition der Phänomenologie Edmund Husserls anknüpfen. Dabei steht insbesondere die Weiterentwicklung bekannter phänomenlogisch-soziologischer Überlegungen zu einer pragmatischen Lebensweltheorie und Symboltheorie im Fokus der Untersuchungen (1). Weitere Beiträge konzentrieren sich auf das Spannungsfeld von Subjekt-, Sozial- und Gesellschaftstheorie: Sie lassen nicht nur erkennen, in welchem Sinne die Soziologie von der Phänomenologie profitieren kann, sondern welche Problematiken sich darüber hinaus im Rahmen einer Verbindung von phänomenlogischen, soziologischen und nicht zuletzt lebensphilosophischen Reflexionen ergeben (2). Im folgenden Abschnitt werden anwendungsbezogene theoretische Positionen präsentiert, die sich mit dem Zusammenhang von Lebenswelt und Erlebniswelten, der Ethnophänomenologie sowie der Ethnomethodologie auseinandersetzen (3). Das Kapitel abschließend wird das Verhältnis von Phänomenologie und Systemtheorie sowohl in einer Distanzierung als auch einer Annäherung beider Positionen thematisiert (4).

1. Verflechtungen von phänomenologischer und soziologischer Reflexion. In einer Fokussierung der Schnittstellen von Phänomenologie und Sozialwissenschaft erläutert *Thomas Luckmann* die Beziehung zwischen einer phänomenologischen Konstitutionsanalyse und der soziologischen Rekonstruktion menschlicher und deshalb geschichtlicher Konstruktionen gesellschaftlicher Welten. Mit der Differenzierung zwischen Konstitution und Konstruktion setzt sich Luckmann mit der Fragestellung auseinander, wie die Menschenwelt geschaffen wird, in diesem Zusammenhang auch beschaffen ist und versucht darüber hinaus zu erläutern, wie sie wissenschaftlich rekonstruiert werden kann. Dabei wird die Weiterentwicklung einer früheren Position angestrebt, die argumentierte, dass es keine Gründe dafür gebe, das Soziale mit dem Menschlichen gleichzusetzen (vgl. Luckmann 2007). Die Konstitution von Menschen- und Sozialwelt wird einerseits phänomenologisch untersucht, andererseits werden parallel soziologisch-ethnologische Erkenntnisse über konkrete, empirisch sich abzeichnende Grenzen der Sozialwelt präsentiert. In der Bewusstseinsleistung der »universalen Projektion« erfolgt eine Sinnübertragung, in welcher der Leib des Anderen als dem eigenen ähnlich konstituiert wird, wodurch jedoch noch lange keine Gleichsetzung von Menschlichem und Sozialem zustande kommt; bei sibirischen Jägerkulturen werde beispielsweise keine prinzipielle Unterscheidung zwischen Mensch und Tier erkennbar. Während mit Hilfe der phänomenologischen Beschreibung grundlegende Erfahrungsschichten – Strukturgegebenheiten des menschlichen Bewusstseins – jeder menschlichen Wirklichkeit aufgezeigt werden können, so kann hinsichtlich der Konstruktion historischer Welten gezeigt werden, dass menschliches Handeln unter kontingenten Randbedingungen stattfindet und deshalb intendierte und nicht-intendierte Konsequenzen haben kann. Auch *Ilja Srubar* thematisiert unterschiedliche Modi des Weltzugangs. Er präsentiert drei phänomenologische Ansätze, die eine sinnstiftende Struktur voraussetzen, in welcher der Mensch und seine Welt verankert sind – diese Struktur gehe dem Handeln des Einzelnen ebenso wie der Wissenschaft vom Menschen voraus. Die drei Zugänge, in denen diese Sinnstruktur sichtbar wird, seien das transzendentale Bewusstsein bei Edmund Husserl, die Praxis des Daseins bei Martin Heidegger und die Sprache bei Hans-Georg Gadamer. Die von Srubar ausgearbeitete pragmatische Lebenswelttheorie basiert nun auf der Annahme, dass die konstituierenden Modi der Sinnstruktur der Lebenswelt gerade diejenigen sind, die auch den Zugang zur Welt – Weltverstehen – ermöglichen. Sein Entwurf, der das phänomenologisch fundierte Weltverstehen zur Zielsetzung hat, soll auf der empirischen Forschungsebene ebenso Erkenntnisgewinne bringen wie auf der theoretischen und methodologischen. Von diesen Überlegungen und diesem Anspruch ausgehend entwirft er einen Auslegungsleitfaden, indem er die Momente des sinngenerativen Zusammenhangs benennt: Der Verstehensprozess muss sich auf die leibgebundene, die pragmatische, d. h. handlungsbezogene Sinnkonstitution konzentrieren und die Selektivität der Zeichensysteme mitreflektieren. Darüber hinaus solle die pragmatische Genese von Deutungsvarianten sowie die Machtprozesse unterliegende symbolische Sinnbildung vom Interpretationsvorgang mit berücksichtigt werden. Eben jene symbolischen Sinnbildungen und die Probleme ihrer spezifischen Wirkung thematisiert *Hans-Georg Soeffner* in seinem Beitrag. Auf der Grundlage einer konkreten Symbolinterpretation geht es ihm um eine Ergänzung der von Alfred Schütz und Thomas Luckmann protosoziologisch entworfenen Symboltheorie. Die rekonstruktive Auslegung der alttestamentarischen Legende vom goldenen Kalb exemplifiziert bereits in ihren ersten Schritten, dass es sich bei der Mose-Geschichte um einen symbolisch hoch verdichteten Text handelt, der zugleich ein herausragendes Beispiel für die besondere kommunikative Qualität von Symbolen abgibt. Im Zuge der weiteren Interpretation der Legende führt Soeffner auf einer ersten analytischen Ebene die Unterscheidung zwischen Symbolen erster und zweiter Ordnung ein: Erste werden unvermittelt sinnlich wahrgenommen und können aufgrund ihrer unmittelbaren Präsenz unwillkürliche, auch körperlichen Reaktionen auslösen; letztere sind immer nur vermittelt präsent, mithin auf mediale Repräsentationen angewiesen. Beide Symbolordnungen aber verweisen auf das Transzendente – und es ist dieses Unsichtbare, Unzugängliche und Undarstellbare, dessen mittels der Symbole wachgerufene Appräsentationen einerseits den Symbolen selbst ihre Wirkungsmacht und andererseits dem Außeralltäglichen, auf das sich die Symbole beziehen, die Aura der Heiligkeit verleiht. Um den Prozess analytisch zu durchdringen, in dem Symbole erster und zweiter Ordnung in Wechselwirkung ihre oft unvermittelt einsetzende und kaum zu kontrollierende Kraft entfalten, und so im Dazwischen von Nähe und Distanz zur Sphäre des Heiligen vermitteln, schlägt Soeffner ein phänomenologisch begründetes Drei-Stufen-Modell der Symbolisierung vor. Die Einführung dieser zweiten analytischen Ebene vermag zu zeigen, dass Symbole Antworten sind auf das anthropologische Problem der Selbsterfahrung des Menschen als Bewohner unterschiedlicher, widersprüchlicher und miteinander konkurrierender Wirklichkeiten. In der Dauerkrise menschlicher Existenz leisten die Symbole zweierlei: Sie synthetisieren die Gegensätze und vermitteln in immer wieder neuen Variationen in der Gleichzeitigkeit miteinander unvereinbarer Ordnungen.

2. Subjekttheorie – Sozialtheorie – Gesellschaftstheorie. Um eine Rehabilitation des phänomenologischen Subjektbegriffes bemüht sich *Hubert Knoblauch*. Im Sinne der empirisch beobachtenden Wissenssoziologie bilde das Soziale den Ausgangspunkt für Wissen und Erkennen, genauer: die Kommunikation. Diese Sichtweise mache das Subjekt jedoch keineswegs überflüssig, sondern stelle eine wichtige und notwendige Voraussetzung für das Durchführen, Verstehen und Erklären der Beobachtung von Kommunikation dar. Diese Voraussetzungshaftigkeit bezeichnet Knoblauch mit dem Begriff des – nun nicht mehr bewusstseinsphilosophisch verankerten – Transzendentalen. Von dieser Grundlage ausgehend werden die Konturen der in der soziologischen Beobachtung vorausgesetzten Subjektivität skizziert: Intentionalität, Zentralität, Positionalität und eben die Transzendenz. Diese Merkmale, so vermutet Knoblauch abschließend, können auch zur Charakterisierung der modernen Subjektivierungs-Bewegungen dienen. Auch *Jo Reichertz* strengt Überlegungen zur Subjekttheorie an. Die phänomenologisch orientierte Sozialforschung – so seine Annahme – glaubte sich lange Zeit sicher zu sein vor der allseits stattfindenden Historisierung und Soziologisierung des Subjektbegriffs. Denn sie wähnte oder wähne sich im Glauben, mit den von Alfred Schütz und im Anschluss von Thomas Luckmann erbrachten Bestimmungen des ›Ich‹ über ein Fundament zu verfügen, das Bestand habe, da es ausdrücklich – so interpretiert der Autor diese Positionen – ›vor‹ jeder Soziologie erbaut worden sei. In diesem Zusammenhang versucht Reichertz zu prüfen, ob die protosoziologischen Bestimmungen von Schütz und vor allem jene von Luckmann stimmig erscheinen. In Auseinandersetzung mit diesen Thesen entwickelt er die Vorstellung, das Ich ›emergiere‹ aus einer sozialen Praxis, wobei in einer Gemeinschaftshandlung Wissen in den Körper eingeschrieben werde. Das Ich ist also das Ergebnis sozialer Praxis und ist dieser nicht vorgängig. Das Selbstbewusstsein stellt sich so betrachtet erst ein, wenn das verkörperte Ich sich selbst so zuwendet wie den Dingen seiner Umwelt. Aber auch diese Zuwendung zu sich selbst vollzieht sich mit den Praktiken und Deutungen, die sozial erworben sind. Ich und Selbstbewusstsein variieren deshalb mit Zeit und Gesellschaft nicht zufällig, sondern systematisch. Jede Gesellschaft produziert ihre eigene Form des Ich und der Selbstzuwendung. Über die gesellschaftliche Einheit der Handlung konstituiert sich also ein Ich, das sich dann erst als handelndes Ich entdeckt und das sich als solches darstellt. Eine breitere Theoriedebatte visiert *Martin Endreß* an, der »The Social Construction of Reality« (Berger & Luckmann 1966) einer theoretisch-systematischen Analyse unterzieht. Er arbeitet das herrschaftssoziologische Potential dieses Werkes mit der darin angelegten Option einer Analytik von Gesellschaftsprozessen heraus, setzt sich mit jüngeren Kritiken gerade hinsichtlich dieser Gesichtspunkte auseinander und verdeutlicht darüber hinaus das reflexive Profil des wissensanalytischen Entwurfs. Die von Endreß verfolgte Programmatik will zeigen, inwiefern die von Berger und Luckmann entwickelte wissenssoziologische Konzeption sowohl als stringente sozialtheoretische Position zu verstehen ist als auch die Voraussetzungen für eine gesellschaftstheoretische Analytik vorweist. Entscheidend sei jedoch, dass der »Gesellschaftlichen Konstruktion« als Protosoziologie die Funktion eines kritischen Regulativs gegenüber der allgemeinen Soziologie zukomme, wobei Wechselwirkungen zwischen sozialtheoretischer Grundlagenreflexion und soziologisch-theoretischer Konzeptualisierung korrigierend aufeinander bezogen sind. Das reflexive Potential dieser wissenssoziologischen Konzeption zeichne sich dadurch aus, dass die phänomenologisch begründete Perspektive es ermögliche, die epistemologische Reflexivität der Forschungsdisziplin zu radikalisieren, da eine Rückbindung an alltägliche Erfahrungsbestände strukturell historisch angelegt und auf empirische Bewährung zugeschnitten sei. In seinem gleichfalls grundlagentheoretisch ausgerichteten Beitrag erörtert *Andreas Göttlich* den Erkenntniswert protosoziologischer Aussagen für eine Soziologie, die sich im Sinne von Max Weber, Alfred Schütz und Thomas Luckmann als Erfahrungs- und Wirklichkeitswissenschaft begreift. Ferdinand Tönnies' Konzeption einer ›reinen Soziologie‹ als Vergleichsfall und Negativbeispiel aufgreifend, argumentiert Göttlich dafür, jene protosoziologischen Reflexionen, Begründungen und Bezugsrahmen, wie sie die Phänomenologie der Soziologie bereitstellt, und die interpretative empirische Sozialforschung dauerhaft wechselseitig aufeinander zu beziehen. Eine einseitige Aufkündigung, vor allem diejenige in Richtung der Erhebung phänomenologisch begründeter Annahmen und Einsichten zu letztgültigen Erkenntnissen, führe unweigerlich in eine Sackgasse und verbanne die Protosoziologie aufs Abstellgleis. Deshalb plädiert Göttlich für eine eher gemäßigte Neubewertung des epistemologischen Status protosoziologischer Aussagen, nämlich als eines zwar philosophisch gefestigten, wissenssoziologisch gesehen stets aber nur vorläufigen, weil an der empirischen Sozialforschung sich fortlaufend zu bewährenden und mit ihr sich zu entwickelnden Theorieprogramms. Noch sehr viel kritischer beurteilt *Daniel Šuber* die Schnittstellen von Phänomenologie und Soziologie. Er insistiert auf der prinzipiellen Unvereinbarkeit des lebensphilosophischen und des phänomenologischen Ansatzes, den er exemplarisch anhand der programmatischen Frontstellung von Wilhelm Dilthey und Edmund Husserl rekonstruiert. Suber bezieht sich dabei vor allem auf die Differenzen zwischen diesen beiden philosophischen Ansätzen und entfaltet seine Kritik beginnend bei der transzendentalphilosophischen Position Husserls. Von ihr aus und auf die Frühschriften von Alfred Schütz gestützt, schließt er unmittelbar auf ein ›Selbstmissverständnis‹ bei Schütz, erklärt daraufhin die mundanphänomenologische Fundierung der Sozialtheorie pauschal für gescheitert und bringt die Lebensphilosophie als Gegenentwurf zur phänomenologisch begründeten Sozialtheorie in Anschlag. Versöhnlicher präsentiert sich wiederum der Beitrag von *Joachim Fischer*. Seine theoretische Konzeption zur Figur des Dritten verfolgt keinen geringeren Anspruch als eine Vervollständigung der bislang auf ego und alter ego begrenzten Konstitutionstheorie der Kultur- und Sozialwissenschaften. Das Erfordernis, den Dritten systematisch zu berücksichtigen, begründet Fischer erstens mit dem System der Personalpronomen, das in allen Sprachen die Position eines Dritten vorsieht; zweitens mit der Familiarität bzw. der ödipalen Triangulierung, denen zufolge die Subjektwerdung nicht ohne Bezugnahme auf einen Dritten abgeschlossen werden kann; drittens mit dem Übergang von Interaktion zur Institution, welcher nicht ohne die Figur des Dritten zu denken ist; und schließlich viertens mit der Fülle an Typen des Dritten, die nicht auf dyadische Beziehungen zwischen ego und alter ego zurückgeführt werden können. Die Integration des Dritten in die Sozialtheorie zeitigt Fischer zufolge zum einen Konsequenzen für die Verhältnisbestimmungen im Gegenstand der Kultur- und Sozialwissenschaften, da sich hiermit die Emergenz der Gesellschaft aus dem Sozialen rekonstruieren lasse. Zum anderen verschiebe die systematische Einbeziehung des Dritten die Epistemologie vom ›Verstehen‹ zum ›Beobachten‹, ohne das Verstehen auszuschalten, womit sich das Verhältnis der Kultur- und Sozialwissenschaften zu ihrem Gegenstand verändere.

3. Anwendungsbezogene theoretische Reflexionen. Von der Beschreibung protosoziologischer Universalstrukturen der Lebenswelt spannt *Ronald Hitzler* den Bogen zur Analyse von Erlebniswelten im Rahmen einer soziologischen Gegenwartsdiagnose. Damit leistet er eine Verbindung, die nicht unmittelbar eine Anwendung phänomenologischer Theorie auf soziologische Gegenstände im Sinne einer Sozialphänomenologie anstrebt. Vielmehr appliziert Hitzler den phänomenologischen Begriff Lebenswelt aus radikalsubjektiver Perspektive auf die gegenwärtigen pluralisierten und erfahrungsgesteigerten Erlebniswelten, also auf eine Dimension gesellschaftlicher Konstruktion. Hitzler schlägt damit die Brücke von der Protosoziologie der Lebenswelt zum gesellschaftsdiagnostischen Instrument der Analyse von Erlebniswelten. Er trägt damit der Hauptintentionen des Bandes – nämlich die Aktualität der Phänomenologie für die Soziologie auszuloten – auf besondere Weise Rechnung. Dabei verfolgt er eine produktive soziologische Umsetzung der Theorie der mannigfachen Wirklichkeiten, die Bezüge zu dem erkennen lässt, was *Bernt Schnettler* anschließend als Ethnophänomenologie kennzeichnet. In ähnlicher Weise wird auch dort die Erfahrungsakzentuierung der Gegenwartgesellschaft zum Ausgangspunkt genommen und versucht, die Schützsche Mundanphänomenologie zu nutzen, indem die subjektiven Rekonstruktionen derjenigen, die außeralltägliche Erfahrungen machen, in den Mittelpunkt gestellt werden. Schnettler skizziert eine Soziologie der Erfahrung als empirische Anknüpfung an die Theorie mannigfacher Wirklichkeiten, welche wesentliche Akzente einer ethnomethodologischen Perspektive aufnimmt. Während die Mundanphänomenologie die Formen allgemein menschlicher Erfahrungen beschreibt – alltäglicher ebenso wie solcher, die den Rahmen der geschlossenen Sinnprovinz der intersubjektiven Wirkwelt des Alltags transzendieren –, bezeichnet Ethnophänomenologie die von Betroffenen selbst produzierten Beschreibungen der Formen ihres nichtalltäglichen Erlebens. Am Ende dieses Abschnitts erörtert *Thomas Eberle* das Verhältnis von Phänomenologie und Ethnomethodologie. Da sich die ethnomethodologische Disziplin in den letzten Jahren substanziell erweitern konnte, bezieht er sich hierfür auf den aktuellen Stand der Literatur. Bekanntermaßen unternahm Harold Garfinkel den Versuch, die Schützsche Lebensweltanalyse in einen soziologischen Forschungsansatz zu transformieren, wobei er sich einer freien, ungebundenen Lektüre verpflichtet fühlte, und sich später in gleicher Manier von Maurice Merleau-Ponty inspirieren ließ. Von Bedeutung ist nun die Tatsache, dass der ethnomethodologische Ansatz entscheidend von der Phänomenologie profitieren konnte. Während Luckmann (2007, 2007a, 2007b) die phänomenologische Lebensweltanalyse als Protosoziologie interpretierte und Berger und Luckmann (1991) sie als präsoziologische Basis ihrer wissenssoziologischen Konzeption verwendeten, erkannte Garfinkel in ihr das Potenzial zur Entwicklung eines neuen Forschungsansatzes. Für wegweisend hielt er Schütz' Diktum, die subjektive Akteursorientierung im Hier und Jetzt bis in ihre subtilsten Details zu analysieren. Die Sinnkonstitution wird nicht egologisch im eigenen subjektiven Bewusstsein, sondern in sozialen Situationen als konzertiertes »sense-making« empirisch beobachtet. Und dort zeigt sich, dass Sinn nicht nur ›erkannt‹, sondern auch angezeigt (›dargestellt‹) wird – »sense-making« wird also nicht als Bewusstseins-, sondern als Kommunikationsleistung betrachtet.

4. Begegnungen des Unvereinbaren: Phänomenologie und Systemtheorie. Man dürfte kaum Theorien finden, die unterschiedlicher sein könnten als jene, die unter den Labels ›phänomenologische‹ oder ›systemtheoretische‹ Soziologie firmieren – auch lehrbuchstabilisiert hatten sich die beiden bisher kaum etwas zu sagen. *Armin Nassehi* bringt auf der Basis von Husserls Phänomenologie des inneren Zeitbewusstseins Niklas Luhmann und Alfred Schütz posthum miteinander in die Diskussion. Dieses Unterfangen mündet aber keineswegs in einem neutralen oder gar sterilen Theorievergleich, sondern präsentiert sich von Beginn an als offener Schlagabtausch, in dem die phänomenologisch orientierte Soziologie den Sparringspartner gibt. Nassehi argumentiert, dass Schütz zwar eine subtile Perspektive auf die Operativität des Bewusstseins im sozialen Feld zu beschreiben vermochte, aber den Gegenstand der Soziologie verfehle, weil er ebenso wie Husserl am Intersubjektivitätsproblem scheitere. Ganz dem bürgerlichen Schema einer mit sich vertrauten Innerlichkeit verhaftet, bringe Schütz das reflektierende Subjekt in Frontstellung gegen eine soziale Welt, für deren Beschreibung ihm jedoch die Begriffe fehlten, weil er die Potenziale der phänomenologischen Theorieanlage nicht einmal ansatzweise zu nutzen wusste. Demgegenüber lebe ein neu formulierter Funktionalismus, der reflexiv und interpretativ konkrete Operationen angemessen kontextualisiere, geradezu von den phänomenologischen Potenzen. Ähnlich wie Nassehi versucht auch *Rainer Schützeichel* die Antipoden Phänomenologie und Systemtheorie miteinander in Verbindung zu setzen, indem er die Systemtheorie als eine operative Phänomenologie kennzeichnet. Phänomenologische Soziologien und Systemtheorien gehörten, so allerdings Schützeichel, einer Theoriefamilie an, welche die soziale Welt als eine sinnhaft generierte versteht. Indem die operative Phänomenologie den Versuch unternimmt, ein einheitliches Sozialitätskonzept zu entwickeln, konzentriert sie sich insbesondere auf den für die Phänomenologie zentralen Begriff der Intentionalität. In diesem Zusammenhang wird Kommunikation sowohl diesseits, als auch jenseits psychischer Systeme verortet. Der Autor vertritt die Annahme, dass weder Unterscheidungen und ihre Formen, noch Kommunikationen als ›intentionslos‹ zu verstehen seien, da sie als sinnhafte soziale Phänomene konzipiert werden müssen. In diesem Sinne wird eine Verbindung beider theoretischer Orientierungen angestrebt, die hinsichtlich der Emergenz sozialer Phänomene sowie bezüglich der Kommunikation wechselseitig ergänzend die Begrifflichkeiten der jeweils anderen Position stärkt.

2. Problemfelder und aktuelle Debatten

Gegenüber den eher breit angelegten theoretischen Zugängen bearbeiten die im zweiten Kapitel versammelten Beiträge gesonderte Probleme in der Diskussion um das Verhältnis von Soziologie und Phänomenologie. Das Spektrum reicht von Auseinandersetzungen mit Individualität und Intersubjektivität (1) über Probleme der Handlungstheorie (2) und der Rolle der Körpers (3) bis hin zu Fragen von Emergenz, Normativität und politischer Ordnung (4). In theoretischen und methodologischen Reflexionen loten die Autoren die mögliche Bedeutung der Phänomenologie für die Bearbeitung aktueller sozialwissenschaftlicher Problemfelder aus. Dabei erörtern sie das Erbe phänomenologischen Denkens in der Soziologie auch kritisch und verweisen auf neue Möglichkeiten, die Phänomenologie für die verschiedenen Gegenstandsbereiche soziologischer Forschung und Theoriebildung fruchtbar zu machen bzw. sie mit Elementen anderer Denkansätze zu verbinden.

1. Individualität und Intersubjektivität. Vor dem Hintergrund der Intersubjektivitätstheorie bei Schütz wirft *Nico Lüdtke* polemisch zugespitzt die Frage auf, »ob die Phänomenologie den Anderen aus ihrer Theorie entlassen habe«. Mit der Intersubjektivitätsfrage diskutiert er zweifellos eines der Fundamentalprobleme jeder ›verstehenden Soziologie‹ und konzentriert sich dabei vor allem auf die Haltung von Schütz gegenüber dem von Husserl vorgeschlagenen transzendentalphilosophischen Lösungsversuch, von dem Schütz sich bekanntlich schon früh distanziert hatte (vgl. Endreß 2006: 40). Da Schütz im Verlaufe seiner Arbeiten die Überzeugung gewinnt, dass auf dem von Husserl eingeschlagenen Weg keine Lösung zu finden ist, entwickelt er seinen mundanphänomenologischen Ansatz als ausdrückliche Alternative zur Transzendentalphilosophie. Mit seiner »Generalthesis der Reziprozität der Perspektiven« formuliert Schütz die Einsicht, dass das Fremdverstehen für die pragmatischen Ansprüche alltäglichen Handelns in der Regel von den Alltagshandelnden selber als bereits gelöst angesehen wird. Seine Ausarbeitungen folgen dieser Einsicht und transportieren sie auf die Ebene sozialwissenschaftlicher Theorie. Damit aber, so Lüdtke, entziehe Schütz' Mundanphänomenologie das Intersubjektivitätsproblem geradezu einer philosophischen Lösung. Auf andere, nämlich existenzialphänomenologische Weise widmet sich *Jens Bonnemann* dem Problemfeld von Intersubjektivität und Fremdheit. Er präsentiert eine Auseinandersetzung mit Jean-Paul Sartres Überlegungen zur Fremderfahrung in »Das Sein und das Nichts« (1991b [1943]), in denen dieser darlegt, dass Reziprozität und Symmetrie ausgeschlossen sind, weil die wahrnehmende Person entweder vom Anderen angeblickt, also objektiviert werde, oder ihrerseits den Anderen anblicke und diesen objektiviere. Bonnemann zeigt auf, dass Sartres phänomenologische Beschreibungen von einem ontologischen Dualismus durchdrungen sind, der für die starren Entgegensetzungen verantwortlich ist, die sich in »Das Sein und das Nichts« immer wieder abzeichnen. Mit der Erläuterung von Sartres regressiv-progressiver Methode wird demonstriert, wie die Schichten heterogener und aufeinander irreduzierbarer Bedeutungen, die sich mittels dieser Methode, letztlich aber auch durch die Verfahren von Soziologie und Psychoanalyse auftun, totalisiert, d. h. zu Teilen eines Ganzen zusammengefügt werden können. Das individuelle Weltverhältnis des phänomenlogisch Reflektierenden soll, so Bonnemann, nicht als transintelligibel zu den Akten gelegt werden, da der Übergang zwischen den objektiven Ausgangsbedingungen und der individuellen Objektivation nur vermittels imaginierender Empathie zu erschließen sei. Deshalb komme auch den Interpretationen in Sartres Flaubert-Analyse ein sehr spezifischer Wahrheitsgehalt zu.

2. Phänomenologie und Handlungstheorie. Das Problem des Fremdverstehens bildet auch den Ausgangspunkt von *Ingo Schulz-Schaeffer* in seiner Auseinandersetzung mit der phänomenologisch orientierten Theorie des Handelns. Eine fundamentale Bestimmung der phänomenologisch begründeten Handlungstheorie besteht in der Aussage, der Handelnde sei »die letzte Instanz, die zu entscheiden hat, ob er in einem gegebenen Fall gehandelt hat oder nicht«

(Schütz & Luckmann 1984: 18, vgl. ebd.: 15ff, 113). Schulz-Schaeffer vertritt die entgegengesetzte Position und argumentiert für die Zuschreibung von alter auf ego als Konstitutivmerkmal der soziologischen Handlungstheorie. Er behauptet, die Vorgegebenheit intersubjektiver, insbesondere gesellschaftlich objektivierter Typisierungen sei nicht nur abgeleitete, sondern konstitutive Bedingung der Möglichkeit, mit Handlungen auf Handlungen reagieren zu können, d. h. auf vergangene oder zukünftig antizipierte Erzeugnisse fremden Handelns. Folglich müsse die Handlungstheorie der phänomenologischen Soziologie dahingehend erweitert werden, dass Handlungsdeutungen in konstitutiver Weise den Aspekt der Handlungszuschreibung besitzen. Um die Handlungszuschreibung als integralen Aspekt der Theorie sozialen Handelns zu etablieren, synthetisiert Schulz-Schaeffer die phänomenologisch begründete Sozialtheorie von Schütz und Luckmann mit Elementen aus George Herbert Meads Sozialbehaviorismus und Talcott Parsons' voluntaristischer Handlungstheorie sowie den Theorien Rationaler Wahl von James Coleman und Hartmut Esser. An eine andere Diskurstradition anschließend nimmt *Gregor Bongaerts* die Beteiligung phänomenologischer Positionen an der Debatte um die Leistungsfähigkeit und Aktualität einer soziologischen Handlungstheorie auf. Er verlängert die Diskussion in die Gegenwart, indem er die theoretische Perspektive der so genannten Praxistheorien erörtert und in Bezug zur phänomenologisch fundierten Handlungstheorie bei Schütz stellt. Der Sammelbegriff der Praxistheorien vereint recht verschiedene Theorieansätze, die sich unter dem Signum des jüngst ausgerufenen ›Practice Turn‹ als ausdrückliche Alternativen zu traditionellen soziologischen Handlungs- und Strukturtheorien präsentieren. So verschieden diese Ansätze im Detail auch sein mögen, kennzeichnet sie allesamt die verstärkte Hinwendung zum ›impliziten‹ Wissen, zur Tätigkeit im Vollzug, zu Kreativität, Körperlichkeit, Materialität und Kontextualisierung. Dabei verstehen sie das Konzept sozialer Praktiken als expliziten Gegenentwurf zur intentionalistischen und subjektivistischen Konzeption einer handlungstheoretisch fundierten Soziologie. Bongaerts ist es nicht allein darum getan zu zeigen, dass die Kritik der Praxistheorien an der Phänomenologie auf einer stark verkürzten Rezeption beruht, sondern er stellt seinerseits eine praxistheoretische Modifikation der Mundanphänomenologie vor. Hierfür erarbeitet er mit Maurice Merleau-Ponty zunächst eine leibphänomenologisch hergeleitete alternative Matrix der sozialen Welt, um dann anhand der Differenz von Gewohnheit und Routine die kategorialen Unterschiede von Theorien sozialer Praxis zu verdeutlichen, die einerseits von Handeln und Handlung im Sinne von Schütz ausgehen und andererseits von leiblich verankerter habitueller Praxis im Sinne von Maurice Merleau-Ponty und Pierre Bourdieu. Problematisiert wird dabei, wie die vor allem nicht-bewussten Prozesse des leiblich-praktischen Einübens und Hervorbringens von sozialen Sinnzusammenhängen, die den Handelnden in der Alltagswelt unverfügbar sind, mit dem Schützschen Instrumentarium rekonstruiert werden können.

3. Der Körper im Erfahrungsraum und die Emergenz sozialer Ordnung. Mit der Schwerpunktverlagerung des Handelns vom tendenziellen Mentalismus der Zuschreibung oder der Intentionalität zur Praxis als Ausführungsdimension in Zeit und Raum gewinnen Leib und Körper gegenüber den Bewusstseinsvorgängen eine verstärkte Beachtung. Aus Perspektive einer phänomenologisch orientierten Wissenssoziologie widmet sich *Jürgen Raab* der Darstellung des Körpers in den technischen Medien. Dabei nehmen die Begriffe der Präsentation und der Präsenz einen zentralen Bezugspunkt der Theorieanlage ein. Das Interesse richtet sich auf den Konnex von Körperlichkeit und Ausdruck und auf die neuen Handlungs- und Deutungsanforderungen von audiovisuellen Selbstinszenierungen, wobei jene Vorgänge des Sinnverstehens sozialen Handelns und der Fremdtypisierung im Zentrum stehen, in denen unmittelbar sinnlich Gegebenes mit Nichtgegebenem zu Ganzheitskonstruktionen aufgefüllt werden. Für seine Konzeption einer körperbezogenen Wissenssoziologie verbindet Raab die Leibphänomenologie Merleau-Pontys und die von Georg Simmel, Erving Goffman sowie Peter L. Berger und Thomas Luckmann initiierte wissenssoziologische Einlassung auf den Körper mit entsprechenden Ansätzen bei Helmuth Plessner, Walter Benjamin und Hans Ulrich Gumbrecht. Ambitioniert präsentieren sich die beiden nachfolgenden Beiträge in ihrem Bemühen um weit über den bestehenden Rahmen der Phänomenologie hinausweisende Theorieinnovationen. *Michael Kauppert* unterbreitet in seinem Beitrag nicht weniger als einen Vorschlag zur Transformation des Lebensweltheorems und beabsichtigt damit mehr als nur aufzuzeigen, auf welche Weise die Lebensweltphänomenologie von Edmund Husserl und von Alfred Schütz in der Soziologie als Theorieressource genutzt werden kann. Seine Darstellung der Lebensweltkonzepte von Husserl und Schütz mündet in der Kritik, dass in beiden Versionen kein empirischer Erfahrungszusammenhang beschrieben werde. Kauppert schlägt vor, den Begriff und das Konzept des »konjunktiven Erfahrungsraums« als soziologisch nutzbaren Nachfolger des Lebensweltkonzepts anzusehen. Darin erkennt Kauppert in dreierlei Hinsicht einen Vorteil. Erstens begreift er den Erfahrungsraum im Unterschied zur Lebenswelt nicht als extraempirischen, sondern als einen in der menschlichen Erfahrung verankerten Raum. Da das Wissen eines Erfahrungssubjektes in dessen eigenem Erfahrungsraum aufbewahrt wird, kann dieses Wissen von ihm selbst repräsentiert, d. h. als Geschichte seiner Erfahrungsbildung erzählt werden. In methodischer Hinsicht bestehe ein zweiter Vorteil demnach darin, dass die Biographieforschung einen methodischen Zugang zum Erfahrungsraum eröffne. Schließlich weise das dezidiert auf einen überindividuellen Erfahrungszusammenhang angelegte Konzept des »konjunktiven Erfahrungsraums« im Verstande induktiv erschlossener, gleichwohl aber sozialräumlich stabiler Strukturen drittens einen Ausweg aus der scheinbar ausweglosen Alternative zwischen Universalismus und Geschichte. Eine mindestens ebenso elegante Lösung eines harten und beständigen Problems soziologischer Theorie bietet *Joachim Renn*. Sein Beitrag adressiert die für die Sozialtheorie fundamentale Unterscheidung von Ordnungsebenen (Mikro-Meso-Makro) und kritisiert die bisherigen Ausarbeitungen zum Phänomen der Emergenz. Die Identifikation von Emergenz als Phänomen der Selbstorganisation kennzeichnet Renn als mystifiziertes Selbstmissverständnis und argumentiert demgegenüber, die Analyse der Emergenz sei notwendig auf das Problem der Perspektive verwiesen, der eine Art von Übersetzung unterliege. Wenn Emergenz nicht lediglich die postfaktische Verunmöglichung einer Rückrechnung von Ursachen für die Entstehung neuer Strukturen darstellen soll, sei es erforderlich, sich von der problematischen Annahme eines exterritorialen Standpunktes zu lösen. Renn schlägt deshalb konsequenterweise vor, Emergenz mithilfe phänomenologischer Konstitutionsanalysen neu zu beschreiben, welche vor allem die Zeitlichkeit stärker in den Blickpunkt rücken. »Dass überhaupt etwas emergiert, setzt darum voraus, dass ein Rekonstrukteur zwischen den ›Ekstasen der Gegenwart‹ mit Bezug auf den Emergenzpunkt, auf die ›Gegenwart‹ des Umschlags unterscheidet«, formuliert er und akzentuiert damit die Rückbindung dieses Strukturgenesephänomens an die Beobachtung durch jemanden.

4. Normative Praxis und politische Ordnung. Die letzten drei Beiträge des zweiten Buchkapitels widmen sich Problemen in der Sphäre moralischer und politischer Ordnungen. Mit Wissen und Normativität bringt *Peter Stegmaier* zwei zentrale Bezugspunkte wissenssoziologischen Denkens miteinander in die Diskussion. Grundlage hierfür bilden ihm die theoretischen Überlegungen zur interaktiven, symbolisch vermittelten Aushandlung von Werten bei George H. Mead und Hans Joas einerseits sowie die bei Schütz protosoziologisch angelegten und von Luckmann auch in empirischen Studien vorangetriebenen Untersuchungen zur Konstitution und sozialen Konstruktion von Moral andererseits. Der Beitrag wirft die Frage auf, wie normative Ordnungskonstruktionen sozial erarbeitet und aktualisiert, stabilisiert und verändert werden. Die Antwort, die Stegmaier gibt, lautet, dass die Untersuchung der sozialen Konstruktion von Normativität um die Einbeziehung phänomenologischer Konstitutionsanalysen des Wissens um Werte und Moralen nicht umhin komme. Bezogen auf die von Luckmann sogenannte ›Proto-Moral‹ bietet Stegmaier die Unterscheidung von ›identifizierender‹ und ›valutierender‹ Differenzierung an, durch welche Handlungen anderer Akteure von ego nach übersituativen Kriterien geordnet und auch immer wieder umbewertet würden. In soziologischer Hinsicht, so zeigt Stegmaier am Beispiel ›intermediärer Bewertung‹ in der Rechtspraxis, sei die kognitive Ordnung des Normativen ebenfalls stets mehrschichtig und in Bewegung. Der Beitrag umreißt, wenn konsequenterweise von der »Plastizität des Normativen in der sozialen Praxis« die Rede ist, zugleich den Rahmen für die empirische Erforschung eines normativen, insbesondere juristischen Handelns, das sich angesichts des Problems der Auslegung im Dazwischen von Normtreue und Normveränderung, von Entscheidungsentlastungen und Verhaltenserwartungen bewegt.

Dirk Tänzler schlägt mit seinem Beitrag zur Repräsentationsproblematik die Brücke zwischen der Phänomenologie und einer Soziologie des Politischen. Vor dem Hintergrund der vor allem in den Politik- und Medienwissenschaften vertretenen These einer zunehmenden Auflösung des Politischen in der Mediendemokratie plädiert er für ein Verständnis des Politischen, das sich weder auf Ästhetik als Inszenierung schönen Scheins noch auf Pragmatik als rationalem Entscheidungshandeln und Machtstreben verkürzen lässt. Mit dem Begriff der Repräsentation soll das für das politische Handeln unaufkündbare Spannungsverhältnis aus Pragmatik und Ästhetik kategorial erfasst und zudem die Fruchtbarkeit der Verknüpfung phänomenologischer Beschreibungen menschlicher Sinnsetzungs- und Sinndeutungsvorgänge mit soziologischer Rekonstruktionsarbeit und Typenbildung für die Untersuchung politischen Handelns aufgezeigt werden. Tänzlers Argument lautet, dass das Politische immer zugleich Repräsentation ist und im performativen, nämlich symbolisch vermittelten Handeln als Repräsentation dargestellt und damit hergestellt wird. Denn aller Wahrnehmung, aller Deutung und allem symbolischen Handeln liege die von Husserl beschriebene Bewusstseinsleistung der Appräsentation zugrunde, die Alfred Schütz und in der Folge Thomas Luckmann und Hans-Georg Soeffner für ihre Max Weber ergänzenden Theorien sozialen Handelns soziologisch wendeten. Der Autor schlägt vor, das Politische als alltagstranszendente Wirklichkeit, mithin als symbolische Ordnung zu begreifen, die allein als Repräsentiertes und in der Repräsentation existiert, folglich nur über symbolische, sinnlich wahrnehmbare Handlungen oder Handlungsmanifestationen sozial zu vermitteln, zu legitimieren und letztlich analytisch zu rekonstruieren ist. Der Zusammenhang von Politik, Transzendenz und Legitimität bildet auch den Gegenstand des Beitrags von *Thilo Raufer*. Er richtet sein Augenmerk aber zugleich auf Methodenfragen, die sich augenblicklich stellen, wenn die phänomenologisch informierte empirische Sozialforschung als Prozess begriffen wird, der zwischen phänomenologisch-theoretischer Konstitutionsanalyse und empirischer (Re-)Konstruktionsanalyse iterativ oszilliert. Das Politische, das sich aus phänomenologischer Sicht als Redefinition der Reziprozität der Akteursperspektiven und deren Rückbindung an alltagstranszendente Deutungsschemata verstehen lässt (vgl. Srubar 1999), erscheint auf der Konstruktionsebene als historisch-spezifisches Legitimitäts- und Legitimationsproblem konkret situierter politischer Akteure in einer institutionell und ideell strukturierten Umwelt und kann dort als solches erforscht werden. Um solcherart Analysen durchzuführen, bedarf es konstitutionsanalytischer Überlegungen, die dann wiederum in die Rekonstruktion der historischen Konstruktionen des Politischen, mithin der historischen Wirklichkeit des Politischen selbst, münden. Im Ergebnis lassen sich so Anhaltspunkte für eine theoretisch und empirisch abgesicherte Theorie des Politischen gewinnen, die an die lebensweltliche Erfahrung der politischen Akteure rückgebunden bleibt. Ganz im Sinne einer empirisch begründeten Theoriebildung spricht sich Raufer deshalb dafür aus, phänomenologische Analysen als Orientierungsgeber, Suchoption und Kontrollinstanz für die empirische Forschung zu nutzen.

3. Methodische Reflexionen und Analysen

Die Beiträge des dritten Buchkapitels vermitteln Einblicke in die methodischen Ansätze und Arbeitsweisen der phänomenologisch fundierten Sozialforschung. Die Forschungsbeispiele und materialen Analysen zu höchst unterschiedlichen ›Gegenständen‹ illustrieren nicht nur die vielfältigen Anwendungsbereiche, sondern reflektieren vor allem auf die konkreten Umsetzungen und die zu erprobenden Weiterentwicklungen phänomenologisch begründeter, empirisch-analytischer Zugänge zu sozialen Wirklichkeitskonstruktionen. Eingangs wird die Notwendigkeit der (Rück-)Koppelung wissenssoziologischer Theoriebildung an die phänomenologisch orientierte Sozialforschung erörtert und anhand konkreter Fallbeispiele exemplifiziert (1). Im Anschluss stellen mehrere Autoren die phänomenologische Methode in verschiedener Hinsicht als Ergänzung und Korrektiv für die Erhebung und Interpretation sozialwissenschaftlicher Daten vor (2), bevor die menschliche Sinneswahrnehmung anhand der Beispiele von Sehen und Hören als Untersuchungsgebiete präsentiert werden, die nach wie vor eine der großen Herausforderungen für die phänomenologisch orientierte Sozialforschung darstellen (3).

1. Fallbeispiele phänomenologisch fundierter Theoriebildung. In einer phänomenologisch-soziologischen Parallelaktion beschreibt *Jochen Dreher* allgemeine Prinzipien der Konstruktion und Konstitution des Phänomens der Freundschaft. Während Dreher durchaus davon ausgeht, dass aus methodologischer Perspektive beide Positionen zwar als völlig unterschiedlich zu verstehen sind, zeigt er, dass sie dennoch in gegenseitiger Bezugnahme als Korrektiv füreinander wirken können (vgl. Dreher 2007). In Anlehnung an die Vorgehensweise von Thomas Luckmann in »Über Grenzen der Sozialwelt« (Luckmann 2007) konfrontiert Dreher soziologische Erkenntnisse hinsichtlich der Konstruktion von Freundschaft mit phänomenologischen, genauer gesagt protosoziologischen Beschreibungen dieses Phänomens. Anknüpfend an Husserls Überlegungen zur phänomenologischen Reduktion (vgl. Husserl 1992) arbeitet er drei unterschiedliche, sich auf intersubjektive Zusammenhänge beziehende Reduktionsebenen der Konstruktion und Konstitution von Freundschaft aus: Zum einen wird die ›sozio-eidetische Reduktion der Konstruktion von Freundschaft‹, daraufhin die ›Strukturebene der symbolischen Konstitution von Freundschaft‹ und abschließend die ›Reduktionsstufe der sinnlichen Empfindung der Leiblichkeit des Anderen‹ entworfen. Dergestalt macht Dreher deutlich, dass nicht nur sozio-historische Bedingungen der Herausbildung von Freundschaften soziologisch nachgezeichnet werden können, sondern sich darüber hinaus die Möglichkeit eröffnet, das soziale Phänomen der Freundschaft konstitutionstheoretisch zu reflektieren. *Dariuš Zifonun* geht von einer Kluft zwischen grundlagentheoretischen Überlegungen und empirisch-wissenssoziologischem Forschungsbedarf aus, die es zu überbrücken gelte. Sein Vorschlag für eine soziologische Theorie des Ambivalenzmanagements verharrt deshalb nicht auf abstrakten Theoretisierungen, sondern gründet auf ethnographischen Felduntersuchungen im sozialen Milieu eines von Einwanderern betriebenen Fußballvereins. Die Fallanalyse rekonstruiert die symbolischen Ausdrucksformen und Weltdeutungen der Akteure ebenso wie ihren Umgang mit konkurrierenden normativen Anforderungen. Sie fördert zutage, dass Ambivalenzen, Widersprüche und Konflikte weder durch Anpassungen an die Dominanzkultur abgefedert, noch durch Verallgemeinerung universalistischer Normen und Weltdeutungen eingeebnet oder gar in der Akzentuierung ethnischer Stereotype als Gegenwelten radikalisiert werden. Da Integration, Assimilation und Segregation keine einander ausschließenden Alternativen darstellen, konstatiert Zifonun einen unaufhebbar ambivalenten Charakter aller in dieser sozialen Welt entworfenen Lösungen. Er interpretiert das Nebeneinander augenscheinlich unvereinbarer Gegensätze idealtypisch als Kernelemente der untersuchten Sozialform und plädiert im Ergebnis für eine ambivalenzsensible Gesellschaftstheorie, die sich ethnographisch-empirisch gegen theoretisch-systematische Vereinheitlichungsneigungen imprägniert. Auch *Tobias Röhl* gibt mit seinem Beitrag ein Beispiel, wie sich der mundanphänomenologische Ansatz in die aktuelle Forschung einbringen lässt. Seine Fallstudie zu einem offensichtlichen, wenngleich wenig beachteten Phänomen der Gegenwartskultur führt die Verwandtschaft der Phänomenologie mit der sozialwissenschaftlichen Hermeneutik plastisch vor Augen. Gestützt auf den Symbolbegriff von Alfred Schütz und Thomas Luckmann untersucht Röhl private Erinnerungsmale für Unfalltote am Straßenrand, so genannte ›roadside memorials‹. Röhl argumentiert, dass solche Erscheinungsformen als Symbole zu interpretieren sind, die der Wiederherstellung jener alltäglichen

Ordnung zuarbeiten, die durch den Unfalltod eines nahestehenden Menschen erschüttert wird. Insbesondere für thanatosoziologische Forschungen ist der Beitrag relevant, belegt er doch die mit der These von der Subjektivierung des Todes in Einklang stehende Aneignung und privatistische Veränderung tradierter Symbolbestände.

2. *Die phänomenologische Methode als Ergänzung und Korrektiv empirischer Sozialforschung.* Mit der Ergänzung und Verfeinerung der Praxis sozialwissenschaftlicher Forschung, ihrer Verfahren zur Datengenerierung und Datenanalyse durch die Phänomenologie, befassen sich die folgenden fünf Beiträge. Zunächst prüft *Sebastian Deterding* die psychologische Methode der Introspektion auf ihre Anschlussfähigkeit an die philosophisch-sozialwissenschaftliche Introspektion der Phänomenologie. Als introspektiv gelten ihm dabei Verfahren wie das Lautdenken und die Protokollanalyse, das ›Descriptive Experience Sampling‹ und die ›Systematic Self-Oberservation‹ sowie verschiedene gruppengestützte dialogische Vorgehensweisen. Den kleinsten gemeinsamen Nenner von psychologischer und phänomenologischer Introspektion bilde die Einsicht, dass das bewusste Erleben nie vollständig zu erfassen sei, weil kulturelle Codierungen, Rationalisierungen und Rechtfertigungen stets »mitlaufen« und in die Erfahrung eingehen. Da dies aber generell für jede Datenart gelte, sei der Sachverhalt einfach in Rechnung zu stellen und von Objektivitäts- und Reliabilitätsvorstellungen Abstand zu nehmen, die für Analysen sozialer Prozesse ohnehin nicht tauglich seien. Abschließend empfiehlt der Autor die psychologische Introspektion der Phänomenologie als Ergänzung, biete sie doch eine breite Palette naturwissenschaftlich gesicherter Erkenntnisse und Verfahrensweisen. Deterdings Position stehen der Ansatz und die Argumentation von *Michaela Pfadenhauer* diametral entgegen, erachtet sie doch die phänomenologische Methode als Lösung für das Problem, die dem Bewusstsein gegebenen Inhalte aus ihren sozialen, kulturellen und historischen Überformungen herauszuschälen. Am Beispiel von subjektiven Erlebensdaten zeigt Pfadenhauer, wie sich ein Phänomen (hier: kompetentes Organisieren) unter Einsatz der phänomenologischen Methode abstrahierend beschreiben lässt – ansetzend an als einschlägig typisierten subjektiven Erfahrungen (hier: des Organisierens wissenschaftlicher Tagungen) und, im Sinne eidetischer Variationen unter Nutzung unterschiedlicher Datensorten aus ethnographischen Studien (über verschiedene Varianten der Organisation von Events), hinarbeitend auf deren transsubjektiv »wesentliche« bzw. auf deren verallgemeinerbare Strukturen. Der Ertrag des hiermit vorgeschlagenen ›Doing Phenomenology‹ als einem die lebensweltanalytische Ethnographie ergänzenden Verfahren im Umgang mit aus beobachtender Teilnahme gewonnenen Daten ist ein möglichst genauer und eindeutiger, d. h. analytisch brauchbarer allgemeiner Begriff (hier: von Organisieren und einer dieses betreffenden Kompetenz) als notwendige Voraussetzung für jede Theoriearbeit. An diese Problematik schließt *Margarete Kusenbach* mit ihrer Vorstellung des ›Go-Along‹ als innovativem methodischem Werkzeug für eine phänomenologisch inspirierte, ethnographische Forschungspraxis an. Ihre Intention ist es, die Phänomenologie aus ihrer theoretischen Ecke herauszulocken und so der ethnographischen Forschung mehr Tiefe und Substanz zu verleihen. ›Go Alongs‹, bei denen die Forscher ihre Interviewpartner bei alltäglichen Bewegungen durch deren soziale Milieus begleiten, sollen sich zur Erhebung von Wahrnehmungsprozessen und biographischen Zusammenhängen eignen, die der sozialwissenschaftlichen Datenproduktion in der Regel entgehen. Damit unterscheide sich das Erhebungsinstrument von traditionellen empirischen Techniken wie der Beobachtung und dem Interview durch eine gänzlich andere Haltung und Perspektive des Forschers während der Datengenerierung. Kusenbachs Darlegungen gründen sich auf empirische Feldforschungen, die sie seit Ende der neunziger Jahre in den USA durchführt. Der Aufsatz von *Thorsten Berndt* weist thematisch in die gleiche Richtung, rückt aber die Beobachtungskompetenz des Interviewers während seiner Erhebungsarbeit in den Mittelpunkt. Berndt schlägt vor, die Praxis qualitativer Interviewführung unter dem Begriff des ›beobachtenden Interviews‹ strukturell und systematisch um Beobachtungsdaten zu ergänzen. Der Beitrag bereitet sein methodologisches Fundament zunächst

entlang der Frage, wie die Datengenerierung in ›beobachtenden Interviews‹ mit Alfred Schütz relevanztheoretisch zu begründen ist. Hierfür, und um die entscheidenden Aspekte dieser Forschungshaltung reflexiv zu diskutieren, exemplifiziert er die Methode anhand eines konkreten Fallbeispiels aus der eigenen Forschungspraxis, bevor er die Überlegungen schließlich auf das qualitative Interview hin generalisiert.

3. Die visuelle und akustische Wahrnehmung als Untersuchungsgebiete der phänomenologisch orientierten Sozialforschung. Die den Band beschließenden Abhandlungen beschäftigen sich mit den menschlichen Sinnen, mithin mit einem geradezu »klassischen« Thema der Phänomenologie (Merleau-Ponty 1966). Zwar stößt die Erforschung der sinnlichen Wahrnehmung und ihrer sozialen Bedeutung – nicht zuletzt aufgrund der aktuell boomenden Körpersoziologie – auch in den Sozialwissenschaften zunehmend auf Interesse. Nach wie vor aber bereiten die Sinne und der Körper große methodische Probleme, die anzugehen das geteilte Anliegen der vier Beiträge ist. Unter dieser Zielvorgabe fokussieren zwei Texte aus unterschiedlicher Blickrichtung auf das Sehen, während sich die beiden anderen aus nicht minder verschiedenen Interessenslagen dem Hören zuwenden. *Ronald Kurt* diskutiert, ob und an welchen Stellen Phänomenologie und Hermeneutik sich als Verfahrensweisen wissenschaftlicher Erkenntnis ergänzen können. Als Sinn rekonstruierende Zeicheninterpretation einerseits und als Phänomenologie des Bewusstseinslebens andererseits ist es der Hermeneutik um die Betonung der Subjektivität, Intentionalität und Perspektivität im Interpretationsprozess genauso getan, wie um deren methodische Kontrolle. Anhand der visuellen Wahrnehmung will der Autor zeigen, wie die Hermeneutik als sozialwissenschaftliche und phänomenologische Deutungsarbeit alltägliche Voreingenommenheiten – hier, die Wahrnehmungstätigkeit des Auges – systematisch und produktiv einer für den wissenschaftlichen Verstehensprozess notwendigen Kritik und einem Zweifel unterzieht. Kurts von Husserls Analysen zum Bildbewusstsein ausgehendes sowie eng an Erwin Panofsky und Max Imdahl sich anlehnendes, dreistufiges Analysemodell soll Interpreten in den Stand versetzen, Zugang zu den verschiedenen Sinndimensionen bildlicher Darstellungen zu finden. Vergleichbar Konrad Fiedlers und Heinrich Wölfflins Begriff der Anschauung wird für eine »Methode des Hinsehens« plädiert, in der sich die Leistungen von Hermeneutik und Phänomenologie addieren, im wahrsten Sinne ›übersehene‹ Aspekte von Verstehensgegenständen in ihrer Sinn konstituierenden Funktion erkennbar zu machen. Einen gänzlich anderen Zugang zum Sehen wählt *Anne Honer*. Eine plötzliche, unfreiwillige und rätselhafte, daher zutiefst beunruhigende Selbsterfahrung dient ihr als Einstieg zu den Grundfragen und als Exemplum für die Grundprobleme der Phänomenologie. Der Teilverlust ihres Sehsinns bringt für die Autorin jene Weltsicht, die sie – und wir – gemeinhin ›naiv‹ für gesichert und ›objektiv‹ für wirklich annehmen, ins Schwanken: sie klammert sich buchstäblich ein, weicht zurück und schottet sich ab, gerät dergestalt aber erst in den Griff der Reflexion. Die luzide Beschreibung der Krise in ihren Stadien und ihren sich wandelnden Aspekten löst aber nicht nur anschaulich ein, was die phänomenologische Konstitutionsanalyse zu leisten beansprucht: den systematischen Abbau aller Verständnisroutinen durch die Einnahme einer im Vergleich zur Alltagseinstellung »widernatürlichen« Haltung. Der Beitrag verwendet auch viel Energie darauf zu rekonstruieren, dass und vor allem wie die Einschränkung der sinnlichen Wahrnehmung ein verändertes Körperverhältnis mit sich bringt, wie es zur Übertragung von Verantwortlichkeiten in Expertenhände und sogar zu Akten der Selbststigmatisierung kommt. Der Zugriff der Gesellschaft in Gestalt medizinischer Auflagen, Zurichtungen und Eingriffe verspricht zwar Außenhalt und Stützung, doch augenblicklich verleiht er dem »natürlich« Auferlegten zusätzliches Gewicht. Aufgrund dieser Einsichten fordert Honer den verstärkten Einsatz phänomenologischer Empirie in sozialwissenschaftlichen Untersuchungen sich ausdifferenzierender Gesellschaften, vor allem unter den Vorzeichen der bereits spürbaren demografischen Entwicklung, der mit ihr einhergehenden wachsenden Zahl von Demenzerkrankungen sowie der zunehmenden Tolerierung von der »Standardnormalität« abweichender Körper. *Silvana*

Figueroa-Dreher behandelt den Phänomenbereich musikalischen Improvisierens vor dem Hintergrund der phänomenologisch begründeten Handlungstheorie und weist damit in Richtung einer der nach wie vor großen methodischen Herausforderungen der interpretativen Sozialforschung. Im Kern ihrer Arbeit steht die Frage nach der Entstehung des Neuen in sozialem Handeln. Für die Erforschung der Prozesse schöpferischen, insbesondere improvisierenden Handelns bilde die von Alfred Schütz und Thomas Luckmann entwickelte Handlungstheorie zwar eine fruchtbare, jedoch keine hinreichende Grundlage. Statt wie Schütz und Luckmann von der Preeminenz und Omnipräsenz eines Handlungsziels auszugehen, liefere die Improvisation ein Anschauungsbeispiel für den weitestgehend unmittelbaren Ausdruck von Impulsen, die jedoch auf die gleichfalls impulsiven Ausdruckshandlungen der Mitmusizierenden hin abgestimmt, also situativ angepasst sein müssen. Figueroa-Dreher betont aber nicht nur das Moment der Gegenwartsorientierung beim Improvisieren gegenüber der Luckmannschen Zukunftsorientierung, die dieser im Entwurfcharakter des Handelns anlegt. Sie geht sogar soweit, in Frage zu stellen, dass Menschen, um agieren zu können, ihr Handeln notwendig weitgreifend vorentwerfen müssen, denn das Improvisieren verlange ja gerade, sich nicht auf einen vorfabrizierten Handlungsbogen festzulegen. Ihre Analysen der Handlungspraktiken im Free Jazz gäben darüber hinaus zu erkennen, dass alles menschliche Handeln improvisierende Anteile enthalte. Einschränkend gelte jedoch, dass Improvisationen keine gänzlich anderen Ordnungen schaffen, sondern vorhandene Ordnungskonstruktionen partiell auflösen, um sie für Neuentwürfe umzugestalten und anders zu kombinieren. Wie zuvor Anne Honer eröffnet auch *Siegfried Saerberg* seinen Beitrag mit der Schilderung einer Krisenerfahrung. Ein unvermittelt sich einstellendes und zunächst weder zu identifizierendes noch zu lokalisierendes Geräusch liefert den Auftakt nicht nur für eine kleine Phänomenologie subjektiver Wahrnehmung, sondern vor allem zur Rekonstruktion der sozialen Kommunikation über ein akustisches Phänomen. Anschaulich gelingt es Saerberg zu zeigen, wie das wahrnehmende Subjekt mit einem Interaktionspartner gewissermaßen eine Geräusch-Musik anstimmt und aufführt, um den akustischen Sinneseindruck zum Thema gemeinsamen Sprechens, Hörens, Interpretierens und schließlich auch Handelns zu machen. Anhand des empirischen Fallbeispiels stellt er das Wechselverhältnis zwischen der formalen Matrix subjektiver Weltorientierung einerseits und deren inhaltlicher Konstruktion und Ausgestaltung in soziohistorischen und kulturellen Kontexten andererseits heraus. Mit seinem Konzept vom ›Wahrnehmungsstil‹ schlägt Saerberg schließlich einen Handlungstypus vor, bei dem die leiblich-sinnliche Wahrnehmung die Raum-, Zeit- und Weltkonstitution alltäglicher Erfahrungen maßgeblich mitforme. Er verweist hierbei sowohl auf Ausnahmen von der unter anderem durch Georg Simmel (1992) und Helmuth Plessner (1980) vertretenen Prävalenz des Auges als auch auf die Möglichkeit der wahrnehmungsbedingten Weiterentwicklung allgemeiner Sinnstrukturen durch Begegnungen mit neuen Interaktionspartnern.

Beweggründe des Projektes und Danksagungen

Wir hatten eingangs angemerkt, dass die Mehrzahl der Beiträge auf zwei Tagungsveranstaltungen zurückgeht, welche die Herausgeber als ›Arbeitskreis Phänomenologie‹ innerhalb der DGS-Sektion ›Wissenssoziologie‹ organisierten und durchführten. Die erste Tagung, »Sozialwissenschaftliche Potentiale der Phänomenologie«, wurde im Februar 2005 an der Universität Konstanz abgehalten, die zweite stand unter dem Titel »Die phänomenologische (Neu-)Begründung von Sozialtheorie und Sozialforschung« und fand im Februar 2006 in Berlin statt (vgl. Schnettler & Raab 2005, Raab 2006). Die lebhaften und bemerkenswert kontrovers geführten Diskussionen, die wir auf beiden Veranstaltungen führen und mitverfolgen durften, demonstrierten die Aktualität der Thematik und gaben den Anstoß zu diesem Band. Denn sie ließen erkennen, dass die Erörterung jenes als äußerst spannungsreich sich erweisenden Verhältnisses von Phänomenologie und Soziologie ganz offensichtlich Geistes- und Sozialwissenschaftler aus sehr unterschiedlichen Traditionen nicht nur zusammenzuführen und miteinander ins Gespräch zu bringen vermag, sondern dass der Austausch von Ansätzen und Analysen, Einsichten, Argumenten und Problemen vor allem zweierlei bewirkte. Die Diskussionen offenbarten und belegten zuallererst das hohe und – wie sich wiederholt an unterschiedlichen Stellen zeigte – unverzichtbare Anschluss- und Anregungspotenzial der Phänomenologie für die aktuelle empirische Sozialforschung und soziologische Theoriearbeit. Zwar ist die Phänomenologie zweifellos eine Zumutung für die Sozialtheorie, offenkundig aber eine überaus produktive. Lassen doch gerade diejenigen Positionen, welche die Phänomenologie kritisch befragen, deren kontinuierliche theoretische und in forschungsmethodische Bedeutsamkeit für die Soziologie erkennen. Neben der Chance zur Bestandsaufnahme und zur wechselseitigen Ergänzung und Korrektur der Überlegungen, Verfahren und Ergebnisse eröffnen die nun zu Abhandlungen geronnenen und hier niedergelegten Diskussionsbeiträge darüber hinaus ein breites Spektrum zukünftiger Forschungsthemen, derer sich kommende Unternehmungen in äußerst lebendiger Weise annehmen werden.

Bevor wir die Leser ihren eigenen Erkundungen und Folgerungen überlassen, möchten wir denjenigen unseren Dank aussprechen, ohne die dieses Buchprojekt in dieser Form und vor allem in diesem Zeitrahmen nicht hätte realisiert werden können. An erster Stelle danken wir den Autorinnen und Autoren, die unter knapp bemessenen zeitlichen und ›räumlichen‹ Auflagen ihre Vorträge zu Texten ausarbeiteten oder für diese Publikation neue Aufsätze verfassten. Die zügige und reibungslose Fertigstellung des Bandes verdankt sich aber ebenso der Bereitschaft des Verlages für Sozialwissenschaften, namentlich Frank Engelhardt, sich nicht nur ohne Vorbehalt und voller Zuversicht auf dieses umfangreiche Projekt einzulassen, sondern es zudem auch tatkräftig zu unterstützen.

Die Herausgeber
Berlin, Karlsruhe, Konstanz, Luzern und Nijmegen
im Februar 2008

Literatur

Berger, Peter L. & Thomas Luckmann (1966), *The Social Construction of Reality. A Treatise in the Sociology of Knowledge*, New York: Doubleday; dt. dies (1969), *Die gesellschaftliche Konstruktion der Wirklichkeit. Eine Theorie der Wissenssoziologie*, Frankfurt a.M.: Fischer

Bühl, Walter L. (2002), *Phänomenologische Soziologie. Ein kritischer Überblick*, Konstanz: UVK

Dreher, Jochen (2007), Konstitutionsprinzipien und kulturelle Differenz. Zur Analyse der Konstruktion kultureller Grenzbestimmungen in grundlagentheoretischer Absicht, in: J. Dreher & P. Stegmaier (Hg.): *Zur Unüberwindbarkeit kultureller Differenz. Grundlagentheoretische Reflexionen*, Bielefeld: transcript, S. 127–148

Eberle, Thomas S. (2000), *Lebensweltanalyse und Handlungstheorie. Beiträge zur Verstehenden Soziologie*, Konstanz: UVK

Endreß, Martin (2006), *Alfred Schütz*, Konstanz: UVK

Goethe, Johann Wolfgang von (1982), *Maximen und Reflexionen*. Hamburger Ausgabe, Band XII, Hamburg, München: Beck

Husserl, Edmund (1992 [1913]), *Ideen zu einer reinen Phänomenologie*. Gesammelte Schriften Bd. 5, Meiner: Hamburg

Knoblauch, Hubert (1996), Soziologie als strenge Wissenschaft? Phänomenologie, kommunikative Wissenschaft und soziologische Methode, in: G. Preyer, G. Peter & A. Ulfig (Hg.), *Protosoziologie im Kontext. ›Lebenswelt‹ und ›System‹ in Philosophie und Soziologie*, Würzburg: Königshausen & Neumann, S. 93–105

Knoblauch, Hubert (2007), Phänomenologisch fundierte Wissenssoziologie, in: R. Schützeichel (Hg.), *Handbuch Wissenssoziologie und Wissensforschung*, Konstanz: UVK, S. 118–126

Kurt, Ronald (2002), *Menschenbild und Methode der Sozialphänomenologie*, Konstanz: UVK

Luckmann, Thomas (2007 [1970]), Über die Grenzen der Sozialwelt, in ders.: *Lebenswelt, Identität und Gesellschaft*, Konstanz: UVK, S. 62–90

Luckmann, Thomas (2007a [1973]), Aspekte einer Theorie der Sozialkommunikation, in ders., *Lebenswelt, Identität und Gesellschaft. Schriften zur Wissens- und Protosoziologie*, Konstanz: UVK, S. 91–111

Luckmann, Thomas (2007b [1973]), Philosophie, Sozialwissenschaft und Alltagsleben, in ders., *Lebenswelt, Identität und Gesellschaft. Schriften zur Wissens- und Protosoziologie*, Konstanz: UVK, S. 22–61

Luhmann, Niklas (1996), *Die neuzeitlichen Wissenschaften und die Phänomenologie*, Wien: Picus

Merleau-Ponty, Maurice (1966 [1945]), *Phänomenologie der Wahrnehmung*, Berlin: de Gruyter

Pessoa, Fernando (1989), *Alberto Caeiro – Dichtungen. Ricardo Reis – Oden*, Frankfurt a. M.: Fischer

Plessner, Helmuth (1980), *Anthropologie der Sinne. Gesammelte Schriften Bd. III*, Frankfurt a.M.: Suhrkamp

Plessner, Helmuth (1982), *Mit anderen Augen. Aspekte einer philosophischen Anthropologie*, Stuttgart: Reclam

Raab, Jürgen (2006), Bericht über die Tagung »Die phänomenologische (Neu-)Begründung von Sozialtheorie und Sozialforschung« der DGS-Sektion Wissenssoziologie, *Soziologie. Forum der Deutschen Gesellschaft für Soziologie*, 3, S. 373–378

Sartre, Jean-Paul (1991a [1947]), *Geschlossene Gesellschaft. Stück in einem Akt*. Gesammelte Werke, Theaterstücke Bd. 3, Reinbek bei Hamburg: Rowohlt

Sartre, Jean-Paul (1991b [1943]), *Das Sein und das Nichts. Versuch einer phänomenologischen Ontologie*. Gesammelte Werke, Philosophische Schriften Bd. 3, Reinbek bei Hamburg: Rowohlt

Schnettler, Bernt & Jürgen Raab (2005), Bericht über die Tagung »Sozialwissenschaftliche Potentiale der Phänomenologie« der DGS-Sektion Wissenssoziologie, *Soziologie. Forum der Deutschen Gesellschaft für Soziologie*, 3, S. 353–357

Schütz, Alfred & Thomas Luckmann (1984), *Strukturen der Lebenswelt, Bd. 2*, Frankfurt a.M.: Suhrkamp

Schütz, Alfred & Thomas Luckmann (2003 [1979/1984]), *Strukturen der Lebenswelt*, Konstanz: UVK/UTB

Simmel, Georg (1992 [1908]), Exkurs über die Soziologie der Sinne, in ders., *Soziologie. Untersuchungen über die Formen der Vergesellschaftung*, Frankfurt a.M.: Suhrkamp, S. 722–742

Srubar, Ilja (1999), Woher kommt ›das Politische‹? Zum Problem der Transzendenz in der Lebenswelt, in: A. Honer, R. Kurt & J. Reichertz (Hg.), *Diesseitsreligion. Zur Deutung der Bedeutung moderner Kultur*, Konstanz: UVK, S. 17–38

Srubar, Ilja (2007), *Phänomenologie und soziologische Theorie. Aufsätze zur pragmatischen Lebenswelttheorie*, Wiesbaden: VS-Verlag

Srubar, Ilja & Steven Vaitkus (Hg. 2003), *Phänomenologie und soziale Wirklichkeit. Entwicklungen und Arbeitsweisen*, Opladen: Leske + Budrich

I
Theoretische Positionen und Perspektiven

Thomas Luckmann

Konstitution, Konstruktion: Phänomenologie, Sozialwissenschaft

Einleitung: Konstitution durch das ego, gesellschaftliche Konstruktion

Vor über vierzig Jahren haben Berger und ich unter dem Deckmantel einer wissenssoziologischen Abhandlung eine alte Sicht der menschlichen Welt neu einzuführen versucht. Die damals vorherrschende Soziologie war ein Amalgam des reduktionistischen Positivismus und der von Parsons entwickelten strukturfunktionalistischen Theorie. Sie war nicht, so wie wir das Wort verstanden, eine realistische Erfahrungswissenschaft. Die Auffassung, dass Menschen die Menschenwelt schafften, war in die moderne Wissenschaft von Vico eingeführt, Berger und mir aber durch die Marxschen anthropologischen Schriften und vor allem durch die philosophische Anthropologie Plessners und Gehlens nahe gerückt. Wir fragten, wie eine Wirklichkeit in menschlichen Tätigkeiten über viele Generationen entsteht und so etwas wie Objektivität erwirbt. Wie konnte eine auf diese Weise aus der Natur hervorgegangene historische Wirklichkeit gesellschaftlich zur »zweiten Natur« des Menschen verfestigt werden? Ich erwähne diese alte Geschichte einleitend zum Thema meines heutigen Vortrags, Konstitution, *Konstruktion,* weil der Titel der erwähnten Abhandlung *The Social Construction of Reality* war und ich unmissverständlich darauf hinweisen möchte, dass Berger und ich damals vom noch nicht existenten Konstruktivismus nichts wissen *konnten* und heute von den späteren epistemologisch und wissenschaftstheoretisch unhaltbaren Entwicklungen, welche später so benannt wurden, nichts wissen *wollen.*

Das Thema *Konstitution* und *Konstruktion* spricht sowohl die Frage an, wie die Menschenwelt geschaffen wird und beschaffen ist, wie auch die Frage, wie sie wissenschaftlich erfasst werden kann. Die Fragen sind alles andere als neu. Max Weber griff sie in seinen wissenschaftstheoretischen Abhandlungen auf und machte die Unhaltbarkeit nicht nur des materialistischen Reduktionismus deutlich. Eine Generation später musste Schütz den einheitswissenschaftlichen Erben des alten Reduktionismus noch einmal die Einsicht in die vorkonstituierte Gegenständlichkeit der Menschenwelt, nämlich ihren sinnhaften Aufbau, entgegenhalten. Heutzutage muss den sogenannten Konstruktivisten nicht nur in Erinnerung gebracht werden, dass es die Sozialwissenschaften zwar mit einem im menschlichen Handeln geschaffenen Gegenstand zu tun haben, welcher der Wissenschaft vorgegeben ist, dass jedoch menschliches Handeln aus Nichts nichts schafft. Dieser Gegenstand kann nun systematisch in zwei grundverschiedenen, einander ergänzenden, aber nicht zu vermengenden Weisen betrachtet werden. Einmal wird die Menschenwelt erfahrungswissenschaftlich beschrieben und in ihrem geschichtlichen Zustandekommen erklärt, ein anderes Mal sucht man nach den Bewusstseinsleistungen, welche die universale Struktur der Lebenswelt hervorbringen, einer Struktur, die als Rahmen im Vergleich verschiedener historischer Welten dient. Diese Vergewisserung dient zugleich der Klärung der Voraussetzungen für die andere, viele Selbstverständlichkeiten des gesunden Menschenverstands außer Kraft setzende Betrachtungsweise, die der Erfahrungswissenschaft.

Die phänomenologische Analyse greift in cartesianischer Einstellung radikalen, ebenfalls dem gesunden Menschenverstand unverständlichen Zweifels auf die einzige Evidenz zurück, die jedem von uns, gleichgültig welchen Stand Welterklärungsversuche wie z. B. die Wissenschaften erreicht haben, unmittelbar zur Verfügung steht. Die Evidenz des eigenen Bewusstseins dient der Vergewisserung sowohl der Vorannahmen der eigenen theoretischen Tätigkeit wie der Vergewisserung der spezifisch menschlichen Beschaffenheit des Gegenstands der Geistes-

und Sozialwissenschaften. Ich möchte freilich darüber nicht im Abstrakten und Allgemeinen sprechen. Vielmehr möchte ich versuchen, die Beziehung zwischen einer phänomenologischen Konstitutionsanalyse und der soziologischen Rekonstruktion menschlicher, folglich geschichtlicher Konstruktionen gesellschaftlicher Welten an einem Beispiel zu zeigen.

Dem gesunden Menschenverstand ist Wirklichkeit das, was sich der Erfahrung innen und außen als Wirklichkeit aufdrängt: Hungergefühl, das Stolpern über einen Stein, der Händedruck eines Mitmenschen. All dies formt sich in Bewusstseinstätigkeiten zu besonderen, auf Grund des Sediments abgelagerter Vorerfahrungen jedoch automatisch in ihrer Typik miterfassten Erfahrungen. Wir wissen zwar, dass wir ohne Bewusstseinstätigkeiten wie Wahrnehmung, Erinnerung, Schlussfolgern usw. nichts erfahren können, wissen aber auch, dass die Bewusstseinstätigkeiten etwas erfassen, das sie nicht selbst sind. Das schließt natürlich nicht aus, dass das Bewusstsein gelegentlich, in einer Art theoretischer Einstellung reflexiv auch zu sich selbst zurückkehren kann und die eigene Wahrnehmung oder das eigene Denken in seinen Griff nehmen kann. Aus solchen Annahmen haben sich über die Jahrtausende theoretische Unternehmungen entwickelt, die das Verhältnis zwischen dem Bewusstsein und dem, wovon es Bewusstsein ist, sehr unterschiedlich, schlicht materialistisch oder radikal idealistisch, gedeutet haben.

Eine unserer Alltagspraxis und deren Voraussetzungen nahe Auffassung ist der Wahrheit gewiss näher, als diese zwei extremen Positionen. Gemäß dieser Auffassung konstituiert sich Wirklichkeit in Bewusstseinstätigkeiten, die intentional etwas außer sich selbst erfassen. Ein Teil dessen, was dem Einzelbewusstsein vorgegeben ist, ist eine historische Wirklichkeit. Diese ist allerdings in einer besonderen Weise vorgegeben. Ihr Ursprung weist auf gesellschaftliches Handeln zurück, auf menschliche Konstruktionen, die aber ihrerseits in Bewusstseinstätigkeiten begründet sind.

Konstitution und Konstruktion der Sozialwelt

Wollen wir diesen allgemeinen Sachverhalt an einem Beispiel veranschaulichen. Nichts erscheint uns in der naiven Einstellung des täglichen Lebens so selbstverständlich wie die Gliederung der Wirklichkeit in natürlich Vorgegebenes, z. B. Sterne, Steine, Flüsse, Bäume, und gesellschaftlich-geschichtlich Zustandegekommenes, z. B. Städte, Gesetzbücher, Cousinen ersten und zweiten Grades. Worin liegt der Ursprung dieser Aufteilung der Wirklichkeit? Entspricht sie einer vorgegebenen Aufteilung der Realität, die im menschlichen Bewusstsein getreu wiedergegeben wird? Oder ist sie nur eine unter anderen Möglichkeiten, die unter gegebenen Umständen anderswo und zu anderen Zeiten selbstverständlich werden könnten?

Die meist vertretene Auffassung neigt der erstgenannten Auffassung zu, dass nämlich die Einteilung der Wirklichkeit in einen sinnhaft sozialen und einen bloß natürlichen Bereich auf einer Vorgegebenheit des Seins und Daseins beruht. Das menschliche Bewusstsein könne diese Vorgegebenheit erkennen und Sozialwelt mit Menschenwelt gleichsetzen. Natur sei eben alles andere. Diese Grenzziehung sei kulturunabhängig, normal und universal. Andere Vorstellungen kämen höchstens als Pathologien des Verstands vor. Oder, so kann man entgegen dieser Auffassung fragen, sind die Grenzen zwischen einer sinnhaften Sozialwelt und sinnleerer Natur in menschlichen Wirklichkeitskonstruktionen entstanden? Dann wäre anzunehmen, dass die Ausgliederung der Wirklichkeit in Natur und Kultur nicht starr vorgegeben ist. Die Umrisse der Sozialwelt entstünden vielmehr selbst in gesellschaftlichen, geschichtlichen Deutungsvorgängen, welche von unterschiedlichen Lebenslagen und den damit verbundenen Interessen bestimmt wären. Dies würde jedoch die Möglichkeit nicht ausschließen, dass es in der formalen Struktur dieser Deutungen ein allgemeines Element gäbe. Die phänomenologische Forschung, von Husserl bis Gurwitsch und Schütz, hat gezeigt, wie in bestimmten Bewusstseinsleistungen allgemeine Strukturen der Lebenswelt konstituiert werden. Die von Husserl mit den

Methoden der Epoché (der schrittweisen Ausklammerung von Sinnschichten bis hin zu den grundlegenden intentionalen Vorgängen) und der eidetischen Variation (der Abwandlung des widerspruchsfrei Möglichen) entwickelte Konstitutionsanalyse zeigt, dass unabhängig davon, von welcher konkreten Erfahrung auch immer ausgegangen wird, es möglich ist, biographisch und historisch veränderliche konkrete Bestandteile von »formalen« Strukturen zu unterscheiden, Strukturen, ohne welche die konkrete Erfahrung undenkbar wäre.

Am eindeutigsten treten derartige Strukturen in Kategorien der »selbstgegebenen« präsentativen wie der appräsentativen Wahrnehmung im Raum und in den Rhythmen der inneren Zeit zutage. Nicht weniger einleuchtend ist die Gliederung elementarer lebensweltlicher Strukturen sozialer Beziehungen nach Graden der Unmittelbarkeit, Vertrautheit und Anonymität. In all diesen Beispielen lässt sich die notwendige Beziehung aufzeigen, die zwischen den gesellschaftlich konstruierten, sprachlich ausgedrückten und institutionalisierten Kategorien von Raum, Zeit und sozialer Interaktion und den elementaren Strukturen subjektiver Orientierung in der Lebenswelt besteht.[1]

Konstitution und Konstruktion der Grenzen der Sozialwelt

Kehren wir zum Beispiel der Grenzziehung zwischen Natur und Kultur zurück. In Verbindung einer phänomenologischen mit einer sozialwissenschaftlichen (ethnologisch-soziologischen) Argumentation habe ich vor Jahren festgestellt, dass es keine Gründe dafür gibt, in der Gleichsetzung von Sozialem mit Menschlichem das Normale schlechthin zu sehen (Luckmann 1970).[2] Alle Grenzen der sozialen Welt, unsere eigene eingeschlossen, gehen auf Bewusstseinsleistungen zurück, die allgemein menschlich sind. Daraus folgt selbstverständlich nicht, dass die normal erscheinende Gleichsetzung von Sozialem und Menschlichem, welche seit einiger Zeit die gegenwärtig vorherrschende Unterscheidung von Natur und Kultur bestimmt, ebenfalls universal ist. Als historisches Ergebnis gesellschaftlicher Konstruktionen stellt sie deshalb für die Sozialwissenschaften ebenso eine erklärungsbedürftige Gegebenheit dar, wie eine dem heutigen *common sense* absurd erscheinende, z. B. der Totemismus der australischen *aborigines*. Am Beispiel der erwähnten Argumentation will ich zeigen, wie sich eine phänomenologische Konstitutionsanalyse von einer erfahrungswissenschaftlichen Rekonstruktion historischer menschlicher Wirklichkeitskonstruktionen unterscheidet und wie sie sich ergänzen können.

Die ursprünglich erfahrene Belebtheit der gesamten Lebenswelt beruht auf einer grundlegenden Bewusstseinsleistung, nämlich der Sinnübertragung der eigenen Leiblichkeit als einer Ein-

---

1 Konkrete Erfahrungen können also entweder in der phänomenologischen Beschreibung auf ihre in den intentionalen Leistungen des *ego* konstituierten formalen Eigenschaften »reduziert« oder in der sozialwissenschaftlichen Analyse als komplexe sozio-kulturelle Phänomene rekonstruierend beschrieben und »erklärt« werden. Die Wahrnehmung einer roten Fläche kann zur Erforschung der allgemeinen Voraussetzungen von Oberflächenwahrnehmung und der notwendigen Beziehung von Farbwahrnehmung zu Oberflächenwahrnehmung oder zum Vergleich und zur »Erklärung« der symbolischen Bedeutung von »rot« in verschiedenen Gesellschaften führen; die Erfahrung einer Auseinandersetzung zwischen Vater und Sohn kann zur Betrachtung grundlegender Aspekte sozialer Beziehungen oder zu ihrer »Erklärung« unter dem Aspekt der Generationenbeziehung in spät-modernen Gesellschaften führen. Die phänomenologische Beschreibung der invarianten Formen, in denen innere Zeit artikuliert wird, weist auch die Zeitdimensionen gewohnheitsmäßigen Alltagsverhaltens auf. Dessen Struktur und Funktion werden hingegen soziologisch über die sprachlich und institutionell festgelegten Kategorien für Zeitabläufe analysiert.
2 In einer späteren deutschen Bearbeitung (Luckmann 1994) wird auf die Quellen meiner Auffassung der »universalen Projektion« bei Wilhelm Wundt und auf die ethnographische Dokumentation meiner Darstellung einiger Typen historischer Weltansichten hingewiesen.

heit von innen und außen auf alles, das einem in der Welt begegnet.³ Dabei ist vorauszusetzen, dass diese Übertragung der Bedeutung »Leib« – nennen wir sie die »universale Projektion« – von Fall zu Fall durch die Eigenschaften derjenigen Körper aufgehoben werden kann, denen dieser Sinn automatisch zugesprochen wird. Sinnübertragungen sind jedoch vorläufig; sie gelten nur bis auf weiteres. Sie werden von den *relevanten* Eigenschaften der Dinge, auf welche Bedeutungen übertragen werden, bestätigt, modifiziert oder aufgehoben.⁴ Bestätigungen, Änderungen und Enttäuschungen grundlegender Sinnübertragungen lagern sich im subjektiven Wissensvorrat ab und formen Erwartungsmuster. Man lernt automatisch zu »erwarten«, dass Menschen vorn, nicht hinten eine Nase haben, dass ein vorbeifliegender Vogel nicht in der Luft stehen bleibt. Wie alle Sinnübertragungen erfährt also auch die »universale Projektion«, welche die gesamte Wirklichkeit zu beseelen sucht, durch manche Körper Bestätigung, während sich ihr bestimmte Eigenschaften anderer Körper widersetzen.

Nun unterscheidet sich die »universale Projektion« von anderen grundlegenden Sinnübertragungen in einer wichtigen Hinsicht, denn die Evidenz, welche die Übertragung der Bedeutung »Leib« bestätigt, abwandelt oder aufhebt, ist hier von besonderer Art. Das »Innen« eines Gegenstands, Stein, Baum, Tier, auf den die Bedeutung »Leib« übertragen wird, ist der Erfahrung des *ego* nicht unmittelbar zugänglich. Fremdes Bewusstsein ist nicht selbst gegeben. Die Vermutung seiner Existenz stützt sich auf Indizienbeweise. Das heißt aber, dass die »universale Projektion« durch die Wahrnehmung dieser oder jener Eigenschaft nicht *unmittelbar* betroffen werden kann. Allein die *Deutung* einer bestimmten wahrnehmbaren Eigenschaft – sei es als Symptom eines beseelten Innen, sei es als Hinweis auf dessen Fehlen – führt von Fall zu Fall zu ihrer Bewährung, Abänderung oder Widerlegung.

Wie alle Deutungen werden auch solche Deutungen im Zusammenhang eines Auslegungsrahmens vorgenommen. Wenn es zu Einschränkungen der »universalen Projektion« kommt, werden diese durch sozial vorgegebene Deutungen bestimmt, die sich der Mensch seit seinem Kindesalter angeeignet und verinnerlicht hat. Da nun die Beseelung der Welt durch die »universale Projektion« nicht schlicht von Objekteigenschaften eingeschränkt wird, die unmittelbar und unweigerlich wahrzunehmen sind, wie das bei einfacheren Sinnübertragungen der Fall ist, bleibt es zunächst einmal denkbar, dass die uneingeschränkte Sinnübertragung die Weltsicht einer geschichtlichen Gesellschaft bestimmt. Mit anderen Worten, die »universale Projektion« kann sich zum Prinzip eines objektiven, sozialen Klassifikationssystems umwandeln und von sozialen Institutionen gestützt werden. Eine so geartete Weltanschauung beseelt die gesamte Welt und definiert alle Beziehungen zwischen dem Einzelnen und seiner Umwelt als sozial bedeutsam und all seine Handlungen als moralisch relevant. Die Sozialwelt ist hier nicht ein Teilbereich der Lebenswelt, der neben einem zweiten, dem der Natur besteht, sondern fällt mit der menschlichen Lebenswelt zusammen.

Eine Weltsicht, die auf die uneingeschränkte Auswirkung der »universalen Projektion« begründet ist, entspricht einer idealtypischen Konstruktion, die in so genannten animistischen geschichtlichen Weltsichten annähernd verwirklicht worden ist. Weltsichten entstehen in den vorherrschenden gemeinsamen Relevanzsystemen geschichtlicher Gesellschaftsformen. Diese Relevanzsysteme sind von mehreren Umständen bedingt: der räumlichen Gliederung eines Gebietes, der Ökologie eines natürlichen Lebensraums, der Abhängigkeit von bestimmten Pflanzen und Tierarten, der Rollendifferenzierung im Verwandtschaftssystem, der Verteilung von Macht und Herrschaft, dem Stand der Technik etc. Alle diese Umstände zusammen stellen

---

3 Die Sinnübertragung, Husserls Appräsentation, ist eine allgemeine automatische Bewusstseinsleistung, z. B. in der automatischen Mitgegebenheit der Rückseite eines Gegenstands, wenn uns in der Wahrnehmung unmittelbar nur die Vorderseite gegeben ist.

4 So wird zum Beispiel die Bedeutung »laut«, die sich in der aktuellen Erfahrung eines Tons konstituiert und die sich automatisch auf die nächste Erfahrungseinheit überträgt, entweder durch die Lautstärke des Tones in dieser Phase bestätigt oder durch die nachfolgende Stille aufgehoben.

die »funktionalen Erfordernisse« einer gegebenen Sozialstruktur dar und bilden den bestimmenden Rahmen gemeinsamer Lebenslagen und der in ihnen verankerten Relevanzsysteme. Diese beeinflussen ihrerseits die gesellschaftlichen, institutionellen Verfestigungen von Klassifikationssystemen. Sie bestimmen die Regeln für ihre Anwendung. Auch in einer Weltsicht, in der die Sozialwelt mit Welt schlechthin identisch ist, muss es unterschiedliche Grade oder Arten von Sozialität geben. Praktische Erfordernisse erzwingen eine andere Art des Umgangs mit Bären und Wölfen als mit den Angehörigen des eigenen Stammes und diesem Umstand muss theoretisch Rechnung getragen werden. Meist ergibt sich aus den erforderlichen Unterschieden eine Aufteilung der sozialen Welt in einen alltäglichen und einen außeralltäglichen Wirklichkeitsbereich. Mitmenschen begegnet man in alltäglichen Erfahrungen, anderen Mit-Wesen in einer anderen Sphäre. Wesen in dieser Wirklichkeitsschicht sind mit außergewöhnlichen Eigenschaften und Kräften ausgestattet; man kann ihnen nur in besonderen, ritualisierten Beziehungen begegnen.

Sobald eine Weltsicht gesellschaftlich verfestigt wird, stellt sie für den Einzelnen ein zwingendes System von Auslegungen dar. So erlangt die Weltsicht die Unausweichlichkeit einer subjektiven Wissenskategorie und die Objektivität einer kulturellen Norm, die von jedem normalen Wesen geteilt wird. Deutungen bestimmter wahrnehmbarer Eigenschaften, die sich der »universalen« Projektion konkret entgegenstellen könnten, verlieren auch in Weltsichten, die sich dem Grundtyp einer uneingeschränkt beseelten Welt nähern, an Glaubwürdigkeit. Sie werden weg erklärt oder erst gar nicht beachtet.

Wenn es aber nicht zur Konstruktion einer solchen Weltsicht kommt, oder auch, wenn die Glaubwürdigkeit einer solchen Weltsicht durch verschiedene gesellschaftliche Umstände und geschichtliche Veränderungen angetastet wird, können sich Unterschiede zwischen den Gegenständen, auf welche die Bedeutung »Leib« übertragen wurde, aufdrängen. Einige dieser Gegenstände haben z. B. einen veränderlichen Ausdruck, andere nicht. So kann ein Stein zunächst als Teil eines intersubjektiven Handlungszusammenhangs erfahren werden. Man stolpert über ihn; der Stein hat mir weh getan, nicht ich habe mir am Stein weh getan. Die Außenseite des Steins wird als Verkörperung eines Innen erfahren, das die Handlung motiviert hat. Auch wenn ich nicht über ihn gestolpert bin, kann schon eine besondere Ansicht der Außenseite als Ausdruck eines besonderen Zustandes des Steins aufgefasst werden, z. B. seines bösen Willens. Allerdings ergibt sich eine Schwierigkeit. Wenn ich den Stein nach einiger Zeit erneut betrachte, bemerke ich, dass sich sein Ausdruck nicht verändert hat. Vergleiche ich nun den Stein mit anderen Körpern, die ihren Ausdruck verändern, fällt sein gleichbleibender Ausdruck auf.

Während also eine veränderliche Physiognomie die Bedeutungsübertragung »Leib« auf viele Gegenstände, die mir in der Lebenswelt begegnen, bekräftigt, hat eine unbewegliche Physiognomie die gegenteilige Wirkung. Diese Wirkung wird nur dann aufgehoben, wenn physiognomische Starre mit Hilfe des Paradigmas, in dem die uneingeschränkte Auswirkung der »universalen Projektion« zur herrschenden kulturellen Norm wird, weg erklärt werden kann.

Starre Physiognomie stellt das schwächste Glied in der Glaubwürdigkeit der Weltsichten dar, in denen die gesamte Wirklichkeit beseelt ist. Wenn sich die gesellschaftlichen Interessenlagen, welche bis dahin die Beständigkeit derartiger Weltsichten gestützt haben, verändern, schwächt sich deren Glaubwürdigkeit dementsprechend ab. Dann kann es sein, dass, wenn die Unveränderlichkeit einer Physiognomie wahrgenommen wird, diese nicht nahezu automatisch weg erklärt wird. Sie kann dann als ein Beweis gegen die uneingeschränkte Geltung der »universalen Projektion« gedeutet werden. Die Glaubwürdigkeit von Umständen, die aus dem gesellschaftlichen Wissensvorrat sozusagen nur vom Hörensagen übernommen wurden, ist ohnehin meist leichter zu erschüttern als die jener Tatsachen, die immer wieder unmittelbar erfahren werden. Mit anderen Worten: die Glaubwürdigkeit gerade jener Umstände, die besonderer Erklärung bedürfen, gerät am ehesten ins Wanken. So kann physiognomische Starre zum entscheidenden Klassifikationskriterium für die Grenzen der Sozialwelt werden. Der erste Schritt zur Ausgrenzung der bloßen Natur ist getan.

Dem ersten Schritt kann ein zweiter folgen. Körper, die aufgrund der »universalen Projektion« ursprünglich als »Leiber« aufgefasst wurden, sich aber nicht bewegen, können ein weiteres schwaches Glied des »Indizienbeweises« werden und einer weiteren Ausgrenzung dienen. Bei Bäumen zum Beispiel sind zwar Ausdrucksveränderungen wahrnehmbar, denn sie verändern ihre Farbe, ihre Äste und Blätter bewegen sich und rascheln im Wind, sie werfen Samen ab. Aber man kann nicht sehen, dass sie ihren Standort wechseln. Dieser Umstand unterscheidet den Baum von vielen anderen, durch die »universale Projektion« ursprünglich ebenfalls belebten Körpern, die sich niederlegen, wieder erheben, gehen, springen und laufen. Die Fähigkeit, sich von einem Ort zum anderen zu bewegen, ist für das menschliche Ich mit der wechselnden Perspektive verbunden, unter der es seine Umwelt wahrnehmen kann. Diese Art der Perspektivität ist ein konstitutives Element für das subjektive Bewusstsein der eigenen Leiblichkeit. Bewegung von anderen Körpern liefert so eine zusätzliche Bestärkung der grundlegenden Bedeutungsübertragung für diese Körper. Umgekehrt schwindet die Glaubwürdigkeit der »universalen Projektion«, wenn das Fehlen der Beweglichkeit wahrgenommen wird und nicht durch ein obligatorisches und verinnerlichtes Deutungsmuster neutralisiert wird.[5]

Die Wahrnehmung von Ausdrucksveränderungen und Bewegungen ist nicht abzulösen vom Deutungsrahmen, in dem sie steht. Umso mehr, wenn es eine Sache des *Glaubens* an etablierte Mythen und nicht der unmittelbaren Wahrnehmung ist, ob sich etwas bewegt oder nicht. Wo unmittelbare Evidenz fehlt, spielt der durch Institutionen abgestützte gesellschaftliche Wissensvorrat eine entscheidende Rolle. Die Abgrenzungen der Sozialwelt bei Weltsichten dieser dritten Art entsprechen zwar ungefähr der Aufteilung in »tote« Natur und »lebende« Sozialwelt; der Ein- oder Ausschluss muss jedoch nicht mit modernen botanischen und zoologischen Taxonomien übereinstimmen.

Sibirische Jägerkulturen, die man als totemistisch zu bezeichnen pflegt, unterscheiden sich voneinander in ihrer sozialen Organisation und in ihrer kulturellen Ausformung (Lot-Falck 1953). Es gibt sie in verschiedenen Klimazonen; die ökologische Struktur ihres Lebensraumes ist jeweils unterschiedlich; sie gehen auf verschiedene ethnische und linguistische Grundlagen zurück; sie waren den unterschiedlichsten kulturellen Einflüssen ausgesetzt. Und dennoch haben die Weltsichten dieser Gesellschaften einen gemeinsamen Nenner. Sie stützen sich auf gemeinsame Interessenlagen, die durch die Abhängigkeit von bestimmten Tiergattungen mit stark eingeschränkten Populationen gekennzeichnet sind. Bezeichnenderweise gibt es bei diesen Kulturen keinen grundlegenden Unterschied zwischen Mensch und Tier. Vielmehr werden Ähnlichkeiten zwischen Mensch und Tier in allen wichtigen Vergleichspunkten festgestellt, auch wenn manche Ähnlichkeiten »unmittelbar« wahrgenommen werden, während man von anderen nur »weiß«.

Die Glaubwürdigkeitsstruktur der Weltanschauungen, die dem eben genannten Typ zugeordnet werden können, ist vielschichtig. Das schwächste Glied hier liegt in dem Umstand, dass normale, gegenseitige Kommunikation mit einigen Körpern, auf die ursprünglich die Bedeutung »Leib« übertragen worden war, möglich ist, wohingegen sie mit anderen nicht gelingt. Die deshalb ständig mögliche Bedrohung der Weltsicht wird von besonders darauf zugeschnittenen Erklärungen aufgefangen. So wird eine zwar unterschiedliche, aber gleichwertige Sprache sowohl Pflanzen wie Tieren zugebilligt. Aber nur wenige Sachverständige werden in das Geheimnis eingeweiht. Die innere Stimmigkeit der Weltsicht auf dieser Ebene der Einschränkung der »universalen Projektion« ist so wiederhergestellt – um einen Preis. Soziale Beziehungen mit Tieren müssen in einen Bereich verwiesen werden, der mit dem Alltäglichen nicht mehr identisch sein kann.

Der Vergleich von Mitmenschen und Mit-Tieren kann also auf einen bedeutsamen weiteren Unterschied treffen: Sprache. Wenn die Glaubwürdigkeit eines umfassenden beseelten Weltverständnisses nicht voll stabilisiert ist, kann auch dieser Unterschied zu einem Kriterium für

---

5 Fortune (1963[1932]) berichtet, dass Süßwurzeln als beseelt, menschengleich, gelten und die Tatsache, dass man sie nicht herumwandern sieht, eine schlichte Erklärung findet (»yams walk by night«).

die Trennung von Sozialem und Nicht-Sozialem werden. Damit ist ein entscheidender weiterer Schritt in der Ent-Gesellschaftung der Welt getan. Die Grenzen moralisch bedeutsamer Sozialbeziehungen trennen nicht notwendig zwischen »Mensch« und »Tier« in unserem heutigen Verständnis dieser Begriffe. Sie verlaufen so, dass Sprecher einer Sprache, zum Beispiel Stammesangehörige und vielleicht besondere Tiere, mit denen rituelle Kommunikation hergestellt werden kann, zur Sozialwelt zählen (auf Dobu sprechen die Yams!), während alle anderen außerhalb bleiben. Es gibt Stämme, bei denen der Stammesname sich mit dem Begriff »Mensch« deckt.

Man darf annehmen, dass in allen Gesellschaften, die nicht völlig isoliert waren, die Übersetzbarkeit von Sprachen früher oder später entdeckt wurde. Dies konnte als Grundlage für die weniger »partikularistischen« Begriffe des Menschen, die in einigen der alten Hochkulturen entstanden sind, dienen. Die anthropologische Konzeption, mit der wir am engsten vertraut sind, ist zweifellos diejenige, deren Geschichte unsere eigene Weltanschauung mit dem universalen Humanismus der Renaissance verbindet und über Rom als Brücke sowohl zur griechischen Philosophie wie zum Christentum zurückführt. Trotzdem sind Ausbrüche älterer Partikularismen in modernen nationalistischen Ideologien nicht gerade ungewöhnlich gewesen.

Die vorgestellten Stufen einer Einschränkung der »universalen Projektion«, von veränderlicher Physiognomie über Beweglichkeit bis zu gegenseitiger Kommunikation sind eine idealtypische Konstruktion. Weltsichten, die auf uneingeschränkter »universaler Projektion« beruhen, haben phylogenetischen und vielleicht auch ontogenetischen Vorrang. Weltsichten, in denen Sozialwelt gleich Menschenwelt ist, sind immer aus Weltanschauungen entstanden, in denen die »universale Projektion« weniger eingeschränkt war. Sobald sich eine engere Einschränkung der »universalen Projektion« in einer Weltsicht verfestigt hat, werden die lebensweltlichen Gegenstände, die nicht mehr einen Teil der sozialen Wirklichkeit des Alltags bilden, unter bestimmten Bedingungen als Verkörperung *außergewöhnlicher* Kräfte erfahren, als Vertreter eines transzendenten Bereiches in der Alltagswelt. Zwischen der Ent-Gesellschaftung der Welt und der Ausprägung einer gesonderten religiös-symbolischen Wirklichkeit dürfte eine enge Verbindung bestehen.

Ent-Gesellschaftung ganzer Bereiche der Lebenswelt ist mit ihrer Ent-Seelung einher gegangen. Die geschichtliche Einmaligkeit einer solchen – nämlich der »westlichen« – Entwicklung braucht kaum betont zu werden: Sie beruht offenbar auf einer so vielfältigen Verflechtung verschiedener Umstände, dass ihre Entstehung noch immer nicht eindeutig geklärt ist. Das Ergebnis sehen wir jedoch deutlich: Es umgibt uns als eine mechanistische Konzeption der Welt, in der die »universale Projektion« sozusagen amtlich aufgehoben wurde, in der sich aber Relikte älterer Weltansichten hartnäckig weiter behaupten. Auch heute treffen wir auf Spuren der ursprünglichen »universalen Projektion«.

Schluss

Soweit das Beispiel. Die phänomenologische Beschreibung der universalen Strukturen des Bewusstseins weist die grundlegenden Erfahrungsschichten jeder menschlichen Wirklichkeit auf, nicht aber die konkrete Ausprägung der Erfahrung selbst. Diese ist bedingt durch die typischen Modelle menschlicher Erfahrungen, die in langen historischen Ketten vor allem kommunikativer Handlungen konstruiert, vermittelt und verändert wurden.

Zur Konstruktion historischer Welten zum Schluss noch eine Erläuterung. Gesellschaftliche Handlungen sind Handlungen von Einzelnen, deren Entwurf und Vollzug unmittelbar auf andere Menschen gerichtet sind, oder sie ausdrücklich, wenn auch mittelbar, einbeziehen. Die Handlungen haben, um es zu wiederholen, eine allgemeine, dem menschlichen Bewusstsein in seiner Leiblichkeit eingeprägte Grundstruktur, deren intentionale Leistungen eine Lebenswelt konstituieren. Konkret sind die Handlungen jedoch an den vorhandenen gesellschaftlichen Bedeutungsbeständen ausgerichtet und werden von den gesellschaftlichen Institutionen sowohl motiviert wie modelliert. Die Bedeutungsbestände, einschließlich der Sprache, entstehen ihrerseits ebenfalls aus gesellschaftlichen Handlungen. Sie sind deren teils beabsichtigte, teils ungewollte Ergebnisse. Die gesellschaftlichen Handlungen Einzelner, ob es nun der gewinnsuchende Kauf von Aktien, das Verfassen eines Liebesbriefs oder der Bericht über eine religiöse Vision sein mag, sind natürlich subjektiv motiviert und verfolgen die Ziele des Einzelnen. Manchmal erreichen, manchmal verfehlen sie das Ziel. Zudem werden vom Einzelnen selbst oder von anderen manche Handlungsresultate ausgewählt und systematisiert und gehen als ökonomisches, ästhetisches, religiöses Wissen in die gesellschaftlichen Bedeutungsbestände ein, werden kanonisiert oder zensuriert. Kanonisierung und Zensur haben freilich ebenso wie das ursprüngliche Handeln sowohl intendierte wie unintendierte Konsequenzen. *Konstruktion* als zielgerichtete menschliche, gesellschaftliche Tätigkeit findet insgesamt unter kontingenten Randbedingungen statt.

Literatur

Fortune, Reo Franklin (1963 [1932]), *Sorcerers of Dobu. The Social Anthropology of the Dobu Islanders of the Western Pacific*, EA London: Routledge 1932, überarb. Ausgabe, New York: E.P. Dutton 1963

Lot-Falck, Evelyn (1953), *Les rites de chasse chez les peuples Sibériens*, Paris: Galimard

Luckmann, Thomas (1970), On the Boundaries of the Social World, in M. Natanson (Hg.), *Phenomenology and Social Reality,* The Hague: Mouton S. 73–100

Luckmann, Thomas (1994), Natur – eine geschichtliche Gegebenheit, in Landeshauptstadt Stuttgart Kulturamt (Hg.), *Zum Naturbegriff der Gegenwart,* II, Stuttgart-Bad Cannstadt, S. 193–213

Ilja Srubar

Die pragmatische Lebenswelttheorie[1]

I. Verstehen der Welt

Unter dem hochtrabenden Titel dieses Abschnitts verbirgt sich eine Annahme, die möglicherweise nicht von allen Soziologen geteilt wird. Denn – muss die Soziologie die Welt verstehen? Diese Frage gilt es unabhängig davon zu betrachten, ob die Erfolge der soziologischen Weltauslegung im Einzelnen einsichtig sind oder nicht. Und sie wird auch schon dadurch beantwortet, welche Annahmen über die Beschaffenheit des soziologischen Gegenstands gemacht werden. Wird die soziale Wirklichkeit etwa als ein sinnhafter Handlungszusammenhang, als ein sinnverarbeitendes System oder ein symbolischer Raum oder gar als ein Machtdiskurs aufgefasst, so ist die Soziologie, die ja ein gesellschaftliches Wissenssystem ist, als ein Teil dieser Sinnverarbeitung anzusehen – dies gehört seit den 20er Jahren des vorigen Jahrhunderts zur Grundausstattung des soziologischen Wissens (Mannheim 1969, Scheler 1980). Sinnverarbeitung bedeutet aber immer auch Auslegung, und Auslegung zielt auf Verständnis. Insofern hat die Soziologie in Bezug auf ihren Gegenstand keine Wahl – sie muss ihn verstehen. Das Gebot des auslegenden Zugangs zur sozialen Wirklichkeit ist somit keine Besonderheit »verstehender« Soziologie, sondern gilt als die Bedingung der Möglichkeit von Sozialwissenschaft generell.

Eine andere Frage ist es jedoch, ob und wie die Soziologie die soziale Welt verstehen kann. Eine Sache verstehen und erklären zu können bedeutet in der Tradition seit Descartes (1982) das Denken »more geometrico«. Der reflektierende Beobachter bezieht sich hier auf seinen externen Gegenstand. Wenn es gelingt, das Objekt der Erkenntnis in seine Elemente zu zerlegen und diese in ihrer Beziehung zueinander zu bestimmen, so das es wieder erfolgreich zusammengesetzt werden kann, wird sein Prinzip verstanden und beherrscht. In diesem Subjekt-Objekt Verhältnis ist das Anzeigende, d. h. die Beobachtung, dem Angezeigten, dem Objekt, äußerlich. Die Beobachtung und ihre Methode konstituieren hier den Gegenstand. Für die Soziologie, die – wie wir sahen – selbst ein Teil ihres Gegenstands ist darstellt, ist allerdings ein Verstehen im Rahmen des Subjekt-Objekt-Verhältnisses nicht ohne weiteres anwendbar. Es macht für sie vielmehr Sinn, jenen philosophischen Ansätzen zu folgen, die das Cartesianische Schema aufheben wollen, indem sie das »Verstehen der Welt« dadurch ermöglichen, dass sie das Verhältnis von Beobachter und Objekt radikal umkehren: In der Sicht dieser Ansätze sind es nicht die Annahmen des Beobachters, die eine Sinnstruktur in seinen Gegenstand hineinbringen. Der Beobachter wird hier als ein Bestandteil des Gegenstands gesehen, mit dem er seine Sinnstruktur teilt und sofern befähigt ist, diesen zu verstehen. Semiotisch gesprochen: Das Cartesianische Angezeigte – die »Welt« – wird hier zum Anzeigenden, das vor jedem Zugriff der Wissenschaft bereits die Möglichkeit von Verständnis in sich trägt.

Es sind vor allem die auf die Phänomenologie Husserls zurückgehenden Ansätze, die die Prozesse einer solchen vorwissenschaftlichen Sinnkonstitution thematisieren, durch die »Mensch« und »Welt« miteinander verstrickt sind. Von Husserl ausgehend, thematisiert der phänomenologische Ansatz diese Prozesse auf unterschiedliche Art und Weise:

– Husserl (1962) selbst zielt auf die Akte, in welchen sich die Geltung der Welt für das Subjekt konstituiert und die zugleich die Sinnstruktur der Lebenswelt ausmachen, auf der der menschliche Weltzugang basiert.

---

1 Der zweite Abschnitt des Aufsatzes geht zurück auf Srubar (2005b).

– Heidegger (1967) transformiert das Problem des humanen Weltzugangs in die Frage nach der ontologischen Struktur des Daseins als einem In-der-Welt-Sein, die für ihn die gemeinsame Basis ausmacht, aus der das Subjekt sein Sein, d. h. seine praktische Existenz und ihre Möglichkeiten, verstehen kann.
– In Fortführung dieses Gedankens stehen dann die Sprache als das Sein, das verstanden werden kann, und die Sprachlichkeit des Menschen bei Gadamer (1984, 1990) für die Möglichkeit einer verstehenden Weltauslegung.

Husserls Zugang zu den sinnkonstituierenden Prozessen des menschlichen Weltzugangs in der »natürlichen Einstellung« ist noch nicht völlig frei von cartesianischen Elementen. Wohl stellt für ihn die Sinnstruktur der Lebenswelt, die ego und alter ego gleichermaßen umfasst, den Ausgangspunkt dafür dar, dass die »Welt« für den Menschen überhaupt Geltung und damit Sinn erhalten kann. Aber der Ort, an dem diese Sinnstruktur zum Erscheinen gebracht werden kann, ist jener des transzendentalen Bewusstseins. Damit wird die Aufmerksamkeit auf die Bewusstseinsakte und ihre Intentionalität gelenkt, die für die Sinnkonstitution maßgeblich werden, obwohl für Husserl der Leib und schließlich auch das Handeln wesentliche Momente der präreflexiven Sinnbildung darstellen (1969).

Heideggers ontologische Wende verändert radikal die Perspektive, in der die sinnkonstituierenden Prozesse erscheinen, die das Verstehen der Welt ermöglichen. Auch hier wird von der Vorstellung einer das ego und die »Welt« gemeinsam umfassenden Sinnstruktur ausgegangen. Sie hat aber nicht mehr den Status einer in Bewusstseinsakten aufscheinenden Lebenswelt, sondern den einer Seinsverfassung, in der das ego und die Welt durch die Figur des In-der-Welt-Seins zusammen gedacht werden können. Der Ort, an dem die Sinnstruktur der Seinsverfassung erscheinen kann, ist die Praxis des Daseins, das nicht mehr durch die Intentionalität des Bewusstseins, sondern durch die tätige Sorge um sein Sein in der Sinnstruktur der Seinsverfassung verwurzelt ist. Hier erschließt sich das Verständnis der Welt dem tätigen Subjekt durch sein Agieren in dieser, wobei das »Sein« der Welt auch für den sinngenerativen Mechanismus des menschlichen Zugangs zu dieser steht.

Diese auf den ersten Blick dem soziologischen Konzept der pragmatischen Konstruktion der Wirklichkeit nahestehende Möglichkeit, das Weltverstehen zu begründen, enthält allerdings in Heideggers Fassung einige Momente, die ihre Verwendung im soziologischen Kontext äußerst problematisch machen: Die alltägliche Sozialität als der »normale« Modus der sorgenden Praxis führt bei Heidegger nicht zum adäquaten Seinsverständnis. Im Gegenteil – sie steht für einen Weltzugang, durch den die eigentliche Sinnstruktur des In-der-Welt-Seins verhüllt wird. Damit wird aber der soziale sinngenerative Prozess, dessen Bestandteil die Soziologie selbst ist, zu einem Modus des existentialen Missverstehens erklärt, und folglich kann die Soziologie von hier aus auch keine Klärungshilfe erwarten, es sei denn, sie würde sich aus diesem Prozess lösen und wieder die Position eines externen Beobachters einnehmen. Damit aber würde das Problem des soziologischen Weltverstehens wieder auf den cartesianischen Stand gebracht werden (Heidegger 1967, Srubar 2001).

Für Gadamer (1984) steht die Sprache, die in sich sowohl das Anzeigende als auch das Angezeigte der Welt vereint, für den Ort, an dem die Sinnstruktur der Welt erscheint. Gadamers Vorschlag, die Sprache als das dem Verstehen zugängliche Sein der Welt aufzufassen, will Heideggers Sicht zurechtrücken, in der die Sozialität als ein inadäquater Modus des Weltverstehens erscheint. Die Sprache und die »Sprachlichkeit« des Menschen sind zweifelsohne in seiner Sozialität verankert und stellen zugleich den Raum dar, innerhalb dessen Fremd- und Weltverstehen möglich sind. Das Heideggersche Problem, in dem die menschliche Praxis das Seinsverstehen, dessen Moment sie ist, verhüllen kann, wird in seiner Gadamerschen Fassung zu einem hermeneutischen: Die sprachliche Seinsverfassung verhindere Missverständnisse nicht, biete aber immer die Möglichkeit an, diese durch Auslegung zu beheben. Die Möglichkeit des Weltverstehens schlägt sich also in der – auch sozialwissenschaftlich methodologisierbaren – Hermeneutik nieder, deren Chancen auf der gemeinsamen, d. h. sprachlichen Sinnstruktur von Mensch und Welt beruhen. Jene sozialwissenschaftliche Lösung des Weltverstehens, in der die »Welt« als Text aufgefasst wird, wird hier vorgezeichnet (Hitzler & Honer 1997, Hitzler, Reichertz & Schröer 1999, Soeffner 1989, Geertz 1983).

Wir sehen also, dass die phänomenologisch ausgerichteten Ansätze eine Art sinnstiftende Struktur voraussetzen, in der der Mensch und seine Welt verankert sind und die dem handelnden Einzelnen als auch der menschlichen Wissenschaft von der Welt quasi vorgeschaltet ist. Dabei präferieren sie unterschiedliche Zugänge, in denen diese Sinnstruktur sichtbar wird: Das transzendentale Bewusstsein bei Husserl, die Praxis des Daseins bei Heidegger und die Sprache bei Gadamer stellen so die drei fundamentalen Modi des menschlichen Weltzugangs dar, deren sinngenerativen Zusammenhang man nicht verlassen kann. Der hier sichtbar werdende Zusammenhang von Denk-, Handlungs- und Sprachform stellt in diesem Sinne die konkrete anthropologische Gestalt des hermeneutischen Zirkels dar, die als diskrete Annahme im Hintergrund aller dieser Ansätze steht (Srubar 2003a).

Die phänomenologische Sicht des Weltverstehens wird allerdings im philosophischen und nachfolgend auch im soziologischen Diskurs einer Kritik unterzogen, die sich nicht zuletzt an den drei genanten Modi des Weltzugangs entzündet. Hier die häufigsten Kritikpunkte:

Husserls Konzept der Lebenswelt wird eine bewusstseinsphilosophische Schlagseite vorgeworfen. Infolgedessen werden auch die soziologischen Ansätze, die sich darauf stützen, dem Vorwurf ausgesetzt, die pragmatische und kommunikative Konstitution sozialer Wirklichkeit nicht zu erfassen (Habermas 1981 II: 189ff).

Diese Kritik verdichtet sich in der soziologischen Debatte bis zum Vorwurf der Exklusion des Sozialen (Eickelpasch & Lehmann 1983) und seiner systemischen Machtmomente (Habermas 1981), der sich auf die Heideggersche Variante des Weltzugangs stützen lässt.

Gadamers Konzept setzt schließlich den phänomenologischen Ansatz dem Verdacht einer prinzipiellen Semiotisierung der sozialen Realität aus, der die asemiotischen Momente der Sinnkonstitution ausschließen und dazu zwingen würde, soziale Realität nur in Form von Texten aufzufassen. Auf die Betonung der Sprache als der das Weltverstehen erschließenden Sinnstruktur richtet sich die poststrukturalistische Kritik des Logozentrismus, die die Legitimität von hermeneutischen Verfahren in Frage stellt, weil diese die Verständlichkeit der Welt generalisieren und somit Missverstehen und die unauflösbaren Momente der Transzendenz und Fremdheit in der Welt ignorieren (Derrida 1983, 1984).

Diese Vorwürfe zielen auch auf die soziologischen Konzepte, die der phänomenologischen Perspektive verpflichtet sind, insbesondere dann auf den Ansatz von Alfred Schütz und seine Weiterentwicklung (Srubar & Endreß 1997).

Im Folgenden möchte ich dieser Kritik begegnen, indem ich, von dem Schützschen Ansatz ausgehend, eine pragmatische Theorie der Lebenswelt kurz skizziere, die den vorwissenschaftlichen sinngenerativen Zusammenhang thematisiert, durch den der menschliche Weltzugang und die Konstitution sozialer Realität geprägt werden. Bereits die Bezeichnung »pragmatische Lebensweltheorie« zeigt nicht nur die Distanz zu einer einseitig bewusstseinsphilosophischen Fundierung des Ansatzes an, sondern will jene drei sinngenerativen Modi in ihrem Zusammenhang hervorheben, durch die in dieser Sicht das Weltverstehen als Verstehen der sozialen Wirklichkeit ermöglicht wird. Die Betonung des pragmatischen Moments ergibt sich aus den Implikationen der soziologischen Auslegung sozialer Realität. Die Sinnstruktur der Lebenswelt erschließt sich den Akteuren durch die Interaktion und Kommunikation mit Anderen und Dingen. Das Handeln bekommt hier also den Status des Ortes, an dem der sinngenerative Zusammenhang der Lebenswelt primär aufscheint. Damit verliert es den Charakter des lediglich zu beobachtenden Objekts, dessen Typologie und Taxonomie die Sozialwissenschaft vornimmt, und wird zum konstitutiven Moment jenes Sinnzusammenhangs, aus dem erst eine beobachtende Deutung möglich wird. Es wird als von dem lediglich in der Beobachtung angezeigten Gegenstand zum Anzeigenden der die Handlung konstituierenden Sinnstruktur. Damit werden die Autogenese der Sinnstruktur der sozialen Wirklichkeit qua Lebenswelt »beobachtbar« und die wesentliche Bedingung der soziologischen Weltauslegung erfüllt, die nach einem Zugang verlangt, in dessen Rahmen der soziologische Beobachter nicht außerhalb, sondern innerhalb seines Gegenstands verortet werden muss. Die Betonung der pragmatischen Sinnkonstitution zwingt hier allerdings – im Gegensatz zu Heideggers Sicht des Problems – nicht zum Verlassen der alltäglichen Konstitutionsprozesse, sondern führt in diese hinein.

II. Grundzüge der pragmatischen Lebensweittheorie

Ich möchte nun die Grundzüge des sinngenerativen Zusammenhangs skizzieren, von dem die pragmatische Lebensweittheorie ausgeht. Aus dem soeben Ausgeführten resultiert, dass Bewusstsein, Handeln und Sprache als die konstituierenden Modi der Sinnstruktur der Lebenswelt qua soziale Wirklichkeit auch diejenigen sind, die uns den Zugang zu dieser eröffnen. Wenn auch die unterschiedlichen phänomenologischen Ansätze diese Zugangsmodi unterschiedlich betonen, so gehen sie doch davon aus, dass im Hintergrund der Sinnkonstitution ein Zusammenhang der drei aufgezeigten Momente des Weltverstehens wirksam ist. Der sinngenerative Zusammenhang, in dem sich die Struktur der Lebenswelt aus der Wechselseitigkeit der Bewusstseins-, Handlungs- und Kommunikationsakte generiert, prozessiert auf mehreren Ebenen und kann nicht auf einige davon reduziert werden.

In der phänomenologischen Tradition wurden die einzelnen Komponenten des sinngenerativen Zusammenhangs von Lebenswelt qua Sozialwelt häufig dargestellt (Husserl 1962, Schütz 1932, Berger & Luckmann 1970, Schütz & Luckmann 1975, 1984, Merleau-Ponty 1966 etc.), sodass wir sie hier nur noch zusammenzufügen brauchen.

Ich möchte nun auf die einzelnen Momente des sinngenerativen Zusammenhangs näher eingehen. Dabei wird zu zeigen sein, dass die in ihm enthaltenen allgemeinen Mechanismen der Lebensweltkonstitution in ihrem konkreten Vollzug die Varietät der Sozialwelten hervorbringen.

1. Bewusstsein und Leiblichkeit

Der humane Weltzugang setzt Bewusstsein in seiner Dynamik und Plastizität voraus. Die interaktive und kommunikative Prägung des Bewusstseins und seiner Akte, auf der die Mannigfaltigkeit von Kulturformen beruht, wäre nicht möglich, ohne seine beschreibbare Grundstruktur, auf die die Phänomenologie Husserls zielte. Selbst wenn wir also kollektive Phänomene im Auge haben, dürfen wir die sinngebenden Prozesse des Bewusstseins nicht ignorieren. Im Anschluss an Husserls (1973, 1966, 1962, 1952) Analysen lassen sich folgende sinn- und wirklichkeitskonstituierende Mechanismen des Bewusstseins ausmachen, die für die Lebensweltstruktur in unserem Sinne ausschlaggebend sind:

Es ist in erster Linie die Temporalität der intentionalen Akte, in welchen das Bewusstsein unsere Realität konstituiert, auf die die Plastizität des Bewusstseins und der Konstruktionscharakter seiner intentionalen Korrelate zurückgehen. Objekte des Bewusstseins, deren einzelne wahrgenommenen Momente in der Zeit durch die Bewusstseinsakte zu einer Synthese gebracht werden, sind Zeitobjekte, deren Sinn bereits aus diesem Grunde wandelbar ist. Als Erlebnisse haben Bewusstseinsgehalte immer schon eine noetisch/noematische Doppelstruktur, d. h. sie enthalten ein inhaltliches Korrelat und darüber hinaus die spezifische Art und Weise, in der sich der intentionale Bewusstseinsakt diesem Korrelat zuwendet. In Verbindung mit der Temporalität des Bewusstseinsstromes ergibt dies eine Plastizität und Dynamik des Sinnkonstitutionsprozesses, aufgrund welcher sich die sinngebenden Erfahrungsstrukturen nicht nur anhand der Eigentemporalität des Bewusstseinsstroms, sondern auch durch die Interaktions- und Kommunikationsprozesse, in die sie eingebettet sind, wandeln können.

Eine weitere Form sinnbildender Intentionalität der Bewusstseinsakte, die in unserem Kontext von eminenter Bedeutung ist, stellt die Appräsentation dar, d. h. das Vermögen, Präsentes mit Abwesendem bzw. nicht unmittelbar Wahrnehmbarem zu einer typischen Erfahrungsstruktur zu verbinden. Auf einfachster Ebene ermöglicht die Appräsentation etwa die sinnvolle Konstitution dreidimensionaler Objekte in der Wahrnehmung der Außenwelt. Sie stellt jedoch auch die Voraussetzung für die symbolische Funktion des Bewusstseins dar, d. h. für die Semiosis als dem Prozess der Realitätskonstitution durch Bildung und Verwendung von Zeichen.

Die dem Subjekt zufallenden sinnkonstituierenden Akte sind nicht nur auf Bewusstseinsakte beschränkt. Die Lebenswelt als Korrelat dieser Akte ist nicht nur die eines bewussten, sondern auch die eines leiblichen Subjekts. Der Leib und der leibliche Weltzugang spielen in dem Sinnkonstitutionsprozess eine ebenso wesentliche Rolle, wie das Bewusstsein selbst. Die Leiblichkeit vermittelt zwischen der Innen- und Außenwelt des Subjekts und trägt so ein »Moment der Wirklichkeitsgarantie« in sich. Der Leib ist auch das Zentrum des Raumerlebens, er ist der ultimative Ort des je Eigenen, das sich im evidenten Selbsterleben vom außerweltlich Fremden abhebt. Man kann vielleicht annehmen, die Gedanken des Anderen mitdenken zu können. Man kann aber nicht die Berührung eines fremden Körpers mit der reflexiven Kinästhese der Selbstberührung verwechseln.

Die in der phänomenologischen Tradition herausgearbeitete realitäts- und identitätsbildende Funktion der Leiblichkeit (Merleau-Ponty 1966) hat eine Reihe von Implikationen für die Konstruktion und das Verständnis sozialer Realität: Der Leib als sinnbildende Schnittstelle des Subjekts zur Außenwelt ist sowohl das Medium des Wirkens in der Welt, als auch jenes, durch welche »Welt« auf das Subjekt einwirkt. Phänomene der Macht (Foucault 1977) sowie der Interaktion und Kommunikation generell sind an die Leiblichkeit des Subjekts gebunden und stellen zugleich die Prozesse der sozio-kulturellen Formbarkeit des Leibes dar. Die Materialität und Sinnlichkeit des Leibes bestimmen dabei die Struktur des Handlungsfeldes, sie sind ausschlaggebend für die primäre Gestalt der Medien und formen so die Semiosis und die Relevanzsysteme mit. In diesem Sinne gehört der Leib zu einem der prägenden Momente der Lebensweltstruktur.

Wir sehen also, dass die phänomenologische Analyse der sinnkonstituierenden Akte des Subjekts kein Selbstzweck ist. Zeitlichkeit, Räumlichkeit und die Zeichenfähigkeit als generelle Charakteristiken des menschlichen Weltzugangs sind bereits hier verankert. Andererseits sind es jedoch gerade diese Akte, die die Konstruiertheit der Realität und somit die Differenzen der Weltsicht mitbedingen. Die Plastizität und Reflexivität des Bewusstseins, auf die die Varietät der sozialen Realität mit zurückgeht, liegen in diesen Akten begründet.

2. Handlung, Materialität des Gegenstands, Kommunikation

Um die Konstitutions- und Differenzierungsmechanismen der Lebenswelt zu klären, reicht es nicht aus, die Ebene des Bewusstseins und der Leiblichkeit zu betrachten. Schütz (2004: 291ff) überschreitet diese Grenze, indem er der Analyse der Bewusstseinsakte die Untersuchung der Konstitution von Realität in den Akten des Wirkens hinzufügt, unter dem er das objektgerichtete sowie soziale Handeln, d. h. die Interaktion und Kommunikation versteht. Im Be-handeln der Objekte sowie in der Kommunikation mit Anderen konstituiert sich das Wissen des Wissensvorrats. In den kommunikativen Akten der Wirkensbeziehung greifen die Plastizität des Bewusstseins und die soziale Formung der Sinnkonstitution ineinander. Zugleich werden diese Prozesse als Interaktionen leiblicher Subjekte verstanden, in welchen sich die Struktur des alltäglichen Handlungsfeldes herausbildet. Die Notwendigkeit der zeitlichen, räumlichen und sozialen Koordinierung des Handelns verleiht dieser Struktur ihre prägenden drei Dimensionen.

Die Handlungsabhängigkeit der subjektiven sowie der kollektiven Wissensvorräte führt zu der Annahme, dass es die pragmatische Relevanz, d. h. die handlungsgeleitete Zuwendung zur

Wirklichkeit ist (Schütz 2003: 135f, 182ff, Srubar 1988: 132ff), die einerseits die allgemeine Form der Lebensweltstruktur bestimmt, andererseits jedoch die Typik- und Relevanzstrukturen ihrer jeweiligen sozio-kulturellen Gestalt prägt und auch differenziert. In der pragmatischen Relevanz begegnet uns also einer der allgemeinen konstitutiven Mechanismen der Lebenswelt, die in ihrem Vollzug immer zu andersartigen, d. h. zu zeit-, raum- und gruppenbezogenen Realitätskonstruktionen führt. Da uns die Lebenswelt immer nur im Vollzug der sie realisierenden Praxis begegnet, begegnet sie uns auch immer in Form von mannigfaltigen Wirklichkeiten. Aufgrund der pragmatischen Relevanz ist sie immer in eine Vielfalt heterogener Wirklichkeitsbereiche gegliedert, die sich gegenseitig transzendieren und gegenseitig unvertraut sein können.

Damit kommen wir zu der Frage, ob die Lebenswelt letztendlich doch nicht als ein homogener, sinnhafter Raum begriffen wird, innerhalb dessen für das kommunikativ sozialisierte Ego alles verständlich werden kann. Geht man nunmehr von der pragmatischen Genese der lebensweltlichen Realität aus, dann kann gezeigt werden, dass »Fremdheit« zu den ureigensten lebensweltlichen Erfahrungen gehört. Diese ist einerseits in der pragmatisch bedingten Perspektivität des Wirklichkeitszugangs verankert, durch die die Lebenswelt immer in mehrere Realitätsbereiche aufgegliedert ist, die im Verhältnis einer zeitlichen, räumlichen bzw. sozialen Transzendenz sowie der Vertrautheit/Unvertrautheit zueinander stehen. Andererseits lässt das Wissen darum, dass mein Wissensvorrat sich auf Typen stützt, die als Konstrukte nicht »wirklich« zuzutreffen brauchen, die Transzendenzerfahrung und die damit verbundene Evidenz der innerhalb der Lebenswelt anwesenden Fremdheit allgegenwärtig aufkommen. Das existential Fremde, dessen Evidenz mit der Transzendenzerfahrung einhergeht, lässt sich so aus der Struktur der Lebenswelt nicht tilgen. Wir können dieses Moment des Fremden und des Nichtidentischen zwar durch die Anstrengungen des pragmatischen Handelns und Kommunizierens für einen Moment bannen, aus unserem lebensweltlichen Erfahrungshorizont löschen können wir es aber nicht (Schütz 1971, 262, Schütz & Luckmann 1984: 173ff, Srubar 2003).

Als Fazit unserer Betrachtung der Handlungsebene des sinngenerativen Zusammenhangs der Lebenswelt können wir also festhalten: Der aus der pragmatischen Konstitution der Lebenswelt resultierende Mechanismus der pragmatischen Relevanz stellt einerseits eine allgemeine sinnkonstituierende Struktur dar, auf der anderen Seite bringt er durch seinen Vollzug eine Ausdifferenzierung der Lebenswelt in unterschiedliche, sich gegenseitig transzendierende Lebensweltbereiche hervor.

3. Zeichensysteme, Sprache, Semantiken, Medien

Die Transzendenzerfahrung als Fremdheitserfahrung spielt für die Struktur der Lebenswelt eine konstitutive Rolle. Aus der Anlage der pragmatischen Konstitutionstheorie der Lebenswelt wurde bereits deutlich, dass die Betrachtung des sinngenerativen Mechanismus der Lebenswelt nicht erst auf der Ebene der Semiosis ansetzen kann, sondern von den tieferliegenden Ebenen des Bewusstseins, der Leiblichkeit und des Handelns ausgehen muss. Daraus resultiert, dass im Rahmen der pragmatischen Lebenswelttheorie die soziale Wirklichkeit nicht rein semiotisch, d. h. nicht nur als Text begriffen werden kann. Vielmehr wird klar, dass bereits durch die sinnkonstituierenden Akte des Bewusstseins, des Leibes und des Handelns Sinnstrukturen entstehen, die auf nichtsprachliche bzw. asemiotische Konstitutionsmechanismen zurückgehen. Man könnte hier gar von einer »asemiotischen« Kommunikation sprechen, wenn man Phänomene unmittelbaren leiblichen Kontakts wie Gewalt, Pflege, Sexualität etc. bedenkt. Aus der Sicht der hier angebotenen pragmatischen Lebenswelttheorie wird also deutlich, dass es eine vorsprachliche, d. h. kognitive und pragmatische Sinn- und Wissenskonstitution seitens des Subjekts gibt, dass jedoch andererseits bereits diese sinnkonstitutiven Ebenen Voraussetzungen und Momente semiotischer Sinnkonstitution enthalten. Dazu gehören vor allen Dingen die appräsentativen Akte des Bewusstseins sowie die pragmatisch erzeugte Transzendenzerfahrung. Letztere ist mit einer Praxis verbunden, die offensichtlich kulturübergreifend zur Überwindung der zeitlichen, räumlichen und sozialen Transzendenzen verwendet wird – nämlich mit der Kommunikation und der Entwicklung von Zeichensystemen.

Wir haben gesehen, dass die Möglichkeit der Zeichenbildung einerseits an die appräsentative Funktion des Bewusstseins gebunden ist, andererseits jedoch an pragmatische, das Wissen objektivierende, koordinierend-kommunikative Prozesse. Zeichensysteme sind so nicht nur als semiotische und semantische Systeme zu denken, sondern sie sind immer auch mit ihrer material-medialen Verwirklichung (Schriftarten, Kunst, Musik, Architektur etc.) verbunden. Die von Schütz (2003a: 119ff) entworfene Zeichentheorie versucht dieser Mehrschichtigkeit Rechnung zu tragen. Der Schützsche Ansatz geht über die traditionelle Saussure'sche Zeichenstruktur von signifiant/signifié (Saussure 1967) hinaus, indem er zwei weitere Momente hinzufügt, die für die sinnbildende Funktion von Zeichensystemen unverzichtbar sind. Zu einem Zeichensystem gehört für Schütz immer auch eine materiale Ebene, die er mit dem Begriff des Apperzeptionsschema belegt. Dies ist die Ebene der materialen Träger der Zeichensysteme, d. h. der Artefakte, die als Zeichen in Frage kommen, bzw. diese transportieren. Für die sinnbildende Funktion von Zeichensystemen ist somit immer auch die materiale, ursprünglich auf die Leiblichkeit bezogene Ebene des Mediums mitbestimmend, durch welches die Zeichenbedeutung verwirklicht bzw. transportiert wird. Ist einerseits die Materialität von Zeichen eine allgemeine Bedingung der Semiosis, so stellen die Unterschiede in der medialen Verwirklichung von Zeichensystemen auch Unterschiede zwischen Kulturformen dar. Eine weitere wesentliche Schützsche Erweiterung der sinngebenden Zeichenstruktur besteht in der Erkenntnis, dass es einer Instanz bedarf, durch die die semantischen Werte eines Zeichensystems relativ konstant gehalten werden. Diese Konstanz wohnt nicht dem semantischen Wert des Zeichens selbst inne, sondern stellt eine selbständige Ebene des Zeichensystems dar, die Schütz als »allgemeines Deutungsschema« bezeichnet. Durch dieses wird der sinngebende Zeichenkontext festgelegt und (relativ) auf Dauer gestellt. Damit knüpft die Zeichentheorie an die Definitionsmacht der Diskursebene an.

Nun könnte es scheinen, als sei diese Konstruktion zu statisch. Bedeutet sie nicht, dass Zeichensysteme als Sinnklammer der Lebenswelt doch die pragmatisch generierte Heterogenität der Wirklichkeit homogenisieren? Dieser Tendenz wirkt die von der ursprünglichen Schützschen Zeichentheorie abzuleitende Kreativität der semiotischen Sinnkonstitution entgegen. Exemplarisch lässt sie sich im Rahmen des von uns verfolgten sinngenerativen Zusammenhangs auf der Ebene der Sprache sowie auf der Ebene der symbolischen Zeichenverwendung darstellen. Das Zeichensystem der Sprache spielt natürlich eine prominente Rolle im Prozess der Sinnbildung. Da Sprache pragmatisch gebraucht wird, folgt ihre semantische Gliederung der Handlungsperspektivität ihrer Anwender/Erzeuger. Insofern reproduzieren sie die pragmatisch ausdifferenzierte Aufgliederung der Lebenswelt in ihrer zeitlichen, räumlichen und sozialen Dimension, die somit auch ein konstitutiver Bestandteil der Sprache und der von ihr getragenen Semantiken wird (Srubar 2003a). Der semiotische Charakter der Lebensweltstruktur verweist neben dem diskursiven auch auf den pragmatischen Ursprung ihrer Inhalte. Das erste Moment der Heterogenisierung der Sprache und der Zeichensysteme im allgemeinen besteht so in ihrer pragmatischen Herkunft, was einem »Logozentrismus« entgegensteht.

Auch auf der semiotischen Ebene des sinngenerativen Zusammenhangs der Lebensweltstruktur lässt sich also in Gestalt der Struktur von Zeichensystemen ein allgemeiner Mechanismus aufzeigen, der als Voraussetzung für die Sinnbildung durch Semiosis gelten kann. Die Verzahnung der semiotischen Ebene mit der kognitiv-leiblichen und der pragmatischen Sinnkonstitution bewirkt und begründet einerseits, dass wir sowohl in der formalen Struktur der Zeichensysteme, als auch in der von ihnen getragenen semantischen Sinnstruktur der Lebenswelt auf allgemeine Charakteristika stoßen (Srubar 2003a). So lassen sich anhand der pragmatischen Relevanz der Sinnkonstitution auf der semantischen Ebene der Lebenswelt taxonomische Benennungssysteme ebenso wie Sozialsemantiken der Inklusion und Exklusion sowie Zeit- und Raumsemantiken erwarten. Andererseits setzt die in der Selektivität und im Konstruktionscharakter eingebaute Kreativität der Zeichensysteme im Zusammenhang mit ihrem pragmatischen Gebrauch eine Dynamik frei, auf die die Vielfalt der semantischen Selbstbeschreibungen von Gesellschaften zurückgeht, durch die unterschiedliche Kulturformen gekennzeichnet werden. Auch hier lassen sich also mit Hilfe der pragmatischen Lebenswelttheorie allgemeine Strukturen aufzeigen, ohne dass dadurch die Heterogenität konkreter Lebenswelten verwischt würde.

4. Diskurse

Folgt man der Schützschen Zeichentheorie, so ist die Bedeutung von Zeichen von Kontexten abhängig, die als das allgemeine Deutungsschema eines Zeichensystems die semantischen Werte seiner Elemente *relativ* konstant halten. Dank der pragmatischen Ausdifferenzierung der lebensweltlichen Wirklichkeiten und ihrer entsprechenden Wissenssysteme, gehört es zur Struktur der Lebenswelt, dass mehrere solche allgemeine Deutungsschemata nebeneinander bestehen. Sie können parallel zueinander gelten, häufig treten sie jedoch miteinander in Konkurrenz bzw. in Konflikt. Soziale Prozesse, die aus dieser Dynamik resultieren und in welchen eine selektive Unterscheidung etwa zwischen legitimem und illegitimem Wissen, bzw. zwischen Ortho- und Heterodoxie erfolgt, gehören dann ebenso zu sinngenerativen Zusammenhängen der Lebenswelt, denn sie resultieren aus dem pragmatischen und semiotischen Charakter dieser Struktur. Sie machen die diskursive Ebene des sinngenerativen Zusammenhangs der Lebensweltstruktur aus. Die soziale Formbarkeit der kognitiven Sinnbildung und ihre leibliche Verankerung statten diese diskursiven Prozesse mit einem Moment der Macht aus, der an unterschiedlichen Ebenen und Knotenpunkten des sinngenerativen Zusammenhangs ansetzen und etwa als normativer Zwang, Gewalt, Herrschaft, mediale Wirklichkeitsdefinition etc. auftreten kann. In diesem Sinn kann, wie Berger & Luckmann (1970: 112ff) Jahre vor Foucault festhalten, die Polizei zur wesentlichen Stütze von Philosophie werden.

Man kann also argumentieren, dass auch die sinngenerativen Mechanismen dieser Ebene unsere Hauptthese stützen: Der allgemein feststellbare diskursive Charakter der lebensweltlichen Wirklichkeitskonstruktion ist zugleich die Quelle der Mannigfaltigkeit der Realisierung der Lebenswelt als Kulturwelt. Zugleich erlaubt die Betrachtung der diskursiven Dimension des sinngenerativen Zusammenhangs, die soziale Wirklichkeit in ihren Kulturformen nach dem Reflexionsgrad zu unterscheiden, da die Semantiken der Selbstbeschreibung, die einer Kulturform innewohnen, den Grad der gesellschaftlichen Einsicht in den diskursiven Charakter von Wissensbildung deutlich machen. Man kann dann untersuchen, inwiefern Gesellschaften »erkennen«, dass sie Wissenskonstrukte sind und wie sie versuchen, dieses Wissen zu nutzen und zu instrumentalisieren.

III. Struktur des sinngenerativen Zusammenhangs als Leitfaden der Forschung

Vor diesem Hintergrund können wir einen Schritt weiter gehen und fragen, welche Schnittstellen die pragmatische Lebenswelttheorie und der von ihr thematisierte sinngenerative Zusammenhang für die soziologische und interdisziplinäre Erforschung der Konstitution sozialer Realität bieten.

Auf der materialen Ebene der Empirie wird durch die Annahme des Zusammenhangs von Handlungs-, Denk- und Sprachform, die die Soziologie mit einer Reihe sozial- und kulturwissenschaftlicher Ansätze teilt, eine Anbindung an das breite Spektrum der Humanwissenschaften eröffnet. Dabei muss betont werden, dass diese Thematik ein noch immer offenes Forschungsfeld darstellt, wie man auch an der Diversität der einzelnen Aussagen dazu absehen kann (Srubar 2003, 2003a). Wendet man allerdings das Konzept der Lebenswelt als den Rahmen an, der die Humanwissenschaften an die Struktur ihres Gegenstandes bindet, so zeigt es sich, dass selbst die »positivistisch« inadäquat verfahrenden Ansätze sich den Implikationen ihres lebensweltlichen Gegenstandes nicht gänzlich entziehen können, sondern vielmehr seiner Struktur folgen. Diese Einsicht erlaubt es, eine interdisziplinäre Vielfalt heterodoxer Ansätze aus dem Bereich der Linguistik, Kognitionswissenschaft, Psychologie, Anthropologie, Soziologie sowie der Philosophie zuzulassen und ihre Resultate in ihrer »lebensweltlichen Konvergenz« zu betrachten, statt sie nach den Grundsätzen einer bevorzugten »reinen Lehre« zu bewerten.

Auch auf der theoretischen Ebene führt die pragmatische Lebenswelttheorie dazu, dass die etwa durch den radikalen Konstruktivismus in die Theorie der Konstitution sozialer Realität eingeführten Trennungen zwischen Kommunikation, Bewusstsein, Handlung und Sprache neu gedacht werden können, dies vor allem auch anhand der Resultate der interdisziplinären Forschung auf der materialen Ebene (Srubar 2005a).

Auf der methodologischen Ebene können die begrifflichen Mittel des dargestellten Ansatzes dazu dienen, Datenmaterial in kontrollierter Weise zu deuten, d. h. mit Hilfe der in der Struktur des sinngenerativen Zusammenhangs aufscheinenden Regelhaftigkeit die immanenten Fallregeln zu rekonstruieren. Folgende Momente des sinngenerativen Zusammenhangs können hier als ein Auslegungsleitfaden dienen:

1. Zweifelsohne ist die Temporalität der Sinnkonstitution, d. h. ihre Sequentialität, eine der wichtigsten Mechanismen der Regelhaftigkeit von Sinnkonstitution in allen ihren semiotisch/pragmatischen Gattungen. Dies liegt an der Selektivität der interaktiven bzw. der »syntagmatischen« Anschlüsse, durch die realisierte und nicht realisierte Sinnmöglichkeiten von einander geschieden werden und so eine »Struktur des Falles« hervorbringen.
2. Die leibgebundene Sinnkonstitution lässt die Grundstrukturen des gelebten sozialen Raumes als Handlungs- und Deutungsregulative erscheinen. Befindlichkeit und Verletzlichkeit des Leibes bilden den Hintergrund des Verständnisses von alltäglichen Präferenzsystemen sowie die Grundlage für die Erfahrung der Welttranszendenz.
3. Pragmatische, d. h. handlungsbezogene Prozesse der Sinnkonstitution stehen als Regelprinzip für die notwendigerweise akteursbezogene Perspektivität der Typik- und Relevanzsysteme alltäglicher Handlungsorientierung sowie für deren notwendige Vielfalt und Variation. Die alltägliche Typenbildung und die Typenstruktur alltäglichen Wissens erlauben es, die Typenbildung schlechthin als ein Moment der Regelhaftigkeit sozialwissenschaftlicher Auslegungsverfahren zu benutzen.
4. Die Selektivität der Zeichensysteme, auf die sich die semiotische – kreative – Sinnkonstitution stützt, lässt Regelhaftigkeit als erfahrbare Bildung und Verwendung von bedeutungstragenden Differenzen in Semantiken, kommunikativen Gattungen und Medien aufscheinen.
5. Die pragmatische Genese von Deutungsvarianten sowie die wirklichkeitskonstituierende Mächtigkeit symbolischer Sinnbildung führen zu Konkurrenz um die Definitionsmacht und zur Differenzierung unterschiedlich »mächtiger« Lesarten, deren unterschiedliche Konfigurationen die »Regel« des Falles bestimmen können.

Es ist unschwer zu erkennen, dass die in den angeführten Punkten zum Ausdruck kommenden Momente des sinngenerativen Zusammenhangs im Hintergrund einer ganzen Reihe von interpretativen und hermeneutischen Ansätzen in den Sozialwissenschaften stehen (vgl. etwa Hitzler & Honer 1997, Hitzler, Reichertz & Schröer 1999).

Ich habe die grundlegenden Ebenen des sinngenerativen Zusammenhangs der Lebensweltstruktur dargestellt und ihn als den Zusammenhang der Bewusstseins-, Handlung- und kommunikativen Akte bestimmt, der den menschlichen Weltzugang kennzeichnet und dessen konkreter Vollzug für die Autogenese sinnstrukturierter sozialer Wirklichkeit steht. Dabei wurde, wie ich hoffe, deutlich, dass

1. ein adäquater Zugang zum soziologischen Gegenstand nicht außerhalb dieses Zusammenhangs möglich ist,
2. den eingangs an das phänomenologisch fundierte Weltverstehen gerichteten Vorwürfen nicht immer problemlos zu folgen ist,
3. und dass die pragmatische Lebenswelttheorie infolgedessen sowohl auf der empirischen als auch auf der theoretischen und der methodologischen Ebene der Forschung Erkenntnisgewinne anbietet.

Literatur

Berger, Peter & Thomas Luckmann (1971), *Die gesellschaftliche Konstruktion der Wirklichkeit*, Frankfurt a. M.: Fischer
Derrida, Jacques (1983), *Grammatologie*, Frankfurt a. M.: Suhrkamp
Derrida, Jacques (1984), Guter Wille zur Macht I. Drei Fragen an Hans-Georg Gadamer, in: P. Forget (Hg.), *Text und Interpretation*, München: Fink, S. 56–59
Descartes, René (1982), *Abhandlung über die Methode des richtigen Vernunftgebrauchs und der wissenschaftlichen Wahrheitsforschung*, Stuttgart: Reclam
Eikelpasch, Rolf & Burkhardt Lehmann (1983), *Soziologie ohne Gesellschaft ?*, München: Fink
Foucault, Michel (1977), *Überwachen und Strafen*, Frankfurt a. M.: Suhrkamp
Gadamer, Hans-Georg (1984), Text und Interpretation, in: P. Forget (Hg.), *Text und Interpretation*, München: Fink
Gadamer, Hans-Georg (1990), *Wahrheit und Methode*, Tübingen: Mohr
Geertz, Clifford (1983), *Dichte Beschreibung*, Frankfurt a. M.: Suhrkamp
Giddens, Anthony (1981), *A Contemporary Critique of Historical Materialisms*, London: Routledge
Habermas, Jürgen (1981), Theorie des kommunikativen Handelns, 2 Bde. Frankfurt a. M.: Suhrkamp
Heidegger, Martin (1967), *Sein und Zeit*, Tübingen: Niemeyer
Hitzler, Ronald, Jo Reichertz & Norbert Schröer (Hg. 1999), *Hermeneutische Wissenssoziologie*, Konstanz: UVK
Hitzler, Ronald & Anne Honer (Hg. 1997), *Sozialwissenschaftliche Hermeneutik*, Opladen: Leske und Budrich
Husserl, Edmund (1952), *Ideen zu einer Phänomenologie und phänomenologischen Philosophie*, Husserliana IV, Den Haag: Nijhoff
Husserl, Edmund (1962), *Die Krisis der europäischen Wissenschaften und die transzendentale Phänomenologie*, Husserliana Bd. X, Den Haag: Nijhoff
Husserl, Edmund (1966), *Zur Phänomenologie des inneren Zeitbewusstseins*, Husserliana Bd. X, Den Haag: Nijhoff
Husserl, Edmund (1969), *Ideen zu einer reinen Phänomenologie und phänomenologischen Philosophie*, Bd. 2: Husserliana Bd. IV: Den Haag: Nijhoff
Husserl, Edmund (1973), *Die Idee der Phänomenologie*, Husserliana Bd. II, Den Haag: Nijhoff
Lévi-Strauss, Claude (1949), *Les structures élémentaires de la parenté*, Paris: PUF
Lévi-Strauss, Claude (1967), *Strukturale Anthropologie*, Frankfurt a. M.: Suhrkamp
Luckmann, Thomas (1999), Eine phänomenologische Begründung der Sozialwissenschaften?, in: A. Reckwitz & H. Sievert (Hg.), *Interpretation, Konstruktion, Kultur. Ein Paradigmenwechsel in den Sozialwissenschaften*, Opladen: Westdeutscher, S. 194–202
Luckmann, Thomas (1979), Phänomenologie und Soziologie, in: W. Sprondel & R. Grathoff (Hg.), *Alfred Schütz und die Idee des Alltags*, Stuttgart, S. 196–207
Luhmann, Niklas (1990), *Die Wissenschaft der Gesellschaft*, Frankfurt a. M.: Suhrkamp
Luhmann, Niklas (1996), *Die neuzeitliche Wissenschaft und die Phänomenologie*, Wien: Picus
Mannheim, Karl (1969), *Ideologie und Utopie*, Frankfurt a. M.: Schulte-Bulmke
Marcuse, Herbert (1973), *Existentialistische Marx-Interpretation*, Frankfurt a. M.: Europäische Verlagsanstalt
Merleau-Ponty, Maurice (1966), *Phänomenologie der Wahrnehmung*, Berlin: de Gruyter
Plessner, Helmuth (1931), *Macht und menschliche Natur*, Berlin: Junker und Dünnhaupt
Saussure, Ferdinand de (1967), *Grundlagen der allgemeinen Sprachwissenschaft*, Berlin: de Gruyter
Scheler, Max (1980), *Die Wissensformen und die Gesellschaft*, Bern: Francke

Schütz, Alfred (1971), *Gesammelte Aufsätze*, Bd. 1, Den Haag: Nijhoff
Schütz, Alfred & Thomas Luckmann (1975), *Strukturen der Lebenswelt*, Bd. 1, Neuwied: Luchterhand
Schütz, Alfred & Thomas Luckmann (1984), *Strukturen der Lebenswelt*, Bd. 2, Frankfurt a. M.: Suhrkamp
Schütz, Alfred (2003), *Theorie der Lebenswelt 1: Die pragmatische Schichtung der Lebenswelt*, Bd. V.1 der Alfred Schütz Werkausgabe, Konstanz: UVK
Schütz, Alfred (2003a), *Theorie der Lebenswelt 1: Die kommunikative Ordnung der Lebenswelt*, Bd. V.2 der Alfred Schütz Werkausgabe, Konstanz: UVK
Schütz, Alfred (2004), *Der sinnhafte Aufbau der sozialen Welt*, Bd. II der Alfred Schütz Werkausgabe, Konstanz: UVK
Soeffner, Hans-Georg (1989), *Auslegung des Alltags – Der Alltag der Auslegung*, Frankfurt a. M.: Suhrkamp
Srubar, Ilja (1988), *Kosmion*, Frankfurt a. M.: Suhrkamp
Srubar, Ilja (1998), Phenomenological Analysis and its Contemporary Significance. Alfred Schütz Memorial Lecture, *Human Studies* 21, S. 121–139
Srubar, Ilja (2001), Heidegger und die Grundfragen der Sozialtheorie, in: J. Weiß (Hg.), *Die Jemeinigkeit des Mitseins*, Konstanz: UVK, S. 175–197
Srubar, Ilja (2003a), Unterwegs zu einer vergleichenden Lebensformforschung, in: B. Liebsch & J. Straub (Hg.), *Lebensformen in Widerstreit*, Frankfurt a. M.: Campus, S. 105–137
Srubar, Ilja (2003b), Handeln, Denken, Sprechen. Der Zusammenhang ihrer Form als genetischer Mechanismus der Lebenswelt, in: U. Wenzel, B. Bretzinger, K. Holz (Hg.), *Subjekte und Gesellschaft. Zur Konstitution von Sozialität*, Weilerswist: Velbrück, S. 70–117
Srubar, Ilja (2005a), Sprache als strukturelle Kopplung. Das Problem der Sprache in Luhmanns Theorie, *KZfSS* 57, 4, S. 599–623
Srubar, Ilja (2005b), Die pragmatische Lebenswelttheorie als Grundlage interkulturellen Vergleichs, in: I. Srubar, J. Renn & U. Wenzel (Hg.), *Kulturen vergleichen. Sozial- und kulturwissenschaftliche Grundlagen und Kontroversen*, Wiesbaden: VS Verlag für Sozialwissenschaften 2005, S. 151–171
Srubar, Ilja & Martin Endreß (1997), Sociology in Germany, in: L. Embree (Hg.), *Encyclopaedia of Phenomenology*, Dordrecht: Kluwer Academic Publishers, S. 650–655
Weiß, Johannes (Hg. 2001), *Die Jemeinigkeit des Mitseins*, Konstanz: UVK

Hans-Georg Soeffner

Symbolische Präsenz: unmittelbare Vermittlung[1] – zur Wirkung von Symbolen

I. Ein symbolischer ›Subtext‹ der Moselegende[2]

»Als er aber nahe zum Lager kam und das Kalb und den Reigen sah, ergrimmte er mit Zorn und warf die Tafeln aus seiner Hand und zerbrach sie unten am Berge und nahm das Kalb, das sie gemacht hatten, und zerschmelzte es im Feuer und zermalmte es zu Pulver und stäubte es aufs Wasser und gab's den Kindern Israel zu trinken« (2. Mose 32, 19 und 20).

Schon der Anfang der Legendensammlung, die dem großen Gesetzgeber und Propheten Mose eine unverwechselbare Kontur gibt, verweist auf die Neigung dieses Helden zur Gewalttätigkeit: als er »ward gewahr, dass ein Ägypter schlug seiner Brüder, der Hebräischen, einen [...], erschlug er den Ägypter und scharrte ihn in den Sand« (2. Mose 2, 11 und 12).[3] Aber anders als bei dem Zornesausbruch, den der Anblick des Reigens um das goldene Kalb unmittelbar bei ihm auslöst, geht Mose bei dem Anschlag auf den Ägypter überlegt vor: »und er wandte sich hin und her und da er sah, dass kein Mensch da war, erschlug er den Ägypter« (2. Mose 2, 12). Die Grenze vom Totschlag zum Mord wird überschritten. Es folgt die ›bewusste Verdeckung einer Straftat‹.

Dementsprechend fällt auch die Erzählstruktur der beiden Episoden jeweils anders aus. Der weitgehend nüchtern gehaltenen Beschreibung eines ›Tatherganges‹ auf der einen steht ein hochgradig symbolisch aufgeladener Text auf der anderen Seite gegenüber: Kalb, Reigen, Tafeln, Berg, Feuer, Pulver, Wasser und das Trinken des zu Pulver zermalmten, ins Wasser gestäubten Kalbes bilden eine Kette einander verstärkender und bestätigender Symbole. Hörer oder Leser der Legende füllen unwillkürlich – ›appräsentativ‹ –, gestützt auf den vorangegangenen Kontext die im Text als ›Leerstellen‹ (W. Iser) mit Andeutungscharakter enthaltenen symbolischen Elemente auf. Aus dem Kalb wird das goldene Kalb, der Reigen verbindet sich assoziativ mit der Anbetung des goldenen Idols, der Berg ist der heilige Berg Sinai, die Tafeln sind die von Gott selbst geschaffenen Gesetzestafeln, und das Trinken wird zum Bild eines Straf- und Reinigungsrituals, bei dem die Kinder Israel eine pulverisierte, im Wasser aufgelöste ›falsche Gottheit‹ zugleich zerstören und in sich aufnehmen. Aber die Legende zieht uns nicht nur in ihre Symbolwelt, sondern sie zeigt zugleich auch den Kampf der Symbole und den Sieg der ›wahren‹ Symbolwelt.

So erzählt der Text vordergründig eine symbolisch hoch verdichtete Geschichte, im Hintergrund aber – das will ich zeigen – handelt er von *der spezifischen Wirkung der Symbole*. Um eine Analyse dieser Wirkung und ihrer Ursachen soll es im Folgenden gehen: um eine Ergänzung der von Alfred Schütz und Thomas Luckmann protosoziologisch entworfenen Symboltheorie also, die in sich bereits die wesentlichen Elemente anderer bedeutender Symboltheorien enthält und die ich meinerseits bereits zu erweitern und zu ›soziologisieren‹ versucht habe (vgl. u. a. Soeffner 2000). Diese eingegrenzte und, wie ich hoffe, klar konturierte Problemstellung erlaubt es mir, die kaum überschaubare Literatur zum ›Fall Mose‹ nur dann zu berücksichtigen, wenn sie zur Klärung meiner Frage beitragen könnte. Freuds drei Abhandlungen: »Der Mann

---

1 Im Folgenden geht es um einen Sonderfall dessen, was Helmuth Plessner »das Gesetz der vermittelten Unmittelbarkeit« genannt hat (vgl. Plessner 1975: 321ff).

2 Ich verwende im Folgenden den Ausdruck »Legende« in Anlehnung an André Jolles und im Anschluss an die Textexegese der ›historisch-kritischen Bibelforschung‹ (vgl. Jolles 1982).

3 Die Bibel oder die ganze Heilige Schrift des Alten und Neuen Testaments nach der deutschen Übersetzung Martin Luthers. Neu durchgesehen nach dem vom Deutschen Evangelischen Kirchenausschuss genehmigten Text, Stuttgart 1932.

Moses und die monotheistische Religion« (Freud 1974) tun dies nur am Rande, ebenso die daran anschließenden Überlegungen Jan Assmanns über ›Moses den Ägypter‹ und »Über den Preis des Monotheismus« (Assmann 2004).[4]

II. Vertextete Bilder

Die Legende, selbst sprachlich verfasst, handelt von zwei unterschiedlichen Symbolordnungen, die sie in der Erzählung miteinander verbindet und zugleich unterscheidet: (1) Symbole, die ›gegenständlich unmittelbar‹ sinnlich erfahren: gesehen, gehört, gefühlt, gerochen werden und zu ›unwillkürlichen‹ Körperreaktionen führen können; (2) Symbole, die zwar auf materiale Träger (hier: Steintafeln, sonst: Papyrus, Pergament, Papier etc.) und sinnlich wahrnehmbare (Schrift-)Zeichen angewiesen, im Prinzip aber von dem von ihnen Symbolisierten – im Hinblick auf eine sinnlich erfassbare ›Ähnlichkeit‹ – unabhängig sind. Wie bei Sprachzeichen generell so ist auch die Beziehung zwischen dem Sprachsymbol und dem von ihm Bezeichneten zunächst und solange ›arbiträr‹, bis wir durch Konventionalisierung und sprachliche Sozialisation in eine sprachlich ausgedeutete Welt eingewoben sind: in das Bedeutungsgewebe einer Weltsicht, in der sich die Gegenstände der Sprache und die versprachlichten Gegenstände – in unserem Bewusstsein wie in unserer Lebenspraxis – kaum mehr trennen lassen.

Zunächst scheint es so, als wolle uns die Legende am Sieg der gegenständlich-bildlichen, den Sinnen unmittelbar gegebenen Symbole ›erster Ordnung‹ über die textlich fixierten, in Stein geschriebenen Symbole ›zweiter Ordnung‹ teilnehmen lassen: Der Anblick des um das goldene Kalb tanzenden Volkes ergrimmt Mose derartig, dass er nicht nur sich vergisst, sondern auch, dass jene zwei Tafeln, die er ›aus der Hand wirft und zerbricht‹, von Gott selbst ihm gegeben worden waren – »zwei Tafeln des Zeugnisses, […] steinern und beschrieben mit dem Finger Gottes« (2. Mose 31, 18), »Tafeln des Zeugnisses […], die waren beschrieben auf beiden Seiten. Und Gott hatte sie selbst gemacht und selber die Schrift eingegraben« (2. Mose 32, 15 u. 16).

Mose verliert jede Beherrschung in dem *Augen*blick, in dem er erkennen muss, dass er nicht lediglich harmloses Jauchzen und das »Geschrei eines Singetanzes« (vgl. 2. Mose, 32, 17 u. 18) hört, sondern dass sein Volk einen ›falschen Gott‹ anbetet und das Bild dieses Gottes tanzend verehrt.[5] Da hilft es gar nichts, scheinen uns die Verfasser der Legende zu sagen, dass Gott selbst Mose auf diesen Anblick vorbereitet hat: »Der Herr sprach aber zu Mose: Gehe, steig hinab, denn dein Volk, das du aus Ägyptenland geführt hast, hat's verdorben. Sie sind schnell von dem Wege getreten, den ich ihnen geboten habe. Sie haben sich ein gegossenes Kalb gemacht und haben's angebetet und ihm geopfert und gesagt: Das sind deine Götter, Israel, die dich aus Ägyptenland geführt haben« (2. Mose 32, 7 und 8). Gott droht, dieses Volk zu ›vertilgen‹, woraufhin Mose um Gnade für das »halsstarrige Volk« bittet, eine Gnade, die Gott gewährt.

Etwas berichtet zu bekommen, und sei es von Gott selbst, ist etwas anderes, als das unmittelbare Erleben, vor allem dann, wenn es sich um ein Erleben handelt, das die gesamte Person seelisch und körperlich erfasst. – Hier wird das Erleben im Gegensatz zu anderen Erfahrungen

---

4 Vgl. hierzu auch die kritischen und auf die Sicht der historisch-kritischen Bibelforschung gestützten Gegenargumente von Keel (2004).
5 Die historisch-kritische Forschung hat nachgewiesen, dass es den Verfassern dieser Erzählung wie des gesamten Pentateuch (im 7. Jahrhundert vor Christus) daran lag, die überkommenen Berichte und Legenden programmatisch und bezogen auf aktuelle politische Verhältnisse so zusammenzufassen, dass daraus ein Identifikationstext für das Königreich Juda wurde. In diesem Zusammenhang spielen die Verfasser auf die von ihnen verurteilte Kultpolitik des Königs Jerobeam I an, der an den Heiligtümern zu Bet-El und Dan je ein goldenes Stierbild – zugleich Baal-Idol und Sinnbild des Fruchtbarkeitskultes – aufstellen ließ (1. Könige 12, 28–29). Vgl. hierzu: Gieselmann (1994) und Finkelstein & Silberman (2006: insbesondere 296ff).

des Außer-Sich-Seins wie bei ›Lachen und Weinen‹ (Plessner 1970) noch dadurch verstärkt, dass dem sinnlich Wahrgenommenen zusätzlich eine Dimension unterlegt ist, die ihre Wirkung aus einem anderen Wirklichkeitsbereich erhält, auf den die Symbole appräsentativ mit verweisen: Immanenz und Transzendenz werden in der symbolischen Verdichtung zusammengezogen, die Grenzen des Alltäglichen überschritten und das Überschreiten selbst zu einer Grenzerfahrung dramatisiert, in der ein Mensch sich als ›außer sich‹ erlebt. In dieser Grenzerfahrung nimmt er nicht lediglich eine »exzentrische Positionalität« (Plessner 1975: 288ff) ein, sondern er erlebt und lebt sie.

Im Hintergrund solcher Transzendenzerfahrungen – und sie auslösend – steht in der Mose-Legende der Statthalter der großen, zugleich letzten und absoluten Transzendenz: der monotheistische, d. h. alleinige Gott. Rudolf Otto entwirft diesen Gott (vor allem des Alten Testamentes) als eine Übermacht, der gegenüber der Mensch in ein »Kreaturgefühl« gerissen wird, in das »Gefühl der Kreatur, die in ihrem eigenen Nichts versinkt und vergeht gegenüber dem, was über aller Kreatur steht« (Otto 1917: 10). Dieser Gott kann plötzlich aus dem ›Mysterium‹, aus der ›Verborgenheit‹, heraustreten, *unmittelbar* in die Welt ein- und die Menschen ergreifen (ebd.: 14). Er ist, so Rudolf Otto, das »Numinose«, begrifflich und vernunftmäßig nicht Fassbare: »das Heilige *minus* seines sittlichen Momentes und [...] minus seines rationalen Momentes überhaupt« (ebd.: 6). »Das Moment des Übermächtigen«, der »majestas«, verbunden mit dem »Moment des ›tremendum‹ (des Schauervollen)« wirkt unvermittelt und mit solcher Gewalt auf den Menschen ein, dass er sich diesem Zugriff nicht entziehen kann. Dabei drückt sich das geistig-seelische Erleben der Ohnmacht auch körperlich aus (vgl. ebd.: 18): Der Mensch ist dieser Übermacht vollständig und unmittelbar ausgeliefert.

Für unseren Zusammenhang, die Analyse der unvermittelt einsetzenden und daher kaum zu kontrollierenden Wirkung von Symbolen, ist entscheidend, was die Legende – paradoxerweise sprachlich – ausdrückt und was Rudolf Otto, ihr darin folgend, im Hinblick auf das Heilige, interpretiert: *Vor* aller Zeichenhaftigkeit oder dieser gegenüber existiert das Erleben einer nicht ›vermittelten‹ Präsenz, genauer – ein präsentisches, nicht zeichenhaft vermitteltes Erleben.[6] Allerdings ist dieses ›Jenseits‹ der Vermittlung, der Verweisung, der Hinweise und Zeichen Stehende zugleich symbolisch gekennzeichnet durch ›Unzugänglichkeit‹. Die Legende malt dies, wiederum figurativ, aus.

Dem Gott, dessen Name nicht ausgesprochen werden, von dem es kein Bild geben darf, und der von sich sagt: »kein Mensch wird leben, der mich sieht« (2. Mose 33, 20) ist, belehrt uns der Text (!), ein Gott, der sich zeichenhafter Repräsentation entzieht. Wenn er erscheint, ist er unmittelbar präsent. Er hat und braucht keinen zeichenhaften *Re*präsentanten. Eben dies meint »Offenbarung«: unmittelbare Evidenz. Diese – für das menschliche Bewusstsein paradoxe – göttlich Existenzform, muss aber, wenn Menschen an sie glauben sollen, ohne sie zu sehen, und dies ist das sich daraus ergebende paradoxe Folgeproblem, durch Legenden, durch Texte also, vermittelt werden. Die Ausdrucksform für dieses Paradox ist das Symbol. Seine spezifische Zeichenstruktur zielt letztlich darauf ab, Brücke zwischen dem Sagbaren und dem Unsagbaren zu sein: in der Religion wie in der Kunst (auch wenn ich in der hier vorliegenden, kleinen Studie einen ›religiösen‹ Text gewählt habe und dessen unverkennbar auch vorhandene ästhetische Qualität nicht eigens thematisiere).

Dementsprechend umgibt die Legende ihr Zentrum, das Unsagbare, ›ineffabile‹, mit einer Hülle von ›indexikalischen‹ Symbolen. Ein Beispiel: »Und das Volk sah den Donner und Blitz

---

6 Damit greife ich eine Thematik auf, die Hans Ulrich Gumbrecht vor drei Jahren wieder ins ›diskursive Spiel‹ gebracht hat: die Suche nach einem »Diesseits der Hermeneutik«, das seinerseits im Präsentischen gefunden werden soll. Auch Beschreibung und Auslegung präsentischen Erlebens bleiben, so wird sich im Folgenden zeigen, das Geschäft von Phänomenologie und Hermeneutik. Gumbrechts produktives Missverständnis ist geradezu ein Beispiel dafür (vgl. Gumbrecht 2004).

und den Ton der Posaune und den Berg rauchen. Da sie aber solches sahen, flohen sie und traten von ferne und sprachen zu Mose: Rede du mit uns, wir wollen gehorchen; und lass Gott nicht mit uns reden, wir möchten sonst sterben« (2. Mose 20, 18 u. 19). Das Unsichtbare, die sich dem Bezeichnen und Bedeuten entziehende Lehrstelle, das bildlose Vakuum, ist eingefasst in eine Hülle von Symbolen. Bezeichnend ist dabei, dass auch der Vermittler zwischen dem Volk und Gott, der zugleich personale und symbolische Brückenkopf, nicht in direkten ›face-to-face-Kontakt‹ mit der Gottheit treten, sie nicht sehen kann und darf: »Aber Mose machte sich hinzu in das Dunkel, darin Gott war« (2. Mose 20, 21), wissend, dass der nicht leben wird, der Gott sieht (s. o.).

Der Vermittler steht selbst, bildlich gesprochen, im Niemandsland – zwischen einer Verankerung in der Welt und der Sphäre des Heiligen. Dabei weiß er nicht einmal, dass er allein dadurch, dass er mit dem unsichtbaren Gott und dieser mit ihm geredet – sich sprachlich vermittelt – hatte, selbst als Symbol und Hinweiszeichen dafür eingesetzt wird, dass er in die Nähe des Heiligen geraten ist und dessen Widerschein buchstäblich auf der Haut trägt: »Da nun Mose vom Berg Sinai ging [...] wusste [er] nicht, dass die Haut seines Angesichts glänzte davon, dass er mit ihm geredet hatte« (2. Mose 34, 29). Gott leiht Mose einen Abglanz der göttlichen Aura und schon dieser Abglanz reicht aus, das ›Moment des tremendum‹, des Schreckens auszulösen: »Und da Aaron und alle Kinder Israel sahen, dass die Haut seines Angesichts glänzte, fürchteten sie sich, zu ihm zu nahen« (2. Mose, 34, 30).

Sinnbildlich verweist so die Legende auf die Herkunft der Kraft der Symbole. Sie ist eine Leihgabe des Präsentischen, dessen, ›der ist, der er ist und ewig sein wird‹: der Konzentration des Ewigen im Augenblick. Sinnbilder für die Wirkung solcher göttlichen Leihgaben sind die Gesetzestafeln und der in sie von Gott ›eingegrabene‹ Text. Dieser heilige Text strahlt aus auf jenen Text, der von ihm berichtet. Die Ausstrahlung, der Abglanz der Schrift Gottes, von der berichtet wird, machen den Bericht zur ›Heiligen Schrift‹. Deren erster Bestandteil ist der Pentateuch, in dem wiederum die Mose-Legende eine herausgehobene Stellung einnimmt: die mündlich erteilten Befehle Gottes und seine bis dahin oral tradierten Gesetze werden von Gott selbst verschriftet. So heiligt er die Schrift und erteilt ihr einen Primat vor dem gesprochenen Wort – es sei denn, Gott spreche erneut selbst durch den Mund seiner Propheten. Der Übergang von der mündlichen zur schriftlichen Kultur des Volkes Israel könnte kaum großartiger symbolisch dargestellt und zugleich überhöht werden.

III. Von der Bildersprache zu Sprachbildern

Der die Erzählstruktur der Legende prägende Symbolisierungsvorgang vollzieht sich bei den Symbolen ›erster Ordnung‹, wie bisher deutlich wurde, in drei Stufen. (1) Zunächst wird etwas vorausgesetzt, das außerhalb der Alltagswelt – in der Sphäre des Heiligen – unmittelbar präsent ist.[7] Zwar ist es selbst unsichtbar, unnahbar und unsagbar (ineffabile), dennoch wirkt es direkt und unvermittelt in die Alltagswelt hinein. Es ist nicht in seiner eigenen Erscheinung, wohl aber in seiner unmittelbaren Wirkung – den Momenten des Übermächtigen und des ›tremendum‹ sowie in dem durch sie unwiderstehlich ausgelösten ›Kreaturgefühl‹ des Ausgeliefertseins erfahrbar. (2) Diese Wirkung überträgt sich auf den Abglanz des Heiligen. Er umgibt als – im Falle des glänzenden Mose sichtbare – vor allem aber spürbare Aura Personen und Gegenstände (vgl. Raab 2007), die einerseits ihren Platz in der Alltagswelt haben, andererseits aber durch ihre Aura den Alltag transzendieren. Auch diese auratische Beigabe wirkt unmittelbar präsen-

---

7 Von diesem unmittelbar Präsenten erfahren wir naturgemäß sprachlich *nachdem* es sich geäußert hat: Texte stehen grundsätzlich für das Erzählen im Nachhinein, für die nachträgliche Wiedergabe eines ursprünglich präsenten Geschehens.

tisch, benötigt aber einen Träger, der selbst nicht per se heilig ist, sondern erst durch die Aura geheiligt wird und dadurch seine Gnadengabe, sein Charisma sowie die damit verbundene charismatische Wirkung, empfängt. (3) Schließlich ziehen sich im Alltag erlebbare sinnliche Erscheinungen – Bilder, Klänge, Gerüche, Naturereignisse – zu einem Netz symbolischer Verweisungen zusammen, die, indem sie dem unsichtbaren und unausdrückbaren Heiligen sinnlich wahrnehmbaren Ausdruck verschaffen, das Präsentische ihres Ausdrucks zur Vermittlung des Abwesenden einsetzen: Das absolut Präsente, aber wegen seiner Unsagbarkeit letztlich Stumme, nicht Kommunizierbare, verschafft sich Ausdruck und Wirkung, durch das relativ Präsente – durch die kommunikative Vermittlung zwischen dem sinnlich wahrnehmbaren Präsenten und dem durch es *Re*präsentierten, ›an-sich‹ Unsagbaren, absolut Präsenten. Auf allen drei Ebenen geht es, wenn auch auf unterschiedliche Weise, um das Paradox jener unmittelbaren Vermittlung, aus der sich Kraft und Wirkung der Symbole speisen.

Die Frage ist nun, was die Erzählstruktur der Legende über die Verfasstheit und Wirkung der ›Symbole zweiter Ordnung‹, der sprachlich/schriftlich repräsentierten Symbole, aussagt.

Mose, der Mittler zwischen Gott und dem Volk Israel, ist der einzige, zu dem der Unsichtbare spricht, dem der Unnahbare sich durch die Stimme nähert und dem Unsagbaren Worte verleiht. Mehrfach macht die Legende auf das Außenseitertum dieses Auserwählten aufmerksam, so mit dem Geburt- und ›Kästchenmythos‹, dem Mord an dem Ägypter, der Flucht und dem Dornbuschmythos, vor allem aber mit dem Ausschluss des Propheten aus dem Einzug in das »gelobte Land«. Freuds scharfsinnige, auf der Analyse der Mythen- und Erzählstruktur der Mose-Legende beruhende Frage, was daraus folge, »Wenn Moses ein Ägypter war« (vgl. Freud 1974: 468ff), greift schon mit dem ersten Satz der drei Abhandlungen dieses Außenseitertum provozierend auf: »Einem Volkstum den Mann abzusprechen, den es als den größten unter seinen Söhnen rühmt, ist nichts, was man gern oder leichthin unternehmen wird, zumal wenn man selbst diesem Volke angehört« (ebd.: 459). Wie stark diese Provokation wäre, wenn sie bewusst ausgedrückt und entsprechend aufgenommen würde, wird nicht zuletzt auch bestechend daran deutlich, dass Gott, indem er ausschließlich zu Mose spricht, damit faktisch das Volk Israel aus diesem Dialog ›exkommuniziert‹. Da Gott aber nicht selbst zum Volke spricht, sondern den von ihm Auserwählten stellvertretend sprechen und die göttliche Rede wiederholen lässt, macht er den jeweiligen Propheten sowohl zu seinem Sprachrohr, als auch – modern gesprochen – zu seinem Tonträger. Denn der Prophet muss, beispielhaft Mose, dem nicht nur halsstarrigen, sondern auch überaus vergesslichen Volk Gottes Worte *ständig* wiederholen.

Mit den Gesetzestafeln, dem schriftlichen Zeugnis, und der darauf folgenden Verschriftlichung der dem Propheten ›diktierten‹ Gesetzessammlung, setzt Gott in der Legende der exklusiven Stellung mündlicher, göttlicher Befehls- oder Anweisungsketten ein Ende. Es gibt nun ein schriftlich fixiertes Gesetzeswerk, dessen Einhaltung die Propheten beim Volk einklagen können. Zwar greift Gott immer noch – nach altem Muster vermittelt über seine Propheten ›persönlich‹ oder unmittelbar durch seine Taten (Hilfe oder Strafgerichte) – ein, aber zugleich wird deutlich, dass auch er das Verhalten des Volkes Israel an dem nun schriftlich fixierten Gesetz misst. Die Geschichte der Fixierung des zentralen Gesetzes, des Zeugnisses, auf den Gesetzestafeln aber gibt zugleich Auskunft über die spezifische symbolische Qualität, die dieser Schrift – und womöglich auch den sprachlich verfassten Symbolen überhaupt – durch die Legende implizit zugeschrieben wird. Es könnte eine Qualität sein, deren Explikation etwas Verallgemeinerbares über den Ursprung der Wirkung symbolischer Formung und damit auch sprachlicher Symbole enthält.

Schon auf den ersten Blick ist erkennbar, dass in der Legende erneut – und wiederum sinnbildlich ausgemalt – eine Stufenfolge vorgenommen wird. Zunächst erhält Mose zwei Tafeln, die Gott sowohl hergestellt als auch beschrieben hatte: »Und da der Herr ausgeredet hatte mit Mose auf dem Berge Sinai gab er ihm zwei Tafeln des Zeugnisses; die waren steinern und beschrieben mit dem Finger Gottes« (2. Mose 31, 18). Diese zwei Tafeln, vollständig von Gott geschaffen, sind es, die Mose – ›ergrimmt‹ und mit Zorn – aus seiner Hand wirft und unten am Berge zerbricht (vgl. 2. Mose 32, 19). Damit ist die heilige Urschrift ein Dokument, das sich ganz einer unmittelbaren Schöpfung Gottes verdankt, unwiederbringlich verloren.

Erstaunlicherweise nimmt Gott es seinem Propheten nicht übel, dass dieser die Urschrift zerstört, also sinnbildlich und zugleich buchstäblich gesprochen das ihm übergebene, schriftliche Gesetz als erster »gebrochen« hat. Der Text motiviert diesen ›Gesetzesbruch‹ mit dem Zorn des Propheten über das tanzende Volk, eine Entschuldigung, die angesichts des Sakrilegs dringend erforderlich ist. Gott dagegen – und mit ihm die Redakteure des Textes – schieben dieses Problem auffällig unauffällig beiseite. Gott fordert Mose ganz lapidar auf, zwei neue Tafeln herzustellen: »Und der Herr sprach zu Mose: Haue dir zwei steinerne Tafeln, wie die ersten waren, dass ich die Worte darauf schreibe, die auf den ersten Tafeln waren, welche du zerbrochen hast« (2. Mose 34, 1). »Und Mose hieb zwei steinerne Tafeln, wie die ersten waren« (2. Mose 34, 4). Für diese, nun von Mose gefertigten Tafeln erstellt Gott eine Art Kopie: Mehrfach verdeutlicht der Text, dass es sich um dieselben Worte handelt, die auf den ersten Tafeln geschrieben waren, bis es abschließend heißt: »ER schrieb auf die Tafeln die Worte des Bundes, die Zehn Worte« (2. Mose 34, 28). Den Rest des umfangreichen Gesetzeswerkes diktiert Gott seinem Propheten, der es seinerseits dem Volke mündlich weitergibt. Für die Verschriftlichung sorgen anonyme andere.

Wie bei den Symbolen ›erster Ordnung‹, vollzieht sich demnach der Symbolisierungsvorgang auf drei Stufen. Und wiederum ist mit diesen drei Stufen eine schrittweise Entfernung von der unmittelbar präsentischen Urszene verbunden. Zugleich ist erkennbar, dass gegen die Gefahr des Verlustes jener unmittelbaren Wirkung, die mit der ersten – präsentischen – Stufe verbunden war, Vorsorge getroffen wird. Die Legende versinnbildlicht dies dadurch, dass sie – bezogen auf die zweite Stufe, die ›Kopie‹ – mit der Episode des ›glänzenden Prophetenantlitzes‹ auf die Kraft verweist, die von der Handschrift Gottes auch dann ausgeht, wenn sie auf einem von Menschen gefertigten Schriftträger geschrieben ist. Da Gott zugleich Schrift und Gesetz stiftet, beide göttlichen Ursprungs und miteinander verbunden sind, werden beide geheiligt und das geschriebene Gesetz wird zur ›Heiligen Schrift‹. Nicht nur der darauf folgende, niedergeschriebene Bericht über die Geschichte des von Gott auserwählten Volkes wird in diesen Heiligungsprozess einbezogen. Auch die Schrift als solche, Repräsentantin sowohl einer neuen Selbst- und Weltdarstellungsform als auch eines neuartigen Zeichen- und Wissensspeichers, leiht sich einen Abglanz aus dieser ›zweiten Schöpfungsgeschichte‹.

Dennoch bleibt selbst in dieser Heiligungslegende jenes Misstrauen gegen die Schrift erhalten, das sich auch – in einem ganz anderen Kontext – im Platons VII. Brief findet; das Misstrauen, dass sich eine bestimmte Form des Denkens und der Erkenntnis nicht problemlos verschriften und fixieren lässt. Vielmehr entsteht diese Art des Erkennens »aus dem Zusammensein in ständiger Bemühung um das Problem und aus dem Zusammenleben plötzlich wie ein Licht, das von einem springenden Funken entfacht wird, in der Seele und nährt sich dann weiter« (Platon 1955: 201f). – Zwar geht es in Platons Brief nicht um die unmittelbare Präsenz einer Gottheit, aber dennoch um das Problem einer unmittelbaren, präsentischen Sicht, in der etwas »plötzlich«, d. h. im glücklichen Augenblick (Kairós) ›offenbar‹ wird, das sich nicht ohne Verlust ›vermitteln‹, geschweige denn fixieren lässt. Diese wahrgenommene Differenz zwischen der unvermittelten Evidenz eines Phänomens einerseits und der Vermittlung des ›Offenbarten‹ andererseits verweist nicht auf ein »Diesseits der Hermeneutik« (Gumbrecht 2004), sondern auf deren Ursprung: auf den uns auferlegten, damit notwendigen, aber zugleich unendlichen, weil immer wieder scheiternden Versuch, in der vermittelnden Auslegung das Unvermittelte einzuholen.[8]

Offenkundig traut auch die Mose-Legende der Schrift als quasi selbstversorgter Repräsentantin des Heiligen nicht die Kraft des unmittelbar Präsenten zu, das vermittelt werden soll. Denn nur jene Schrift, die Gott selbst auf die zwei Tafeln geschrieben hat, bewahrt die ›Momente des

---

8 Vgl. hierzu auch Plessners Charakterisierung des »unaufhebbaren Doppelcharakters« der menschlichen Existenz (Plessner 1975: 292).

Übermächtigen und des Tremendum«. Die Bundeslade, in der die Tafeln aufbewahrt und transportiert werden, hebt nicht nur die prachtvolle Ausgestaltung (vgl. 2. Mose, 25, 10ff), die ›majestas‹ der Tafeln, hervor, sondern verweist zugleich auch auf die Gefahr und den Schrecken, die mit dem Heiligen verbunden sind. Wieder erkennen wir einen dreistufigen Prozess von Vorsichtsmaßnahmen, die den Zugang zum Göttlichen regeln. Aufbewahrungsort der Lade ist die Stiftshütte. Deren Außenwände bilden die äußere Schutzsphäre. Der Innenraum der Stiftshütte repräsentiert das Heilige: allerdings so, dass die Bundeslade vom heiligen Raum – der zweiten Sphäre – noch einmal durch einen Vorhang abgetrennt und in einer eigenen, inneren Sphäre gelagert wird: »und sollst [...] die Lade des Zeugnisses innen hinter den Vorhang setzen, dass er euch eine Scheidewand sei zwischen dem Heiligen und dem Allerheiligsten« (2. Mose 26, 33).

Diese Vorsichtsmaßnahmen erweisen sich als notwendig, denn wenn – wie bei der Wanderung des Volkes – die Bundeslade transportiert werden muss und die beiden äußeren Sphären fehlen, läuft jeder Gefahr, der sich der Lade unbefugt nähert: Gott schlägt ihn – wie Usa – »um eines Frevels willen, dass er daselbst [stirbt] bei der Lade Gottes« (2. Samuel 6, 7). Feindlichen Eroberern der Lade ergeht es nicht anders, »Denn die Hand Gottes machte einen sehr großen Schrecken mit Würgen in der ganzen Stadt. Und welche Leute nicht starben, die wurden geschlagen mit Beulen, dass das Geschrei der Stadt auf gen Himmel ging« (1. Samuel 5, 11 und 12).

Indem gezeigt wird, welche Kraft von der von Gott selbst geschriebenen und unmittelbar autorisierten, aber bezeichnenderweise in der Lade verborgenen Schrift ausgeht, will die biblische Schriftensammlung nicht zuletzt davon überzeugen, dass Schriftlichkeit als solche, losgelöst von einem ›heiligen Ursprung‹ und ›göttlicher Legitimation‹, nichts ist, weil sie nichts heiligt. Zugleich aber verweist sie implizit darauf, dass die Kraft der Symbole umso mehr schwindet, je weiter diese sich von ihrem präsentischen Ursprung entfernen, genauer: je weniger sie ›unvermittelt‹, appräsentativ, jenen Teil der im Symbol angelegten Appräsentationsbeziehung aufrufen, der die Alltagswelt transzendiert.

Sinnbildlich erinnert die Bundeslade mit den in ihr verborgenen heiligen Tafeln an jenen selbst nicht zeichenhaften Teil der im Symbol angelegten, appräsentativen Paarung, aus dem das Symbol seine Kraft gewinnt und seine präreflexive Wirkung erzielt. Kurz, die von mir analytisch-rekonstruktiv nacherzählten Legenden lassen sich als reversiver Prozess der symbolischen Formung lesen, der von einem unvermittelt Präsenten ausgeht, sich von diesem immer weiter entfernt, in Gefahr gerät, seinen Symbol- und Wirkcharakter zu verlieren und – von einer verborgenen, durch ihre Wirkung dennoch präsenten ›Heiligen Schrift‹ – zurückgeführt werden muss auf seinen Ausgangspunkt und seine Verankerung in der Transzendenz: auf das durch das Symbol vermittelte, unmittelbare Erleben der Grenzüberschreitung.

IV. Überdeterminiertheit, Ambivalenz, Transzendenz – Das Paradox synthetisierter Unmittelbarkeit

In seiner ›reformulierten Definition des Symbols‹ weist Alfred Schütz der symbolischen Appräsentationsverweisung eine Ausnahmestellung zu. Zwar transzendiert »in allen Appräsentationsverweisungen der appräsentierte Gegenstand das jeweilige ›Hier und Jetzt‹ des Deutenden«, aber in der Regel gehören »die drei Elemente der Appräsentationsbeziehung – das appräsentierende, das appräsentierte Glied des Paares und der Deutende – zur gleichen Wirklichkeitsebene, nämlich zur ausgezeichneten Wirklichkeit des Alltags. Die symbolische Verweisung aber ist dadurch gekennzeichnet, dass sie den geschlossenen Sinnbereich des Alltags transzendiert und dass nur das appräsentierende Glied des Paares ihr angehört, während die Wirklichkeit des appräsentierten Glieds zu einem anderen geschlossenen Sinnbereich oder (in James' Terminologie) zu einem anderen Subuniversum gehört«. Schütz definiert die »symbolische Beziehung« dementsprechend als »eine Appräsentationsbeziehung zwischen zwei Größen [...], die mindestens zu zwei geschlossenen Sinnbereichen gehören, wobei das appräsentierende Symbol ein Bestandteil der ausgezeichneten Wirklichkeit des Alltags ist« (alle Zitate aus Schütz 2003: 182). Er fährt fort: »(Wir sagen ›mindestens zu zwei‹, weil verschiedene Zusammensetzungen, wie zum Beispiel die religiöse Kunst, möglich sind. [...])« (ebd.: 183).

Indem er auf die verschiedenen Zusammensetzungen von unterschiedlichen, geschlossenen Sinnbereichen innerhalb der symbolischen Beziehung hinweist, benennt er ein Problem, das sich durch die gesamte Diskussion über die Besonderheit der Symbole hindurchzieht: auf das Problem der Synthese innerhalb der symbolischen Verweisung und damit auch auf die ›Überdeterminiertheit‹ der Symbole, auf die in ihnen repräsentierten ›Überschneidungen‹: auf Symbole als ›Knotenpunkte‹ und ›Verdichtungen‹ oft miteinander konkurrierender Wirklichkeitsebenen (vgl. Freud 1948: 289, Soeffner 1974: 214f). So schreibt auch Susanne K. Langer – bezeichnenderweise dem »präsentativen« (!) Symbolismus – zu, er zeichne sich dadurch aus, »dass er eine Vielzahl von Begriffen in einem totalen Ausdruck« zusammenfasse, »ohne dass diesen einzelnen Begriffen durch die den Gesamtausdruck konstituierenden Teile jeweils entsprochen wird« (Langer 1965: 191). Zur Überschneidung der unterschiedlichen Wirklichkeiten in den die Alltagswirklichkeit transzendierenden, symbolischen Verweisungen gesellt sich das Problem der Verschachtelung von Hinweisen: »Alles, was ein Hinweis auf etwas anderes ist, kann ein Hinweis auf einen andere Wirklichkeit werden; alles, was ein Hinweis ist, kann ein Hinweis auf einen Hinweis werden« (Schütz & Luckmann 1984: 199).

Unverkennbar kämpfen all diese Überlegungen nicht nur mit dem Phänomen der Überdeterminiertheit und Ambiguität, sondern auch mit dem sich darin strukturell ausdrückenden und zuspitzenden Problem der Ambivalenz der Symbole. Als Knotenpunkte, Brückenköpfe und Grenzmarkierungen für die Bewegung des Transzendierens vom geschlossenen Sinnbereich der Alltagswirklichkeit zu einem oder mehreren anderen geschlossenen Sinnbereichen fungieren Symbole nicht einfach als Verbindungsstücke zwischen diesen Sinnbereichen, sondern sie müssen auch die Spannung, Konkurrenz und Widersprüche aushalten, die sich daraus ergeben, dass die in sich geschlossenen Sinnbereiche unterschiedlichen Eigengesetzlichkeiten unterliegen: Was im Sinnbereich einer bestimmten religiösen Weltsicht als Zeichen der Erlösung gesehen wird, erscheint im Sinnbereich einer politischen Gerechtigkeits- und Strafidee als Hinweis auf ein Verbrechen und im Alltag als Werk eines Zimmermannes, der zwei Holzbalken in Kreuzesform zusammengefügt hat. Das Symbol – als der von Susanne K. Langer beschriebene ›totale‹ Ausdruck – vereint also nicht lediglich eine Vielzahl von Begriffen und Bedeutungen, sondern ebenso *gegensätzliche* Deutungen und Bedeutungen, die zu einer zwar widersprüchlichen, aber als unmittelbar erscheinenden Einheit zusammengezogen werden: zu einer Art *synthetischer Vision a priori*. Die in dieser Vision sich zeigende Ambivalenz ist unauflösbar und die Unauflösbarkeit ein Stein des ständigen Anstoßes: eines sich selbst fördernden Weiterwirkens.

Diesseits einer Spekulation über ›Ursymbole‹ und »Archetypen« des kollektiven Unbewussten« (vgl. Jung 1957: 11ff), lässt sich darüber hinaus feststellen, dass die Semantik der Symbole dem gleichen Schicksal unterliegt wie alles menschliche Deuten und Bedeuten: dem der Geschichtlichkeit. Die Entstehung, Tradierung, Variation – und das In-Vergessenheit-Geraten – der Symbole unterliegen wie alles Menschliche dieser Bestimmung. Dementsprechend müssen Symbole, um ihre Wirkung entfalten zu können, ›gelernt‹ werden: Wir müssen uns die symbolisch ausgedeutete Welt, in die wir hineingeboren werden, aneignen. Die Heiligen Schriften der Religionen, die Sagen, Legenden, Kinder- und Hausmärchen; die Kathedralen und ihre Fenster; die Moscheen, Tempel, heiligen Haine, Bildwelten und Weltbilder; die Sprichwörter, Lieder, Epen und Romane, kurz: die alltagsweltlichen, religiösen und ästhetischen Lagerstätten der Symbole benötigen – auf jeweils unterschiedlichen Ebenen – Institutionen, die diesen Traditions- und Lehrauftrag, implizit oder explizit übernehmen. Um Auslöser kollektiver Emotionen und Reaktionen werden zu können, müssen Symbole und Rituale, die Aktionsform der Symbole, im gesellschaftlichen wie im individuellen Wissens- und Handlungsvorrat verankert sein. Aber gerade weil sie dies sind, fällt auf, wie sehr dem menschlichen Symbolismus daran gelegen zu sein scheint, diese Geschichtlichkeit und Endlichkeit vergessen zu machen: in der Unmittelbarkeit – der symbolischen Präsenz – die geschichtliche Vermitteltheit und in der Aura des Aufscheinens des Transzendenten die Bewegung des Transzendierens zum Verschwinden zu bringen. Die Stelle, an der solche unmittelbare Präsenz suggeriert wird, ist das in einer kollektiven Reaktion fundierte Gemeinschaftserlebnis. Insofern lässt sich – in Anlehnung an Mead – formulieren, dass Sinn und Bedeutung eines Kollektivsymbols in dem unmittelbaren Erleben einer gemeinschaftlichen Reaktion liegen (vgl. Mead 1969: 102).

Bilder als Statthalter des Präsentischen in unserer Wahrnehmung (vgl. II) sind daher nicht zufällig »Antworten auf unsere Fragen nach den sich unserem Wissen entziehenden Antworten« (Schütz 2003: 169). Gleiches gilt für den symbolischen Augenblick, in dem die Zeit still stehen und im Gegenwartsatom die Ewigkeit aufscheinen soll. Wenn Schütz am Ende seines Aufsatzes über »Symbole, Wirklichkeit und Gesellschaft« Goethe zitiert und die empirischen Sozialwissenschaften »anspornen« will, »die symbolischen Formen innerhalb der Sozialwelt [...] zu untersuchen« (ebd.: 197), so hat er als Untersuchungsgegenstand auch jenes Strukturmerkmal symbolischer Verweisung im Blick, das den Augenblick als Garanten unmittelbarer Erkenntnis erscheinen lässt: »Das ist die wahre Symbolik, wo das Besondere das Allgemeine repräsentiert, nicht als Traum oder Schatten, sondern als lebendig augenblickliche Offenbarung des Unerforschlichen« (ebd.:).[9]

Offenkundig handelt es sich bei diesem symbolischen Modus des Präsentischen, der unmittelbaren Vermittlung (Offenbarung) ›des Unerforschlichen‹, um eine nicht nur subjektive, sondern auch intersubjektive Erfahrung, die einen Grenzfall der Kommunikation darstellt oder sich dieser sogar entzieht – ganz so, wie es die Mose-Legende beschreibt, wenn sie von der unmittelbaren Wirkung des Unsagbaren spricht. Schütz selbst stellt bereits fest, dass »Symbole nicht notwendig von Kommunikation« abhängen und »auch häufig außerhalb kommunikativer Vorgänge« auftreten (Schütz 2003: 176) wie etwa in Jakobs Traum von der Himmelsleiter. Das Problem der ›extrakommunikativen‹ Wirkung in der doppelten Bedeutung des ›extra‹ von Symbolen spitzt sich jedoch zu, wenn es zutrifft, dass Symbole in ihrer besonderen Funktion als »Chiffren« transzendenter Erfahrungen »Gemeinschaft ohne Kommunikation« stiften (ebd.:).[10]

Dann nämlich würde in der Unmittelbarkeit des Vermittelten das kommunikative Element des Vermittelten, seine Zeichenhaftigkeit und die *darauf* gegründete Intersubjektivität zum Verschwinden gebracht. In eben diesem Sinne stellt Gershom Scholem fest, dass das Symbol, verstünde man es mit der klassischen Zeichentheorie als Repräsentation eines Signifikats durch einen Signifikanten, letztlich nichts ›bedeute‹ oder mitteile. Vielmehr lasse es »etwas sichtbar werden, was jenseits aller Bedeutung« stehe: »Es ist eine momentane Totalität, die in der Intuition, im mystischen Augenblick, als der dem Symbol gemäßen Zeitdimension, erfasst wird« (Scholem 1980: 30, vgl. dazu auch Soeffner 2000: 190f). Anders ausgedrückt: Der transzendente, ewige Signifikat negiert (oder zerstört) in dem von ihm bewirkten ›mystischen Augenblick‹ den ›endlichen‹ Signifikanten, ohne – und das ist die paradoxe, im positiven Sinne ›absurde‹ Pointe – die Intersubjektivität der Erfahrung zu beschädigen.

Wie immer das Metaphernensemble ausfällt, dessen man sich bedient, um die einzigartige Wirkung der Symbole zu beschreiben, es orientiert sich an den Sprachbildern, mit deren Hilfe man die Topoi der ›Unsagbarkeit‹, der ›Unmittelbarkeit‹ (Offenbarung) oder des Mysteriums des ›Numinosen‹ dann doch noch in Worte zu fassen sucht. Daher soll es abschließend darum gehen, Anhaltspunkte über einen Grundtypus menschlicher Erfahrung zu finden, der diese Topoi und die hieraus entstehenden Paradoxien evoziert.

Noch einmal nehme ich die Legende vom goldenen Kalb zum Leitfaden. An ihrem Ende steht ein Strafgericht. Als Mose mit dem Ruf: »Her zu mir, wer dem Herrn angehört!« dazu

---

9 Schütz zitiert Goethe »Aus Kunst und Altertum«.
10 Schütz zitiert hier Jaspers (1932: 26).

auffordert, eine klare Trennlinie zu ziehen zwischen jenen, die das goldene Kalb anbeten und jenen, die sich zum Gott Israels bekennen, scharen sich – nicht zufällig – »alle Kinder Levi« um ihn (2. Mose 32, 26). Es ist der Stamm, dem Mose selbst angehört (2. Mose 2, 1). Denn das, was diesem Stamm nun abverlangt wird, erfordert eine absolute, buchstäblich unmenschliche Loyalität, die Mose am ehesten Blutsverwandten zutraut. Schließlich geht es um die Ausführung eines Mordbefehls. Der Gefolgschaft wird befohlen: »Es erwürge ein jeglicher seinen Bruder, Freund und Nächsten«, falls diese nicht dem Herrn, sondern dem Kalb angehören (2. Mose 32, 27). Dreitausend Opfer sind das Ergebnis der Ausführung des Befehls (2. Mose 32, 28).

In einer hochkomplexen, eine Fülle von Widersprüchen in sich vereinigenden Opfersymbolik zieht die Legende hier – Mythen und Zeiten überspringend und zugleich vereinigend – Elemente unterschiedlicher Bildwelten zu einem großen Heilsgemälde zusammen, in dessen Gesamtkomposition Altes und Neues Testament aufeinander bezogen werden. Der Tanz um das goldene Kalb, um ein Baals-Idol und Sinnbild von Fruchtbarkeitsmythen, löst einerseits zwangsläufig Gottes alttestamentarisches Strafgericht aus – mit Mose als Strafrichter. Im Sinnbild des Kalbes versteckt sich aber andererseits zugleich ein Gott wohlgefälliges Opfer. Das Kalb gilt schon im Alten Testament als Opfertier ›ohne Makel‹, weshalb es in der christlichen Ikonographie des ›neuen Bundes‹ Christus repräsentieren kann (vgl. Kirschbaum 1994: 479), und mit ihm den Gott des Neuen Testaments. Im Mythos des ›Neuen Bundes‹ werden die im ›alten Bund‹ sich häufenden Strafgerichte durch den Opfertod Christi überwunden. Symbolischen Ausdruck findet diese Überwindung im Ritus der Eucharistie, des Abendmahls, bei dem die Gläubigen Brot und Wein – Leib und Blut Christi – in der Erinnerung an dessen Opfertod zu sich nehmen. In diese Erinnerung schiebt sich wiederum eine andere, sehr viel ältere: die an das zu Staub zermahlene, ins Wasser »gestäubte« goldene Kalb, das Mose dem Volk Israel, Gottes auserwähltem Volk, zu dem später ›Jesus von Nazareth‹ gehören wird, zu trinken gibt. Dieser Trank als Reinigungsritual wird seinerseits als Hinweis auf die Taufe, ein Reinigungssakrament des Neuen Bundes, gelesen (ebd.: 480), so wie das Zerbrechen der Gesetzestafel als Verweis auf das Scheitern des Alten Bundes und die Heraufkunft eines Neuen Bundes gedeutet wird.

So kann in der Tradierung und der Geschichte der biblischen Symbole durch immer neue Zusammenfügungen einzelner symbolischer Elemente einerseits ›jeder Hinweise wiederum Hinweis auf einen weiteren Hinweis werden‹ (s. o.), zugleich aber repräsentieren die jeweiligen Zusammensetzungen andererseits immer aufs Neue in symbolischer Verdichtung die »Koexistenz verschiedener Ordnungen« (Schütz 2003: 184) zu einem Gesamtbild, dessen – in immer neuen Variationen durchgespieltes – Thema der unauflösbare Zusammenhang von grenzenloser Macht und völliger Ohnmacht, Schuld und Opfer(tod), Endlichkeit und Ewigkeit bleibt: die Auseinandersetzung mit den Grenzen und den darin angezeigten Transzendenzen der menschlichen Existenz.

In seinen Untersuchungen zu literarischen Symbolen entwickelt Hermann Pongs die These, dass die zentrale Funktion des Symbols, genauer wäre: des symbolischen Ausdrucks, darin bestehe, »eine dem Menschen im Grunde unerträgliche Wahrheit, die er gerade in Symbolgestalt noch fasst«, zu vermitteln (Pongs 1963: 5). Die Analyse der Mose-Legende weist in eine ähnliche Richtung. Vor allem aber lässt sich erkennen, wann symbolische Ausdrucksmittel verstärkt eingesetzt werden: in Krisensituationen, in Situationen, in denen wir »an die Grenze des Alltags« stoßen, d. h. beim »Zusammenbruch gewohnter Ordnungen, in der Verrücktheit eines ›anderen Zustands‹« (Schütz & Luckmann 1984: 142). Wenn es darum geht, über solche Grenzüberschreitungen zu berichten, entsteht jenes Problem, das die Legende symbolisch veranschaulicht: Die andere, außeralltägliche Wirklichkeit entzieht sich den ›normalen‹ Ausdrucksformen der Berichterstattung. Denn das »Schockerlebnis des Grenzübertritts« als »reiner‹ Bewusstseinsvorgang« wird uns zwar in der Erinnerung zurückgebracht, aber diese »Erinnerungen selbst sind nun Hinweise auf andere Wirklichkeiten«. Sie sind nicht mehr das Ursprungserlebnis, sondern ›abgeleitet‹, »symbolnah« oder »vollends zu Symbolen verfestigt«. Als tatsächliche Wiederholung des Schockerlebnisses würden auch die Symbolisierungen »ins Unbestimmte zerfließen« (alle Zitate ebd.: 196f).

Krisenhafte Erschütterungen, in denen der »Alltags selbst [...] fremd, außeralltäglich« (Schütz & Luckmann 1984: 198) geworden ist, markieren also die Stelle, an denen solche Symbolisierung einsetzt. Mit dem Grenzübertritt wird zugleich die Grenze der Kommunikation angezeigt. Symbole sind somit jenes paradoxe Kommunikationsmittel, das die Grenzen der alltäglichen Kommunikation vermittelt. So wie uns die Krisensituationen unmittelbar die Grenzen des Alltags präsentieren, so präsentieren uns Symbole als Hinweise sowohl auf das ›Schockerlebnis des Grenzübertritts‹ als auch auf das Erleben einer anderen Wirklichkeit das an sich Unvermittelbare in der symbolischen Appräsentationsverweisung. So gesehen sind Symbole nicht nur Statthalter des Außeralltäglichen im Alltag, sondern sie fungieren zugleich auch als unübersehbarer Hinweis auf die permanent drohende Gefahr des Zusammenbruches des Mundanen, des Versagens alltäglicher Ordnungen und damit auf die Labilität menschlicher Existenz.

Im Hinblick auf die großen Transzendenzen erzielen die Symbole ihre Wirkung durch die unmittelbare Synthese von Bedrohung und Antwort, durch die Simultaneität von Alltag und Außeralltäglichem im symbolisch-präsenten Ausdruck und durch die im Symbol angezeigte Erfahrung eines ›Jenseits‹ der alltäglichen Existenz: »Diese Erfahrung des Jenseits (epekeina) der erfahrenen Existenz, dieses Bewusstsein des Jenseits-von-Bewusstseins, welches das Bewusstsein konstituiert, indem es in es hineinreicht, das ist der Realitätsbereich, der sich durch die Symbole mythischer Imagination selbst artikuliert« (Voegelin 1997: 35). Anders ausgedrückt: Das analytisch entschlüsselte Symbol präsentiert exemplarisch den Mythos von der widersprüchlichen Einheit der menschlichen Existenz im Paradox der vermittelten Offenbarung.

Literatur

Assmann, Jan (2004), Ist der neue Mensch ein Eiferer? Über den Preis des Monotheismus, *Neue Zürcher Zeitung*, 30/31. Oktober
Finkelstein, Israel & Neil A. Silberman (2006 [2001]), *Keine Posaunen vor Jericho. Die archäologische Wahrheit über die Bibel*, München: Beck
Freud, Sigmund (1974 [1939 (1932–1938)]), Der Mann Moses und die monotheistische Religion. Drei Abhandlungen, in: *Freud-Studienausgabe, Band IX*, Frankfurt a.M.: Fischer, S. 455–581
Freud, Sigmund (1948), *Gesammelte Werke, Band II/III*, hg. v. Anna Freud, London: Imago Publishing
Gieselmann, Bernd (1994), Die sogenannte Josianische Reform in der gegenwärtigen Forschung, *Zeitschrift für die alttestamentliche Wissenschaft* 106, S. 223–242
Gumbrecht, Hans-Ulrich (2004), *Diesseits der Hermeneutik. Die Produktion von Präsenz*, Frankfurt a.M.: Suhrkamp
Jaspers, Karl (1932), *Philosophie, Band III, Metaphysik*, Berlin u. a.: Springer
Jung, Carl G. (1957), *Bewusstes und Unbewusstes. Beiträge zur Psychologie*, Frankfurt a.M. & Hamburg: Fischer
Jolles, André (1982 [1930]), *Einfache Formen: Legende, Sage, Mythe, Rätsel, Spruch, Kasus, Memorabile, Märchen, Witz*, Halle: Niemeyer
Keel, Othmar (2004), Monotheismus – ein göttlicher Makel? Über eine allzu bequeme Anklage, *Neue Zürcher Zeitung* 30/31. Oktober
Langer, Susanne K. (1965 [1942]), *Philosophie auf neuem Wege. Das Symbol im Denken, im Ritus und in der Kunst*, Frankfurt a.M.: Fischer
Luckmann, Thomas (1991 [1963]), *Die Unsichtbare Religion*, Frankfurt a.M.: Suhrkamp
Kirschbaum, Engelbert (Hg. 1994 [1970]), *Lexikon der christlichen Ikonographie, II. Band*, Freiburg: Herder
Mead, George Herbert (1969), *Philosophie der Sozialität. Aufsätze zur Erkenntnisanthropologie*, Frankfurt a.M.: Suhrkamp
Otto, Rudolf (1917), *Das Heilige. Über das Irrationale in der Idee des Göttlichen und sein Verhältnis zum Rationalen*, München: Beck

Platon (1955), Der VII. Brief, in ders.: *Mit den Augen des Geistes*, Nachwort und Anmerkungen von Bruno Snell, Frankfurt a.M. & Hamburg: Fischer, S. 177–213
Plessner, Helmuth (1970), *Philosophische Anthropologie. Lachen und Weinen. Das Lächeln. Anthropologie der Sinne*, hg. v. Günther Dux, Frankfurt a.M.: Fischer, S. 11–171
Plessner, Helmuth (1975 [1928]), *Die Stufen des Organischen und der Mensch*, Berlin & New York: De Gruyter
Pongs, Hermann (1963 [1939]), *Das Bild in der Dichtung, II. Band, Voruntersuchungen zum Symbol*, Marburg: Elwert
Raab, Jürgen (2007), *Präsenz und Präsentation* (Vortrag zur mündlichen Habilitationsprüfung am 31. Januar 2007)
Scholem, Gershom (1980 [1967]), *Die jüdische Mystik in ihren Hauptströmungen*, Frankfurt a.M.: Suhrkamp
Schütz, Alfred & Thomas Luckmann (1984), *Strukturen der Lebenswelt*, Bd. 2, Frankfurt a.M.: Suhrkamp
Schütz, Alfred (2003), *Theorie der Lebenswelt 2. Die kommunikative Ordnung der Lebenswelt,* Werkausgabe, hg. von Richard Grathoff, Hans-Georg Soeffner & Ilja Srubar, Band V.2, hg. von Hubert Knoblauch, Ronald Kurt & Hans-Georg Soeffner, Konstanz: UVK
Soeffner, Hans-Georg (1974), *Der geplante Mythos. Untersuchung zur Struktur und Wirkungsbedingung der Utopie*, Hamburg: Buske
Soeffner, Hans-Georg (2000), Zur Soziologie des Symbols und des Rituals, in ders., *Gesellschaft ohne Baldachin. Über die Labilität von Ordnungskonstruktionen*, Weilerswist: Velbrück, S. 180–208
Voegelin, Eric (1997), *Evangelium und Kultur. Das Evangelium als Antwort*, München: Fink

Hubert Knoblauch

Transzendentale Subjektivität
Überlegungen zu einer wissenssoziologischen Theorie des Subjekts

Die Renaissance des Subjekts

Nachdem das Subjekt seit einiger Zeit für tot erklärt wurde, feiert es in den letzten Jahren eine überraschende Wiederkehr. Selbst bei denen, die es für tot halten, geistert es noch immer durch die Köpfe und die Texte. Anderen will es überhaupt nicht tot erscheinen, und sie zelebrieren die neue Rede vom Subjekt allerorten, als hätte es die Totenklagen nie gegeben. Schon diese wunderbare Wiederauferstehung muss stutzig machen, teilt das Subjekt damit doch das wunderliche Schicksal Gottes, der nach Nietzsches verfrühter Todesanzeige wieder einmal auferstanden ist. Was aber ist dieses Subjekt, das da wieder auferstanden ist? Handelt es sich um einen Wiedergänger früher Zeit? Um ein Gespenst? Oder um ein eigenes, neues Wesen?

Diese Fragen, die in vielen Disziplinen aufgeworfen werden (Zima 2000), sollen hier nur für den sozialwissenschaftlichen, genauer: soziologischen Diskurs gestellt werden. In diesem Diskurs spielt das Subjekt ja schon traditionell eine große Rolle. Max Weber hat es, höchst prominent, zum Ausgangspunkt jeder Soziologie als Handlungswissenschaft erklärt. Wie bekannt, ist besonders die Frage, was die Sinnhaftigkeit des Handelns bei Weber und damit auch die Subjektivität des Sinns ausmacht, von Alfred Schütz aufgeworfen und unter Rückgriff auf die Phänomenologie Husserls analysiert worden. Mit dieser phänomenologischen Hypothek ist das Subjekt zum Grundbegriff auch der Soziologie geworden. (Husserl bildet denn auch das Angriffsziel der Leichenredner des Subjekts.) Der Ort, an dem Husserl das Subjekt ansiedelte, war bekanntlich das Bewusstsein, und diesen Ort nahm Alfred Schütz als den Ausgangspunkt seiner Analyse des Sozialen. Während jedoch Husserl noch einen Wesenskern des Bewusstseins im Subjekt sah, war Schütz schon weitaus zögerlicher, was das Wesen des Subjekts betrifft. Zwar ist das Subjekt die Voraussetzung alles Gesellschaftlichen, das sich zwischen Ego und Alter ego in der Intersubjektivität ausbildet; für Schütz spielt jedoch ein Bewusstsein die tragende Rolle, das sich handelnd eine Welt erschließt, die immer auch von realen Anderen bewohnt wird.

Es waren dann Peter Berger und Thomas Luckmann, die diese subjektivistische Position erstmals systematisch mit der positivistischen Position Durkheims verknüpften und damit einen Problemkreis betraten, auf den später auch Pierre Bourdieu und Anthony Giddens stießen. Während sich diese Autoren mit dem Wechselspiel zwischen Subjekt und Gesellschaft, zwischen Hermeneutik und Positivismus bzw. zwischen Handeln und Struktur auseinandersetzten, wandten sich andere Positionen entschieden gegen das Subjekt: Der Strukturalismus und seine Nachfolger auf der einen Seite sowie die Systemtheorie auf der anderen Seite bildeten raffinierte Theorien, die nicht nur ohne das Subjekt auskamen, sondern ausdrücklich den Tod des Subjektes verkündeten. Auf den Spuren Nietzsches (1980: 627) gilt ihnen das Subjekt als eine Illusion: »Subjekt ist die Fiktion, als ob viele gleiche Zustände an uns die Wirkung eines Substrats wären«. So sieht Althusser (1977: 111) das Subjekt als etwas, das lediglich von der Ideologie erzeugt werde, und Luhmann (1984: 111) läutet seine autopoietische Wende mit dem Abgesang auf das Subjekt ein: »Wir können damit auch den Subjektbegriff aufgeben«. Auch im Rahmen des Poststrukturalismus wird das Subjekt verabschiedet: Butler (2006: 51) etwa entlarvt es als eine Illusion, die lediglich im Diskurs erzeugt wird. Die Existenz des Subjekts ist nicht nur in die Sprache »verwickelt«, die Sprache gaukelt gleichsam eine Existenz des Subjekts vor.

Der Abgesang auf das Subjekt hat zweifellos die essentialistische Vorstellung eines Subjekts soweit dekonstruiert, dass dem Subjekt heute kaum mehr vorgängig »Wesensmerkmale« zugeschrieben werden können. Obwohl kaum jemand bestreiten kann, dass sich das Wesen des Subjekts nicht mehr behaupten lässt, hat sich das Subjekt aber keineswegs verflüchtigt. Es gibt in der Theorie wie auch in der empirischen Beobachtung deutliche Lebenszeichen von sich. Dafür kann man sehr unterschiedliche Gründe anführen.

- Ein Grund liegt sicherlich in einer unsauberen Begriffsverwendung. Obwohl der Begriff der Identität mittlerweile als Grundbegriff der Soziologie etabliert ist, wird »Subjekt« zuweilen im selben Sinne wie »Identität« oder »Individualität« verwendet.
- Allerdings darf man die Renaissance des Subjekts nicht nur auf begriffliche Unkenntnisse zurückführen. Sie scheint vielmehr mit einer grundlegenden Veränderung des sozialwissenschaftlichen Diskurses zusammenzuhängen:[1] Er spiegelt die Aufnahme von eher »kulturwissenschaftlichen« als rein soziologischen Traditionen insbesondere aus dem französischen Poststrukturalismus wider, der sich vom rein soziologischen Diskurs durch eine weniger disziplinäre Ausrichtung auszeichnet. Das Hereinbrechen dieses »transdisziplinäres« »kulturwissenschaftlichen« Diskurses in die Soziologie scheint ein Grund für die neue Popularität des Subjektbegriffes zu sein.
- Die Wiedereinführung des Subjektbegriffes bringt ein Ungenügen der soziologischen analytischen Begriffe zum Ausdruck: So formuliert etwa Fischer-Rosenthal (2000: 231) ein grundsätzliches Unbehagen am Begriff der Identität, der obsolet werde, weil die Individualisierung ein »anderes Selbsterleben in der Gesellschaft und mithin eine andere Semantik der Selbstbeschreibung« fordere. Auch der Begriff des Individuums ist schon seit langem in Verruf, bezeichnet er doch für viele eine soziokulturelle, vor allem im Bürgertum realisierte Form der (männlichen, weißen) Identität, deren politische bewirkte Ausbreitung auf Kosten anderer kultureller Formen der Identität ging. Das Subjekt, so könnte man folgern, hat einen besonderen gesellschaftstheoretischen Ort: Nach der Historisierung des Individuums, dessen Allgemeinheit als eine Erfindung der Moderne entlarvt wird, und der Soziologisierung der Identität, die nur noch als subjektlose soziale Konstruktion erscheint, wird der philosophische und kulturwissenschaftliche Begriff des Subjekts eingeführt, um den letzten Restposten diesseits der Gesellschaft zu benennen.
- Und schließlich tritt das Subjekt in den unterschiedlichsten Subdisziplinen auf, wie etwa in der Religionsforschung, der Arbeitsforschung und der Jugendforschung (aber auch in Zusammenhang mit der Religion oder dem Internet). Man kann von einer zunehmenden gesellschaftlichen Relevanz der Subjektivität reden, von einer Bewegung der Subjektivierung, wie dies Touraine (1992) tut. Aus Raumgründen kann diese gesellschaftstheoretische Forschung hier nicht referiert werden; da es dieser Forschung jedoch auch nicht gelungen ist, einen klaren sozialtheoretischen Begriff des Subjekts zu entwickeln, möchte ich hier einen eigenen, phänomenologisch ausgerichteten Vorschlag skizzieren.

Warum »transzendentale« Subjektivität?

Dass die Soziologie mit dem Begriff des Subjekts sehr grundlegend verbunden ist, liegt, wie gesagt, daran, dass Weber sie so eng an das Handeln und seinen subjektiven Sinn bindet: Von Handeln, so definiert Weber (1980 [1922]) im §1 seiner soziologischen Grundbegriffe, reden wir nur, sofern die Handelnden mit ihm einen *subjektiven* Sinn verbinden. Weber beeilt sich hinzufügen, dass die Soziologie sich nicht nur auf den historisch spezifischen Sinn von Handlungen beschränken müsse, sondern es auch, ja vor allem mit dem durchschnittlichen oder idealtypisch rekonstruierten Sinn zu tun habe.

---

1 Das wird deutlich an zwei Büchern (Abels 2006, Reckwitz 2006), die zwar das Subjekt bzw. die Identität zum Gegenstand haben, doch hinsichtlich der Literatur kaum Überschneidungen aufweisen.

Vor allem die Systemtheorie betont jedoch, dass dieser subjektive Sinn der Beobachtung gar nicht zugänglich sei; nur der Sinn der Kommunikation sei Gegenstand der Soziologie. Er zeichne sich dadurch aus, dass er in der Kommunikation beobachtet werden könne. Nicht Handlungen seien deswegen der primäre Gegenstand der Soziologie, sondern Kommunikationen, da erst sie Gesellschaft konstituierten und da nur sie beobachtet werden könnten.

Die Systemtheorie bildet nur einen theoretischen Ansatz solcher »Beobachtungstheorien«, die Handlungen und Subjektivität auf Beobachtbares reduzieren. Dazu zählt auch der Behaviorismus oder die verschiedenen sozialpsychologischen Attributionstheorien. Diese Beobachtungstheorien haben sicherlich Recht damit, dass wir nur Kommunikation (oder das, was Schütz »Ausdrucksverhalten« nannte) beobachten können. Und sicherlich haben sie auch Recht damit, dass wir nur aufgrund des Beobachteten Zuschreibungen von Verantwortung, Handlungsfähigkeit oder Agency auf vermeintliche »Subjekte« machen können. Schließlich haben sie auch Recht damit, dass wir erst auf dieser Grundlage Subjektivität zuschreiben. Ist die Subjektivität deswegen ein reines Zuschreibungsphänomen, das der Kommunikation sekundär ist? Dies, so scheint mir, ist ein doppelter Kurzschluss. Denn zum einen machen wir diese Unterstellung der Subjektivität fortwährend, wann immer wir kommunizieren. Als alltäglich Kommunizierende operieren wir grundsätzlich mit der Basisunterscheidung, ob jemand kommuniziert oder nicht: Hat mir jemand auf den Kopf gespuckt, oder war das nur ein Vogel? Spricht mich jemand an, oder höre ich nur ein Tonband? Mit anderen Worten: auch wenn Subjektivität »nur« an Kommunikation gekoppelt ist, so ist doch die Fähigkeit des Unterstellens von Subjektivität grundlegend für menschliche soziale Kommunikation – auch wenn die Attribute, denen Subjektivität zugeschrieben wird, durchaus variabel sind (Schulz-Schaeffer 2007): Ob wir also Menschen, Geistern oder Maschinen Subjektivität zugestehen. Diese Variabilität, die Luckmann (1980a) unter dem Titel der »Grenzen der Sozialwelt« behandelt, soll nicht darüber hinwegtäuschen, dass die alltägliche Beobachtung Anderer grundsätzlich diese Unterstellung der Subjektivität macht. Weil sie also Subjektivität gleichsam vor aller Erfahrung voraussetzen, kann man in einem ersten Sinne, wenn auch etwas verwegen, von einer transzendentalen Subjektivität sprechen.[2]

Der Abgesang auf das Subjekt von Seiten der »Beobachtungstheorien« ist aus einem zweiten Grund verfrüht, denn er verschiebt das von Weber und Schütz aufgeworfene Problem lediglich vom Handelnden auf den Beobachtenden. Denn wenn der Sinn nicht im Handeln, sondern in der Beobachtung liegt, dann stellt sich eben die Frage, wie die »Beobachter« Sinn zuschreiben. (Und in diesem Zusammenhang ist es nicht entscheidend, ob es sich um alltägliche Beobachter oder um wissenschaftliche, um »sekundäre« oder »tertiäre« Beobachter handelt.) Ganz abgesehen von der Frage, ob man die Zuschreibung von Sinn nicht selbst als eine (und zwar soziale) Handlung ansehen müsste (was phänomenologisch zweifellos der Fall ist), macht die Zuschreibung von Sinn ihrerseits eine Reihe von Voraussetzungen: Um Handlungen in der Zeit zuschreiben zu können, muss die Beobachtung selbst in der Zeit gemacht werden (Zeitlichkeit); damit die Kontinuität der Beobachtung gesichert ist, muss eine gewisse Konstanz des Beobachtenden angenommen werden (Dauerhaftigkeit), und schließlich muss eine Beobachtungsfähigkeit (Intentionalität) vorausgesetzt werden, die zwischen dem Beobachteten, dem Beobachten und dem Beobachtenden unterscheidet. Wir sehen, dass die Beobachtungstheorien selbst eine Subjektivität voraussetzen – ein zweiter Grund für die Rede von der transzendentalen Subjektivität.

Der hier vorgeschlagene Begriff von der transzendentalen Subjektivität klingt zwar bewusstseinsphilosophisch, zeichnet sich aber durch eine grundlegende soziologisch-kommunikationstheoretische Orientierung aus. Im Kern enthält er die These, *dass Subjektivität nicht etwas ist,*

---

2 Der Begriff des Transzendentalen weist bei Husserl verschiedene Bedeutungsaspekte auf: Er bezeichnet Denkvoraussetzungen, die genetisch, also in der Entwicklung, oder kategorisch rekonstruiert werden können; im Begriff des Transzendentalen ist aber auch das enthalten, was linguistisch als »Implikation« bezeichnet werden kann.

das substantiell der Kommunikation vorgängig ist, sondern in der Kommunikation vorausgesetzt werden kann. Subjektivität ist in der Tat nicht beobachtbar. Doch eine Beobachtung ohne die Annahme der Subjektivität macht wortwörtlich keinen Sinn, und genauso wenig eine Beobachtung von Handlungen ohne die Unterstellung der Subjektivität der Handelnden. Transzendentale Subjektivität bedeutet deswegen: Menschliche Kommunikation ist nicht denkbar ohne Subjektivität, doch geht die Subjektivität der Kommunikation nicht voraus – sie setzt sie nur voraus. Vom Ausgangspunkt der empirischen Soziologie, die beobachtet (und das, was sie beobachtet, durchaus als Kommunikation oder Objektivation bezeichnen kann) ist die Subjektivität transzendental – eine Bedingung der Möglichkeit für das Soziale.

Weil der Begriff des Transzendentalen bewusstseinsphilosophisch geprägt ist, könnte man seine Verwendung als unpassend ansehen. Wenn wir allerdings mit der wissenssoziologischen Grundthese (in ihrer kommunikativkonstruktivistischen Variante) ernst machen und nicht mehr davon ausgehen, dass das Bewusstsein Urquell der Erkenntnis, sondern das Soziale (das durchaus als Kommunikation verstanden werden darf), dann ändert sich die Situation grundlegend: Ausgehend von elementaren organischen Wahrnehmungsfähigkeiten kann Wissen und Erkenntnis (einschließlich ihrer emotionalen und körperlichen Aspekte) als eine Folge menschlicher Interaktion und Kommunikation mit anderen angesehen werden. Kommunikation und Interaktion als anthropologische Voraussetzung für Wissen und Erkenntnis anzusehen, bedeutet jedoch nicht, dass das Bewusstsein und damit das Subjekt von diesem Prozess abgekoppelt ist, wie etwa Luhmann behauptet. Ganz im Gegenteil – und um die These zu wiederholen – setzen Interaktion und Kommunikation Subjekt und Bewusstsein voraus. Im Unterschied zu Husserl (1977), der vom Erfahren ausgeht, wird Subjektivität hier als Bedingung der Möglichkeit menschlicher Kommunikation verstanden.

Die These der kommunikativen Konstruktion der Wirklichkeit kann in diesem Beitrag nicht erläutert werden (vgl. dazu Knoblauch 2005). Vielmehr möchte ich mich im Folgenden auf die Erläuterung der (aus der Sicht des Sozialen:) transzendentalen Voraussetzungszusammenhangs von Interaktion und Kommunikation konzentrieren, der es erlauben soll, die Umrisse der Subjektivität zu skizzieren.

Konturen der Subjektivität

Menschliche Interaktion oder Kommunikation impliziert (im Unterschied zu Reiz-Reaktions-Ketten des Verhaltens) logisch immer etwas, das wir als *Intentionalität* bezeichnen können. Intentionalität ist der Prozess, den wir verdinglichend als Sinn bezeichnen – ein Sinn, der in der Kommunikation (oder in der Kommunikation) auftritt, aber nicht in ihr aufgeht. Auch wenn man Intentionalität eigentlich immer einem Bewusstsein zuschreibt (oder Bewusstsein mit Intentionalität definiert), setzt sie keineswegs notwendig immer sofort das Subjekt (und damit eine Substanz, die einer anderen Begründung bedarf) voraus. Denn Sinn und seine prozedurale Fassung als Intentionalität erkennt auch ein dem Subjekt so feindlich gesinnter Autor wie Luhmann (1996) als Grundlage seiner Theoriekonstruktion an. Folgen wir deswegen kurz seiner systemtheoretischen Umdeutung der Phänomenologie: In seinen Augen könnten wir die Unterscheidung zwischen »Selbst-« und »Fremdreferenz« als die ursprünglichste Operation der Intentionalität ansehen. Wie bekannt, hält Luhmann das Subjekt dabei für überflüssig und identifiziert die subjektlose Intentionalität, die »Oszillation selbst« als die Sinn (also zentrale, Unterscheidungen) schaffende Operation. So ganz aber geht diese Annahme selbst bei Luhmann nicht auf, kann er doch die wesentliche Asymmetrie der Operation selbst nicht aus der Operation der Intentionalität alleine begründen: Auch bei ihm ist »Selbstreferenz« etwas anderes als »Fremdreferenz«. Selbst wenn man davon ausgeht, dass diese Unterscheidung erst in der Operation entsteht, macht es doch einen wesentlichen Unterschied, ob es sich bei der Intentionalität um eine Operation des »Selbst« oder eben des »Fremden« (phänomenologisch: des »Anderen«) handelt. Für diesen Unterschied gebraucht Husserl recht zutreffend den Begriff »Index«: Erfahrungen treten mit einem »Ich-Index« auf, die zwischen dem, was die Erfahrung macht, und dem, wovon die Erfahrung ist, unterscheidet.[3] Dieser Index setzt keine substantielle Füllung des »Ich« voraus – weist aber auf etwas hin, das ich mit dem Begriff der Positionalität unten weiter erläutern möchte. Hier ist festzuhalten: Konstitutionslogisch ist Subjektivität der Fremdheit oder Andersheit keineswegs zeitlich nachgeordnet, sondern »gleichursprünglich«. In dem Moment, in dem Intentionalität »Anderes« als Anderes erfährt (wahrnimmt, handelnd beabsichtigt), ist das, was intentional ist, als Subjekt gesetzt.[4]

Das »Andere« ist die andere Seite der Intentionalität, also das, was Luhmann »Fremdreferenz« nennt. Nur in der phänomenologischen Reduktion kann diese Fremdreferenz als bloßes »Noema« verstanden werden: als das, was intentional vermeint ist. Zumindest für den Fall der aktiven Bezugnahme auf Fremdes dürfte es keineswegs selten sein, dass dem Fremden selbst Intentionalität zugeschrieben wird. Das gilt nicht nur für Menschen und hochkomplexe Gerätschaften. Wie Luckmann (1980a) argumentiert (und wie jede/r, der Kleinkinder hat, weiß), dürfte die »universale Projektion« der Intentionalität zumindest ontologisch am Anfang der menschlichen Interaktionsfähigkeit stehen, und auch phylogenetisch dürften Weltbilder früher sein, in denen Intentionales und Nichtintentionales nicht untergliedert sind. Gerade daran zeigt sich die Asymmetrie der Intentionalität ganz deutlich: Während diese zugeschriebene Intentionalität aber zurückgenommen (oder in Termini der Kausalität u. a. gefasst) werden kann, so dass aus »Anderem« »Fremdes« oder »Dinghaftes« wird, gelingt dies für die Selbstreferenz nicht. (Selbst wenn wir uns die Intentionalität absprechen, z. B. zum Zeitpunkt A nicht zurechnungsfähig gewesen zu sein – müssen wir wenigstens zum Zeitpunkt des Absprechens intentional sein.) Die Intentionalität hat immer eine subjektive Seite – das macht ihre Positionalität aus.

Wenn hier von Intentionalität gesprochen wird, dann ist etwas gemeint, das in der Interaktion ebenso impliziert ist wie in der Kommunikation. Es ist das, was wir als Sinn bezeichnen, wenn wir Sinn nicht nur als Gehalt, sondern als Prozess auffassen. Freilich: Wenn wir über kommunizierende Subjekte reden, dann liegt der Begriff der Identität (und des kommunikativen Handelns[5]) näher als der des Subjekts. Was unterscheidet also das Subjekt von der Identität? Folgt man Luckmann, dann kann man unter persönlicher Identität die jeweils soziohistorisch geschaffene Möglichkeit verstehen, die aus dem Organismus einen zu längerfristiger Handlungssteuerung befähigten Akteur machen. Persönliche Identität ist eine soziale Konstruktion, die für das Funktionieren der institutionellen Ordnung notwendig ist. Das Subjekt nun ist keine zweite Instanz neben der Identität; es handelt sich vielmehr um etwas, das einen Aspekt bezeichnet, der sich mit dem der Identität überschneidet, aber nicht deckt – der im Begriff der Identität vorausgesetzt wird. Subjektivität bezeichnet nicht die historische Weise der intersubjektiv anerkannten Selbstbestimmung. Sie lässt sich vielmehr als das darin vorausgesetzte Diesseits der Intersubjektivität bestimmen. Im Zuge der Interaktion mit Anderen bildet sich ja nicht nur eine Vorstellung der Anderen (ihre Perspektiven, Rollen und Relevanzen) aus, sondern auch etwas, das man (wie schon erwähnt) als die Positionalität diesseits der Anderen

---

3 Vgl. Laing (1969). Husserl (1977: §§31ff) unterscheidet das identische Ich, das in den Bewusstseinserlebnissen enthalten und an den Konstitutionsprozessen beteiligt ist, von einem personalen Ich, das durch die Habitualitäten konstituiert wird, die die Konstitutionsprozesse des identischen Ich aufweist. Schließlich kennt er noch das Ego, das das Gesamt der Bewusstseinsprozesse umfasst. Das Subjekt hier ist noch grundlegender und überschneidet sich eher mit dem »Ego-Pol« Husserls.
4 Ich teile damit Franks (1988) Vorschlag, Subjektivität als allgemeine Struktur einer Spontaneität anzusehen, sehe seine »Selbstbewusstheit« jedoch erst als einen Effekt ihrer Operation, die zugleich immer auch das Andere des »Selbst« erzeugt.
5 Kommunikatives Handeln ist nicht sprachlich *rationales* Handeln, sondern ein Handeln, das sich der Struktur von Zeichen bedient (Knoblauch 1995).

bezeichnen kann. Mit *Positionalität* meine ich hier nicht jene Besonderheit der im Hier-und-Jetzt aufgehenden tierischen Lebensform, wie sie von Plessner (1975) beschrieben wurde. Positionalität bezeichnet vielmehr die eine Seite dessen, was Plessner als exzentrische Positionalität fasst und das das »Subjekt seines Erlebens, seiner Wahrnehmungen und seiner Aktionen« umfasst. Positionalität bezieht sich auf den Tatbestand, dass das Subjekt im Zentrum des zeiträumlichen Koordinatensystems der Wahrnehmung und des Handelns steht. Allerdings ist die Bezeichnung »Koordinatensystem« bei weitem zu rationalistisch und objektivistisch; wesentlich für die Subjektivität ist vielmehr die *Zentralität*. Aufgrund dieser Zentralität sind auch alle nichtsprachlichen Referenzen für das Subjekt indexikal: Das Hier, das Jetzt setzen ein Ich voraus, auf das bezogen diese indexikalen Begriffe erst als indexikal erscheinen: Mein »Hier«, mein »Jetzt«. Positionalität bezieht sich damit auch auf die Leiblichkeit, die mit der Indexikalität verbunden ist. Leiblichkeit bedeutet nicht nur, dass *meine* Hand etwas anderes ist als *die* Hand, dass *mein* Schmerz etwas anderes als der Schmerz – und *mein* Tod etwas anderes ist als der Tod anderer. (Er subjektiviert damit vieles von dem, was als »kulturelle Codes« oder Zeichen gilt.) In diesem Sinne muss das Subjekt kein Individuum sein: Es kann sich als Teil eines Größeren ansehen, es kann seinen Schmerz zugunsten der Familie, des Hofes, des Reiches zurückstellen – doch bleibt auch das Erleben und Handeln selbst des kollektivistischen Subjekts mit einem Index des Eigenen verhaftet. (Ohne dass daraus gleich der große Eigene Stirners – oder gar der große Einzelne Nietzsches werden müsste.) Wenn schon nicht individuell, so muss das Subjekt doch zumindest individuiert sein: Nicht als Subjekt, aber als Leib, der von anderen als Besonderer angesprochen und dessen Positionalität von den anderen entsprechend wahrgenommen wird.

Individuation ist keineswegs Subjektivität, Subjektivität ist auch keineswegs Individuation, sondern eine *Perspektivität*, die mit der Position verknüpft ist. Die subjektive Perspektive muss keineswegs eine »einzigartige«, höchst individuelle, das subjektive Handeln keineswegs notwendig ein »autonomes«, selbstbestimmtes sein (das den Angriffspunkt derjenigen Kritiker der Subjektivität darstellt, die sie mit ihrer antiquierten bürgerlichen Form identifizieren) – es ist jedoch eines, das aus der besonderen Perspektive erfolgt, eben der subjektiven Perspektive.

Aus der Perspektive des Subjekts lässt sich die Intentionalität als Bezüglichkeit verstehen, die strukturell auf ein Anderes zielt. (Deswegen führt sie im Falle der Selbstreferenz entsprechend zu Verdoppelungen, wie »Leib« und »Körper«.) Man beachte, dass dabei weder das Andere noch das Selbst ontologisch angenommen werden muss, sondern sich lediglich als Positionalität und Perspektivität der Erfahrung zeigt. Sofern etwas als anderes intendiert wird, erhält der intentionale Akt auf der einen Seite den Index des Subjekts, auf der anderen Seite den des »Anderen«. Diese Seite der Asymmetrie kann als der zweite Aspekt der »exzentrischen Positionalität« verstanden werden: während der Akt die Positionalität aufscheinen lässt, hat er eine exzentrische Bezüglichkeit, auf der das Andere steht. Genauer könnte man die Richtung der Bezüglichkeit auch als Transzendenz bezeichnen: Die Grundstruktur der Intentionalität ist auf etwas anderes gerichtet, das auf durch die Positionalität und Perspektivität als Anderes erscheint.

Dieser Überschuss der Intentionalität ist die *Transzendenz*. Das, was aus dem Noema, das intendiert ist, das »Andere« macht. Auch hier ist keineswegs eine »ontologische Setzung« im Sinne eines kognitiven Aktes gemeint. Es kann sich lediglich um die pragmatische Unterstellung handeln, dass auf etwas zugehandelt wird: Ich schlage auf eine rote Rolle ein, die ich als etwas erfahren habe, das mich auf die Nase geschlagen hat. Möglicherweise im Akt des Erfahrens, auf jeden Fall im Akt des Handelns setze ich pragmatisch das Intendierte als etwas, worauf ich handeln kann – und mich als jemanden, der handelt (und mit der Erfahrung des Geschlagenen halbwegs identisch ist). In jedem Fall gilt mir (nun als dem Subjekt) damit etwas (zumindest pragmatisch) als die andere Seite der Intentionalität. Dass ich das Andere voraussetze, möchte ich als Transzendenz bezeichnen.

Ich sollte betonen, dass ich damit an den Begriff der Transzendenz bei Schütz und Luckmann (1984) sowie bei Luckmann (1991) anschließe. Für Luckmann vollzieht sich das Transzendieren als Ablösung von der Unmittelbarkeit der eigenen Erfahrung im interaktiven Umgang mit anderen Menschen, sie wird »in der Face-to-face-Situation möglich«, indem ein »äußerer Blickwinkel importiert« (Luckmann 1991: 36) wird. Weil dies in der Interaktion geschieht, stellen diese Prozesse die Grundlage für die Ausbildung einer gesellschaftlichen Identität dar. Wenn ich anderes als Andere erfahre, dann kann auch Anderes als Anderes erfahren werden. Erst auf dieser Grundlage entsteht ein Abstand von der eigenen Erfahrung, eine Asymmetrie, die es erlaubt, dass eigene unmittelbare Erfahrungen von vergangenen Erfahrungen unterschieden und damit zum Teil eines individuellen Gedächtnisses werden. Und erst auf derselben Grundlage können zukünftige Erfahrungen als Handlungen entworfen und langfristige Handlungsplanungen durchgeführt werden. Sozialität ist also die Voraussetzung für die Ausbildung einer persönlichen Identität als einer Form der langfristigen Integration von Erfahrungen und der dauerhaften Kontrolle der körperlichen Verhaltensweisen. *Transzendenz* jedoch, so möchte ich betonen, ist noch grundsätzlicher: Sie bezieht sich nicht nur auf ein anthropologisches Überschreiten des Organismus oder auf das Überschreiten der Unmittelbarkeit des Erfahrens, sondern bezeichnet schon das in jedem Handeln implizierte, also pragmatische »Gelten« des Erfahrenen, Be-Handelten. Transzendenz ist also durchaus Metaphysik, aber eine Metaphysik der Annahme von Seiendem, die wir in jedem Handeln schlichtweg voraussetzen.

Indem die asymmetrische Intentionalität das Andere als etwas setzt, auf das sie hin orientiert ist, entwirft sie auch einen anderen Standpunkt als ihren eigenen: sie ist reflexiv. Und genau das ist der Kern der Exzentrizität, von der Plessner spricht. Für Plessner hat diese Exzentrizität mit einem »Doppelcharakter« zu tun, den wir heute (etwa bei Giddens 1991) auch als Reflexivität bezeichnen: Wir erfahren und handeln nicht nur, wir wissen auch, dass wir erfahren und handeln. (Wir sind nicht nur, wir wissen auch, dass wir sind.)

Hat man die Transzendenz erst einmal ins Spiel gebracht, wäre es natürlich reizvoll, weltanschauliche oder religiöse Fragen anzugehen und das »Religiöse« ein für allemal zu klären oder einen konstitutionslogischen Begriff des Anderen festzulegen, der dann »anerkennungstheoretisch« zur moralischen Grundlage des sozialen Handelns gemacht werden kann. So könnte man etwa fragen, ob sich das Andere deswegen von mir (dem Subjekt) systematisch unterscheidet, weil es das Andere der Intentionalität ist. Könnte man etwa die Unterscheidung zwischen einem »Innen« und einem »Außen« (einerlei auf welcher Seite) aus dem bisher Gesagten ableiten?

Soweit ich sehe, gibt es dafür keinen phänomenologischen Grund. Denn um die Unterscheidung zwischen »Innen« und »Außen« treffen zu können, genügt die Annahme der »Intentionalität« nicht. Eine Trennung von Innen und Außen lässt sich wohl erst treffen, wenn wir von Körpern, von Interaktion und, dann genauer, von Kommunikation reden – also auch von Körpern (Schütz 2003). Das Andere ist dann nicht einfach da, sondern ein Ausdruck von etwas, und zwar dank und kraft des Körpers, weil es mehr Ausdrücke sind: Schreien und Schweigen, Gehen und Stehen, Handbewegungen und Kopfbewegungen. Gleichzeitig wird diese Struktur auch am Subjekt auftreten, das nun selbst verdoppelt werden kann – und an sich selbst orientiert sein kann. Erst an dieser empirisch viel voraussetzungsvolleren Stufe kommt das Selbst Meads ins Spiel, das ich hier deswegen nicht erläutern will, weil ich schon an verschiedenen Stellen darauf eingegangen bin. Das Subjekt, das geschaffen wird, ist nicht das Subjekt, von dem wir reden, sondern die Identität, von der die Soziologie redet. Erst für historisch empirische Identitäten kann das »Innen« kulturell ausgestattet werden: Als »innerer« Mensch im gnostischen, romantischen oder cartesianischen Sinne. Wir aber haben es hier mit dem Subjekt, der Voraussetzung für die Kommunikation zu tun, von der wir nur annehmen können, dass sich sich von Anderen durch ihre entschiedene Positionalität auszeichnet, die mit Intentionalität, Zentralität, Positionalität und Transzendenz umschrieben ist.

Schluss: Subjektivität und Subjektivierung

Die so skizzierte Subjektivität ist eine Voraussetzung des Sozialen. Das bedeutet nicht, dass sie dem Sozialen vorausgeht; sie ist vielmehr im Sozialen impliziert. Um das Soziale beobachten zu können, muss dieses Subjektive notwendig mitgedacht werden. Wenn wir das Soziale als Kommunikation fassen, dann tragen wir dieser Notwendigkeit Rechnung, indem wir von kommunikativen Handlungen sprechen. Handlungen können wir nicht beobachten, aber wir können sie nur verstehen, wenn wir ein Subjekt voraussetzen, und zwar in doppelter Weise: Wenn wir voraussetzen, dass das Beobachtete mit einem Subjekt verbunden ist, und wenn wir selbst ein Subjekt sind, das Handlungen aus der Perspektive erfahren kann, die eben skizziert wurde.

In diesem Sinne ist Subjektivität eine grundlegende Kategorie des Sozialen ebenso wie der sozialwissenschaftlichen Forschung. Zugleich aber sollte es uns zu denken geben, dass die umfassenderen, fülligeren Begriffe für das, was an der Stelle des Subjekts stand, nicht mehr so recht für das taugen, was am Gegenpol zu Gesellschaft und Kollektiv ansetzen: Das Individuum, die Identität, die Biographie sind zu vollmundig für das, was wir hier als Subjekt bezeichnen. Die Subjektivierung der Arbeit, die veröffentlichte Subjektivität der Netzkommunikation, die Subjektivierung und Spiritualisierung der Religion oder die subjektiven Gegenbewegungen gegen die systematische Kolonialisierung – sie alle weisen auf eine Entleerung dieses Gegenpoles hin. Die unerwartete Konjunktur des Subjektbegriffes könnte deswegen durchaus auch als ein Hinweis nicht nur darauf angesehen werden, dass der Abgesang auf das Subjekt verfrüht war. Wenn denn der vorgeschlagene nicht-essentialistische Begriff sich für diese gesellschaftlichen Entwicklungen als tauglich erweisen sollte, dann könnte seine formale Leere auch bedeuten, dass auf der Gegenseite der gegenwärtigen Gesellschaft nur noch ein Restposten von dem verblieben ist, was in der bürgerlichen Gesellschaft ein stolzes und autonomes Individuum war. Doch das zu klären, bleibt weiten Untersuchungen überlassen.

Literatur

Abels, Heinz (2006), *Identität*, Wiesbaden: VS Verlag
Althusser, Louis (1977), *Ideologie und ideologische Staatsapparate*, Hamburg, Berlin: VSA
Butler, Judith (2006), *Hass spricht. Zur Politik des Performativen*, Frankfurt a.M.: Suhrkamp
Fischer-Rosenthal, Wolfram (2000), Melancholie der Identität und dezentrierte biographische Selbstbeschreibung. Anmerkungen zu einem langen Abschied aus der selbstverschuldeten Zentriertheit des Subjekts, in: E. M. Hoerning (Hg.), *Biographische Sozialisation*, Stuttgart: Lucius und Lucius, S. 227–255
Frank, Manfred (1988), Subjekt, Person, Individuum, in ders., Gérard Raulet, Willem van Reijen (Hg.), *Die Frage nach dem Subjekt*, Frankfurt a.M.: Suhrkamp, S. 7–28
Giddens, Anthony (1991), *Modernity and Self-Identity. Self and Society in the Late Modern Age*, Cambridge: CUP
Husserl, Edmund (1977), *Cartesianische Meditationen*, hgg. von Elisabeth Ströker, Hamburg: Meiner
Knoblauch, Hubert (1995), *Kommunikationskultur*, Berlin & New York: de Gruyter
Knoblauch, Hubert (2005), Die kommunikative Konstruktion kultureller Kontexte, in: I. Srubar, J. Renn & U. Wenzel (Hg.), *Kulturen vergleichen. Sozial- und kulturwissenschaftliche Grundlagen und Kontroversen*, Wiesbaden: VS Verlag, S. 172–194
Laing, Ronald D. (1969), *Phänomenologie der Erfahrung*, Frankfurt a.M.: Suhrkamp
Luckmann, Thomas (1980a), Über die Grenzen der Sozialwelt, in ders.: *Lebenswelt und Gesellschaft*, Paderborn: Schöningh, S. 56–92
Luckmann, Thomas (1980b), Persönliche Identität als evolutionäres und historisches Problem, in ders.: *Lebenswelt und Gesellschaft*, Paderborn: Schöningh, S. 123–141
Luckmann, Thomas (1991), *Die unsichtbare Religion*, Frankfurt a.M.: Suhrkamp
Luhmann, Niklas (1984), *Soziale Systeme*, Frankfurt a.M.: Suhrkamp
Luhmann, Niklas (1996), *Die neuzeitlichen Wissenschaften und die Phänomenologie*, Wien: Picus

Nietzsche, Friedrich (1980), Aus dem Nachlass der Achtziger Jahre, in: *Werke Band VI*, München: Hanser
Plessner, Helmuth (1975), *Die Stufen des Organischen und der Mensch*, Berlin & New York: De Gruyter
Reckwitz, Andreas (2006), *Das hybride Subjekt*, Weilerswist: Velbrück
Schütz, Alfred (2003), *Die kommunikative Ordnung der Lebenswelt* (Alfred Schütz Werkausgabe Band V: Theorie der Lebenswelt 2), Konstanz: UVK
Schütz, Alfred & Thomas Luckmann (1984), *Strukturen der Lebenswelt II*, Frankfurt a.M.: Suhrkamp
Schulz-Schaeffer, Ingo (2007), *Zugeschriebene Handlungen*, Weilerswist: Velbrück
Touraine, Alain (1992), *Critique de la modernité*, Paris: Fayard
Weber, Max (1980 [1922]), *Wirtschaft und Gesellschaft*, Tübingen: Mohr
Zima, Peter V. (2000), *Theorie des Subjekts*, Tübingen & Basel: Francke

Jo Reichertz

Das Ich als Handlung oder das handelnde Ich?
Nachdenken über einen lieb gewonnenen Begriff der Phänomenologie[1]

»Vielmehr habe ich mich um eine Geschichte der verschiedenen Formen der Subjektivierung der Menschen in unserer Kultur bemüht. Und zu diesem Zweck habe ich Objektivierungsformen untersucht, die den Menschen zum Subjekt machen.«

Michel Foucault: *Analytik der Macht*: 240

1. Subjekt, Ich, Akteur, Individuum

Eine der ganz wenigen basalen Unterscheidungen im Wissensbestand der Gattung Mensch, die man in allen Kulturen antreffen kann, ist die Unterscheidung zwischen der ›*sozialen* Welt‹ und der ›*natürlichen* Welt‹. Meist findet sich in den Weltdeutungen auch noch eine übernatürliche, göttliche, *transzendente* Welt. Damit sind diese ›Welten‹ Ergebnis menschlichen Tuns, Repräsentationen von einer wie auch immer gearteten ›Umwelt‹, der menschlichen Umwelt, die er vorfindet. Durch Handeln eignet er sich diese Umwelt an, macht sie zu seiner Welt und in und durch dieses Handeln schafft er auch die oben angesprochene Trennung – und letztlich auch sich selbst.

Zur ersten Welt zählen die Menschen all jene, von denen sie glauben, dass sie in wesentlichen Punkten so sind wie sie selbst (also andere Menschen und solche Wesen, von denen sie glauben, dass sie im Kern wie Menschen agieren, also Götter, Geister und manchmal auch Tiere oder Pflanzen). Zur anderen Welt, also der natürlichen, gehören all jene, von denen sie glauben, dass sie in wesentlichen Punkten *nicht* so sind wie sie selbst, also Berge, Meere und das Wetter, meist auch Pflanzen und Tiere. Die transzendente Welt ist ein Teil der sozialen Welt und zu ihr gehören all jene Entitäten, von denen die Menschen in ihrer Welt glauben, dass sie über Natur und Sozialität stehen und diese maßgeblich beeinflussen können.

Was in der globalen Weltdeutung einer bestimmten Gesellschaft der sozialen oder der natürlichen Welt angehört, das ist jeweils das Ergebnis historischer Verständigungsprozesse – genauer: solcher Prozesse, die sich in historisch gewachsenen Formen, mit historisch relevanten Argumenten, validiert und gestützt von gesellschaftlicher Macht und immer mittels Kommunikation vollziehen (allgemein hierzu Berger und Luckmann 1969 und Soeffner 2000).

Auch über das wesentliche Merkmal, aufgrund dessen etwas der einen oder der anderen Gruppe zugeordnet werden kann oder werden soll, wurde zu allen Zeiten verhandelt. Einig war und ist man sich lediglich darüber, dass die Möglichkeit und der Wille, den Lauf der Welt durch eigene Entscheidungen und/oder bewusstes Handeln zu ändern oder doch zumindest zu dem Lauf der sozialen und natürlichen Welt Stellung zu nehmen, ein zentrales Kriterium sein soll. Die Entscheidung oder (wenn man nur ganz defensiv argumentieren will) die Stellungnahme selbst kann in dieser Weltsicht auf verschiedene mentale Operationen zurückgehen (die natürlich alle auf erworbenem Wissen basieren): entweder auf ›rationales‹ Denken, bewährte Routinen, nicht-rationales Fühlen oder intuitive ›Körperprozesse‹.

Das ›rationale‹ Denken gilt meist als der Paradefall der Sozialwissenschaften: Hier fühlt sich ein Subjekt, ein Ich, als Entscheider, weil es selbst entscheidet, weil es *will* und sich in diesem Wollen sicher verspürt. Routinen werden in der soziologischen, insbesondere von den Vertre-

---

1 Danken möchte ich Michaela Pfadenhauer und Peter Stegmaier. Sie haben mit wohlwollender Skepsis mein Manuskript gelesen und mir wertvolle Hinweise gegeben, wie man manches klarer fassen kann. Oft habe ich ihre Anregungen aufgegriffen.

tern des Rational-Choice Ansatzes, aber auch von Vertretern einer phänomenologisch fundierten Sozialforschung, gern als unproblematische Varianten des ›rationalen‹ bewussten Denkens angesehen: ›Rationales‹ Denken, das sich wiederholt bewährt hat, wird routinisiert, also aus arbeitsökonomischen Gründen in einen Bereich unterhalb des Bewusstseins angelagert und jeweils bei Bedarf (ohne Beteiligung des Bewusstseins) hervorgerufen. Nach einer anderen Metaphorik, die vor allem in der phänomenologischen Tradition benutzt wird, wird das routinisierte Wissen nicht in einen dunklen Bereich des Bewusstseins verlagert, sondern es ›wandert‹ aus dem *Fokus* der Aufmerksamkeit zuerst in deren *Feld* und später in deren *Horizont*. Durch eine Aufmerksamkeitsverschiebung kann bei Bedarf das Wissen aus dem Horizont fokussiert und damit präsent gemacht werden. Der Ablauf der Routinen kann demnach – so dieser Gedanke weiter – jeder Zeit gestoppt und revidiert werden. Eine Einschätzung, die übersieht, dass ein Großteil des routinisierten Wissens nicht über den Weg des Bewusstseins in den Körper des Akteurs gefunden hat – nicht nur, aber auch, weil sehr viel ›Wissen‹ erworben und dem Körper ›eingeschrieben‹ wird, bevor der Organismus über ein erinnerungsfähiges Bewusstsein verfügt. Das gilt nicht nur für das Wissen über Körpertechniken wie Gehen, Tanzen, Skifahren, sondern vor allem und auch für das Wissen über das Herstellen regelgerechter Sätze und kommunikativer Handlungen (siehe ausführlicher dazu Reichertz 2007: 293–326).

Bedürfnisse wie Hunger und Müdigkeit, *Emotionen* wie Neugier, Angst, Freude, Ekel und Hoffnung und *Affekte* wie Hass, Liebe, Zorn nehmen ungefragt und oft sogar gegen unseren Willen ohne Zweifel Stellung zu dem Lauf der Welt, in den wir durch unser Handeln eingebunden sind. Bedürfnisse, Emotionen und auch die Affekte sind auf Erfahrung beruhende Kurzschlüsse: sie bewerten nicht nur, sondern legen auch nahe, drängen somit auf Handeln. In besonderen, eher seltenen Fällen, nämlich in Situationen der gedanklichen Selbstzuwendung mit viel Zeit, stellen die Bedürfnisse, Emotionen und Affekte die Grundlage für Entscheidungen bereit. Für die Sozialwissenschaften sind Bedürfnisse, Emotionen und Affekte weitgehend *terra incognita*, was dazu geführt hat, dass ihre Bedeutung massiv unterschätzt wird (vgl. auch Damasio 2000 und Schützeichel 2006). Noch schwieriger ist der Begriff der ›*intuitiven Körperprozesse*‹ zu fassen – also solche Prozesse des Handelns, Kommunizierens und Deutens (besonders gut sichtbar bei weiten Teilen der nonverbalen Kommunikation), die völlig ohne unser Wissen stattfinden und somit nicht unter unserer Kontrolle stehen. Auch sind hier die oft und verlässlich beschriebenen Prozesse gemeint, die spontan und ebenfalls ohne bewusste Kontrolle zur Findung neuer Erkenntnisse führen – so z. B. die Abduktion (vgl. Reichertz 2006).

In der Soziologie sehr gebräuchliche Begriffe für die oben genannte Instanz der aufgrund von Kognition, Routinen, Emotionen und Körperprozessen ›*handelnden Stellungnahme*‹ sind ›Seele‹, auch ›Psyche‹ oder auch ›Ich‹ (auch: das Selbst, das Ego oder die Identität, die Person, das Subjekt, der Akteur oder das Individuum). ›Handelnde Stellungnahme‹ bedeutet, dass diese Instanz mit ihrem Handeln zu der vorgefundenen Welt Stellung bezieht: sie bestätigt, modifiziert oder dementiert. Dieses Handeln wird dabei maßgeblich beeinflusst – und das ist der springende Punkt, auf den ich weiter unten noch eingehen werde – von dem Wissen, über das diese Instanz verfügt.

Einig ist man sich darin, dass diese Instanz ein losgelöstes *Einzelding* ist, dass sie allein steht, dass sie einen im Raum und in der Zeit von anderen getrennten Körper besitzt, dass sie in sich geschlossen ist – wenn man so will: dass sie ein Atom ist (Einheit, die sich mit anderen Einheiten verbinden kann und dann andere Eigenschaften annimmt). Einig ist man sich meist auch darüber, dass diese Instanz der handelnden Stellungnahme etwas *Besonderes* ist, dass sie einen Kern hat, der über eine gewisse Zeit hinweg mit sich identisch bleibt, dass sie eine Geschichte hat und aufgrund dieser Geschichte sich besondert, sich *individualisiert* hat – sich also in nicht trivialer Weise von den anderen äußerlich und ›innerlich‹ unterscheidet und deshalb auch wieder erkannt werden kann. Diese Instanz ist also nicht nur eine Einheit, sondern eine besondere Einheit.

Den Umstand, dass die Moderne auf den Prozess der individuellen Besonderung großen Wert legt, nehmen manche Soziologen zum Anlass zu sagen, die Individualisierung sei ein Ergebnis der Moderne (einen Überblick über solche Vorstellungen liefert Abels 2006). Dies scheint nicht gerechtfertigt, da es auch vor der Moderne individuelle Einzelne gab. Die Moderne weist allerdings gegenüber den Individuen eine besondere Wertschätzung auf, was den Stellenwert des Einzelnen zu der sozialen Gruppe neu austariert.

Über die Substantialität und die Qualitäten dieser Instanz rätselt man dagegen (trotz alltagsweltlicher Gewissheit, dass sie existiert und was sie ist) schon seit Jahrhunderten[2] – nicht nur in den durch die europäische Philosophie beeinflussten Regionen, aber hier besonders intensiv. Das hat gewiss auch mit der westlichen Wissens- und Wissenschaftsgeschichte, und hier vor allem mit der Religions- und Philosophiegeschichte zu tun, ist doch diese Instanz der *handelnden Stellungnahme* Gegenstand und Zielpunkt all dieser Wissensgebiete. Und immer wieder geht es um die Frage, ob das Ich weiß, was es tut, bevor es etwas tut, ob es dies aufgrund eines freien Willensakts tut oder weil ihm nichts anderes möglich ist. Sicher ist jedoch, dass es nicht wollen kann, was es will. Kurz: Ist das Ich ein handelndes Ich oder ist es durch gesellschaftliches Handeln zu einem Ich gemacht worden, dass von sich glaubt, Herr über sein Handeln zu sein? Ist das Ich Ergebnis von Handlung oder Akteur seines Handelns?

2. Wissen als Mittel zur Problemlösung

Handlungen, und so viel scheint aus soziologischer Sicht recht gewiss zu sein, verbinden sich nicht von selbst (also aus sich heraus) zu einer übergeordneten Gesamthandlung. Die Einzelhandlungen tragen nicht ein zwingendes Gesetz in sich, das ein Weiterhandeln aus sich heraus in einer bestimmten Reihenfolge in eine bestimmte Richtung weitertreibt. Handlungen müssen stattdessen von sinnhaft interpretierenden und entscheidenden Akteuren vorangetrieben und miteinander verknüpft werden. In der face-to-face-Interaktion weben dabei die Teilnehmer im ›Hier und Jetzt‹ eine aufeinander abgestimmte (wenn nicht immer, so doch meist abgeschlossene) Gesamthandlung – wie z. B. ein Gespräch, ein Billardspiel, aber auch einen handfesten Streit. Der interaktive Webvorgang entsteht allerdings keineswegs aus dem Nichts, sondern die Beteiligten greifen bei ihrer wechselseitigen Arbeit auf teils bewusstes, teils ›schweigendes‹ (tacit) Wissen um historisch und sozial entstandene und oft auch massiv sanktionierte Praktiken, Routinen, Rahmen, Gattungen, Regeln des ›Webens‹ zurück. Insofern kommt einerseits bei jeder Interaktion die Erinnerung an die gesellschaftliche Vorarbeit (und das Wissen um die Sanktionen) zum Tragen, andererseits ist die Vorarbeit wegen der Sinnorientiertheit der Akteure notwendigerweise offen für Variationen und Revisionen des Erinnerten.

Das Besondere der Handlungsverknüpfung in face-to-face-Interaktionen besteht nun darin, dass die Teilnehmer in der Situation des ›Hier und Jetzt‹ verbleiben. Wird die face-to-face-Interaktion beendet, müssen die Teilnehmer – falls sie erneut zusammentreffen – an ein ›Dort und Damals‹ anknüpfen und stets aufs Neue das ›Dort und Damals‹ Gesagte aufgreifen, bekräftigen, abschwächen oder abändern. Was sie auch immer tun, sie werden ihre Handlungen in irgendeiner Weise miteinander verbinden, verketten müssen, so dass Kontinuität und Identität entstehen. Auch hierzu stehen ihnen gesellschaftlich erarbeitete Praktiken, Gattungen und Regeln zur Verfügung. All dies liegt als Wissen vor.

Wissen, so eine geläufige, pragmatische Sicht der Dinge, hat die Funktion, eine Brücke zu bilden: vom Hier zum Dort. Wissen hilft dem Menschen, vom Hier und Jetzt zum Dort und

---

[2] Auf den Umstand, dass die Debatte um die Materialisierung des Ich schon weit zurückreicht und dass sie sich verschlungen entwickelt hat, weist Olaf Breidbach in seiner schönen Studie hin (Breidbach 1997).

Bald zu kommen: Es setzt ihn in Bewegung, weil es ihm hilft, in Bewegung zu kommen. Denn immer, wenn sich im Jetzt das Problem des wie-weiter-Handelns stellt, und das tut es immer wieder, kommt Wissen zum Einsatz.

Der Begriff ›Problem‹ benennt an dieser Stelle ganz formal die Situation, dass menschliche Akteure unentwegt den Pfad ihres Handelns gestalten müssen. Auch wenn theoretisch nicht klar ist, ob das Handeln stetig vor sich hin fließt oder unstetig ›quantelt‹ oder ruckartig von (bewusster) Entscheidung zu Entscheidung springt, so muss doch von den Akteuren in jeder Situation aus der Fülle der Möglichkeiten, weiter zu handeln, praktisch eine umgesetzt werden. Meist folgen die Akteure dabei gedankenlos Traditionen, Routinen oder Rezepten. Manchmal folgen sie aber auch einem inneren Impuls oder werden durch die Dynamik der Interaktion in eine bestimmte Richtung bewegt und manchmal entscheiden sie bewusst, das Für und Wider abwägend, wobei sie die erwarteten und erhofften Folgen, aber auch die ungewünschten Konsequenzen mit in Rechnung stellen. Wenn die Akteure bewusst entscheiden, dann mag es sein, dass sie gelegentlich rational entscheiden. Das wäre aber ein seltener Sonderfall. Das Handeln der Akteure ist gewiss nicht grundlos, wenn auch nicht immer rational. Ein ausgearbeiteter Plan liegt dem Handeln nur sehr selten zugrunde. ›Rational‹ (im gebräuchlichen Sinne des Wortes) sind die Handlungen selten. Außer man behauptet, ›rational‹ sei alles, für das sich von Wissenschaftlern ein Grund finden lässt – was aber letztlich nur ein »didaktisch gut brauchbares Beispiel für die Fallen der Erschleichung empirischer Hypothesen durch eine bloße definitorische Festlegung« (Esser 1994: 172) ist.

Handeln braucht in der Regel keinen Plan, keine explizite Strategie. Handeln bedeutet nicht, das gewünschte Handlungsziel als erreicht zu imaginieren und mit jedem Teilakt auf dieses Ziel hinzusteuern (Alfred Schütz hat das trefflich in seinem Frühwerk beschrieben, jedoch den Geltungsbereich dieser Beschreibung überschätzt – vgl. Schütz 2004b, aber auch Luckmann 1992: 48ff).

Handeln reagiert in der Regel immer auch auf ein Handeln-Davor, entwickelt sich aus der Dynamik der Interaktion und ist somit fluide; Handeln reagiert auch permanent auf den eigenen Verlauf, entwickelt immer wieder ad-hoc-Strategien und ist somit nur begrenzt vorhersehbar und steuerbar. Entsprechend ›funktioniert‹ auch das Verstehen von Handlungen nicht so, dass die Beteiligten aufgrund bewusster Analyse den Plan des Handelnden Schritt für Schritt rekonstruieren, sondern alltägliches Verstehen stellt sich schlagartig ein: Man versteht den Anderen, meist ohne angeben zu können, weshalb man den anderen verstanden hat – nicht nur, weil wir uns dabei erworbener und nicht mehr bewusster Deutungsroutinen bedienen, sondern vor allem, weil die Körper sich als Teil und Ausdruck einer bestimmten sozialen Praxis verstehen. Insofern hat Handeln auch etwas mit dem gemeinsamen Tanzen oder gemeinsamen Musizieren gemein – vor allem dann (aber nicht nur), wenn man beim Tanzen und Musizieren nicht der festen Form folgt, sondern miteinander improvisiert (siehe auch Figueroa 2003 und 2006).

Es gibt gute Gründe dafür anzunehmen, dass es zwei Klassen sozialen Handelns und Kommunizierens gibt, die sich im Hinblick auf die bewusste Steuerung durch ein sinnhaft handelndes Subjekt strukturell voneinander unterscheiden: Die eine Klasse von Handlungen und Kommunikation, die durch (Mit-) Handeln erworben wird und nur begrenzt bewusstseinsfähig ist und die andere Klasse des bewussten, abwägenden und zielgerichteten Handelns.[3] Auch wenn viele der nicht bewusst erworbenen Handlungen und Kommunikationen durch Reflexion ins Bewusstsein gehoben werden können und damit auch einer begrenzten Kontrolle und Steuerung zugänglich sind, können diese nicht als arbeitsökonomische Ablagerungen ehemaligen bewussten Handelns begriffen werden, gehen sie doch entwicklungsgeschichtlich (ontogenetisch wie phylogenetisch) in der Regel der bewussten sozialen Praxis voran.

---

3   Eine vergleichbare Unterscheidung hat Bateson eingeführt: Er unterscheidet zwischen dem gezielten und mental gesteuerten Abschießen eines Gewehrs über Kimme und Korn und dem Abfeuern einer Schrotflinte, die sich für den Schützen verborgen unter einer Tischplatte befindet (vgl. Bateson 1987: 247ff).

Zu welcher dieser ›Lösungen‹ Menschen auch greifen mögen, um ihr ›wie-weiter-handeln-Problem‹ zu lösen, immer wird (wie oben bereits gesagt) ›Wissen‹ helfen, die Lücke zwischen Möglichkeit und Realisation zu schließen.

Beim Wissen kann man zwischen *gesellschaftlichem* und *subjektivem* Wissen bzw. Wissensvorrat unterscheiden. Der gesellschaftliche Wissensvorrat meint das gesamte, in einer Gesellschaft vorhandene Wissen. Alles Wissen entspringt (aus wissenssoziologischer Sicht) letztlich jedoch dem subjektiven Wissenserwerb. Der Begriff ›subjektiver Wissensvorrat‹ meint die »Gesamtheit der aufgrund subjektiver Relevanzstrukturen sedimentierten subjektiven Erfahrungen, die zum Teil unmittelbar gemacht, zum Teil auch vermittelt wurden. Viele Elemente des subjektiven Wissensvorrats sind versprachlicht, sie entstammen also den Taxonomien und Kategorien des gesellschaftlichen Wissensvorrats. Die Struktur des subjektiven Wissensvorrats ist durch die Vorgänge des (teilweise institutionalisierten) subjektiven Wissenserwerbs bestimmt« (Luckmann 1992: 178). Wissen kann sowohl in Sprache als auch in Bildern und Vorstellungen gefasst, codiert oder repräsentiert sein. Mehr oder weniger bewusstes Denken, also das interne Operieren mit Wissen aller Art, findet zwar oft sprachlich statt, muss es aber nicht. Große Teile des bewussten Denkens bedienen sich nicht der Sprache, sondern der Vorstellungen. Denken ist also kein inneres Sprechen. Ob sich auch nicht-bewusste *mentale Prozesse* einer Form von Repräsentation bedienen, darüber wissen wir (noch) nichts Genaues.

Gleiches gilt für den Prozess des Speicherns von Wissen um die Welt und des Wissens um eigene Erfahrungen. Welche Instanz hier genau zwischen eigener Erfahrung und fremder unterscheidet und dann die eigene Erfahrung mit sich selbst und die Erfahrungen anderer mit einem selbst zu einer einzigen, sinnvollen Geschichte verwebt, die dann die Identität, das Wissen um die Einheit eines Selbst, ausmacht, das ist bislang ungeklärt. Gewiss ist allein, dass es geschehen muss: Ohne Gedächtnis, ohne die Verbindung einzelner Episoden zu einer Geschichte von einem Selbst, kann niemand von sich sagen, er sei ein ›Ich‹. Gewiss ist auch, dass nicht alles gespeichert wird und dass man die Selektivität des Speicherns und Löschens nur sehr begrenzt kontrollieren kann – auch wenn Speichern wie Löschen nicht zufällig verteilt sind, sondern sich (da sind sich Phänomenologen und Neurowissenschaftler weitgehend einig) an Typen und Mustern orientieren. Dennoch: Erinnern wie Vergessen sind dem Griff des Bewusstseins entzogen.

Ähnliches gilt, um ein weiteres Beispiel zu nennen, für das Sehen. Sehen als Prozess eines Pfad-Schaffens durch die Mannigfaltigkeit der Welt ist in der Regel nicht von einem seine Blickbewegung planenden Ich bewusst gesteuert, sondern er vollzieht sich als Ausdruck einer auch sozial erworbenen Fähigkeit und Praxis, einer Sehkultur. Sehen ist dabei Bestandteil einer kulturellen Praxis, die sich fraglos versteht. Der erfassende Akt wird als nicht von mir gesteuert erfahren. Gewiss kann ich mich später diesem Akt als Ausdruck meines Ichs und meiner Kultur reflexiv zuwenden. Das ist dann eine Reflexionserfahrung. Dieser Akt der Erfassung ist nun als erfassender Akt erneut nicht vom Ich gesteuert.[4] Die bewusste Wahrnehmung des nicht-bewussten Ausgangspunkts der Wahrnehmung macht letzteren zwar sichtbar, lässt aber den Ausgangspunkt der reflexiven Zuwendung im Dunkeln. Luhmann hat diese nicht zu beseitigende Unsichtbarkeit des ›Akteurs‹ der Erfassung mit dem Ausdruck ›blinder Fleck‹ bezeichnet (Luhmann 1990: 31ff).

3. Phänomenologische Deskription – eine Protosoziologie?

Die phänomenologisch orientierte Sozialforschung glaubte sich lange Zeit sicher zu sein vor der *Historisierung* und *Soziologisierung* des Subjektbegriffs und des Subjekts (bzw. des Ichs, des Akteurs etc.) oder genauer: vor den Problemen, die damit einhergehen. Denn sie wähnte (oder

---

4 Siehe zu diesem Problem die Auseinandersetzung von Alfred Schütz mit Gurwitsch und Sartre in Schütz (2005: 90ff).

wähnt) sich im Glauben, mit den von Alfred Schütz und im Anschluss daran von Thomas Luckmann erbrachten Bestimmungen des ›Ich‹[5] (und die sind für die gesamte phänomenologisch orientierte Sozialforschung von grundlegender Bedeutung) ein Fundament zu haben, das Bestand hat, da es ausdrücklich ›vor‹ jeder Soziologie erbaut war. Oder anders: Dieses Fundament gilt als Untergrund der Soziologie, auf den sie fest gebaut werden kann. Diese Sicherheit scheint mir zu schwinden und ich möchte im Weiteren diesen Zweifeln nachgehen und prüfen, ob die ›protosoziologischen‹ Bestimmungen von Schütz und vor allem die von Luckmann stimmig erscheinen.

Ausgangspunkt aller phänomenologischen Sozialforschung ist das ›Ich‹ (das Ego) und seine (bewussten wie unbewussten) Bewusstseinsleistungen. Wenn man allerdings genau ist, dann gehen die ›Leistungen‹ des Bewusstseins nicht auf ein (so wollendes) Ich zurück, sondern das Bewusstsein ›arbeitet‹ eigenständig, ohne Steuermann. Das Bewusstsein, das stets und nur ein *Bewusstsein von etwas* ist, »konstituiert sich in fortlaufenden Synthesen. Diese Synthesen sind automatisch, das Bewusstsein kann sozusagen nicht anders; seine automatischen oder passiven Leistungen können nicht gesteuert oder ausgeschaltet werden« (Luckmann 1992: 29 – siehe auch Schütz 2004a: 179ff und Eberle 1984: 33ff). Und weiter heißt es zu dem Verhältnis von Ich zu Bewusstsein: »Aus dem Bewußtseinsstrom heben sich aufgrund passiver Synthesen Erlebnisfolgen ab. Infolge von Ich-Zuwendungen bilden sich im Ablauf der Erlebnisse einzelne Erfahrungen aus; im reflexiven Zugriff des Bewußtseins wird manchen Erfahrungen ein Sinn verliehen« (Luckmann 1992: 32.). Dabei ist die Zuwendung des Ichs zu seinen Erfahrungen – so Alfred Schütz – frei von Notwendigkeit und somit dem Willen des Ichs und seiner Sicht der Dinge zuzuschreiben: »Wir können nun den *Gesamtzusammenhang der Erfahrung* auch *definieren als den Inbegriff aller durch das Ich als freies Wesen in einem gegebenen Zeitpunkt seiner Dauer vollziehbaren reflexiven Zuwendungen* […] *auf seine abgelaufenen in phasenweisem Aufbau konstituierten Erlebnisse* (Schütz 2004a: 184).

Was genau an dieser zentralen Stelle das ›Ich‹ tut oder was im Bewusstsein sich passiv ereignet, bleibt aus meiner Sicht dunkel. Klar ist jedoch, dass Ich und Bewusstsein nicht deckungsgleich sind, sondern dass sich das Erste dem Zweiten zuwenden und diesem Sinn verleihen kann.

Weniger dunkel sind die Formulierungen, wenn die Eigenschaften dieses Ego, seine Orientierung in Raum und Zeit, sein Handeln, sein Entscheiden und vieles in der wesentlich von Alfred Schütz inspirierten mundanphänomenologischen *Protosoziologie* Thomas Luckmanns[6] beschrieben wird. Diese grenzt sich ausdrücklich von der transzendental-phänomenologischen Vorgehensweise Husserls ab (Luckmann 2007: 46f) und schlägt eine *deskriptive Phänomenologie* der Grundstrukturen des Alltagslebens vor, mit dem Ziel »eine Matrix für die innerhalb der Einzelwissenschaften geleisteten empirischen Analysen zu schaffen […]. Die Matrix ist nicht ›Theorie‹, d. h. sie hat keine direkte Verbindung zur ›Logik‹ der Erklärung. Sie stellt aber nicht bloß eine Taxonomie dar, die auf klassifikatorischen Entscheidungen beruht. Sie basiert vielmehr auf einer strengen Methode zur Aufdeckung und Erhebung invarianter Strukturen jener *bewussten* [Kursivierung von mir. J.R.] Aktivitäten, aus denen sich menschliches Handeln konstituiert« (Luckmann 2007: 52).

In einem Nachwort zu diesem 1973 geschriebenen Aufsatz schreibt Luckmann dann ergänzend, präzisierend und an (für meinen Argumentationsgang) entscheidender Stelle auch modifizierend: »In radikaler philosophischer Reflexion, die einer genauen Evidenzregel folgt, […] werden die Strukturen theoretischer und vortheoretischer Aktivitäten geklärt und zurückverfolgt auf ihre Verwurzelung in aktiven und *passiven Synthesen* [Kursivierung von mir. J.R.] des Bewusstseins. Dies ist also ein Explikationsprozess, an dessen Anfang und Ende die direkteste Evidenz überhaupt steht: die Inspektion der unmittelbaren Erfahrung« (Luckmann 2007: 60).[7]

---

5 Siehe hierzu Schütz (2004a und b, 2005), Schütz & Luckmann (2003) und Luckmann (2007).
6 Siehe hierzu die sehr hilfreichen Ausführungen von Eberle (2000: 55–80) und Schnettler (2006: 73f).
7 Wohl wegen dieser Evidenzbasis ist, so Luckmann, die phänomenologische Methode keine Methode der

Dass Luckmann damit an die Vorstellung Husserls zur passiven Konstitution von Wahrnehmung und an Überlegungen von Schütz (Schütz 2004: 179ff) anschließt, ändert nichts daran, dass hier neben aktiven (bewussten) auch passive (unbewusste) Schlüsse eine Rolle spielen.

Alfred Schütz hat im Übrigen im Anschluss an Leibniz noch eine andere Sorte von Bewusstseinsleistungen benannt, die zwischen bewussten und unbewussten Aktivitäten hin und her changieren: die ›petite perceptions‹. Ihnen räumt Schütz eine zentrale Stellung für die Entscheidung zwischen Handlungsentwürfen ein (siehe hierzu auch Reichertz 2006). Es sind die Wahrnehmungen, »derer wir uns nicht bewußt sind, entweder weil diese Eindrücke zu klein und zu zahlreich sind oder weil sie bis zu einem solchen Grad vereinheitlicht sind, daß sie weder getrennt noch unterschieden werden können« (Schütz 2004b: 307). Es sind diese petite perceptions, »die, ohne dass wir es wissen, viele unserer Handlungen bestimmen« (ebd.). In seinem lesenswerten Buch ›Lebensweltanalyse und Handlungstheorie‹ hat Thomas Eberle auf die zentrale Bedeutung der ›kleinen Wahrnehmungen‹, der ›petite perceptions‹, für die Handlungs- und (wenn man so will) für die Entscheidungstheorie von Alfred Schütz hingewiesen (vgl. Eberle 2000: 149ff). Leider ist dieser Überlegung innerhalb der phänomenologischen Diskussion (noch) zu wenig Beachtung geschenkt worden.

Doch zurück zu der These Luckmanns: Demnach ist zentraler Teil der beschriebenen Matrix das ›Ich‹. Es ist der Ausgangspunkt für alles Weitere. In dieser Sicht der Dinge baut das ›Ich‹ die Welt aufgrund seiner Erfahrung um sich herum schichtweise auf. Im Kern dieser Konstruktion ruht ein ›Ich‹, das zu sich als Gegenüber einen Alter entwirft: jemanden, der Nicht-Ego ist, aber im Prinzip der Gleiche. Dieser Andere, so die (pragmatische) Annahme des Ichs, hat zwar eine gesonderte Stellung zur Welt, aber wenn er mit mir oder ich mit ihm die Stellung tauschen würde, sähen wir das, was der jeweils andere sieht (Reziprozität der Perspektiven). Das ›Ich‹ baut um sich herum aber auch die übrige Welt auf: die Sozialität, den Raum und die Zeit. Alles wird aufgrund der dem ›Ich‹ eigenen Relevanzen geschichtet und angeordnet. Dabei benutzt das ›Ich‹ zwei Gliederungselemente: a. Schichtung von Nähe/Ferne und b. Schichtung nach relevant/unrelevant. Diese »Geologie der Lebenswelt« (Luckmann 2007: 60) ist, nur so kann man es verstehen, Ergebnis von *Deutungsakten* und von *Entscheidungen* dieses ›Ich‹. Das ›Ich‹, das die Welt um sich herum aufschichtet, erfährt eine unüberwindliche Trennung zwischen sich und den anderen und muss von Beginn an schon entscheiden, auswählen, anordnen, selektieren. Alle diese Entscheidungen bedürfen der Kriterien, der Normen, der Vorlieben, der Wünsche, der Neigungen, des Wissens.

Denkt man nun eine solche Konzeption (auch wenn sie ohne Zweifel nur eine grobe Skizze ist) durch, dann fragt sich, wie dieses ›Ich‹ entscheiden kann, wo es seine Selektionsmuster her hat und woher sein Wissen stammt. War das ›Ich‹ von Geburt an da, besteht es allein aus Bewusstsein oder hat es ein Bewusstsein? Weiß es von Beginn an von sich selbst, seinen Grenzen und Relevanzen oder entwickelt sich all das erst nach der Geburt?[8]

All diese Fragen darf man stellen, weil es sich bei diesen phänomenologischen Beschreibungen dem eigenen Anspruch nach weder um Metaphern noch um Modelle noch um transzendentallogische Überlegungen noch um abstrakte Taxonomien handelt, sondern um Idealisierungen[9], die anstreben, »*die universellen Strukturen subjektiver Orientierung in der Welt zu*

Wissenschaft »und sie kann es auch nicht sein« (Luckmann 1979: 197). Konsequenz daraus: »Aber obwohl die Phänomenologie systematisch und empirisch ist, ist sie keine Wissenschaft« (Luckmann 1979: 197).

8   Gewiss kann man einwenden, ich zeichnete hier ein Zerrbild der Phänomenologie. Im Gegensatz zu meinen Unterstellungen behaupte sie gerade keinen strikten Volitonismus, sondern betone (wie ja oben von mir selbst eingeräumt) die passiven Syntheseleistungen des Bewusstseins. Hier kann ich nur sagen, dass die Phänomenologie eine beachtliche *Volitionsneigung* aufweist. Denn wenn es tatsächlich darum ginge, die unbewussten Syntheseleistungen zu berücksichtigen, dann macht es keinen (sprachlichen) Sinn, in diesem Zusammenhang stets vom ›Ich‹ zu sprechen.

9   Wie viel Wissen um eine bestimmte Sozialität in diesen Idealisierungen steckt, hat aus der Sicht eines Blinden eindrücklich Saerberg (2006: 19–58) gezeigt.

beschreiben» (Luckmann 1979: 198) – was kein geringer Anspruch ist, impliziert er doch, dass (zutreffende) Aussagen über (die empirische) Welt gemacht werden (können).

Wenn man die oben formulierten Fragen auf der Suche nach einer Lösung durchdenkt, dann kommt man entweder in einen infiniten Regress oder man muss das ›Ich‹ als eine dem Körper eingeborene, entweder von der *Natur* oder von *Gott* dem Menschen mitgegebene, Instanz begreifen. Das ist natürlich Metaphysik im strengen Sinne des Wortes. Wenn man die Sozialforschung jedoch nicht auf eine Metaphysik eines dem Körper eingeborenen oder von Gott gegebenen ›Ichs‹ mit der Fähigkeit, nach bestimmten Gesichtspunkten zu entscheiden, aufbauen will, dann muss man nach einer anderen Erklärung Ausschau halten.

Eine Möglichkeit für eine Antwort ist, dass man die Vorstellung eines bewusst entscheidenden ›Ichs‹ aufgibt. Diesen Weg scheint mir Luckmann (oft) zu gehen, wenn er, durchaus im Anschluss an Husserl und Schütz, von »aktiven und passiven Synthesen des Bewusstseins» (Luckmann 2007: 60) spricht und immer weniger von einem die Geographie der Lebenswelt aus sich heraus schaffenden ›Ich‹. Diese Verschiebung des Aktivitätsakzents vom ›Ich‹ auf das Bewusstsein und die Hinzunahme passiver Synthesen als Leistungserbringer der Weltkonstitution des ›Ich‹ löst indes nicht nur nicht die angesprochenen Probleme, sondern schafft neue. Einerseits droht das ›Ich‹ nämlich mit dem Bewusstsein deckungsgleich zusammenzufallen (was wenig Sinn macht), andererseits stellt sich die Frage, ob unter »passiven Synthesen des Bewusstseins» unbewusste oder reflexartige oder organische Aktivitäten des Bewusstsein zu verstehen sind. Und: Was hat man sich unter ›unbewussten Aktivitäten des Bewusstseins‹ vorzustellen? Und ist man, wenn man von ›unbewussten Aktivitäten‹ spricht, nicht ganz nah an Bestimmungen, die (wenn auch mit anderen Worten) so auch von den Neurowissenschaften vorgetragen werden?

Die Vorstellung, ein ›Ego‹ würde sich selbst vor jeder Erfahrung bereits im Gegensatz zu dieser Welt und zu den anderen empfinden, also losgelöst von der Welt und isoliert von den anderen existieren und somit genötigt, ein Verhältnis zu dieser Welt und den anderen erst aufzubauen, ist, so vertraut es auch klingen mag, *keine* Protosoziologie, sondern eine Soziologie, die ihre eigene Zeiteingebettetheit unterschlägt. Auch Egos werden nicht erwachsen geboren, sondern müssen es erst noch werden. Alle Egos müssen eine Ontogenese durchlaufen und diese ist eingebettet in eine Phylogenese und diese ist im Laufe der Menschheitsgeschichte gestaltet, verändert und modifiziert worden.

Ich denke, es spricht vieles dafür, dass ein ›Ich‹ und natürlich auch die Vorstellung, ein ›Ich‹ zu sein bzw. ein ›Ich‹ zu haben, sich aus der sozialen Praxis einer Gesellschaft konstituiert – und genau das haben ja u. v. a auch Berger & Luckmann 1969 überzeugend für die Entwicklung der persönlichen Identität des Menschen dargelegt (siehe hierzu auch den in diesem Zusammenhang sehr hilfreichen Artikel von Peter Stegmaier 2006). Der Organismus erfährt von Beginn seines Lebens an vieles, was ihm gut tut, und vieles, was schmerzt – noch bevor ein eigenes ›Ich‹ ontogenetisch ›aufgetaucht‹ ist. Der Organismus lernt, sich zu bewegen, zu krabbeln und zu plappern, er reagiert auf seine Mitmenschen, er kommuniziert sogar auf seine Weise, er kann die wesentlichen Bedeutungen der Kommunikation seiner Nächsten verstehen, auch dann, wenn er noch kein einziges Wort kennt. Viele von diesen Fähigkeiten und auch sehr viel von diesem Wissen sind dabei dem Körper bereits bei der Geburt inhärent. Der Organismus erwirbt aufgrund seiner Interaktion mit seiner Welt und noch wichtiger: aufgrund der Interaktion der Welt mit ihm viel, sehr viel Wissen von sich, von den anderen und von der Welt – auch wenn das Wissen noch nicht im Griff des Bewusstseins, sondern in seinem gesamten Körper (also auch, aber nicht nur im Gehirn) gespeichert wird (allgemein hierzu die Debatte in Reichertz & Zaboura 2006).

Die hier vertretene Konzeption geht davon aus, dass der Organismus nicht ohne Wissen auf die Welt kommt – und damit macht sie wie die phänomenologische Deskription Aussagen über den Menschen vor der ›soziologischen Klammer‹. Dieses Wissen ist zum einen die Gabe der Phylogenese an die jeweils aktuelle Generation und zum anderen das in den Körper (Gehirn) eingeschriebene Wissen, das aus der aktuell in der Sozialisation erfahrenen praktischen Interaktion resultiert. Damit enthält diese Konzeption also ebenfalls eine Metaphysik – nämlich die des biologischen und des praktisch erworbenen Körperwissens. Der Vorteil dieser Metaphysik ist, dass sie stimmiger erscheint als die Annahme eines isolierten, dem Organismus bereits eingeborenen ›Ichs‹.

Das ›Ich‹ ›emergiert‹ in dieser Sicht aus einer sozialen Praxis. Dabei wird Wissen in einer Gemeinschaftshandlung in den Körper eingeschrieben. Das ›Ich‹ ist also das Ergebnis sozialer Praxis und ist ihr nicht vorgängig. Das Selbstbewusstsein stellt sich in dieser Sicht später ein, nämlich dann, wenn das verkörperte ›Ich‹ sich selbst so zuwendet, wie es sich den Dingen seiner Umwelt zuwendet (siehe auch Mead 1973 und vor allem Tomasello 2002). Aber auch diese Zuwendung zu sich selbst vollzieht sich mit den Praktiken und Deutungen, die sozial erworben sind. ›Ich‹ und Selbstbewusstsein variieren deshalb mit Zeit und Gesellschaft nicht zufällig, sondern systematisch. Jede Gesellschaft produziert ihre eigene Form des ›Ich‹ und der Selbstzuwendung.[10] *Über die gesellschaftliche Einheit der Handlung konstituiert sich also ein ›Ich‹, das sich dann erst als handelndes ›Ich‹ entdeckt und das sich dann als solches darstellt.*

Im Zentrum dieser Sozialforschung steht das gesellschaftlich individuierte Subjekt, das sich im Laufe seiner Ontogenese erst in (und mithilfe) der Sozialität findet, um dann sich und die Gesellschaft neu zu ›erfinden‹. Eine Soziologie ohne menschliches Subjekt ist zwar denkbar und auch aufschreibbar, aber sie ist eine Soziologie ohne Inhalt. Entfernen Soziologen das Subjekt und sein Handeln aus ihrem Geschäftsbereich, dann eröffnen sie ein neues Geschäft: fraglich ist jedoch, was man dort erhält.

Literatur

Abels, Heinz (2006), *Identität*, Wiesbaden: VS Verlag
Bateson, Gregory (1987), *Geist und Natur*, Frankfurt a. M.: Suhrkamp
Berger, Peter L. & Thomas Luckmann (1969), *Die gesellschaftliche Konstruktion der Wirklichkeit. Eine Theorie der Wissenssoziologie*, Frankfurt a. M.: Fischer
Damasio, Antonio (2000), *Ich fühle, also bin ich. Die Entschlüsselung des Bewusstseins*, München: List
Eberle, Thomas (1984), *Sinnkonstitution in Alltag und Wissenschaft*, Bern: Verlag Paul Haupt
Eberle, Thomas (2000), *Lebensweltanalyse und Handlungstheorie*, Konstanz: UVK
Esser, Hartmut (1994), Kommunikation und ›Handlung‹, in: G. Rusch et al. (Hg.), *Konstruktivismus und Sozialtheorie*, Frankfurt a. M.: Suhrkamp, S. 172–204
Figueroa, Silvana K. (2003), Musical Improvisation as a Type of Action, in: R. Kopiez et al. (Hg.), *Proceedings of the 5th Triennial ESCOM Conference*, Hannover: University of Music and Drama, S. 570–573
Figueroa, Sivana K. (2006), *Micro-Ethnographies of Improvising Musicians*. Paper for the Conference ›Ethnographies of the Art Work‹, Sept. 2006, Sorbonne, Paris
Luckmann, Thomas (1979), Phänomenologie und Soziologie, in: W. Sprondel & R. Grathoff (Hg.), *Alfred Schütz und die Idee des Alltags in den Sozialwissenschaften*, Stuttgart: Enke, S. 196–206
Luckmann, Thomas (1992), *Theorie des sozialen Handelns*, Berlin: De Gruyter
Luckmann, Thomas (2007), *Lebenswelt, Identität und Gesellschaft*, Konstanz: UVK
Luhmann, Niklas (1990), *Soziologische Aufklärung 5*, Wiesbaden: Westdeutscher Verlag
Mead, George Herbert (1973), *Geist, Identität und Gesellschaft*, Frankfurt a. M.: Suhrkamp
Pauen, Michael (2007), *Was ist der Mensch*, München: DVA
Prinz, Wolfgang (2004), Kritik des freien Willens. Bemerkungen über eine soziale Institution, *Psychologische Rundschau* 55, 4, 198–206
Reichertz, Jo (2006), *Was bleibt vom göttlichen Funken?* in: J. Reichertz & N. Zaboura (Hg.), S. 189–206
Reichertz, Jo (2007), *Die Macht der Worte und der Medien*, Wiesbaden: VS Verlag

---

10 In dieser Form stimmen auch eine Reihe von Neurowissenschaftlern dieser Aussage zu, so z. B. Prinz (2004), Singer (2003) und Pauen (2007).

Reichertz, Jo & Nadia Zaboura (Hg. 2006), *Akteur Gehirn,* Wiesbaden: VS Verlag
Saerberg, Siegfried (2006), *»Geradeaus ist einfach immer geradeaus«. Eine lebensweltliche Ethnographie blinder Raumorientierung,* Konstanz: UVK
Schnettler, Bernt (2006), *Thomas Luckmann,* Konstanz: UVK
Schütz, Alfred (1981), *Theorie der Lebensformen,* Frankfurt a. M.: Suhrkamp
Schütz, Alfred (2004a), *Der sinnhafte Aufbau der sozialen Welt,* Konstanz: UVK
Schütz, Alfred (2004b), *Relevanz und Handeln 1,* Konstanz: UVK
Schütz, Alfred (2005), *Philosophisch-phänomenologische Schriften,* Konstanz: UVK
Schütz, Alfred & Thomas Luckmann (2003), *Strukturen der Lebenswelt,* Konstanz: UVK
Schützeichel, Rainer (Hg. 2006), *Emotionen und Sozialtheorie. Disziplinäre Ansätze,* Frankfurt a. M.: Campus
Singer, Wolf (2003), *Ein neues Menschenbild?* Frankfurt a. M.: Suhrkamp
Soeffner, Hans-Georg (2000), *Gesellschaft ohne Baldachin,* Weilerswist: Velbrück
Stegmaier, Peter (2006), Die Bedeutung des Handelns, in: J. Reichertz & N. Zaboura (Hg.), S. 101–120
Tomasello, Michael (2002), *Die kulturelle Entwicklung des menschlichen Denkens,* Frankfurt a. M.: Suhrkamp

Martin Endreß

Reflexive Wissenssoziologie als Sozialtheorie und Gesellschaftsanalyse
Zur phänomenologisch fundierten Analytik von Vergesellschaftungsprozessen[1]

Das theoretisch-analytische Potential der von Alfred Schütz begründeten und wesentlich von Peter Berger und Thomas Luckmann fortgeführten soziologischen Perspektive muss als nach wie vor unausgeschöpft gelten. Eine Feststellung, die auch angesichts der jüngeren »Karriere« kultur- und wissenssoziologischer Forschungsperspektiven unverändert Gültigkeit hat. Vor diesem Hintergrund möchten die nachfolgenden Bemerkungen das analytische Potential dieser soziologischen Perspektive exemplarisch demonstrieren. Sie beginnen mit einem Blick auf das Gesamtprofil der »Social Construction« (I.), der den Horizont öffnet für Darstellungen sowohl des herrschaftssoziologischen Zuschnitts wie auch der darin angelegten Option für eine Analytik von Vergesellschaftungs- und Differenzierungsprozessen (II.). Beide Hinsichten werden über kritische Auseinandersetzungen mit jüngeren Kritiken eingeführt. Schließlich wird das reflexive Profil dieser allgemeinen wissensanalytischen Konzeption pointiert, das in spezifischer Hinsicht deren Modernitätsaffinität zu dokumentieren geeignet ist (III.). Herauszustellen sein wird insgesamt die Stärke einer soziologischen Perspektive in ihrer konzeptionellen Stringenz von der sozialtheoretischen Grundlegung bis zur »gesellschaftstheoretischen« Analytik.

Im Lichte dieses Profils werden die bekannten Verdikte, es hier bspw. mit einer Soziologie ohne Gesellschaft zu tun zu haben, als Erträge mangel- und lückenhafter Rezeption erkennbar. Offenkundig wird in entsprechenden kritischen Beiträgen vorrangig eine Kritik an der lediglich partiellen oder vollständigen Nicht-Thematisie*rung* mit einem Urteil über deren faktische Nicht-Thematisiert*heit* und deren prinzipielle Nicht-Thematisier*barkeit* im Kontext des analytischen Profils dieser Traditionslinie soziologischen Denkens verwechselt.

Die folgenden Hinweise beschränken sich im Kern auf die Aufnahme von Anstößen des von Berger & Luckmann vorgelegten Entwurfes (1969).[2] Weiter gehende, systematisch fraglos erforderliche Bezugnahmen nicht nur auf das Modernitätsbuch von Peter und Brigitte Berger und Hansfried Kellner (1975), sondern auch auf die jeweiligen Arbeiten insbes. von Luckmann (vgl. u. a. 1980, 1992, 2002, 2007) und Berger (vgl. u. a. Berger & Kellner 1984, Berger & Neuhaus 1996) im Anschluss und in Erweiterung der »Social Construction« können im Rahmen dieser knappen Orientierung nicht realisiert werden.

I. Das Profil der »Social Construction«

Im Argumentationsprofil der »Social Construction« artikuliert sich im Kern eine soziologische Perspektive, die nur dann angemessen in ihrer konzeptionellen Reichweite einzuschätzen ist, wenn sie als Entfaltung sowohl einer sozialtheoretischen Grundlegung als auch einer allgemeinen Soziologie gelesen wird. In dieser Rekonstruktionsperspektive tritt die »Social Construction« als grundlagentheoretische Alternative unmittelbar ins Zentrum der gegenwärtigen soziologischen Theoriediskussion. Diese systematische Verschränkung von sozialtheoretischer

---

1 Für hilfreiche Kommentare sei Gregor Bongaerts, Jochen Dreher und Peter Stegmaier gedankt. Die Überlegungen basieren auf der Habilitationsschrift des Verfassers (2002). Die Publikation einer überarbeiteten Fassung dieser Arbeit befindet sich in Vorbereitung.
2 Verweise auf die »Social Construction« erfolgen jeweils ohne Jahresangabe, wobei die erste Seitenangabe auf das englische Original (1966), die zweite auf die deutsche Übersetzung (1969) verweist.

Grundlegung und der Analyse von Vergesellschaftungsprozessen zielt auf einen konzeptionell konsistenten Entwurf: im Übergang von der Reflexionsebene der Sozialtheorie über die – wenn man so will – historische »Gesellschaftstheorie« bis zur reflexiven Selbstthematisierung.

Entsprechend kann man für die in der »Social Construction« konzipierte soziologische Perspektive zwischen den drei Reflexions- bzw. Forschungsebenen der Sozialtheorie, der allgemeinen Soziologie und den speziellen Soziologien unterscheiden. Während auf sozialtheoretischer Ebene die »Proto-Soziologie« als phänomenologisch-fundierte Sozialtheorie eine Explikation der Genese sozialer Wirklichkeit, ihres grundlegend prozessualen Charakters aufgrund anthropologischer Fundamentalstrukturen und der elementaren räumlichen, zeitlichen und sozialen Sinnstrukturierung sozialer Wirklichkeit zu leisten hat, entfaltet die allgemeine Soziologie die sozio-historisch spezifisch strukturierten Prozesse des (gesellschaftlichen) Aufbaus sozialer Wirklichkeit, deren »wesentliche Merkmale« als »soziologische Konstanten« anzusehen sind (79/84). Diese Explikation der soziologischen Grundbegriffe und Grundprozesse geschieht konsequent in handlungs- und wissensanalytischem Zuschnitt. Schließlich obliegt es den speziellen Soziologien die je spezifische Organisation dieser auf der Ebene der allgemeinen Soziologie explizierten Prozesse und damit »die vielfältigen Variationen in den historischen Manifestationen und Kombinationen dieser Konstanten« (79/84) zu untersuchen.[3] Das bedeutet insgesamt: Die Analytik der Lebenswelt mit der Unterscheidung ihrer räumlichen, zeitlichen und sozialen Differenzierung ist auf allen drei Untersuchungsebenen ebenso Ernst zu nehmen wie der handlungsanalytische und wissenssoziologische Zugriff der »Social Construction«.

Tab.1: Die Systematik der »Social Construction«

Proto-Soziologie [Phänomenologisch-fundierte Sozialtheorie]	Wissenssoziologisch reformulierte allgemeine Soziologie: die »objektive Perspektive« [Allgemeine Soziologie und Vergesellschaftungsanalyse]	Wissenssoziologisch reformulierte allgemeine Soziologie: die »subjektive Perspektive« [Allgemeine Soziologie und Individuierungsanalyse]
Transzendenz Räumlich Zeitlich Sozial	Externalisierung – Objektivierung – Internalisierung Habitualisierung – Typisierung – Institutionalisierung Institutionalisierung – Legitimierung (erster und zweiter Ordnung)	Internalisierung – Sozialisierung – Identität (Individuierung)
Alltag Sinnprovinzen Sprache Wissen Relevanzen	Rollen Trägergruppen von Wissen (Experten, Intellektuelle) (Deutungs-) Macht (Monopolisierungen)	Konversion Krise Routine Gespräch

---

3 Eine eher unklare Mittelstellung zwischen Allgemeiner Soziologie und Speziellen Soziologien (z. B. Organisations- oder Familiensoziologie) nimmt die sog. »Gesellschaftstheorie« ein, wie sie insbes. bei Parsons, Habermas und Luhmann im Zentrum steht. Demgegenüber sind Berger & Luckmann im Einklang mit einer entsprechenden »Zurückhaltung« sowohl bei Max Weber als auch bei Schütz hier konzeptionell »vorsichtiger« und verorten »gesellschaftsanalytische« Frage- und Problemstellungen ansatz-intern konsequent auf der Reflexionsebene der Allgemeinen Soziologie, ohne diese deshalb mit »Gesellschaftstheorie« – als einer grundsätzlichen historischen – zu identifizieren.

Um die konzeptionelle Reichweite der Anlage der »Social Construction« verdeutlichen zu können, bedarf es zunächst einer Vergegenwärtigung ihrer strukturellen Systematik wie ihres grundbegrifflichen Zuschnitts. Zu unterscheiden ist zwischen phänomenologisch-fundierter Sozialtheorie und Allgemeiner Soziologie mit ihren beiden konzeptionellen Strängen: der Vergesellschaftungsanalytik auf der einen und der Individuierungsanalytik auf der anderen Seite. Zwischen diesen drei Reflexionshinsichten besteht kein Ableitungsverhältnis, sondern ein solches der argumentativen Verzahnung. Entsprechend wird das Ausgangsphänomen der alltäglichen Erfahrung von »Transzendenz« im Rahmen der auf der Ebene der Allgemeinen Soziologie unterschiedenen beiden Hinsichten jeweils unterschiedlich bearbeitet. Und zwar auf der Grundlage der sozialtheoretisch explizierten Unterscheidung von räumlicher, zeitlicher und sozialer Sinnstrukturierung einmal im Kontext von Vergesellschaftungsprozessen im Rahmen von drei elementaren Prozessdynamiken, sodann – analog dazu – im Zuge von Individuierungsprozessen im Rahmen der Dynamik von Internalisierungs-, Sozialisierungs- und Individualisierungsformen. Elementare Grundbegriffe der jeweiligen Reflexionsperspektiven lassen sich der Übersicht links entnehmen (vgl. Tab. 1).

Diese Übersicht beansprucht nicht in dem Sinne Vollständigkeit, dass hier sämtliche für die Autoren der »Social Construction« relevanten Begriffe und Konzepte verzeichnet wären, sondern sie will lediglich die für ihr analytisches Profil zentralen »Bausteine« mit Blick auf die drei argumentativen Teile des Entwurfes im Überblick vergegenwärtigen.

Die für das Verhältnis ihrer beiden im engeren Sinne soziologischen Teile zu Darstellungszwecken gewählte Unterscheidung von Vergesellschaftungsanalyse und Individuierungsanalyse wäre dabei im Sinne einer Separierung von »Gegenständen« missverstanden. Konzeptionell wie forschungspragmatisch ist sie auf die leitende analytische Perspektive einer Individuierung qua Vergesellschaftung zu beziehen. Diese Unterscheidung ist also bei Berger & Luckmann gerade nicht im Sinne einer Reduktion letzterer auf die Genese resp. Bildung des Subjekts gemeint, sondern im Sinne der Analyse von Vergesellschaftungsprozessen generell zu lesen: die Konstitution des Subjekts wird als genuin sozial verstanden, ohne dass die soziologische Analyse auf die Zurechnung auf Subjekte deshalb verzichten müsste. Eine Vorstellung, die mit den von Elias wie auch von Foucault verfolgten Analysen von Subjektivierungsprozessen konzeptionell integrierbar ist.[4]

Diese soziologische Perspektive ist gleichwohl auch in der jüngeren Fachdiskussion immer wieder Anlass für Fundamentalkritiken gewesen.

II. Kritiken und Anti-Kritiken

Das hier verfolgte Anliegen, die durch Berger & Luckmann inaugurierte soziologische Perspektive als Sozialtheorie wie als Allgemeine Soziologie zu lesen, steht der disziplinären Wahrnehmung der »Social Construction« offenkundig entgegen. »Soziologie ohne Gesellschaft« lautet letztlich die Diagnose für ein vermeintlich defizitäres analytisches Profil einer Soziologie ohne Differenzierungskonzeption und Herrschaftsanalyse.

Um hier zunächst die Frage nach einer Soziologie ohne Herrschaft aufzugreifen: Zunächst einmal sollte klar sein, dass Macht im Sinne eines generellen Vermögens zur Weltge- und -umgestaltung den »point of departure« für handlungstheoretische Ansätze bildet. Darüber hinaus aber scheint es als ließe sich der geläufige Vorwurf der Machtvergessenheit einer phänomenologisch fundierten Soziologie (vgl. Iványi 1999: 156f) beziehen »auf eine Vernachlässigung (a) von Machtunterschieden [...] und (b) auf die besondere Bedeutung dieser Machtun-

---

[4] Grundsätzlich sollte bzgl. der Vermutung einer wenn nicht prinzipiell-konzeptionellen, so doch faktisch-materialen Inkompatibilität zwischen phänomenologisch fundierter Soziologie und Diskursanalyse nicht zu viel theoretisch vorentschieden, sondern dieser eher empirisch nachgegangen werden.

terschiede im Zusammenhang mit der Durchsetzung bestimmter Wirklichkeitsentwürfe gegenüber alternativen [...] sowie (c) auf eine Unterschätzung der daraus resultierenden Umstrittenheit gesellschaftlicher Wirklichkeit«.

In allen drei Hinsichten muss mit Blick auf den Entwurf von Berger & Luckmann jedoch eine gegenteilige Ansicht vertreten werden. Um zunächst nur zwei Hinweise zu geben: Berger & Luckmanns Rede von der »zwingenden Macht« etablierter Institutionen und ihrer »Kontrollmechanismen« (60/64, 54f/58) ist nicht bloß zu beziehen auf – gar normative – Konsenszumutungen und deshalb abzustützen durch eine Forderung nach einer »stärkeren Anerkennung der Bedeutung von Sanktionsmechanismen« (Iványi 1999: 157). Denn nicht nur kursorische Hinweise auf den »derberen Stock« und staatliche Ordnungsmächte (109/117, 119/128), sondern systematisch u. a. die Verweise auf Prozesse der Sozialisierung (120/128), Therapierung (112ff/120ff) und Stigmatisierung (Kontrastgruppen) (165ff/176ff) sowie schließlich die Analyse des Problems nicht nur alternativer, sondern rivalisierender, ja sich wechselseitig ausschließender und ihren Ausschluss wechselseitig forcierender Wirklichkeitsperspektiven (»Nihilierung«, 114ff/123f) können nicht anders gelesen werden als im Sinne von herrschaftssoziologischen Reflexionen.

Verlängert werden diese durch Hinweise auf den strukturellen Kontroll- und damit Zwangscharakter von Institutionalisierungen oder auf die Bedeutung der verschiedenen Trägergruppen von Deutungsmacht in Gestalt von Experten oder »offiziellen« Legitimatoren (also »Eliten«, z. B. 117/125, 119/127f, 125ff/134ff). Auch wenn Berger & Luckmann es also angesichts des Zuschnitts ihrer Arbeit zumeist bei Hinweisen auf die Relevanz entsprechender Phänomene belassen, so gibt diese Thematisierung der strukturellen Ambivalenz sozialer Phänomene und Wissensformen ihrem Ansatz doch einen genuin zugleich herrschaftssoziologischen Zuschnitt. Theoretisch von besonderer Relevanz ist in diesem Zusammenhang nicht zuletzt die Einsicht der Autoren auf den Vollzug von Legitimierung und Machtgenerierung *uno actu* (z. B. 108f/116f, 119ff/128ff).[5]

Ebenso zählen zu entsprechend herrschaftssoziologisch konzeptualisierbaren Hinweisen Fragen nach dem sozio-kulturell spezifischen Umgang mit unterschiedlichen Formen der Transzendenz. Die Vergesellschaftung des die alltäglichen Relevanzsysteme potentiell in-Frage-stellenden »Außeralltäglichen« ist zwar per se mit einer Etablierung von sozialen Kontrollmechanismen verbunden. Sie wird jedoch zudem – darauf hat nicht zuletzt Luckmann (1999) hingewiesen – in spezifischer Weise machtförmig strukturiert durch die Schaffung räumlicher »Enklaven« (also z. B. durch Aufbewahrungsinstitutionen wie Gefängnisse), durch die Einführung zeitlicher Reglementierungen (z. B. Lebensarbeitszeiten, Anmeldefristen etc.) und durch soziale Stigmatisierungen (z. B. Fremde, Arme, Alte, Ausländer) (vgl. Endreß 2002: 154f). Hier werden jeweils als außeralltäglich typisierte Erfahrungen in von bestimmten Trägergruppen konzipierten Domestizierungen sozusagen »geschliffen« und so gesellschaftlich mehr oder weniger geduldet. Die sozialen Formen des Ausdrucks von Transzendenzerlebnissen und der Bewältigung wie Generierung von Transzendenzen werden also einer sozialen Kodifizierung unterzogen.[6]

---

5   Damit wird zugleich zweierlei deutlich: Erstens nehmen Berger & Luckmann auf diesem Wege konsequent den Prozessaspekt der »Objektivierung« in einer Form auf, die die unmittelbare Repräsentanz auf der Ebene des den Handelnden reflexiv fügbaren Wissens transzendiert. Die Rekonstruktion der Wissensbestände der Akteure bildet damit gerade nicht die *conditio sine qua non* ihres Aufweises. Und zweitens ist es die systematische Beachtung der Differenz von subjektivem und objektivem Sinn, die es im Kontext dieses Ansatzes ermöglicht sog. »objektive Strukturen« zu identifizieren. Gegen bspw. Bourdieu oder Habermas ist dabei festzuhalten, dass entsprechende Strukturen nur dann als solche reklamierbar sind, wenn sich empirisch nachweisen lässt, dass sie Handlungsprozesse und Wissensformen – wenn eben auch jenseits des reflexiven Bewusstseins der Akteure – prägen. Ohne eine entsprechende Rekonstruktion, die ihrerseits wiederum ihrer reproduktiven Logik einsichtig sein muss, blieben entsprechende Thesen leer.

6   Ein Phänomenzugriff, der für eine Verlängerung im Anschluss an Elias' Zivilisationstheorie, Foucaults Disziplinierungstheorie oder Goffmans Analyse totaler Institutionen dann ebenfalls fraglos offen ist.

Insofern ist Iványis Schlussfolgerung (1999: 166) – »die gesellschaftliche Konstruktion von Wirklichkeit ist [...] das Ergebnis eines praktischen Lebensvollzuges, der unübersehbar von Machtdifferenzen durchsetzt ist und eben vermittels dieser Differenzen bestimmten Wirklichkeiten zur ›Faktizität‹ verhilft« – immer schon expliziter Bestandteil des Entwurfes von Berger & Luckmann. Die von ihnen ins analytische Zentrum von Vergesellschaftungsformen gerückten Prozesse der Institutionalisierung und Legitimierung wie auch der Sozialisierung sind intern, also strukturell (und nicht nur empirisch) mit Herrschaft verzahnt – also unmittelbar zugeschnitten auf die Analyse der Bedeutung von »Macht«, die Besetzung gesellschaftlicher »Machtpositionen« und die Etablierung von »Machtstrukturen« als institutionalisierten Chancen zur Durchsetzung von Wirklichkeitsbestimmungen (109/117, 119/128, 121/130 u. ö.). Diese strukturelle Verzahnung wird mit Blick auf die strategische Positionierung von Akteuren über Statusbezüge, Ressourcenfragen sowie im Hinblick auf Mobilisierungschancen zumindest angedacht. Zugleich ist diese Perspektive aber so angelegt, dass sie nicht ihrerseits in eine herrschaftssoziologische (machtanalytische) Schließung gewissermaßen »umkippt«.

In konzeptioneller Hinsicht sind diese Überlegungen zu verlängern im Rekurs auf die sozialtheoretische Grundlegung der »Social Construction«. Die dort entfaltete sinnstrukturelle Gliederung sozialer Wirklichkeit in räumlicher, zeitlicher und sozialer Hinsicht kann für ihre Perspektive auf Vergesellschaftungsprozesse ausgearbeitet werden. Lange vor entsprechenden Überlegungen von Giddens (1981: 2ff, 1988: 161ff) rückt diese soziologische Perspektive also die Raum-Zeit-Problematik in den Mittelpunkt der Sozialtheorie. Vergesellschaftungsprozesse kommen damit als Raum-Zeit-Konfigurationen bzw. als räumlich-zeitlich-soziale Konstellationen in den Blick. Strukturen sozialer Wirklichkeit sind dann als sich permanent reproduzierende Phänomene zu explizieren und Prozesse sozialen Wandels im Kern als Verschiebungen räumlich-zeitlicher Ausdehnungen sowie als neue Differenzierungen entlang dieser Achsen. Entsprechend können Raum-Zeit-Überwindungen als Quelle von Herrschaft konzipiert werden, d. h. die Deutungshoheit und Durchsetzungsmacht bzgl. der raum-zeitlichen Organisation sozialen Wirkens und Sprechens ist sowohl herrschaftsgenerierend wie Herrschaftsausdruck. Herrschaftsstrukturen werden verstanden als Ausdruck wie als Rahmen des objektiven Möglichkeitsraums zur Entfaltung der Handlungsmacht von Akteuren.

Zugespitzt wurden die Kritiken an der mit der »Social Construction« inaugurierten soziologischen Perspektive jüngst durch die These, diese beanspruche »makrosoziologische Fragestellungen in einer Theorie der subjektiv fundierten Institutionalisierungen unterbringen und soziale Differenzierung im Kern als Verteilung des Wissens analysieren zu können« (Renn 2006: 25). In dieser Kritik begegnet man in nur leichter begrifflicher Variation erneut dem vor vierzig Jahren von Habermas formulierten Vorwurf einer kulturalistischen Engführung des Lebensweltkonzepts, wonach sich die »Beschreibung ausdifferenzierter Sozialsysteme ... auf abstrakte Werte und Formen rollenspezifischen Handelns« beschränke (2006: 37). Danach sprächen Berger & Luckmann Phänomene sozialer Differenzierung lediglich »in der Unterscheidung zwischen primärer und sekundärer Sozialisation« an und betrieben insgesamt »die theoretische Exilierung gesellschaftlicher Makrostrukturen in die Dimension des Numinosen« (ebd.), weshalb »dieser Theorietypus« die »Ebene der ›Gesellschaft‹« letztlich nicht erreiche (2006: 25). Das lässt sich kaum schärfer formulieren.

Dieser Kritik ist zunächst ihr latent essentialistischer Gesellschaftsbegriff ebenso entgegenzuhalten wie eine entsprechend ontologisierende Rede von »differenzierten Ordnungsniveaus der Gesellschaft« (2006: 29). Demgegenüber formieren – im Anschluss an Weber – Prozessbegriffe das konzeptionelle Gerüst des Entwurfes von Berger & Luckmann. Insofern sozialer Wandel damit bei Berger & Luckmann zum Strukturmoment sozialer Wirklichkeit wird (vgl. Luckmann 1980), Sozialität wie Selbst also von Anfang an als Prozesse in den Blick kommen, geht es ihnen im Rahmen ihres Ansatzes systematisch um historische Vergesellschaftungsprozesse.

Vor allem aber fußt die angeführte Kritik auf einer Entkopplung von Wissen und Wirklichkeit, die die sozialtheoretische Basisintuition dieser soziologischen Perspektive systematisch unterläuft. Denn gerade umgekehrt bildet für die Argumentation von Berger & Luckmann nahezu eine »Gleichsetzung« von Wissen und Wirklichkeit den sozialtheoretischen Ausgangspunkt, insofern sie Wissen als Wirklichkeit schaffend, als Modus der Eröffnung von Handlungsfeldern, und d. h. also als »performativ« und damit zugleich als grundlegend reproduktiv betrachten (66/71). Wissen und Sprache werden hier in ihrem genuin handlungs- wie wirklichkeitsbildenden Charakter systematisch ernst genommen. In diesem Sinne und nur in diesem Sinne eines genuin »pragmatischen« Verständnisses von Wissen geht es einer im Anschluss an die »Social Construction« argumentierenden soziologischen Perspektive im Kern um eine Analyse von Sinnstrukturierungen sozialer Wirklichkeit in ihrer jeweiligen räumlich-zeitlich-sozialen Spezifik – von Sinnstrukturen, die ihrerseits stets nur relational verstanden werden können.

Systematisch zugespitzt heißt das: Für eine auf der Grundlage der »Social Construction« argumentierende Sozialtheorie und Vergesellschaftungsanalyse ist eine Konzeption von »Wissen« leitend, die sich weder auf den Begriff der Repräsentation (im Sinne eines gewissermaßen naiv-naturalistischen Spiegelungsverhältnisses), noch einfach nur auf den der Rekonstruktion (im Sinne der Beobachtungsmetaphorik von Habermas' Typus rekonstruktiver Analyse) bringen lässt, sondern die am angemessensten mit den Begriffen der Performativität und Reproduktivität zu umschreiben ist. D. h. einer Perspektive, die auf konzeptioneller wie grundbegrifflicher Ebene dem prozessualen Blick auf soziale Wirklichkeit gerecht wird, indem sie die Vollzugs- und Veränderungsdynamik ins Zentrum der theoretischen Analyse rückt. Erst wenn eine soziologische Wissensanalyse in dieser Einstellung operiert, ist sie in hinreichendem Maße reflexiv; wenn sie also den genuin (re)produktiven Charakter von Wissen systematisch ernst nimmt und zugleich den seinerseits (re)produktiven (wirklichkeitserzeugenden) Charakter des Reflektierens über diesen (re)produktiven Charakter reflektiert.

Die Stärke des Entwurfes von Berger & Luckmann liegt dabei im konstruktiven Anschluss an das Werk von Schütz gerade auch in der partiellen Re-Weberianisierung dieser soziologischen Perspektive. Einem Zugriff, der m. E. nicht nur systematisch stimmig ist, sondern letztlich auch die Intentionen von Schütz objektiv trifft (vgl. Endreß 2006a, 2006b). Und es ist dieser Grundzug, der der hier intendierten Antikritik weitere Impulse gibt.

Denn schwer scheint zunächst auch der Reduktionismusvorwurf an die Adresse von Berger & Luckmann zu wiegen, demzufolge bei ihnen »Effekte der Emergenz abstrakter Ordnung ... als Folgen der Externalisierung subjektiven Sinnes und als Gegenstand der Internalisierung subjektiven Sinnes« nicht adäquat in den Blick kämen (Renn 2006: 25). Damit wird ihre soziologische Perspektive in offenkundigem Widerspruch zu deren wegweisender konzeptioneller Leistung einer Entkopplung von Institutionalisierungs- und Legitimierungsprozessen in unmittelbare Kontinuität mit dem Werk von Parsons und dessen Fassung von Institutionen als verhaltensregulierender Normen gestellt, die im Zuge von Sozialisationsprozessen internalisiert werden.

Nun »wissen« Akteure aber in dem Sinne was sie tun, als sie wechselseitig unterstellen, dass die institutionellen Erwartungen für alle jeweils Beteiligten Gültigkeit haben. Es sind somit Normalitätsunterstellungen im Sinne selbstverständlich geltender, nicht-hinterfragter Wissensannahmen, die qua Wiederholung typischerweise zu Handlungsroutinen gerinnen. Insofern verdanken sich Habitualisierungen und über diese dann Institutionalisierungen bei Berger & Luckmann gerade nicht subjektiven Entwürfen, sondern »eigendynamischen« Prozessen der Routinisierung.[7]

Dieser Hinweis auf die grundlegende Zeitlichkeit sozialer Wirklichkeit erinnert zudem daran, dass Wissen fortgesetzt den elementaren Prozessen einer Kanalisierung, Kanonisierung und Institutionalisierung »ausgesetzt« ist. Es sind also gerade nicht Vorgänge der Internalisierung, sondern die im Rekurs auf Trägergruppen sich vollziehenden Institutionalisierungen von Handlungs- und Deutungsschemata, die zur Formierung »emergenter« Sozialitätsformen füh-

---

7 Eine Grundfigur, die dann nicht zuletzt im Rahmen des Neo-Institutionalismus bspw. im »makrosoziologischen« Werk von John W. Meyer ihre konstruktive Aufnahme und Verlängerung findet.

ren, also bspw. zur organisationalen Differenzierung sich historisch entfaltender Handlungsbereiche. Diese Hinweise runden die vorstehenden Überlegungen zum herrschaftssoziologischen Profil dieser soziologischen Perspektive ab. Die vorgeschlagene Lesart zielt bewusst auf eine Weberianisierung der Wissenssoziologie, die gerade auch die Erträge der »neofunktionalistischen« Kritik am Differenzierungstheorem produktiv integrieren will. Leitend ist die Annahme, dass die Einschätzung einer radikalen Umformulierung des wissenssoziologischen Forschungsprogramms bei Schütz tragfähig ist ohne gewissermaßen »das Kind mit dem Bade ausschütten« zu müssen und vollständig auf den Rekurs auf Trägergruppen und damit letztlich auch »Macht« verzichten zu müssen.

Hinter diesen Abgrenzungen bzw. diesem konstruktiven Anschluss an die in der »Social Construction« entfaltete soziologische Perspektive steht wesentlich die meta-theoretische Einsicht, dass das, was im Rahmen eines Ansatzes faktisch nicht (oder bestenfalls marginal) thematisiert ist, nicht sogleich als prinzipiell in diesem nicht thematisierbar qualifiziert werden kann. Die Stärke einer in diesem Rahmen entwickelten allgemeinen Soziologie und Sozialtheorie besteht gerade in der konzeptionellen Stringenz, die sie von der sozialtheoretischen Grundlegung hin zur Analytik von Vergesellschaftungsprozessen aufweist. Und diese Bemerkung führt zurück zum Verweis auf das reflexive Profil dieser soziologischen Perspektive.

III. Reflexive Soziologie

Der Titel einer »reflexiven Soziologie« darf als eingeführte Begriffsprägung gelten. Jenseits eines emphatischen Plädoyers firmiert er als Gütesiegel für eine nicht naiv-ontologische, sondern reflektierte Forschungsorientierung einer über die »soziale Konstruiertheit« sozialer Wirklichkeit aufgeklärten Soziologie. In jüngerer Zeit besonders mit der Soziologie Bourdieus verbunden, ist der reflexive Zuschnitt vornehmlich für eine soziologische Perspektive zentraler Ausweis, die sich im Kern aus wissensanalytischen Überlegungen speist und genuin historisch ansetzt (vgl. Hitzler 1999, Endreß 2001, 2005).

Reflexivität im Sinne eines die Grundlagen des eigenen Prozedierens erfassenden Unternehmens ist in klassisch philosophischer Terminologie ein transzendentales Unterfangen. Einen entsprechenden Zuschnitt hatte Husserl seiner Philosophie insofern gegeben, als die Phänomenologie der Lebenswelt nicht nur die Fundamente des als mathematisierend begriffenen Objektivismus der neuzeitlichen Naturwissenschaften beschreiben, sondern zugleich auch die Grundlage dieser Fundierung selbst in den Blick nehmen sollte. In dieser Selbstbezüglichkeit, die im Thematisieren die Möglichkeit solchen Thematisierens mit bedenkt, vollzieht sich das transzendentale Programm der Phänomenologie. Eine Fortschreibung erfährt dieses in einer soziologischen Perspektive, die sich sozialtheoretisch Rechenschaft über ihre konzeptionelle Anlage und ihr grundbegriffliches Instrumentarium gibt – und zwar sowohl hinsichtlich ihrer philosophischen Grundlagen als auch mit Blick auf die sich kontinuierlich wandelnden sozio-strukturellen Rahmenbedingungen soziologischer Forschung und unter Einbeziehung empirischer Forschungsergebnisse. Diese Bestimmung schließt unmittelbar an das für die phänomenologische »Proto-Soziologie« leitende Verständnis als einer Theorie an, die die Bedingungen der Möglichkeit der konzeptionellen Anlage wie auch des grundbegrifflichen Rahmens für die Soziologie, also für eine erfahrungswissenschaftliche Analyse sozialer Wirklichkeit expliziert und dieser damit ein konsistentes Profil verleiht.

Eine entsprechende reflexive Anlage des Soziologie-Verständnisses ist ebenso für Berger & Luckmann leitend. Diese Reflexivitätsanforderung stellt auf (zumindest) fünf Anforderungen ab, die mit den Stichworten (i) Selbstobjektivierung, (ii) Zweistufigkeit, (iii) Gegenstandsverhältnis, (iv) Rückbindung an alltägliche Erfahrungsbestände und (v) Grenzbewusstsein gefasst werden können. Diese sind kurz zu erläutern und auf ihre Umsetzung in der »Social Construction« zu beziehen.

ad (i) Selbstobjektivierung: Der Soziologie stellt sich insofern eine Reflexivitätsanforderung, als sie selbst als Gegenstand im Rahmen ihrer Forschungen und theoretischen Konzeptualisierungen vorkommen muss. Entsprechend müssten Berger & Luckmann den Charakter der von ihnen als Theoriegrundlage vorausgesetzten sozialpragmatisch transformierten Phänomenologie selbst auch als einen Legitimationstypus reflektieren und damit geltungstheoretisch relativieren können. Es stellt sich damit die Frage, auf welcher Ebene die »Social Construction« in der Hierarchie der in ihr differenzierten Legitimierungsstufen einzuordnen wäre. Insofern es sich bei der Soziologie nun zwar um eine Wissenschaft, aber eben nicht um eine Stützkonzeption für symbolische Sinnwelten handelt,[8] ist die Perspektive der »Social Construction« der Ausprägung symbolischer Sinnwelten notwendig vorgeordnet. Als Sozialtheorie wie Allgemeine Soziologie übernimmt sie legitimierende Aufgaben und ist somit auf der dritten Stufe des ersten Legitimierungsgrades unterhalb der Ebene symbolischer Sinnwelten zu verorten (94f/101f).

Die »Social Construction« ist damit konzeptionell in der Lage, ihren Standort im Rahmen einer komplexen Legitimierungshierarchie zu reflektieren. Damit genügt sie der Erklärung wie dem Anspruch ihrer Autoren, ihren Überlegungen »weder ein ahistorisches ›Gesellschaftssystem‹ noch eine ahistorische ›menschliche Natur‹« (187/198f) zugrunde zu legen. Die Möglichkeit der Einordnung der »Social Construction« in die Unterscheidung von Legitimierungsstufen impliziert so den reflexiv vollzogenen, also historisch bewussten Verzicht auf eine abschließende Selbstrechtfertigung, die notwendig mit absoluten Geltungsansprüchen verbunden wäre.

ad (ii) Zweistufigkeit:[9] Unter den Vorzeichen der grundlagentheoretischen Bedeutung eines wissenssoziologischen Zuschnitts muss sich die Soziologie ihrer internen Konsistenz versichern. In die Terminologie der Vernunftkritik Kants übertragen lässt sich für dieses Kriterium die Unterscheidung von *quaestio juris* und *quaestio facti* zur Anwendung bringen: Eine reflexive soziologische Perspektive muss die Bedingungen ihrer Möglichkeit mit reflektieren – bei wechselseitigen Rückwirkungen zwischen grundlagentheoretischer Reflexion und empirischen Forschungen. Ein Verständnis von reflexiver Soziologie impliziert damit eine hierarchische Theoriestruktur.

Die »Social Construction« ihrerseits ist konsequent zweistufig angelegt: Als soziologische Perspektive reflektiert sie als »Proto-Soziologie« die Bedingungen ihrer Möglichkeit über die Artikulation ihrer philosophischen Voraussetzungen (vgl. Tab. 1). Der »Proto-Soziologie« kommt damit die Funktion eines kritischen Regulativs gegenüber der allgemeinen Soziologie zu – bei wechselseitigen Rückwirkungen zwischen sozialtheoretischer Grundlagenreflexion und soziologisch-theoretischer Konzeptualisierung. Jede material angelegte allgemeine Soziologie verweist damit im Sinne ihrer eigenen Fundierung zurück auf eine sozialtheoretische Grundlegung, die der Explikation der Bedingungen der Möglichkeit ihrer Gegenstandsperspektivierung und ihrer Begriffsbildung dient, und sie expliziert von dieser Grundlage ausgehend die zentralen Mechanismen des Aufbaus und die aus ihnen resultierenden Strukturen sozialer Wirklichkeit.

ad (iii) Reflexives Gegenstandsverhältnis: Die Soziologie sieht sich insofern vor eine Forderung nach Reflexivität gestellt, als sie die durch ihre theoretischen Konzeptualisierungen und empirischen Erhebungsmethoden immer schon mit bedingte Strukturierung ihres Gegenstandes reflektieren muss. Soziologisches Wissen produziert Strukturierungseffekte, deren methodologischer Status sowie die mit diesen verbundenen Geltungsansprüche sie ihrem Anspruch nach, die Sozio«logik« der Produktion sozialer Wirklichkeit zu analysieren, konzeptionell einholen können muss. Erneut bedarf es hier also eines wissenssoziologischen Profils wie auch der Entwicklung einer sensiblen Forschungsmethodik, um diese Strukturierungseffekte, die wissen-

---

[8] Denn nur im letzteren Fall sind wissenschaftliche Legitimationen laut Berger & Luckmann *per definitionem* Legitimierungen zweiter Ordnung (110/118), d. h. als »Stützkonzeptionen« bzw. »theoretische Konstruktionen« (104/112) zur Erhaltung von symbolischen Universen anzusehen.

[9] Der Begriff der »Zweistufigkeit« ist hier – im Unterschied zur behaupteten »Zweistufigkeit von Lebenswelt und System« im Rahmen von Habermas' Gesellschaftstheorie – im strengen Sinne gemeint: es geht um einen reflexionslogisch notwendigen Verweisungszusammenhang.

schaftliche »Prä-Konstruktionen« nach sich ziehen, material einholen zu können: Jede Soziologie muss auch in diesem Sinne Wissenssoziologie in eigener Sache sein.

Für die konzeptionelle Grundlegung der »Social Construction« ist deshalb ebenso wie für ein an sie anschließendes empirisches Forschungsprogramm eine methodisch kontrollierte Reflexion alltagssprachlicher wie wissenschaftlicher Vorverständnisse konstitutiv. So folgt der Einsicht in die soziale Elementardialektik (Externalisierung – Objektivierung – Internalisierung) in methodologischer Verlängerung das Postulat einer kontinuierlich begleitenden Reflexion nicht nur schlicht der (ihrerseits naiv realistischen) Differenz von Teilnehmer- und Beobachterperspektive, sondern ihrer reproduktiven Dialektik. Auf dieses Erfordernis zielen Berger & Luckmann mit ihrem Verweis, dass »Wissen« in einem »doppelten Sinne« der Charakter einer »Verwirklichung« zukommt: »Im Sinne des Erfassens der objektivierten gesellschaftlichen Wirklichkeit und im Sinne des fortwährenden Produzierens dieser Wirklichkeit« (66/71).

ad (iv) Rückbindung an alltägliche Erfahrungsbestände: Das Kriterium der Reflexivität ergibt sich sodann aus dem methodischen Programm einer Rückbindung der soziologischen Gegenstandsperspektivierung an das Alltagswissen, dem in dieser Hinsicht eine regulative Funktion zukommt. Soziologen legen den sozialkonstruktiven (produktiven) Charakter sozialer Wirklichkeit frei – darin liegt ihr Aufklärungspotential. Die Einsicht in das Faktum der Konstruiertheit ist somit zunächst ein Beobachtungsresultat: Es expliziert den objektiven Sinn des von Handelnden subjektiv gemeinten Sinns, muss aber zugleich kritisch an diesen zurückgebunden bleiben, um einem den eigenen Erhebungsmethoden geschuldeten reifizierenden Objektivismus entgehen zu können.

Die beiden zuletzt angeführten, aufeinander verweisenden, aber keineswegs deckungsgleichen Gesichtspunkte zielen insgesamt darauf, dass für eine hermeneutisch sensible reflexive Soziologie eine Doppelbewegung, eine strukturelle Ambivalenz charakteristisch ist, die einerseits eine Distanzierung von Prä-Konstruktionen, andererseits zugleich eine Orientierung an diesen erforderlich macht. Es geht also weder um vollständige Anlehnung noch um gänzliche Entkopplung, sondern um ein methodisch kontrolliertes Verhältnis hermeneutischer Sensibilität (vgl. Endreß 2006a).

Für die Soziologie und Sozialtheorie der »Social Construction« fungiert deren phänomenologische Fundierung als Sicherung eines durch die Gütekriterien der Evidenz und Sinnadäquanz ausgezeichneten adäquaten Phänomenzugangs. Soziologie des Alltagswissens ist dieser soziologischen Perspektive zufolge nicht nur methodisches, sondern zugleich theoretisches Programm der Analyse der sozialen Konstruktion der Wirklichkeit und damit Kern ihrer fundamentalpragmatischen Ausrichtung. Das Reflexivitätskriterium der Rückbindung avanciert so zum Ausdruck eines methodologischen Selbstverständnisses, insofern Alltagswissen nicht nur den ausgezeichneten Gegenstand dieser Soziologiekonzeption bildet, sondern gleichermaßen als kritische Ressource der kontinuierlichen Prüfung ihrer Adäquanz dient, ohne die Reflexionsdifferenz von Alltag und Wissenschaft naiv einzuebnen.

ad (v) Grenzbewusstsein: Eine Reflexivitätsanforderung stellt sich der Soziologie schließlich hinsichtlich der Ausbildung eines Bewusstseins der Grenzen ihres Aufklärungspotentials – und damit der Grenzen der Institutionalisierung und Reichweite eigener Rationalitätskriterien (»Grenzen der Sozialwelt«).

Mit ihren Reflexionen zum reproduktiven Charakter ihrer Gegenstandsperspektivierung vollzieht die »Social Construction« eine Absage an jede idealistische Vorstellung einer Eigenlogik von Wissen und sozialer Wissensordnungen (128/137). Der Verweis darauf, dass »sozialer Wandel immer als in einer dialektischen Beziehung mit der ›Ideengeschichte‹ stehend verstanden werden« muss (128/137) ist also zugleich ein Verweis darauf, dass »Wissen« stets nur verstanden werden kann in einer dialektischen Beziehung zu gesellschaftlichen Strukturverhältnissen und Machtkonstellationen. Und dieser Grenze ist sich die »Social Construction« nicht nur einfach bewusst, sondern sie vermag sie – wie dargelegt – konzeptionell zu integrieren. Insgesamt erweist sich der von Berger & Luckmann vorgelegte Entwurf damit als eine reflexiv konsistente soziologische Perspektive, die sich aufgrund der leitenden Einsicht in die genuine Historizität des Sozialen gerade durch ihre konzeptionelle Offenheit empfiehlt.

IV. Resümee

Die vorstehenden Bemerkungen sind von dem Interesse geleitet, den Entwurf der »Social Construction« sowohl als Sozialtheorie wie auch als Allgemeine Soziologie zu reformulieren, und d. h. vor allem auch, diesen Ansatz zugleich als Grundlegung für die Analyse von Vergesellschaftungsprozessen zu verstehen. Die Problemzuspitzungen und Schwerpunktsetzungen der »Social Construction« nehmen sich dabei hinreichend moderat aus, um im Hinblick auf einige Konturen der aktuellen Kontroversen eine integrative Theorieperspektive zu offerieren. Es ist die Offenheit dieses Ansatzes, die gerade sein konzeptionelles Potential ausmacht. Das wird angesichts der Zweistufigkeit des Argumentationsprofils der »Social Construction« sowohl hinsichtlich ihrer sozialtheoretischen Grundlegung als auch hinsichtlich ihrer allgemeinen Soziologie sowie ihrer Perspektive auf die Analyse von Vergesellschaftungsprozessen deutlich.

Das reflexive Profil dieses Entwurfs einer phänomenologisch fundierten verstehenden Sozialtheorie und allgemeinen Soziologie impliziert zugleich eine grundlegende Frontstellung gegen geläufige Kritiken an dieser Traditionslinie soziologischen Denkens. Denn es geht ihr eben gerade nicht darum, mittels phänomenologischer »Proto-Soziologie« den für wissenschaftliches Wissen konstitutiven Reflexivitätsdruck zu durchbrechen, sondern umgekehrt gerade darum, diesen mittels jenes theoretischen Zugriffs zu forcieren und auf diesem Wege – trotz des konstitutiven Dauervorbehalts einer prinzipiellen Vorläufigkeit allen Wissens – eine hinreichend gesicherte, phänomenal adäquate Analyse sozialer Wirklichkeit auf den Weg zu bringen. Und dies impliziert die Notwendigkeit einer kontinuierlichen reflexiven Explikation des eigenen Procedere. Damit scheitert die phänomenologisch begründete soziologische Perspektive gerade nicht am Problem der epistemologischen Reflexivität, sondern sie ist umgekehrt sogar dazu in der Lage, diese zu radikalisieren, insofern sie insbes. im Zuge von Selbstobjektivierungsprozessen, angesichts eines reflexiven »Gegenstandsverhältnisses« wie auch über die Rückbindung an alltägliche Erfahrungsbestände strukturell historisch angelegt und auf empirische Bewährung zugeschnitten ist.

Literatur

Berger, Peter L., Brigitte Berger & Hansfried Kellner (1975 [1973]), *Das Unbehagen in der Modernität.* Frankfurt a. M., New York: Campus
Berger, Peter L. & Hansfried Kellner (1984 [1981]), *Für eine neue Soziologie. Ein Essay über Methode und Profession*, Frankfurt a. M.: Fischer
Berger, Peter L. & Thomas Luckmann (1969 [1966]), *Die gesellschaftliche Konstruktion der Wirklichkeit. Eine Theorie der Wissenssoziologie*, Frankfurt a.M.: Fischer
Berger, Peter L. & Richard John Neuhaus (1996 [1977]), *To Empower People. From State to Civil Society*, ed. by M. Novak, Washington: AEI Press, Second Edition
Endreß, Martin (2001), Zur Historizität soziologischer Gegenstände und ihren Implikationen für eine wissenssoziologische Konzeptualisierung von Soziologiegeschichte, *Jahrbuch für Soziologiegeschichte 1997/98*, Opladen: Leske + Budrich, S. 65–90
Endreß, Martin (2002), *Formation und Transformation sozialer Wirklichkeit. Eine Untersuchung zur phänomenologisch begründeten Soziologie und Sozialtheorie*, Habilitationsschrift Tübingen
Endreß, Martin (2005), Reflexivity, Reality, and Relationality. The Inadequacy of Bourdieu's Critique of the Phenomenological Tradition, in ders., G. Psathas & H. Nasu (Eds.), *Explorations of the Life-World. Continuing Dialogues with Alfred Schutz*, Dordrecht: Springer, S. 81–106

Endreß, Martin (2006a), Varianten verstehender Soziologie, in: K. Lichtblau (Hg.), *Max Webers »Grundbegriffe«. Kategorien der kultur- und sozialwissenschaftlichen Forschung*. Wiesbaden: VS, S. 21–46
Endreß, Martin (2006b), *Alfred Schütz* (Klassiker der Wissenssoziologie, Bd. 3), Konstanz: UVK
Giddens, Anthony (1981), *A Contemporary Critique of Historical Materialism*, Stanford, Cal.: Stanford University Press
Giddens, Anthony (1988 [1984]), *Die Konstitution der Gesellschaft. Grundzüge einer Theorie der Strukturierung*, Frankfurt a. M., New York: Campus
Hitzler, Ronald (1999), Konsequenzen der Situationsdefinition. Auf dem Weg zu einer selbstreflexiven Wissenssoziologie, in ders., J. Reichertz & N. Schröer (Hg.), *Hermeneutische Wissenssoziologie. Standpunkte zur Theorie der Interpretation*, Konstanz: UVK, S. 289–308
Iványi, Nathalie (1999), Die herrschende Konstruktion der Wirklichkeit. Anthony Giddens wissenssoziologisch gelesen, in: R. Hitzler, J. Reichertz & N. Schröer (Hg.), *Hermeneutische Wissenssoziologie. Standpunkte zur Theorie der Interpretation*, Konstanz: UVK, S. 147–167
Luckmann, Thomas (1980), *Lebenswelt und Gesellschaft. Grundstrukturen und geschichtliche Wandlungen*, Paderborn u. a.: Schöningh
Luckmann, Thomas (1992), *Theorie des sozialen Handelns*, Berlin/New York: de Gruyter
Luckmann, Thomas (1999), Phänomenologische Überlegungen zu Ritual und Symbol, in: F. Uhl & A. R. Boelderl (Hg.), *Rituale. Zugänge zu einem Phänomen*, Düsseldorf/Bonn: Parerga, S. 11–28
Luckmann, Thomas (2002), *Wissen und Gesellschaft. Ausgewählte Aufsätze 1981–2002*, hgg. v. H. Knoblauch, J. Raab & B. Schnettler, Konstanz: UVK
Luckmann, Thomas (2007), *Lebenswelt, Identität und Gesellschaft. Schriften zur Wissens- und Protosoziologie*, hgg. v. J. Dreher, Konstanz: UVK
Renn, Joachim (2006), Rekonstruktion statt Repräsentation, *Soziologische Revue – Sonderheft 6: Wissenssoziologie*, S. 13–37

Andreas Göttlich

Sociologia Perennis?
Überlegungen zur Problematik prototheoretischer Aussagen in der Soziologie

Es soll Personen geben, welche die Lektüre geisteswissenschaftlicher Texte grundsätzlich mit der Bibliographie beginnen, um sich vorab zu vergewissern, ob der Autor die »richtige« Literatur verwendet hat. Wer bei vorliegendem Aufsatz auf diese Weise vorgeht (resp. vorgegangen ist), wird feststellen, dass das Gros der herangezogenen Schriften bereits älteren Datums ist, und aus diesem Umstand womöglich folgern, der Autor habe offenbar nichts essentiell Neues zum Thema zu sagen.

Um es vorweg zu nehmen: Dieser Eindruck ist korrekt. Tatsächlich greifen die hier gemachten Überlegungen lediglich eine bereits etwas ältere Bemerkung von Thomas Luckmann (1980b: 37) auf, in welcher er auf die irrige Verwechslung der »Idee einer deskriptiv-phänomenologischen Begründung kumulierender empirischer Wissenschaften ... mit der Idee einer ewigen ›Ersten Philosophie‹« hinweist, und versuchen zu klären, worin diese Verwechslung besteht, welche Gefahr sie mit sich bringt und wie Letzterer zuvorzukommen ist. Luckmanns Hinweis bezieht sich auf eine spezifische Form sozialwissenschaftlicher Theoriebildung, und zwar auf den protosoziologischen Ansatz sowie dessen Idee, einen ausgewiesenen Teilbereich der Soziologie aus dem induktiv-empirisch verfahrenden Korpus der Disziplin auszulagern bzw. diesem in begründender Absicht voranzustellen. Dem Missverständnis eben dieses Unterfangens gilt seine Warnung. Die nachstehenden Ausführungen argumentieren, dass vergleichbare Absichten historisch bereits in anderen soziologischen Theorien verfolgt wurden und dass es sich lohnt, den Blick auf solche Ansätze auszuweiten,[1] lassen sich doch derart die typischen Probleme einer jeden Grundlegungsabsicht – die Klärung des Verhältnisses von prototheoretischen und empirischen Aussagen sowie des epistemologischen Status ersterer[2] – als allgemeine behandeln sowie vorhandene Lösungsvorschläge miteinander vergleichen. Hier geschieht dies anhand einer Gegenüberstellung der Protosoziologie luckmannscher sowie schützscher Provenienz mit der reinen Soziologie von Ferdinand Tönnies.

Der somit grundlagentheoretisch ausgerichtete Beitrag wendet sich erstens gegen eine fehlgeleitete Auffassung des epistemologischen Status von Prototheorien (Abschnitt IV) und unterbreitet zweitens einen Vorschlag für ein adäquates Verständnis desselben (V). Vorbereitet wird dies durch einen kurzen Problemaufriss (I), dem eine Darstellung des Ansatzes Tönnies' (II) sowie ein Aufweis von dessen Nähe zur Protosoziologie (III) folgen.

---

1 Infolge dieser Ausweitung verwende ich im Folgenden den Begriff »prototheoretisch«, um im Allgemeinen Aussagen zu kennzeichnen, die »vor-empirischer« Natur sind, während der Begriff »protosoziologisch« im Speziellen auf den Theorieansatz Luckmanns hinweist.

2 Folgendes Beispiel vermag das Problem vielleicht zu veranschaulichen: Wolfgang Sofsky kommt in seinen empirischen Untersuchungen über Konzentrationslager zu dem Ergebnis, diese zeichneten sich u. a. durch eine Tilgung der »exzentrischen Positionalität« (Plessner) der Lagerinsassen aus (vgl. Sofsky 1993: 232). Martin Endreß (2004) hält dem entgegen, die »exzentrische Positionalität« könne als anthropologische Grundkonstante des menschlichen Weltbezugs niemals aufgehoben werden, müsse also selbst in Konzentrationslagern in irgendeiner Form ihren Ausdruck finden. Hier zeigen sich widersprechende Auffassungen vom Status prototheoretischer Aussagen, die von grundlegender Relevanz für die praktische Forschung sind, insofern sie deren Blickrichtung lenken.

I. Problemstellung

Die von Luckmanns Lehrer Alfred Schütz betriebene Heranziehung phänomenologischer Betrachtungen für die Soziologie folgte – in der Auseinandersetzung mit dem Ansatz Max Webers – erklärtermaßen der spezifischen Absicht einer (Neu-)Begründung von Sozialtheorie und -forschung:

> »Aber so großartig Webers Konzeption dieser ›verstehenden‹ Soziologie ist, auch sie beruht auf einer Reihe stillschweigend gemachter Voraussetzungen, deren Explikation ein um so dringlicheres Postulat bleibt, als nur eine radikale Analyse der echten und ursprünglichen Elemente des sozialen Handelns eine gesicherte Fundierung der weiteren gesellschaftswissenschaftlichen Arbeit verbürgt« (Schütz 2004: 87).

Die Lösung für die damit angesprochene »Problematik der Sinnsetzungs- und Sinndeutungsphänomene« (93) suchte Schütz in der phänomenologischen Theorie des Bewusstseins. Speziell unter Rekurs auf die Analysen Edmund Husserls wollte er die weitverzweigte Problematik des Begriffs »der sinnhaften und daher verstehbaren Handlung« (87) aufklären. Zu diesem Zweck übernahm Schütz dessen Konzept der Lebenswelt,[3] deren Analyse nach seinem Tod von Luckmann ausgearbeitet wurde (Schütz & Luckmann 1979, 1984). Ziel war es, konstitutive – d. h. invariante – Strukturen der subjektiven Weltorientierung herauszuarbeiten, die den gesellschaftlich konstruierten – d. h. variierenden – Wahrnehmungs-, Deutungs- und Handlungsmustern der Individuen voraus liegen (vgl. z. B. Luckmann 1979: 200). Nur vor dem Hintergrund einer solchen als *tertium comparationis* fungierenden, universalen Matrix seien die in historischer und kultureller Vielfalt sich darbietenden sozialen Konstruktionen sinnvoll vergleichbar.[4]

Es tut sich nun ein Widerspruch auf zwischen dieser Absicht einer Fixierung ausgewählter soziologischer Kategorien und einer berühmten Passage bei Weber:[5]

> »Aber irgendwann wechselt die Farbe: die Bedeutung der unreflektiert verwerteten Gesichtspunkte wird unsicher, der Weg verliert sich in der Dämmerung. Das Licht der großen Kulturprobleme ist weiter gezogen. Dann rüstet sich auch die Wissenschaft, ihren Standort und ihren Begriffsapparat zu wechseln und aus der Höhe des Gedankens auf den Strom des Geschehens zu blicken. Sie zieht jenen Gestirnen nach, welche allein ihrer Arbeit Sinn und Richtung zu weisen vermögen« (Weber 1988: 214).

Nach Weber hat sich die Soziologie dem Wandel ihres Untersuchungsobjekts anzupassen, und zwar sowohl in der Auswahl des für die wissenschaftliche Analyse Relevanten als auch hinsichtlich ihrer Begriffsbildung. Diese Forderung lässt sich auf den ersten Blick schwerlich in Einklang bringen mit dem Unterfangen Schütz', unveränderliche Momente des Sozialen erfassen sowie eine kulturell wie historisch universale Beschreibungssprache für soziale Phänomene zur Verfügung stellen zu wollen. Diese Diskrepanz bildet den Ausgangspunkt der nachstehenden Überlegungen. Die protosoziologische Absicht der Ausformulierung einer universalen Matrix scheint eine gewisse Unverträglichkeit aufzuweisen mit einer Wirklichkeitswissenschaft, die sich an einem im steten Wandel begriffenen Gegenstand orientiert. Will man trotz dieser Feststellung an der Behauptung eines soziologischen Nutzens phänomenologischer Betrachtungen festhalten, so kommt man nicht umhin, die Unverträglichkeit aufzulösen. Zwei Aspekte, auf

---

3   Die Bedeutung von Husserl für Schütz wird in der Forschung durchaus unterschiedlich bewertet (vgl. jüngst etwa Endreß & Renn 2004: 36ff oder Barber 2004: 41ff).
4   Luckmann spricht von einer »Metasprache für die je historischen Sprachen, in denen sich die ›Daten‹ über menschliches Handeln notwendigerweise darbieten« (Luckmann 1980b: 50).
5   Luckmann hat gelegentlich auf einen Bruch zwischen Schütz und Weber hingewiesen (vgl. etwa Schütz & Luckmann 1979: 13f), leider jedoch ohne auszuführen, worin dieser seines Erachtens genau besteht (vgl. weiterführend auch Dreher 2007: 14ff).

die im Folgenden einzugehen sein wird, scheinen mir dabei wesentlich: erstens das methodologische wie methodische Problem des Verhältnisses von empirischer und protosoziologischer Forschung, zweitens – dem zugrunde liegend – die Frage nach dem erkenntnistheoretischen Status der letzteren.

II. Die reine Soziologie von Ferdinand Tönnies

Mit Ferdinand Tönnies steht bereits am Beginn der (institutionalisierten) deutschen Soziologie ein Denker, dem an einer Grundlegung der empirischen Sozialforschung gelegen war. Er ist zuvorderst wegen seiner Prägung der Begriffe von Gemeinschaft und Gesellschaft im Gedächtnis der Disziplin verblieben, wobei sein Verständnis derselben einem Wandel unterlag. Hatte er sie laut Untertitel der ersten Auflage seines Hauptwerks im Jahre 1887 noch als »empirische Kulturformen« gedeutet, so verstand er sie von der zweiten Auflage von 1912[6] an als »Grundbegriffe einer reinen Soziologie«[7]. Tönnies stellte damit die Begriffe der Gemeinschaft und Gesellschaft in eine theoriesystematische Ordnung, welche er in der Folgezeit ausführte (vgl. Tönnies 1925, 1965). Er differenziert zwischen allgemeiner und spezieller Soziologie, wobei erstere Sozialbiologie wie -psychologie umfasst. Letztere zerfällt in empirische, angewandte und reine Soziologie. Als empirische Soziologie oder Soziographie begreift Tönnies ungefähr das, was heute als empirische Sozialforschung bezeichnet wird,[8] und die angewandte Soziologie versucht, den kulturellen Prozess in seinen groben Abläufen zu erklären, ist mithin dynamisch ausgerichtet. Die reine Soziologie schließlich liefert ein feststehendes Gebäude von Theorien und Begriffen so genannter »sozialer Wesenheiten« und ist somit statisch ausgerichtet. Zwischen den drei Bereichen der speziellen Soziologie besteht ein Fundierungsverhältnis: Die angewandte Soziologie wertet Begriffe und Theorien der reinen Soziologie für das Verständnis historischer Entwicklungen aus und mündet in die empirische Soziologie. Die Begriffsbildungen der reinen Soziologie bilden die Grundlage von angewandter und empirischer Soziologie. Neben dieser Aufgabenteilung besteht ferner ein Unterschied hinsichtlich der Vorgehensweise: Die empirische Soziologie verfährt induktiv, die angewandte deduktiv und die reine konstruktiv (1925: 4). So besteht das Geschäft der letzteren im Wesentlichen in der Konstruktion von Begriffen, anhand derer die soziale Wirklichkeit heuristisch erfasst werden kann.

Ideengeschichtlich knüpft die Rede von einer reinen Soziologie an das von Kant in der *Kritik der reinen Vernunft* eingeführte Konzept einer reinen Naturwissenschaft an, d. h. einer solchen, die eine theoretische Erkenntnis a priori von ihren Gegenständen hat. Illustrieren lässt sich die Funktion der reinen Soziologie anhand der Grundkategorien von Gemeinschaft und Gesellschaft. Diese nennt Tönnies »Normaltypen«, welche die Wirklichkeit nicht klassifizieren sollen, sondern vielmehr Normen zum Ausdruck bringen, welche die empirischen Phänomene mit einem gemeinsamen Bezugspunkt versehen und dadurch erst vergleichbar machen. So schließen sich Gemeinschaft und Gesellschaft im Sinne eines Gegensatzpaars auf der rein begrifflichen Ebene wechselseitig aus, liegen jedoch in der sozialen Realität stets in variierenden Mischungsverhältnissen vor.[9] Insofern handelt es sich um wissenschaftliche Konstrukte, denn die reine Soziologie »hat es mit Wesenheiten zu tun, die nicht wahrnehmbar sind, sondern als etwas gedacht werden, was zunächst nur im Bewußtsein der menschlichen Personen ist, die in

---

6 Von René König (1955: 351) als die maßgebliche bezeichnet.
7 Neben bzw. nach Tönnies bezeichneten auch Georg Simmel und Leopold von Wiese ihre Ansätze als reine Soziologie(n). Ich konzentriere mich schon aus Platzgründen ausschließlich auf Tönnies, wobei mir speziell eine Gegenüberstellung mit Simmel vielversprechend erschiene (vgl. z. B. Bond 1991).
8 Mit einer allerdings einseitig quantitativen Ausrichtung.
9 Auf die offenkundige Nähe zu Webers Idealtypenlehre wurde von Tönnies selbst verschiedentlich hingewiesen (vgl. auch Ammassari 1988).

einer solchen Wesenheit sind und sich bewegen« (1965: 315). Im sozialen Kontext betrifft dies nun wesentlich Verhaltenserwartungen, weshalb sich die reine Soziologie mit Werten und Normen bzw. mit den diese verwirklichenden Bezugsgebilden auseinandersetzt.

Die Auffindung der Normaltypen geschieht im ersten Buch von *Gemeinschaft und Gesellschaft* aus dem »synonymischen Gebrauche in deutscher Sprache« (1979: 3). Der Tönnies-Experte Rudolf Heberle[10] (1959: 395) sieht eine »sprachpsychologische Erkundung, die dann zu der eigentlichen Begriffsbildung hinleitet«. Tönnies selbst (1979: 3) will »den Gegensatz als einen gegebenen darstellen«.[11] Dessen Begründung indes findet erst im zweiten Buch des Werkes statt, das von »Wesenwille und Kürwille« handelt.[12] Im Gegensatz zu Webers Idealtypen, welche sich der »gedankliche[n] Steigerung bestimmter Elemente der Wirklichkeit« (Weber 1988: 190) verdanken und als Abstraktionen gerade keine unmittelbare Konvergenz mit der Realität suchen, beinhaltet Tönnies' reine Soziologie eine Lehre der »sozialen Wesenheiten« (Tönnies 1925: 4), die zwar keine materiellen Gegebenheiten darstellen, als im »Medium des gemeinsamen Denkens« (ebd.) verortete Willensakte gleichwohl als real existent begriffen werden: Der »soziologische Sinn [...] hat Gegenbild und Analogie in der Theorie des individualen Willens« (Tönnies 1979: 6).[13] Der (soziologische) Dualismus von Gemeinschaft und Gesellschaft liegt derart im (psychologischen) Dualismus des menschlichen Willens begründet; Kürwille erzeugt Vergesellschaftung, Wesenwille Vergemeinschaftung. An der Basis von Tönnies' Begriffsbildung stehen letztlich anthropologische Gedanken: »Demnach wird hier von der Essentia des Menschen, nicht von einer Abstraktion, sondern von dem konkreten Inbegriff der gesamten Menschheit, als dem Allgemeinst-Wirklichen dieser Art, ausgegangen« (ebd.: 149).

So erkennt z. B. Plessner (1955: 342) in Tönnies' reiner Soziologie einen »anthropologische[n] Versuch«. König spricht hinsichtlich Tönnies' Willenslehre von einer »Gesamtontologie« (1955: 376)[14], welche »unaufhaltbar aus der Soziologie herausführt« (ebd.: 382). Statt dessen folge dieser einer »dogmatischen Psychologie, die ganz ungewöhnlich *entwicklungsunfähig* ist« (ebd.: 355, Hervorh. A. G.); der Mangel an empirischen Quellen entrücke den gesamten Ansatz der Wirklichkeit. Diese Kritik ist im vorliegenden Kontext von herausgehobener Bedeutung, betrifft sie doch unmittelbar das oben angesprochene Verhältnis von prototheoretischer und empirischer Forschung. Tatsächlich behielt Tönnies die Grundkonzeption seines Hauptwerks über acht Auflagen und beinahe ein halbes Jahrhundert hinweg beinahe unverändert bei und wies bspw. die von Herman Schmalenbach in den 1920er Jahren versuchte Erweiterung der Dichotomie von Gemeinschaft und Gesellschaft um einen neuen Typus des Bundes kategorisch zurück (vgl. Schmalenbach 1922, Tönnies 1979: XLIIf). Diese Ablehnung war nur konsequent, denn Tönnies' Begriffssystem ist seiner inhärenten Logik nach allenfalls ausdifferenzierbar, nicht jedoch grundsätzlich erweiterbar (vgl. Bond 1991: 348f). Eine angemessene Reflexion über eine empirisch fundierte Erweiterung der Theorie fehlt in seinem Werk: »Über Empirische Soziologie oder Soziographie hat Tönnies sich in zahlreichen Aufsätzen geäußert, ohne jedoch die Beziehung zur Reinen Soziologie und zur Angewandten Soziologie klarzustellen« (Heberle 1965: XIII).

---

10 Zugleich dessen Schwiegersohn.
11 König (1955: 388ff) kritisiert die etymologischen Analysen Tönnies' in scharfer Form.
12 So bemerkt denn Tönnies in seiner Vorrede zur ersten Auflage von *Gemeinschaft und Gesellschaft* folgerichtig, dass das Zweite Buch »in systematischem Gange seine richtigere Stelle *vor* dem Ersten haben würde« (1979: XXIV; Hervorh. i. O.).
13 Bezeichnenderweise lautet der erste Satz von *Gemeinschaft und Gesellschaft*: »Die menschlichen Willen stehen in vielfachen Beziehungen zueinander« (Tönnies 1979: 3).
14 Osterkamp (2005: 416–434) unterzieht den Ontologievorwurf von König – neben anderen Vorwürfen desselben – einer Antikritik, belässt es aber bedauerlicherweise bei der wenig erhellenden Feststellung, »um die [...] Bestimmung von Gegenstandsfeldern, Gegenstandsarten und Zugangsbedingungen kommt keine methodisch reflektierte Wissenschaft herum« (ebd.: 418).

Für das aus heutiger Sicht zu konstatierende Scheitern von Tönnies' reiner Soziologie sind sicherlich nicht zuletzt theorieexterne Faktoren verantwortlich (vgl. König 1955: 350), doch kann dies nicht über die theorieimmanenten Schwächen hinwegtäuschen. So greift der auf wechselseitig bejahende Willensbeziehungen fixierte Theorieansatz für die Erfassung der empirischen Vielfalt sozialer Relationen schlicht zu kurz (vgl. Bond 1991: 347, König 1955: 362ff), zugleich macht es die spezifische Theoriearchitektur praktisch unmöglich, diesen Mangel zu beheben, werden die Grundbegriffe der reinen Soziologie doch als über-empirisch aufgefasst und derart jenseits der Falsifikationsmöglichkeiten empirischer Beobachtung verortet. Die reine Soziologie von Ferdinand Tönnies steht daher als warnendes Beispiel dafür, dass ein dogmatisierendes Verständnis der eigenen Grundannahmen eine Theorie in eine wissenschaftliche Sackgasse zu führen vermag.[15]

III. Reine Soziologie und Protosoziologie

Tönnies' Entwurf einer reinen Soziologie weist mehrere Parallelen auf zum von Schütz verfolgten Programm einer phänomenologischen Begründung der Sozialwissenschaften. Gemeingut ist zunächst die Idee, dass es innerhalb der Sozialforschung im umfassenden Sinne einen ausgewiesenen Aufgabenbereich gibt, dessen Gegenstände in irgendeiner Weise »jenseits« der empirischen Beobachtung liegen und dessen Aussagen universale Geltung beanspruchen können: die Theorie der sozialen Wesenheiten bei Tönnies, die Lebensweltstheorie bei Schütz. Diese nehmen je die Schlüsselstellung innerhalb der unterschiedlichen Theoriegebäude ein, sie bilden deren tragende Fundamente. Speziell das Verhältnis zur empirischen Soziologie wird analog aufgefasst; deren Vergleiche sollen durch einen gemeinsamen, statischen Begriffsrahmen erst ermöglicht werden, bei Tönnies mittels der Etablierung feststehender Normaltypen, bei Schütz mittels einer Beschreibung der universellen Strukturen der Lebenswelt. Erreicht wird diese allgemeinste Aussageebene in beiden Fällen mittels des Rückgangs auf Bewusstseinsleistungen des Subjekts, die das Soziale konstituieren. Tönnies bedient sich hierbei historischer Willenstheorien (u. a. bei Schopenhauer), Schütz greift auf die Bewusstseinsanalysen Husserls zurück. Neben allen Differenzen, die ansonsten bestehen, scheinen mir diese Aspekte eine erstaunliche Nähe der beiden Ansätze aufzuzeigen, auf die bereits von König hingewiesen wurde[16] (1955: 361). Angesichts dessen liegt die Vermutung nahe, dass die beiden Ansätze auch ähnliche Gefahren bergen.

IV. Protosoziologie als sociologia perennis[17]?

Die Protosoziologie wählt für die Erstellung eines übergeordneten Bezugsrahmens für die empirische Forschung den Anschluss an die Theorie Husserls, eine von allen empirischen Gehalten »gereinigte«, transzendentale Psychologie, die auf die »allgemeine Funktionsweise des Apparates ›Geist‹« (Eckart 1981: 25) zielt. Ihre Plausibilität ergibt sich nicht induktiv aus einer möglichst großen Zahl bestätigender Fälle, sondern reflexiv aus der »unmittelbaren Evidenz subjektiver Erfahrung« (Luckmann 1983: 513). Das phänomenologisch Erkannte besitzt Gültigkeit, weil es auf im subjektiven Bewusstsein liegende Bedingungen der Möglichkeit von Wirklich-

---

15 Nota bene: Die hier formulierte Kritik an Tönnies bezieht sich auf einen spezifischen Aspekt seiner Theorie und will seine Verdienste für die Disziplin – welche das rein Theoretische zudem übersteigen – in keinster Weise in Abrede stellen (für eine komprimierte Würdigung dieser Verdienste vgl. Osterkamp 2005: XIII).
16 Ohne allerdings Schütz namentlich zu erwähnen.
17 Der Begriff spielt an auf das Konzept einer philosophia perennis (immerwährende Philosophie).

keitssetzungen überhaupt verweist. Erreicht werden soll diese Aussageebene höchster Allgemeinheit mittels der Methoden der epoché und der eidetischen Variation (vgl. z. B. Husserl 1976: §§ 31–32, 1999: §§ 86ff), durch welche die phänomenologische Betrachtung das Wesentliche vom bloß Zufälligen, Nichteidetischen zu trennen sucht.[18] Dabei macht die epoché, i. e. die schrittweise Einklammerung der in der »natürlichen Einstellung« vollzogenen ontischen Setzungen, den Blick frei für die reinen Bewusstseinsakte und die Ideation deckt auf, welche Elemente dieser Akte für das je in Frage stehende Phänomen konstitutiv sind.

Der Universalitätsanspruch phänomenologischer Aussagen ist indes nicht unumstritten. Schon früh im 20. Jahrhundert hat Johannes Volkelt der Methode der eidetischen Wesensschau ein Überspannen der »singulär-fundierten Wesenserkenntnis« (1918: 449) vorgeworfen. Die Phänomenologie habe zwar Recht mit der Annahme, dass es »Bewusstseinsgebilde« gebe, deren wesenhafte Eigenschaften anhand der Betrachtung eines einzigen Einzelfalles erschlossen werden könnten, sie setze sich jedoch ins Unrecht mit der Ansicht, das Wesen des untersuchten Phänomens brächte sich in intuitiver Anschauung »zur Selbstgegebenheit«. Derart entstehe eine falsche Auffassung vom Gewissheitsstatus phänomenologisch begründeter Sätze. So sage die eidetische Wesenserkenntnis nichts darüber aus, »ob und wann und wo die in dem einen Fall festgestellte Wesenheit sonst noch zu finden ist« (437). Dies gelte sowohl zeitlich im Hinblick auf eigene zukünftige Wahrnehmungen, als auch sozial im Hinblick auf die Wahrnehmungen anderer Personen. Berechtigt sei die Unterstellung einer allgemein gültigen Gewissheit nur dann, wenn sie sich auf solche Bewusstseinsgebilde beziehe, welche eine restlose Durchschaubarkeit auszeichne, wohingegen im Falle von Bewusstseinsgebilden, die »dem Versuche des Durchschauens mehr oder weniger Hemmnisse entgegenstellen« (445), diese Annahme unhaltbar sei. So konstatiert Volkelt:

> »Nun ist aber klar: der Selbstgewißheit des Bewußtseins steht der Begriff des Wesens überhaupt nicht zur Verfügung. Von sich aus könnte die reine Gegebenheitsgewißheit nicht zur Unterscheidung des Wesenhaften und Individuell-Eigentümlichen, des Wesenhaften und Erscheinenden gelangen. [...] Auf Grund der bloßen Selbstgewißheit des Bewußtseins ist es ebensowohl möglich, die Aufmerksamkeit auf das zu lenken, was unter begrifflichem Gesichtspunkt als das Individuell-Bestimmte zu beurteilen ist, wie auf das, was unter Anleitung des begrifflichen Denkens sich als das Wesenhafte zu erkennen gibt. Die Selbstgewißheit des Bewußtseins bedarf sonach der methodischen Leitung durch einen dem Denken entstammenden begrifflichen Unterschied. Ohne diese methodische Leitung [...] bestünde nicht die mindeste Sicherheit dafür, daß das Gattungsmäßige, Allgemeine, Wesenhafte an dem Inhalt des [...] Erlebnisses, und nicht vielmehr die gleichgültige individuelle Bestimmtheit in den Umkreis der Selbstgewißheit des Bewußtseins falle« (440f).

Leider wird nun bei Volkelt die Rede von der »restlose[n] Durchschaubarkeit« selbst nicht restlos durchschaubar; er spricht andernorts auch von »Denknotwendigkeiten«. So hat Volkelt das von ihm diagnostizierte Problem zwar nicht gelöst, immerhin jedoch ermöglicht seine Forderung nach »methodischer Leitung« eine Verschiebung des Problems auf die Ebene wissenschaftlicher Praxis. Dort stellt sich dem die phänomenologische Reduktion vollziehenden Wissenschaftler die Frage, von welchen Momenten des empirischen Phänomens er gedanklich abstrahieren darf und von welchen nicht. Verbleibt er bei der Beantwortung dieser Frage ausschließlich im Bereich introspektiver, auf Einzelbetrachtung gründender Bewusstseinsanalyse, so droht ein *circulus vitiosus*, ein »Zirkel epistemologischer Reflexivität« (Eberle 1993: 305). Vom Nichteidetischen kann der Forscher nur unter der Prämisse abstrahieren, dass er es als solches erkennt. Doch wie kann er das im Zuge reiner Introspektion, wenn er nicht von vornherein über eine Idee des Wesentlichen schon verfügt?

---

18 Kant spricht in ähnlicher Absicht von »Absonderung« (1993: B 1).

Lassen Sie mich diesen Punkt – in etwas ungewöhnlicher Form – anhand folgenden, der US-amerikanischen TV-Sitcom »Tool Time« entnommenen Dialogs veranschaulichen:

Nachbar 1: Tag Wilson, was machen Sie?

Nachbar 2: Ich schnitz' mir ein Kanu.

Nachbar 1: Schwere Arbeit, hm?

Nachbar 2: Nein, eigentlich nicht Tim. Man nimmt nur 'nen dicken Stamm und schnitzt alles weg, was nicht zu einem Kanu gehört.

Die Pointe dieses Witzes[19] liegt in einer ironischen Brechung begründet. Selbstverständlich ist das, was in Wilsons Worten so einfach klingt – alles wegzuschnitzen, was nicht zu einem Kanu gehört –, überhaupt nicht einfach, vielmehr handelt es sich um einen höchst anspruchsvollen Akt. Um ihn vollziehen zu können, ist sowohl eine vorgängige und einigermaßen konzise Vorstellung davon, wie das spätere Kanu aussehen soll, unverzichtbar als auch einige Übung in der Durchführung der notwendigen Arbeitsschritte. Auch die phänomenologische Methode der epoché scheint mir nicht bloß theoretische, sondern zudem praktische Vertrautheit mit dem Vorgehen vorauszusetzen.[20] Im Gegensatz zum Kanuschnitzer allerdings weiß der Phänomenologe im Vorfeld seiner Reduktionen nicht, was deren Ergebnis sein wird, wenn er auch vermutlich eine zumindest vage Vorstellung stets schon mitbringen dürfte. Er will sich im Zuge seiner Arbeit belehren lassen, was die Frage aufwirft, welche Instanz diese Belehrung vollbringen soll. Husserl scheint diese Leistung der Einbildungskraft zuzutrauen, welche im Zuge der eidetischen Variation den gesamten Möglichkeitsspielraum eines Phänomens durchspielt und dabei das in allen Variationen Gleichbleibende und somit Notwendige erkennt. Nun gilt aber die phänomenologische Grundeinsicht in die Perspektivität des menschlichen Weltbezugs auch für den Phänomenologen selbst. Luckmann spricht im Hinblick auf die empirische Forschung »von der perspektivischen Verhaftung des Vergleichers« (2001: 323) und es ist nur konsequent, diese Erkenntnis auch auf den Protosoziologen anzuwenden. Das phänomenologische Verfahren wird von Menschen durchgeführt und ist daher in seinem konkreten Vollzug bedingt durch vorgängige empirische Erfahrungen des variierenden bzw. einklammernden Subjekts, wie sie in biographisch und soziokulturell geformten Deutungsmustern abgelagert sind. Es erscheint daher fraglich, ob die eidetische Variation indifferent gegenüber dem sie vollziehenden Subjekt identische – und damit universal gültige – Ergebnisse zu produzieren vermag.[21]

Die wesentliche Gefahr der rein introspektiv verfahrenden phänomenologischen Betrachtung besteht m. a. W. darin, dass der Phänomenologe dasjenige zum universalen Moment erhöht, was er vor dem Hintergrund des ihm zur Verfügung stehenden Erfahrungshorizontes bloß für notwendig hält, weil ihm keine anders lautenden Erfahrungen zur Verfügung stehen. Wird diese Gefahr nicht reflektiert, so droht die Protosoziologie ihr selbst gestecktes Ziel einer universalen Matrix zu verfehlen. Thomas Eberle spricht von dem »methodologische[n] Problem, wie denn in der egologischen Perspektive die Grenzlinie zwischen universalen lebensweltlichen Invarianten der conditio humana und historisch beziehungsweise kulturspezifischen Variablen gezogen werden kann« (Eberle 1993: 299, vgl. auch 305). Auch Luckmann (1993: 324) weist

---

19 Der eine Variation eines berühmten Ausspruches von Michelangelo darstellt, wie er in diversen Fassungen überliefert ist und der besagt, dass das Geheimnis der Bildhauerkunst darin bestehe, das Unwesentliche bzw. Überflüssige am Stein wegzunehmen.

20 Kant (1993: B 1) verweist auf die Notwendigkeit »lange[r] Übung« für das Erreichen transzendentaler Erkenntnis. Der geübte Naturforscher wäre in diesem Sinne der geeignetere Transzendentalphilosoph und der geübte Sozialforscher der geeignetere Protosoziologe – ceteris paribus, versteht sich.

21 In der Konsequenz wird damit die strikte Trennung Husserls zwischen eidetischer und empirischer Variation (vgl. z. B. Husserl 1974: 254ff) problematisch.

auf dieses Problem hin, wenn er – gegen die so genannte »Bilderbuchphänomenologie« gewandt – formuliert: »Es reicht nicht, [...] irgendwelchen anscheinend elementaren Introspektionen universellen Status zuzusprechen«. Der Phänomenologe selbst wird damit gleichsam zum »Einfallstor« der Empirie in die philosophische Deskription – ein Umstand, welcher gleichermaßen das Problem der ethnozentristischen Verzerrung des Eidetischen bedingt wie er auch dessen Lösung beinhaltet, die gerade nicht in der »Selbst-Ausschaltung des Phänomenologen« (Husserl 1976: 137) bestehen kann.

Will man der Gefahr der Konfusion kultureller Deutungsmuster mit invarianten Strukturen der subjektiven Weltorientierung vorbeugen, so kann das nur gelingen – so die im Folgenden zu erläuternde These – durch eine angemessene Verbindung von empirischer Sozialforschung und Protosoziologie. Es gilt, neben der wissenschaftstheoretischen Grenzziehung zwischen Protosoziologie und empirischer Soziologie gleichzeitig den forschungspraktischen Austausch zwischen beiden stark zu machen, d. h. deren Grenze in beide Richtungen als permeabel zu interpretieren, ohne sie dabei zu verwischen. So verstanden liefert die protosoziologische Reflexion zwar die Grundlage empirischer Begriffsbildung, gleichzeitig aber muss die philosophische Analyse ihre Erkenntnisse stets abgleichen mit den empirischen der Soziologie.

Luckmann hat an diesem Punkt das bei Musil entlehnte Bild einer »Parallelaktion« eingeführt (Luckmann 1980c: 100, 1999: 21). Er benennt damit zwei prinzipiell unterschiedliche Verfahren der Beschreibung sowie Erklärung menschlicher Wirklichkeit (philosophisch und soziologisch), die indes zur wechselseitigen Deckung gebracht werden sowie einander ergänzen könnten. Ich will nun die Metapher nicht überstrapazieren, vielleicht aber doch etwas mehr dehnen, als Luckmann dies tut. Nach der mathematischen Definition verlaufen zwei Geraden zueinander parallel, wenn sie in einer Ebene liegen und einander nicht schneiden bzw. im Unendlichen treffen. Somit wäre der Schnittpunkt der beiden aus der empirischen Welt ausgelagert und in eben diesem Punkt scheint mir die Metapher einer (Selbst-)Täuschung Vorschub zu leisten. Richtet man nämlich den Blick nicht auf den Ziel-, sondern den Ausgangspunkt der Bemühungen, so ist klar, dass sich die Geraden in der diesseitigen Welt durchaus schneiden, und zwar in der dem jeweiligen sozio-historischen Apriori verhafteten Perspektive des Forschers, der die Parallelaktion durchführt. Das hat Folgen für die epistemologische Einschätzung eines solchen Unterfangens (vgl. V).

Ich will das Gesagte anhand eines Beispiels verdeutlichen: In seiner V. Cartesianischen Meditation versucht Husserl (1987: 91ff), den phänomenologischen Sinn des Bewusstseinsinhalts »fremdes Ich« zu klären. Dabei klammert er in einem ersten Reduktionsschritt das Fremde, Nicht-Eigene vom Eigenen aus, wobei sich im Wesentlichen der eigene Leib als dasjenige herausstellt, was diese Grenzziehung markiert. Nun hat die Ethnographie, also eine empirische Disziplin, Phänomene wie Ekstase oder Metempsychose ins soziologische Bewusstsein gebracht, bei denen eine differierende Grenzziehung zwischen Eigen- und Fremderfahrung vorzuliegen scheint (vgl. etwa Eliade 1957). Ohne die Gültigkeit solcher Untersuchungen beurteilen zu müssen, lässt sich doch Folgendes festhalten: Sollte sich herausstellen, dass derartige Phänomene nicht als bloße Pathologien zu marginalisieren sind, sondern vielmehr auf eigenständige kulturelle Deutungsmuster verweisen, so müsste dies Auswirkungen auf die transzendental-phänomenologische Analyse der Fremderfahrung haben. Die Grenze zwischen dem Selbst und dem Anderen, wie sie vom westlich sozialisierten, sich in äußerster Bewusstseinsspannung befindlichen Individuum gezogen wird, könnte dann nicht als invariante Bewusstseinsstruktur gelten. Ob solche, der »relativ natürlichen Weltanschauung« des Sozialforschers widersprechenden Kulturmuster existieren, kann ausschließlich die empirische Forschung entscheiden, und so ist denn in diesem Sinne die Genese protosoziologischer Erkenntnis nicht unabhängig von der empirischen.

V. Jenseits von Kant?

Die eben ausgeführten methodologischen Erwägungen haben Auswirkungen auf das epistemologische Verständnis der Protosoziologie. Phänomenologische Analyse vermag Sätze universaler Gültigkeit nur unter der Voraussetzung der »Einheit der Erfahrung bei Menschen« (Luckmann 1980b: 54) zu produzieren. Sie setzt voraus, dass das Bewusstsein des Phänomenologen auf die gleiche Weise »arbeitet« wie dasjenige aller Menschen, sie fußt mithin auf der Unterstellung einer spezifischen Form von Perspektivenreziprozität. Indes liefert die Generalthesis der Reziprozität der Perspektiven keine Begründung menschlicher Gleichheit, sie expliziert lediglich deren allgegenwärtige Unterstellung. Diese Unterstellung ist laut Luckmann eine Prämisse, die sämtlichen kosmologischen Theorien eignet, die aber »im Zuge der Reflexion problematisch werden« (ebd.) kann. Und doch kann das erkenntnisleitende Ideal der Einheit der menschlichen Erfahrung nicht aufgegeben werden, so man eine universale Metasprache soziologischer Beschreibung entwickeln möchte. So zeichnet sich der protosoziologische Ansatz durch eine gewisse innere Gespanntheit aus, insofern die Idee der Einheit menschlicher Erfahrung, welche die empirische Forschung anleiten soll, nicht selbst der Empirie entstammt und induktiv nicht beweisbar ist.

Mit Kant ließe sich an dieser Stelle von einer regulativen Vernunftidee sprechen, wie sie immanent, nicht transzendent zu gebrauchen ist (vgl. Kant 1993: B 670ff). Um aus der Gespanntheit keinen Widerspruch erwachsen zu lassen, wird es m. E. von Vorteil sein, den epistemologischen Status protosoziologischer Aussagen zu überdenken. Ich kann an dieser Stelle nur eine Andeutung geben, in welche Richtung diesbezügliche Überlegungen gehen könnten. In den philosophischen Theorien Philip Kitchers und Saul Kripkes (vgl. z. B. Kitcher 1987, Kripke 1987) findet sich eine Auftrennung der in der früheren Epistemologie als synonym verwendeten Wissensprädikate »apriorisch« und »notwendig«. Apriorische Urteile sind für Kitcher und Kripke nicht zwangsläufig – wie noch für Kant – zugleich notwendige Urteile und umgekehrt.[22] Ermöglicht wird diese Sicht durch einen Ansatz, der das Erkenntnissubjekt in seine Überlegungen mit einbezieht. Ein derartiger Ansatz scheint mir anschlussfähig zu sein für ein solches Verständnis von Protosoziologie, das die Perspektivität des phänomenologischen Forschers berücksichtigt und infolgedessen das, was im Zuge der Introspektion als apriorisch erkannt wird, nicht zugleich als allgemein notwendig setzt. So bleibt die Idee der Einheit der menschlichen Erfahrung und damit invarianter Strukturen derselben zwar weiter gesetzt, fraglich bleibt jedoch stets, ob sie im je konkreten, historisch und biographisch situierten Entwurf auch erreicht wurde. Streicht man dieses Bewusstsein der prinzipiellen Fallibilität selbst protosoziologischer Aussagen, so wird auch der Wert einer phänomenologischen Begründung der Sozialwissenschaften fragwürdig, der nur dann dauerhaft proklamiert werden kann, wenn sie sich offen zeigt gegenüber dem empirischen Erkenntnisfortschritt.

Die vorstehenden Überlegungen argumentierten gegen ein Theorieverständnis, welches das Verhältnis von Protosoziologie und empirischer Sozialforschung als einseitiges Begründungsverhältnis betrachtet, und für ein solches, welches ein Verhältnis der wechselseitigen »Befruchtung« annimmt: Demnach vermag die protosoziologische Reflexion allgemeine Momente des jeweiligen Forschungsfeldes aufzudecken und dieses damit zu strukturieren, doch bleiben ihre Universalaussagen letztlich abhängig von der empirischen Bewährung in der induktiv verfahrenden Forschung. Trennt man diese Verbindung auf, so läuft man Gefahr, Theorieartefakte zu produzieren, deren Nützlichkeit für eine adäquate Beschreibung sozialer Realität in Frage gestellt werden muss. Das Schicksal der reinen Soziologie Tönnies' gibt hierfür ein prominentes Beispiel. Hingegen schwindet die eingangs konstatierte Diskrepanz zu Webers Konzeption einer Wirklichkeitswissenschaft, wenn man die Protosoziologie, in Übereinstimmung mit der

---

22 Tatsächlich definiert Kripke »notwendig« als metaphysischen, nicht epistemologischen Begriff (für diesen Hinweis danke ich Wolfgang Freitag).

falsifikationistischen Grundhaltung Poppers (1994), »bescheidener« als »vorläufigen philosophisch begründeten Rückhalt« (Luckmann 1980b: 53) statt als eine *sociologia perennis* versteht.

Literatur

Ammassari, Paolo (1988), Tönnies und die typologische Tradition, *Annali di Sociologia* 4: 1, S. 308–319
Barber, Michael D. (2004), *The Participating Citizen. A Biography of Alfred Schutz*, Albany: State University of New York Press
Bäumer, Angelica & Michael Benedikt (Hg. 1993), *Gelehrtenrepublik – Lebenswelt. Edmund Husserl und Alfred Schütz in der Krisis der phänomenologischen Bewegung*, Wien: Passagen Verlag
Bond, Niall (1991), Noten zu Tönnies und Simmel, in: L. Clausen & C. Schlüter (Hg.), *Hundert Jahre »Gemeinschaft und Gesellschaft«. Ferdinand Tönnies in der internationalen Diskussion*, Opladen: Leske + Budrich, S. 337–356
Dreher, Jochen (2007), Einleitung, in: Luckmann 2007, S. 7–23
Eberle, Thomas S. (1993), Schütz' Lebensweltanalyse: Soziologie oder Protosoziologie?, in: A. Bäumer & M. Benedikt (Hg.), S. 293–320
Eckardt, Dietrich (1981), *Konstitutionsanalyse. Eine Einführung in die phänomenologische Methode*, Bonn: Bouvier
Eliade, Mircea (1957), *Schamanismus und archaische Ekstasetechnik*, Zürich und Stuttgart: Rascher
Endreß, Martin (2004), Entgrenzung des Menschlichen. Zur Transformation der Strukturen menschlichen Weltbezugs durch Gewalt, in: W. Heitmeyer & H.-G. Soeffner (Hg.), *Gewalt: Entwicklungen, Strukturen, Analyseprobleme*, Frankfurt a.M.: Suhrkamp, S. 174–201
Endreß, Martin & Joachim Renn (2004), Einleitung der Herausgeber, in: Schütz 2004, S. 8–66
Heberle, Rudolf (1959), Tönnies, Ferdinand, in: *Handwörterbuch der Sozialwissenschaften*, Bd. 10, Tübingen: Mohr, S. 394–397
Heberle, Rudolf (1965), Geleitwort zur Neuausgabe, in: Tönnies 1965, S. XI–XIX
Husserl, Edmund (1974), *Formale und transzendentale Logik. Versuch einer Kritik der logischen Vernunft* (Husserliana Bd. XVII), hg. v. Paul Janssen, Den Haag: Nijhoff
Husserl, Edmund (1976), *Ideen zu einer reinen Phänomenologie und phänomenologischen Philosophie. Erstes Buch: Allgemeine Einführung in die reine Phänomenologie* (Husserliana Bd. III/1), Den Haag: Nijhoff
Husserl, Edmund (1987), *Cartesianische Meditationen. Eine Einleitung in die Phänomenologie*, Hamburg: Meiner
Husserl, Edmund (1999), *Erfahrung und Urteil. Untersuchungen zur Genealogie der Logik*, Hamburg: Meiner
Kant, Immanuel (1993), *Kritik der reinen Vernunft*, Hamburg: Meiner
Kitcher, Philip (1987), Apriority and Necessity, in: P. Moser (Hg.), S. 190–207
König, René (1955), Die Begriffe Gemeinschaft und Gesellschaft bei Ferdinand Tönnies, *KZfSS* 7, S. 348–420
Kripke, Saul A. (1987), A priori Knowledge, Necessity, and Contingency, in: Moser (Hg.), S. 145–160
Luckmann, Thomas (1979), Phänomenologie und Soziologie, in: W. Sprondel & R. Grathoff (Hg.), *Alfred Schütz und die Theorie des Alltags in den Sozialwissenschaften*, Stuttgart: Enke, S. 196–206
Luckmann, Thomas (1980a), *Lebenswelt und Gesellschaft: Grundstrukturen und geschichtliche Wandlungen*, Paderborn: Schöningh (UTB)
Luckmann, Thomas (1980b), Philosophie, Sozialwissenschaft und Alltagsleben, in ders. 1980a, S. 9–55 (neu in ders. 2007, S. 25–61)
Luckmann, Thomas (1980c), Aspekte einer Theorie der Sozialkommunikation, in ders. 1980a, S. 93–121 (neu in ders. 2007, S. 91–111)
Luckmann, Thomas (1983), Eine phänomenologische Begründung der Sozialwissenschaften?, in: D. Henrich (Hg.), *Kant oder Hegel? Über Formen der Begründung in der Philosophie*, Stuttgart: Klett-Cotta, S. 506–518
Luckmann, Thomas (1993), Schützsche Protosoziologie?, in: A. Bäumer & M. Benedikt (Hg.), S. 321–326
Luckmann, Thomas (1999), Wirklichkeiten: individuelle Konstitution, gesellschaftliche Konstruktion, in: R. Hitzler et al. (Hg.), *Hermeneutische Wissenssoziologie*, Konstanz: UVK, S. 17–28 (neu in ders. 2007, S. 127–137)

Luckmann, Thomas (2001), Sinn in Sozialstruktur, in: A. Brosziewski et al. (Hg.), *Moderne Zeiten. Reflexionen zur Multioptionsgesellschaft*, Konstanz: UVK, S. 311–325 (neu in ders. 2007, S. 138–150)

Luckmann, Thomas (2007), *Lebenswelt, Identität und Gesellschaft*, hg. von Jochen Dreher, Konstanz: UVK

Moser, Paul K. (Hg. 1987), *A priori Knowledge*, Oxford: University Press

Osterkamp, Frank (2005), *Gemeinschaft und Gesellschaft: Über die Schwierigkeiten einen Unterschied zu machen. Zur Rekonstruktion des primären Theorieentwurfs von Ferdinand Tönnies*, Berlin: Duncker & Humblot

Plessner, Helmuth (1955), Nachwort zu Ferdinand Tönnies, *KZfSS* 7, S. 341–347

Popper, Karl R. (1994), *Logik der Forschung*, Tübingen: Mohr

Schmalenbach, Herman (1922), Die soziologische Kategorie des Bundes, *Die Dioskuren*, 1. Bd., S. 35–105

Schütz, Alfred (1971), Wissenschaftliche Interpretation und Alltagsverständnis menschlichen Handelns, in ders., *Gesammelte Aufsätze*, Bd. I: *Das Problem der sozialen Wirklichkeit*, Den Haag: Nijhoff, S. 3–54

Schütz, Alfred (2004), *Der sinnhafte Aufbau der sozialen Welt. Eine Einleitung in die verstehende Soziologie* (ASW II), Konstanz: UVK

Schütz, Alfred & Thomas Luckmann (1979), *Strukturen der Lebenswelt*, Bd. I, Frankfurt a.M.: Suhrkamp

Schütz, Alfred & Thomas Luckmann (1984), *Strukturen der Lebenswelt*, Bd. II, Frankfurt a.M.: Suhrkamp

Sofsky, Wolfgang (1993), *Die Ordnung des Terrors: Das Konzentrationslager*, Frankfurt a.M.: Fischer

Tönnies, Ferdinand (1925), Einteilung der Soziologie, *Zeitschrift für die gesamte Staatswissenschaft*, Bd. 79, S. 1–15

Tönnies, Ferdinand (1965), *Einführung in die Soziologie*, Stuttgart: Enke

Tönnies, Ferdinand (1979), *Gemeinschaft und Gesellschaft: Grundbegriffe der reinen Soziologie*, ND d. 8. Aufl. v. 1935, Darmstadt: Wissenschaftliche Buchgesellschaft

Volkelt, Johannes (1918), *Gewissheit und Wahrheit: Untersuchung der Geltungsfragen als Grundlegung der Erkenntnistheorie*, München: Beck

Weber, Max (1988), Die »Objektivität« sozialwissenschaftlicher und sozialpolitischer Erkenntnis, in ders., *Gesammelte Aufsätze zur Wissenschaftslehre*, Tübingen: Mohr, S. 146–214

Daniel Šuber

Phänomenologie/Lebensphilosophie
Zu einem zentralen Kapitel im *Streit um die Phänomenologie*

I. Einleitung

In der aktuellen Theoriediskussion der Sozialwissenschaften trifft man regelmäßig auf Stellungnahmen, welche die ursprüngliche Form der Phänomenologie in grundlagentheoretischer Hinsicht für belanglos bzw. zu einem »toten Hund« (Reckwitz 2000: 645) erklären. Man beanstandet dabei in der Regel die ›subjektivistischen‹ und ›mentalistischen‹ Prämissen des phänomenologischen Ansatzes (ebd., 413, 646), die aus der Perspektive einer kulturwissenschaftlich gewendeten Soziologie als untragbar erscheinen. Seit jeher kreisen die Debatten um das sozialwissenschaftliche Fundierungspotential der Husserlschen Phänomenologie um die Frage, ob eine transzendentalphilosophisch begründete Theorie für die Grundlegung der *Wirklichkeits*wissenschaften tauglich sei. Der im Folgenden zu rekonstruierende *Streit um die Phänomenologie*[1] dokumentiert unterschiedliche Anstrengungen, die Spannung zwischen Immanenz und Transzendenz, die in Husserls Formulierung der Phänomenologie angelegt war, auf andere Weise aufzulösen. In diesem Sinne formulierte bereits Eugen Fink: »Die Auseinanderhaltung des transzendentalen Bewusstseinsbegriffs und des weltlich-ontischen ist ein Kardinalpunkt in der Andeutung der phänomenologischen Idee der Philosophie« (1966: 174). An diesem »Kardinalpunkt« verspricht das *Begegnenlassen* der Phänomenologie mit der lebensphilosophisch orientierten Grundlegungstheorie Diltheys einigen Aufschluss zu liefern. Denn es waren die zwischen diesen beiden Denkschulen geführten Diskussionen, die um die angedeutete Problemstellung zentriert waren und Fragen in den Vordergrund rückten, die im Hinblick auf die Bewertung des sozialwissenschaftlichen Fundierungspotentials der Phänomenologie von Gewicht sind.

Es lassen sich *grosso modo* vielleicht drei Phasen der Begegnung von Phänomenologie und Lebensphilosophie differenzieren: Die erste wurde von Dilthey selbst anlässlich seiner Behandlung durch Husserl in dessen Logos-Aufsatz von 1910/11 ›Philosophie als strenge Wissenschaft‹ initiiert. Dilthey, dessen Beeinflussung durch die ›Logischen Untersuchungen‹ weithin belegt ist[2], sah sich durch die Zurechnung zu den Weltanschauungsphilosophen von Husserl missrepräsentiert. Auf Diltheys Schreiben an Husserl folgten nicht nur ein kurzer Briefwechsel, sondern auch persönliche Gespräche.

Die zweite Phase, die durch den Zweiten Weltkrieg abgebrochen wurde, kann man als durch die Vermittlungsversuche der Schülergeneration geprägt ansehen, wobei hier in erster Linie Georg Mischs ›Lebensphilosophie und Phänomenologie‹ (1967) und Ludwig Landgrebes Dissertationsschrift zu Diltheys Theorie der Geisteswissenschaften (1928) zu nennen wären.[3] In diese Zeit fällt natürlich auch das für die Geschichte der Phänomenologie zentrale Jahr 1929, in dessen Verlauf es zu einem Bruch zwischen Husserl und Heidegger kam.

---

1 Wir verwenden diesen Terminus im Sinne des späten Husserls, der in dem Vortrag ›Phänomenologie und Anthropologie‹ von 1931 damit nicht nur die Auseinandersetzung zwischen seiner konstitutiven und der »anthropologistischen« (Hua XXVII: 164) Phänomenologie (Schelers und Heideggers) im Visier hatte, sondern damit zugleich zwei philosophische Grundrichtungen – »Anthropologismus und Transzendentalismus« – anspracht, zwischen denen »eine prinzipielle Entscheidung« herbeigeführt werden müsse (ebd., 165).
2 Wenn auch in weit weniger direktem Sinne als zunächst angenommen. Siehe dazu insbesondere die Ausführungen von Bollnow (1985: 40ff).
3 Weniger bekannt sind die Beiträge Kaufmanns (1928) und Metzgers (1966).

Als ein drittes Stadium kann man schließlich auf die Fokussierung der Frage nach dem Verhältnis von Lebensphilosophie und Phänomenologie in den Debatten verweisen, die anlässlich des 150. Geburtstages Wilhelm Diltheys und des 100. Erscheinungsjubiläums der ›Einleitung in die Geisteswissenschaften‹ geführt und dokumentiert wurden (Orth 1984, 1985, Makkreel & Scanlon 1987).

Im nachfolgenden Beitrag soll es im ersten Teil darum gehen, unter Rückgriff auf die skizzierten Debatten die axiomatischen Unterschiede zwischen einer phänomenologisch bzw. einer lebensphilosophisch begründeten »Theorie des Wissens«[4] zu rekonstruieren. Im anschließenden Teil soll auf der Basis einiger ausgewählter Beiträge zur phänomenologischen Begründung der Soziologie die Frage nach dem sozialwissenschaftlichen Fundierungspotential der Phänomenologie eruiert werden.

II. Phänomenologie und Lebensphilosophie: Alternative Wege zu einer ›Theorie des Wissens‹

Bevor wir uns daran machen, die systematischen Unterschiede einer phänomenologisch bzw. lebensphilosophisch begründeten Grundlegungsaxiomatik zu extrapolieren, soll auf einige grundlegende Gemeinsamkeiten aufmerksam gemacht und damit unsere Vergleichsgrundlage eröffnet werden.

Die Namen Dilthey und Husserl lassen sich als Grenzpunkte eines eigentümlichen Krisendiskurses markieren, der sich letztlich über den Zeitraum eines halben Jahrhunderts entspannte. Zu Beginn der 1880er-Jahre schrieb Dilthey an seine Mutter: »Die große Krisis der Wissenschaften und der europäischen Kultur, in der wir leben, nimmt mein Gemüth so tief und ganz befangen, daß in ihr von Nutzen zu sein jeden äußeren persönlichen Ehrgeiz getilgt hat« (Misch 1933: V). Welche Dimension die kulturell-wissenschaftliche Krise für Husserl annahm, geht bereits aus dem Titel seines letzten zu Lebzeiten publizierten Werks› ›Die Krisis der europäischen Wissenschaften und die transzendentale Phänomenologie‹, eindrücklich hervor. Darin hieß es: »Es handelt sich hierbei nicht um Angelegenheiten einer speziellen Kulturform, ›Wissenschaft‹ bzw. ›Philosophie‹, als einer unter anderen in der europäischen Menschheit« (Hua VI: 10). Beide Philosophen erblickten in einer Erneuerung der Philosophie den allein Erfolg versprechenden Ausweg aus dieser Situation. Beide sprachen von einer radikalen philosophischen »Selbstbesinnung«, in deren Zuge die überkommenen Fundierungsdisziplinen wie Logik, Erkenntnistheorie, Werttheorie, etc. ersetzt bzw. modifiziert werden müssten.[5] Vor dem geschilderten Hintergrund erscheint es kaum weiter erklärungsbedürftig, weshalb deren Lebensprojekte auf nichts Geringeres als eine »Kritik der historischen Vernunft« (Misch 1933: 120, GS VII: 191) bzw. eine »Kritik der logischen und der praktischen Vernunft« (Hua II: VII) hinausliefen. Die Anknüpfung an Kants epochaler Formel sollte die Universalität und Radikalität des Neuansatzes anzeigen. Gleichzeitig kündigen die charakteristischen Adaptionen an, dass hier eine *universale* Theorie des Wissens auf dem Spiel stand, die insbesondere auch denjenigen Wissenstypus implizierte, den Kant noch aus seiner erkenntnistheoretischen Betrachtung aus-

---

4 Diese Bezeichnung wurde bereits in dem Briefwechsel zwischen Dilthey und Husserls häufig verwendet.
5 Dilthey titulierte seinen Grundlegungsansatz gelegentlich sogar als »Selbstbesinnungsphilosophie«, »Philosophie der Selbstbesinnung« (GS VII: 178). In den ›Cartesianischen Meditationen‹ finden wir folgende Umschreibung der Phänomenologie: »Es gibt aber nur eine radikale Selbstbesinnung, das ist die phänomenologische« (Hua I: 179). Dilthey und Husserl erweisen sich hier als typische Vertreter des von Fritz K. Ringer und anderen beschriebenen deutschen »Mandarinentums«, für welches feststand, »daß die Universität der Suche nach einer ›totalen‹, philosophischen Wahrheit dienen müsse« (Ringer 1987: 100) und Philosophie und Wissenschaft nicht zu trennen seien.

geschlossen hatte, nämlich das qualitative, historische Wissen, das im Sinne Kants nicht der Gattung des ›apodiktischen‹ Wissens angehörte.

Nicht selten haben solche allgemeinen Übereinstimmungen Interpreten dazu verleitet, Dilthey, Husserl und auch noch Scheler und Heidegger zu Exponenten ein und derselben philosophischen Bewegung zu zählen (Orth 1978: 14ff). Jedoch deuten sich bereits in den ersten beiden Begegnungsphasen von Phänomenologie und Lebensphilosophie wesentliche Divergenzpunkte an.

Dilthey hatte in seinem ersten Brief an Husserl dessen strikte Trennung zwischen allgemeinen Ideen des Wissens einerseits und deren historischen Erscheinungsformen auf der anderen Seite angegriffen und dabei einen unhaltbaren »Platonismus« (Pöggeler 1989: 257) am Werke gesehen, welchem das Historisch-Faktische nur als Exempel dient (Hua Dok III/6: 46).[6] Der junge Husserl setzte eher auf Beschwichtigung und Kaschierung der von Dilthey deutlich markierten Differenzen. Erst in einer späteren Retrospektive schrieb er nun seinerseits Dilthey »ein arges Mißverständnis« (ebd., 151) der Phänomenologie zu. Auch die Notwendigkeit einer Synthese beider Ansätze, die ihm sein Schüler Mahnke angeboten hatte, erachtete Husserl 1927 für obsolet (ebd., 147f). 1929 äußerte Husserl schließlich sogar gegenüber Misch, dass er die phänomenologische Grundlegung der Geisteswissenschaften im Vergleich zu Diltheys als »unvergleichlich radikaler« (Hua Dok III/6: 277) eingeschätzt habe. Zur Begründung schrieb er: »während Dilthey sich an die historischen Geisteswissenschaften band und damit an die vorgegebene Welt und an eine Anthropologie«, habe er selbst seit 1907 begonnen, durch Entwicklung der phänomenologischen Reduktion die Geisteswissenschaften auf einem festeren Boden zu begründen (ebd.). Misch antwortete mit dem Hinweis auf eine in Husserls Ansatz gelegene »prinzipielle Schwierigkeit«, nämlich der Bestimmung desjenigen »Sinn[s], in welchem der Apriorismus dank Ihrer neuen phänomenologischen Grundlegung festgehalten werden darf und muß« (ebd., 279). In dieser Korrespondenz finden wir *in nuce* einen hervorstechenden Streitpunkt zwischen beiden Theorielagern, wie sich an den weiteren Debatten bestätigen lässt. Es ging primär um die Frage nach der Beschaffenheit des Fundaments, auf welchem die ›Theorie des Wissens‹ zu errichten war. Bevor wir uns näher dem Fortgang der Auseinandersetzungen zwischen lebensphilosophisch und phänomenologisch orientierten Theoretikern zuwenden, ist zumindest ein kursorischer Blick auf die Originalkonzepte angebracht.

Nicht nur für Husserls ›Transzendentalphänomenologie‹[7], sondern auch für Diltheys Axiomatik einer historischen Vernunftkritik lässt sich eine Grundspannung zwischen Immanenz/Transzendenz bzw. realistischen und idealistischen Denkfiguren festhalten. Hier resultierte sie aus dem ›Satz der Phänomenalität‹, den Dilthey zum »obersten Satz der Philosophie« (GS V: 90) erklärte, auf der einen Seite und dem Anspruch, der Philosophie zu einem »volleren, reiferen Bewußtsein der Wirklichkeit« (GS XIX: 306) zu verhelfen, auf der anderen.

Behauptete Diltheys phänomenalistischer Ausgangssatz, dass »alles, was für mich da ist, unter der allgemeinsten Bedingung (steht), Tatsache meines Bewußtseins zu sein« (GS V: 90), so lässt sich hier zunächst die Nähe zu Kants Standpunkt erkennen. Insbesondere aus Diltheys Aufzeichnungen zur Logik und Methodenlehre der Geisteswissenschaften geht jedoch hervor, dass Dilthey in Kants Variante dieses Satzes eine »intellektualistische Umdeutung« (GS XX: 171) wahrnahm, die zur Folge hatte, dass der »Zusammenhang der Lebendigkeit, in welchem die Tätigkeiten des Menschen verbunden sind«, von hier aus nicht erfasst werden kann (ebd., 236). Diltheys Kritik beanstandete, dass die rationalistische Tradition die Wahrnehmungsdimensionen des Wollens, Fühlens und Vorstellens aus dem erkenntnismäßigen Bewusstseinskreis ausgeschlossen hatte. Nicht nur wurde in diesem Zugang das Erkenntnissubjekt auf die Funktion des rationalen Erkennens verkürzt, sondern zudem übersehen, dass die »wirklichen

---

6 In den Worten Mischs standen sich hier »das platonische Ideal der reinen Wissenschaft« (Husserl) und die »Einstellung auf die ›realen Wissenschaften‹« (Dilthey) gegenüber (1967: 183).

7 Eine ›transzendentale Wende‹ vollzog die Phänomenologie spätestens mit den ›Ideen I‹ 1913 (Hua III/1).

Bedingungen des Bewußtseins [...] lebendiger geschichtlicher Prozeß (sind)« (GS XIX: 51). Ein »Fortgang über Kant« (GS VIII: 174) war hier insofern gefordert, als die Grenzen zwischen Immanenz und Transzendenz im Vergleich zu Kants Konzeption verschoben werden mussten. Zwar blieb Diltheys Epistemologie auf dem (kantischen) Standpunkt, dass es jenseits des Bewusstseins keine ›Wirklichkeit‹ gab, doch im Kontrast zu Kant erklärte er die Bewusstseinsinhalte keineswegs zu bloßen Vorstellungen einer äußeren, unerreichbaren Welt, sondern zu konkreten, verstehbaren und lebendigen »Erfahrungen«.[8] Dilthey: »Der Gegensatz von Transzendenz und Immanenz bezeichnet nicht die Grenzlinie der möglichen Erkenntnis. Die Wirklichkeit selbst kann in letzter Instanz nicht logisch aufgeklärt, sondern nur verstanden werden« (GS VIII: 174). Es bedurfte Dilthey zufolge lediglich geeigneter philosophischer Mittel zur »Objektivierung des Lebenszusammenhangs« (ebd.: 178). Zu diesem Zwecke hatte er im Entwicklungsverlauf seines Lebensprojekts bekanntermaßen diverse Maßnahmen vorgeschlagen und teilweise wieder verworfen. Verbindlich blieb dabei jedoch der Ausgangspunkt von einem erkenntnistheoretischen Strukturkonzept, das sowohl dem psychologischen Ansatz der mittleren Phase als auch der Hermeneutik der Spätphase zugrunde lag. Der Begriff des ›Lebens‹ kann insofern als Zentralbegriff von Diltheys Philosophie aufgefasst werden, als dieser, gleichwohl er auch bei Dilthey wissentlich vage gehalten wurde, den angedeuteten Strukturzusammenhang anzeigte, den es zunächst psychologisch, dann hermeneutisch zu dekuvrieren galt. Die zuweilen auch in Frage gestellte Kontinuität kommt vielleicht am deutlichsten in einer Passage aus dem ›Aufbau der geschichtlichen Welt in den Geisteswissenschaften‹ zum Ausdruck, in der es heißt:

> Das Nächstgegebene sind die Erlebnisse. Diese stehen nun aber, wie ich hier früher nachzuweisen versucht habe, in einem Zusammenhang, der im ganzen Lebensverlauf inmitten aller Veränderungen permanent beharrt; auf seiner Grundlage entsteht das, was ich als den erworbenen Zusammenhang des Seelenlebens früher beschrieben habe; er umfasst unsere Vorstellungen, Wertbestimmungen und Zwecke, und er besteht als eine Verbindung dieser Glieder (1993: 90).

Von dem hier angesprochenen Bild des Bewusstseinszusammenhangs als Ausgangspunkt der wissenschaftstheoretischen Grundlegung leitete Dilthey sein epistemologisches Grundaxiom ab: »Hinter das Leben kann das Erkennen nicht zurückgehen« (GS VIII: 180). Die Erkenntnistheorie im traditionellen Sinne schien aufgrund ihrer bereits angedeuteten intellektualistischen Verkürzung ungeeignet, die »Totalität unsres Bewusstseins« (GS XX: 152) zum Ausgang zu nehmen. Dazu bedurfte es eben jener »Selbstbesinnung, welche den ganzen unverstümmelten Befund seelischen Lebens umfaßt« (GS V: 151). In seiner letzten Arbeitsphase kam Dilthey mehr und mehr zu der Überzeugung, dass eine Selbstbesinnung des Menschen über sich selbst nicht mehr vollständig aus einer psychologischen Analyse des Bewusstseinszusammenhangs heraus erfolgen konnte, sondern den Umweg über das ›Verstehen‹ des Lebens zu nehmen hatte (1993: 98f). Die Figur des Zusammenhangs von ›Leben, Ausdruck und Verstehen‹, welcher diejenige des hermeneutischen Zirkels, zugrunde lag, wies ebenso eine holistische Struktur auf wie der zuvor psychologisch beschriebene ›Zusammenhang des Bewußtseins‹.

Im Hinblick auf unsere Ausgangsfragestellung nach der Natur des Fundaments der Lebensphilosophie können wir nunmehr mit Diltheys eigenen Worten resümieren: »was wir zeigen, das ist das Leben selbst; nicht um etwas Transzendentes zu erschließen, wollen wir es sehen lassen« (GS XIX: 330).

Wie verhält sich die Angelegenheit nun bei Husserl? Zunächst einmal erwehrte er sich der latenten Anschuldigung Diltheys, »als ob ich mit dieser Wesensforschung an das tatsächliche Leben nicht herankomme und als ob ich historische und überhaupt Tatsachenforschung aus-

---

8 »Realität, Wirklichkeit bedeutet das für das Ganze unsres geistigen Lebens Gegebensein. Ich bezeichne das so Gegebene in Unterscheidung von der bloßen Wahrnehmung als Erfahrung« (GS XX: 152f).

schließen wollte« (van Kerckhoven 1984: 151). Liest man jedoch weiter, erfährt man, welcher Art dieses ›Leben‹ war: »das transzendentale« (ebd.). Aus der folgenden Umschreibung aus den Vorlesungen ›Erste Philosophie‹ geht der phänomenologische Blickwinkel auf ›Leben‹ noch deutlicher hervor:

> Es handelt sich also in der Tat um eine ganz ›unnatürliche‹ Einstellung und eine ganz unnatürliche Welt- und Lebensbetrachtung. Das natürliche Leben vollzieht sich als eine ganz ursprüngliche, als eine anfangs durchaus notwendige Welthingabe, Weltverlorenheit. Das Unnatürliche ist das der radikalen und reinen Selbstbesinnung, der Selbstbesinnung auf das reine ›ich bin‹, auf das reiche Ichleben […] (Hua VIII: 121).

Markanter lässt sich der Gegensatz zwischen lebensphilosophischer und transzendentalphänomenologischer Einstellung zum ›Leben‹ kaum kontrastieren. Husserl erkannte bei Dilthey das Vorliegen einer eidetischen Auslegung der Gegebenheit der Wirklichkeit, vermisste aber eine Enthüllung der »universalen Form, der universalen Typik der konkreten universalen Subjektivität, des absoluten Ichfalls, das in diesem Leben sich auswirkt« (van Kerckhoven 1984: 152). Der eidetischen Analyse hatte nach Husserl die »universale Eidetik« (ebd.) zu folgen, denn er erachtete die transzendentale Subjektivität als »die Urkategorie des Seins überhaupt, in der alle anderen Seinsregionen wurzeln« (Hua III/1: 141). Die Frage nach dem Sinn des phänomenologischen Weltbegriffs, die Misch an Husserl gerichtet hatte, muss daher zunächst dahingehend beantwortet werden, dass die Phänomenologie das konkrete Sein zwar, wie Husserl betonte, durchaus in den Blick nahm, jedoch nur um die ›naive‹ Weltsicht ›auszuschalten‹ und deren Konstitution im ›transzendentalen Ego‹ zu beforschen. Die ›Welt‹ kam hier nur »als intentionales Korrelat eines sinngeschichtlich strukturierten geistigen Lebens« (Lembeck 1988: 238) in Betracht. Vor diesem Hintergrund leuchtet ein, weshalb der *Streit um die Phänomenologie* wesentlich um Fragen nach der phänomenologischen Formung von Begriffen wie ›Geschichte‹, ›Intersubjektivität‹ und ›Lebenswelt‹ zentriert war.

Allein aus der Zuwendung einiger der engsten Mitarbeiter Husserls zu Heideggers Daseinsphänomenologie – wie etwa Landgrebe[9], Fritz Kaufmann und Hans Jonas[10] – kann man schließen, dass Husserls Zugang zur konkreten Wirklichkeit selbst innerhalb der vermeintlichen Husser-Schule als problematisch empfunden wurde. Heidegger selbst verabschiedete sich spätestens zu Beginn der 1920er-Jahre von der transzendentalphilosophisch gewendeten Phänomenologie Husserls, die er – wie auch weite Teile des Münchner und Freiburger Phänomenologenkreises – als Rückwendung zu einem neukantianischen Ausgangspunkt missbilligte. Nach seiner eigenen Darstellung sei es die ›Geschichtslosigkeit der Phänomenologie‹ (Heidegger 1988: 75) gewesen, die ihn zur Suche nach philosophischen Alternativen und schließlich zu Dilthey führte.[11] Dass Husserl zeitlebens diese Kritik abwies und – aus schwierig nachvollziehbaren Gründen – erst nach dem Erscheinen von ›Sein und Zeit‹ im *Jahrbuch für Philosophie und phänomenologische Forschung* Heideggers ›Verrat‹ witterte und in der Folge in der Fundamentalontologie einen seiner philosophischen Hauptgegner identifizierte, ist weithin bekannt (Pöggeler 1996: 10ff). Er erachtete die ›Probleme‹, denen sich Heidegger hier zuwandte als »nichts weniger als fundamental-ontologische« (van Kerckhoven 1984: 150).

---

9 In der Einleitung seiner Dissertationsschrift bekundete Landgrebe, dass »die vorliegende Arbeit, was Zielstellung und Lösungswege betrifft, weitgehend durch die Heideggerschen Forschungen bestimmt ist« (1928: 241). In Husserls Gutachten wird der Name Heideggers symptomatischer Weise nicht erwähnt, dagegen jedoch zu Landgrebes »Auffassung des Verhältnisses der Diltheyschen geisteswissenschaftlichen Interpretation zur konstitutiven Phänomenologie und phänomenologischen Psychologie« »ernste Bedenken« angemeldet (Hua Dok III/4: 377f).
10 Siehe hierzu die näheren Ausführungen bei Pöggeler (1996: 13ff).
11 Siehe hierzu die Darstellungen von Lembeck (1988: 9ff) sowie Pöggeler (1963: 27ff, 1989: 255ff).

Es ist vielleicht symptomatisch für Husserls Haltung, dass er letztlich auch auf Mischs Dialogangebot nicht weiter einging[12] und in der Folge die Auseinandersetzung mit der Kritik seitens neukantianisch motivierter Autoren in den Vordergrund rückte und damit eben die Frage nach dem *richtigen* Verständnis von Transzendentalphilosophie. Die von Husserl explizit gebilligte Erwiderung Eugen Finks auf Einwände seitens des Rickert-Schülers Rudolf Zocher sollte letztlich den Beweis dafür antreten, dass allein die phänomenologische Version des »Transzensus« philosophisch haltbar sei. Während der Neukantianismus »durch den Transzensus vom Seienden zum Sinn desselben« bestimmt sei, involviere die Phänomenologie »einen Transzensus über die Welt hinaus und nicht nur über das innerweltlich Seiende« (Fink 1933: 343). Für die Phänomenologie verwandelte sich damit die »Frage nach dem Sein der Welt […] in die Frage nach dem Wesen der transzendentalen Subjektivität, für die letztlich die ›Welt‹ gilt« (ebd., 354). Philosophiegeschichtlich, so Fink, habe erst die Methode der phänomenologischen Reduktion die Entdeckung eines »nicht-weltlichen Reflexionsichs« und somit »die Entdeckung des eigentlichen ›Subjekts‹ des Weltglaubens« bewerkstelligt (ebd., 355f).

Aufschlussreich an dieser Auseinandersetzung ist insbesondere die Begebenheit, dass sich Husserl offenbar endgültig von jeglichem Vermittlungsversuch mit dem »*ontologischen Idealismus*« (Hua XXVII: 180) eines Scheler oder Heidegger verabschiedet hatte und in der Folge der Vorwurf einer »Ontologisierung« (Fink 1933: 338) transzendentalphilosophischer Kategorien nun sogar auch noch gegen den Kritizismus gewendet wurde. Hier bestätigt sich der Eindruck, dass die Transzendentalphänomenologie ein sehr mittelbares Verhältnis zur ›Wirklichkeit‹ behielt. Seinen »Transzendentalismus« verteidigte Husserl noch ein Jahr vor seinem Tod standfest gegenüber Misch: »der unvergessliche Dilthey hätte gesehen, daß in *diesem* Transzendentalismus die letzte Erfüllung seiner Intentionen lag« (Hua Dok III/6: 284).

Die sich hier als Gretchenfrage entpuppende Problematik des phänomenologischen Welt- und Geschichtsbegriffes wurde auch in der dritten Phase der Begegnung von Phänomenologie und Lebensphilosophie zu einem der vorherrschenden Diskussionspunkte. Während man gemeinhin in der »Vereinigung einer Philosophie des Lebens mit dem Problem der Geschichte […] die eigentümliche und entscheidende Leistung Diltheys« (Bollnow 1936: 24) sieht, ist man heute mit Blick auf Husserl auf dem Stand, dass man seine späte ›Wende zur Historizität‹ heute gemeinhin nicht mehr auf den Einfluss Heideggers zurückführt, sondern anerkennt, dass sich Husserl aufgrund innerer theoretischer Notwendigkeiten auf das Feld der Geschichte begab (Bollnow 1985: 53, Lembeck 1988: 10). Entscheidend blieb hier aber die Frage, »ob […] die genetische Konstitutionsphänomenologie der Intersubjektivität weltliches Leben tatsächlich transzendental so erreicht, wie Dilthey es in seinen Kulturschöpfungen objektiviert sah« (Ströker 1985: 88). Selbst von erklärten Anhängern der Phänomenologie wird diese Frage einhellig verneint. Lembecks Studie zu dieser Thematik resümierte: »Geschichte [ist] niemals Geschehen an sich, sondern stets Auffassung- und Auslegungsprodukt eines genetisch organisierten und von daher geschichtlich orientierten Subjets« (1988: 238). Ströker hat von »›*Quasi-Geschichte*‹« (1985: 88) und »Sozusagen-Geschichte« (ebd., 94) gesprochen, weil es die konstitutive Phänomenologie von vornherein nicht mit der geschichtlichen Welt also solcher zu tun hatte. Hatte Landgrebe noch 1967 die Hoffnung geäußert, einen Ort in Husserls Phänomenologiekonzeption anzeigen zu können, »an dem […] die von Dilthey aufgewiesenen Strukturen auftreten und sich in die gesamte phänomenologische Systematik einordnen« (1967: 30), so scheint man mittlerweile zu einer einhelligen Ablehnung der Konvergenzthese gelangt zu sein.

---

12 Als Grund kann man die Wirkung von Husserls Lektüre von ›Sein und Zeit‹ vermuten, die er kurz nach Mischs ›Lebensphilosophie und Phänomenologie‹ 1929, dem Jahr des »Zerbrechens der phänomenologischen Philosophie« (Pöggeler 1989: 259), anschlug. In deren Folge kam es zu einer Art mechanischen Abwehrreaktion Husserls, die ihn jede Verbindung von Phänomenologie zu Lebensphilosophie, Anthropologie und Existenzphilosophie kappen ließ.

In der Haltung Husserls und Diltheys zur Geschichte werden letztlich deren »divergierende Anliegen« offenbar, fasst auch Makkreel (1991: 321) zusammen.

Im Folgenden soll nun gezeigt werden, in welcher Weise uns die lebensphilosophisch angestoßenen Herausforderungen, die von Dilthey, Misch, Heidegger und anderen an die Transzendentalphänomenologie herangetragen wurden, in der Debatte um die Frage »Can there be a phenomenological sociology?« (Pivčević 1972) wieder begegnen.

III. Phänomenologie und Lebensphilosophie: sozialwissenschaftliche Potenziale

Um Husserl gerecht zu werden, muss man eingangs betonen, dass der Anspruch auf eine Fundierung der empirischen Sozialwissenschaften mit phänomenologischen Mitteln im Grunde von außen an die Phänomenologie gerichtet wurde und Husserl sich vollends über die Schwierigkeiten eines solchen Unterfangens im Klaren gewesen ist.[13] Die Geschichte dieses Verbindungsversuchs beginnt keineswegs erst mit Alfred Schütz, sondern spätestens wohl mit Edith Steins (1980) Versuch, das Phänomen der ›Einfühlung‹ phänomenologisch zu erklären sowie mit Kracauers (1922) explizitem Unterfangen, die Soziologie auf einem phänomenologischen Fundament zu errichten. Bemerkenswert ist an beiden Projekten die Tatsache, dass sie programmatisch scheiterten, was an dieser Stelle nur kursorisch angedeutet werden kann.

Stein ging es in erster Linie darum, die intersubjektive Konstitution der realen Welt transzendentalphänomenologisch aufzuklären – ein Thema, dem sich Husserl in den 1920er-Jahren intensiv widmen sollte. Den Übergang von der egologischen Sphäre zum Fremdbewusstsein wollte sie dabei – im Sinne der transzendentalen Reduktion – über die ›Konstitution des psycho-physischen Individuums‹[14] bewerkstelligen. Im Gegensatz zu Husserls Einsicht, dass durch die phänomenologische Reduktion die bewusstseinsmäßig objektive Welt zum Vorschein kommt, lesen wir bei Stein, »daß die einfühlungsmäßig gegebene Welt die bewußtseinsunabhängige existierende Welt ist« (Fidalgo 1993: 104). Während Stein den offenbaren Widerspruch zwischen programmatischer Absicht und ihrem Resultat und damit den impliziten »Bruch mit dem Idealismus Husserls« (ebd., 91) nicht erkennt, gesteht Kracauer dagegen unverhohlen am Ende seiner Untersuchung ein, dass sowohl der von Kant ausgehende Idealismus wie auch die Phänomenologie daran scheiterten, aus ihren »Erkenntnissen die soziale Gesamtwirklichkeit wieder soziologisch zu rekonstruieren« (1922: 170). Dabei hatte er zunächst noch die Hoffnung geäußert, dass »Mit der Erörterung des Verfahrens, nach dem die Ergebnisse der allgemeinen Soziologie in den Axiomen der reinen Phänomenologie zu verankern sind, die Begründung der Soziologie sich vollenden (wird)« (ebd., 115). Die von ihm aufgewiesene »Unmöglichkeit einer vom Standpunkt des autonomen Ichs befriedigenden Durchführung materialer Soziologie« habe schließlich auch »die Auflösung dieser Wissenschaft in ein unentschiedenes Gemisch nebeneinanderherlaufender Erkenntnisreihen zur Folge« (ebd., 170).

Die damit gegebenen Hinweise haben Schütz keineswegs daran gehindert, von neuem den Versuch zu starten, die ›verstehende Soziologie‹ mit Hilfe phänomenologischer Grundeinsichten in die Konstitution von Sozialität und Intersubjektivität theoretisch zu festigen. Schütz erachtete einen Rückgang auf die »ursprünglichen und allgemeinen Wesensgesetze[n] des Bewußtseinslebens« (2004: 93) zum Verständnis der in der Sozialwelt eingelassenen Sinngefüge

---

13 Dies geht aus einer Vorlesungsaufzeichnung aus dem Wintersemester 1910/11 eindrücklich hervor: »So fern liegt insbesondere den Soziologen und Historikern der Gedanke einer apriorischen Wesenslehre des gemeingeistigen Lebens und seiner objektiven Korrelate, daß wohl schon die Behauptung, es könne dergleichen überhaupt geben und sei das notwendige Erkenntnisfundament aller echten Sozialwissenschaft, von den Soziologen zweifellos für Mystik oder Scholastik erklärt werden würde« (van Kerckhoven 1984: 159).

14 So die Überschrift des dritten Teils von ›Zum Problem der Einfühlung‹.

für unausweichlich. Dass er jedoch bereits im zweiten Abschnitt des ›Aufbaus‹, in welchem die subjektiven Sinnkonstitutionsprozesse im Bewusstsein aufgewiesen werden sollten, die egologische Perspektive Husserls überschritt und eine *mundane* Perspektive einnahm und nicht erst – wie angekündigt – im dritten, kann als Beleg für die Aporien eines subjektzentrierten Erklärungsansatzes der Weltkonstitution angeführt werden. In Anknüpfung an Husserls Theorem der *attentionalen Modifikation* sowie Bergsons Ausführungen zur *attention à la vie* führte Schütz aus, dass subjektive Sinnreflexion »*immer den Index des jeweiligen Jetzt und So der Sinndeutung*« (ebd., 166) und damit den »*den Charakter der Subjektivität*« (ebd., 176f) an sich trage. Damit wäre, wie auch Srubar resümierte, der subjektzentrierte Begründungsrahmen Husserls im Grunde bereits überschritten, weil sich das »Ich [...] nicht nur als die Einheit des Erlebnisstroms, sondern auch als ein in außersubjektive Zeitabläufe eingebundener Handelnder (erfährt)« (Srubar 1988: 138).

Erst zu Beginn des dritten Abschnitts, in welchem die Analyse der »Sinnphänomene in der mundanen Sozialität« (2004: 129) anstand, rechtfertigte er sein Verlassen der Sphäre der transzendentalen Reduktion und behauptete kategorisch, dass es möglich sei, »ohne Gefahr unsere Ergebnisse auf die Phänomene der natürlichen Einstellung an(zu)wenden«, da »alle in phänomenologischer Reduktion durchgeführten Analysen wesensmäßig auch [...] innerhalb der natürlichen Einstellung Geltung haben« (ebd., 130). Von den Skeptikern einer phänomenologisch fundierten Soziologie wird die von Schütz als unproblematisch ausgewiesene Übertragbarkeit in Zweifel gezogen. Da der späte Schütz selbst nicht mehr an die Tragfähigkeit einer konstitutionsanalytisch-egologischen Fundierung von Intersubjektivität glaubte (Schütz 1971: 116), erübrigt sich hier eine detaillierte Rekapitulation. Stattdessen setzte er auf eine »Ontologie der Lebenswelt« (ebd.). Um die Behauptung zu stärken, dass Schütz schon im ›Aufbau‹ kein Phänomenologe mehr war, sondern eher Diltheyaner[15], sei zumindest angedeutet, an welchen systematischen Punkten sich ein solcher Einstellungswechsel beobachten lässt.

Im dritten Abschnitt erörterte er die Dueinstellung als »*VORPRÄDIKATIVE Erfahrung, in welcher das Du als ein Selbst erlebt wird*« (2004: 314). Schütz bezog sich bei seiner Erläuterung der Duerfahrung explizit auf Scheler und dessen Annahme, »daß die Erfahrung vom Wir (in der Umwelt) die Erfahrung des Ich von Welt überhaupt fundiere« (ebd., 316). Hier dürfen wir eine der Hauptinspirationsquellen behaupten, die für Schütz' »Abkehr von der transzendentalen Philosophie« (Srubar 1983) von maßgeblichem Einfluss gewesen ist (Srubar 1988: 275). Scheler erweist sich an diesem konkreten Punkt als Vermittlungsinstanz des lebensphilosophischen Grundanliegens, die Autarkie der *reinen* Reflexion wissenschaftstheoretisch zu entkräften und die erkenntnisfundierenden Einwirkungen lebenspraktischer Bezüge zu theoretisieren.

Letztendlich können wir zumindest für den *frühen* und *mittleren* Schütz das Vorliegen von philosophischen Denkfiguren resümieren, die gemeinhin zu unverträglichen Traditionen gezählt wurden. Wie angedeutet, installierte Schütz stets an solchen Stellen, an denen ihm Husserls Erklärungen problematisch erschienen, lebensphilosophisch-pragmatistische Grundfiguren. Die Legitimität und Möglichkeit einer solchen »Mundanisierung« transzendentalphänomenologischer Konzepte hatte er dabei stets vorausgesetzt. Bereits Gadamer hatte in dieser Strategie jedoch einen »Rückfall« gewittert, »wie ihn Husserl mit aller Mühe zu verhüten versucht hat« (1987: 133f). Bollnows nachträgliche Empfehlung an Schütz, zum Zweck der Fundierung der Sozialwissenschaften in der Lebenswelt eher »bei Heidegger, wenn nicht bei Dilthey anzuknüpfen« (1985: 54), ist vor diesem Hintergrund keineswegs als Polemik zu sehen.

---

15 Bereits Gurwitsch hatte in Schütz' »Auffassung der Phänomenologie der natürlichen Einstellung eher die Erfüllung der Intentionen Diltheys als derjenigen Husserls« (Srubar 1983: 69) erblickt und empfahl daher eine Interpretationsperspektive, welche die »Schützschen Begriffe und Theorien unter dem Gesichtspunkt ihrer Bedeutung für das von Dilthey begonnene und von einigen seiner Nachfolger fortgesetzte Werk (betrachtet)« (1971: XXXVIII).

IV. Zusammenfassung und Ausblick

Unser Durchgang durch einige Stationen der Begegnung von Lebensphilosophie und Phänomenologie hat folgende Einsichten befördert: Trotz gelegentlicher terminologischer Zusammenführungen der lebensphilosophisch und idealistisch begründeten Phänomenologiekonzepte[16] und der anfänglichen Einebnungsversuche der grundlegenden Differenzen durch Husserl selbst (gegenüber Dilthey), muss festgehalten werden, dass die jeweils zugrunde gelegten Ausgangspunkte sich wechselseitig ausschließen. Während Dilthey die Geistes- und Sozialwissenschaften im wirklichen »Leben selbst« fundieren wollte, hatte Husserls Phänomenologie die »›eingeklammerte‹ Welt, bloß Phänomen, und zwar Geltungsphänomen der strömenden Erfahrung, des Bewußtseins überhaupt« (Hua XXVII: 171) im Blick. Dass eine Vermittlung der beiden Standpunkte letztlich nicht möglich ist, hat der weitere Verlauf der Debatte, insbesondere in der dritten Phase, weiter zementiert. Bollnow scheint vorerst einen Schlusspunkt hinter den *Streit um die Phänomenologie* setzen zu wollen und fordert, »diesen Gegensatz in seiner ganzen beunruhigenden Schärfe anzuerkennen und auszuhalten« (1985: 61). Dass auf einem ausschließlich phänomenologisch bereiteten philosophischen Boden das Unterfangen der Grundlegung einer mundanen Sozialwissenschaft letztlich undurchführbar ist, hat der Fall Schütz am deutlichsten vor Augen geführt. Thomas Luckmanns Verdikt, eine phänomenologische Sozialwissenschaft könne es nicht geben (1979: 196), bleibt also unumstößlich.

Literatur

Bollnow, Otto Friedrich (1936), *Dilthey. Eine Einführung in seine Philosophie*, Leipzig: Teubner
Bollnow, Otto Friedrich (1985), Dilthey und die Phänomenologie, in: E. W. Orth (Hg.), *Dilthey und die Philosophie der Gegenwart*, Freiburg: Alber, S. 31–61
Dilthey, Wilhelm (1957), *Gesammelte Schriften V: Die Geistige Welt. Einleitung in die Philosophie des Lebens*, Stuttgart: Teubner
Dilthey, Wilhelm (1957), *Gesammelte Schriften VII: Der Aufbau der geschichtlichen Welt in den Geisteswissenschaften*, Stuttgart: Teubner
Dilthey, Wilhelm (1968), *Gesammelte Schriften VIII. Weltanschauungslehre. Abhandlungen zur Philosophie der Philosophie*, Stuttgart: Teubner
Dilthey, Wilhelm (1982), *Gesammelte Schriften XIX. Grundlegung der Wissenschaften vom Menschen, der Gesellschaft und der Geschichte*, Göttingen: Vandenhoeck & Ruprecht
Dilthey, Wilhelm (1990), *Gesammelte Schriften XX: Logik und System der philosophischen Wissenschaften*, Göttingen: Vandenhoeck & Ruprecht
Dilthey, Wilhelm (1993), *Der Aufbau der geschichtlichen Welt in den Geisteswissenschaften*, Frankfurt a.M.: Suhrkamp
Fidalgo, António (1993), Edith Stein, Theodor Lipps und die Einfühlungsproblematik, in: R. L. Fetz, M. Rath & P. Schulz (Hg.), *Studien zur Philosophie von Edith Stein*, Freiburg: Alber, S. 90–106
Fink, Eugen (1933), Die phänomenologische Philosophie Edmund Husserls in der gegenwärtigen Kritik, Kant-Studien 38, S. 321–385
Fink, Eugen (1966), *Studien zur Phänomenologie 1930–1939*, Den Haag: Nijhoff
Gadamer, Hans-Georg (1987), *Gesammelte Werke 3: Neuere Philosophie I*, Tübingen: Mohr
Gurwitsch, Aron (1971), Einführung, in: A. Schütz (Hg.), *Gesammelte Aufsätze I: Das Problem der sozialen Wirklichkeit*, Den Haag: Nijhoff, S. XV-XXXVIII
Heidegger, Martin (1988), *Gesamtausgabe 63: Ontologie. Hermeneutik der Faktizität (SS 1923)*, Frankfurt a.M.: Klostermann
Husserl, Edmund (1958), *Husserliana II: Die Idee der Phänomenologie*, Den Haag: Nijhoff
Husserl, Edmund (1959), *Husserliana VIII: Erste Philosophie (1923–24)*, Den Haag: Nijhoff

---

16 Erinnert sei an Tiryakians »synthesis of existential philosophy and Husserl's phenomenological method« zu dem Oxymoron »existential phenomenology« (1965: 674).

Husserl, Edmund (1962), *Husserliana VI: Die Krisis der europäischen Wissenschaften und die transzendentale Phänomenologie. Eine Einleitung in die phänomenologische Philosophie*, Den Haag: Nijhoff
Husserl, Edmund (1963), *Husserliana I: Cartesianische Meditationen und Pariser Vorträge*, Den Haag: Nijhoff
Husserl, Edmund (1976), *Husserliana III/1: Ideen zu einer reinen Phänomenologie und phänomenologischen Philosophie 1*, Den Haag: Nijhoff
Husserl, Edmund (1989), *Husserliana XXVII: Aufsätze und Vorträge* (1922–1937), Dordrecht: Kluwer
Husserl, Edmund (1994), *Husserliana Dok III/4: Briefwechsel. Die Freiburger Schüler*, Dordrecht: Kluwer
Husserl, Edmund (1994), *Husserliana Dok III/6: Briefwechsel. Philosophenbriefe,* Dordrecht: Kluwer
Kaufmann, Fritz (1928), Die Philosophie des Grafen Paul Yorck von Wartenburgs, *Jahrbuch für Philosophie und phänomenologische Forschung* 9, S. 1–235
Kerckhoven, Guy van (1984), Die Grundsätze von Husserls Konfrontation mit Dilthey im Lichte der geschichtlichen Selbstzeugnisse, in: E. W. Orth (Hg.), *Dilthey und der Wandel des Philosophiebegriffs seit dem 19. Jahrhundert*, Freiburg: Alber, S. 134–177
Kracauer, Siegfried (1922), *Soziologie als Wissenschaft. Eine erkenntnistheoretische Untersuchung*, Dresden: Sibyllen-Verlag
Landgrebe, Ludwig (1928), Wilhelm Diltheys Theorie der Geisteswissenschaften. Analyse ihrer Grundbegriffe, *Jahrbuch für Philosophie und phänomenologische Forschung* 9, S. 237–366
Landgrebe, Ludwig (1967), *Phänomenologie und Geschichte*, Gütersloh: Mohn
Lembeck, Karl-Heinz (1988), *Gegenstand Geschichte. Geschichtswissenschaftstheorie in Husserls Phänomenologie*, Dordrecht: Kluwer
Luckmann, Thomas (1979), Phänomenologie und Soziologie, in: W. M. Sprondel & R. Grathoff (Hg.), *Alfred Schütz und die Idee des Alltags in den Sozialwissenschaften*, Stuttgart: Enke, S. 196–206
Makkreel, Rudolf A. (1991), *Dilthey. Philosoph der Geisteswissenschaften*, Frankfurt a.M.: Suhrkamp
Makkreel, Rudolf A. & John Scanlon (Hg. 1987), *Dilthey and Phenomenology*, Lanham: University Press of America
Metzger, Arnold (1966), *Phänomenologie und Metaphysik. Das Problem des Relativismus und seiner Überwindung*, Pfullingen: Neske
Misch, Clara (Hg. 1933), *Der junge Dilthey. Ein Lebensbild in Briefen und Tagebüchern 1852–1870*, Leipzig: Teubner
Misch, Georg (1967), *Lebensphilosophie und Phänomenologie. Eine Auseinandersetzung der Diltheyschen Richtung mit Heidegger und Husserl*, Stuttgart: Teubner
Orth, Ernst Wolfgang (1978), Husserl, Scheler, Heidegger. Eine Einführung in das Problem der philosophischen Komparatistik, in: Deutsche Gesellschaft für phänomenologische Forschung (Hg.), *Husserl, Scheler, Heidegger in der Sicht neuer Quellen*, Freiburg: Alber, S. 7–27
Orth, Ernst Wolfgang (Hg. 1984), *Dilthey und der Wandel des Philosophiebegriffs seit dem 19. Jahrhundert*, Freiburg: Alber
Orth, Ernst Wolfgang (Hg. 1985), *Dilthey und die Philosophie der Gegenwart*, Freiburg: Alber
Pivčević, Edo (1972), Can there be a phenomenological sociology?, *Sociology* 6, S. 335–349
Pöggeler, Otto (1963), *Der Denkweg Martin Heideggers*, Pfullingen: Neske
Pöggeler, Otto (1989), Die Krise des phänomenologischen Philosophiebegriffs (1929), in: C. Jamme & O. Pöggeler (Hg.), *Phänomenologie im Widerstreit*, Frankfurt a.M.: Suhrkamp, S. 255–278
Pöggeler, Otto (1996), »Eine Epoche gewaltigen Werdens«. Die Freiburger Phänomenologie in ihrer Zeit, in: E. W. Orth (Hg.), *Die Freiburger Phänomenologie*, Freiburg: Alber, S. 9–32
Reckwitz, Andreas (2000), *Die Transformation der Kulturtheorien*, Weilerswist: Velbrück
Ringer, Fritz K. (1987), *Die Gelehrten. Der Niedergang der deutschen Mandarine 1890–1933*, München: Klett-Cotta
Schütz, Alfred (1971), *Gesammelte Aufsätze 1: Das Problem der sozialen Wirklichkeit*, Den Haag: Nijhoff
Schütz, Alfred (2004), *Alfred Schütz Werkausgabe II: Der sinnhafte Aufbau der sozialen Welt. Eine Einleitung in die verstehende Soziologie*, Konstanz: UVK
Srubar, Ilja (1983), Abkehr von der transzendentalen Phänomenologie. Zur philosophischen Position des späten Schütz, in: R. Grathoff & B. Waldenfels (Hg.), *Sozialität und Intersubjektivität*, München: Fink, S. 68–84
Srubar, Ilja (1988), *Kosmion. Die Genese der pragmatischen Lebensweltheorie von Alfred Schütz und ihr anthropologischer Hintergrund*, Frankfurt a.M.: Suhrkamp
Stein, Edith (1980), *Zum Problem der Einfühlung*, München: Kaffke

Ströker, Elisabeth (1985), Systematische Beziehungen der Husserlschen Philosophie zu Dilthey, in: E. W. Orth (Hg.), *Dilthey und die Philosophie der Gegenwart*, München: Alber, S. 63–96

Tiryakian, Edward A. (1965), Existential Phenomenology and the Sociological Tradition, *American Sociological Review* 30, S. 674–688

Joachim Fischer

Tertiarität
Die Sozialtheorie des »Dritten« als Grundlegung der Kultur- und Sozialwissenschaften

Die Überlegungen konzentrieren sich auf einen einzigen Punkt: eine Theorie des »Dritten« oder auf das systematische Gewicht der Figur und Funktion des Dritten. Wenn hier vom Dritten gesprochen wird, ist der Andere – alter ego – bereits mit im Spiel, gemeint ist mit dem Dritten also ein weiterer Anderer – aber in einem theoriedramatischen Sinn: Die Funktionen dieses weiteren Anderen lassen sich nicht auf den ersten Anderen zurückführen, insofern ist er also neben dem Ersten (ego) und dem Anderen (alter) in einem nichttrivialen Sinn *der* Dritte. Zugleich ist hier mit der dritten Figur, die ein Novum gegenüber dem Anderen ist, gemeint, dass ein Vierter oder Fünfter nicht das systematische Gewicht, die weltbildende, transformierende Potenz des Anderen und des Dritten haben. Die Sozialtheorie ist mit der Figur des Dritten oder der dreifachen Kontingenz gleichsam komplett, ab dem Vierten, Fünften wiederholen sich dyadische und triadische Figurationen. Und schließlich ist mit dem Dritten nicht »*das* Dritte« gemeint – also die Sprache, das System, der Geist, der Diskurs – sondern eben *der* Dritte als Figur.

Ich entwickle die Überlegungen entlang von drei Fragen, für die ich jeweils spezifische Antworten vorschlage: I) Wofür ist die Figur des Dritten überhaupt wichtig? Für welches Wissen, welche Ebene des wissenschaftlichen Wissens ist die Berücksichtigung einer dritten Figur relevant? Ich siedle den Dritten in der Sozialtheorie als der Grundlagentheorie der Kultur- und Sozialwissenschaften an; wenn er relevant ist, dann in dieser Basistheorie einer bestimmten Wissenschaftsgruppe. II) Was spricht für den gravierenden Stellenwert des Dritten, welche Argumente lassen sich systematisch anführen, die seine Berücksichtigung nahe legen, ja erzwingen? Ich bringe vier phänomenologisch verfahrende, von einander unterschiedene Argumente, die für das systematische Gewicht des Dritten in der Sozialtheorie sprechen könnten. III) Was ändert sich, was lässt sich anders als bisher begreifen oder beobachten, wenn man den »Dritten« aus den angeführten Argumenten in das reflektierte Wissen systematisch mit einbezieht? Bezogen auf diese Frage verfolge ich die Konsequenzen, die die systematische Berücksichtigung der dritten Figur in der Sozialtheorie, die diese Theorieinnovation für alle Kultur- und Sozialwissenschaften hat, – Konsequenzen, die erstens ihren Gegenstand selbst: die soziokulturelle Welt, wie zweitens das methodische Verhältnis der Kultur- und Sozialwissenschaften zu ihrem Gegenstand betreffen, also sozialontologisch *wie* sozialepistemologische Konsequenzen.

I. Sozialtheorie als Basistheorie aller Kultur- und Sozialwissenschaften

Die adäquate Ebene, um die Relevanz des Dritten zu überlegen und zu reflektieren, ist die Beobachtung der Kultur- und Sozialwissenschaften als eine spezifische Wissenschaftsgruppe, eine spezifische Gruppe von Disziplinen, scharf unterschieden von anderen Wissenschaftsgruppen. Als Konstitutionstheorie dieser Wissenschaftsgruppe fungiert das, was ich Sozialtheorie nenne: Die Sozialtheorie reflektiert in immer neuen Anläufen, 1) was die Verhältnisse *im* spezifischen Gegenstand der Kultur- und Sozialwissenschaften ausmacht und 2) wie das methodische Verhältnis eben dieser Wissenschaft *zum* Gegenstand zu charakterisieren ist. Die erste Dimension kennt man seit dem 19. Jahrhundert unter dem Terminus z. B. der »Anerkennung« oder der »Kommunikation« oder »doppelten Kontingenz« oder der »Alterität« etc., also als charakteristisch behauptete Grundverhältnisse *im* Gegenstand der Kultur- und Sozialwissenschaften – der soziokulturellen Welt – ; die zweite Dimension kennt man – ebenfalls seit dem 19. Jahrhundert, dem Jahrhundert des Aufstiegs der Geistes- und Sozialwissenschaften – unter dem Terminus der Operation des »Verstehens« als der besonderen Zugangsweise der Kultur- und Sozialwissenschaften *zu* ihrem Gegenstand (Schütz 1974 [1932], Habermas 1982).

Die Sozialtheorie reflektiert das Soziale – oder das »Zwischen« – als einen bestimmten Relationstyp, einen Typ von Relationen, den man das Intersubjektive oder auch das Transsubjektive nennen kann. Dieser Relationstypus ist nicht zu verwechseln mit dem Relationstypus des Subjekt-Objekt-Verhältnisses oder dem Relationstypus des Selbstverhältnisses des Subjekts zu sich selbst oder mit dem Relationstypus des Verhältnisses von Objekten untereinander, auch nicht mit dem Relationstypus des Absoluten oder Gott, der als das transzendente Dritte alle anderen Verhältnisse stiftet. Damit kann man festhalten: Dieser von der Sozialtheorie – der Basistheorie der Kultur- und Sozialwissenschaften – herausgearbeitete Relationstypus des »Intersubjektiven« oder »Transsubjektiven« als spezifische (ontologische) Qualität ihres Gegenstandes *und* als spezifische epistemologische Zugangsweise zu ihrem Gegenstand verhilft den Kultur- und Sozialwissenschaften zu ihrer eigenen Wissenschafts- und Forschungsgestalt, die sich prägnant von anderen Wissenschaftsgruppen abgrenzt: von den Naturwissenschaften, insofern in deren Ontologie bezogen auf die »Sache«, den Gegenstand immer das Verhältnis von Objekten zueinander dominiert, erkenntnistheoretisch das Subjekt-Objekt-Verhältnis; von der Philosophie, insofern in ihrer neuzeitlichen Gestalt der Transzendentalphilosophie immer das reflektierende Selbstverhältnis des denkenden Subjekts zu sich selbst dominiert; und von der Theologie, insofern in ihr der Relationstypus des Absoluten oder Gott dominiert, der alle anderen Relationen umschließt.

In diesem Wissensfeld also, der Sozialtheorie als Basistheorie der Kultur- und Sozialwissenschaften, entfaltet sich die Figur und Funktion des Dritten in ihrer Brisanz, kann sie in ihrer Relevanz beobachtet werden. Bevor ich dazu komme, möchte ich noch eine Unterscheidung einführen. Ich unterscheide Sozialtheorie von Gesellschaftstheorie. Sozialtheorie antwortet auf die Frage, was das Soziale – das Zwischen – überhaupt ausmacht, Gesellschaftstheorie auf die Frage: in welcher Gesellschaft leben wir eigentlich – in der modernen oder sind wir nie modern gewesen? Man kann diese Unterscheidung z. B. in der Luhmannschen Systemtheorie bemerken: Das Theorem der »doppelten Kontingenz«, das die Emergenz des »sozialen Systems« überhaupt beschreibt, ist Luhmanns sozialtheoretische Antwort, während das Theorem der funktional ausdifferenzierten Teilsysteme in der Moderne seine gesellschaftstheoretische Antwort ist. Die gesellschaftstheoretische, gegenwartsanalytische Frage ist die Leitfrage der Kultur- und Sozialwissenschaften seit ihrer Ausdifferenzierung als Wissenschaftsgruppe im 19. Jahrhundert. Jede Gesellschaftstheorie setzt aber explizit oder implizit eine Sozialtheorie – also eine Charakteristik des Relationstypus des Sozialen überhaupt – voraus, und die analytische Kraft einer Gesellschaftstheorie ist dabei durchaus abhängig von der Qualität, dem Potential, der minimalen Komplexität des Sozialen, die diese implizite oder explizite Sozialtheorie ausweisen kann.

Um jetzt den Eintritt der Figur des Dritten weiter zu präparieren, lassen sich in der bisherigen Reflexionsgeschichte der Sozialtheorie zwei wirkungsvolle Typen von Grundannahmen über Sozialität unterscheiden: die erste besagt seit Fichte und Hegel in den verschiedenen Varianten, dass das Soziale überhaupt aus der Relation zwischen ego und alter ego entspringe; das wird unter dem schon erwähnten Titel des »Anerkennungsgeschehens« (Fichte 1960 [1796/97], Hegel 1952 [1808]), Honneth 1992) diskutiert, als Ich-Du-Begegnung in der Dialogtheorie (Feuerbach 1975 [1843], Buber 1984), als Sympathie bzw. Empathie (Scheler 1948 [1913], Schloßberger 2005), als Tausch- oder Gabetheorie (Mauss 1978 [1923]), als symbolische Interaktion (Mead 1973 [1934], Joas 1985), als »kommunikatives Handeln« (Habermas 1981), als »doppelte Kontingenz« zwischen ego und alter ego (Luhmann 1984) – kurz als Theorie der »Intersubjektivität« (Husserl 1950 [1932]) oder der Alterität (Levinas 1998 [1963]). Diesen Typus der dyadischen Sozialtheorie – die immer minimal die Figur von Ego und die Figur des Anderen voraussetzt, sich auf das Konstitutionspotential des »Anderen« konzentriert[1] und sich dabei zugleich begnügt, möchte ich unterscheiden von der Denktradition der ›anonymischen‹ Sozialtheorie, in der ein Transsubjektives als das Soziale überhaupt fungiert: es ist seit Durkheim die »soziale Tatsache«, die die Subjekte zwingt, es ist die Sprache, die spricht, es ist das soziale System, das prozessiert und fungiert, es ist der Diskurs, der reguliert und markiert, es ist die Institution, die die Subjekte integriert und verzehrt, es sind die »Verhältnisse«, die das Soziale überhaupt strukturieren. Im Unterschied zur dyadischen Sozialtheorie ist es in diesem anonymischen Typus der Sozialtheorie »*das* Dritte«, das innerweltliche Dritte, in dem sich das Soziale als spezifischer Relationstypus bildet.

Seit dem Anfang des 20. Jahrhunderts taucht an verschiedenen Stellen, in verschiedenen Disziplinen der Kultur- und Sozialwissenschaften die Beobachtung auf, dass die Grundlagentheorie dieser Wissenschaftsgruppe möglicherweise nicht darum herumkommt, neben dem »Anderen« (und damit der Intersubjektivität) und neben dem Transsubjektiven (»das Dritte«) die Figur und Funktion »des Dritten«, des dritten Sozius, des personalen Dritten systematisch mit einzubeziehen. Neben Hinweisen bereits bei frühen Autoren (Smith 1977 [1770]: »spectator«) sind die beiden wichtigsten Autoren in diesem Zusammenhang Simmel und Freud, Simmel mit der Entdeckung des Dritten als Quelle originärer Formen der »Wechselwirkung« (Simmel 1968a [1908]), Freud mit der »ödipalen« Konstellationsanalyse familialer Sozialisationsdramen (Freud 1930 [1916]). Man kann hier von einer entscheidenden Doppelentdeckung sprechen. Bereits bei Theodor Litt in ›Individuum und Gemeinschaft‹ von 1926 liegt der knappe Versuch einer sozialtheoretischen Systematisierung der Drittenfunktion vor (Litt 1926). Später kommen weitere Autoren dazu, die die Figur des Dritten – unter jeweils verschiedenen Einzelaspekten – in den Blick rücken: Sartre (Sartre 1976 [1943], Sartre 1967) und Levinas (Levinas 1998 [1963]) aus interexistentialanalytischen Voraussetzungen, Michel Serres in der Figur des Parasiten und des Hermes (Serres 1980), René Girard in der Figur des Sündenbocks (1988). Neuerdings gibt es in der Philosophie, der Literaturwissenschaft und den Sozialwissenschaften Versuche, diese Impulse systematisch zu durchdenken und auszuschöpfen in Richtung dessen, was ich eine Theorieinnovation in der Sozialtheorie nenne.[2] Die Wende zum Dritten – zum Potential seiner Figur und Funktion – hat etwas mit dem Bewusstwerden der spezifischen kognitiven Kapazität der Kultur- und Sozialwissenschaften und ihrer epistemologischen Autonomie zu tun.

II. Vier Argumente für das systematische Gewicht des Dritten

Ich bin bei der zweiten Frage: Welche Argumente sprechen für das möglicherweise systematische Gewicht des Dritten in der Sozialtheorie? Zur Beantwortung dieser Frage werte ich *phänomenologisch* die bereits vorhandenen Beobachtungen verschiedener Autoren aus und ziehe sie zu vier unterscheidbaren Argumenten zusammen: Das Argument des Systems der Personalpronomen, das Argument der Familiarität oder der ödipalen Triangulierung, das Argument des Überganges von Interaktion zur Institution und das Argument der Typenfülle des Dritten.

1. Argument der elementaren Kommunikationskoordination in jeder Sprache

Das System der sog. Personalpronomen, das in jeder Sprache als Kern bei der Zuordnung der Kommunikationsrollen (Humboldt 1963 [1830–1835], Elias 1978) fungiert, enthält neben den Positionen des »ich«, des »du«, des »es« auch die Positionen des »er« oder »sie«, schließlich

---

1 Die einschlägige Studie zur Sozialontologie des »Anderen«: Theunissen (1977 [1965]).
2 Die frühen Hinweise bei Freud (1976), Hartmann (1981), Giesen (1991), dann Waldenfels (1994), Bauman (1995), Fischer (2000; erweitert 2006a, 2006b), Lindemann (2005), die Überblicksstudien von Bedorf (2003) und Wetzel (2003), vgl. dazu Fischer (2006c).

die Pluralpositionen von »wir«, »ihr« und (plural) »sie«. Wenn man diese Serie von kommunikativen Schlüsselworten oder Weichenstellern phänomenologisch erschließt, dann markiert das Wort »Ich« die personale Stelle von Ego als Sprecher, mit »Du« ist der Angesprochene als ein vergleichbares vernehmungsbegabtes und zugleich anderes »Ich« ausgewiesen, mit »Es« wird auf die »Sache«, den »Gegenstand« verwiesen, die keinen personalen Charakter hat. Im System der Personalpronomen wird nun aber die dritte Stelle differenziert: neben der Sachstelle (»es«) erscheint eine weitere, über ich und du hinausgehende Personalstelle (»er, sie«). Diese dritte Personalstelle »Er/Sie« ist also in der Kommunikation vom kommunizierenden Ich aus gesehen ein »Nicht-Ich« (nicht identisch mit mir), zugleich ein »Nicht-Du« und schließlich ein »Nicht-Es«, weil »er« (oder »sie«) ja auch als personale Qualität – und nicht wie eine Sache – behandelt wird. Die Auszeichnung der dritten Personalstelle kann man einerseits daran erkennen, dass die Denkökonomie der Sprache eine vierte oder fünfte singulare Personenstelle nicht vorsieht; andererseits ist die dritte Personalstelle notwendig, um bestimmte Pluralpositionen im Sprechen zu erreichen: das »Wir« lässt sich dyadisch bilden – aus Ich und Du –, aber das ein Sprecher »ihr« oder »sie« zu zwei anderen sagt, setzt eine dritte Personalstelle voraus. Das dritte Personalpronomen ist also innerhalb der Denkökonomie der Sprache notwendig, aber auch hinreichend, um die formalen Figurationspotentiale des Systems der Personalpronomen auszuschöpfen; das ist ein Argument, den Dritten systematisch in der Sozialtheorie zu berücksichtigen.

2. Argument der Familiarität oder der ödipalen Triangulierung

Das ödipale Argument (Freud, Lacan) besagt, dass die sozialisatorische Subjektwerdung jedes menschlichen emotional-kognitiv sich orientierenden Neuankömmlings nicht ohne Triangulierung, d. h. ohne Gewahrwerden und Inkorporation des Dritten, abgeschlossen werden kann (Oevermann 1979, Allert 1997, Lenz 2003). Den Blick des Anderen (Sartre 1976 [1943]) oder das Antlitz des Anderen (Levinas 1998 [1963]) zu realisieren, ist die bewusstseinsverwandelnde Leistung der dyadischen Intersubjektivität, die sich als Kampf, Tausch, Kooperation, Bindung ausgestaltet; aber eine weitere Drehung des Bewusstseins wird erst möglich, wenn vom Neuankömmling aus der Blick zwischen dem Anderen und dem weiteren Anderen, dem Dritten, realisiert wird (Fivaz-Depeursinge & Corboz-Warnery 2001, Bürgin 1998), ein Blick, aus dem der Beobachter ausgeschlossen ist; diese Basiserfahrung der Exklusion ist die Quelle der Eifersucht und des Neides (Stenner & Stainton-Rogers 1998). Exklusions- und Inklusionserfahrung tauchen erst in der triangulierten Intersubjektivität auf. Zu der Stiftungsfunktion der familialen Triangulierung gehört auch die Erfahrung, den Blick des Dritten zu realisieren, der den Ersten sowohl wie den Anderen beobachtet, der das Unvergleichbare vergleicht, damit die Basiserfahrung von Neutralität, Gleichheit und Austauschbarkeit auslöst. Innerhalb der Familiengeschichten und -romane verschiebt die Phantasie jedes Kindes die dyadische und triadische Intersubjektivität ins Fiktionale, in Mythen und symbolische Formen, die den Aufbau der soziokulturellen Welt durchziehen (Koschorke 2000, Brandt 1991). Die Realisierung einer vierten und fünften Position wiederholt und variiert dyadische und triadische Figurationen. Ödipale Triangulierung jeder Menschwerdung ist ein weiteres Argument, den Dritten systematisch in der Sozialtheorie zu berücksichtigen.

3. Argument des Überganges von Interaktion zur Institution

Das ist das Argument, das am klarsten bei Peter Berger und Thomas Luckmann (Berger & Luckmann 1969) ausgeführt wurde: Die dyadische Intersubjektivität ist notwendig, um Habitualisierung und Typisierung in der Interaktion zu rekonstruieren, aber die dritte Figur ist denknotwendig, um das Phänomen der Institutionalität der soziokulturellen Welt aufzuklären. Zwei, ego und alter ego, machen Regeln und können sie verändern, aber nur durch die Wiederholung dieser Regeln durch einen Dritten lösen sich eben diese Regeln von den involvierten Akteuren (und ihren Perspektiven) ab, und diese Wendung lässt diese Regeln »objektiv« oder »transsubjektiv« werden (man macht das so, man denkt das so) (Sartre 1967, Ruskin 1971). Die Figur des Dritten ist denkökonomisch das missing link zwischen Interaktion von Anwesenden und der Institution, die gleichsam anonym von anderswoher die Regeln vorgibt. Die Beschreibbarkeit der sozio-kulturellen Welt als »symbolischer Ordnung«, in deren Namen die in sie eingelassenen Akteure agieren, als »soziales System«, das von sich aus läuft und Anschlüsse zwischen ihnen herstellt, als »Diskurs«, der von sich aus sie klassifiziert und reguliert, ist durch die Figur und Funktion des Dritten kategorial überhaupt erst erschließbar. Der Dritte als missing link zwischen Interaktion und Institution ist ein weiteres Argument, ihn systematisch in der Sozialtheorie zu berücksichtigen.

4. Argument der Typenfülle des Dritten

Jede sozio-kulturelle Welt kennt bereits eine Fülle von Figuren in Figurationen, die nicht auf dyadische Beziehungen zwischen ego und alter ego zurückgebracht werden können: den neutralen Beobachter (Selman 1983), den Boten (Krippendorf 1994, Krämer 2004), den Übersetzer, den Rivalen, den Vermittler (Walton 1987, Breidenbach 1995), den Richter, den ausgeschlossenen Dritten, den Sündenbock (Scharmann 1959, Girard 1988), den lachenden oder begünstigten Dritten, den Parasiten (Serres 1980), den Koalitionär oder Bündnispartner (Caplow 1956, 1968), das Züngelein an der Waage in der Mehrheitsbildung gegenüber einer Minorität, den Beauftragten (Sofsky & Paris 1994), den Intriganten (Utz 1997, v. Matt 2006), den Fremden (Simmel 1968b [1908], Balke 1992, Waldenfels 1997), den Hybriden (Bhabha 1990, Bachmann-Medick 1998). Dieses Spektrum an Figurationen kann nicht auf Dyaden zurückgeführt werden, sondern nur als Formen indirekter Wechselwirkungen erschlossen werden, die jeweils minimal die dritte Figur voraussetzen; eines Vierten oder Fünften bedarf es nicht, um die jeweilige Figuration zu beschreiben. Vergleichbar nur dem Terminus »Der Andere«, der ein Spektrum verschiedener Beziehungstypen mit »alter ego« bündelt (den Tausch, den Konflikt, die Kooperation, die Liebe, die Freundschaft), lässt sich das genannte Spektrum von Figuren in der Kategorie des »Dritten« zusammenziehen. Der Vierte oder Fünfte bringen keine solche Typenfülle wie der Andere oder der Dritte hervor, so dass sich vermuten lässt, dass in pluralen Konstellationen sich dyadische und triadische Figurationen wiederholen, überkreuzen, vervielfältigen.[3] Diese spezifische Typenfülle des Dritten ist ein weiteres Argument, neben dem Anderen den Dritten systematisch in der Sozialtheorie zu berücksichtigen.

III. Konsequenzen der »Tertiarität« für die Kultur- und Sozialwissenschaften

Wenn überhaupt, so hatte ich am Anfang gesagt, dann ist die Figur und Funktion des Dritten für die Sozialtheorie als Basistheorie der spezifischen Wissenschaftsgruppe der Kultur- und Sozialwissenschaften brisant und relevant. Vier nicht aufeinander rückführbare Argumente lassen sich anführen dafür, dass der Dritte in der Sozialtheorie systematisch berücksichtigt werden sollte. Der Dritte oder »Tertiarität« ist die denknotwendige Ergänzung von Identität und Alterität, einen Schritt über den Anderen hinaus und zugleich ein Schritt zwischen Alterität und Pluralität, zu der die dyadischen Intersubjektivitätstheorien zu rasch übergehen. »Terti-

---

3 Reinhard Brandt hat das – hinsichtlich der Ordnungsmodelle in der europäischen Kulturgeschichte – auf die originelle Formel »1, 2, 3/4« gebracht; die »vierte Größe« muss im Spiel sein, weil – so könnte man interpolieren – sie die Wiederholung und Steigerung der dyadischen und triadischen Figurationen signalisiert (Brandt 1991).

arität« ist auch komplexer als die Differenz von »Alterität« und »Alienität«, auf die der Hype des »Fremden« in den Kultur- und Sozialwissenschaften in den 1990er Jahre die sozialtheoretische Debatte verengte (Turk 1990, Waldenfels 1997). Inwiefern die offene phänomenologische Vergewisserung der Erscheinungsweisen des Dritten sich in einer philosophisch-anthropologischen Theorie begründen lässt, soll hier nicht weiter verfolgt werden.[4] Was lässt sich, so vielmehr die abschließende Frage, in den Kultur- und Sozialwissenschaften anders begreifen, wenn man ihre Basistheorie mit der Figur des Dritten ausstattet?

Ich unterscheide die Konsequenzen in zwei Dimensionen: Ich verfolge die Konsequenzen für die Verhältnisbestimmungen *im* Gegenstand der Kultur- und Sozialwissenschaften, beobachte also eine sozialontologische Raffinierung; und ich verfolge die Konsequenzen für die Bestimmung des Verhältnisses dieser Wissenschaftsgruppe *zu* ihrem Gegenstand, beobachte also auch eine sozialepistemologische Konsequenz.

a) Sozialontologische Konsequenz

Die Einbeziehung des Dritten erlaubt es dieser Wissenschaftsgruppe bei der Bestimmung der Verhältnisse *in* ihrem Gegenstand – der soziokulturellen Welt – einerseits aus der Intersubjektivität heraus die *Institutionalisierung durch den Dritten* zu rekonstruieren, und d. h. die Emergenz der Gesellschaft aus dem Sozialen, und andererseits – oder umgekehrt – die *Institutionalisierung von differenten Drittenfunktionen* in einer sich differenzierenden Gesellschaft zu beobachten.

Das Potential des Dritten erlaubt es zunächst, den unhintergehbaren Doppelaspekt von Interaktion und Institutionalität in der soziokulturellen Welt aufzuklären. Durch diese sozialtheoretische Grundlegung ist es nicht länger notwendig, Handlungstheorien gegen Systemtheorien auszuspielen oder umgekehrt. Die Begegnung von ego und alter ego initialisiert Intersubjektivität, aber nur mit dem Auftauchen des Dritten ereignet sich, was als Institution oder symbolische Ordnung oder Diskurs oder System beschreibbar wird.

Neben diesem Phänomen der Institutionalität durch den Dritten als der Emergenz der Gesellschaft lässt sich diese Gesellschaft nun als Prozess der *Institutionalisierung des Dritten* beschreiben, und zwar als Ausdifferenzierung des Spektrums seiner Funktionen. Die phänomenologische Aufklärung über die Drittenfunktion in der Sozialtheorie löst ein Problem der gängiger Varianten der Gesellschaftstheorie, die mit der Ausstattung einer dyadischen Intersubjektivitätstheorie, die auf die Grundmuster der Kooperation, des Konflikts, der Fürsorge, der Moral, des Konsenses rekurriert, bestimmte Sphären oder Teilsysteme der Gesellschaft nicht adäquat beschreiben kann, nämlich z. B. die des Rechts, der Medien, der Marktökonomie, der Politik. Die moderne Gesellschaft operiert nämlich hinsichtlich der letztgenannten Teilsysteme nicht mit Kommunikationsformen zwischen ego und alter ego, sondern mit wohlunterschiedenen Aspekten der Tertiarität oder mit spezifischen Funktionen des Dritten, gleichsam mit je dreifacher Kontingenz: In den *Medien* stellen die Gesellschaften den Boten und Übersetzer auf Dauer, der zwischen direkt füreinander nicht erreichbaren Abwesenden Nachrichten und Meinungen oder Karikaturen verschiebt (statt unmittelbarer Verständigung der Dyade); in der *marktförmigen* Ausrichtung der Ökonomie institutionalisieren die Gesellschaften den begünstigten Dritten der Konkurrenz zwischen zweien (statt dem bloßen Tausch); im *Recht* stellen sie den schiedsrichternden Dritten systemhaft auf Dauer, wenn das Gericht im Konfliktfall zwischen ego und alter ego für sie entscheidet (statt moralischer Konfliktlösung); und in der *Politik* geht es um Inklusion / Exklusion, den von einer Koalition oder einer Mehrheit (vorübergehend) ausgeschlossenen Dritten (statt Freundschaft oder Konsens). Im *Medizinsystem* stellen

---

4 Zur Rückbindung von »Tertiarität« (oder über die dritte Figur vermittelte »Drittheit« (Peirce 1986 [1867])) an die philosophisch-anthropologische Grundfigur der »exzentrischen Positionalität« (Plessner 1975 [1928]) vgl. Fischer (2000), Krüger (2006), Lindemann (2006).

sie den Arzt als stellvertretenden Dritten auf Dauer, der zwischen Lebenden, also zur sozialen Welt Zugehörigen, und Embryonen und Sterbenden unterscheidet, also noch nicht oder nicht mehr Zugehörigen, den aus der soziokulturellen Welt Exkludierten (Lindemann 2006). Diese skizzenhaften Ausblicke sollen zeigen, dass aus der um den Dritten angereicherten Sozialtheorie heraus die Kultur- und Sozialwissenschaften gesellschaftstheoretisch und forschungsmäßig die Komplexität ihres Gegenstandes besser als bisher erreichen können.

b) Sozialepistemologische Konsequenz

Die Einbeziehung des Dritten in die Sozialtheorie erlaubt es den Kultur- und Sozialwissenschaften aber auch, ihr methodisches Verhältnis *zum* Gegenstand neu zu bestimmen. Die methodische Annäherung dieser Wissenschaftsgruppe an ihren Gegenstand – die soziokulturelle Welt – erfolgt nicht im Relationstypus der Selbstreflexion der denkenden Subjektivität (wie in der transzendental eingestellten Philosophie), nicht in der Subjekt-Objekt-Relation (wie in den Naturwissenschaften) und nicht in der Relation der Offenbarung eines transzendenten, absoluten Dritten (wie in der Theologie). Der methodische Zugang der Kultur- und Sozialwissenschaften zu ihrem Gegenstand folgt dem Modell der – zunächst dyadisch – aufgefassten Intersubjektivität, wenn in der Operation des »Verstehens« das Forschersubjekt einen Zeichenkomplex als sinnhafte Aussage bzw. Ausdruck eines Anderen rekonstruiert. Die systematische Einbeziehung des Dritten verschiebt die Epistemologie vom »Verstehen« zum »Beobachten«, ohne das Verstehen auszuschalten. Unter Einschluss des Dritten ist die methodische Schlüsselbasis der Kultur- und Sozialwissenschaften die »Beobachtung«, und zwar der Beobachtung nicht der eines Objekts (wie in den Naturwissenschaften), sondern die Beobachtung der Verstehensrelation zwischen ego und alter ego. Die Entdeckung in der Kategorie des Dritten ist, dass jede Relation der Intersubjektivität bereits observiert ist, dass sie nur arbeitet und funktioniert als eine weltimmanent observierte Beziehung, durch die Beobachtung von einer immanenten dritten Position aus – die nicht die eines transzendenten Gottes ist (wie in der Theologie). In Anbetracht des polyvalenten Spektrums seiner Funktionen ist der Dritte dabei aber zugleich neutral und involviert, er ist außerhalb und innerhalb der beobachteten Relation, er beobachtet und wählt aus. Deshalb setzen die Kultur- und Sozialwissenschaften als Beobachtungen zweiter Ordnung an. Das ist der springende Punkt, in dem der Dritte epistemologisch zentral für die Kultur- und Sozialwissenschaften ist. Nur wenn sie sein Potential sozialtheoretisch systematisch einführen, können sie epistemologisch sinnvoll sagen, dass sie selbst eine »Selbstbeobachtung und Selbstbeschreibung« der Gesellschaft, der soziokulturellen Welt sind.

Literatur

Allert, Tilman (1997), *Die Familie. Fallstudien zur Unverwüstlichkeit einer Lebensform.* Berlin: de Gruyter

Bachmann-Medick, Doris (1998), Dritter Raum. Annäherungen an ein Medium kultureller Übersetzung und Kartierung, in: C. Breger & T. Döring (Hg.), *Figuren der/des Dritten. Erkundungen kultureller Zwischenräume,* Amsterdam: Rodopi, S. 19–38

Balke, Friedrich (1992), Die Figur des Fremden bei Carl Schmitt und Georg Simmel, *Sociologia Internationalis* 30, S. 35–59

Bauman, Zygmunt (1995), *Postmoderne Ethik,* Hamburg: Hamburger Edition

Bedorf, Thomas, (2003), *Dimensionen des Dritten. Sozialphilosophische Modelle zwischen Ethischem und Politischem,* München: Fink

Berger, Peter L. & Thomas Luckmann (1969), *Die gesellschaftliche Konstruktion der Wirklichkeit. Eine Theorie der Wissenssoziologie,* Frankfurt a. M.: Fischer

Bhabha, Homi K. (1990), The Third Space. Interview with Homi Bhabha, in: J. Rutherford (Hg.), *Identity: Community, Culture, Difference,* London: Lawrence & Wishart, S. 207–222

Brandt, Reinhard (1991), *D'Artegnan und die Urteilskraft. Über ein Ordnungsprinzip der europäischen Kulturgeschichte 1,2,3/4,* Stuttgart: Steiner

Breger, Claudia & Tobias Döring (1998), *Figuren der/des Dritten. Erkundungen kultureller Zwischenräume*, Amsterdam: Rodopi
Breidenbach, Stephan (1995), *Mediation. Struktur, Chancen und Risiken von Vermittlung im Konflikt*, Köln: Schmidt
Buber, Martin (1984), *Das dialogische Prinzip*, Heidelberg: Lambert
Bürgin, Dieter (Hg. 1998), *Triangulierung. Der Übergang zur Elternschaft*, Stuttgart: Schattauer
Caplow, Theodor (1956), A Theory of Coalitions in the Triad, *American Journal of Sociology* 21, S. 489–493
Caplow, Theodor (1968), *Two against one. Coalitions in Triads*, New Jersey: Prentice Hall
Elias, Norbert (1978), Die Fürworterserie als Figurationsmodell, in ders., *Was ist Soziologie?*, München, S. 132–145
Feuerbach, Ludwig (1975 [1843]), *Grundsätze der Philosophie der Zukunft*, in ders., Kritische Ausgabe, hg. v. G. Schmidt, Frankfurt a. M.: Klostermann
Fichte, Johann Gottlieb (1960 [1796/97]), *Grundlage des Naturrechts nach Prinzipien der Wissenschaftslehre*, Hamburg: Meiner
Fischer, Joachim (2000), Der Dritte. Zur Anthropologie der Intersubjektivität, in: W. Eßbach (Hg.), *wir/ihr/sie. Identität und Alterität in Theorie und Methode*, Würzburg: Ergon, S. 103–136
Fischer, Joachim (2006a), Der Dritte/Tertiarität. Zu einer Theorieinnovation in den Kultur- und Sozialwissenschaften, in: H.-P. Krüger & G. Lindemann (Hg.), *Philosophische Anthropologie im 21. Jahrhundert*, Berlin: Akademie-Verlag, S. 146–163
Fischer, Joachim (2006b), Das Medium ist der Bote. Zur Soziologie der Massenmedien aus der Perspektive einer Sozialtheorie des Dritten, in: A. Ziemann (Hg.), *Medien der Gesellschaft – Gesellschaft der Medien*, Konstanz: UVK
Fischer, Joachim (2006c) Der Dritte. Zum Paradigmenwechsel in der Sozialtheorie, *Soziologische Revue* 4, S. 435–442
Fivaz-Depeursinge, Elisabeth & Corboz-Warnery, Antoinette (2001), *Das primäre Dreieck. Vater, Mutter und Kind aus entwicklungstheoretisch-systemischer Sicht*, Heidelberg: Carl Auer
Freud, Sigmund (1930 [1916]), *Vorlesungen zur Einführung in die Psychoanalyse*, Wien: Internationaler Psychoanalytischer Verlag
Freund, Julien (1976), Der Dritte in Simmels Soziologie, in: H. Böhringer & K. Gründer, *Ästhetik und Soziologie um die Jahrhundertwende: Georg Simmel*, Frankfurt a. M.: Klostermann, S. 90–101
Giesen, Bernhard (1991), Die Entdinglichung des Sozialen. Eine evolutionstheoretische Perspektive auf die Postmoderne, Frankfurt a.M.: Suhrkamp
Girard, Rene (1988), *Der Sündenbock*, Zürich: Benziger
Habermas, Jürgen (1982), *Zur Logik der Sozialwissenschaften*, Frankfurt a.M.: Suhrkamp
Habermas, Jürgen (1981), *Theorie des kommunikativen Handelns*. 2 Bde., Frankfurt a. M.: Suhrkamp
Hartmann, Klaus (1981), *Politische Philosophie*, Freiburg: Alber
Hegel, Georg W. F. (1952 [1808]), *Phänomenologie des Geistes*, Hamburg: Meiner
Honneth, Axel (1992), *Kampf um Anerkennung. Zur moralischen Grammatik sozialer Konflikte*, Frankfurt a. M.: Suhrkamp
Honneth, Axel (2003), Von der zerstörerischen Kraft des Dritten. Gadamer und die Intersubjektivitätslehre Heideggers, in ders., *Unsichtbarkeit. Stationen einer Theorie der Intersubjektivität*, Frankfurt a.M.: Suhrkamp, S. 49–70
Humboldt, Wilhelm v. (1963 [1830–1835]), Über die Verschiedenheit des menschlichen Sprachbaues und ihren Einfluss auf die geistige Entwicklung des Menschengeschlechts, in ders., *Werke* in fünf Bänden, hg. v. A. Flitner & K. Giel. Bd. III, Darmstadt: Wissenschaftliche Buchgesellschaft, S. 368–756
Husserl, Edmund (1950 [1932]), *Cartesianische Meditationen und Pariser Vorträge*, hg. u. eingel. v. S. Strasser. Husserliana Bd. 1, Haag: Martinus Nijhoff
Joas, Hans (Hg. 1985), *Das Problem der Intersubjektivität. Neuere Beiträge zum Werk von George Herbert Mead*, Frankfurt a. M.: Suhrkamp
Koschorke, Albrecht (2000), *Die heilige Familie und ihre Folgen. Ein Versuch*, Frankfurt a.M.: Fischer
Krämer, Sybille (2004), Über die Heteronomie der Medien. Grundlinien einer Metaphysik der Medialität im Ausgang einer Reflexion des Boten, *Journal Phänomenologie* 22, S. 18–38
Krippendorf, Klaus (1994), Der verschwundene Bote. Metaphern und Modelle der Kommunikation, in: K. Merten, S. J. Schmidt, & S. Weichsenberg (Hg.), *Die Wirklichkeit der Medien. Eine Einführung in die Kommunikationswissenschaft*, Opladen: Westdeutscher Verlag, S. 79–113
Krüger, Hans-Peter (2006), Die Antwortlichkeit in der exzentrischen Positionalität. Die Drittheit, das

Dritte und die dritte Person als philosophische Minima, in: H.-P. Krüger & G. Lindemann (Hg.), *Philosophische Anthropologie im 21. Jahrhundert*, Berlin: Akademie Verlag, S. 164–186
Lacan, Jacques 1975 [1949], Das Spiegelstadium als Bildner der Ichfunktion, in ders., *Schriften I*, hg. v. N. Haas, Frankfurt a. M.: Suhrkamp, S. 61–70
Lenz, Karl (2003), Familie – Abschied von einem Begriff? Siebte Diskussionseinheit: Hauptartikel – Kritik – Replik, *Erwägen, Wissen, Ethik (EWE)* 14: 3, S. 485– 576
Levinas, Emmanuel (1998 [1963)], Die Spur des Anderen, in ders., *Die Spur des Anderen. Untersuchungen zur Phänomenologie und Sozialphilosophie*, hg. v. W. N. Krewani, Freiburg: Alber, S. 209–235
Lindemann, Gesa (2005), Die dritte Person – das konstitutive Minimum der Sozialtheorie, in: H.-P. Krüger & G. Lindemann (Hg.), *Philosophische Anthropologie im 21. Jahrhundert*, Berlin: Akademie Verlag, S. 146–163
Litt, Theodor (1926), *Individuum und Gemeinschaft. Grundlegung der Kulturphilosophie*, Leipzig: Teubner
Luhmann, Niklas (1981), Konflikt und Recht, in ders., *Ausdifferenzierung des Rechts. Beiträge zur Rechtssoziologie und Rechtstheorie*, Frankfurt a. M.: Suhrkamp S. 92–112
Luhmann, Niklas (1984), *Soziale Systeme. Grundriß einer allgemeinen Theorie*, Frankfurt a. M.: Suhrkamp
Matt, Peter von (2006), *Die Intrige. Theorie und Praxis der Hinterlist*, München: Hanser
Mauss, Marcel (1978 [1923]), Die Gabe. Form und Funktion des Austauschs in archaischen Gesellschaften, in ders., *Soziologie und Anthropologie*, Bd. II., hg. v. W. Lepenies & H. Ritter, Frankfurt a. M.: Ullstein, S. 11–148
Mead, George H. (1973 [1934]), *Geist, Identität und Gesellschaft aus der Sicht des Sozialbehaviourismus*, Frankfurt a. M.: Suhrkamp
Oevermann, Ulrich (1979), Sozialisationstheorie. Ansätze zu einer soziologischen Sozialisationstheorie und ihre Konsequenzen für die allgemeine soziologische Analyse, in. R. König, F. Neidhardt & P. Chr. Ludz (Hg.), *Deutsche Soziologie seit 1945*. Sonderheft der Kölner Zeitschrift für Soziologie und Sozialpsychologie, Opladen, S. 143–168
Peirce, Charles S. (1986 [1867]), Eine neue Liste der Kategorien, in: ders., *Semiotische Schriften*, Bd. 1, hg. v. Ch. Kloesel & H. Pape, Frankfurt a. M.: Suhrkamp
Plessner, Helmuth (1975 [1928]), *Die Stufen des Organischen und der Mensch. Einleitung in die philosophische Anthropologie*, 3. Auflage Berlin: de Gruyter
Ruskin, Michael (1971), Structural and unconscious implications of the dyad and the triad: An essay in theoretical integration. Durkheim, Simmel, Freud, *The Sociological Review* 19, S. 179–201
Sartre, Jean-Paul (1976 [1943]), *Das Sein und das Nichts. Versuch einer phänomenologischen Ontologie*, Hamburg: Rowohlt
Sartre, Jean-Paul (1967), *Kritik der dialektischen Vernunft. Bd. I. Theorie der gesellschaftlichen Praxis*, Hamburg: Rowohlt
Scharmann, Theodor (1959), *Tertius Miserabilis*. Nürnberger Abhandlungen zu den Wirtschafts- und Sozialwissenschaften H. 12. Berlin: Duncker & Humblot
Scheler, Max (1948 [1913]), *Wesen und Formen der Sympathie*, Frankfurt a. M.: Schulte-Bulmke
Schlossberger, Matthias (2005), *Die Erfahrung des Anderen. Gefühle im menschlichen Miteinander*, Berlin: Akademie-Verlag
Schrey, Heinz-Horst (1991), *Dialogisches Denken*, Darmstadt: Wissenschaftliche Buchgesellschaft
Schütz, Alfred (1974 [1932]), *Der sinnhafte Aufbau der Welt. Eine Einleitung in die verstehende Soziologie*, Frankfurt a. M.: Suhrkamp
Selman, Robert L. (1983), Sozial-kognitives Verständnis. Ein Weg zu pädagogischer und klinischer Praxis, in: D. Geulen (Hg.), *Perspektivenübernahme und soziales Handeln. Texte zur sozial-kognitiven Entwicklung*, Frankfurt a. M.: Suhrkamp, S. 223–256
Serres, Michel (1980), *Der Parasit*, Frankfurt a. M.: Insel
Siep, Ludwig (1979), *Anerkennung als Prinzip der praktischen Philosophie. Untersuchungen zu Hegels Jenaer Philosophie des Geistes*, Freiburg: Alber
Simmel, Georg (1968a [1908]), Die quantitative Bestimmtheit der Gruppe, in ders., *Soziologie. Untersuchungen über die Formen der Vergesellschaftung*, Berlin: de Gruyter, S. 32–100, spez. 73–94
Simmel, Georg (1968b [1908]), Exkurs über den Fremden, in ders., *Soziologie. Untersuchungen über die Formen der Vergesellschaftung*. Berlin: de Gruyter. S. 509–512
Smith, Adam (1977 [1770]), *Theorie der ethischen Gefühle*, hg. v. W. Eckstein, Hamburg: Meiner
Sofsky, Wolfgang & Rainer Paris (1994), *Figurationen sozialer Macht. Autorität – Stellvertretung – Koalition*, Frankfurt a. M.: Suhrkamp

Stenner, Paul & Stainton-Rogers, R. (1998), Jealousy as a manifold of divergent understanding: a methodology investigation, *The European Journal of Social Psychology* 28, S. 71–94

Theunissen, Michael (1977 [1965]), *Der Andere. Studien zur Sozialontologie der Gegenwart*, Berlin: de Gruyter

Tietel, Erhard (2003), *Emotion und Enerkennung in Organisationen. Wege zu einer triangulären Organisationskultur*, Münster: Lit-Verlag

Turk, Horst (1990), Alienität und Alterität als Schlüsselbegriffe einer Kultursemantik, *Jahrbuch für Internationale Germanistik* 22.1, S. 8–31

Utz, Richard (1997), *Soziologie der Intrige. Der geheime Streit in der Triade, empirisch untersucht an drei historischen Fällen*, Berlin: Duncker & Humblot

Waldenfels, Bernhard (1994), *Antwortregister*, Frankfurt a. M.: Suhrkamp

Waldenfels, Bernhard (1997), *Topographie des Fremden. Studien zur Phänomenologie des Fremden 1*, Frankfurt a.M.: Suhrkamp

Walton, Richard E. (1987), *Managing Conflict. Interpersonal Dialogue and Third Party Roles*, 2nd Edition, Harvard: Addison-Wesley

Watzlawick, Paul, Janet H. Beavin & Don D. Jackson (1969), *Menschliche Kommunikation. Formen, Störungen, Paradoxien*, Bern: Huber

Wetzel, Dietmar J. (2003), *Diskurse des Politischen. Zwischen Re- und Dekonstruktion*, München: Fink

Ronald Hitzler

Von der Lebenswelt zu den Erlebniswelten
Ein phänomenologischer Weg in soziologische Gegenwartsfragen

1. Die Evidenz der Lebenswelt

»Lebenswelt« ist bekanntlich kein genuin soziologischer, sondern ein phänomenologischer Begriff [1], der von Edmund Husserl (1954) in dessen Spätwerk »Die Krisis der europäischen Wissenschaften und die transzendentale Phänomenologie« als Korrektiv gegen die Reflexionslosigkeit der positivistischen Wissenschaften in die philosophische Grundlagendiskussion eingeführt worden ist. Husserl hat damit eine Art Meta-Wissenschaft begründet, die nicht einfach in den Reigen der anderen Disziplinen integriert werden kann, sondern diesen ein reflexives Fundament liefert (vgl. Husserl 1954, § 73) – und zwar dadurch, dass gegen den naiven Objektivismus wissenschaftlicher Betätigung die »leistende Subjektivität« wiedergewonnen wurde: durch eine systematische, methodisch kontrollierte Rückbesinnung auf die Lebenswelt als der allen Deutungen vorausliegenden Welt, wie sie dem Bewusstsein des erlebenden Subjekts gegeben und vorgegeben ist.[2] Die Lebenswelt ist also ein egologisches Gebilde. In ihren konkreten Ausformungen ist sie in milliardenfacher Vielfalt den jeweiligen Subjekten zugeordnet als deren je einzig wirkliche Welt. Diese Variationen bauen sich auf aus allgemeinen, unwandelbaren Grundstrukturen, dem »Reich ursprünglicher Evidenzen«, dem Apriori der Geschichte.

Alfred Schütz hat diese Idee Husserls aufgenommen und versucht, die allgemeinsten Wesensmerkmale bzw. eben die Grundstrukturen der Lebenswelt zu beschreiben (vgl. Schütz 2003 und v. a. Schütz & Luckmann 2003): Die Grundstrukturen der Lebenswelt sind jedem Menschen zu jeder Zeit und an jedem Ort gegeben. Auf der Basis dieser invarianten Vor-Gegebenheiten erleben sich Menschen in ihren sozio-historisch variablen Lebenswelten. D. h., prinzipiell erlebt sich zwar jeder Mensch in seiner besonderen, im strengen Sinne *einmaligen* Lebenswelt. Gleichwohl scheinen die je individuell konkreten Lebenswelten nur *relativ* verschieden zu sein. Denn Menschen greifen zur Bewältigung ihrer Existenz-Probleme typischerweise auf typisches Wissen in typischer Art und Weise zurück und verarbeiten es zu typischen Orientierungsmustern und Deutungsschemata. Sie stimmen in interaktiven und kommunikativen Prozessen ihre Lebenswelten aufeinander ab, und sie konstituieren sie *alltäglich* unter der Generalthese der Reziprozität der Perspektiven (hellwacher, normaler Erwachsener). Mit zunehmender zeitlicher, räumlicher und sozialer Entfernung nehmen, sehr allgemein gesprochen, auch die Ähnlichkeiten, die Gemeinsamkeiten der konkreten Lebenswelten ab. Mit *allen* Menschen teilt der *eine* Mensch schließlich nur noch die unveränderlichen *Grundstrukturen* der Lebenswelt (vgl. dazu auch Hitzler & Eberle 2000).

Schütz will nun auf dem Wege kontrollierter Abstraktion zu den fundierenden Schichten von Bewusstseinsprozessen vordringen und so eben die invarianten Strukturen subjektiver Konstitutionsleistungen aufdecken. Laut Thomas Luckmann (1980a) impliziert dieses Projekt den Anspruch, eine Universalmatrix für die Sozialwissenschaften bereitzustellen, die der Grundannahme Rechnung trägt, dass alle gesellschaftlich konstruierte Wirklichkeit aufruht auf der subjektiven Orientierung in der Welt und dem sinnhaften Aufbau der sozialen Welt. Mithin ist

---

1 Und er ist, wie Aron Gurwitsch in einem Brief an Schütz bemerkt hat, auch als »polemischer Begriff« intendiert gewesen (vgl. Schütz & Gurwitsch 1985: 358–362).
2 Andererseits aber schließt die Lebenswelt auch die »*theoretische* Praxis« der Wissenschaften in sich ein: als einer historisch späten Form menschlichen Handelns (vgl. Husserl 1954, passim; vgl. auch Walter Biemels Einleitung zur »Krisis«-Schrift).

die Mundanphänomenologie von Schütz – und in der Nachfolge von Schütz –, die sich um die Aufdeckung der invarianten Strukturen der Lebenswelt bemüht, Arbeit an einer Formalsprache, in der sich bzw. mit der sich alle sozialwissenschaftlichen Daten ›abbilden‹ lassen. D. h., Mundanphänomenologie ist kein soziologischer Ansatz, sondern eine *proto*-soziologische Unternehmung, die der eigentlichen soziologischen Arbeit zugrunde liegt (vgl. dazu Luckmann 1993, Eberle 2000a, Knoblauch 1996a sowie Hitzler & Honer 1984). Peter Berger und Hansfried Kellner (1984: 69) weisen darauf hin,»dass diese Ebene der *conditio humana* sehr abstrakt ist. Sie transzendiert Zeit und Raum und bringt daher die historisch konkreten Bedeutungssysteme in ihrer Relativität nicht zum Ausdruck.«

Die m. E. unmittelbar einleuchtende Relevanz des phänomenologischen Lebenswelt-Konzepts für das Betreiben von Soziologie (vgl. Luckmann 2002a, Hitzler 2005) besteht gleichwohl darin, dass es eine erkenntnistheoretische Basis für das *Thomas-Theorem* abgibt, dem zufolge eine Situation eben erst definiert werden muss, bevor sie sich auf das Handeln des Akteurs auswirkt (vgl. Thomas 1965: 114; vgl. dazu z. B. auch Esser 2004, Hitzler 1999): Maßgeblich für unsere Situationsdefinition ist nicht ein ›objektiver‹ Sachverhalt, sondern unser *Erleben*. Das Erleben geschieht in Situationen, zugleich aber konstituieren Situationen sich im Erleben. Als »Situation« bezeichnet Jean Paul Sartre (1991) deshalb das in Beziehung auf die Verwirklichung eines Entwurfs dem Bewusstsein als Gegebenheit erscheinende Sein. Strukturell verstanden ist Situation also, worauf Bewusstsein sich als Widerständigem bezieht: Mein *aktueller* Platz, meine *aktualisierte* Vergangenheit, mein Körper *jetzt*, meine *jetzt* erlebte Umgebung, mein *aktuelles* Wissen um meinen Tod und – in unserem Zusammenhang von besonderem Interesse – auch mein ›Nächster‹ bzw. in der – weniger pathetischen – Terminologie von Schütz & Luckmann (2003: 98ff): mein (als solcher per Definition *gegenwärtiger*) Mitmensch (und andere *jetzt* für mich relevante Zeitgenossen).[3]

Phänomenologisch gesprochen ist »Situation« also die je aktuelle Gesamtheit dessen, was dem erlebenden Subjekt in der intentionalen Zuwendung zur Welt gegeben ist. Die Situation stellt uns, mit Erving Goffman (1977: 16) formuliert, unausweichlich vor die Frage:»Was geht hier eigentlich vor?«[4] Das aber impliziert, dass es in unserer Alltagswelt keine »brute facts« gibt, sondern ›nur‹ Bedeutungen. Es geht (nicht nur, aber besonders unzweifelhaft) für eine *auf Phänomenologie rekurrierende* Soziologie[5] deshalb wesentlich darum, zu verstehen, wie Bedeutungen entstehen und fortbestehen, wann und warum sie »objektiv« genannt werden können, und wie sich Menschen die gesellschaftlich objektivierten Bedeutungen wiederum deutend aneignen, daraus ihre je subjektiven Sinnhaftigkeiten herausbrechen – und dadurch wiederum an der Konstruktion der objektiven Wirklichkeit mitwirken (vgl. dazu Berger & Luckmann 1969). Denn auch wenn das, was wir individuell wissen, empirisch vor allem aus dem aufgebaut wird, was gesellschaftlich an Wissen verfügbar ist, so setzt sich andererseits logisch doch der soziale Wissensvorrat aus – vergangenen und gegenwärtigen – subjektiven Bewusstseinsleistungen zusammen. Individuelle Erfahrungen, die sich lebenspraktisch

---

3 »Sozial« wäre eine Situation demnach, phänomenologisch genau, dann zu nennen, wenn der Handelnde sie als »ein alter ego einschließend« definiert. Entsprechend ist in einer als »sozial« definierten Situation konsequenterweise *jedes* Handeln ein soziales Handeln (vgl. Schütz & Luckmann 2003: 541ff). – Damit ist aber das Problem der *Konstitution* von alter ego selbstverständlich noch nicht geklärt (vgl. dazu Schütz 2005a und 2005b; vgl. auch Kurt 2002).

4 Goffman fragt in einem ganz (existenzial-)phänomenologischen Sinn danach, wie unsere Situationserfahrungen strukturiert sind bzw. wie wir sie organisieren, um auf dieser Basis die soziologische Frage stellen zu können, wie Menschen in sozialen Situationen handeln und sich verständlich machen, wie sie ihr Handeln und ihre Handlungen wechselseitig wahrnehmen und wie sie sie aufeinander abstimmen; kurz: welche Interaktionsordnungen sich im gesellschaftlichen Leben erkennen lassen.

5 Phänomenologisch sind Maurice Natanson (vgl. 1963: 273) zufolge alle Theorien zu nennen, die soziale Handlungen vom Bewußtsein und von der subjektiven Bedeutung her zu erfassen suchen.

bewähren, werden über Sozialisationsprozesse an Andere vermittelt und verfestigen sich in komplizierten gesellschaftlichen Konstruktionsprozessen allmählich zu (einer hinlänglich konsensuellen Sicht von) Wirklichkeit (vgl. Honer 1999).

2. Das Selbst-Bewusstsein des modernen Menschen

Zumindest in modernen Gesellschaften treten Objektivationen der Wirklichkeit, korrelierend in der Regel mit sozialen Ungleichheiten, in sozial differenzierten ›Versionen‹ auf – was sich z. B. in divergenten Sprach- und Sprechmilieus manifestiert.[6] Dementsprechend sind die Relevanzstrukturen verschiedener Gesellschaftsmitglieder nur noch sehr bedingt und *ceteris paribus* die gleichen. Hinzu kommt, dass sich im Zusammenhang mit der fortschreitenden Arbeitsteilung die Proportionen der allgemein bekannten Bedeutungen und die der jeweils ›nur‹ von Experten gewussten Sachverhalte zueinander verschieben: Die Sonderwissensbestände nehmen zu, werden immer stärker spezialisiert und entfernen sich zunehmend vom Allgemeinwissen. Daraus folgt, dass sich die Zusammenhänge auflösen zwischen dem, was jedermann weiß, und dem, was eben nur relativ wenige wissen (vgl. dazu auch Hitzler, Honer & Maeder 1994, Pfadenhauer 2003). Wenn nun aber, wie Schütz & Luckmann (2003: 427) schreiben, »im Grenzfall, der Bereich des gemeinsamen Wissens und der gemeinsamen Relevanzen unter einen kritischen Punkt zusammenschrumpft, ist Kommunikation innerhalb der Gesellschaft kaum noch möglich. Es bilden sich ›Gesellschaften innerhalb der Gesellschaft‹ heraus.«[7]

Diese »Gesellschaften«, genauer: diese mannigfaltigen Gesellungsgebilde, sind typischerweise durch eine relativ geringe Kohäsionskraft gekennzeichnet. D. h., die Zugehörigkeit zu ihnen ist nur in seltenen Fällen und nur für relativ wenige ihrer ›Mitglieder‹ dauerhaft verlässlich. Selbst die *tradierten* Formen von Berger und Luckmann (1995) so genannter »intermediärer Institutionen«, wie Familie, Nachbarschaft, Gemeinde, Betrieb usw., sind typischerweise nicht mehr einfach biographiewährend ›da‹, sondern müssen von ihren Interessenten und Protagonisten eher gewählt, hergestellt und (oft mühsam) ›gemanaged‹ werden – und bieten somit kaum noch zeitstabile Sicherheiten.

Unter den Bedingungen von Modernisierungsprozessen werden die engen Verbindungen zwischen sozialen Lagen und individuellen Handlungsorientierungen also zunehmend gelockert, und kulturelle Milieus verlieren ihre prägende Kraft für das Handeln individueller Akteure (vgl. Beck 1994). Anstelle des eindeutigen Drucks klar bestimmbarer Normen und Rollenanforderungen entsteht ein Netz sich vielfach überkreuzender und sich gegenseitig destabilisierender Bindungen und Verbindlichkeiten, welches zunehmend größere Freiräume für individuelle Entscheidungen schafft. Diese mit vielfältigen Modernisierungsprozessen einhergehenden Individualisierungseffekte, die den Gesellschaftsmitgliedern zunehmend die Verantwortung (und die Last) zuweisen,

---

6 Die Verwendung von Sprache, das Sprechen, ist zwar nur eine, aber eben die pragmatisch bei weitem wichtigste Form kommunikativen Handelns (vgl. dazu Luckmann, z. B. 1989 und 2002b; siehe dazu vor allem auch die nicht nachlassenden Bemühungen insbesondere von Hubert Knoblauch, z. B. 1995, 1996b, 2001 und 2005, v. a. 167–201, die *kommunikative* Konstruktion von Wirklichkeit bzw. das *kommunikative* Handeln zu beschreiben und zu analysieren). Von *kommunikativem* Handeln sprechen wir dann, wenn sich die Um-zu- und Weil-Motive von Interagierenden wechselseitig verschränken. Kommunikatives Handeln ist also, sehr vereinfacht gesprochen, eine Handlungskette, in der das Um-zu-Motiv des Einen zum Weil-Motiv des Anderen wird und das Um-zu-Motiv des Anderen wiederum zum Weil-Motiv des Einen, und so weiter. Kommunikatives Handeln findet statt unter Verwendung von Zeichen, also von intersubjektiv gültigen, normalerweise sozial objektivierten Bedeutungsträgern (vgl. auch Luckmann 1980b).

7 Wie es scheint, hängt die Verschiedenheit der Lebenswelten also wesentlich damit zusammen, dass Menschen an unterschiedlichen sozialen Wissensvorräten partizipieren (vgl. Hitzler 2006a).

eigene Handlungsoptionen zu entwickeln, brechen somit die mit Schicht- und Milieudifferenzierungen einhergehenden eindeutigen Handlungsorientierungen zunehmend auf. Wo die herkömmlichen ›Gussformen‹ sozialen Handelns dergestalt ihre Stabilität verlieren, wird folglich die *Beschränktheit* konventioneller soziologischer Versuche deutlich, individuelles Handeln im Rekurs auf strukturelle Bedingungen bzw. soziale Lagen und ähnliches zu erklären.

(Zumindest) die besonderen historischen Bedingungen der fortgeschrittenen Moderne lassen die methodologischen und theoretischen Defizite einer (im weitesten Sinne) struktural(istisch)en und/oder funktionalistischen Soziologie deutlich zutage treten: Ihr ohnehin *begrenztes* Potential zur Erklärung sozialen Handelns hat auf einer historisch besonderen Situation einer Gesellschaft beruht, die weit mehr als nur *marginale* Rest-Elemente *ständischer* Ordnungen beinhaltet hat. Die Auflösung stabiler Rollen- und Handlungsmuster unter den Bedingungen von Modernisierungsprozessen macht demgegenüber zwischenzeitlich mehr als deutlich, »dass die vormaligen Struktur- und Rollenerklärungen immer schon nur ein Spezialfall einer sehr viel allgemeineren Erklärungsweise gewesen sind« (Esser 1991: 65).[8]

Pointiert ausgedrückt: Unter den ›gegebenen Umständen‹ macht nur noch sein Selbst, das der moderne Mensch symptomatischerweise als sein ureigenstes Konstrukt ansieht (wenngleich nicht unbedingt auch als in seiner ureigenten *Verantwortung* stehend), den Einzelnen transsituativ fassbar und somit sozial erträglich, weil hinlänglich typisch verstehbar (vgl. dazu auch Luckmann 1980c). Im identifizierten Selbst und als identifizierbares Selbst ist die potentiell subversive Asozialität des Subjekts gleichsam befriedet (vgl. dazu Hitzler 1991 und 2006). Befriedung wiederum korrespondiert mit positiven sozialen Sanktionen und also auch mit subjektiver Befriedigung. Das wiederum plausibilisiert, warum das in der Moderne institutionell sozusagen ›freigesetzte‹ Individuum typischerweise ständig an Strategien der Selbstpräsentation bastelt, die es befähigen, sich als Träger dessen auszuweisen, was Robert Musil (1972) »Eigenschaften« genannt hat (vgl. dazu auch Berger 1988); sich also selbst ding-fest zu machen dadurch, dass es beständig sich selbst bzw. sein Selbst sucht hinter all den Gesichtern, die es anderen zeigt (vgl. Goffman 1969, dazu auch Soeffner 2004).

Institutionalisiert ist diese quasi-fatale Suche nach der eigenen Identität als latente Selbst-Verpflichtung, unter den nachgerade allgegenwärtigen Sinn-Angeboten gleichsam wie unter Konsumartikeln zu wählen. D. h. also: Gerade weil *keine* soziale Instanz Sinn *verbindlich* setzt bzw. zu setzen vermag, eröffnet sich eine tendenziell unbegrenzte Sinn-Vielfalt, verbunden mit der zumindest abstrakten Option individueller Auswahl (vgl. dazu Gross 1994, Hitzler 2005a). Und je weniger es an *verbindlichen* Gewissheiten zu finden gibt, um so heftiger wird eben die je individuelle Suche nach sich selber: Immer neue Schübe struktureller Freisetzungen von milieuhaft tradierten Interpretationsschemata korrelieren mit immer neuen, kaleidoskopartigen Umordnungen und Re-Arrangements jener Stoffe sozial vorrätigen Wissens, aus denen der unsere Gegenwartskultur prägende Sinn-Diskurs sich zusammensetzt.

---

8 Naheliegenderweise folge ich ohne Vorbehalte Hartmut Essers Auffassung, dass soziologische Ansätze, die soziale Tatbestände als unabhängig von den Sichtweisen der Akteure behandeln, (zumindest) obsolet sind, und dass soziologische Erklärungen beim *individuellen Handeln* ansetzen müssen. Denn mit Beck und Beck-Gernsheim (1990: 12f) gesprochen: »Die Anteile der prinzipiell entscheidungsverschlossenen Lebensmöglichkeiten nehmen ab, und die Anteile der entscheidungsoffenen, selbst herzustellenden Biographie nehmen zu.« Und »diesem zugleich freigesetzten und vereinzelten Individuum stehen«, so Jürgen Habermas (1988: 238), »keine anderen Kriterien zur Verfügung als die je eigenen Präferenzen.« – Allerdings impliziert der von Esser propagierte Ansatz, dessen »Hauptvorzug«, wie er selber (z. B. 2004a) schreibt, vor allem darin liegt, dass die Flexibilisierung der Welt in den *Randbedingungen* und *nicht* im theoretischen Kern der nomologischen Hypothese stattfindet, dass Esser letztlich gar nicht an einer Theorie des sinnhaften Handelns interessiert ist, sondern eben an einer Theorie des erklärbaren Verhaltens (vgl. dazu Eberle 2000a und Endreß 2006).

Sinngebung ist in der Moderne dergestalt längst zu einer privaten Angelegenheit des Einzelnen geworden. Dies bedeutet jedoch keineswegs, dass normale Menschen normalerweise den Sinn ihres jeweiligen Tuns oder Lassens selbst erfinden müssten bzw. würden. Es heißt vielmehr, dass der Einzelne permanent unter einer Vielzahl thematisch je begrenzter Weltdeutungsschemata mehr oder minder frei wählen kann bzw. wählen muss (vgl. Luckmann 1992, Berger 2006, Gross 2007). Zwar gibt es nach wie vor überkommene und auch immer wieder ›neue‹ bzw. neu kompilierte Deutungs- und Glaubensangebote, die den Anspruch symbolischer *General*-Erklärungen erheben (vgl. Knoblauch, z. B. 1989, 1997a und 2001a, Schnettler 2004, Hitzler & Pfadenhauer 2007), aber sowohl die Konversion in eine solche Meta-Sinnwelt, als auch die Frage der Applizierbarkeit dort bereitgestellter Bewältigungsrezepte auf je eigene Lebenssituationen verbleiben als Entschluss und Überzeugung beim Einzelnen – und sind ohnehin schon für den jeweils Nächsten keineswegs mehr verbindlich.

Keines der bereitstehenden Weltdeutungsangebote kann also (noch) *allgemeine* soziale Verbindlichkeit beanspruchen. In jeder der vielen und vielfältigen Sinnwelten herrschen eigene Regeln und Routinen, mit prinzipiell auf die jeweiligen Belange beschränkter Geltung. Sinn steht also sehr wohl bereit. Zerbrochen hingegen ist die in vormodernen Gesellschaften normale, umgreifende kulturelle Dauerorientierung, und das Individuum muss sich notgedrungen an je spezifischen Bezugsgruppen bzw. besser Bezugssystemen orientieren, die somit hinsichtlich ihres Wissens- und Bedeutungsaspektes wie Sinnprovinzen *seiner* Lebenswelt erscheinen.

3. Die kulturellen Erlebniswelten der Existenz-Bastler

Diese Deutung zumindest der Lebenswelt des in Modernisierungsprozessen *individualisierten* Menschen als einem Insgesamt von Sinnprovinzen bzw. von (Sub-)Sinnwelten (vgl. Hitzler & Pfadenhauer 2004) korrespondiert partiell mit der Auffassung von Werner Marx (1987), dem zufolge die Lebenswelt als ein Pluriversum von teils klar konturierten, teils unbestimmten Sonderwelten zu begreifen ist.[9] Wir sprechen – im Anschluss an Benita Luckmann (1978) – aus verschiedenen Gründen allerdings eher von »*kleinen Lebens-Welten*« (vgl. Hitzler & Honer, bereits 1984 und 1988) und meinen damit zunächst einmal sinnhafte Ausschnitte der Lebenswelt (vgl. dazu Saerberg 2006). Und manche dieser sinnhaften Ausschnitte aus dem Insgesamt des subjektiven Erlebens erscheinen als im Bewusstseinsstrom nun nicht nur ›irgendwie besondert‹, sondern als »außergewöhnlich« aus diesem herausgehoben (vgl. dazu Schütz 2004, v. a. 139–218). Diese Bewusstseinsenklaven bezeichnen wir als »*Erlebniswelten*«.

Diese Erlebniswelten betreten wir manchmal durch schlichtes Einschlafen (und bewohnen dann die Traumwelt). Manchmal betreten wir sie durch Phantasieren. Und sehr oft werden wir durch Kommunikationsangebote (z. B. Klatsch und Tratsch) oder durch zufällige äußere Reize in sie hineingelockt – oder auch hineingezwungen (vgl. Schütz 2003a, 2003b, Schütz & Luckmann 2003: 54–68 und 589–633). Insbesondere in Gesellschaften wie der unseren stehen kulturell aber auch mannigfaltige ›Vehikel‹ zum *Konsum* bereit, die dezidiert dazu dienen, uns in außergewöhnliche Bewusstseinsenklaven, in Erlebniswelten zu befördern: z. B. legalisierte und nicht-legalisierte Drogen; z. B. technische Medien wie Bücher, Radio, Fernsehen, Filme, Internet usw.; aber eben auch soziale Veranstaltungen wie Online-Games, Kinos, Spielhallen, Nachtclubs, Gottesdienste, Kunstausstellungen, Sportwettkämpfe, Modeschauen, Volksfeste und dergleichen mehr.[10]

---

9 Marx geht es dabei vor allem darum, dass Husserl (vgl. 1954: 459–462) die Lebenswelt von den Sonderwelten dadurch unterscheide, dass erstere vorgegeben und *nicht* absichtsvoll konstituiert sei, während letztere auf etwelche Zwecke ausgerichtet seien (z. B. Welt des Berufstätigen, des Familienmitgliedes, des Bürgers usw.).

10 Für eine Diskussion des Problems der Universalität bzw. der Kulturbedingtheit der ›Sinnprovinzen‹ und mithin des Verhältnisses von Transzendenzerfahrung und Kultur vgl. auch Schnettler (2004: 33ff).

Angeboten, und das heißt hier in der Regel: feilgeboten wird dabei das Versprechen auf etwas, was sich also genau genommen gar nicht intersubjektiv vermitteln lässt, sondern was sich lediglich in subjektiven Bewusstseinsleistungen konstituiert: Feilgeboten wird das Versprechen auf – warum auch immer – gewünschte außergewöhnliche Erlebnisse. Und zur (drastischen) Erhöhung der statistischen Wahrscheinlichkeit des tatsächlichen Eintritts der gewünschten außergewöhnlichen Erlebnisse werden eben entsprechend geeignet erscheinende Vorkehrungen getroffen (vgl. dazu Pfadenhauer 2000 und 2007). Prinzipiell bezeichnen wir nun *alle* außergewöhnlichen Bewusstseinsenklaven, die vom sie erlebenden Subjekt so gedeutet werden, dass ihre ›Rahmenbedingungen‹ *von anderen* mit der Intention vorproduziert und/oder bereitgestellt seien, zumindest auch vom erlebenden Subjekt benutzt, also (im weitesten Sinne) konsumiert zu werden, als *kulturelle* Erlebniswelten (vgl. Hitzler 2000).

Kulturelle Erlebniswelten verweisen mithin auf den *sozialen* Aspekt sogenannter kleiner Lebens-Welten: Kleine soziale Lebens-Welten sind in sich strukturierte Fragmente der Lebenswelt, innerhalb derer Erfahrungen in Relation zu je speziellen, verbindlich bereitgestellten intersubjektiven Wissensvorräten statt haben. Kleine soziale Lebens-Welten implizieren subjektives Erleben der Wirklichkeit in Teil- bzw. Teilzeit-Kulturen. »Klein« sind solche Welten also nicht etwa deshalb, weil sie grundsätzlich nur kleine Räume beträfen oder nur aus wenigen Mitgliedern bestünden. »Klein« nennen wir sie vielmehr deshalb, weil in ihnen die Komplexität *möglicher* Relevanzen reduziert sind auf *bestimmte* Relevanzhierarchien und -systeme. Und »sozial« nennen wir kleine soziale Lebens-Welten deshalb, weil diese Relevanzsysteme jeweils intersubjektiv verbindlich sind für gelingende Partizipationen (empirisch dazu u. v. a. z. B. Knoblauch 1997, Honer 1985 und 1994, Hitzler 1993, Hitzler & Pfadenhauer 1998). Anders ausgedrückt: Unter kleinen sozialen Lebens-Welten verstehen wir: von anderen vordefinierte und in ihrer ›Zwecksetzung‹ intersubjektiv gültig gemachte Ausschnitte aus der *alltäglichen* Lebenswelt, die subjektiv als Zeit-Räume der Teilhabe an je besonderen Sinnsystemen erfahren und im Tages- und Lebenslauf aufgesucht, durchschritten oder auch nur gestreift werden. Kleine soziale Lebens-Welten reihen sich im Bewusstseinsstrom aneinander. Sie strukturieren die *erlebte* Zeit und koordinieren sie – unter Rückgriff auf physikalische Zeiteinteilungen – mit der kommunikativ konstruierten sozialen Zeit (vgl. Luckmann 2002c, Hitzler 1987). Kleine soziale Lebens-Welten sind mithin Teilzeit-Perspektiven im Insgesamt subjektiver Welterfahrungen in der Moderne. Sie lassen sich auch verstehen als durch Interpretation eigener Lebensplanung motivierte, thematisch begrenzte Relevanzsysteme sozialen Handelns. D. h., die kleine soziale Lebens-Welt eines wie auch immer identifizierbaren sozialen Typus ist die Welt, wie *er* sie typischerweise erlebt bzw. die Welt, wenn wir sie aus der Perspektive dieses Typs unter Zugrundelegung *seines* Relevanzsystems betrachten.

Die Lebenswelt des modernen Menschen setzt sich – nicht nur, aber wesentlich und symptomatischerweise – zusammen aus mannigfaltigen derartigen kleinen sozialen Lebens-Welten, innerhalb derer er mit jeweils verschiedenen anderen vielfältige ›Zwecke‹ bzw. ›Interessen‹ verfolgt. Denn der moderne Mensch lebt typischerweise nicht – zumindest nicht nur – in *einer* (massenkulturell nivellierten) Welt, sondern in einer Vielzahl teilzeitlicher Sinnwelten. Jedenfalls reicht der Begriff der »Massenkultur« keinesfalls hin, um die erlebte soziale Wirklichkeit und die sie prägenden Ausdrucks- und Bedeutungsschemata zu beschreiben (vgl. dazu auch Soeffner 1988). Vielmehr entfalten sich jenseits der technokratisch und bürokratisch bereitgestellten »Kultur für alle« eben mannigfaltige und ausgesprochen *heterogene* kulturelle Erlebniswelten. Und der Mensch ›unserer Zeit‹ *bastelt* sein Zusammenleben mit anderen zusammen aus Partizipationen an vielerlei solcher ›sozio-kultureller‹ Teilzeit-Aktivitäten (vgl. Hitzler & Honer 1994). Deren je als »gelingend« approbierte Problemlösungsmuster stellen allerdings, wie bereits angedeutet, typischerweise *keinen* Generalplan für die Bewältigung seiner individuellen Gesamtbiographie bereit – auch wenn die ideologischen Experten, die expliziten und impliziten Sinnlieferanten vieler Zweckformationen und Interessengruppierungen, einen solchen Anspruch artikulieren und in unterschiedlichster Weise die Transformation des vereinzelten Einzelnen in irgendeine Form von »Gruppenseligkeit« propagieren (Bahrdt 1980, vgl. dazu auch Gebhardt 1996). Gleichwohl lassen sich, trotz aller biographisch bedingten Divergenzen und Differenzen, in kleinen sozialen Lebens-Welten anscheinend immer wieder hinlängliche Gemeinsamkeiten finden, um das zu bewirken, was (auch) Max Weber mit »Vergemeinschaftung« gemeint hat.[11]

Phänomenologisch gesprochen, d. h. also: die je subjektive Perspektive des sich vergemeinschaftenden Individuums strukturell rekonstruierend, erscheint Vergemeinschaftung mithin schlicht als Entwicklung eines – als idealer weise als reziprok unterstellten – ›gefühligen‹ Wir-Bewusstseins. D. h., das Verhältnis zu einem, zu mehreren, zu vielen anderen konstituiert sich im Akt der Vergemeinschaftung zumindest in – emotionshaltiger – Abgrenzung zu einem, zu mehreren oder zu vielen ›Dritten‹, ja zugespitzt: in Ausgrenzung dieses oder dieser ›Dritten‹ aus der Wir-Beziehung. Die ›Dritten‹, das kann auch die Gesellschaft schlechthin sein, in der das Individuum lebt und die es erlebt als eine Art Dickicht relativ undurchschaubarer, ja teilweise unerklärlicher sozialer Umstände und Gegebenheiten: Denn die moderne Gesellschaft scheint dem Individuum vielerlei Verhaltensweisen – mitunter fast unumgänglich – aufzuerlegen, scheint es insbesondere in bestimmte, großteils verselbstverständlichte Verkehrsregeln im Umgang mit anderen hineinzuzwingen und ihm, sozusagen im Gegenzug, die Einhaltung der je sozial approbierten Verkehrsregeln durch die anderen Gesellschaftsmitglieder zu garantieren (vgl. dazu Plessner 1981, Gebhardt 1999). Nicht vor und nicht nach, sondern *innerhalb* solcher Vollzugsroutinen moderner Gesellschaftlichkeit also entstehen, sozusagen kontingent, die Bedingungen für das, was wir als »*post*traditionale Vergemeinschaftung« bezeichnen können (vgl. Hitzler 1998) – und zwar eben *nicht* als konstellative soziale Zwangsläufigkeit, sondern infolge der Mutmaßung gemeinsamer, gegenüber anderen spezifizierbarer Interessen. Diese Interessen müssen dem Individuum lediglich gewichtig genug erscheinen, um andere soziale Antagonismen wenigstens vorübergehend in den Hintergrund seines Relevanzsystems treten zu lassen.

In dem Maße, in dem das Wir-Bewusstsein also eine – wie auch immer geartete – gemeinsame *Praxis* (im Sinne Sartres 1967) verspricht, scheint dergestalt die monadische Struktur der individuellen Vergesellschaftung zugunsten einer so verstandenen, sich in mannigfaltigen Formen konkretisierenden Vergemeinschaftung durchbrochen zu sein. Aber nicht nur ist prinzipiell ungewiss, wie, in welchem Umfang und mit welchen Konnotationen dieses Wir-Bewusstsein von dem oder den anderen tatsächlich geteilt wird. Ungewiss ist auch, ob und inwieweit aus einem stattgehabten gemeinsamen Erlebnis tatsächlich irgendeine Form einer gemeinsamen Praxis in der Zukunft resultiert, ob und inwieweit also aus einem konstitutiven Akt der Vergemeinschaftung heraus sich (eine) *Gemeinschaft* stabilisieren kann (vgl. dazu Hitzler, Honer & Pfadenhauer 2008) – oder gar: wie diese konnotiert sein könnte.

Literatur

Bahrdt, Hans-Paul (1980), Gruppenseligkeit und Gruppenideologie, *Merkur* 2, S. 122–136
Beck, Ulrich & Elisabeth Beck-Gernsheim (1990), *Das ganz normale Chaos der Liebe*. Frankfurt a. M.: Suhrkamp
Beck, Ulrich (1994), Jenseits von Stand und Klasse, in: U. Beck & E. Beck-Gernsheim (Hg.), *Riskante Freiheiten*, Frankfurt a. M.: Suhrkamp, S. 43–60
Berger, Peter L. (1988), Robert Musil und die Errettung des Ich, *Zeitschrift für Soziologie* 2, S. 132–142
Berger, Peter L. (2006), *Erlösender Glaube?* Berlin: de Gruyter
Berger, Peter L. & Hansfried Kellner (1984), *Für eine neue Soziologie*, Frankfurt a.M: Fischer

---

11 »›Vergemeinschaftung‹ soll eine soziale Beziehung heißen, wenn und soweit die Einstellung des sozialen Handelns – im Einzelfall oder im Durchschnitt oder im reinen Typus – auf subjektiv gefühlter (affektueller oder traditionaler) Zusammengehörigkeit der Beteiligten beruht« (Weber 1972: 21).

Berger, Peter L. & Thomas Luckmann (1969), *Die gesellschaftliche Konstruktion der Wirklichkeit*, Frankfurt a. M.: Fischer
Berger, Peter L. & Thomas Luckmann (1995), *Modernität, Pluralismus und Sinnkrise*, Gütersloh: Bertelsmann Stiftung
Eberle, Thomas S. (2000a), Lebensweltanalyse und Rational Choice, in ders: *Lebensweltanalyse und Handlungstheorie*, Konstanz: UVK, S. 127–221
Eberle, Thomas S. (2000b), Schütz Lebensweltanalyse: Soziologie oder Protosoziologie?, in ders: *Lebensweltanalyse und Handlungstheorie*, Konstanz: UVK, S. 55–79
Endreß, Martin (2006), Zwischen den Stühlen, in: R. Greshoff & U. Schimank (Hg.), *Integrative Sozialtheorie?* Wiesbaden: VS, S. 157–186
Esser, Hartmut (1991), *Alltagshandeln und Verstehen*, Tübingen: Mohr/Siebeck
Esser, Hartmut (2004), Die Definition der Situation, in ders.: *Soziologische Anstöße*, Frankfurt a. M.: Campus, S. 119–150
Esser, Hartmut (2004a), Verfällt die ›soziologische Methode‹?, in ders.: *Soziologische Anstöße*, Frankfurt a. M.: Campus, S. 19–45
Gebhardt, Winfried (1996), Die Magie der Gemeinschaft, in: W. Brückner, & N. Grass (Hg.), *Jahrbuch für Volkskunde*, Würzburg u. a.: Echter, S. 196–208
Gebhardt, Winfried (1999), ›Warme Gemeinschaft‹ und ›kalte Gesellschaft‹, in: G. Meuter & H. R. Otten (Hg.), *Der Aufstand gegen den Bürger*, Würzburg: Königshausen & Neumann, S. 165–184
Goffman, Erving (1969), *Wir alle spielen Theater*, München: Piper
Goffman, Erving (1977), *Rahmen-Analyse*, Frankfurt a. M.: Suhrkamp
Gross, Peter (1994), *Die Multioptionsgesellschaft*, Frankfurt a. M.: Suhrkamp
Gross, Peter (2007), *Jenseits der Erlösung*, Bielefeld: transcript
Habermas, Jürgen (1988), Individuierung durch Vergesellschaftung, in ders.: *Nachmetaphysisches Denken*, Frankfurt a. M.: Suhrkamp, S. 187–241
Hitzler, Ronald (1987), Zeit-Rahmen, *Österreichische Zeitschrift für Soziologie*, 12, 1, S. 23–33
Hitzler, Ronald (1991) Der banale Proteus in: H. Kuzmics & I. Mörth (Hg.), *Der unendliche Prozeß der Zivilisation*, Frankfurt a. M., New York: Campus, S. 219–228
Hitzler, Ronald (1993), Die Wahl der Qual, *Zeitschrift für Sexualforschung*, 3, S. 228–242
Hitzler, Ronald (1998), Posttraditionale Vergemeinschaftung, *Berliner Debatte/Initial* 4: 9, 1, S. 81–89
Hitzler, Ronald (1999), Konsequenzen der Situationsdefinition, in: R. Hitzler, J. Reichertz, & N. Schröer (Hg.), *Hermeneutische Wissenssoziologie*, Konstanz: UVK, S. 289–308
Hitzler, Ronald (2000), ›Ein bißchen Spaß muß sein!‹, in: W. Gebhardt, R. Hitzler & M. Pfadenhauer (Hg.), *Events*, Opladen: Leske+Budrich, S. 401–412
Hitzler, Ronald (2005), Die Beschreibung der Struktur der Korrelate des Erlebens, in: U. Schimank & R. Greshoff (Hg.), *Was erklärt die Soziologie?* Berlin: LIT-Verlag, S. 230–240
Hitzler, Ronald (2005a), Möglichkeitsräume, in: R. Hitzler & M. Pfadenhauer (Hg.), *Gegenwärtige Zukünfte*, Wiesbaden: VS, S. 257–272
Hitzler, Ronald (2006), Vagabundierende Geister, in: W. Gebhardt & R. Hitzler (Hg.), *Nomaden, Flaneure, Vagabunden*. Wiesbaden: VS, S. 67–83
Hitzler, Ronald (2006a), Individualisierte Wissensvorräte, in: D. Tänzler, H. Knoblauch & H.-G. Soeffner (Hg.), *Zur Kritik der Wissensgesellschaft*, Konstanz: UVK, S. 257–276
Hitzler, Ronald & Thomas S. Eberle (2000), Phänomenologische Lebensweltanalyse, in: U. Flick, E. v. Kardorff & I. Steinke (Hg.), *Qualitative Forschung – Ein Handbuch*, Reinbek b. Hbg.: Rowohlt, S. 109–118
Hitzler, Ronald & Anne Honer (1984), Lebenswelt – Milieu – Situation, *Kölner Zeitschrift für Soziologie und Sozialpsychologie* 1, S. 56–74
Hitzler, Ronald & Anne Honer (1988), Der lebensweltliche Forschungsansatz, *Neue Praxis* 18: 6, S. 496–501
Hitzler, Ronald & Anne Honer (1994), Bastelexistenz, in: U. Beck & E. Beck-Gernsheim (Hg.), *Riskante Freiheiten*, Frankfurt a. M.: Suhrkamp, S. 307–315
Hitzler, Ronald, Anne Honer & Christoph Maeder (1994) (Hg.), *Expertenwissen*, Opladen: Westdeutscher
Hitzler, Ronald, Anne Honer & Michaela Pfadenhauer (Hg. 2008), *Posttraditionale Gemeinschaften*, Wiesbaden: VS – im Druck
Hitzler, Ronald & Michaela Pfadenhauer (1998), »Let your body take control!«, in: R. Bohnsack & W. Marotzki (Hg.), *Biographieforschung und Kulturanalyse,* Opladen: Leske + Budrich, S. 75–92

Hitzler, Ronald & Michaela Pfadenhauer (2004), Individualisierungsfolgen, in: A. Poferl & N. Sznaider (Hg.), *Ulrich Becks kosmopolitisches Projekt*, Baden-Baden: Nomos, S. 115–128
Hitzler, Ronald & Michaela Pfadenhauer (2007), Erlebnisreligion, in: G. Nollmann & H. Strasser (Hg.), *Woran glauben?* Essen: Klartext – im Erscheinen
Honer, Anne (1985), Bodybuilding als Sinnsystem, *Sportwissenschaft* 2, S. 155–169
Honer, Anne (1994a), Aspekte des Selbermachens, in: R. Richter (Hg.), *Sinnbasteln. Beiträge zur Soziologie der Lebensstile*, Wien u. a.: Böhlau, S. 138–149
Honer, Anne (1999), Bausteine zu einer lebensweltorientierten Wissenssoziologie, in: R. Hitzler, J. Reichertz & N. Schröer (Hg.), *Hermeneutische Wissenssoziologie*, Konstanz: UVK, S. 51–67
Husserl, Edmund (1954), *Die Krisis der europäischen Wissenschaften und die transzendentale Phänomenologie*, Den Haag: Nijhoff
Knoblauch, Hubert (1989), Das unsichtbare Neue Zeitalter, *Kölner Zeitschrift für Soziologie und Sozialpsychologie*, 3, S. 504–525.
Knoblauch, Hubert (1995), *Kommunikationskultur*, Berlin, New York: de Gruyter
Knoblauch, Hubert (1996a), Soziologie als strenge Wissenschaft?, in: G. Preyer, G. Peter & A. Ulfig (Hg.), *Protosoziologie im Kontext*, Würzburg: Königshausen & Neumann, S. 93–105
Knoblauch, Hubert (1996b) (Hg.), *Kommunikative Lebenswelten*, Konstanz: UVK
Knoblauch, Hubert (1997), Zwischen den Geschlechtern?, in: S. Hirschauer & K. Amann (Hg.), *Die Befremdung der eigenen Kultur*, Frankfurt a.M.: Suhrkamp, S. 84–113
Knoblauch, Hubert (1997a), Die Sichtbarkeit der unsichtbaren Religion, *Zeitschrift für Religionswissenschaft* 5, S. 179–202
Knoblauch, Hubert (2001), Diskurs, Kommunikation und Wissenssoziologie, in: A. Hirseland u. a. (Hg.), *Handbuch Diskursanalyse*, Bd. 1. Opladen: Leske + Budrich, S. 207–224
Knoblauch, Hubert (2001a), Ekstatische Kultur, in: A. Brosziewski, T. S. Eberle & C. Maeder (Hg.), *Modern Zeiten*, Konstanz: UVK, S. 153–168
Knoblauch, Hubert (2005), *Wissenssoziologie*, Konstanz: UVK/UTB
Kurt, Ronald (2002), *Menschenbild und Methode der Sozialphänomenologie*, Konstanz: UVK
Luckmann, Benita (1978), The Small Life-Worlds of Modern Man, in: T. Luckmann (Hg.), *Phenomenology and Sociology*, Harmondsworth: Penguin, S. 275–290
Luckmann, Thomas (1980a), Philosophie, Sozialwissenschaft und Alltagsleben, in ders.: *Lebenswelt und Gesellschaft*, Paderborn u. a.: Schöningh, S. 9–55
Luckmann, Thomas (1980b), Aspekte einer Theorie der Sozialkommunikation, in ders.: *Lebenswelt und Gesellschaft*, Paderborn u. a.: Schöningh, S. 93–122
Luckmann, Thomas (1980c), Persönliche Identität als evolutionäres und historisches Problem, in ders.: *Lebenswelt und Gesellschaft*, Paderborn u. a.: Schöningh, S. 123–141
Luckmann, Thomas (1989), Kultur und Kommunikation, in: M. Haller, H.-J. Hoffmann-Nowottny & W. Zapf (Hg.), *Kultur und Gesellschaft*, Frankfurt a.M., New York: Campus, S. 33–45
Luckmann, Thomas (1992), *Die unsichtbare Religion*, Frankfurt a. M.: Suhrkamp
Luckmann, Thomas (1993), Schützsche Protosoziologie?, in: A. Bäumer, & M. Benedikt (Hg.), *Gelehrtenrepublik – Lebenswelt*, Wien: Passagen, S. 321–326
Luckmann, Thomas (2002a), Lebenswelt: Modebegriff oder Forschungsprogramm?, in ders.: *Wissen und Gesellschaft*, Konstanz: UVK, S. 45–54
Luckmann, Thomas (2002b), Das kommunikative Paradigma der ›neuen‹ Wissenssoziologie, in ders.: *Wissen und Gesellschaft*, Konstanz: UVK, S. 201–210
Luckmann, Thomas (2002c), Lebensweltliche Zeitkategorien, Zeitstrukturen des Alltags und der Ort des ›historischen Bewusstseins‹, in ders.: *Wissen und Gesellschaft*, Konstanz: UVK, S. 55–67
Marx, Werner (1987), *Die Phänomenologie Edmund Husserls*, München: Fink
Musil, Robert (1972), *Der Mann ohne Eigenschaften*, Hamburg: Rowohlt
Natanson, Maurice (1963), A study in philosophy and the social sciences, in ders.: (Hg.), *Philosophy of the Social Sciences*, New York: Random House S. 271–285
Pfadenhauer, Michaela (2000), Spielerisches Unternehmertum, in: W. Gebhardt, R. Hitzler & M. Pfadenhauer (Hg.), *Events*, Opladen: Leske+Budrich, S. 95–114
Pfadenhauer, Michaela (2003), *Professionalität*, Opladen: Leske+Budrich
Pfadenhauer, Michaela (2007), Das Marketing-Event im Dienst der Kirche, in: R. Buber & H. H. Holzmüller (Hg.), *Qualitative Marktforschung*, Wiesbaden: Gabler, S. 1081–1100
Plessner, Helmuth (1981), Grenzen der Gemeinschaft, in ders.: *Gesammelte Schriften V*, Frankfurt a. M.: Suhrkamp, S. 7–133

Saerberg, Siegfried (2006), ›*Geradeaus ist einfach immer geradeaus*‹, Konstanz: UVK
Sartre, Jean-Paul (1967), *Kritik der dialektischen Vernunft*, Reinbek b. Hbg.: Rowohlt
Sartre, Jean-Paul (1991), *Das Sein und das Nichts*, Reinbek b. Hbg.: Rowohlt
Schnettler, Bernt (2004), *Zukunftsvisionen*, Konstanz: UVK
Schütz, Alfred (2003), Strukturen der Lebenswelt, in: *Alfred Schütz Werkausgabe, Band V.1*, Konstanz: UVK, S. 325–348
Schütz, Alfred (2003a), Über die mannigfaltigen Wirklichkeiten, in: *Alfred Schütz Werkausgabe, Band V.1*, Konstanz: UVK, S. 177–248
Schütz, Alfred (2003b), Don Quijote und das Problem der Realität, in: A*lfred Schütz Werkausgabe, Band V.1*, Konstanz: UVK, S. 285–324
Schütz, Alfred (2004), Der sinnhafte Aufbau der sozialen Welt, in: *Alfred Schütz Werkausgabe, Band II*, Konstanz: UVK, S. 75–447
Schütz, Alfred (2005a), Schelers Theorie der Intersubjektivität und die Generalthesis vom Alter Ego, in: *Alfred Schütz Werkausgabe, Band III.2*, Konstanz: UVK, S. 65–108
Schütz, Alfred (2005b), Sartres Theorie des Alter Ego, in: *Alfred Schütz Werkausgabe, Band III.2*, Konstanz: UVK, S. 117–158
Schütz, Alfred & Aron Gurwitsch (1985), *Briefwechsel 1939 – 1959*, München: Fink
Schütz, Alfred & Thomas Luckmann (2003), *Strukturen der Lebenswelt*, Konstanz: UVK/UTB
Soeffner, Hans-Georg (1988), Kulturmythos und kulturelle Realität(en), in ders. (Hg.), *Kultur und Alltag* (SB 6 von ›Soziale Welt‹), Göttingen: Schwartz, S. 3–20
Soeffner, Hans-Georg (2004), Handlung – Szene – Inszenierung, in ders.: *Auslegung des Alltags – Der Alltag der Auslegung*, Konstanz: UVK, S. 160–179
Thomas, William I. (1965), *Person und Sozialverhalten*, Neuwied, Berlin: Luchterhand
Weber, Max (1972), *Wirtschaft und Gesellschaft*, Tübingen: Mohr/Siebeck

Bernt Schnettler

Soziologie als Erfahrungswissenschaft
Überlegungen zum Verhältnis von Mundanphänomenologie und Ethnophänomenologie[1]

1. Erfahrung in der Soziologie

Die Soziologie ist gleichermaßen Human-, Geistes- wie Gesellschaftswissenschaft. Dabei ist sie als ›Wissenschaft der Erfahrung‹ vor allem an den *Bezügen* zwischen Leib, Bewusstsein und sozialer Wirklichkeit interessiert. Als Methode der Erfahrungsanalyse kommt der Phänomenologie unter dieser Perspektive für die Soziologie grundlegende Bedeutung zu. Soziologiegeschichtlich resultiert die hervorgehobene Stellung des Erfahrungsbegriffs aus der Absicht der Disziplingründer, gegen einen kantisch-transzendentalen einen entsprechend empirischen und konkreten Erfahrungsbegriff zu etablieren. Ein solch »lebensnaher« Begriff nimmt um die vorvergangene Jahrhundertwende herum in vielen prominenten Wissenschaftskonzeptionen eine zentrale Rolle ein – in Webers Auszeichnung der Soziologie als ›Wirklichkeitswissenschaft‹ etwa ebenso wie in Simmels Theorie der historischen Erkenntnis oder in Mannheims Begriff der ›konjunktiven Erfahrung‹ (Šuber 2007). Für die Phänomenologie schließlich ist die Erfahrungsanalyse ihr archimedischer Punkt.

Als Kategorie einer empirischen Disziplin bleibt der soziologische Erfahrungsbegriff jedoch bei aller grundlegenden Bedeutung problematisch. Hier stellt sich der phänomenologisch fundierten Soziologie das bislang ungelöste Problem der historischen und gesellschaftlichen Relativität der Erfahrung. Die Fähigkeit, *eigenes* ›inneres‹ Erleben von der ›äußeren‹ Beobachtung des Verhaltens *anderer* oder von Vorgängen in der Umwelt zu unterscheiden, zählt zu den natürlichen Gegebenheiten der *conditio humana*. Ebenso unstrittig existieren jenseits dieser grundlegenden Unterscheidung recht weitgehende Variationen der Inhalte dieser Erfahrungen, die Folge je spezifischer ›kultureller‹ Lebenswelten sind.

Aufgabe einer soziologischen Analyse im Sinne einer Dialektik von Konstitution und Konstruktion (vgl. Luckmann 1999) ist es daher, die universalen menschlichen Grundlagen der Erfahrung zu rekonstruieren *sowie* sie in Beziehung zu setzen mit den Formen, in denen sie in bestimmten historischen Situationen auftreten. Mit Bezug auf die soziologische Erfahrungsanalyse erfordert dies sowohl eine fundierte grundlagentheoretische Ausgangsbasis, wie sie in der phänomenologisch begründeten Sozialtheorie als *universaler* Strukturanalyse der Lebenswelt vorliegt (Schütz & Luckmann 2003 [1979/1984]), als auch eine genaue Rekonstruktion der entsprechenden historischen Zeugnisse aus den untersuchten Zeitabschnitten. Diese Rekonstruktion ist wiederum eine Aufgabe, die entsprechende Methoden verlangt.

Vor diesem Hintergrund verfolge ich hier zwei miteinander verbundene Absichten: Zum einen schlage ich vor, konzeptuell an die Theorie der Transzendenzen anzuknüpfen, wie sie im Rahmen der Mundanphänomenologie von Schütz & Luckmann entwickelt worden ist. Sie stellt meiner Ansicht nach die geeignete theoretische Grundlage für eine soziologische Erfahrungsanalyse dar. Zum anderen sind deren allgemeine Aussagen zur Struktur von alltäglichen und außeralltäglichen Erfahrungen mit empirischen Analysen zu verknüpfen. Diese Aufgabe fällt dem zu, was mit dem Begriff der ›Ethnophänomenologie‹ (Knoblauch & Schnettler 2001)

---

1 Ich nehme hier die Argumentation vorangehender Arbeiten auf (vgl. Knoblauch & Schnettler 2001, Schnettler 2004, 2006, 2007a, 2007b).

bezeichnet wird. Zu klären ist also zweierlei: In welchem Zusammenhang stehen Mundanphänomenologie und Ethnophänomenologie und was unterscheidet beide?

Dabei muss bedacht werden, dass Erfahrungsbegriffe nicht *ex cathedra* gebildet werden sollten. In Sinne des Adäquanzpostulats (Schütz 2004 [1953]) ist es vielmehr unabdingbar, dass die soziologische Forschung ihre Begriffe und theoretischen Deutungsangebote an die Deutungen der von ihr Beforschten anschließt. Wenn die soziologische Forschung sich nicht einfach über die von ihr in den Blick Genommenen hinwegsetzen will, kommt man nicht umhin zu akzeptieren, dass es die Gesellschaftsmitglieder selber sind, welche primäre Evidenz von ihren Erfahrungen haben. Selbst wenn ihnen weder die analytische Schulung noch das Vokabular philosophischer Reflexion zur Verfügung steht, ist es beachtlich, mit welcher Reichhaltigkeit und Genauigkeit sie mitunter von den Formen ihres (nichtalltäglichen) Erlebens berichten. Sie können deshalb auch mit Recht einen Anspruch darauf erheben, dass sich die Interpretation seitens der Forschung nicht den wesentlichen Momenten ihrer eigenen Interpretationen verweigert, gerade wenn diese *nicht* in ein bereits etabliertes wissenschaftliches Schema passen.

Für eine *Soziologie* der Erfahrung auf phänomenologisch-anthropologischer Grundlage und mit empirischer Anwendbarkeit ist dies von unbestreitbarer Bedeutung. Dabei ist es erforderlich, die verschiedenen Bezugsebenen von Mundanphänomenologie und Ethnophänomenologie sorgfältig voneinander zu unterscheiden: (a) Während die Mundanphänomenologie eine Theorie der Sozialwissenschaften darstellt, zählt die Ethnophänomenologie zum Bereich der empirischen Welt – unbeschadet des Umstands, dass alle Erfahrungen, abgesehen von den je eigenen, für Beteiligte in beiden Wirklichkeitsregionen immer nur *kommunikativ vermittelt* zugänglich sind. (b) Ersteres bezeichnet eine *von Wissenschaftlern* formulierte sozialphilosophische Grundlagentheorie mit universalem Anspruch; letzteres besteht aus den Äußerungen von *Alltagsmenschen*. (c) Während die Mundanphänomenologie die Formen *allgemein menschlicher* Erfahrungen beschreibt – alltäglicher ebenso wie solcher, die den Rahmen der geschlossenen Sinnprovinz der intersubjektiven Wirkwelt des Alltags transzendieren –, bezeichnet Ethnophänomenologie die von Betroffenen produzierten Beschreibungen der Formen ihres nichtalltäglichen Erlebens einer bestimmten *historischen Epoche*. (d) Die Mundanphänomenologie formuliert eine *protosoziologische Grundlagentheorie*, die Ethnophänomenologie hingegen rekonstruiert *soziologisch-empirisch* und fasst die Verallgemeinerungen interpretativer Untersuchungen in *theoretische Begrifflichkeiten ›mittlerer Reichweite‹*.

2. Mannigfaltige Wirklichkeiten und die mundanphänomenologische Transzendenztheorie

Um den Bezug der Ethnophänomenologie zur Mundanphänomenologie zu verdeutlichen, wird einer deren wesentlicher Aspekte in Erinnerung gerufen: Für die Sozialtheorie von Alfred Schütz ist es von zentraler Bedeutung, dass es sich bei der Lebenswelt nicht um eine Wirklichkeit im Singular handelt. Folglich kann sie auch nicht einfach in Opposition zum ›Gesellschaftssystem‹ gesetzt werden. Die Vielfalt der Realitätserfahrung hatte schon William James betont (1981 [1890]: 921ff), der verschiedene ›Subuniversa‹ unterschied, wie etwa die Welt der Sinne oder der physischen Dinge, die Welt der Wissenschaft, die Welt der Stammesidole, die übersinnlichen Welten der Mythologie und der Religion oder die Welten der Hirngespinste und des reinen Wahnsinns. Diese Idee greift Schütz auf, verwendet anstelle von Subuniversen allerdings den Begriff ›Sinnprovinzen‹ (Schütz 2003 [1955]-a), um hervorzuheben, dass es sich bei den ›mannigfaltigen Wirklichkeiten‹ (Schütz 2003 [1955]-b: 207) nicht um ontologische Strukturen, sondern um vom Bewusstsein konstituierte *Erfahrungs*wirklichkeiten handelt.[2] In

---

2 ›Erfahrung‹ bedeutet in diesem Zusammenhang eine bereits abgelaufene Form des Erlebens, die durch reflexive Zuwendung als Einheit aus dem unaufhörlichen Strom des Bewusstseins ausgegrenzt wurde

seiner Theorie existieren neben der Alltagswelt weitere ›finite Sinnprovinzen‹, wie etwa die Welten der ästhetischen Erfahrung, der Träume, des Phantasierens, die Spielwelt des Kindes oder die Welt der wissenschaftlichen Theorie. Sie zeichnen sich aus durch einen je spezifischen kognitiven Stil, eine bestimmte Bewusstseinsspannung, eine spezifische Epoché, eine vorherrschende Form der Spontaneität und Selbsterfahrung sowie eine Form der Sozialität und eine Zeitperspektive (Schütz 1971 [1945]: 264). Innerhalb dieser Pluralität weist Schütz allerdings der Alltagswelt das Primat einer ›paramount reality‹ zu, weil sie der Bereich der Praxis ist, also die Wirklichkeit, in der Menschen miteinander handeln und kommunizieren und der deshalb besondere Bedeutung für den Aufbau sozialer Welten zuwächst.

Angesichts der mannigfachen Wirklichkeiten stellt sich die Frage, wie die einzelnen Sinnprovinzen miteinander in Verbindung stehen bzw. wie die Einheit des Erfahrungszusammenhangs gewahrt bleibt. Deswegen entwickelt Schütz eine Typologie der Transzendenzen: Die ›kleinen‹ Transzendenzen beziehen sich auf die Wirklichkeit der alltäglichen Lebenswelt und überwinden die Grenzen der Erfahrung in Bezug auf *Raum* und *Zeit*. Das in der gegenwärtigen Erfahrung Angezeigte kann grundsätzlich ebenso erfahren werden wie das gerade Erfahrene: ›Anzeichen‹, wie der entfernte Rauch des nicht zu sehenden Feuers, oder ›Merkzeichen‹, wie der Knoten im Taschentuch, überwinden die räumlichen und zeitlichen Transzendenzen. Die ›mittleren‹ Transzendenzen beziehen sich ebenso auf die Alltagswelt – genauer gesagt: auf die intersubjektive Sozialwelt – mit dem Unterschied, dass das in der Erfahrung Gegebene grundsätzlich, und nicht nur aufgrund meiner aktuellen Reichweite, nur mittelbar gegeben ist: Die Gedanken meines Mitmenschen kann ich nicht wahrnehmen, sie sind mir immer nur über seine Äußerungen zugänglich. Diese Transzendenz des fremden Bewusstseins kann jedoch (mit für die pragmatischen Anforderungen des Alltags meistens hinlänglicher Verlässlichkeit) durch ›Zeichen‹ überwunden werden – vor allem durch Sprache, aber auch durch andere Zeichen, die sich in Gestik oder Mimik ausdrücken. Luckmann verzichtet allerdings auf eine von Schütz konzipierte weiterer Unterteilung der mittleren in die ›Transzendenz der fremden Welt in Reichweite‹, die ›Transzendenz der fremden Existenz selbst‹ und der ›Transzendenz der Wir-Beziehung als solche‹ (Schütz & Luckmann 1984: 320f).

Schütz differenziert auf dieser mittleren Ebene verschiedene Stufen sozialer Transzendenzen. Eine ähnliche Untergliederung wird in der Symboltheorie von Soeffner (1991) später wieder auftauchen. Sowohl im Symbolaufsatz (Schütz 1971 [1955]: 318ff) wie in den »Notizbüchern« (Schütz & Luckmann 1984: 318–321) erläutert Schütz diese Dreiteilung. Die Transzendenz der Welt des anderen bildet die erste Transzendenz. Schütz bezeichnet die dabei ablaufende analogische Erfassung der appräsentierten Bezüge anderer Individuen auch als ›immanente Transzendenz‹. Er unterscheidet sie von der Wir-Beziehung, in der andere mich durch ihre Biographie, durch den nicht in die Interaktion eingehenden Teil ihrer Persönlichkeit und durch ihr Relevanzsystem transzendieren. Dies bildet die zweite Transzendenz. Schließlich bildet die Wir-Beziehung selber eine dritte Transzendenz auf der mittleren Ebene. Die von Luckmann schließlich als ›große‹ Transzendenzen bezeichneten entsprechen den ›Transzendenzen von Natur und Gesellschaft‹ bei Schütz. Sie greifen über den Bereich der Alltagswelt hinaus und beziehen sich auf die nichtalltäglichen Sinnprovinzen, die durch eine besondere Zeichenklasse überwunden werden, den Symbolen.[3] Die Transzendenztheorie von Schütz ist von Luckmann (1991 [1963]) später für die Religionssoziologie fruchtbar gemacht worden.

Die Idee der Sinnprovinzen ist konzeptionell von tragender Bedeutung für das Werk von Schütz, weil seine gesamte Zeichen- und Symboltheorie auf dieser Einteilung in Alltagswirk-

---

(Schütz 1932, vgl. a. Luckmann 1992: 28–33). Erfahrungen ergeben sich mithin nicht einfach aus der Summe bestimmter Sinnesdaten, sondern werden durch *aktive Tätigkeiten* unseres Bewusstseins erzeugt.

3 Zur Symboltheorie bei Schütz, Luckmann und Soeffner vgl. Dreher (2003); zu deren Weiterentwicklung vgl. den Beitrag von Soeffner (2008, in diesem Band).

lichkeit und nichtalltägliche Wirklichkeiten beruht (Knoblauch et al. 2003). Das Hauptinteresse der Mundanphänomenologie von Schütz galt der phänomenologischen Konstitutionsanalyse, wobei ihn zwei Sinnprovinzen vornehmlich interessierten: die Wirklichkeiten des Alltags und der Wissenschaft. Schütz selbst hatte allerdings wenig Interesse daran, eine umfassende Bestandsaufnahme und Beschreibung aller menschlichen Erfahrungswirklichkeiten vorzunehmen. Ebensowenig kümmerte ihn die Frage, welche dieser Sinnprovinzen Teil der universalen Matrix der Lebenswelt sind und welche von ihnen spezifisch historische Ausformungen darstellen.

So darf etwa die Wirklichkeit des Traumes sicherlich zu den anthropologischen Universalien gerechnet werden. Allerdings ist die Frage danach, welcher Wirklichkeitsakzent der Traumrealität verliehen wird, eine Frage, die sich mithilfe phänomenologischer Konstitutionsanalysen *nicht* beantworten lässt. Sie erfordert vielmehr eine empirisch-historische Rekonstruktion gesellschaftlicher Wirklichkeiten und den in ihnen jeweils vorherrschenden Realitätsannahmen. Ebenso beruht auch die von Schütz sehr viel eingehender als alle weiteren analysierte Sinnprovinz der ›wissenschaftlichen Wirklichkeit‹ zwar auf einer mehr oder minder universalen mentalen Disposition – dem schon im Alltag wurzelndem Ansatz zur systematischen Problemlösung. Wissenschaft als eigener Teilbereich eines Gesellschaftssystems, einschließlich der entstandenen Institutionen und Habitus, ist aber bekanntlich eine kulturgeschichtlich noch recht junge und, folgt man Weber, spezifisch okzidentale Errungenschaft. Diese beiden Beispiele zeigen, dass die Mundanphänomenologie zwar einen proto-theoretischen Rahmen liefert, der für eine Soziologie der Erfahrung von Bedeutung ist. Die Mundanphänomenologie weist hier aber auch deutliche Lücken auf, die erst durch empirische Analysen gefüllt werden können.

Hier wirft sich ein erhebliches theoretisch-methodologisches Problem auf: Häufig wird nämlich bei der Untersuchung der Sinnprovinzen die Grenzlinie zwischen phänomenologischer Konstitutionsanalyse und historischer soziologischer Rekonstruktion berührt. Beide Vorgehensweisen folgen jedoch sehr unterschiedlichen methodischen Prinzipien – egologischer Reflexion hier und empirischer Datenanalyse dort. Auch beziehen sich ihre jeweiligen Ziele auf deutlich voneinander abzutrennende Aufgabenbereiche in den Sozialwissenschaften (vgl. dazu auch den Beitrag von Luckmann 2008, in diesem Band). Deshalb halte ich es weiterhin für unerlässlich, sie im Sinne einer Unterscheidung von Proto-Soziologie und Soziologie deutlich voneinander abzugrenzen. Gleichwohl lassen sich ihre jeweiligen Ergebnisse ohne unzulässige Vermischungen systematisch aufeinander beziehen. Dies ist verschiedentlich als ›Parallelaktion‹ bezeichnet worden. Tatsächlich lässt erst eine solche fruchtbare Parallelaktion, wie sie Luckmann beispielhaft an der Untersuchung der Frage nach der Grenzen zwischen Sozialwelt und Naturwelt vorgeführt hat (Luckmann 1980), eine umfassende Beschreibung der verschiedenen Sinnprovinzen erhoffen. Eine solche Verknüpfung von phänomenologischer Reflexion und empirischer Analyse wird ebenfalls von Dreher (2008, in diesem Band) verfolgt.

Endreß (2006: 87) argumentiert, dass sich die konstitutionsanalytischen Überlegungen bei Schütz & Luckmann auf empirische soziologische Größen abbilden lassen. So lassen sich beispielsweise verschiedene Austrittsformen aus der Alltagswirklichkeit unterscheiden: Sie können entweder (a) »geplant und jederzeit abbrechbar« sein, wie dies bei den Übergängen zwischen Sinnprovinzen der Fall ist, die beispielsweise beim Theaterbesuch, beim Vollzug religiöser Rituale, dem Betreiben von Wissenschaft, dem Engagement in virtuellen Realitäten oder zwischen verschiedenen Spielwirklichkeiten überschritten werden (vgl. dazu die Analysen von Herbrik & Röhl 2008). Ebenso können sie mitunter sogar (b) »methodisch angeleitet« sein, wobei die Kulturgeschichte eine Reihe intendierter Techniken bereitstellt – Meditation, körperlich-geistige Übungen usw. Während diese Übergänge zwischen Sinnprovinzen bis zu einem gewissen Grade noch einer Steuerung unterliegen, gibt es auch solche (c), die sich »unerwartet plötzlich ereignen« – Todesnäheerfahrungen, Unfälle, Naturkatastrophen. Es kann sich auch um ein (d) »alltäglich vorbereitetes Sich-Einlassen-Auf« handeln – Schlafen, Drogenrausch oder Karneval. Und schließlich kann sich dieser Austritt (e) »willentlich in einem Steigerungsprozess vollziehen (wie im Fall der Ekstase)«. Diese Variationen der Ein- und Austrittsformen in die verschiedenen Sinnprovinzen zeigen, dass sich ausgehend von den phänomenologischen Analysen von Schütz in der Tat relevante Kategorien für empirische Untersuchungen bilden lassen. Sie weisen ebenso darauf hin, dass die Übergänge zwischen den Sinnprovinzen keineswegs immer in Form eines ›Schocks‹ erfahren werden. Diese Kategorien lassen sich zweifellos erweitern in Hinblick sowohl auf die inneren Erfahrungsqualitäten (wie kognitiver Stil, Sozialität, Stellung zum Pragma, Zeiterleben) als auch in Hinblick auf die Rahmungselemente, in welche das außeralltägliche Erfahren eingebettet ist, also in Hinsicht auf die Situationen, Institutionen und weiteren kulturelle Kontexte, in denen es stattfindet.

3. Ethnophänomenologie

Die Ethnophänomenologie schließt an die ethnomethodologische Prämisse an, die Strukturen der Handlung und Erfahrung der Gesellschaftsmitglieder selbst zum Gegenstand zu machen. Damit ist eine Akzentverschiebung verbunden, welche eine weitere Erhellung der ›Sinnprovinzen‹ nicht im Expertenwissen sucht, sondern in den Wissensformen und Äußerungen der Alltagsmenschen. Ethnophänomenologie ist nicht das Resultat angestrengten Theoretisierens, sondern eine empirische Entdeckung unserer Forschungen zu Todesnäheerfahrungen und Visionen (Knoblauch et al. 1999, Knoblauch & Schnettler 2001). Sie schließt in theoretischer Hinsicht an die oben skizzierte Denktradition in der Nachfolge von Husserl, Schütz und Luckmann an. Die aus dieser Tradition entspringende phänomenologische Konstitutionsanalyse legt eine analytische Erfahrungsbeschreibung vor, wobei vom Gegenstand der Erfahrung so abgesehen wird, dass die Leistungen des erfahrenden Bewusstseins bei der Konstitution von Erfahrungsgegenständen aufgezeigt werden. Die Mundanphänomenologie kann nur eigene Erfahrungen beschreiben. Über Transzendenzerfahrungen, welche Phänomenologen selbst nicht hatten, können sie deswegen auch keine konstitutionsanalytischen Aussagen machen. Das erklärt, warum die ›mannigfaltigen Wirklichkeiten‹ bei Schütz unvollständig bleiben und markiert die Notwendigkeit einer Ethnophänomenologie.

Die Ethnophänomenologie ist kein Bestandteil einer philosophischen Theorie über außeralltägliche Erfahrungen. Vielmehr bezieht sie sich auf einen *empirischen* Tatbestand. Weitgehend unbeachtet blieb bislang in der Forschung, dass Menschen, die Transzendenzerfahrungen gemacht haben, in ihren nachträglichen Berichten häufig nicht nur die *Inhalte* außeralltäglicher Erfahrungen narrativ wiedergeben, sondern sich ihnen mitunter auch reflexiv zuwenden und dabei ausdrückliche Beschreibungen der *Formen* ihres Erlebens produzieren. Der Begriff der Ethnophänomenologie weist auf die Beobachtung hin, dass philosophische Laien durchaus in der Lage sind, über ihre eigenen Erfahrungsmodi zu reflektieren. Die Zuwendung der Betroffenen zur Art ihres außeralltäglichen Erlebens bezeichnen wir als Ethnophänomenologie.

Diese begriffliche Konzeption einer Ethnophänomenologie ist folgenreich, weil die Bestimmung von Transzendenzerfahrungen nun nicht mehr als einsame Aufgabe der Theorie betrachtet werden kann. Vielmehr müssen dazu die Beschreibungen der Betroffenen selbst sorgfältig hinsichtlich ihrer sich vom Alltagsleben abhebenden Erfahrungs*qualitäten* analysiert werden. Schon die Forschungen zu Todesnäheerfahrungen haben Regelmäßigkeiten in deren sprachlichen Rekonstruktionen gezeigt, welche nicht die Erfahrungsinhalte, sondern deren Erlebnis*form* betreffen. Ihre Gemeinsamkeiten sind nicht motivisch-substanzialistisch, sondern formal-noetisch: Nahtodvisionen erweisen sich als subjektive Erfahrungen, die von den Erfahrenden als ›außergewöhnlich‹ und ›aus dem Fluss der Alltagserfahrung deutlich herausstechend‹ erlebt werden und dabei von anderen alltagsabgewandten Erfahrungsformen wie etwa dem Träumen oder Halluzinieren offenbar klar zu unterscheiden sind. Nahtoderfahrungen sind charakterisiert durch eine große ›Erfahrungsintensität‹ und ›außerordentliche Erinnerlichkeit‹, ›Wachheit und

Bewusstheit‹ und die subjektive Überzeugung, ›dem eigenen Tod gegenüberzustehen‹. Sie beinhalten eine ›starke Emotionalität‹, eine Fortdauer der Selbstwahrnehmung sowie eine ›Kontinuität des Ichs‹ (Knoblauch et al. 1999: 274ff).

Erstmals systematisch analysiert wurde die Ethnophänomenologie in der Studie zu Visionserfahrungen in der Gegenwart (Schnettler 2004: 157ff), die auf Interviews und fokussierten ethnographischen Feldbeobachtungen beruht. In den Interviews sin die Passagen mit ethnophänomenologischen Formbeschreibungen deutlich von den Schilderungen der Erfahrungsinhalte zu unterscheiden. Dies manifestiert sich in der sprachlichen Form: Erfahrungsinhalte werden vornehmlich narrativ wiedergegeben, während bei den Erfahrungsformen Schilderungen auftreten. Diese können mitunter in Argumentationen übergehen, wenn die Formen des eigenen Erlebens mit existierenden institutionalisierten Theorien über den Wirklichkeitsstatus der Vision in Verbindung gesetzt werden (in dem Fall sprechen wir nicht mehr von Ethnophänomenologie, sondern von ›Ethnotheorien‹, vgl. dazu Schnettler 2004: 181ff).

Die wiederkehrenden Merkmale einer Ethnophänomenologie der Zukunftsvision sind sehr deutlich. Mehr noch: In vielen der Erlebnisberichte treten die erlebten Inhalte gegenüber den Ausführungen über die außergewöhnliche Art und Weise des Erlebens in den Hintergrund. Selbst wenn die äußere Rahmung der Visionen eine große Spannweite aufweist, die von kurzzeitigen hypnagogen Übergangzuständen beim Aufwachen oder Einschlafen über Traumvisionen bis hin zu mehrtägigen visionären Ekstasen (vgl. Schnettler 2004: 167ff) reichen können, lassen sich in formal-noetischer Hinsicht eine Reihe gemeinsamer Merkmale festhalten: Ebenso wie Todesnäheerfahrungen werden auch Visionen von den meisten Betroffenen als *besonders erinnerlich* ausgewiesen – ein häufiges allgemeines Attribut außeralltäglicher Erfahrungen. Bemerkenswert ist, dass diese außerordentliche Erinnerlichkeit sich dabei jedoch vor allem auf die Visionsinhalte und ihren Erlebnischarakter erstreckt, wohingegen die zeitliche und biographische Einbettung oft sehr unpräzise bleibt.[4] Typisch ist weiterhin, dass Zukunftsvisionen als ungewöhnlich und außerordentlich gelten, selbst wenn sie in sehr alltäglichen Situationen auftreten wie etwa beim Wäschewaschen oder in der Küche. Visionserfahrungen zeichnen sich dadurch aus, dass sie meistens *unwillkürlich* erfolgen und als *auferlegt* erlebt werden. Die Visionen ereignen sich ungeregelt und unkontrolliert und »schießen einfach durch den Kopf«. Das visionäre Erleben ist dabei nicht auf den Gesichtssinn beschränkt. Neben der visuellen Schau beinhalten die Visionen andere *Wahrnehmungsqualitäten* und *Synästhesien*. Einige Betroffene berichten von außergewöhnlichen Geruchserlebnissen und Geräuschen oder ungewöhnlichen visuellen Eindrücken, mitunter sogar von Synästhesien, bei denen Sehen, Hören, Fühlen und Riechen ineinander fließen. Über die *innere* Wahrnehmung hinaus erstreckt sich die Erlebnisform bei manchen auf das Erleiden regelrechter *körperlicher Symptome*, die von kurzzeitigen Reaktionen wie »Gänsehaut« und »Ekzemen« bis hin zu Dauererkrankungen und anhaltenden Schädigungen führen können. Insgesamt zeugen die ethnophänomenologischen Beschreibungen überwiegend von der *Beibehaltung des Körperschemas*, immer aber von der *Kontinuität des Selbst*. Die Form der Spontaneität kann sehr stark variieren, wobei die *passive Schau* dominiert. Hinweise auf ein verändertes Zeitempfinden finden sich hingegen nicht. Anders als Nahtoderfahrungen, die allesamt als abrupter Bruch mit der Alltagswirklichkeit erfahren werden, können Zukunftsvisionen in sehr unterschiedlichen Zuständen eintreffen. Sie reichen von hypnagogen Übergansphasen zwischen Wachen und Schlafen, über »Fotoeinschüsse« und Gedankenblitze, welche die Alltagswahrnehmung kurzzeitig unterbrechen oder überlagern, bis hin zu ausgedehnten und deutlich vom Alltag gesonderten ›anderen Zuständen‹, die ähnlich wie mystische Immersionserfahrungen den Betroffenen für einen längeren Zeitraum komplett aus der Alltagswelt entfernen.

---

4 Dies grenzt Zukunftsvisionen gegenüber Konversionserfahrungen (Ulmer 1988) ab, die üblicherweise mit den Wendepunkt einer biografischen Krise zusammenfallen.

Diese Merkmale betreffen die Struktur der inneren Erlebnismomente in der Art und Weise, wie sie von Betroffenen nachträglich sprachlich rekonstruiert werden und damit einen Blick auf eine spezifische historische Ausprägung dieser Transzendenzerfahrung werfen. Soziologisch bemerkenswert ist ein von diesen inneren Merkmalen nicht unmittelbar abhängiges Moment der Deutung des Wirklichkeitsanspruchs solcher Erfahrungen: Anders als etwa prophetische Visionen früherer Zeiten (Benz 1969, Mohr 2000), geben Zukunftsvisionen um die Jahrtausendwende hierzulande kaum noch Anlass zur Verkündigung. So zweifelt zwar keiner der Befragten an der subjektiven Wirklichkeit der erlebten Erfahrung. Fast alle aber deuten ihre Vision *nicht* als Auftrag oder im Sinne einer Berufung. Deren prophetisches Potenzial ist folglich schon durch die primären Deutungen der Betroffenen höchst eingeschränkt, was deren relative gesellschaftliche Wirkungslosigkeit erklären mag.

4. Das zeitdiagnostische Potenzial der Ethnophänomenologie

Beide Beispiele zeigen, dass sich aus empirischen Materialien relevante Merkmalskategorien gewinnen lassen, die spezifisch für Transzendenzerfahrungen an der Wende vom 20. zum 21. Jahrhundert in einem bestimmtem Kulturraum sind. Diese Eingrenzung erlaubt es, deren Eigenheiten mit den Merkmalen von Transzendenzerfahrungen anderer Zeit- und Kulturräume in Vergleich zu setzen – und die Potenziale einer ›Ethnophänomenologie‹ als Forschungskonzept mittlerer Reichweite weiter auszuschöpfen. Abschließend sei deshalb der Bezug der Ethnophänomenologie zur soziologischen Zeitdiagnose skizziert, der als ergänzende Parallelaktion zur Untersuchung ›kultureller Erlebniswelten‹ (Hitzler 2008, in diesem Band) verstanden werden kann. Zahlreiche zeitdiagnostische Befunde bescheinigen eine ausdrückliche *Erfahrungszentriertheit* unserer Gegenwartsgesellschaft, die durch massenhafte Kultivierung von außeralltäglichen Erfahrungen sich in eine regelrechte ›ekstatischen Kultur‹ (Knoblauch 2001) verwandelt habe. Ekstasen sind, über den Bereich der Religion hinaus, in unserer Kultur zu einer überaus weit verbreiteten Erfahrungsform geworden. Sie ziehen sich quer durch zahlreiche Gesellschaftsbereiche. Dazu zählt eine Reihe von Techniken, die in der Religion ausgeübt werden und die von den verschiedenen Formen bewusstseinserweiternder Meditation über Fasten und Yoga bis hin zu Reiki und Chanelling reichen. Auch im Sport werden besondere Erfahrungen gesucht, etwa beim Bodybuilding (Honer 1985), Bungee-Jumping, Gleitschirmfliegen oder anderen Extremsportarten. Ekstasen werden auch in verschiedenen Jugendszenen kultiviert (Pfadenhauer & Hitzler 2005) und Nahtoderfahrungen (Knoblauch et al. 2001) genießen eine große Popularität. Sie zeugen ebenso von der Erfahrungsakzentuierung in unserer Kultur wie die diversen (zunehmend positiv sanktionierten) Formen sexuellen Erlebens – bis hin zu ihren extremsten Ausprägungen.

Die kulturelle Bedeutung ekstatischer Erfahrungen ist freilich kulturgeschichtlich alles andere als ein vollkommen neues Phänomen. Sie ist auch nicht auf unsere Gegenwartsgesellschaft begrenzt. Vergleichende anthropologische Studien auf der Grundlage des Konzeptes der ›Altered States of Consciousness‹ konstatieren vielmehr in 437 von 488 Gesellschaften institutionalisierte und kulturell strukturierte Formen außeralltäglicher Erfahrungen (Bourguignon 1973). Beschleunigter kultureller und sozialer Wandel gilt dabei als wichtigster Faktor für das Auftreten besonders ausgeprägter Transzendenzerfahrungen und ist durch die Dominanz von ekstatischen und expressiven Formen (›possession trance‹) ausgezeichnet, während in stabilen Gesellschaften die quietistischeren Varianten vorherrschen (die unter dem Begriff der ›trance‹ subsumiert werden). Die gegenwärtige Kultivierung von Ekstasen stellt also keine Besonderheit unserer Gesellschaft dar. Neu ist allerdings die Ablösung dieser außeralltäglichen Erfahrungen aus dem Kontrollbereich der religiösen Institutionen, ihre *Deinstitutionalisierung* (Knoblauch 2002), die einhergeht mit einem zweiten, damit verbundenen Charakteristikum: der deutlichen *Subjektivierung* dieser Ekstasen (Knoblauch 2000). Schon im Bereich der Religion selbst finden wir zahlreiche Hinweise auf eine zunehmende Akzentuierung der Erfahrungsdimension des Glaubens: davon zeugt die wachsende Popularität der verschiedenen charismatischen Strömungen (Kern 1998), die Tendenz zur Synkretisierung innerhalb des kirchlichen Raumes (etwa Kurse zu fernöstlichen Meditationstechniken im Angebot kirchlicher Bildungswerke) ebenso wie organisierte Großevents wie etwa die Kirchentage (Soeffner 1993) oder die Weltjugendtage (Ebertz 2000, Forschungskonsortium WJT 2007), die vor allem darauf zielen, Glauben ›erfahrbar‹ zu machen. Im Zuge dieser Subjektivierung bleibt die Wirkung der außeralltäglichen Erfahrungen häufig auf den persönlichen Bereich begrenzt. Am Beispiel der Zukunftsvision äußert sich dies etwa in der überwiegenden Absage an einen prophetischen Auftrag (Schnettler 2004). Sie führt überdies zu zahlreichen Deutungsproblemen über den Wirklichkeitsstatus der Erfahrung – und befördert damit in den Berichten eine Verschiebung von den Inhaltsaspekten zu Formbeschreibungen. Deinstitutionalisierung und Subjektivierung sind zwar keine notwendigen Voraussetzungen, haben aber an der Produktion der Ethnophänomenologie wesentlichen Anteil.

Literatur

Benz, Ernst (1969), *Die Vision. Erscheinungsform und Bilderwelt*, Stuttgart: Klett-Cotta
Bourguignon, Erika (1973), Introduction: A Framework for the Comparative Study of Altered States of Consciousness, Religion, Altered *States of Consciousness and Social Change*, Columbus: Ohio State University Press, S. 3–37
Dreher, Jochen (2003), The Symbol and the Theory of the Life-World: ›The Transcendences of the Life-World and Their Overcoming by Signs and Symbols‹, *Human Studies* 26, S. 141–163
Dreher, Jochen (2008), Protosoziologie der Freundschaft. Zur Parallelaktion von phänomenologischer und sozialwissenschaftlicher Forschung, in diesem Band, S. 295–306
Ebertz, Michael N. (2000), Transzendenz im Augenblick. Über die ›Eventisierung‹ des Religiösen – dargestellt am Beispiel der Katholischen Weltjugendtage, in: W. Gebhard, R. Hitzler, M. Pfadenhauer (Hg.), *Events. Soziologie des Außergewöhnlichen*, Opladen: Leske+Budrich, S. 345–362
Endreß, Martin (2006), *Alfred Schütz*, Konstanz: UVK
Forschungskonsortium WJT (2007), *Weltjugendtag. Erlebnis – Medien – Organisation*, Wiesbaden: VS
Herbrik, Regine, Röhl, Tobias (2008), Visuelle Kommunikationsstrategien im Zusammenspiel – Gestik im Fantasy-Rollenspiel, *Sozialer Sinn*, (im Druck)
Hitzler, Ronald (2008), Von der Lebenswelt zu den Erlebniswelten. Ein phänomenologischer Weg in soziologische Gegenwartsfragen, in diesem Band, S. 131–140
Honer, Anne (1985), Bodybuilding als Sinnsystem. Elemente, Aspekte und Strukturen, *Sportwissenschaft*, 15: 2, S. 155–169
James, William (1981 [1890]), *Principles of Psychology*, Cambridge, Mass.: Harvard University Press
Kern, Thomas (1998), *Schwärmer, Träumer und Propheten*, Frankfurt a.M.: Knecht
Knoblauch, Hubert (2000), ›Jeder sich selbst sein Gott in der Welt‹ – Subjektivierung, Spiritualität und der Markt der Religion, in: R. Hettlage, L. Vogt (Hg.), *Identitäten in der modernen Welt*, Opladen: Westdeutscher, S. 201–216
Knoblauch, Hubert (2001), Ekstatische Kultur. Zur Kulturbedeutung der unsichtbaren Religion, in: A. Brosziewski, T. S. Eberle, C. Maeder (Hg.), *Moderne Zeiten. Reflexionen zur Multioptionsgesellschaft*, Konstanz: UVK, S. 153–167
Knoblauch, Hubert (2002), Ganzheitliche Bewegungen, Transzendenzerfahrung und die Entdifferenzierung von Kultur und Religion in Europa, *Berliner Journal für Soziologie* 3, S. 295–307
Knoblauch, Hubert, Kurt, Ronald, Soeffner, Hans-Georg (2003), Zur kommunikativen Ordnung der Lebenswelt. Alfred Schütz' Theorie der Zeichen, Sprache und Kommunikation, in: H. Knoblauch, R. Kurt, H.-G. Soeffner (Hg.), *Alfred Schütz Werkausgabe, Bd. V.2. Theorie der Lebenswelt 2. Die kommunikative Ordnung der Lebenswelt*, Konstanz: UVK, S. 7–33
Knoblauch, Hubert, Ina Schmied & Bernt Schnettler (2001), Different kinds of near-death experiences. A report on a survey of near death experiences in Germany, *Journal of Near-Death Studies* 20: 1, S. 15–29
Knoblauch, Hubert & Bernt Schnettler (2001), Die kulturelle Sinnprovinz der Zukunftsvision und die Ethnophänomenologie, *Psychotherapie und Sozialwissenschaft. Zeitschrift für qualitative Forschung* 3: 3, S. 182–203

Knoblauch, Hubert, Hans-Georg Soeffner & Bernt Schnettler (1999), Die Sinnprovinz des Jenseits und die Kultivierung des Todes, in: H. Knoblauch, H.-G. Soeffner (Hg.), *Todesnähe. Interdisziplinäre Beiträge zu einem außergewöhnlichen Phänomen*, Konstanz: UVK, S. 271–292

Luckmann, Thomas (1980), Über die Grenzen der Sozialwelt, *Lebenswelt und Gesellschaft*, Paderborn: Schöningh, S. 56–92

Luckmann, Thomas (1991 [1963]), *Die unsichtbare Religion*, Frankfurt a.M.: Suhrkamp

Luckmann, Thomas (1992), *Theorie des sozialen Handelns*, Berlin/New York: De Gruyter

Luckmann, Thomas (1999), Wirklichkeiten: individuellen Konstitution und gesellschaftliche Konstruktion, in: R. Hitzler, J. Reichertz, A. Honer (Hg.), *Hermeneutische Wissenssoziologie. Standpunkte zur Theorie der Interpretation*, Konstanz: UVK, S. 17–28

Luckmann, Thomas (2008), Konstitution und Konstruktion. Phänomenologie und Sozialwissenschaft, in diesem Band, S. 33–40

Mohr, Hubert (2000), Vision/Audition, in C. e. a. Auffahrt (Hg.), *Metzler Lexikon Religion*, S. 570–577

Pfadenhauer, Michaela & Ronald Hitzler (2005), Communio (post traditionalis). Religiosität in Szenen – Religiöse Szenen?, in: K.-S. Rehberg (Hg.), *Soziale Ungleichheit – Kulturelle Unterschiede, Verhandlungen des 32. Kongresses der Deutschen Gesellschaft für Soziologie in München 2004 (CD-ROM)*, Campus: Frankfurt a.M., S. 2405–2410

Schnettler, Bernt (2004), *Zukunftsvisionen. Transzendenzerfahrung und Alltagswelt*, Konstanz: UVK

Schnettler, Bernt (2006), Alltag und Religion, in: W. Gräb, B. Weyel (Hg.), *Religion in der modernen Lebenswelt. Erscheinungsformen und Reflexionsperspektiven*, Göttingen: Vandenhoek & Ruprecht, S. 84–100

Schnettler, Bernt (2007a), Mundanphänomenologie und ›Ethnophänomenologie‹, in: K.-S. Rehberg (Hg.), *Die Natur der Gesellschaft. Verhandlungen des 33. Kongresses der Deutschen Gesellschaft für Soziologie in Kassel 2006*, Frankfurt a.M.: Campus (im Druck)

Schnettler, Bernt (2007b), Transzendenzerfahrung und Spiritualität. Zur Soziologie ›religiöser‹ Erfahrungen in der Gegenwart, in: K. Baier, J. Sinkovits (Hg.), *Spiritualität und moderne Lebenswelt*. Münster: Lit-Verlag, S. 45–69

Schütz, Alfred (1932), *Der sinnhafte Aufbau der sozialen Welt*, Wien: Springer

Schütz, Alfred (1971 [1945]), Über die mannigfaltigen Wirklichkeiten, in: *Gesammelte Aufsätze I*, Den Haag: Nijhoff, S. 237–298

Schütz, Alfred (1971 [1955]), Symbol, Wirklichkeit und Gesellschaft, in: *Gesammelte Aufsätze I*, Den Haag: Nijhoff, S. 237–411

Schütz, Alfred (2003 [1955]-a), Symbol, Wirklichkeit und Gesellschaft, in H. Knoblauch, R. Kurt, H.-G. Soeffner (Hg.), *Alfred Schütz Werkausgabe, Bd. V.2. Theorie der Lebenswelt 2. Die kommunikative Ordnung der Lebenswelt*, Konstanz: UVK, S. 117–223

Schütz, Alfred (2003 [1955]-b), Über die mannigfaltigen Wirklichkeiten, in: M. Endreß, I. Srubar (Hg.), *Alfred Schütz Werkausgabe, Bd. V.1. Theorie der Lebenswelt 2, Die pragmatische Schichtung der Lebenswelt*. Konstanz: UVK, S. 177–247

Schütz, Alfred (2004 [1953]), Common-Sense und wissenschaftliche Interpretation menschlichen Handels, in: J. Strübing, B. Schnettler (Hg.), *Methodologie interpretativer Sozialforschung. Klassische Grundlagentexte*, Konstanz: UTB, S. 157–197

Schütz, Alfred & Thomas Luckmann (1984), *Strukturen der Lebenswelt II*, Frankfurt a.M.: Suhrkamp

Schütz, Alfred & Thomas Luckmann (2003 [1979/1984]), *Strukturen der Lebenswelt*, Konstanz: UVK/UTB

Soeffner, Hans-Georg (1991), Zur Soziologie des Symbols und des Rituals, in: J. Oelkers, K. Wegenast (Hg.), *Das Symbol. Brücke des Verstehens*, Stuttgart: Kohlhammer, S. 63–81

Soeffner, Hans-Georg (1993), Der Geist des Überlebens. Darwin und das Programm des 24. Deutschen Evangelischen Kirchentages, in: J. Bergmann, A. Hahn & T. Luckmann (Hg.), *Religion und Kultur* (SH 33 der KZfSS), Opladen: Westdeutscher, S. 191–205

Soeffner, Hans-Georg (2008), Symbolische Präsenz: unmittelbare Vermittlung – zur Wirkung von Symbolen, in diesem Band, S. 53–64

Šuber, Daniel (2007), Zum Erfahrungsbegriff in der Soziologie. Einige theoriegeschichtliche Anmerkungen, in: K.-S. Rehberg (Hg.), *Die Natur der Gesellschaft. Verhandlungen des 33. Kongresses der Deutschen Gesellschaft für Soziologie in Kassel 2006*, Frankfurt a.M.: Campus (im Druck)

Ulmer, Bernd (1988), Konversionserzählungen als rekonstruktive Gattung. Erzählerische Mittel bei der Rekonstruktion eines Bekehrungserlebnisses, *Zeitschrift für Soziologie*, 17, S. 19–33

Thomas S. Eberle

Phänomenologie und Ethnomethodologie

Nach einer einprägsamen Formel von Thomas Luckmann (1979: 196ff) ist Phänomenologie Philosophie, Soziologie dagegen Wissenschaft. Die Perspektive der Phänomenologie sei egologisch, jene der Wissenschaft kosmologisch. Die Methode der Phänomenologie sei reflexiv, jene der Wissenschaft induktiv. Das Ziel der Phänomenologie sei es, »die universalen Strukturen subjektiver Orientierung in der Welt zu beschreiben«, das Hauptziel der Wissenschaft dagegen, »die allgemeinen Merkmale der objektiven Welt zu erklären« (ibid.). Luckmann interpretiert die phänomenologische Lebensweltanalyse von Alfred Schütz daher als »Protosoziologie«, als »mathesis universalis«, von der er sich die Lösung eines Fundamentalproblems der Sozialwissenschaften verspricht: des Problems der Vergleichbarkeit historischer Daten (Luckmann 1980: 52). Wie das Verhältnis von Phänomenologie und Soziologie aussehen kann, hat er zusammen mit Peter L. Berger in *Die gesellschaftliche Konstruktion der Wirklichkeit* demonstriert: Zentrale Einsichten von Schütz wurden als »präsoziologische« Grundlage verwendet, um ihre Neukonzeption der Wissenssoziologie phänomenologisch zu unterfüttern (Berger & Luckmann 1970).

Eine völlig andere Auffassung des Verhältnisses von Phänomenologie und Soziologie hat Harold Garfinkel mit seiner Ethnomethodologie entwickelt. Er interpretierte Schütz' Lebensweltanalyse nicht als protosoziologische Grundlagentheorie, sondern vielmehr als alternatives soziologisches Paradigma zur Erklärung des Problems sozialer Ordnung. In der Ethnomethodologie wurden Phänomenologie und Soziologie also miteinander verschmolzen. Das Verhältnis von Phänomenologie und Ethnomethodologie ist schon verschiedentlich reflektiert worden (vgl. v. a. Eberle 1984, Heritage 1984, Sharrock & Anderson 1989). Die Behauptung ist nicht übertrieben, dass die Ethnomethodologie ohne Phänomenologie gar nie entstanden wäre. Es gibt nun mindestens zwei Gründe, erneut einen Blick auf das Verhältnis zu werfen. Erstens kann die Genese der Ethnomethodologie dank neuer Publikationen präziser rekonstruiert werden, als dies in den 1980er Jahren möglich war. Zweitens fällt auf, dass die frühen Ethnomethodologen sich alle mit Schütz auseinandergesetzt und immer wieder auf sein Werk Bezug genommen haben. Bei den heutigen Ethnomethodologen ist dies nicht mehr der Fall. Selbst Garfinkel (2002) bezieht sich in seinen neueren Schriften kaum mehr auf Schütz, und Michael Lynch (1993) konstatiert, die (falschen) Schützschen Grundannahmen seien inzwischen überwunden. Hat die heutige Ethnomethodologie überhaupt noch eine Beziehung zur Phänomenologie?

1. Garfinkels Auseinandersetzung mit der Phänomenologie

In seinem Hauptwerk *Studies in Ethnomethodology* nennt Garfinkel (1967: ix) einen Soziologen und drei Phänomenologen als seine intellektuellen Mentoren: Talcott Parsons, Alfred Schütz, Aron Gurwitsch und Edmund Husserl. Mit Phänomenologie kam er bereits während seines Master-Studiums in Kontakt. Zunächst hatte er – mit der Perspektive, in seines Vaters Möbelgeschäft einzusteigen – an der Universität seiner Heimatstadt Newark in New Jersey Betriebswirtschaftslehre studiert und mit dem Bachelor-Degree abgeschlossen. Von 1939 bis 1942 absolvierte er an der University of North Carolina in Chapel Hill ein Master-Studium in Soziologie, während dessen er mit Kollegen von der Philosophischen Abteilung Bekanntschaft schloss und Texte von Husserl, Gurwitsch und Gestalt-Psychologen las (Garfinkel 2002: 82ff, Rawls 2002: 11ff). Laut einem Interview mit Psathas (im Druck) nahm Garfinkel auch phänomenologische Texte in die Armee mit, in der er von 1942 bis 1946 diente.

1946 begann er sein Ph.D.-Studium bei Talcott Parsons an der Harvard University, wo er bis 1951 blieb. Während dieser Zeit pflegte er Beziehungen zu Aron Gurwitsch, den er regelmäßig in dessen Haus in Cambridge, Mass., besuchte, sowie zu Alfred Schütz, den er häufig in New York für Tutoriatsabende traf (Garfinkel 2002: 84). Im Rahmen dieser Kontakte wurde sein Interesse an phänomenologischen Fragen immer größer und gründlicher (Rawls 2002: 15), und es schlug sich auch deutlich in den zwei Arbeiten dieser Zeit nieder, die beide im Spannungsfeld zwischen der Phänomenologie einerseits und dem Parsons'schen Strukturfunktionalismus andererseits entstanden: in der Studie *Seeing Sociologically* (Garfinkel [1948] 2006) und in seiner Dissertation *The Perception of the Other: A Study in Social Order* (Garfinkel 1952). Während die Dissertationsschrift unveröffentlicht blieb, bei der Harvard University Library aber als Kopie auf Microfiche bestellt werden kann, wurde eine 1948 entstandene, 117 Seiten lange Vorstudie zu einer Dissertation mit dem umständlichen Titel *Prospectus for an Explanatory Study of Communicative Effort and the Modes of Understanding in Selected Types of Dyadic Relationship* erst kürzlich von Anne Rawls entdeckt und veröffentlicht (Garfinkel 2006, Rawls 2006). Dieser Text, der seinerzeit u. a. auch von Erving Goffman, Anselm Strauss und Harvey Sacks gelesen wurde (Rawls 2006: 2), skizziert bereits die Grundlinien des ethnomethodologischen Forschungsprogramms. Dessen Einlösung, so bemerkt Lemert (2006) im Vorwort, konnte eine Dissertation nicht leisten, sondern nahm ein ganzes Forscherleben in Anspruch. Rawls (2006: 2) qualifiziert diese Schrift als »a dissertation that was never written«, sie kann m. E. aber auch als Vorstudie zu seiner Dissertation gewertet werden, welche viele inhaltliche Übereinstimmungen aufweist. Beide Schriften enthalten ausführliche Erörterungen über die Adäquanz theoretischer Prämissen und soziologischer Konzepte, also das, was sich viele von Garfinkel an Klärung immer gewünscht hatten und was dieser später hartnäckig verweigerte. In beiden Schriften wird der enorme Einfluss deutlich, den die Phänomenologie bei der Entstehung der Ethnomethodologie hatte.

2. Von der egologischen Perspektive zur Beobachterperspektive

Husserls Phänomenologie nimmt das *ego-cogito-cogitatum* zum Ausgangspunkt, also die Intentionalität des subjektiven Bewusstseins, und analysiert die Gegebenheitsweisen der Phänomene in ihren noetischen und noematischen Aspekten. Der Sinn der Phänomene konstituiert sich durch polythetische Bewusstseinsleistungen in der Zeitlichkeit des Bewusstseinsstroms. Schütz hat diese Analysen der Sinnkonstitution aufgenommen und fortgeführt, um die handlungstheoretische Grundlegung der Verstehenden Soziologie durch Max Weber philosophisch zu begründen. Dabei ging es ihm darum, die Sinnkategorie sowie die Strukturen der Lebenswelt zu klären. In Bezug auf Weber wies er auf die Notwendigkeit hin, die Zeitlichkeit sowie die Perspektivität der Sinnkonstitution zu beachten: Insbesondere soll zwischen verschiedenen Sinnschichten, zwischen subjektiver und objektiven Sinnzusammenhängen, zwischen Selbstdeutung und Fremddeutung sowie zwischen verschiedenen zeitlichen und räumlichen Gegebenheitsweisen unterschieden werden. Im Übrigen war Schütz (2004: 75) überzeugt, dass es Weber gelungen war, den Ansatzpunkt jeder echten Theorie der Sozialwissenschaften endgültig zu bestimmen.

In *Seeing Sociologically* greift Garfinkel (2006 [1948]) diese Analysen auf. Im Unterschied zu Schütz war er nicht an der Weberschen Soziologie, sondern am Parsons'schen Theorierahmen orientiert, und er setzte sich zum Ziel, unter Rückgriff auf die Phänomenologie eine neue soziologische Perspektive zu begründen (»seeing things anew«, 2006: 101). Sein Hauptziel sei erstens, das Konzept der sozialen Beziehung in die Begriffe »kommunikative Anstrengung (*effort*) zwischen Akteuren« zu übersetzen (2006: 99). Zweitens soll diese kommunikative Anstrengung (*endeavor*) untersucht werden in Bezug auf die Inhalte, die Organisation von Bedeutungen, die Prozesse und Logiken kommunikativer Ausdrücke sowie die Taktiken von Kommunikation und

Verstehen, und zwar mit Hilfe des Verfahrens, Erfahrungen von Inkongruenz experimentell zu induzieren (ibid.). Schon als 31-jähriger Graduate Student hat Garfinkel also die Zielsetzung der Ethnomethodologie und das Verfahren der *incongruity experiments* entwickelt.

Wie Weber und Parsons setzt auch Garfinkel beim sozialen Handeln an und erörtert, was »soziologisch sehen« überhaupt heißen kann. Als Erstes gilt es die Beziehung des soziologischen Beobachters zu seinen Daten zu konzeptualisieren. Die Welt ist ein Faktum – doch wie ist das möglich? Nach Garfinkel läge es nahe, sich mit dem Bedeutungsgehalt so zentraler Begriffe wie ›Existenz‹, ›Realität‹ und ›Objektivität‹ auseinanderzusetzen, doch verzichtet er darauf zugunsten einer phänomenologischen Perspektive: »We shall refer instead to the phenomenological researches of Edmund Husserl, and accept his views with regard to the considerations involved for the scientist who seeks a radical and rational empiricism« (Garfinkel 2006: 102). In der Folge orientiert sich Garfinkel vor allem an den Analysen von Schütz, und zwar an dessen Aufsatz »On Multiple Realities« (Schütz 2003 [1945]), in dem dieser unter anderem die Akteursorientierung in der Alltagswelt und die Konzeption von Handlungen durch den wissenschaftlichen Beobachter thematisiert. Garfinkel präsentiert zahlreiche Exzerpte und gibt viele andere Passagen in eigenen Worten wieder. Im Mittelpunkt steht die sinnhafte Struktur der sozialen Welt oder, wie er später sagen wird, das ›Problem der Bedeutung‹ (*the problem of meaning*) (Garfinkel 2002). Im Unterschied zum Behaviorismus, aber auch zu jenen soziologischen Ansätzen, die soziale Bedeutungen durch ein intersubjektiv geteiltes Symbolsystem gesichert sahen, betont Garfinkel im Anschluss an Schütz die Vielfalt der sinnhaft vorinterpretierten Alltagswelt und die Relevanz interpretativer Akte.

Während sich Schütz in der egologischen Perspektive weitgehend mit den Gegebenheitsweisen der sozialen Welt in der subjektiven Erfahrung beschäftigt, zielt Garfinkel von Anfang an auf eine empirische Erforschung sozialer Kommunikation aus der Beobachterperspektive. Die Phänomenologie ist für ihn nur insoweit von Interesse, als sie ihm für dieses Unterfangen dient. Schütz hat die Beobachterperspektive eingehend analysiert, sowohl was das Fremdverstehen durch ein alltagsweltliches alter ego als auch was die sozialwissenschaftliche Modellbildung durch einen wissenschaftlichen Beobachter anbelangt. Auch »den Mechanismus der Kommunikation vom Standpunkt des Interpretierenden aus« hat er ausführlich beschrieben (2003: 194). Das alter ego kommuniziert einen Gedanken, indem es Wort an Wort, Satz an Satz, Absatz an Absatz reiht, während ego diese Wirkhandlungen fortlaufend interpretiert. Zur Deutung aufgegeben ist dabei das gesamte Ausdrucksfeld, also nicht nur die Sprechhandlungen, sondern auch die Konnotationen und der Kommunikationskontext, der Tonfall der Stimme des Sprechers, sein Gesichtsausdruck und seine Gesten, ferner auch bloßes Verhalten und sogar bloße Reflexe, also wesentlich aktuelle Erlebnisse ohne subjektiven Sinn (Schütz 2003: 195f).

Garfinkel (1967, 2006) nutzt diese Analysen, um ein soziologisches Programm aus Beobachterperspektive zu entwerfen. In der Kommunikation sind die Akteure mit einem gemeinsamen Sense-making beschäftigt, das sowohl aus Anzeige- als auch aus Deutungsakten besteht. Aufgabe der Ethnomethodologie ist es nach Garfinkel, dieses konzertierte Sense-making in seinem sequenziellen Ablauf zu untersuchen. Denn durch die Art, wie Akteur B auf eine Kommunikation von Akteur A reagiert, bringt er zum Ausdruck, wie er diese Kommunikation verstanden hat, und in der nächsten Sequenz macht Akteur A deutlich, wie er die Reaktion von B verstand (und ob er sich beispielsweise richtig oder falsch verstanden fühlt). Was nicht kommunikativ zum Ausdruck gebracht wird, kann auch nicht verstanden werden. Für Garfinkels Forschungsinteresse ist es daher völlig irrelevant, was im subjektiven Bewusstsein bzw. im Kopf der Interagierenden vor sich geht – nur was in der Kommunikationssituation beobachtbar ausgedrückt wird, ist Gegenstand der Analyse. Später bringt Garfinkel (1963: 190) dies folgendermaßen auf den Punkt:

> »I shall exercise a theorist's preference and say that meaningful events are entirely and exclusively events in a person's behavioral environment [...] Hence there is no reason to look

under the skull since nothing of interest is to be found there but brains. The ›skin‹ of the person will be left intact. Instead questions will be confined to the operations that can be performed upon events that are ›scenic‹ to the person.«

Srubar (1988, 2007) hat sorgfältig herausgearbeitet, dass Schütz' Lebenswelt zwei Pole aufweist, nämlich einen subjektiv zentrierten und einen intersubjektiven; durch die Sinnklammer der appräsentativen Systeme bleiben sie vermittelt. Sozialität fundiere Subjektivität, und zwar nicht nur in dem Sinne, dass die kulturellen Ausdrucks- und Deutungsschemata einer Gruppe gesellschaftlich vorgegeben und vom Individuum als fraglose, selbstverständliche Wissensbestände angeeignet werden, sondern auch in dem Sinne, dass die Konstitution der objektiven Lebenswelt nicht im subjektiven Bewusstsein, sondern – nunmehr in einem ontologischen Sinne – in der Interaktion der Wirkensbeziehung, der »Urzelle mundaner Sozialität«, lokalisiert werden müsse. Damit hat Srubar die Matrix definiert, in der auch die Ethnomethodologie verortet werden kann: Garfinkel setzt am pragmatischen Pol der Lebenswelt an, und dieser kann beobachtet werden.[1]

3. Elimination anthropologischer Prämissen

Da es Husserl nicht gelungen war, die Intersubjektivität transzendentalphänomenologisch zu begründen, verzichtete Schütz schon früh auf die *epoché*, d. h. auf die Einklammerung der Geltungssetzungen der natürlichen Einstellung, und betrieb fortan eine Mundanphänomenologie. Sie begann mit der »Generalthesis des alter ego«, also mit der Annahme der existenziellen Gegebenheit des Anderen im *Sinnhaften Aufbau der Welt* (Schütz 2004) und setzte sich in zahlreichen anthropologischen Annahmen fort. War das »transzendentale ego« bei Husserl nicht einfach mit dem Ich eines Menschen gleichzusetzen – zumindest auf seinem Totenbett hielt er die Unsterblichkeit des transzentalen egos durchaus für möglich (Schütz 1977: 44) –, bezieht sich das mundane ego bei Schütz nicht nur auf ein erkennendes Subjekt als solches, sondern auch auf konkrete Menschen in ihrer Leiblichkeit, Sozialität und Historizität.[2] Dies manifestiert sich in zahlreichen Konzepten, wie etwa »menschliche Handlungen«, »biographiespezifischer Wissensvorrat«, »Lebenspläne«, die »Fundamentalangst« des Menschen bzw. seine »Angst vor dem Tod«, aus der die »Systeme von Hoffnungen und Befürchtungen, von Wünschen und Befriedigungen, von Chancen und Risiken« entspringen (Schütz 2003: 204); oder etwa in der Aussage, dass Intersubjektivität und Wir-Beziehung alle anderen Kategorien des Menschseins fundiere, »solange Menschen von Müttern geboren werden« (Schütz 1971: 116).

Hier weicht Garfinkel nun deutlich von Schütz ab: Er streicht sämtliche anthropologischen Prämissen. Akteure sind in der ethnomethodologischen Perspektive keine konkreten Individuen oder Menschen aus Fleisch und Blut, die aufgrund ihrer Intentionen bestimmte Handlungen vornehmen, in verschiedenen Situationen unterschiedliche Rollen spielen und ein Selbst oder eine persönliche Identität, eine Biographie und Pläne für die Zukunft haben. Akteure sind vielmehr Sinnkonstruktionen, die im jeweiligen Kommunikationszusammenhang erst erzeugt werden. Zugespitzt formuliert: Für die Ethnomethodologie existieren keine menschlichen Akteure, sondern nur Handlungen. Handlungen werden nicht von Akteuren erzeugt, sondern Akteure durch Handlungen. Dieser Punkt kann kaum übertont werden, da mit dem Akteursbegriff oft unversehens der methodologische Individualismus konnotiert oder zumindest die

---

1 Mehr noch als Schütz, distanziert sich Garfinkel aber auch deutlich von verschiedenen Prämissen des Pragmatismus. Vgl. seine Auseinandersetzung mit James, Mead, Peirce und Dewey, zusammengefasst bei Rawls (2006: 54–81).
2 Vgl. dazu Knoblauch und Reichertz in diesem Band.

ontologische Annahme der natürlichen Einstellung unterstellt wird, dass Akteure Menschen sind, die Situationen betreten und in diesen handeln und kommunizieren.

Akteure sind keine Personen (Garfinkel 2006: 186), sondern durch situierte Handlungen konstituierte Identitäten. Später führt Garfinkel (1967: 76) den Begriff des »Mitglieds« ein, den er im Anschluss an Parsons im Sinne einer Mitgliedschaft in einem Kollektiv versteht. Damit ist die Gefahr, Akteure als Individuen oder Menschen zu reifizieren, etwas gemildert. Ob jemand Mitglied ist, wird jedoch nicht wie bei Parsons vom (wissenschaftlichen) Beobachter entschieden, sondern von den anderen Mitgliedern des betreffenden Kollektivs: Mitglied ist man so lange, als einem die anderen als »Mitglied« akzeptieren. Und das lässt sich anhand ihrer Handlungen beobachten.

Mit den Personen verabschiedet Garfinkel (2006, 1967) auch andere reifizierende Konstrukte, wie beispielsweise die Vorstellung, Akteure seien gleichsam Behälter von Wissen und Motiven. Er stellt Konzepte wie »subjektive Wissensvorräte« oder »geteiltes Wissen« (*shared knowledge*) pointiert in Frage und konzentriert sich ausschließlich auf das Wissen im Sinne von »Wie?« Wie wird Kommunikation bewerkstelligt? Wie entsteht der Eindruck, man habe sich erfolgreich verständigt? Woran erkennt man Missverständnisse oder differente Perspektiven? Wie gibt sich eine Frau erfolgreich als »Frau« zu erkennen und Geschworene als »Geschworene«? 1953 führt Garfinkel die Begriffe »Ethnomethoden« und »Ethnomethodologie« ein, und seither spricht er von Mitgliedermethoden (*members methods*). Die zugrunde liegende Idee ist so einfach wie plausibel: Das Alltagsleben ist sinnhaft geordnet. Diese Ordnung wird von den Mitgliedern laufend hergestellt, dargestellt und einander angezeigt und dadurch verstehbar gemacht. Folglich müssen die Akteure irgendwelche Methoden beherrschen, um dies zu bewerkstelligen (Garfinkel 1974).

Später wird Garfinkel (2002) von »embodied practices« sprechen. Mit dem Begriff »Praktiken« werden zum einen die handlungstheoretischen Konnotationen vermieden, die mit »Handeln« und »Handlung« unweigerlich mitschwingen. Zum anderen wird die Leiblichkeit eingeführt – was Garfinkels Auseinandersetzung mit Merleau-Ponty widerspiegelt –, allerdings nicht im Sinne der Leiblichkeit von »Akteuren«, sondern im Sinne von verkörperten Praktiken. Beobachtet man Praktiken, so beobachtet man immer körperliche Bewegungen von Akteuren. Im Fokus der Ethnomethodologie stehen Praktiken in ihrem Vollzug, und sie konstituieren auch die situierte Identität der beteiligten Mitglieder. Von »Akteuren« spricht Garfinkel heute noch, aber immer in der beschriebenen eingeschränkten Bedeutung. Um ihnen den Nimbus des agens zu nehmen, ist auch immer mehr von »self-organizing settings« die Rede.

4. Kognitive Stile und das Problem sozialer Ordnung

Schon in Garfinkels Frühschriften sind Akteure nicht konkrete Entitäten, sondern »Symbolbehandler« (*symbol treaters*). Es gilt nach Garfinkel (2006: 109ff) daher die Bedingungen zu spezifizieren, unter denen Symbole behandelt werden. Schütz (2003) nannte dies den »kognitiven Stil«. Dieser steht nach Garfinkel dann fest, wenn die empirischen Spezifikationen der folgenden Konzepte bestimmt sind: (1) der spezifische Modus der Aufmerksamkeit aufs Leben; (2) die Epoché; (3) die spezifische Form der Sozialität; (4) die spezifische Form der Spontaneität; (5) der spezifische Modus des Zeitbewusstseins; und (6) die spezifische Form der Erfahrung des Selbst. Schütz (2003) hat anhand dieser grundlegenden Charakteristika die Alltagswelt, die verschiedenen Welten der Phantasievorstellungen, die Welt der Träume und schließlich die Welt der Wissenschaft beschrieben. Garfinkel will nun dieselben Merkmale verwenden, um soziale Settings zu beschreiben. Beispielhaft fragt er, worin der kognitive Stil eines Wächters der Universitätsbibliothek besteht (2006: 110ff). Um diesen zu explizieren, muss man weder ins subjektive Bewusstsein des Bibliothekswächters eindringen noch eine egologische Analyse durchführen. Vielmehr gilt es nach Garfinkel zu fragen, wie die einzelnen Charakteristika des kognitiven Stils aufgrund beobachteter Praktiken empirisch spezifiziert werden können. Dazu müssen neue Methoden entwickelt werden.

In Anlehnung an Parsons (bzw. an Hobbes) akzeptiert Garfinkel das Problem der sozialen Ordnung als die Grundfrage der Soziologie. Bereits in »Seeing Sociologically« konstatiert er, dass Parsons zwar radikal in der Problemstellung, jedoch nicht radikal genug in seinen theoretischen Analysen gewesen sei (Garfinkel 2006: 137). Die invarianten Strukturen, die Husserls Phänomenologie expliziert, seien von wesentlich anderer Art als der theoretische Bezugsrahmen, den Parsons in *Structure of Social Action* (1968 [1937]) vorlegte. Dieser eigne sich zwar, wie aus Schütz' Weber-Analyse hervorging, zur Applikation auf teleologische Handlungen, nicht aber für expressive, z. B. intime Aktivitäten. In seiner über 600seitigen Dissertation, *The Perception of the Other*, stellt Garfinkel (1952) nach einigen metatheoretischen Erörterungen die konstitutiven Prämissen des Parsons'schen Theorieansatzes und jene der Schützschen Lebensweltanalyse einander als zwei alternative Paradigmen zur Erklärung sozialer Ordnung gegenüber, als »Korrespondenztheorie vs. Kongruenztheorie«, und unterscheidet sie anhand von sechs Kriterien (1952: 90–150)[3]. Obwohl Parsons sein Doktorvater war, entschied er sich nach diesem Vergleich für die Kongruenztheorie von Schütz und führte sein erstes Inkongruitätsexperiment durch (Garfinkel 1952: 391–602). Die Idee war folgende: Betrachtet man eine soziale Situation als eine sinnhafte Ordnung von Objekten, so stellt sie einen geschlossenen Sinnbereich dar, der auf dem Wirken eines kognitiven Stils beruht, den die beteiligten Mitglieder miteinander teilen. Setzt man nun eine dieser konstitutiven Annahmen des kognitiven Stils außer Kraft, müsste – so die Hypothese – die Ordnung zusammenbrechen.

Aus der Korrespondenz zwischen Schütz und Garfinkel geht hervor, dass Schütz daran zweifelte, ob zwischen den theoretischen Entscheidungen von Parsons und ihm wirklich derart fundamentale Unterschiede existieren. Auch war er sich nicht sicher, ob er den grundsätzlichen Unterschied zwischen dem, was Garfinkel »Korrespondenztheorie« respektive »Kongruenztheorie« nannte, begriffen hat und ob es sich wirklich um Unterschiede auf der Ebene empirischer Untersuchungen handelt (vgl. Psathas im Druck). In der Tat hat Schütz in seiner Korrespondenz mit Parsons (Schütz & Parsons 1977) den Standpunkt vertreten, dass die phänomenologische Analyse der »subjektiven Perspektive« für die soziologische Theorie von Parsons gleichsam einen Bezugsrahmen darstelle, dass Parsons aber seinen Theorieansatz nicht ändern müsse. Die phänomenologisch beschriebenen Strukturen der Lebenswelt sollten vielmehr deutlich machen, welche Sinntransformationen soziologische Theorien vornehmen, wenn sie die subjektive Handlungsorientierung in Homunculus-Modelle übersetzen.

5. Adäquanz soziologischer Beschreibung: Zurück zu den Phänomenen!

Schütz hat eine Reihe methodologischer Postulate für sozialwissenschaftliche Theoriekonstruktionen aufgestellt, von denen das Postulat der subjektiven Interpretation und das Postulat der Adäquanz die wichtigsten sind. Das Postulat der subjektiven Interpretation verlangt, dass Generalisierungen und Idealisierungen auf hohem Abstraktionsniveau lediglich als eine Art intellektueller Kurzschrift betrachtet werden und jederzeit auf das Forschungsniveau der individuellen menschlichen Tätigkeit und den subjektiven Sinn, den ein Handeln oder sein Ergebnis für den Handelnden gehabt hat, transformiert werden können (2004a). Das Postulat der Adäquanz verlangt, dass die Konsistenz der Konstruktionen zweiter Ordnung (d. h. der Sozialwissenschaften) mit den Konstruktionen erster Ordnung (des Alltagsdenkens) konsistent sind, dass also »jeder Begriff in einem wissenschaftlichen Modell menschlichen Handelns […] so kon-

---

3 Für eine Kurzübersicht vgl. Psathas (im Druck).

struiert sein (muss), dass eine innerhalb der Lebenswelt durch ein Individuum ausgeführte Handlung, die mit der typischen Konstruktion übereinstimmt, für den Handelnden selbst ebenso verständlich wäre wie für seine Mitmenschen, und das im Rahmen des Alltagsdenkens« (Schütz 2004a: 194). Tiefer in die Details der typisierenden Methode einzudringen, hielt Schütz daher für »die wichtigste Aufgabe einer jeden Handlungstheorie« (1972: 21). Zum einen gilt es die Sinnverschiebungen sorgfältig zu beachten, die bei einer Modifikation des Relevanzsystems und der Transformation von abstrakten zu konkreten Begriffen und von anonymen zu personalen Idealtypen auftreten. Zum anderen macht Schütz deutlich, dass zwischen den sozialwissenschaftlichen Homunculi und der lebensweltlichen Erfahrung von Akteuren eine unaufhebbare Differenz besteht, da die idealtypischen Konstruktionen die typentranszendenten Aspekte nicht erfassen.

Garfinkel fasst das Postulat der Adäquanz wesentlich radikaler als Schütz. Er nimmt dessen Forderung ernst, die subjektive Akteursperspektive bis in ihre subtilsten Sinnabschattungen zu rekonstruieren. Die adäquate Deskription einer sozialen Situation verlangt, die beobachtbaren Praktiken in all ihren Details zu beschreiben und dadurch zu explizieren, wie eine sinnhafte soziale Ordnung erzeugt, kommunikativ angezeigt und dadurch verstehbar (*intelligible*) gemacht wird. Garfinkel löst damit das ursprüngliche phänomenologische Diktum »Zurück zu den Phänomenen!« ein, indem er der Ethnomethodologie zur Aufgabe macht, Kommunikationsvollzüge in sozialen Situationen in all ihren Einzelheiten genau zu beobachten und zu beschreiben. Noch heute gehört es zum üblichen Diskurs von Ethnomethodologen, beim Anblick aufgezeichneter Daten zu fragen: »Was ist das Phänomen?« Allerdings geht es nicht darum, die Erscheinungsweisen von Phänomenen im subjektiven Bewusstsein des Beobachters zu analysieren, sondern zu erläutern, aufgrund welcher kommunikativer Praktiken soziale Situationen geordnet und verständlich gemacht werden. Weder der kognitive Stil noch Reflexions- und Verstehensakte müssen im Bewusstsein gesucht, sondern können unmittelbar in Kommunikationssituationen beobachtet werden: Wie beispielsweise Mitglieder indexikale Ausdrücke in ihrer Reflexivität sequenziell erschließen und mittels der dokumentarischen Methode der Interpretation ein Sinnmuster erkennen, lässt sich am konkreten Datenmaterial zeigen (Garfinkel 1967).

Allerdings wirft dies sofort die Frage auf, was denn eigentlich am empirischen Material gezeigt werden kann. Die Reflexion darauf, wie sich aus der Beobachterperspektive schlüssig aufweisen lässt, woran sich die Akteure faktisch orientieren, blieb im Vergleich zu den Schütz'schen Analysen des Fremdverstehens relativ dürftig, und einige Ethnomethodologen und Konversationsanalytiker gebärdeten sich manchmal etwas empirizistisch. Solange man Alltagssituationen untersuchte, die »jedermann« versteht, wurde auch bei den Beobachtern die Kompetenz, beobachtete Situationen »richtig« interpretieren zu können, einfach vorausgesetzt. Als Garfinkel und seine Kollegen aber mit den *Studies of Work* begannen (Garfinkel 1986), sprach er zunehmend vom »unique adequacy criterion«: Der Beobachter muss ein kompetentes Mitglied der untersuchten Situation sein, um diese adäquat verstehen zu können. Waren die frühen Ethnomethodologen fast ausschließlich Soziologen, rekrutierte Garfinkel später Mathematiker, Physiker, Juristen und andere, da nur sie über die Kompetenz verfügten, die Arbeit solcher Professionsangehöriger adäquat zu verstehen. Neuerdings geht Garfinkel (2002) aber noch einen Schritt weiter, indem er »Adäquanz« nicht mehr an eine Beschreibung koppelt, sondern sie in der erfolgreichen »Instruktion« erblickt.

6. Die Entwicklung der Ethnomethodologie

Heute liegt ein umfangreicher Corpus ethnomethodologischer Arbeiten vor. Im Laufe der Weiterentwicklung sind gegenüber den frühen Schriften Garfinkels zahlreiche konzeptuelle Änderungen und Fokusverschiebungen beobachtbar, die hier nicht nachgezeichnet werden können.⁴ In Bezug auf die Phänomenologie sollen jedoch vier Punkte erwähnt werden: Erstens hat sich die Ethnomethodologie nicht nur als Alternative zu Parsons' Strukturfunktionalismus, sondern zur gesamten konventionellen Soziologie profiliert. Indem diese mit Umschreibungen (*glosses*), also mit monothetischen Konstrukten operiert und damit die konstitutiven kommunikativen Akte der Erzeugung sozialer Ordnung überblendet, verwechselt sie Gegenstand und Mittel, setzt also in ihren Erklärungen gerade das voraus, was sie eigentlich erklären sollte (Zimmerman & Pollner 1976).⁵ Denn die Anwendung der traditionellen theoretischen Konzepte, wie Norm, Rolle, Zeichen usw., ist nur mit Hilfe von Interpretationsprozeduren möglich, die jeweils als unreflektierte und unthematisierte Ressourcen in die soziologische Beschreibung konkreter Siuationen mit einfließen. Die konventionelle Soziologie wendet somit dieselben Methoden an wie die Akteure im Alltagsleben, wenn sie soziale Situationen beschreiben. Aufgrund dieser Gemeinsamkeiten wird sie von Garfinkel (1967) als »folk sociology« bezeichnet. Die Ethnomethodologie will demgegenüber einen ganz anderen Weg gehen, indem sie das Problem der Ordnung auf einer grundsätzlicheren Ebene ansetzt und die Methoden aufzudecken sucht, mittels derer gesellschaftliche Fakten konstituiert und ›accountable‹, also erkennbar, verstehbar, beschreibbar, berichtbar und erklärbar gemacht werden (Garfinkel 1967: vii).

Zweitens: Ein weiteres wichtiges Thema, das Schütz in der Auseinandersetzung mit Parsons angesprochen und später (2004a) weiter ausgearbeitet hat, war der Unterschied zwischen der Rationalität auf der Ebene wissenschaftlicher Konstruktionen und jener im Alltagsleben. Schütz' Argumente wurden von Parsons nicht verstanden (Schütz & Parsons 1977) und haben Garfinkel (1967: 262ff) zu einer ausführlichen Erörterung von Alltagsrationalitäten und wissenschaftlichen Rationalitäten veranlasst.⁶ Die rationalen Merkmale praktischer Handlungen als kontingente, andauernde Hervorbringungen von organisierten, kunstvollen Praktiken des Alltagslebens zu untersuchen, ist fortan ein erklärtes Ziel der Ethnomethodologie (Garfinkel 1967: 11).

Drittens: Eine weitere intensive Auseinandersetzung mit Schütz fand im Rahmen der »Studies of Work« statt, als sich Michael Lynch (1993) im Rahmen seines Postulats, Epistemologie zum Gegenstand empirischer ethnomethodologischer Analysen zu machen und damit eine neue Soziologie wissenschaftlichen Wissens zu begründen, für eine Revision Schützscher Annahmen stark machte. In einer kürzlich veröffentlichten Debatte wirft Dennis (2004) ihm vor, er postuliere einen epistemologischen und methodologischen Bruch innerhalb der Ethnomethodologie: »Garfinkel's later works are argued to be superior to their earlier, ›protoethnomethodological‹ counterparts *to the extent that* they no longer rest on Schutz's flawed and scientist approach to methodological rigour« (2004: 1). Dennis' Gegenthese lautet, die Kritik an Schütz sei unhaltbar und Garfinkels Arbeiten wiesen durchaus Kontinuität auf. Lynch (2004) antwortet in einer Replik, »Misreading Schutz«, und Sharrock (2004) ergänzt, »What Garfinkel makes of Schutz«. Diese Debatte erhellt vor allem die innerethnomethodologischen Auseinandersetzungen der jüngeren Zeit, fördert aber keine neuartigen Aspekte in Bezug auf das Verhältnis von Schütz und Garfinkel zutage. Was Schütz betrifft, sprechen trotz der geäußerten Kritik alle drei Autoren nach wie vor mit großem Respekt von ihm.

Viertens: Die eigentliche Herausforderung der Ethnomethodologie lag von allem Anfang an darin, Methoden zu entwickeln, mittels derer die Ethnomethoden erfolgreich erforscht werden konnten. Garfinkel entwickelte viele Inkongruitätsexperimente, manchmal auch »breaching experiments« genannt, und beruft sich dabei ausdrücklich auf Schütz (Garfinkel 1967: 37). Diese Experimente sind keine Experimente im klassischen Sinn, sondern »Demonstrationen«, welche die Hintergrundserwartungen deutlich machen sollen, mit denen Akteure in der natürlichen Einstellung in konkreten sozialen Settings operieren. Daneben sammelte Garfinkel auch Daten

---

4 Für einen aktuellen Überblick vgl. Eberle (2007a, 2007b).
5 Diese Kritik trifft auch die Symbolischen Interaktionisten sowie Goffman (vgl. Rawls 2006).
6 Für eine vertiefte Auseinandersetzung vgl. Eberle (1984: 469ff).

per Interview – z. B. in seiner Studie über die Transsexuelle Agnes (1967: 116–185) –, insbesondere aber mittels ethnographischer Beobachtungen. Seit seiner Zusammenarbeit mit Harvey Sacks und dem Aufschwung der Konversationsanalyse kamen zunehmend auditive und schließlich audiovisuelle Aufzeichnungen zum Einsatz, die den Vorteil hatten, dass dieselbe sequenziell organisierte Szene immer wieder beobachtet und immer eingehender analysiert werden konnte.

Der Beitrag der Ethnomethodologie an die Methoden der qualitativen Sozialforschung war enorm. Die Akribie der Datenaufzeichnungen und Transkriptionen, die Detailbesessenheit der Analysen und die Selbstdisziplin, datengeleitet und nicht theoriegeleitet vorzugehen, also nichts an die Daten heranzutragen, was diese nicht selbst belegen, ist unübertroffen geblieben. Wenn man in Rechnung stellt, wie lange die an Schütz orientierten empirischen Verfahren – wie etwa das narrative Interview oder die sozialwissenschaftliche Texthermeneutik – sich vorab auf Interviewmaterial beschränkten, war die Ethnomethodologie bahnbrechend. Ihre Radikalität, nur Beobachtungsdaten aus natürlichen Settings zuzulassen und Interviewdaten als bloße Narrationen (*glosses*) zu disqualifizieren, legt ihr allerdings auch Grenzen auf: Erstens beschränkt sich der Fokus auf Interaktionssituationen, zweitens auf kurze fragmentarische Sequenzen und drittens auf die Akteursorientierung, *insoweit* sie durch Beobachtung rekonstruiert werden kann. Wie die Erfahrung zeigt, sind aber auch ethnomethodologische Analysen nicht über jeden Zweifel erhaben, ob die Akteure sich tatsächlich an dem orientieren, was die wissenschaftlichen Beobachter ihnen zuschreiben.

Im Laufe dieser Entwicklung haben sich Garfinkel und seine Schüler immer mehr auf die Empirie konzentriert, und ab den 1970er Jahren konvertierten immer mehr Ethnomethodologen zur Konversationsanalyse, weil diese die überzeugendsten Resultate zu erbringen schien. Immer mehr setzte sich die Überzeugung durch: Über Ethnomethodologie spricht man nicht, Ethnomethodologie betreibt man! Auch Garfinkel zeigte sich immer weniger auskunftswillig und widerstand zunehmend theoretischen Erörterungen oder Theorievergleichen, operierten diese doch alle mit relativ abstrakten Begrifflichkeiten, also mit »glosses«, statt dass sie die Antworten in einer Analyse konkreter empirischer Daten suchten. Garfinkel zitiert zwar auch in seinen neuesten Publikationen (2002) noch Phänomenologen, nun eher Gurwitsch[7] und Merleau-Ponty statt Schütz, empfiehlt aber explizit die Strategie des »misreading« (Garfinkel 2002: 112). Damit meint er nicht ein »unkorrektes«, aber ein alternatives, kreatives Lesen. Die klassischen Texte sollen nicht philologisch ausgelegt und anhand theoretischer Kriterien diskutiert werden, sondern der Inspiration zur empirischen Analyse konkreter Daten, zum »seeing sociologically«, dienen. Die Aversion gegen systematische Theoriedebatten hat allerdings, verstärkt durch die eher kryptische Ausdrucksweise Garfinkels, auch zu einem gewissen Obskurantismus geführt, den die Ethnomethodologie nie ganz losgeworden ist.

7. Konklusion: Phänomenologie und Ethnomethodologie

Die Phänomenologie war für die Genese der Ethnomethodologie konstitutiv. Garfinkel hat seine Ideen in enger Anlehnung an Schütz und auch an Gurwitsch und Husserl sowie später an Merleau-Ponty entwickelt. Von Anfang hat er sie nicht als Protosoziologie interpretiert, sondern als alternativen soziologischen Ansatz zur Analyse der sozialen Ordnung. Die Ethnomethodologie rekurriert daher nicht auf das subjektive Bewusstsein der Handelnden, sondern beobachtet Kommunikationsakte, anhand derer sie sowohl die Anzeigehandlungen als auch die Interpretationsakte der beteiligten Mitglieder in ihrem sequenziellen Ablauf rekonstruiert. Es geht wie bei Schütz um die subjektive Akteursorientierung, aber nur insoweit sie sich durch

---

7 Garfinkel (2002) spricht von den »phänomenalen Feldmerkmalen von sozialen Dingen« und bezieht sich dabei auf Gurwitschs Idee der Gestalt (Rawls 2002: 14).

empirische Beobachtung erschließen lässt. Im Laufe ihrer Entwicklung hat sich die Ethnomethodologie von ihren phänomenologischen Fundamenten etwas entfernt und sich immer dezidierter empirischen Analysen gewidmet. Die methodischen Verfahren, die sie dabei entwickelt hat, waren wegweisend und gehören heute zum festen Methodenarsenal der qualitativen Sozialforschung. Vergleicht man die ethnomethodologischen Studien mit den Arbeiten jener Kolleginnen und Kollegen, die Husserl- und Schütz-Exegese betreiben oder sich mit theoretischen und methodologischen Erörterungen befassen, so leben die Ethnomethodologen wohl am ehesten dem Diktum nach, mit dem die Phänomenologie seinerzeit ins Feld zog: »Zurück zu den Phänomenen!« Die Ethnomethodologie lehrt den akribisch exakten, detailverliebten Blick auf die empirischen Gegebenheitsweisen sozialer Phänomene. Dabei unterstellt sie keine universalen Strukturen subjektiver Weltorientierung a priori, sondern fragt im Gegenteil danach, wie das Spezifische, Kennzeichnende konkreter sozialer Settings hervorgebracht wird. Adäquate Analyse heißt für Ethnomethodologen, die konstitutive Bedeutung jedes Details einer sozialen Situation zu erkennen und zu beschreiben und, im Fall von Arbeitssettings, Neumitglieder kompetent instruieren zu können.

Interpretiert man umgekehrt die phänomenologische Lebensweltanalyse als Protosoziologie, so kann selbstverständlich auch die Ethnomethodologie, analog zu jeder anderen Art sozialwissenschaftlicher Theoriekonstruktion und Forschung, in der Strukturmatrix verortet und deskriptiv analysiert werden. Die Lebensweltanalyse macht deutlich, was Ethnomethodologen tun. Seit ihren Anfängen zeigt die Ethnomethodologie deutliche Affinitäten zur pragmatischen Lebensweltheorie: Beide gehen davon aus, dass die Sozialwelt durch Wirkhandlungen konstituiert wird und eine soziologische Analyse bei den Appräsentationssystemen anzusetzen hat. Die Lebensweltheorie geht dabei eher theoretisch-reflexiv vor, während die Ethnomethodologie empirisch-reflexiv verfährt. Beide haben das Potential, einander zu ergänzen: Die Lebensweltanalyse liefert eine protosoziologische Konstitutionstheorie, die Ethnomethodologie verzichtet darauf und führt die Konstitutionsanalysen anhand konkreter sozialer Settings empirisch durch. Während die Lebensweltheorie auf die universalen Strukturen der Weltorientierung zielt, beschäftigt sich die Ethnomethodologie mit den »haeccitas«, also mit dem Spezifischen und Einmaligen, der »just-thisness« von Phänomenen als Ausdruck sozialer Ordnung (Garfinkel 2002: 99). Beide sind komplementär, fordern einander aber auch heraus: die Lebenswelttheorie durch das breite Spektrum und die theoretische Schärfentiefe ihrer Reflexionen, die Ethnomethodologie durch ihre filigranen empirischen Nanoanalysen. Beide tun gut daran, voneinander zu lernen.

Literatur

Berger, Peter L. & Thomas Luckmann (1969), *Die gesellschaftliche Konstruktion der Wirklichkeit*, Frankfurt a.M.: Fischer
Dennis, Alex (2004), Lynch on Schutz and Science: Postanalytic Ethnomethodology Reconsidered, *Theory & Science* 5.1, auf: http://theoryandscience.icaap.org/content/vol5.1/dennis.html (01.01.08)
Eberle, Thomas (1984), *Sinnkonstitution in Alltag und Wissenschaft. Der Beitrag der Phänomenologie an die Methodologie der Sozialwissenschaften*, Bern & Stuttgart: Haupt
Eberle, Thomas (2007a), Ethnomethodologie, in: R. Buber & H. Holzmüller (Hg.), *Qualitative Marktforschung. Konzepte – Methoden – Analysen*, Wiesbaden: Gabler, S. 93–109
Eberle, Thomas (2007b), Ethnomethodologie und Konversationsanalyse, in: R. Schützeichel (Hg.), *Handbuch Wissenssoziologie und Wissensforschung*, Konstanz: UVK, S. 139–160
Garfinkel, Harold (1952), *The Perception of the Other*, Harvard University: unveröff Diss.
Garfinkel, Harold (1967), *Studies in Ethnomethodology*, Englewood Cliffs: Prentice-Hall
Garfinkel, Harold (1974), The Origins of the Term ›Ethnomethodology‹, in: R. Turner: *Ethnomethodology. Selected Readings*, London: Penguin, S. 15–18

Garfinkel, Harold (1986), *Ethnomethodological Studies of Work*, London & New York: Routledge & Kegan Paul
Garfinkel, Harold (2002), *Ethnomethodology's Program. Working Out Durkheim's Aphorism*, Lanham: Rowman & Littlefield
Garfinkel, Harold (2006 [1948]), *Seeing Sociologically. The Routine Grounds of Social Action*, Lanham: Rowman & Littlefield
Heritage, John (1984), *Garfinkel and Ethnomethodology*, Cambridge: Polity Press
Lemert, Charles (2006), Foreword: The Indexical Properties of Sociological Time, in: H. Garfinkel, *Seeing Sociologically. The Routine Grounds of Social Action*, Lanham: Rowman & Littlefield, S. vii–xiii
Luckmann, Thomas (1979), Phänomenologie und Soziologie, in: W. Sprondel & R. Grathoff (Hg.), *Alfred Schütz und die Idee des Alltags in den Sozialwissenschaften*, Stuttgart: Enke, S. 196–206
Luckmann, Thomas (1980), *Lebenswelt und Gesellschaft. Grundstrukturen und geschichtliche Wandlungen*, Paderborn: Schöningh
Lynch, Michael (1993), *Scientific practice and ordinary action*, Cambridge: University Press
Lynch, Michael (2004), Misreading Schutz: A Response to Dennis on ›Lynch on Schutz on Science‹, *Theory & Science* 5.1, auf: http://theoryandscience.icaap.org/content/vol5.1/lynch.html (01.01.08)
Parsons, Talcott (1968 [1937]), *The Structure of Social Action*. Vol. 1+2, New York: The Free Press
Psathas, George (im Druck), The correspondence of Alfred Schutz and Harold Garfinkel: What was the ›Terra Incognita‹ and the ›Treasure Island‹?, in: L. Embree, G. Psathas, H. Nasu & I. Srubar (Hg.), *Alfred Schutz and His Intellectual Partners*, Konstanz: UVK
Psathas, George (2004), Alfred Schutz's Influence on American sociologists and sociology, *Human Studies* 27, S. 1–35
Rawls, Anne Warfield (2002), Editors' Introduction, in: H. Garfinkel, *Ethnomethodology's Program. Working Out Durkheim's Aphorism*, Lanham: Rowman & Littlefield, S. 1–64
Rawls, Anne Warfield (2006), Respecifying the Study of Social Order – Garfinkel's Transition from Theoretical Conceptualization to Practices in Details, in: H. Garfinkel, *Seeing Sociologically. The Routine Grounds of Social Action*, Lanham: Rowman & Littlefield, S. 1–97
Schütz, Alfred (1971), Das Problem der transzendentalen Intersubjektivität bei Husserl, in ders., GA III, *Studien zur phänomenologischen Philosophie*, Den Haag: Martinus Nijhoff, S. 86–118
Schütz, Alfred (1972), Die soziale Welt und die Theorie der sozialen Handlung, in ders., GA II, *Studien zur soziologischen Theorie*, Den Haag: Martinus Nijhoff, S. 3–21
Schütz, Alfred (1977), Husserl and His Influence on Me, in: L. Embree (ed.), *The Annals of Phenomenological Sociology* 2, S. 41–44
Schütz, Alfred (2003 [1945]), Über die mannigfaltigen Wirklichkeiten, in ders., *Theorie der Lebenswelt 1*, ASW V.1, Konstanz: UVK, S. 177–147
Schütz, Alfred (2004a), Common-sense und wissenschaftliche Interpretation menschlichen Handelns, in: J. Strübing & B. Schnettler (Hg.), *Methodologie interpretativer Sozialforschung. Klassische Grundlagentexte*, Konstanz: UVK/UTB, S. 155–97
Schütz, Alfred (2004b), *Der sinnhafte Aufbau der sozialen Welt*. ASW II., Konstanz: UVK
Schütz, Alfred & Thomas Luckmann (2003), *Die Strukturen der Lebenswelt*, Konstanz: UVK/UTB
Schütz, Alfred & Talcott Parsons (1977), *Zur Theorie sozialen Handelns. Ein Briefwechsel*, Frankfurt a.M.: Suhrkamp
Sharrock, Wesley & Bob Anderson (1989), Epistemology: professional scepticism, in: G. Button, *Ethnomethodology and the Human Sciences*, Cambridge: University Press, S. 51–56
Sharrock, Wes (2004), What Garfinkel makes of Schutz: The past, present and future of an alternate, asymmetric and inconmmensurable approach to sociology, *Theory & Science* 5.1, auf: http://theoryand science.icaap.org/content/vol5.1/sharrock.html (01.01.08)
Srubar, Ilja (1988), *Kosmion. Die Genese der pragmatischen Lebensweltheorie von Alfred Schütz und ihr anthropologischer Hintergrund*, Frankfurt a.M.: Suhrkamp
Srubar, Ilja (2007), *Phänomenologische und soziologische Theorie*, Wiesbaden: VS-Verlag
Zimmerman Don H. & Melvin Pollner (1976), Die Alltagswelt als Phänomen, in: E. Weingarten, F. Sack & J. Schenkein (Hg.), *Ethnomethodologie*, Frankfurt a.M.: Suhrkamp, S. 64–104

Armin Nassehi

Phänomenologie und Systemtheorie

Ich werde die Aufgabenstellung dieses Bandes ernst nehmen, das Verhältnis von Phänomenologie und soziologischer Systemtheorie zu beleuchten. Es wird deshalb nötig sein, etwas auszuholen und sich zu vergewissern, was mit dem Label *Phänomenologie* eigentlich abgerufen werden soll. Dabei werde ich darauf stoßen, wie unterschiedlich und doch ähnlich eine der Grundintuitionen der Husserlschen Phänomenologie von der Theorie sozialer Systeme auf der einen Seite und einer sich explizit *phänomenologisch* bezeichnenden Soziologie aufgenommen wird – nämlich ereignis- und gegenwartsbasierte Theorien des Sozialen zu entwickeln, die freilich in ihren Konsequenzen erhebliche Unterschiede aufweisen. Am Ende komme ich dann doch auf die erwartbare strittige Frage zwischen Systemtheorie und Phänomenologie zu sprechen: das Problem der Subjektivität.

Phänomenologie des inneren Zeitbewusstseins

Sowohl für die phänomenologische Soziologie als auch für die Systemtheorie Luhmannscher Provenienz spielt Husserls Phänomenologie des inneren Zeitbewusstseins eine entscheidende Rolle – wenn sie auch je unterschiedliche Probleme für die beiden Theorieformen löst. Husserls Programm *Zu den Sachen selbst* bezeichnet den erkenntniskritischen Versuch, alles Seiende nach seiner ursprünglichen Gegebenheitsweise hin zu befragen: *als Phänomen*. Dieser Ausgangspunkt gibt Husserls Verfahren seinen Namen. Die Phänomenologie hat davon auszugehen, dass die unterstellte wirkliche Welt »kein phänomenologisches Datum ist« (Husserl 1980: 369), mithin also nur nach den Dingen in der subjektiven Erfahrung und ihren Möglichkeits- und Konstitutionsbedingungen zu fragen hat. »Was die Dinge sind, [...] sind sie als Dinge der Erfahrung«, wobei die Dinghaftigkeit der Dinge, d. h. ihre Bewusstseinstranszendenz nirgendwoher zu schöpfen sei, »es sei denn aus dem eigenen Wesensgehalte der Wahrnehmung, bzw. der bestimmt gearteten Zusammenhänge, die wir ausweisende Erfahrung nennen« (Husserl 1950: 111). Es geht Husserl also um die Selbstauslegung des ego als Subjekt jeder möglichen Erkenntnis. »Dieser Idealismus ist nicht ein Gebilde spielerischer Argumentationen, im dialektischen Streit mit ›Realismen‹ als Siegespreis zu gewinnen. Es ist die an jedem mir, dem Ego, je erdenklichen Typus von Seiendem [...]. Dasselbe aber sagt: systematische Enthüllung der konstituierenden Intentionalität selbst« (Husserl 1977: 88f).

Entscheidend sowohl für die phänomenologische Soziologie als auch für die soziologische Systemtheorie ist, dass Husserl jene Intentionalität als ein *operatives* Phänomen beschreibt, mithin also gegenwartsbasiert. Was an intentionalen Akten in einem Bewusstsein geschieht, geschieht je in einer Gegenwart und erzeugt dadurch einen *Wandel der Perspektiven*. Ein solcher Wandel impliziert, will er als Wandel wahrgenommen werden, »dass fortgilt als noch Behaltenes, was nicht mehr erscheint, und in der die einen kontinuierlichen Ablauf antizipierende Vormeinung, die Vorerwartung des ›Kommenden‹, sich zugleich erfüllt und näher bestimmt« (Husserl 1962: 161). Es geht hier um die zeittheoretische Frage, wie sich Zeit als einheitsstiftende Perspektive trotz Wechsels der Gegenwarten erhalten kann (vgl. Nassehi 1993: 13–35).

Husserl stellt zur Erklärung dieses Sachverhaltes vom Begriff des Bewusstseins auf den Begriff *Bewusstseinsstrom* um, der es erlaubt, »den ganzen Erlebnisstrom als Bewusstseinsstrom und als Einheit eines Bewusstseins zu bezeichnen« (Husserl 1950: 203). Die erste phänomenologische Reduktion in der Analyse des Zeitbewusstseins besteht für Husserl in der *Ausschaltung der objektiven Zeit.* Streng nach dem Erfordernis der Phänomenreduktion auf das phänomenal Gegebene, d. h. auf das im und vom Bewusstsein selbst Konstituierte, muss Husserl zunächst alle uns in natürlicher Einstellung evidenten Vorstellungen der Zeit ausschalten. Diese »wirkliche Welt« mit ihrem Verständnis »zeitlicher Objektivität« ist für Husserl kein »phänomenologisches Datum«. Er schließt keineswegs aus, dass man sich mit der Frage objektiver zeitlicher Extensionen, mit der Distribution von Zeitintervallen, mit der »wirklichen objektiven Zeit« beschäftigen könne: »Aber das sind keine Aufgaben der Phänomenologie« (alle Zitate Husserl 1966: 4). Sie hat es vielmehr mit der Frage zu tun, wie sich denn Bewusstseinsakte als immanente Zeitobjekte konstituieren.

Verbürgt wird die Einheit des Bewusstseins außerdem durch die Umstellung von *Erlebnis* auf *Erlebnisstrom*. Es geht also um das Verfließen der Zeit in der selbstkonstituierten Dauer des Bewusstseins, d. h. um die Einheit von Vergangenheit, Gegenwart und Zukunft im sich selbst erlebenden Subjekt. Um dies zu verdeutlichen, entwickelt Husserl in einem zweiten Schritt die Theorie der *Retention* und *Protention*. Denn wenn die im ersten Schritt ausgeschaltete Objektivität einer realen Zeit ausfällt, um eine temporale Kontinuität von Erscheinungen zu sichern, muss jene Kontinuierungsfunktion phänomenologisch im Bewusstsein selbst aufgewiesen werden, was Husserl (1966: 23) am Beispiel des Hörens einer Melodie plausibilisiert.

Der entscheidende ontologische Ausgangspunkt für Husserls Phänomenologie des inneren Zeitbewusstseins aber ist die *Gegenwärtigkeit der Operationsweise*. Man muss sich das Bewusstsein in diesem Sinne als einen Operator vorstellen, der gewissermaßen von seiner eigenen Gegenwärtigkeit überrascht wird. Die klassische Bewusstseinsphilosophie hatte das Regressproblem des Aufweises des erkennenden Ichs hinter dem Ich, das vorausgesetzt werden muss, um das Ich widerspruchsfrei begründen zu können, in – in den Luhmannschen Begriffen der Sinndimensionen formuliert – der *Sachdimension* gelöst. Hinter dem Ich muss ein weiteres Ich lauern, und gelöst werden kann dies nur dadurch, dass man auf der Sachebene die Suche nach weiteren empirischen Ichen abbricht und ein transzendentales Ich postuliert. Husserl verfährt anders. Er löst das Problem in der *Zeitdimension*, nämlich durch Postulierung eines Dauerzerfalls von Ereignissen, d. h. dadurch, dass auf ein konkretes Jetzt stets ein neues intentionales Jetzt folgt, in dem sich das Nacheinander von Ereignissen buchstäblich ereignet.

Das Bezugsproblem dieses Denkens ist die Frage der operativen Herstellung von Einheit trotz des Wandels der Perspektiven. Husserls Phänomenologie laboriert am Problem der Differenz und strebt nach Einheit – hier: temporale Differenz des Nacheinanders gegen die Einheit des Bewusstseinsstroms und damit des Subjekts. Es ist dem phänomenologischen Denken keineswegs nur darum zu tun, die sachliche Ebene der Repräsentation der Welt *als Phänomen* zu beschreiben. Also nicht nur eine, heute würde man sagen: *kognitivistische* Theorieanlage in der Sachdimension ist das Entscheidende. Dies findet sich letztlich in der gesamten Bewusstseinsphilosophie seit Descartes. Das Besondere an Husserl ist die Verschiebung des Problems in die *Zeitdimension*. Indem die eine Urimpression sich selbst intransparent bleibt, wird sie durch die nächste reflexiv wahrgenommen – und erzeugt damit eine neue Urimpression und so weiter. Husserls Phänomenologie ist eine *Reflexionsphilosophie*. Zu sich selbst kommt das Bewusstsein nur durch Reflexion – durch die nachträgliche Beobachtung von Ereignissen, die in der konkreten urimpressionalen Gegenwart nichts von sich wissen können. Dieses revolutionäre Modell ist sehr *modern* in dem Sinne, dass es die gesamte Operativität späterer systemtheoretischer und operativer Kognitionstheorien vorwegnimmt.

Bei der Bestimmung von Zeit ergibt sich deshalb eine Paradoxie, vor der Husserl freilich nicht zurückschreckt – eine Paradoxie, die sich dem Umstand verdankt, dass Husserl die operativen Aspekte retentionaler und protentionaler Akte, die das innere Zeitbewusstsein konstituieren, an eine weitere temporale Bestimmung rückbindet, nämlich an die Gegenwart urimpressionaler Akte – und modern gesprochen: an *Ereignisse*. Und hier schließt nun die Theorie ereignisbasierter Systeme an.

Phänomenologie der inneren Systemreferenz

Für die Autopoiesistheorie Luhmanns steht Edmund Husserls Phänomenologie des inneren Zeitbewusstseins Pate. Husserls Beschreibung der Konstitution des Bewusstseinsstromes als retentional und protentional aufeinander bezogenes Nacheinander von Bewusstseinsereignissen beschreibt einen selbstreferentiellen Prozess von Ereignissen. Und indem Husserls Phänomenologie die »wirkliche Welt« als »phänomenologisches Datum« zugunsten des unhintergehbaren *Bewusstseins* der Welt, also seiner kognitiven Repräsentanz ausschließt, ist bereits der Gedanke vorgedacht, dass Kognition nicht als asymptotische Annäherung an die Welt aufgefasst werden darf. Nicht *obwohl*, sondern *weil* wir keinen unmittelbaren Zugang zur Welt haben, müssen wir sie wahrnehmen, erkennen, sehen, abbilden, denken etc. Bei Husserl lässt sich am Beispiel des Bewusstseins in der Tat bereits jene Figur des selbstreferentiellen Systems finden, das nicht in seiner Umwelt operieren kann und seine Selbstreferenz durch permanenten Dauerzerfall von Ereignissen – also: *in der und durch die Zeit* – sichert. Das System existiert demnach ontologisch je nur in seiner operativen Gegenwart und muss sich somit je neu – nichts anderes heißt: autopoietisch – erzeugen. In dem angedeuteten Sinne schließt Luhmann unmittelbar an Husserls Phänomenologie an.

Analog etwa zur Ereignisphilosophie Alfred North Whiteheads (1987) konzipiert Luhmann autopoietische als *temporalisierte Systeme*. Zunächst bindet er den Element-/Ereignisbegriff – gemäß dem konstruktivistischen Theorem der operativen Geschlossenheit – an die Operationen des Systems. Element ist hier nicht als unveränderlicher Baustein des Seienden oder als invarianter Bestandteil dynamischer Systeme zu verstehen. Im Gegensatz dazu stellt Luhmann von einem den Systemoperationen vorgeordneten Elementbegriff auf einen systemrelativen Elementbegriff um. Mit dieser Umstellung beabsichtigt er, »die Vorstellung eines letztlich substantiellen, ontologischen Charakters der Elemente« in der Weise zu revidieren, als deren »Einheit erst durch das System konstituiert (wird), das ein Element als Element für Relationierungen in Anspruch nimmt« (Luhmann 1984: 42). Indem ein Element als Ereignis wieder verschwindet und ein neues Ereignis die Autopoiesis fortsetzt, entsteht jenes Whiteheadsche *kreative Fortschreiten*, das durch Rekurs auf mindestens das vorherige Ereignis Zeit konstituiert, die einem Beobachter (!) als *Zeitstrom* erscheint. Dies ist jedoch nur eine Metapher, die den Umstand verdeckt, dass der *Strom* der Zeit letztlich nur durch das ermöglicht wird, was bei Whitehead oder auch bei Aristoteles Zeit*schnitt* genannt wird und bei Husserl die Differenz der Jetztpunkte meint; es geht also um eine *Differenz*, die operativ gehandhabt werden muss und damit erst die Zeit konstituiert, und nicht um eine vorgängige *Einheit* des Zeitstroms. Dieser kann nur als *Einheit der Differenz* von vorher und nachher gedacht werden (vgl. Luhmann 1990a: 98).

Diese Einheit der Differenz als Akt bzw. als Sich-Ereignen lässt sich auch im systemtheoretischen und konstruktivistischen Paradigma mit Husserls Theorie der Retention und Protention beschreiben. Diesen Sachverhalt bezeichnet Luhmann als »basale Selbstreferenz«, der »die Unterscheidung von *Element* und *Relation* zu Grunde liegt« (Luhmann 1984: 600). Diese »Mindestform von Selbstreferenz« bildet die Grundbedingung autopoietischer Verläufe: Ein Element schließt an ein anderes Element an, identifiziert sich durch diese Relationierung als Element des Systems und wird nach seinem Verschwinden selbst Relatum einer Relationierung, die wiederum eine neue Gegenwart konstituiert. Dadurch wird Zeit schon auf der Ebene der Autopoiesis konstituiert, was nicht weiter erklärungsbedürftig zu sein scheint, da diese *operative* Konstitutionstheorie der Zeit bereits von Husserl her vorbereitet ist. Da Zeit schon auf der elementaren Ebene autopoietischer Operationen durch das Auftreten und Verschwinden von Ereignissen konstituiert wird, kann man hier von *Ereignistemporalitäten* sprechen.

Die Unterscheidung *vorher/nachher*, die den besagten Zeitschnitt schneidet, kann als grundlegende, »nichteliminierbare Unterscheidung der Zeit« (Luhmann & Fuchs 1989: 106f) gelten, ohne die keine Zeithandhabung auskommen kann. Die Handhabung dieser Unterscheidung ist, genau genommen, mit jedem Ereignis neu gegeben, denn Ereignisse treten niemals im »freien Raum« auf, sondern werden durch die Systemautopoiesis erst konstituiert. Ein Ereignis ist sozusagen zugleich *constituens* und *constitutum*: Es wird durch einen autopoietischen Ereigniszusammenhang ermöglicht, und es ermöglicht die Fortsetzung dieses Geschehens. Während der Ereignisgegenwart *ist* ein solches temporalisiertes Element sozusagen das System, was letztlich auf eine bekannte Paradoxie hinausläuft. Das Ereignis *ist* zwar, gegenwartsbasiert, das System an einer Zeitstelle, zugleich ist es mehr als es selbst, denn Ereignisse konstituieren sich nach Whitehead immer in Relationierungen zu anderen Ereignissen, die sie gerade *nicht sind*. Die Paradoxie besteht in einer »Gleichzeitigkeit des Ungleichzeitigen« (Luhmann 1990a: 100), da Vergangenheit und Zukunft immer nur gleichzeitig bestehen, nämlich als Horizonte eines gegenwärtigen Ereignisses. Die Paradoxie der Zeit besteht also in der Gleichzeitigkeit unterschiedlicher »Zeiten«.

Doch dieses Problem scheint mir nicht schwerwiegend zu sein, denn die Paradoxie löst sich damit auf, dass es durchaus einen Unterschied macht, zwischen Ereignis und System zu unterscheiden. Viel gravierender stellt sich ein anderes Problem dar, das sich im Zusammenhang mit Husserls Phänomenologie des inneren Zeitbewusstseins stellt und das sich im Lichte der Ereignistheorie womöglich ganz anders darstellt. Holistische Modelle von Selbstbewusstsein scheinen einem logischen Kategorienfehler zu unterliegen. Stellt man von der Auffassung einer Seelensubstanz oder funktionaler Äquivalente auf empirische Ereignisse um, bekommt man Folgendes in den Blick: Selbstreferentielle Operationen nehmen notwendigerweise die Form eines *Paradoxons* an. »Die Referenz verwendet dann genau die Operation, die das Selbst konstituiert, und wird unter dieser Bedingung entweder überflüssig oder paradox« (Luhmann 1984: 59). Die Paradoxie besteht darin, dass die bezeichnende Operation zum Bezeichneten gehört und damit einen Zirkel verursacht, ähnlich dem Reflexionszirkel der Bewusstseinsphilosophie. Löst man den Zirkel aber dahingehend auf, dass die je gegenwärtige Operation eine – wie auch immer begründete – ursprüngliche Selbstbeziehung besitzt, unterstellt man einem operierenden System eine invariante Substanz *jenseits* seiner Operationen. Hält man dagegen wie Luhmann am Ereignisbegriff fest, muss das Problem der Referenz aufs Selbst wiederum mit Hilfe einer Unterscheidung beobachtet werden. Die hier angesprochene *Unterscheidung* ist die zwischen *Beobachtung* und *Operation* (vgl. Luhmann 1990b: 114ff, 1988: 14f). Jede Beobachtung, also das Handhaben einer Unterscheidung, ist selbst eine Operation des Systems. Die explizite Referenz aufs Selbst liegt dann in der Form einer *Selbstbeobachtung*, d. h. der Anwendung der System/Umwelt-Differenz auf sich selbst, vor, die ebenfalls eine Operation des Systems ist (vgl. Luhmann 1984: 245). Die Paradoxie der Selbstbezüglichkeit tritt in autopoietischen Systemen dann auf, wenn das System die Unterscheidung von System und Umwelt auf sich anwendet und sich damit – traditionell formuliert – Selbstbewusstsein bescheinigt (vgl. Esposito 1991, Glanville 1988). Damit ist aber ausgeschlossen, dass die selbstbeobachtende Operation selbst in der Beobachtung enthalten ist, denn eine Beobachtung kann nicht in der Lage sein, sich selbst zu beobachten. Luhmann betont, »dass die Operation des Beobachtens sich in ihrem Vollzug nicht selbst [...] bezeichnen kann, sondern dass dies voraussetzt, dass nun diese Beobachtung ihrerseits beobachtet wird« (Luhmann 1990b: 85). Ein System ist sich sozusagen immer schon vorweg, da es sich nie in seiner Gänze beobachten kann. Wir werden letztlich in unserem Bewusstsein von uns selbst überrascht, weil wir den operativen Akten unseres Bewusstseins unhintergehbar ausgesetzt sind.

Was die Systemtheorie von der Phänomenologie gelernt hat, ist die Einsicht in die Radikalität der Gegenwartsbasiertheit operativer Theorieformen. Das Besondere bei Husserl (und ähnlich, wie ich angedeutet habe, in der Ereignisphilosophie Whiteheads) ist die radikale Temporalisierung, die auf eine *Praxis* verweist, die für sich selbst weitgehend unhintergehbar ist, die eben keine Reflexivität hinter den Ereignissen mehr kennt, sondern die strenge Immanenz allen

Geschehens. Soziologisch ist das insofern bedeutsam, als sich damit eine Theorie der *Unentrinnbarkeit* zeichnen lässt. Es gibt keine Möglichkeit, aus der eigenen Praxis auszusteigen – was nicht nur die Lust an der theoretischen Paradoxie befördern sollte, die man dann dekonstruieren kann. Viel interessanter ist die gewissermaßen *protosoziologische* Einsicht, dass sich soziale Ereignisketten, das Nacheinander von Handlungen und Kommunikationen, die Anschlussfähigkeit von Ereignissen, praktisch ereignen und an ihre operativen Gegenwarten gebunden sind. Die *empirischen* Konsequenzen dieser Einsicht sollten nicht unterschätzt werden: Es sind in der Tat so etwas wie *urimpressionale* Gegenwarten, in denen sich Akteure vorfinden und durch die sie zu Akteuren konstituiert werden. *In diesem Sinne ist die Theorie autopoietischer Systeme eine phänomenologische Theorie, weil sie keine Referenz außerhalb der eigenen Praxis zulässt.* Das Spannendste an der Figur autopoietischer Systeme wie an der Phänomenologie des inneren Zeitbewusstseins liegt in der Möglichkeit, Prozesse zu beschreiben, die von sich selbst überrascht werden können – eben weil sie an ihre urgegenwärtige Praxis gebunden sind.

Schütz' phänomenologische Weber-Kritik

Wenn die Theorie autopietischer Systeme eine *phänomenologische* Theorie ist, wie verhält es sich dann mit einer Soziologie, die sich ausdrücklich *phänomenologisch* nennt?

Alfred Schütz hat bekanntlich seine Analyse über den *Sinnhaften Aufbau der sozialen Welt* mit der Feststellung begonnen, Webers verstehende Soziologie fahnde zwar nach der »besonderen Konstitutionsweise des Sinnes für den Handelnden«, er suche aber »nicht nach den Modifikationen, die dieser Sinn für den Partner in der Sozialwelt oder für den außenstehenden Beobachter erfährt, nicht nach dem eigenartigen Fundierungszusammenhang zwischen Eigenpsychischem und Fremdpsychischem, dessen Aufklärung für die präzise Erfassung des Phänomens ›Fremdverstehen‹ unerlässlich ist« (Schütz 1981: 15). Bei Weber sei die Art und Weise der Sinnhaftigkeit sozialen Handelns und darin die Annahme, »dass auch der Andere mit seinem Verhalten einen Sinn verbinde« (ebd.: 28), schlichtweg vorausgesetzt. Für Schütz ermöglicht erst die Klärung der Konstitution des Handlungssinnes und damit – gemäß der Bezogenheit des *sozialen* Handelns auf *alter* – die genaue Analyse der Möglichkeitsbedingungen des Fremdverstehens eine Analyse der Konstitution der Sozialwelt.

Um dies zu erreichen, knüpft Schütz an seinen zweiten Gewährsmann, Edmund Husserl, an. Mit explizitem Verweis auf die *Phänomenologie des inneren Zeitbewusstseins* und Henri Bergsons *dureé* weist er auf die im Bewusstseinsstrom sich konstituierende Sinnhaftigkeit der »Jemeinigkeit« innerer Dauer hin (Schütz 1981: 94). Zunächst scheint klar, dass ein Erlebnis *mein* Erlebnis ist. Die Jemeinigkeit allein jedoch konstituiert noch keinen Sinn, sondern erst die Konstitution der Einheit des Erlebnisstromes *in der Zeit*. Sinn entsteht durch Erfahrungsaufschichtung. Der Sinn eines bestimmten Erlebnisses »besteht dann in der Einordnung dieses Erlebnisses in den vorgegebenen Gesamtzusammenhang der Erfahrung« (ebd.: 104). Dieser Gesamtzusammenhang stellt jenen Boden dar, der als Erfahrung zur Deutung neuer Erlebnisse fungiert. Die aufgeschichtete Erfahrung dient demnach als Deutungsschema für neue Erfahrungen, wodurch eine Identität in der Zeit konstituiert wird, die sich je gegenwärtig neu fundieren muss und durch Herstellung einer jemeinigen Relationalität bewuster Erlebnisse sinnstiftend wirkt. Daraus lässt sich schließen, dass Sinn für Schütz keine ontologische, erlebnisunabhängige Größe ist, sondern durch die Relationierung von bewussten Daten subjektrelativ und operativ, d. h. in actu konstituiert wird. Von dem Gesagten her wird deutlich, warum Schütz seine Reflexionen über *Sinn* mit dem lapidaren Satz beginnt, das *Sinnproblem* sei ein *Zeitproblem* (vgl. ebd.: 20).

Es fällt auf, dass das Sinnproblem hier in den gleichen Bahnen verhandelt wird wie bei Husserl. Schütz schließt unmittelbar an Husserls subjektphilosophische Theorie des Bewusstseins an und vermag damit letztlich die soziologische Dimension der Konstitutionsbedingungen von Sinn gar nicht erfassen. Er bleibt fest in der bürgerlichen Kontextur gefangen, dass sich letztlich in der inneren Unendlichkeit des Handelnden jener Sinnüberschuss vorfindet, der sich in einem Handeln entäußert, das *sozial* nur in der Weise ist, als es sich nach Webers Diktum am Ablauf des Handelns anderer orientiert: »Nur mit Hilfe einer allgemeinen Theorie des Bewusstseins, wie Bergsons Philosophie der Dauer oder Husserls transzendentaler Phänomenologie, kann die Lösung der Rätsel gefunden werden, mit denen die Problematik der Sinnsetzungs- und Sinndeutungsphänomene umlagert ist« (Schütz 1981: 21). Und dass Schütz sich mit der schlichten transzendentalphilosophischen Generalthesis des Alter Ego und der ebenso schlichten Erklärung von Intersubjektivität als denknotwendiger Bedingung einer konstitutionstheoretischen Soziologie (vgl. Schütz 1971: 111ff) dem grandiosen Scheitern Husserls am Intersubjektivitätsproblem anschließt, ist nur konsequent (vgl. Husserl 1977: 91ff, Nassehi 1993: 70ff). Gewiss ist Schütz zuzustimmen, dass Max Webers Grundbegriffen die Idee der Perspektivität fehlt, dass Weber die *Jemeinigkeit* der sinnhaften Konstitution vernachlässigt. Aber letztlich braucht Weber diese Perspektivität gar nicht, denn seine Idee des subjektiv gemeinten Sinns, also: der Produktion von Motiven als Movens des Handelns ist erheblich subtiler gebaut: als methodologisches Konstrukt zur Erfassung von Kulturbedeutungen möglichen Handlungssinns. Epistemologisch ist Weber insofern subtiler, als er mit der Konstruktion von Idealtypen eine Idee des *Als-ob* hat, eine Idee davon, dass das, was in der sozialen Welt beobachtet wird, *beobachtet* werden muss. Schütz dagegen nimmt für bare empirische Münze, was bei Weber noch als Methodologie sichtbar war.

Was Weber normativ als das Bild der einheitlichen, sich ganz hingebenden, die Mannigfaltigkeit der Welt in sich aufhebenden Persönlichkeit feiert, gewissermaßen als das Standbild des männlichen, bürgerlichen Individuums, das darum weiß, dass es sich in der sozialen Welt auf dünnem Eis bewegt und deshalb um so standhafter aus eigenen Ressourcen zu leben hat (vgl. Saake & Nassehi 2004), wird bei Schütz theoretisch zur *Authentizität der Konstitution jemeinigen Sinns* aufgewertet. Schütz' soziologisches Erbe schließt noch am engsten an das bürgerliche Selbstverständnis an, dass es das Individuum selbst sei, dem der soziale Sinn seines Handelns zu entnehmen sei – und nicht umsonst spielt bei Schütz die Unterscheidung des Handelns und der Handlung (vgl. Schütz 1981: 50f) die theoretische Vermittlerrolle zwischen der spontanen Authentizität des Handlungsvollzugs und den Konsequenzen für andere. *Handlungen werden hier nicht sozial konstituiert, sie haben nur soziale Folgen.* Schütz' Soziologie eignet sich gerade deshalb für jene Art qualitativer Sozialforschung, die klassische *bürgerliche* Äußerungsmedien zum Gegenstand erheben: Biographien und Schrift, Narrationen und Bekenntnisse, Deutungen und Motive. *Soziologisch* klingen solche Interpretationen dann nur deshalb, weil sie mit Hilfe der in Schütz' späteren Schriften explizierten Lebensweltheorie (vgl. Schütz & Luckmann 2003) den *Auftraggeber* des Handelnden sowohl in ihm selbst als auch in der Lebenswelt lokalisieren können. Die Lebenswelt ist die Quelle der Authentizität – und die Paradoxie dieser Aussage wird dadurch verdeckt, dass diese Quelle zugleich innerhalb und außerhalb des Handelnden lokalisiert wird.

Die Schützsche Soziologie macht einerseits das authentische, subjektive, sich selbst hervorbringende und orientierende Individuum stark, das sich in hermeneutischer Einstellung zur Welt in dieser orientiert und über die Kontinuitätsunterstellung eines Bewusstseinsstroms eine starke Identität mit sich selbst in der Zeit aufbaut. Sie hebt andererseits die bürgerliche Form der Selbstadaption an gesellschaftliche Verhältnisse und vor allem die *individuelle* Quelle *sozialer* Motivlagen von einer historischen Konstellation – von der Weber noch zu wissen schien – in den Rang eines protosoziologisch-ontologischen Grundcharakteristikums des Sozialen schlechthin.

Um es sehr pointiert zu formulieren: Wo die phänomenologische Denkfigur in der Theorie sozialer Systeme dazu dient, operative, wenn man so will, *intentionale*, ereignisbasierte Formen sozialen Strukturaufbaus und sozialer Anschlussfähigkeit auf den Begriff zu bringen, ist die

Funktion des Phänomenologischen bei Schütz exakt umgekehrt situiert. Schütz nutzt die Phänomenologie des inneren Zeitbewusstseins, um gerade die nicht eigentlich sozialen, sondern die innerpsychischen Retentionen und Protentionen auf den Begriff zu bringen. Ganz nach dem bürgerlichen Schema einer mit sich vertrauten Innerlichkeit bringt Schütz das reflektierende Subjekt gegen eine soziale Welt in Stellung, für deren Beschreibung ihm die Begriffe fehlen – zumindest Begriffe, die die Potentiale gerade der phänomenologischen Theorieanlage nicht einmal ansatzweise nutzen. Gerade deshalb war Schütz in der Soziologie dann letztlich nur über den Umweg seiner *wissenssoziologischen* Erweiterung durch Berger und Luckmann (1969) erfolgreich – eine Theorieanlage, die zumindest ihre soziologischen Einsichten gerade nicht der Temporal- und Konstitutionsdynamik des phänomenologischen Denkens verdankt.

Die Alltagsfähigkeit dieser Soziologie kann man in der besonderen Plausibilität für die qualitative Sozialforschung sehen, die sich insbesondere für die alltäglichen, vortheoretischen, praktischen Formen der Erfahrungsaufschichtung interessiert. Der authentische Sprecher kommt hier gewissermaßen doppelt vor: einerseits als *theoretische* Grundkategorie eines Subjekts, das sich *subjektiv* mit den *objektiven* Anforderungen der Sozialwelt auseinander zu setzen hat und Deutungen in einer bereits gedeuteten Welt anbietet; andererseits als *empirisches* Datum in Form eines Interviewpartners oder beobachteten Alltagshandelnden, dessen Handlungen in der Weise als authentische Äußerungen erscheinen. Als authentische Äußerungen erscheinen sie schon deshalb, weil der sozialwissenschaftliche Beobachter sich selbst in jene verstehende Einstellung versetzen muss, in der er zum Beteiligten einer Welt authentischer Sprecher wird. Diese Art Soziologie *kopiert* letztlich jene Praxis, die als Praxis der bürgerlichen Gesellschaft ordnungsstiftend war: die *analytische* und die *empirische* Trennung der Motive von den Handlungen. Sie betreibt selbst, was sie in ihrem Gegenstand deutend versteht: *Sie rechnet zu.* Und sie bietet sich einer Soziologie an, die selbst nichts weiter tun will, als die Subjekte zum sprechen zu bringen: zuzurechnen also (vgl. dazu Nassehi 2008: 29ff).

Ich möchte diese Diagnose in der provokativen Formulierung zusammenfassen, dass die Sozialphänomenologie Alfred Schütz' im Vergleich zur Theorie autopoietischer sozialer Systeme *viel weniger*, wenn nicht *gar keine* phänomenologische Theorie ist – weil sie das eigentliche Proprium dieser Philosophie, die ereignisbasierte Konstitution von Ordnung, gar nicht soziologisch in Anschlag bringt. Sie interessiert sich nur für das die soziale Welt erlebende Subjekt, nicht aber für die soziale Welt, die mit der *Generalthesis des Alter Ego* schon so weit erklärt ist, dass sie allzu bekannt erscheint.

Welche Probleme – welche Lösungen?

Gemeinsam ist der phänomenologischen und der systemtheoretischen Soziologie das Bezugsproblem der konstitutionslogischen Erfassung von Wirklichkeit. Beide lernen von Husserl, wie sich eine sinnhafte Struktur in der Zeit und durch die Zeit selbst ermöglicht und erhält und radikal an die selbstreferentielle Operationsweise seiner selbst gebunden wird. Für Schütz war das so attraktiv, dass er Husserls Scheitern am Intersubjektivitätsproblem letztlich gar nicht als Problem seiner Soziologie angesehen hat, sondern mit der Generalthesis des Alter Ego und dem Postulat der Lebenswelt als mundane Sphäre gemeinsamer Bedeutung gleich die Frage nach der Operationsweise der sozialen Welt mit abgewickelt hat. Daraus resultiert eine erhebliche diagnostische und analytische Potenz einer Soziologie, die in der Tat sehr sensibel dafür ist, wie sich »das Subjekt« im sozialen Rahmen vorfindet und wie es dort trotz aller Komplexität überleben kann. Den systemtheoretischen Schritt freilich, nicht Bewusstseinsakte, sondern kommunikative Operationen als *soziale* Ereignisse zu führen, macht Schütz nicht. Man mag darin vielleicht eine Geschmacksfrage sehen oder auch eine Selbstbeschränkung auf bestimmte Fragen und Forschungsinteressen. Aber gerade diese Selbstfestlegung hat erhebliche empirische

Folgen – für die Soziologie und ihre Forschung. Das übliche Vorurteil der an Schütz anschließenden Soziologie lautet dann nämlich, die Systemtheorie habe keinen Sensus fürs Subjekt, ja behaupte gar, es gebe keine Subjekte.

Hubert Knoblauch hat dieses Vorurteil jüngst wieder erneuert. Er diagnostiziert eine »schroffe Ablehnung von Vorstellungen der Subjektivität« (Knoblauch 2007: 349) und wundert sich darüber, dass systemtheoretische Beiträge offensichtlich keine Theoriestelle fürs Subjekt haben. Das haben sie in der Tat nicht – aber dafür können sie womöglich das Subjekt als das Ergebnis und das Resultat sozialer Praktiken und Operationen in den Blick nehmen. Wo ein starker Subjektbegriff zum grundbegrifflichen Arsenal gehört, fehlt womöglich der Sensus dafür, wo und wie soziale Praxis Zurechnungsadressen erzeugt, die wir wie Subjekte behandeln. Das ist keine Beckmesserei, sondern soll auf zweierlei verweisen.

1) Was wir Soziologinnen und Soziologen lernen müssen, ist, uns von der Vorstellung zu lösen, dass das Handeln durch Reflexion der Normalfall ist und das reflexionsfreie Handeln der erklärungsbedürftige Fall. Es ist vielleicht umgekehrt: *Wie schafft die Gesellschaft es, Handelnden Motive zu unterstellen und einzupflanzen?* Es ist dann eine empirische Frage, wo soziales Handeln die reflexive Vorarbeit des Handelnden explizit benötigt und wo solches Handeln so routiniert, selbstverständlich und gewohnheitsmäßig geschieht, dass ein subjektiv gemeinter Sinn des handelnden Subjekts gar nicht erst bewusst wird (vgl. Saake & Nassehi 2007). Denn letztlich hängt der Sinn, und zwar der soziale Sinn einer Handlung davon ab, ob und wie an sie angeschlossen wird. Ob sich eine Handlung bewährt, liegt weder an einer abstrakten Begründung im Hinblick auf Normen, Werte oder Kalküle noch an irgendeiner Konsistenz im Hinblick auf eigene Motive, sondern vor allem darin, ob und wie an die Handlung angeschlossen wird – schlichter: ob sich die Handlung bewährt. Die Zukunftsorientierung des Handelns, über die sich alle soziologischen Theorien einig sind, findet ihre Bestätigung darin, wie handelnd an die Handlung angeschlossen wird. In diesen wenigen Sätzen ist letztlich das aufgehoben, was die Operativität der Systemtheorie ausmacht: dass Kommunikation an Kommunikation anschließt und darin das »Subjekt« in Anspruch genommen wird – und zugleich hervorgebracht wird. Das ist übrigens keine neue Einsicht. Man kann sie bereits von George Herbert Meads pragmatistischer Theorie des Handelns her kennen (vgl. Nassehi 2006: 138ff).

Methodologisch gesehen, ist dies ein *funktionalistisches* Verfahren, das danach fragt, unter welchen Bedingungen und in Lösung welcher Bezugsprobleme soziale Prozesse auf »Subjektivität« zurückgreifen und damit den Akteur auch dazu bringen, Subjekt der Verhältnisse zu sein. Ein solcher Funktionalismus freilich hat sich längst von jenem Funktionalismus emanzipiert, der immer schon um oberste Bezugsprobleme wusste. Mit der Umstellung des systemtheoretischen Denkens auf Operationen, die sich über ihre Anschlüsse bewähren müssen, die echtzeitlich gegenwärtige Probleme lösen, die radikal praxeologisch nichts anderes kennen als die prozessuale Herstellung einer Ordnung durch und trotz Dauerzerfall von Ereignissen, stellt sich auch die Idee der Funktion neu. Nach wie vor sind Problem-Lösungs-Konstellationen zu beobachten, nur darf das Problem nicht vor-empirisch, d. h. quasi-transzendental als Bedingung der Möglichkeit von Ordnung vorausgesetzt werden, sondern muss dem empirischen Kontext selbst entnommen werden.

Ein solches Verfahren ist im geradezu klassischen Sinne ein *interpretatives* Verfahren, will man mit dem Interpretativen die nicht-kausale Form der Zurechnung bezeichnen. Dieser Art Funktionalismus sieht sich Lösungen an, d. h. Anschlüsse, Praxen, Unterscheidungen, übrigens keineswegs nur sprachliche Praxen, wie Luhmanns Texte vorgeben, sondern auch körperliche, vielleicht sogar artefaktische. Entscheidend ist nur, dass sie einen Unterschied machen. Die Grundfrage ist dann, für welches Problem diese Praxis eine Lösung sein kann. Das theoretische oder theorietechnische Bezugsproblem ist dabei möglichst allgemein zu halten: die Bewältigung von Kontingenz (vgl. Nassehi & Saake 2002). Das jeweilige empirische Bezugsproblem zu bestimmen, ist dagegen die eigentliche wissenschaftliche Forschungsleistung. Sie ist nicht dem

Material selbst zu entnehmen, sondern entstammt einer wissenschaftlichen/soziologischen Beobachtung, die im Hinblick auf praktische Lösungen äquivalente, auch anders mögliche Problemkonstellationen sucht. Darin wäre eine systemtheoretische Forschungsperspektive insofern eine *interpretativ-hermeneutische* Perspektive, als sie ähnlich dem hermeneutischen Zirkel eine Art *funktionalistischen Zirkel* sich auflädt und in der Bearbeitung dieses Zirkels an sich lernen kann, was sich soziologisch über den Gegenstand der Forschung sagen lässt.

Es wäre also eine *funktonalistische* Methode, zu fragen, wie sich Subjektivität als praktisches Erfordernis, als Folge von Praxis und als widerständige Form ereignet – und eine *interpretative* Form, weil exakt das gedeutet, verstanden, auch phantasievoll gesehen werden muss. Im Vergleich dazu erscheint dann eine Schützsche subjektorientierte phänomenologische Protosoziologie als geradezu klassisch-starrer Funktionalismus, der als oberstes Bezugsproblem die Konsistenzprobleme des Subjekts, das Neues nicht nur in den Zusammenhang, sondern sogar in den *Gesamtzusammenhang der Erfahrung* (vgl. Schütz 1981: 104) einordnen muss.

2) Man kann an sich selbst erleben, dass man dann, wenn man die Praxis reflektiert, in eine *reflektierende Praxis* gerät. Wenn man also tut, was man sowieso tut, tut man es einfach. Sobald man sich dabei bewusst beobachtet, verändert sich alles, denn es wird dabei eine andere Praxis. Genau deshalb wird die intellektuelle Reflexion des Alltäglichen das Alltägliche immer nur als Reflexion entdecken. Und dieser Art intellektuelle Selbstdistanzierung führt dann womöglich dazu, dass der intellektuell beobachtende Soziologe nur reflexive und reflektierende Akteure wahrnimmt, und dort, wo diese explizit nicht auftauchen, wenigstens eine »Als-ob-Methode« benützt: Was wären eigentlich die Werte, Normen, Kalküle und Motive eines solchen Handelns?

Diese Perspektive darf freilich nicht generalisiert werden. Es ist eine empirische Frage, in welcher Weise und in welchem Ausmaß solche Zurechnungspraxen und die Unterstellung eines autonomen Handlungsträgers für die Alltagspraxis relevant sind. Vieles, was im Alltag geschieht, geschieht reflexionsfrei – schon weil es schnell und nacheinander geschieht. Erst ein Beobachter, also jemand, der explizit hinguckt, sieht sich geradezu dazu gezwungen, einen Konnex zwischen gemeintem und gehandeltem Sinn herzustellen. *Und die Soziologie muss explizit hingucken* – deshalb schränkt sie offensichtlich ihren eigenen Blick allzu sehr auf Handlungen ein, hinter denen ein vernünftiges Subjekt, ein Handelnder mit guten Gründen vermutet werden kann. Alles andere, alles Routinierte, Reflexionsfreie wird zwar registriert, aber in der phänomenologischen Tradition geradezu verächtlich einer »naiv-natürlichen Einstellung« zugerechnet. Die Soziologie ist damit selbst eine Gefangene ihrer Praxis – nämlich überall Motive entdecken zu müssen, um Handelnde verstehen zu können.

Hubert Knoblauch hat in dem schon erwähnten klugen Kommentar an die Adresse der Systemtheorie vermerkt, dass sie mit ihrer Ablehnung des Subjekts als Grundbegriff etwas bekämpfe, was es gar nicht gibt. »Ich bin mir nicht sicher, ob es überhaupt noch jemanden gibt, der behauptet, dass es Subjektivität ›eigentlich‹ bzw. ontologisch gibt«, schreibt Knoblauch (2007: 349). Man wird bei diesem Satz das Hauptaugenmerk auf »eigentlich« und »ontologisch« legen. Ich würde aber eher auf das »es gibt« schauen. Natürlich »gibt« es Subjektivität – das merke ich an mir selbst, wenn ich schreibe, das sieht jeder, der sich reflektiert und auf seinen Bewusstseinsstrom aufmerksam wird. Wie soll man das denn auch leugnen? Darum kann es doch nicht gehen. Soziologisch entscheidend ist nur, ob das »es gibt« im grundbegrifflichen Arsenal vorkommt oder als empirischer Fall angesehen wird. Und man wird dann feststellen, wie viele Handlungsformen viel weniger »subjektiv« sind, als man glaubt – und wie sehr das »Subjekt« auftritt, sobald man subjekttheoretisch fragt – und sobald man die Akteure anspricht. Insofern ist das »Subjekt« ein fast unvermeidliches Artefakt der empirischen Sozialforschung, das nun Sätze anbieten muss, die sagbar sind. Das Artefakt ist aber sehr hilfreich – man kann daran erkennen, wie Subjekte »gemacht« werden.

Auf die Idee des Subjekts jedenfalls lässt sich keine anspruchsvolle soziologische Theorie aufbauen. Die Idee des Subjekts taugt in diesem Zusammenhang nur als historischer und empirischer Begriff, nicht als theoretische Figur. Das Subjekt als theoretische Figur kann nur *Thema* einer systemtheoretischen Reflexion sein, nicht ihr Ausgangspunkt. Und deshalb gibt es in der Systemtheorie keinen theoriegeleiteten, systematischen Platz für das Subjekt (oder für seinen kleinen Bruder: den Akteur), sondern nur die Idee von Subjektivierungspraktiken, die vor allem als Inklusionspraktiken zu rekonstruieren sind (vgl. Nassehi 2007). Soziologisch bedeutsam ist an dieser Diagnose, dass sie die Soziologie selbst als ein Unternehmen beschreiben kann, das sich an jenen Subjektivierungspraxen beteiligt. Selbstverständlich ist die Soziologie voll von theoretischen Erwägungen darüber, wie das starke Subjekt einer Vergangenheit, das es so letztlich nie gegeben hat, verabschiedet, dekonstruiert und dezentriert wird. Entscheidender ist aber die Praxis der Soziologie selbst – und hier wird man konzedieren müssen, dass diese Fragen der Theoriebildung weitgehend abgekoppelt bleiben vom normalwissenschaftlichen Bild der Forschung. Man muss wissenschaftliche Disziplinen wahrscheinlich darauf hin beobachten, was man in ihnen sagen kann, ohne dass man Widerspruch erntet und ohne dass man komplizierte theoretische Legitimationsdiskurse führen muss (vgl. dazu klassisch Fleck 1935). Und hier ist – in der Forschung! – die Annahme und die Voraussetzung, soziales Geschehen primär der Kontingenz individueller Entscheidungs-, Handlungs- und Motivationsgründe zuzurechnen und entsprechend zu modellieren, immer noch der am wenigsten voraussetzungsreiche Fall. Am plausibelsten erscheint die Gesellschaft aus der Perspektive des erlebenden/handelnden Individuums, dessen »Subjekt«position sich damit perpetuieren lässt – unter Absehung von der Frage, welche sozialen Bezugsprobleme eigentlich gelöst werden, indem sich Gesellschaften ein Personal mit innerer Unendlichkeit und hochgradiger Unterbestimmtheit bei gleichzeitig disparater Form bisweilen strenger Erwartungsbildung an diese Akteure leisten. Einfacher formuliert: Die individuelle Entscheidungsposition nicht nur als gewissermaßen ontologisches, sondern als soziologisches Datum zu behandeln, wird weitgehend ausgeklammert.

Stattdessen übt sich die Soziologie selbst mit ihren Techniken des Interviewens, der Befragung, der Motivunterstellung, der Operationalisierung von Nutzenerwägungen, der Unterstellung narrativer Authentizität und der Instrumentalisierung des Geständniszwangs als eine Praxis, die Subjekte nicht nur voraussetzt, sondern auch erzeugt. Und deshalb kann man gerade mit soziologischen Stilen, die sich aufs phänomenologische Erbe beziehen, besonders punkten, weil alles Gesagte damit sehr alltagsfähig wird und mit dem gleichen Gestus daherkommt wie ihr Gegenstand. Manchmal habe ich erhebliche Zweifel, ob eine solche Einstellung wirklich »näher dran« ist an den Leuten oder ob es nicht eher eine Kumpanei im Gewande der wissenschaftlichen Einstellung ist. Soziologie ist oft selbst eine jener Praktiken, die Foucault als die Humanwissenschaft beschrieben hat: berauscht von der starken Formulierung des autonomen Handelnden, beseelt von der Praxis, ihr Objekt nach dem eigenen Bilde zuzurichten. Vielleicht wird das Subjekt dort ernster genommen, wo man es von der Heldenerwartung trennt, einem Grundbegriff entsprechen zu müssen und es das sein lässt, was es tatsächlich – ja, »eigentlich« und »ontologisch« – *ist*: ein empirischer Fall.

Literatur

Berger, Peter L. & Thomas Luckmann (1969), *Die gesellschaftliche Konstruktion der Wirklichkeit. Eine Theorie der Wissenssoziologie*, Frankfurt a.M.: Fischer

Esposito, Elena (1991), Paradoxien als Unterscheidung von Unterscheidungen, in: H.U. Gumbrecht & K.L. Pfeiffer (Hg.), *Paradoxien, Dissonanzen, Zusammenbrüche. Situationen offener Epistemologie*, Frankfurt a.M.: Suhrkamp, S. 35–57

Fleck, Ludwik (1935), *Entstehung und Entwicklung einer wissenschaftlichen Tatsache*, Basel: Schwabe

Glanville, Ranulph (1988), *Objekte*, Berlin: Merve

Husserl, Edmund (1950), *Ideen zu einer reinen Phänomenologie und phänomenologischen Philosophie. Erstes Buch: Allgemeine Einführung in die reine Phänomenologie*, Husserliana III, Den Haag: Nijhoff

Husserl, Edmund (1962), *Die Krisis der europäischen Wissenschaften und die transzendentale Phänomenologie. Eine Einleitung in die phänomenologische Philosophie*, Husserliana VI, Den Haag: Nijhoff

Husserl, Edmund (1966), *Zur Phänomenologie des inneren Zeitbewußtseins (1893–1917)*, Husserliana X, Den Haag: Nijhoff

Husserl, Edmund (1977), *Cartesianische Meditationen. Eine Einleitung in die Philosophie*, hg. von Elisabeth Ströker, Hamburg: Meiner

Husserl, Edmund (1980 [1928]), *Vorlesungen zur Phänomenologie des inneren Zeitbewußtseins*, 2. Aufl., Tübingen: Mohr

Knoblauch, Hubert (2007), Kommentar zu den Beiträgen, *Soziale Welt* 58, S. 345–350

Luhmann, Niklas (1984), Soziale *Systeme. Grundriß einer allgemeinen Theorie*, Frankfurt a.M.: Suhrkamp

Luhmann, Niklas (1988), *Erkenntnis als Konstruktion*, Bern: Benteli

Luhmann, Niklas (1990a), Gleichzeitigkeit und Synchronisation, in: ders., *Soziologische Aufklärung, Band 5: Konstruktivistische Perspektiven*, Opladen: Westdeutscher Verlag, S. 95–130

Luhmann, Niklas (1990b), *Die Wissenschaft der Gesellschaft*, Frankfurt a.M.: Suhrkamp

Luhmann, Niklas & Peter Fuchs (1989), *Reden und Schweigen*, Frankfurt a.M.: Suhrkamp

Nassehi, Armin (1993), *Die Zeit der Gesellschaft. Auf dem Weg zu einer soziologischen Theorie der Zeit*, Opladen: Westdeutscher Verlag

Nassehi, Armin (2006), *Der soziologische Diskurs der Moderne*, Frankfurt a.M.: Suhrkamp

Nassehi, Armin (2007), The Person as an Effect of Communication, in: S. Maasen & B. Sutter (eds.), *On Willing Selves. Neoliberal Politics vis-à-vis the Neuroscientific Challenge*, New York: McMillan, S. 100–120

Nassehi, Armin (2008), *Soziologie. Zehn einführende Vorlesungen*, Wiesbaden: VS-Verlag

Nassehi, Armin & Irmhild Saake (2002), Kontingenz: Methodisch verhindert oder beobachtet? Ein Beitrag zur Methodologie der qualitativen Sozialforschung, *Zeitschrift für Soziologie* 31, S. 66–86

Saake, Irmhild & Armin Nassehi (2004), Das gesellschaftliche Gehäuse der Persönlichkeit. Über Max Weber und die (soziologische) Produktion von Motiven, *Berliner Journal für Soziologie* 14, S. 503–525

Saake, Irmhild & Armin Nassehi (2007), Warum Systeme? Methodische Überlegungen zu einer sachlich, sozial und zeitlich verfassten Wirklichkeit, *Soziale Welt* 58, S. 233–254

Schütz, Alfred (1971), Das Problem der transzendentalen Intersubjektivität bei Husserl, in: ders., *Gesammelte Aufsätze*, Bd. 3, Den Haag: Nijhoff, S. 86–118

Schütz, Alfred (1981 [1932]), *Der sinnhafte Aufbau der sozialen Welt. Eine Einleitung in die verstehende Soziologie*, Frankfurt a.M.: Suhrkamp

Schütz, Alfred & Thomas Luckmann (2003 [1979/1984]), *Strukturen der Lebenswelt*, Konstanz: UVK bei UTB

Whitehead, Alfred North (1987), *Prozeß und Realität. Entwurf einer Kosmologie*, Frankfurt a.M.: Suhrkamp

Rainer Schützeichel

Transzendentale, mundane und operative (systemtheoretische) Phänomenologie

I

In einem Band, der die Relevanz der Phänomenologie für die Soziologie erörtert, mag ein Beitrag über das Verhältnis von Phänomenologie und Systemtheorie überraschen. Kann man sich in der gegenwärtigen Theorienlandschaft entferntere Antipoden vorstellen? Ist mit der Dichotomie von ›Subjekt‹ versus ›System‹ nicht schon alles gesagt? Liegen die Standpunkte nicht schon fest? Andererseits darf ein solcher Beitrag auch nicht fehlen. Denn die Systemtheorie kann in einer noch näher zu bestimmenden Weise als eine Form von Phänomenologie, eben als eine operative Phänomenologie bezeichnet werden. In dieser Position tritt sie auf der Seite der ›Phänomenologie‹ in die Debatte mit der ›Soziologie‹ ein.

Das ist also die These, die es hier vorzustellen gilt: ›Phänomenologische Soziologien‹ und ›Systemtheorie‹ gehören einer Theoriefamilie an. Es handelt sich – um im Bild zu bleiben – zumindest um Stiefgeschwister. ›Phänomenologische Soziologien‹ – man verzeihe diese missverständliche Bezeichnung für die teilweise doch sehr heterogenen Ansätze von der Protosoziologie bis hin zu den verschiedenen Mundanphänomenologien – stehen in der von Schütz inaugurierten Tradition einer an der Phänomenologie von Husserl orientierten Grundlegung der Soziologie. Die Systemtheorie greift demgegenüber in ihrer Grundlegung unmittelbarer auf die transzendentale Phänomenologie Husserls zurück. Diese beiden phänomenologischen Ansätze stehen auch nicht alleine in der soziologischen Welt, denn zu ihrer Familie gehört ebenfalls der über Merleau-Ponty bis hin zu Bourdieu führende Zweig einer strukturalen Phänomenologie, den wir aber ebenso wenig berücksichtigen können wie ein sich in Gestalt von ›poststrukturalistischen‹ Theorien ankündigender jüngerer Spross, dessen phänomenologisches Erbe aber ebenso wenig verkennbar ist.

Diese Familie eint ein gemeinsamer Ausgangspunkt: Dass die soziale Welt eine sinnhaft konstituierte Welt ist. Die Zentralität von ›Sinn‹ ist es, die sie eint und gegen den großen Rest der soziologischen Welt stellt. Und, wie in richtigen Familien auch, ist mit dem gemeinsamen Erbe auch ein hohes Konfliktpotential verbunden, welches, wie wir in dem vorliegenden Fall erleben, bis zum Abbruch der Beziehungen führen kann. Umstritten ist dabei die Frage, wie mit dem phänomenologischen Erbe umgegangen werden soll. Oder anders formuliert: Es gibt konträre Auffassungen darüber, wie die soziale Welt als eine sinnhaft konstituierte Welt ausgewiesen werden kann. Dabei spielen weniger die landläufig und oberflächlich ins Feld geführten Unterschiede von ›Subjekt‹ versus ›System‹ eine Rolle. Die unterschiedlichen Lebenswege der beiden Theorien lassen auf eine fundamentale Differenz im ›phänomenologischen Kern‹ schließen, nämlich hinsichtlich des Verhältnisses von ›Sinn‹ und ›Zeit‹.

All das kann hier nur angedeutet werden. In diesem Beitrag kann es bescheidener zunächst und auch nur grob (und deshalb wenig ›phänomenologisch‹) darum gehen, die markanten Eckpunkte der ›operativen Phänomenologie‹ der Systemtheorie herauszuarbeiten. Im Gegensatz zur Soziologie (s. aber Srubar 1989, 2005) wird in der Philosophie das Verhältnis von Phänomenologie und Systemtheorie intensiv diskutiert. Darauf gehen wir zunächst ein (II). Es folgt die Kritik der Systemtheorie an den ›phänomenologischen Soziologien‹ (III) und die Auseinandersetzung der Systemtheorie mit der transzendentalen Phänomenologie (IV). Aus dieser übernimmt Luhmann bestimmte Konstruktionsregeln für den sinnhaften Aufbau sozialer Systeme (V). Dass diese Konstruktionsregeln nun ihrerseits verantwortlich sind für gewisse ›Problemzonen‹ der Systemtheorie, soll an zwei phänomenologisch einschlägigen Themen kurz demonstriert werden: ›Lebenswelt‹ (VI) einerseits, ›Intersubjektivität und Kommunikation‹ (VII) andererseits. Die These dieses Beitrags lautet also: Die Systemtheorie ist in ihrem zentralen Kern eine operative Phänomenologie, deren eigene Konstruktionsprobleme aus den ›Vorgaben‹ der transzendentalen Phänomenologie erwachsen.

II

Aus philosophischer Feder wurde und wird das Verhältnis von Phänomenologie und Systemtheorie eingehend thematisiert. Ältere Diskussionen (vgl. z. B. Eley 1972, Landgrebe 1975, van Reijen 1979) gingen dem »beirrenden Parallelismus zwischen systemtheoretischen und phänomenologischen Analysen« (Landgrebe 1975: 26, Hervorh. weggel.) nach. Sie verstanden sich als Metakritik der systemtheoretischen Bezugnahme auf die Phänomenologie. Dies betraf vor allem den Versuch der Systemtheorie, sich und die Soziologie von den reklamierten Fundierungsleistungen der Phänomenologie zu emanzipieren. Die Problemvorgaben der Systemtheorie werden als so hoch eingestuft, dass diese zum Anlass genommen werden, selbstreflexiv die Problemlösungskapazitäten der Phänomenologie zu überprüfen (vgl. Landgrebe 1975: 15). Dennoch: Nach Ansicht dieser frühen phänomenologischen Beobachter muss die Selbstbegründung der Soziologie durch die Systemtheorie scheitern, da die Begriffe der Systemtheorie einen »transzendentalen Schein« (Landgrebe 1975: 31) aufweisen. In Anlehnung an den von Husserl entschieden bekämpften Psychologismus spricht Landgrebe von einem »transzendentalen Schein des Soziologismus« (Landgrebe 1975: 38), der daraus resultiere, dass die Systemtheorie bzw. die Soziologie als empirische Disziplinen die ›Welt‹ konstituierenden Leistungen einer ›transzendentalen Intersubjektivität‹ nicht in den Blick bekommen können. Der Vorwurf des Psychologismus und Objektivismus wird damit auch auf die Soziologie bzw. Systemtheorie ausgeweitet. Ein zweiter Punkt betrifft das methodische Prinzip Luhmanns, seine Begriffe durch eine »Generalisierung und Entpersonalisierung« (Landgrebe 1975: 26) phänomenologischer Vorgaben zu gewinnen. Der Vorwurf lautet hier, dass die Systemtheorie ihr phänomenologisches Konto überziehe. Sie begehe einen Kategorienfehler und verwische die Grenzen zwischen empirischer und phänomenologischer Forschung. Das, was sich nur in einer phänomenologischen Einstellung als konstitutive Weltbezüge einer leistenden Subjektivität aufweisen ließe, würde zu einem empirischen, ›daseienden‹ Faktum erklärt. (Beide Einwände werden später – nicht überraschend – von der Systemtheorie an die Adresse der ›soziologischen Phänomenologien‹ zurück gespielt.)

Auch aktuell ist die Systemtheorie Gegenstand zahlreicher phänomenologischer Arbeiten (ohne Anspruch auf Vollständigkeit: Andermann 2005, Bermes 2006, Ellrich 1992, Kaminski 2005, Knudsen 2006, Rinofner-Kreidl 2003a, 2003b, 2004, Schmid 2000 sowie die Beiträge in Brejdak, Esterbauer, Rinofner-Kreidl & Sepp 2006). Die Systemtheorie stellt – zumindest in Deutschland – den bevorzugten soziologischen Gesprächspartner der Philosophie dar. In der jüngeren Diskussion macht sich im Vergleich zur älteren Diskussion eine Problemverschiebung bemerkbar. Wenn man von der naiven Kritik absieht, dass Luhmann die phänomenologischen Konzepte nicht eins-zu-eins in die Systemtheorie übertrage, dann bezieht sich der zentrale Vorwurf darauf, dass die von Luhmann vorgenommenen Reformulierungen ihr Versprechen nicht halten können, denn sie sähen von einer fungierenden Intentionalität ab, durch die die psychischen wie die sozialen Systeme erst am ›Laufen‹ gehalten würden.

III

Die ›phänomenologischen Soziologien‹ werden von Luhmann einer scharfen Kritik unterzogen. Schon ihre Bezeichnung als ›phänomenologische Soziologie‹ zeige ein unphänomenologisches Verständnis, laufe sie doch »in die von Husserl sorgfältig vermiedene Falle des Objektivismus« (Luhmann 1996: 25, s. auch Luhmann 1995: 161f). Dem ›Markennamen‹ der Phänomenologie seien viele Missverständnisse angewachsen »wie Algen an einem schon länger zur See fahrenden Schiff« (Luhmann 1996: 27). Damit aber rennt Luhmann bei den Betroffenen nur offene Türen ein, da diese die Bezeichnung nur als Abbreviatur und nicht als Programm akzeptieren. Ein zweiter Einwand: Die sich auf die Phänomenologie berufende Soziologie gehe »einen Kompromiss zwischen Objektivismus und Subjektivismus« (Luhmann 1996: 25) ein, weil sie nicht an der Transzendentalphänomenologie ansetze, sondern die phänomenologischen Überlegungen gleichsam auf halber Strecke verlassen und damit nicht zu dem vorstoße, was der Kern der Phänomenologie sei, nämlich die transzendentale, also für ›Bewusstsein überhaupt‹ geltende Aufklärung der »Operativität des Bewußtseins« (Luhmann 1996: 29). Der Verzicht auf die transzendentalphänomenologische Dimension führe zu einem Substanzverlust. Mit dem Versuch, die Phänomenologie um ihre transzendentale Dimension zu kappen, sei eben kein theoretischer Fortschritt verbunden, sondern der Weg hin zur »Trivialanthropologie« (Luhmann 1986: 176), ginge es doch eben nur noch darum, die Welt so zu beschreiben, wie sie aus einem empirisch-subjektiven Blickwinkel erscheine. »Wenn man sich eine solche Theorieanlage [nämlich diejenige Husserls, R.S.] vor Augen führt, erkennt man, wie flach im Verhältnis dazu Theorien geworden sind, die heute unter dem Titel Sozialphänomenologie betrieben werden und eigentlich nur noch zum Ausdruck bringen: ›Da gibt es etwas‹. Als Empirie wird gewissermaßen nur noch das Dagewesene angeboten. Man hat`s gesehen und beschreibt es nun.« (Luhmann 2002: 84, ähnlich auch Luhmann 1997: 1028, FN 270) Auch der mit Schütz beginnende Versuch, der Soziologie gerade auf dem Rücken der Weberschen Handlungstheorie eine phänomenologische Fundierung zu geben, wird von der Systemtheorie nicht akzeptiert. Es sei »kein glücklicher Einfall, dies vom Begriff der Handlung aus zu tun, dessen Rationalität mit Weber gerade fragwürdig geworden war und dessen Sozialität wiederum nur durch Rückgriff auf subjektiv gemeinten Sinn bestimmt werden konnte. Der Versuch konnte also nur bis zum Problem der Subjektivität von Intersubjektivität führen, einem Problem, an dem Husserl bereits gescheitert war; oder er mußte in einen wissenschaftlichen Objektivismus ausarten, der nur noch den Namen ›Phänomenologie‹ führte, ohne das damit verbundene Problembewußtsein fortzusetzen.« (Luhmann 1996: 54f) Luhmann differenziert nicht zwischen den verschiedenen Spielarten der ›Sozialphänomenologie‹. Von daher wirkt seine Kritik recht pauschal. Aber der Kern der Kritik liegt in zwei korrespondierenden Thesen: Die von Schütz inaugurierte Soziologie ist Luhmann zufolge subjektivistisch, weil sie die soziale Welt vom Bewußtsein her erschließt. Und sie ist gerade deshalb auch objektivistisch, weil sie die sinnhafte Konstitution der sozialen Welt in sinnhaften, selbstreferentiellen Operationen nicht in den Blick bekomme.

IV

Für Luhmann ist Husserl der wichtigste Theoretiker, dem allenfalls noch Parsons an die Seite gestellt wird (Luhmann 1996: 27f). Beide zeichnet nach Luhmann ein rigides, kompromissloses Verständnis von Theoriebildung aus. Es ist nicht übertrieben, wenn man Husserl als die wichtigste Inspirationsquelle für die ›Theorie sozialer Systeme‹ betrachtet. Luhmann, der stets die unterentwickelte Begriffsreflexion der Soziologie moniert, arbeitet sich an den Problemstellungen der Phänomenologie ab, nicht um ein phänomenologisches Fundament, sondern um phänomenologische Konstruktionsanweisungen bemüht. Von Beginn an stellt Luhmann seine Analysen in einen phänomenologischen Zusammenhang. Er spricht von (s)einer »transzendental-phänomenologischen Problemforschung« (Luhmann 1967: 78). Er betrachtet Phänomenologie und Systemtheorie als parallele Unternehmen (Luhmann 1996), die man »mehr, als es zur Zeit gesehen wird, ineinander übersetzen kann« (Luhmann 1986b/1995: 171). Bei diesem

Übersetzungsversuch könne man von prinzipiellen strukturellen Isomorphien ausgehen. Luhmann versteht die Systemtheorie als eine Reformulierung des phänomenologischen Programms einer ›Mathesis Universalis‹ (Luhmann 1986: 182). Lapidar formuliert, bietet die Phänomenologie gleichsam Konstruktionsdirektiven für den ›sinnhaften Aufbau‹ sozialer Systeme. Auch spätere Theorieinnovationen wie ›Selbstreferenz‹ oder stärker noch die ›Formenlogik‹ werden nach dem vorgezeichneten Bauplan integriert, was von Kommentatoren so interpretiert wird, dass Luhmann sich zwar intensiv mit der Phänomenologie auseinander gesetzt habe, aber die Probleme der Phänomenologie dann nicht auflöse, sondern sie samt und sonders mit seiner Systemtheorie erschlage (Bühl 2002: 349, ähnlich Schmid 2000, Paul 2001).

Beiden Theorien geht es, so Luhmann, methodisch um die Problematisierung von Evidenzen. »Transzendentale Reflexion auf das, was ich wirklich erlebe, erweist sich dann nicht als Weg zu letztgewissen Evidenzen, sondern als eine methodische Technik, alle Evidenzen in Probleme zu verwandeln – einschließlich sogar des Seins der Welt, das nun als Problem äußerster unbestimmter Komplexität erscheint. Darüber hinaus erhellt sie die allgemeinsten Strukturen der Welt, zum Beispiel die Differenz von Sein und Nichtsein (Anderssein), die Zeit und die Voraussetzung einer Mehrheit von Ichen – Strukturen, die aus der Welt nicht weggedacht werden können und zugleich deren Komplexität als reduzierbar schematisieren.« (Luhmann 1967: 78) Dies ist der Kern der funktionalen Methode Luhmanns, Gegebenes in Problematisches zu überführen. Dieser Ansatz ist nach Luhmann auch kennzeichnend für die Phänomenologie. Aus eben diesem Grunde lehnt Luhmann dann auch solche phänomenologischen Konzepte wie das ›Subjekt‹ oder die ›Lebenswelt‹ ab, die gleichsam als Stoppregel eine höhere Reflexivität verhindern. ›Transzendentalität‹ heißt für Luhmann: Selbst-Reflektion des sinnhaft Konstituierten, Reflektion auf das, was in allen ›Beschreibungen‹ bzw. in allem ›Unterscheiden‹ schon vorausgesetzt ist. Transzendentalisierung führt bei Luhmann nicht auf einen Einheitsgrund, nicht auf einen ›Boden‹, einen ›Träger‹, ein ›Subjekt‹, nicht auf ›Setzungen‹, nicht auf etwas, was ›ist‹, sondern auf Differenzen und auf Operationen, die sich in ihrem Operieren selbst herstellen. »Die transzendentale Reduktion führt mithin nicht zu einer neuartigen Einstellung des Subjekts (deren Intersubjektivität und Lebenswirklichkeit dann unlösbare Schwierigkeiten bereiten muß). Sie ist nichts anderes als die Einsicht, daß es nicht ausreicht, die Welt mit einem einfachen zweipositionalen Schematismus zu beschreiben und dann auf der Seinsseite metaphysisch zu verabsolutieren.« (Luhmann 1986: 191) Von daher kann Luhmann dann auch mit Husserl gegen Husserl argumentieren. Husserl sei eigentlich über seine Philosophie hinaus gewesen. Er habe seine wegweisenden Überlegungen in einem atavistischen, eben alteuropäischen Theorierahmen formuliert (Luhmann 2002: 55). Er habe auf ›Einheitsleistungen‹ nicht verzichten wollen und sei doch gleichzeitig der wichtigste Inaugurator für innerphänomenologische Absetzbewegungen gegen jegliches Einheitsdenken gewesen (vgl. Waldenfels 1979). Seine Phänomenologie weise »antihumanistische oder jedenfalls antianthropologische Tendenzen« (Luhmann 2002: 249) auf.

Luhmanns Auseinandersetzung mit der Phänomenologie kann so beschrieben werden: Abschied von der Subjektphilosophie und Verallgemeinerung von Vorgaben der Bewusstseinsphilosophie in funktionaler Hinsicht. Manche Kommentatoren (z. B. Bermes 2006: 22) rechnen diese Bewegung zu »den eigentümlichsten und vielleicht auch zu den mysteriösesten Eigenheiten der Wissenschafts- und Philosophiegeschichte«, dass jemand, »der sich so vehement gegen das Subjekt ausspricht, doch mit Nachdruck die Einbindung der Husserlschen Phänomenologie in sein Projekt betreibt.« Abschied von der Subjektphilosophie aber heißt nicht, wie häufig falsch verstanden, Streichung des Subjekts mit der Folge, dass nur noch das ›Objekt‹ übrig bleibt. Es soll die Unterscheidung, die Form Subjekt/Objekt abgelöst werden – das Verständnis des Subjekts als eines ›hypokeimenon‹. Man könnte das auch phänomenologisch formulieren: Das ›Subjekt‹ ist nur eine Sinnfigur. Sinn geht dem ›Subjekt‹ voraus. Es bleibt ein Bewusstsein, welches sich in seinen Intentionen intentional auf seine Intentionen bezieht. Die phänomenologische Problemstellung wird als diejenige der Bedingungen der Möglichkeit der Selbsterhaltung eines Bewusstseins als eines operativen, intentionalen Bewusstseins betrachtet. Auf dieser Basis arbeitet Luhmann. Bleiben zunächst die phänomenologischen Vorgaben in Kraft, so werden sie nach und nach durch eigene Theorieelemente reformuliert: Die transzendentale Phänomenologie weist der Selektion der systemtheoretischen Konzeptionen den Weg. Der weitere Schritt besteht dann darin, diese Vorgaben von der Bewusstseinsphilosophie abzulösen und sie zu verallgemeinern. Dieser Schritt richtet sich gegen die ›Anthropologisierung von Selbstreferenz‹. »Es geht dabei nicht mehr um die Eigenarten des Bewußtseins, sondern um die Emergenz von Ordnung.« (Luhmann 1996: 50) ›Selbstreferenz‹ ist nach Luhmann die Antwort auf das Ordnungsproblem von psychischen und von sozialen Systemen.

VI

Die Systemtheorie als eine operative Phänomenologie zu bezeichnen, ist selbstverständlich ein wagemutiges Unterfangen. Vieles fehlt ihr, was die Phänomenologen zum Kernbestand ihrer Theorie erklären würden, insbesondere die rechte phänomenologische Einstellung der Beschreibung dessen, was sich dem Bewusstsein in einer evidenten, originär gegebenen Weise zeigt. Luhmann ersetzt Beschreibung durch ›evidente‹ theoretische Konstruktion – für die Phänomenologie ein kardinaler Fehler. Dennoch sind die strukturellen Isomorphien erstaunlich. Sinn ist der ›Grundbegriff der Systemtheorie‹ (vgl. Schützeichel 2003). Sinn ist ein überaus komplexes Konzept, an dem sich die verschiedenen Entwicklungsetappen der Systemtheorien rekonstruieren lassen. Aber über alle verschiedenen Ausformungen hinweg bleibt die ursprüngliche, eben phänomenologische Bedeutung erhalten (Luhmann 1972). In der Phänomenologie selbst steht der Ausdruck ›Sinn‹ für die Gesamtheit der intentionalen Erlebnisse, die man wiederum nach den aufeinander verweisenden noetischen Akten und den noematischen Sinngehalten analytisch unterscheiden kann. Sinn bleibt in allem Verfließen der Akte erhalten – er hat ein ideales Sein. Beschränkt auf den noematischen Kern, wird Sinn als die phänomenale Einheit der Verweisung des Aktuellen auf das Potentielle, als die Einheit des Gegebenen in seinen Horizonten und Mitvergegenwärtigungen bestimmt. Diese Sinnproblematik wird von Luhmann später differenztheoretisch mit Hilfe der Formenkalküle von Spencer Brown weitergeführt. Intentionen werden als das Setzen einer Differenz (›draw a distinction‹) interpretiert, als Einheit einer Differenz von Bezeichnung und Unterscheidung.

Da Luhmann aber ›Sinn‹ – seltsamerweise – in erster Linie für die noematische Seite reserviert, wird der umfassende Komplex der Intentionalität erst mit der doch relativ spät eingearbeiteten Differenz von Selbst- und Fremdreferenz thematisiert. Die Differenz von Noesis und Noema wird – was Luhmann allerdings durch einen ziemlich sorglosen Umgang mit seinen Begriffen auch gut zu verdecken weiß – als Differenz von Selbst- und Fremdreferenz reformuliert. Intentionen (bzw. Operationen) sind dadurch möglich, dass sie rekursiv die Differenz von Innenhorizont und Außenhorizont, von Vorstellen und Vorgestelltem, von Noesis und Noema, von Selbstreferenz und Fremdreferenz erzeugen. »Es ist nur eine leichte, im Ergebnis dann aber folgenreiche Reformulierung, wenn man die Unterscheidung von Noesis und Noema durch die Unterscheidung von Selbstreferenz und Fremdreferenz ersetzt. Das ist, wie mir scheint, ohne Sinnverlust möglich und bringt deutlicher heraus, daß die beiden Referenzen einander bedingen. Das Bewußtsein kann sich nicht selbst bezeichnen, wenn es sich nicht von etwas anderem unterscheiden kann; und ebensowenig kann es für das Bewußtsein Phänomene geben, wenn es nicht in der Lage wäre, fremdreferentielle Bezeichnungen von der Selbstbezeichnung zu unterscheiden.« (Luhmann 1996: 34) Dieses Oszillieren bringt nun Zeit ins Spiel. ›Zeit‹ ergibt sich als Konsequenz aus dem intentionalen Operieren von Bewusstsein, welches, zwischen beiden Referenzen oszillierend, in retentionaler wie in protentionaler Hinsicht temporale Horizonte ausbildet. (Es sei nur kurz bemerkt: Die ›Phänomenologie des inneren Zeitbewußtseins« (Husserl 1969/Hua X) kann als Gründungsbuch der Systemtheorie betrachtet werden, vgl. auch Bergmann & Hoffmann 1989.) Luhmann wendet sich aber gegen die Metapher des ›Bewusstseinsstromes‹. Er verortet die Notwendigkeit der Genese temporaler Dimensionen in dem intentionalen Operieren des Systems selbst. Daraus ergibt sich dann die ›Autopoiesis‹ des Systems im Modus einer operationalen Geschlossenheit ihres Systemzusammenhangs. Und, in der Tat, auch hierfür lassen sich bei Husserl, der das Bewusstsein als einen geschlossenen Seinszusammenhang betrachtet, zahlreiche Parallelen finden.

Fügt man dies zusammen, dann, so Luhmann (insbes. 1985), lässt sich das Bewusstsein wie auch das soziale System als eine frei schwebende Ordnung konzipieren.»Husserl hatte wohl gemeint, die Einheit seiner Transzendentalen Phänomenologie durch die Einheit ihres Objekts ›Subjekt‹ garantieren zu können. Wir können jetzt bereits ahnen, daß man darauf verzichten kann. Der aufgedeckte Zusammenhang von Operation, Bistabilität (Selbstreferenz/Fremdreferenz), Zeit und Oszillation trägt sich selbst – und ist deshalb möglicherweise auch an ganz anderen Objekten nachzuweisen.« (Luhmann 1996: 38) Von der Subjekt-Objekt-Form kann man also nach Luhmann getrost abstrahieren – das Bewusstsein trägt sich selbst. Und die phänomenologisch begründete und systemtheoretisch adaptierte Beschreibung ist übertragbar auf andere ›Objekte‹, eben soziale Systeme – so Luhmanns Auffassung und Luhmanns Hoffnung. Entsprechend konzipiert er nun ›Kommunikation‹ als eine (!) Operation/Beobachtung, die eine Bistabilität aufweist (Fremdreferenz = Information / Selbstreferenz = Mitteilung), die ein operationales Ereignis darstellt und sich retentional und protentional auf vergangene und zukünftig mögliche Operationen bezieht und deshalb ein System von seiner Umwelt differenziert.

VII

Die Lebensweltkonzeptionen der Phänomenologie sind niemals frei von widersprüchlichen Bestimmungen gewesen. Ein besonderes Problem stellt das Verhältnis von universalistischer und relativistischer Perspektive, das Verhältnis der vielen ›Lebenswelten‹ und der einen ›Lebenswelt‹ dar. Wird auf der einen Seite von Scheler (Schelers Milieubegriff – vgl. Scheler 1954), von Husserl (Husserl 1976/Hua VI) oder auch von Schütz der universale, fundierende Charakter der einen Lebenswelt betont, so ist dieser Terminus auf der anderen Seite auch für spezifische Sinnwelten reserviert. Dies setzt sich fort in den verschiedenen Strömungen der Mundanphänomenologie (vgl. Hitzler 2005). Gegenüber anderen, ›szientifischen‹ Theorien wird das Moment des lebensweltlichen Apriori stark gemacht, innerhalb der empirischen Forschung aber befasst man sich ethnographisch mit den verschiedenen (kleinen) Sinnwelten, ohne anzugeben, was diese verschiedenen Welten eint und zu Welten einer Lebenswelt macht. Luhmann führt diese Diskussion fort. Er wirft der Lebensweltkonzeption eine Metaphernkonfusion vor. Lebenswelt fungiere als Boden wie als Horizont. Luhmann verabschiedet die ›Boden‹-Funktion (s. hierzu auch Grathoff 1987, 1989). An die Stelle des ›Bodens‹ tritt nach Luhmann die Polykontexturalität der verschiedenen Systeme, die in ihrem Prozessieren die Vertrautheit der Lebenswelt als by-product, als notwendige Folge des zwangsläufigen Prozessierens von Unterscheidungen kondensieren lassen. Jedes soziale System produziert also seine eigene Lebenswelt. ›Lebenswelt‹ fungiert nicht mehr als universaler Boden, nicht mehr als Garant eines ›Inter‹ der ›Subjektivität‹, sondern nur noch als systemrelativer Horizont.

VIII

Die Kommunikationstheorie von Luhmann ist beauftragt, die aus der phänomenologischen Intersubjektivitätstheorie resultierenden Probleme zu lösen. Zur Erinnerung: Die unter dem

Titel der ›Intersubjektivität‹ versammelten Überlegungen von Husserl befassen sich mit dem Problem der Konstitution anderer Menschen als alter ego (Römpp 1992). Sie sind eingebettet in verschiedene Überlegungen, von einer frühen ›Kommunikationstheorie bis hin zu späteren hinsichtlich von ›Personalitäten höherer Ordnung‹, die schon Schütz (1971: 114) keiner Würdigung wert befand und von denen man heute kaum mehr Notiz nimmt, da Husserl, wie dies Schmid (2000: 23) formuliert, das egologische Subjektivitätskonzept von den individuellen auf die sozialen ›Subjekte‹ verallgemeinert. Zwischen diesen Versuchen ist die berühmt gewordene V. Cartesianische Meditation angesiedelt (Husserl 1991/Hua I). Die dort von Husserl formulierte Lösung rückt die ›analogisierende Appräsentation‹ anderer Egos in den Mittelpunkt – ebenfalls eine Herangehensweise, die problematisch ist, da sie keinen Ausweg bietet, alter ego anders als ein Ergebnis der analogisierenden Appräsentation von Ego zu erfassen. Husserl hat an verschiedenen Stellen besonders in seinem Spätwerk versucht, durch einen Rückgang auf die Ebene der passiv-genetischen Synthesisleistungen eine Form einer ›passiven Intersubjektivität‹ (Yamaguchi 1982, Zahavi 1996) zu entwickeln, die in allen höheren Formen der Fremderfahrung immer schon vorausgesetzt werden muss (vgl. Husserl 1973a/Hua XIV: 374 oder Husserl 1973a/Hua XV: 594ff).

Es gibt phänomenologische Alternativentwürfe: Einer findet sich in den heute wieder aktuellen Überlegungen zu einer fundierenden ›Wir-Intentionalität‹ bei Max Scheler oder Gerda Walther, der zufolge die Ich-Intentionalität das Derivat einer ursprünglicheren kollektiven Intentionalität darstellt (Schloßberger 2005, Schmid 2005). Schütz knüpft ›egologisch‹ (Theunissen 1964, Waldenfels 1983) an die Lebenswelttheorie des späten Husserl an, um diese gegen den Versuch einer transzendentalen Fundierung von ›Intersubjektivität‹ ins Feld zu führen. Die Protosoziologie von Luckmann (1991) versucht, allgemeine Strukturen der Intersubjektivität auf dem Wege der egologischen Reflexion subjektiver Erfahrung zu identifizieren. In jüngeren mundanphänomenologischen Ansätzen (z. B. Hitzler 2005) geht es eher um Sinnformen in der schon konstituierten Lebenswelt als um die Frage der Konstitution der Lebenswelt selbst.

Auch Luhmanns Kommunikationstheorie muss in die Reihe der Gegenentwürfe eingeordnet werden. Auch er geht von dem Scheitern der Husserlschen Intersubjektivitätstheorie aus. Nach Luhmann stellt ›Intersubjektivität‹ nur eine »Verlegenheitsformel« (Luhmann 1986b: 169) dar. ›Intersubjektivität‹ sei mit Subjektivität nicht vereinbar. Das ›Inter‹ habe keine Referenz. Luhmann sucht nach einer Lösung, die über die Subjektivität der Intersubjektivität hinausführt. Die Lösung findet sich in einer Parallelkonstruktion. Das ›Soziale‹ realisiert sich als eigener, originärer Operationstyp. Dies setzt voraus, dass auch für soziale Systeme eine den intentionalen Akten entsprechende Operation identifiziert werden kann. Aus diesem Grunde setzt Luhmann auf ›Kommunikation‹. Die Kommunikationstheorie von Luhmann steht aber unter widersprüchlichen Anforderungen. Es wird mit zwei Sozialitätsbegriffen gearbeitet. Einerseits wird – wie man in den entsprechenden Passagen beispielsweise in ›Soziale Systeme‹ (Luhmann 1984) nachlesen kann – unter Sozialität die intentionale Bezugnahme von psychischen Systemen auf psychische Systeme verstanden. Dies wird von Luhmann als phänomenologisches Modell verstanden und mit dem Theorem der doppelten Kontingenz von Parsons kombiniert. Soziale Phänomene werden als emergente Phänomene verstanden. Andererseits wird Sozialität in Gestalt von sozialen Systemen gerade in Differenz zu psychischen Systemen definiert. Das Soziale muss sich selbst in seinen Einheiten realisieren. An die Stelle des Emergenzkonzepts tritt hier die These von der ›Konstitution von oben‹. Damit wird Kommunikation als Operation sowohl diesseits wie jenseits psychischer Systeme lokalisiert, ein Problem, welches darin begründet ist, dass die transzendentalphänomenologischen Vorgaben systemtheoretisch einseitig verarbeitet werden. Will die operative Phänomenologie ein einheitliches Sozialitätskonzept entwickeln, so gilt es, verstärkt auf den phänomenologischen Begriff schlechthin zu rekurrieren, nämlich den Begriff der Intentionalität. Weder Unterscheidungen und ihre Formen noch Kommunikationen lassen sich ›intentionslos‹ als sinnhafte, soziale Phänomene konzipieren.

Literatur

Andermann, Kerstin (2005), Spielräume der Subjektivität zwischen transzendentaler Konstitution und sinnlicher Autogenese: Merleau-Ponty – Luhmann – Deleuze, *Journal Phänomenologie* 24, S. 13–21

Bergmann, Wolfgang & Gisbert Hoffmann (1989), Selbstreferenz und Zeit: Die dynamische Stabilität des Bewußtseins, *Husserl-Studies* 6, S. 155–175

Bermes, Christian (2006), Anschluss verpasst? Husserls Phänomenologie und die Systemtheorie Luhmanns, in: D. Lohmar & D. Fonfara (Hg.), *Interdisziplinäre Perspektiven der Phänomenologie*, Dordrecht: Springer, S. 18–37

Brejdak, Jaromir, Reinhold Esterbauer, Sonja Rinofner-Kreidl & Hans-Rainer Sepp (Hg. 2006), *Phänomenologie und Systemtheorie*, Würzburg: Königshausen & Neumann

Bühl, Walter L. (2002), *Phänomenologische Soziologie*, Konstanz: UVK

Eley, Lothar (1972), *Transzendentale Phänomenologie und Systemtheorie der Gesellschaft*, Freiburg Br.: Rombach

Ellrich, Lutz (1992), Die Konstitution des Sozialen. Phänomenologische Motive in N. Luhmanns Systemtheorie, *Zeitschrift für Philosophische Forschung* 46, S. 24–43

Grathoff, Richard (1987), Über die Einfalt der Systeme in der Vielfalt der Lebenswelt. Eine Antwort auf Niklas Luhmann, *Archiv für Rechts- und Sozialphilosophie* 73, S. 251–263

Grathoff, Richard (1989), *Milieu und Lebenswelt. Einführung in die phänomenologische Soziologie und die sozialphänomenologische Forschung*, Frankfurt a. M.: Suhrkamp

Hitzler, Ronald (2005), Die Beschreibung der Struktur der Korrelate des Erlebens. Zum (möglichen) Stellenwert der Phänomenologie in der Soziologie, in: U. Schimank & R. Greshoff (Hg.), *Was erklärt die Soziologie?* Münster: Lit, S. 230–240

Husserl, Edmund (1969), *Zur Phänomenologie des inneren Zeitbewußtseins,* hg. von R. Boehm (Hua X), Nachdruck der 2. verb. Aufl., Den Haag: Nijhoff

Husserl, Edmund (1975), *Ideen zu einer reinen Phänomenologie und phänomenologischen Philosophie. Erstes Buch* (Hua III/1), Den Haag: Nijhoff

Husserl, Edmund (1976), *Die Krisis der europäischen Wissenschaften und die transzendentale Phänomenologie* (Hua VI), Nachdruck der 2. verb. Aufl., Den Haag: Nijhoff

Husserl, Edmund (1991), *Cartesianische Meditationen und Pariser Vorträge* (Hua I), Nachdruck der 2. verb. Aufl., Den Haag: Nijhoff

Kaminski, Andreas (2005), Systemtheorie, Phänomenologie, Zeittheorie – zur Einleitung, *Journal Phänomenologie* 24, S. 4–12

Knudsen, Sven-Eric (2006), *Luhmann und Husserl. Systemtheorie im Verhältnis zur Phänomenologie*, Würzburg: Königshausen & Neumann

Landgrebe, Ludwig (1975), *Der Streit um die philosophischen Grundlagen der Gesellschaftstheorie*, Opladen: Westdeutscher Verlag

Luckmann, Thomas (1991), Protosoziologie als Protopsychologie, in: M. Herzog & C. F. Graumann (Hg.), *Sinn und Erfahrung. Phänomenologische Methoden in den Humanwissenschaften*, Heidelberg: Asanger, S. 155–168

Luhmann, Niklas (1967), Soziologische Aufklärung, in ders.: *Soziologische Aufklärung. Band 1: Aufsätze zur Theorie sozialer Systeme*, Opladen: Westdeutscher Verlag, S. 66–91

Luhmann, Niklas (1972), Sinn als Grundbegriff der Soziologie, in: J. Habermas & N. Luhmann: *Theorie der Gesellschaft oder Sozialtechnologie – Was leistet die Systemforschung?* Frankfurt a. M.: Suhrkamp, S. 25–100

Luhmann, Niklas (1984), *Soziale Systeme*, Frankfurt a. M.: Suhrkamp

Luhmann, Niklas (1985), Die Autopoiesis des Bewußtseins, *Soziale Welt* 36, S. 402–446

Luhmann, Niklas (1986), Die Lebenswelt – nach Rücksprache mit Phänomenologen, *Archiv für Rechts- und Sozialphilosophie* 72: 176–194

Luhmann, Niklas (1986b), Intersubjektivität oder Kommunikation. Unterschiedliche Ausgangspunkte soziologischer Theoriebildung, in ders.: *Soziologische Aufklärung. Band 6: Die Soziologie und der Mensch,* Opladen: Westdeutscher Verlag 1995, S. 169–188

Luhmann, Niklas (1995), Die Soziologie des Wissens. Probleme ihrer theoretischen Konstruktion, in ders.: *Gesellschaftsstruktur und Semantik. Studien zur Wissenssoziologie der modernen Gesellschaft*, Band 4. Frankfurt a. M.: Suhrkamp, S. 151–180

Luhmann, Niklas (1996), *Die neuzeitlichen Wissenschaften und die Phänomenologie,* Wien: Picus

Luhmann, Niklas (1997), *Die Gesellschaft der Gesellschaft*, Frankfurt a. M.: Suhrkamp

Luhmann, Niklas (2002), *Einführung in die Systemtheorie*, Heidelberg: Auer

Paul, Axel T. (2001), Organizing Husserl, *Journal of Classical Sociology* 1, 3, S. 371–394
Rinofner-Kreidl, Sonja (2003a), Von der Paradoxie der Subjektivität zur Paradoxie der Beobachtung, in: Dies.: *Mediane Phänomenologie*, Würzburg: Königshausen & Neumann, S. 145–167
Rinofner-Kreidl, Sonja (2003b), Sinn und/oder Subjekt. Leitkonzepte phänomenologischer und systemtheoretischer Forschung, in dies.: *Mediane Phänomenologie*, Würzburg: Königshausen & Neumann, S. 336–358
Rinofer-Kreidl, Sonja (2004), Phänomenologie und Systemtheorie im Kontext kulturwissenschaftlicher Forschungsinteressen, in: E. List & E. Fiala (Hg.), *Grundlagen der Kulturwissenschaften. Interdisziplinäre Kulturstudien*, Tübingen, Basel: Francke, S. 73–97
Römpp, Georg (1992), *Husserls Phänomenologie der Intersubjektivität*, Dordrecht: Kluwer
Scheler, Max (1954), *Der Formalismus in der Ethik und die materiale Wertethik* (GA, Bd. 2), Bern: Francke
Schloßberger, Matthias (2005), *Die Erfahrung des Anderen,* Berlin: Akademie
Schmid, Hans Bernhard (1996), ›Lebenswelt‹ zwischen Universalismus und Relativismus, *Schweizerische Zeitschrift für Soziologie* 22, S. 161–181
Schmid, Hans Bernhard (2000), *Subjekt, System, Diskurs*, Dordrecht: Kluwer
Schmid, Hans Bernhard (2005), *Wir-Intentionalität*. Freiburg Br.: Alber
Schütz, Alfred (1971), Das Problem der transzendentalen Intersubjektivität bei Husserl, in: *Gesammelte Aufsätze. Bd. 3: Studien zur phänomenologischen Philosophie,* Den Haag: Nijhoff, S. 86–118
Schützeichel, Rainer (2003), *Sinn als Grundbegriff der Systemtheorie,* Frankfurt a. M., New York: Campus
Srubar, Ilja (1989), Von Milieu zu Autopoiesis. Zum Beitrag der Phänomenologie zur soziologischen Theoriebildung, in: C. Jamme & O. Pöggeler (Hg.), *Phänomenologie im Widerstreit*, Frankfurt a. M.: Suhrkamp, S. 307–331
Srubar Ilja (2005), Sprache und soziale Kopplung, *Kölner Zeitschrift für Soziologie und Sozialpsychologie* 57, S. 599–623
Theunissen, Michael (1977), *Der Andere. Studien zur Sozialontologie der Gegenwart*, Berlin, New York: de Gruyter
van Reijen, Willem (1979), Die Funktion des Sinnbegriffs in der Phänomenologie und in der Systemtheorie von Niklas Luhmann, *Kant-Studien* 70, S. 312–323
Waldenfels, Bernhard (1979), Die Abgründigkeit des Sinnes. Kritik an Husserls Idee der Grundlegung, in: E. Ströker (Hg.), *Lebenswelt und Wissenschaft in der Philosophie Edmund Husserls*, Frankfurt a. M.: Klostermann, S. 124–142
Waldenfels, Bernhard (1983), Das umstrittene Ich. Ichloses und ichhaftes Bewußtsein bei A. Gurwitsch und A. Schütz, in: R. Grathoff & B. Waldenfels (Hg.), *Sozialität und Intersubjektivität*, München: Fink, S. 15–30
Yamaguchi, Ichiro (1982), *Passive Synthesis und Intersubjektivität bei Husserl,* Den Haag: Nijhoff
Zahavi, Dan (1996), *Husserl und die transzendentale Intersubjektivität. Eine Antwort auf die sprachpragmatische Kritik*, Dordrecht: Kluwer

II
Problemfelder und aktuelle Debatten

Nico Lüdtke

Intersubjektivität bei Schütz – oder: Ist die Frage nach dem Anderen aus der Phänomenologie entlassen?[1]

Die Ansätze in der Traditionslinie der phänomenologisch fundierten Soziologie von Schütz nehmen eine besondere Stellung innerhalb der Soziologie ein. Eines der hervorstechendsten Merkmale und zugleich Vorzüge dieser Konzeptionen ist, Grundlagenfragen (in Form von Konstitutionsfragen) *und* die empirische Forschung nicht gegeneinander auszuspielen, sondern beides gleichermaßen als Bestandteil soziologischer Forschung auszuweisen.

Die konstitutiven Bedingungen des Sozialen stellen in diesem Zusammenhang eine Schwierigkeit dar. Hierbei sind zwei Aspekte zu berücksichtigen: *Intersubjektivität* und *Fremdverstehen*. Das Problem des Fremdverstehens bedeutet die Frage danach, *wie* ein Anderer (anhand dessen Äußerungen) verstanden werden kann. Eine Analyse intersubjektiver Verhältnisse versucht hingegen zu klären, *wer* als Anderer überhaupt infrage kommt. Es geht dabei um die Untersuchung, welche Entitäten als Sozialwesen die konstitutiven Elemente sozialer Beziehungen sind. Diese Frage nach den »Grenzen des Sozialwelt« (Luckmann 1980 [1970]) zielt damit auf einen Problemkomplex ab, der deutlich von Fremdverstehen abzuheben ist.

Die Auseinandersetzung mit dem Problem der Intersubjektivität ist der Herkunft nach der Philosophie zugehörig. Die Übernahme von philosophischen Ansätzen in eine soziologische Sozialtheorie ist jedoch durchaus nicht unproblematisch: Die Suche nach der Möglichkeit, dass ego und alter sich gegenseitig als *alter ego* erkennen, ist eines der Grundsatzprobleme der abendländischen Philosophie – insbesondere aufgrund des großen Einflusses der cartesianisch-bewusstseinstheoretischen Philosophie. Vor dem Hintergrund, dass einem Ich-Bewusstsein immer nur Eigenpsychisches und niemals fremdes Bewusstsein zugänglich ist, wird die Frage aufgeworfen: Wie kann *Ich* sicherstellen, dass der Andere kompetenter Handlungspartner und nicht seelenloser Zombie ist? In dieser Form führt die Frage nach dem alter ego geradewegs in eine Aporie für die Soziologie. Aus jener skeptischen Haltung heraus, die einzig eine Sphäre des einsamen Ich als sicheren Boden hat, lässt sich kein gesellschaftliches Miteinander begründen. Eine solipsistische Perspektive auf den Anderen unterläuft die notwendige soziologische Grundannahme, dass eine Verständigung von ego und alter wahrscheinlich ist; denn eine Wissenschaft des Sozialen muss die Möglichkeit einer gemeinsamen Welt voraussetzen.

Diese Schwierigkeit wird anhand Husserls einflussreicher Auseinandersetzung über das Problem des alter ego deutlich, die er im Rahmen der Entfaltung einer transzendental-phänomenologischen Philosophie – vor allem in dessen V. Cartesianischer Meditation (1977) – geführt hat. Insbesondere von Schütz, den Husserl selbst als großen Phänomenologen geschätzt hat, wurde versucht, diesen Ansatz für eine Fundierung von Intersubjektivität in den Sozialwissenschaften fruchtbar zu machen. Kann Husserl aus Sicht der Soziologie eine überzeugende Lösung des Intersubjektivitätsproblems aufweisen? Der Ausgangspunkt zur Beantwortung dieser Frage soll im Folgenden die kritische Auseinandersetzung sein, wie sie Schütz betrieben hat. Die Kritik von Schütz, die explizit in das Problem der Intersubjektivität hineinführt, ist eine gute Folie, auf der sich die Schwierigkeiten der Husserlschen Konstruktion abheben lassen.

Sowohl der Briefwechsel mit Gurwitsch als auch die publizierten Arbeiten dokumentieren Schütz' kritische Haltung gegenüber einer transzendental-phänomenologischen Lösung: Wenn sich für Husserl die Konstitution der Lebenswelt tatsächlich nur aus den Leistungen der trans-

---

1 Ich danke Gesa Lindemann für instruktive Kritik und intensive Besprechungen mehrerer Fassungen des Textes.

zendentalen Subjektivität ergeben soll, wobei das alter ego von vornherein als diese Lebenswelt mitkonstituierend gesetzt wird, so sei zu fragen, wie sich die Kluft zwischen der solipsistischen Sphäre des transzendentalen ego und der Sozialwelt, als Welt der alter egos, schließen lässt; und wie auf diesem Wege ein Sinnverstehen des alter ego – das Kardinalproblem einer jeden Sozialwissenschaft – möglich ist. Insbesondere die Analyse der Fremderfahrung, die sich bei Husserl als Problem der Konstitution der transzendentalen Intersubjektivität darstellt, wird von Schütz als entscheidend angesehen. Die Intensität, mit der Schütz die Auseinandersetzung geführt hat, macht deutlich, welche Relevanz er diesem Problem beigemessen hat: Es geht um die Frage, ob es eine transzendental-phänomenologische Fundierung der Sozialwissenschaften überhaupt geben könne. Letztendlich glaubt er nicht mehr an eine derartige Lösung. Er erklärt Husserls Versuch für gescheitert. Nichtsdestotrotz ist der Ausweg von Schütz, eine mundanphänomenologische Soziologie zu formulieren, für eine Grundlegung von Intersubjektivität nicht hilfreich. Setzt dieser doch gewissermaßen hinter dem eigentlichen Problem an: in der Sphäre der natürlichen Einstellung, in der fraglos gegebenen (intersubjektiven) Welt von Mitmenschen. Bezogen auf die eingangs eingeführte Differenz von Intersubjektivität und Fremdverstehen lässt sich sagen: Während Schütz anfangs beide Fragestellungen parallel verfolgt, beschränkt er sich nach dem Bruch mit der Transzendental-Phänomenologie ausschließlich auf Fremdverstehen, wobei das Problem der Intersubjektivität als gelöst vorausgesetzt wird.

Ich werde zunächst darstellen, wie Schütz an Husserls Versuch einer transzendental-theoretischen Begründung der Intersubjektivität anschließt, sich aber dann davon distanziert (1). Dies führt Schütz dazu, das Problem einer Begründung der ego-alter-Verhältnisse auszuklammern (2). Daraufhin wird den resultierenden, methodologischen Schwierigkeiten solcher Ansätze, die an Schütz anschließen, nachgegangen. Hierbei zeigt sich der prekäre Status, den das Intersubjektivitätsproblem in jüngeren Arbeiten hat, die sich der phänomenologischen Tradition verpflichtet fühlen (3).

1. Die Wende bei Schütz: Von der Bewusstseinphilosophie zur Idee des Alltags

Im Jahr 1932 steckt Schütz mit *Der sinnhafte Aufbau der sozialen Welt* das Aufgabengebiet einer verstehenden Soziologie neu ab. Der Aufbau gesellschaftlicher Zusammenhänge wird darin nicht als logisch, systematisch oder strukturell beschrieben, sondern als sinnhafter Aufbau, als konstitutive Leistung der intersubjektiv Handelnden in der Welt. Diese Lebenswelt stellt sich dem Einzelnen als subjektiver Sinnzusammenhang dar; sie erscheint diesem sinnvoll durch Auslegungsakte des Bewusstseins. Somit steht für Schütz die Klärung des Begriffs *Sinn* an erster Stelle. Um die in der Sozialwelt vorfindlichen Sinngebilde verstehbar zu machen (um die es ihm geht) sei der Begriff mittels wissenschaftlich-philosophischer Fundierung aufzuklären. Die Kernfrage seiner Soziologie lautet: Gibt es eine Fundierung des (alltäglichen und wissenschaftlichen) Sinnverstehens auf der Grundlage des sozialen Handelns? Er stimmt überein mit Webers Konzeption einer Wissenschaft, die das Verstehen sozialen Handelns als Ausgang nimmt: Das Erfassen des subjektiven Sinns, den die Handelnden mit ihrem Wirken in der Welt verbinden, sei die Aufgabe einer verstehenden Soziologie (vgl. Weber 1980).

Schütz macht deutlich, dass grundsätzlich zwischen eigenem und fremdem Erleben, sowie zwischen der Sinnkonstitution im eigenen und fremdseelischen Bewusstsein unterschieden werden muss. Die Schwäche bei Weber sei gewesen, den Unterschied zwischen eigenen Bewusstseinsinhalten und Fremdpsychischem nicht ausreichend berücksichtigt zu haben. Neben der Analyse des Selbstverstehens sei folglich die Hauptaufgabe, eine Analyse des Fremdverstehens vorzulegen, was eine Lösung des Problems der Intersubjektivität voraussetzt.

Die Möglichkeit des Zugangs zu den Sinnsetzungs- und Sinndeutungsphänomenen, sowohl als Sinn eigener als auch fremder Erlebnisse, sieht Schütz zunächst durch die Konstitutionsanalysen der Bewusstseinserlebnisse bei Husserl. Aus diesem Grund nimmt die Analyse der Sinnstrukturen vom Handlungserleben des einsamen Ich ihren Ausgang. In der hypothetischen Sphäre des einsamen Bewusstseinssubjekts soll die Genese von Sinn im Erleben des Einzelnen – genauer: die Konstitution des Sinns im je eigenen Erleben des einsamen Ichs als Sinn, welcher sich im inneren Zeitbewusstsein, in der eigenen Dauer des erlebenden Ichs konstituiert – untersucht werden. Darauf aufbauend ist die Untersuchung des Fremdverstehens vorgesehen, um letztendlich zur Strukturanalyse der Sozialwelt zu gelangen.

Schütz ist in seiner Untersuchung aber mit noch grundsätzlicheren Fragen konfrontiert. Für das gesamte methodische Vorgehen ist das Problem der Fundierung von ego-alter-Verhältnissen ausschlaggebend. Schütz wirft die grundlegende Frage auf, wie überhaupt ein intersubjektives Verhältnis zweier Bewusstseine möglich sei. Kann Husserl das Problem der Konstitution des alter ego im subjektiven Bewusstsein lösen?

Das Problem, wie Intersubjektivität transzendental abzuleiten sei – betont Schütz im *Sinnhaften Aufbau* –, sei zwar noch keineswegs gelöst, aber – so lässt sich erahnen – er ist diesbezüglich zuversichtlich, dass Husserl die Lösung hierzu, die er in *Formale und Transzendentale Logik* vorbereitet hat, aufzeigen werde und die Schwierigkeiten auszuräumen vermag (vgl. Schütz 2004 [1932]: 116f). Husserl habe in *Cartesianische Meditationen* für die Fragen nach der Konstitution des transzendentalen alter ego aus dem transzendentalen ego »die wesentlichen Ansatzpunkte für deren Lösung dargeboten« (Schütz 2004 [1932]: 219 Anm. 2) und somit das Versprechen, die Fragen einer endgültigen Lösung zuzuführen, »zum Teil bereits eingelöst« (Schütz 2004 [1932]: 440 Anm. 35).[2] Auf diese Erwartung baut gewissermaßen das ganze Buch auf.

Bereits 1939 macht er aber diesbezüglich eine erste distanzierende Aussage.[3] Er stellt in Aussicht zu zeigen, dass der Lösungsversuch, den Husserl in den *Cartesianischen Meditationen* angeht »– zum mindesten in der Darstellung der bis nun publizierten Schriften – nicht befriedigend« sei (Schütz 1971b [1939]: 138).[4] Interessant ist die Einschränkung: Trotz der Kritik, hält Schütz es offenbar zu diesem Zeitpunkt noch für möglich, dass es prinzipiell eine Lösung gäbe. Da aber Husserl zum Zeitpunkt der Anfertigung dieser Zeilen bereits tot ist, muss Schütz insgeheim nicht mehr an eine transzendentale Lösung des Intersubjektivitätsproblems geglaubt haben. Auch der Ausweg, den er hier ankündigt (und der die Richtung anzeigt, die er in späteren Arbeiten dann verfolgt), verstärkt diese Interpretation: So soll das »Misslingen des Husserlschen Lösungsversuches« die Bedeutung der Phänomenologie für die Kultur- und Sozialwissenschaften nicht beeinträchtigen, da Husserls »Problemstellung außerhalb des Bereiches liegt, auf den sich Kultur- und Sozialwissenschaften beziehen. [...] Alle Kultur- und Sozialwissenschaft ist nämlich prinzipiell mundan und nicht auf das transzendentale ego oder das transzendentale alter ego bezogen, sondern auf Phänomene der mundanen Intersubjektivität« (Schütz 1971b [1939]: 138). Eine Phänomenologie der natürlichen Einstellung soll fortan sein soziologisches Programm bestimmen.

Schütz sieht sich aufgrund der bis dahin unbefriedigenden Lösung des Intersubjektivitätsproblems gewissermaßen schon im *Sinnhaften Aufbau* gezwungen, die Untersuchung vorerst ohne eine transzendentale Fundierung voranzutreiben.[5] Es seien »die Sinnphänomene in der

---

2 Husserls *Cartesianische Meditationen* gingen Schütz erst nach Fertigstellung des *Sinnhaften Aufbaus* zu (vgl. Schütz 2004 [1932]: 129 Anm. 59).
3 Schütz sieht die Schwierigkeiten sehr klar: »Wenn einerseits die transzendentale Phänomenologie die Konstituierung der Lebenswelt auf die Leistungen der transzendentalen Subjektivität beschränkt, andererseits aber von vornherein das alter ego (und damit das Grundphänomen aller Kultur- und Sozialwissenschaften) als diese Lebenswelt mitkonstituierend ansetzt, so ergibt sich für sie die Aufgabe, zu zeigen, wie der scheinbare Solipsismus der ersten These überwunden und das alter ego selbst sinnhaftverständlich gemacht werden kann« (Schütz 1971b [1939]).
4 Er löst diese Ankündigung erst 1957 ein (vgl. Schütz 1957).
5 Schütz nennt schon hier die für seine späteren Arbeiten entscheidende Einsicht: »Auch ohne diese

mundanen Sozialität zu analysieren«, was »eine darüber hinaus gehende Gewinnung transzendentaler Erfahrung und somit ein weiteres Verbleiben in der transzendental-phänomenologischen Reduktion nicht erforderlich« macht, da in der mundanen Sozialität nicht die Konstitutionsphänomene in der transzendental-phänomenologisch reduzierten Sphäre, sondern nur die entsprechenden Korrelate in der natürlichen Einstellung zu betrachten seien (Schütz 2004 [1932]: 129). Er gründet die umweltlich-soziale Wirbeziehung mit Verweis auf Scheler auf ein »Hineingeborensein in die soziale Umwelt« (Schütz 2004 [1932]: 316).[6]

Dieser Verzicht zahlt sich nach dem Scheitern der *Cartesianischen Meditationen* aus: Schütz kann die Analysen weitgehend bestehen lassen. Nur in dem Abschnitt über die Konstitutionsphänomene im inneren Zeitbewusstsein des einsamen Ich wird die Untersuchung »innerhalb der ›phänomenologisch reduzierten‹ Sphäre des Bewusstseins« durchgeführt (Schütz 2004 [1932]: 129). Bei der Analyse des Fremdverstehens und der Strukturanalyse der Sozialwelt verlässt er die »streng phänomenologische Betrachtungsweise« (Schütz 2004 [1932]: 219). Stattdessen geht Schütz von der Voraussetzung aus, Menschen nehmen die »Existenz der Sozialwelt in naiv natürlicher Weltanschauung so hin, wie wir es im täglichen Leben unter Menschen lebend, aber auch Sozialwissenschaft betreibend, zu tun gewohnt sind« (Schütz 2004 [1932]: 219).

Damit verzichtet er auf »jedes Eingehen in die eigentliche transzendental-phänomenologische Fragestellung nach der Konstituierung des alter ego im Bewusstsein des einsamen Ich« (Schütz 2004 [1932]: 219).[7] Ausgangspunkt der Analyse soll der Mensch sein »*in seiner naiv natürlichen Einstellung*, welcher, in eine Sozialwelt hineingeboren, ebenso die Existenz von Nebenmenschen als fraglos gegeben vorfindet, wie die Existenz aller anderen Gegenstände der natürlichen Welt« (Schütz 2004 [1932]: 220). Im Fortlauf seines Schaffens bestimmen Fragen zur mundanen Intersubjektivität, die nicht mit den Konstitutionsproblemen einer transzendentaltheoretischen Phänomenologie konfrontiert sind, zunehmend den Gegenstandsbereich seines Wissenschaftsverständnis. Die Phänomene des lebensweltlichen Alltags bzw. der alltäglichen Lebenswelt stehen fortan im Fokus seiner Bemühungen. Eine allgemeine Soziologie des Alltags ist sein neues Programm.

2. Endgültige Abkehr vom cartesianischen Weg

Die Korrespondenz zwischen Schütz und Gurwitsch in den 1950er-Jahren zeigt Schütz' anfängliche Zustimmung gegenüber Husserl, die allmählich einer skeptischen Distanz weicht (vgl. Srubar 1983). Aufgrund zunehmender Bedenken an einer transzendentalen Lösung des Intersubjektivitätsproblems wendet er sich immer entschiedener von diesem Aspekt dessen Philosophie ab. Hat er bereits 1939 eine »konstitutive Phänomenologie der natürlichen Einstellung« und die damit verbundene Konzentration auf »Phänomene der mundanen Intersubjektivität« angekündigt (Schütz 1971b [1939]: 138), sieht er diese von nun an als eigentliche Aufgabe seiner Soziologie.[8]

Frage nach der transzendentalen Konstitution des alter ego weiter nachzuforschen, können wir, von der Voraussetzung eines gegebenen mundanen Du ausgehend, die Konstitution der Erfahrung von diesem Du aus dem reinen Wir deskriptiv erfassen« (Schütz 2004 [1932]: 316f).

6 Trotz dieser Schlussfolgerung verweist er auf die *Cartesianischen Meditationen*: »Wie sich freilich dieses Wir aus dem transzendentalen Subjekt konstituiert, wie ferner das psychophysische Du auf mein psychophysisches Ich zurückweist, sind schwierige Fragen, auf deren Behandlung im Rahmen dieser Untersuchung wir verzichten mußten« (Schütz 2004 [1932]: 316).

7 Es ist zu erwähnen, dass Schütz sich an dieser Stelle erneut der Rückversicherung bedient, dass Husserl imstande wäre, die Lösungsmöglichkeiten hierzu auf transzendental-phänomenologischem Wege zu erbringen.

8 Der Brief vom 1.5.1956 macht deutlich, dass er eine Phänomenologie mundaner Einstellung anstrebt: »Ich finde und habe immer gefunden, daß Phän. der natürlichen Einstellung viel dringender ist und

Schließlich, 25 Jahre nach Erscheinen des *Sinnhaften Aufbaus*, anlässlich eines Husserl-Kolloquiums, ist Schütz offenbar vollends zur Einsicht gelangt »daß Husserls Versuch, die Konstitution aus den Bewusstseinsleistungen des transzendentalen Ego zu begründen, nicht gelungen ist« (Schütz 1957, vgl. Schütz 1971a [1959]). Der Aufsatz von 1957, eine systematische Kritik dieses Lösungsansatzes, kann tatsächlich als Zäsur im Schützschen Denken bewertet werden. Er dokumentiert die endgültige Abgrenzung von Husserls transzendentaler Philosophie. Schütz selbst bezeichnet ihn als »Abschluß einer Epoche« (Srubar 1983: 81 Anl.5).

Bis zu jenem radikalen Bruch mit dem transzendental-phänomenologischen Begründungsversuch des Intersubjektivitätsproblems hatte sich Schütz den »cartesianischen Weg«, wie er noch bis zum Schluss im *Sinnhaften Aufbau* argumentiert, offen gehalten (Grathoff 1989: 48).[9] Von hier an verlässt er aber die transzendentale Sphäre vollends und wendet sich ganz der Beschreibung der Lebenswelt zu. Da sich letztendlich »Intersubjektivität nicht [als] ein innerhalb der transzendentalen Sphäre lösbares Problem der Konstitution« erwiesen hat, sei sie als eine »Gegebenheit der Lebenswelt« anzusehen (Schütz 1957: 105). »Sie ist die ontologische Grundkategorie des menschlichen Seins in der Welt« (Schütz 1957: 105). Schütz spricht in diesem Zusammenhang von der *Generalthesis des alter ego*.

Alle Versuche, die die ontologische Grundlage der Lebenswelt transzendental-theoretisch zu begründen versuchen, sind – so Schütz – abzulehnen. Solch fundamentale anthropologische Probleme, wie das der Intersubjektivität, können nicht (künstlich) philosophisch eine Ebene tiefer verlagert werden, sondern sind dort zu untersuchen wo sie anzutreffen sind: in ihrem lebensweltlichen Zusammenhang; denn »es kann [...] mit Bestimmtheit gesagt werden, daß nur eine solche Ontologie der Lebenswelt, nicht aber eine transzendentale Konstitutionsanalyse jenen Wesenbezug der Intersubjektivität aufzuklären vermögen wird, der die Grundlage sämtlicher Sozialwissenschaft bildet« (Schütz 1957: 106). Für Schütz zeige sich also – nach Srubar –, dass »das Sogewordensein des Menschen als eines vitalgeistigen Wesens auf einen Sinn hin nicht befragbar [sei]. Befragbar, also verstehbar, ist erst die lebensweltliche Realität, die in der von Anfang an sozialen und menschlichen Handlungs- und Denkweise sinnhaft entsteht« (Srubar 1983: 74).

Intersubjektivität könne dementsprechend als anthropologische Konstante bezeichnet werden, die es nicht einer philosophischen Letztbegründung im Sinne einer Metaphysik zu unterziehen gilt.[10] Die Faktizität der mundanen Sozialität sei als evidentes Phänomen anzuerkennen. »Durch den Rückgriff auf den anthropologischen Befund der Sozialität und ihrer Folgen für die Konstitution der Wirklichkeit«, wird – wie es Srubar ausgedrückt hat – »die Phänomenologie aus dem Begründungszusammenhang entlassen« (Srubar 1983: 74). Letztlich zeigt sich also für Schütz nur die Möglichkeit einer mundanen Intersubjektivität als Lebenswelt, die nicht mehr wie bei Husserl im transzendentalen Subjekt erst erzeugt werden muss, sondern die immer schon vorausgesetzt wird – in die ein Handlungssubjekt hineingeboren wird. Die Differenz zwischen Husserl und Schütz, dass Sozialität ein wesentlicher und integraler Bestandteil der

---

auch viel fruchtbarer. Wenn alle transzendentale Phän. auf der Lebenswelt fundiert ist – obwohl, o Wunder über Wunder – die letztere durch die erstere konstituiert wird, dann ziehe ich es vor, mich vor allem der Erforschung der Lebenswelt hinzugeben. Wir haben jetzt vielleicht schon zwanzig ›Zugänge‹ zur transzendentalen Sphäre, aber ich sehe keinen ›Exit‹ aus ihr. Da ist die Lebenswelt und da bleibt sie – etsi furca expellas – und da kommt sie in die Monaden ohne Fenster« (Srubar 1983: 80 Anl. 4).

9 In diesem Sinne – darauf weist Grathoff hin – sei »mundan« keineswegs mit »nicht-transzendental« gleichzusetzen, so dass nicht davon gesprochen werden kann, Schütz habe eine »nichttranszendentale Phänomenologie der natürlichen Einstellung« vertreten (Grathoff 1983: 96). Denn die Analyse der natürlichen Weltanschauung, die im *Sinnhaften Aufbau* von der Bewusstseinssphäre des einsamen Ich ihren Ausgang nahm und solange transzendental-phänomenologisch betrieben wurde, »wie das ›simple‹ Phänomen der actio vom ›solipsistischen Ich‹ her erklärbar erschien«, ist später »in seiner Handlungstheorie weiterentwickelt und keinen prinzipiellen Änderungen ausgesetzt worden« (Grathoff 1983: 97).

10 Insofern ist es nur schlüssig, dass Schütz der philosophischen Anthropologie diese Grundkategorie als ersten Zugang zuweist.

alltäglichen Lebenswelt sei, wird von Gurwitsch auf den Punkt gebracht: »Von vornherein ist die Lebenswelt durch und durch sozial und intersubjektiv; sie wird es nicht erst nachträglich, wie es in einem gewissen Sinne Husserl dargestellt hat« (Gurwitsch 1971: XXIX).

3. Intersubjektivität als offenes Problem

Die Phänomenologie der natürlichen Einstellung hat in der Soziologie großen Einfluss genommen.[11] Es wird jedoch deutlich, dass mit Schütz' Generalthesis des alter ego das Problem der Konstitution von Intersubjektivität nicht einer Klärung zugeführt werden kann. Denn das auszeichnende Charakteristikum der natürlichen Einstellung ist, dass ego von Anfang an in eine intersubjektive Sozialwelt von Menschen wie ego selbst (als Mensch unter Mitmenschen) hineingeboren wird. Wenn die Existenz von Mitmenschen unumstößlich gegeben ist, stellt sich eigentlich nicht mehr die Frage, wie sich ego und alter wechselseitig als Sozialwesen erfassen und auf dieser Grundlage ein dauerhaftes intersubjektives Band erzeugen können. Der Andere ist wie Ich per Definition in der Lage sozial zu handeln und weiß (mittels Alltagswissen), wen es als Sozialwesen anzusprechen hat. Das fremde Bewusstsein ist wie Ich gesetzt. Die Existenz des Anderen ist zweifelsohne (jedenfalls ebenso so sicher wie meine eigene Existenz). Seine Alterität ist nicht mehr problematisierbar. Wer als Sozialwesen infrage kommt, kann aus Schützscher Perspektive folglich nicht mehr in den Blick genommen werden. Denn durch die Postulate der Generalthesis des alter ego ist festgelegt, wer ein alter ego sein kann.

Die kritische Entwicklung von Schütz macht aber eines ganz besonders deutlich: Intersubjektivität lässt sich nicht aus bewusstseinstheoretischer Subjektivität her begründen. Wie Schütz aufzeigen konnte, ist es Husserl nicht gelungen, aus den subjektiven Bewusstseinsleistungen *eines* egos plausibel eine soziale Welt, die überindividuell Bestand hat, herzuleiten. Schütz sah die Schwierigkeiten an dieser Stelle sehr klar, wusste sich aber – gleichwohl er am subjektivischen Zugang zur Welt festhält – nicht anders zu helfen, als die Existenz von Mitmenschen, die physiologisch wie psychisch auf ähnliche Weise konstituiert sind, als fraglose Gegebenheit zu setzen und das Problem einer Begründung derselben gleichsam auszuklammern. Schütz ist gewissermaßen in seiner Kritik auf halbem Wege stehen geblieben. Die nötige Konsequenz vermochte er nicht zu leisten. Auch wenn sich er nicht auf die transzendental-phänomenologischen »Untiefen« einlassen wollte, hielt er daran fest, daß ein Zugang zu den Phänomenen nur über die Bewusstseinsleistungen eines Subjekts möglich ist (vgl. Habermas 1988b: 197f).

Nichtsdestotrotz erweist sich Schütz' Darlegung der Probleme bei Husserl als zutreffend. Wiederholt ist der Vorwurf erhoben worden, dass sich mit der transzendental-theoretischen Wendung der Phänomenologie und ihrer Subjektzentrierung das Problem der Intersubjektivität nicht lösen lässt: Habermas unterstreicht, dass für die subjektzentrierte Philosophie Husserls bis hin zu der Sartres das Problem der Intersubjektivität unauflösbar sei. Vor die unüberwindlichen Schwierigkeiten eines solchen Lösungsansatzes sei aber schon Fichte gestellt gewesen, »weil er die intersubjektive Beziehung, durch die sich das Ich überhaupt zu mehreren Individuen vereinzelt, in eine Subjekt-Objekt-Beziehung auflösen muß« (Habermas 1988a: 200). Sich hauptsächlich auf Heideggers Dekonstruktion des cartesianischen Grundmodells stützend, bezeichnet Binswanger die Subjekt-Objektspaltung von Welt als Grundproblem der Wissenschaft überhaupt. Entsprechend seines Entwurfs einer psychiatrischen Daseinsanalyse, die er im Anschluss an die Auseinandersetzung mit der Phänomenologie Husserls anfangs als »phänomenologische Anthropologie« bezeichnete, sei in Rechnung zu stellen, dass die *Welt* (eines Menschen) immer eine *Mitwelt* ist, dass Dasein wesensmäßig ein *Mitsein* mit Anderen ist. Das einsa-

---

11 Nicht zuletzt durch Schütz & Luckmann (1979, 1984), Berger & Luckmann (2003 [1966]). Zur Wirkungsgeschichte von Schütz vgl. Endreß (2006: 127ff).

me Ich sei eine akademische Fiktion, die einer Wissenschaft gesellschaftlicher Individuen nicht als erkenntnistheoretischer Boden dienen kann (vgl. Binswanger 1964: 66). Theunissen betont, dass der Solipsismus der Transzendentalphilosophie Husserls mit der transzendentalen Intersubjektivitätstheorie nicht überwunden, sondern nur verfestigt worden sei (Theunissen 1965: 151ff).

Das Problem der Intersubjektivität ist in der Phänomenologie nach wie vor ungelöst. Vielmehr hat sich die Art der Problemstellungen verschoben. Luckmann ist sich offenbar des prekären Gehaltes durchaus bewusst, wenn er auch nicht die notwendigen Konsequenzen zieht. In dem Aufsatz *Über die Grenzen der Sozialwelt* (1980 [1970]) lässt er zunächst offen, ob das Problem der Intersubjektivität von Husserl gelöst sei. Ohne auf die Schützsche Kritik an Husserls transzendental-phänomenologischen Weg einzugehen, benennt er lediglich unkommentiert – neben einer Kritik von Sartre – den Aufsatz von Schütz aus dem Jahr 1957. Er sieht offenbar keine Veranlassung, sich explizit den Schwierigkeiten zu stellen, sondern klammert diese einfach aus und setzt seine Untersuchung in transzendental-theoretischer Manier fort.[12] Mittels transzendentaler Reduktion versucht er, eine Beobachtungsposition zu entwickeln, um die Grenzen des Sozialen in den Blick nehmen zu können. Bezeichnend für Luckmann ist, dass für ihn das Problem einer kritischen Begrenzung der Sozialwelt noch als solches präsent ist – auch wenn er an dieser Stelle einen Weg in der Tradition Husserls einschlägt.

Jüngere Arbeiten hingegen, die eher an Schütz anschließen und die damit der Generalthesis des alter ego verpflichtet sind, sind nicht mit den Problemen einer transzendental-theoretischen Konzeption konfrontiert. Sie setzen gewöhnlich hinter der Auseinandersetzung von Schütz mit Husserl an, bekommen aber deshalb die grundlegende Frage, wer ein Anderer ist, nicht mehr in den Blick. Die Postulate des mundan-phänomenologischen Ansatzes verhindern eine Untersuchung der Bedingungen unterhalb der Grundannahmen. Gemäß dieser Verlagerung des Blickwinkels hat sich insgesamt das Problembewusstsein verschoben.

Während noch in den 1980er-Jahren jenes beschriebene kritische Verhältnis von Schütz und Husserl explizit thematisiert wurde,[13] ist in jüngeren Arbeiten, die der phänomenologischen Tradition zuzuordnen sind, zu beobachten, dass die »alte« Debatte kaum mehr eine Rolle spielt. So werden die Ergebnisse dieser aufschlussreichen Auseinandersetzung über das Problem der Intersubjektivität in einigen jüngeren Arbeiten kaum gewürdigt. Statt in einer differenzierten Analyse, werden die beiden verschiedenen phänomenologischen Ansätze zum Intersubjektivitätsproblem als Konglomerat präsentiert und damit kategoriale Differenzen verwischt: Knoblauch & Schnettler schreiben mit Bezugnahme auf Schütz, dass soziales Handeln zwar an anderen orientiert sein muss, aber »diese ›anderen‹ [...] keineswegs menschliche Subjekte sein [müssen], denn sozial können wir auch auf Süßkartoffeln hin handeln, sofern wir davon ausgehen, dass diese selbst sinnhaft handelnde Subjekte sind« (Knoblauch & Schnettler 2002: 16f[14]). Obwohl die Autoren Schütz' mundan-phänomenologischen Ansatz referieren gehen diese Aussagen über jenen hinaus. Die Vorstellung einer sonst wie gelagerten Intersubjektivitätskonzeption wie Analogieschluss oder Einfühlung oder die eines Anthropomorphismus widerspricht dem Postulat der Generalthesis des alter ego, dass immer nur Menschen in natürlicher Einstellung als Andere in Frage kommen können. Mit der Hinwendung zur Frage des Anderen verlassen die Autoren den Bereich, den die eigenen Vorannahmen abstecken. Der Verweis auf die Süßkartoffel als Handlungssubjekt bezieht sich auf Luckmann (1980 [1970]). Dieser hat seine Schrift zu den Grenzen des Sozialen an Husserls Methode angelehnt – im Gegensatz zu Schütz' Einsicht der Unmöglichkeit von Husserls Lösungsversuch einer transzendental-theoretischen Intersubjektivität. Folglich setzt man sich mit dem Anschluss an das methodische Vorgehen Luckmanns notwendigerweise der Kritik von

---

12 Für eine Kritik des methodischen Vorgehens Luckmanns vgl. Lindemann (2002: 64ff).
13 So etwa Srubar (1979), Waldenfels (1979) und besonders Grathoff (1983, 1989), Srubar (1983, 1988).
14 Geringfügig modifiziert auch in Knoblauch & Schnettler (2004b: 125f).

Schütz aus.[15] Andernfalls müsste dargelegt werden, warum Schütz' Kritik nicht gilt. Eine derartige Auseinandersetzung ist bisher aber nicht erfolgt. Die Wissenssoziologie in phänomenologischer Tradition stützt sich auf Arbeiten, die bei Schütz anschließen (vgl. hierzu Knoblauch 2005: 141ff),[16] so dass auf dieser Grundlage die Frage danach, *wer* ein Anderer sein kann, gar nicht in den Blick genommen werden kann. In der Perspektive der »›mundanphänomenologischen‹ Sphäre des Subjekts, das als einzelner Handelnder verstanden wird«, lassen sich eben *nicht* »die Voraussetzungen der Sozialität dieses Subjekts« klären (Knoblauch 2005: 155), sondern diese gehen als unhinterfragbare Grundannahmen in jede Analyse ein. Die Generalthesis des alter ego gibt vor, was es nicht mehr aufzuklären gilt. Akteure sind demgemäß in dieser Beobachtungsperspektive immer Menschen in natürlicher Einstellung (vgl. Schütz & Luckmann 1979: 27). Insofern ist es inkonsequent die Frage nach dem Anderen zu stellen (vgl. Knoblauch & Schnettler 2004a, insb. 29ff): Mit Schütz als sozialtheoretischen Unterbau ist Alterität aus den genannten Gründen einer Betrachtung entzogen und kann konsequenterweise nicht mehr problematisiert werden, ohne sich eine eigentümliche Vermischung von transzendentaltheoretischer und mundan-phänomenologischer Methodik einzuhandeln. Entsprechend sind der Beobachtung von (sozialen) Phänomenen Schranken gesetzt.

Darüber hinaus sind mit dem Anschluss an Schütz wichtige Fragen zum Problem der Intersubjektivität, die sich im Zusammenhang mit der Begründung einer phänomenologischen Sozialtheorie stellen, zusehends in den Hintergrund gerückt. Luckmann hat in zunehmendem Maße argumentiert, dass solche Probleme, die die Phänomenologie betreffen, nicht in den Bereich der Sozialwissenschaften gehören würden und damit suggeriert, dass eine soziologische Theorie und Forschung ohne Reflexion in diesen grundlagentheoretischen Fragen auskäme.[17] Die Entwicklung, die dadurch eingeleitet worden ist, hat erstaunliche Früchte getragen. So betont etwa Eberle sogar die Möglichkeit, dass die Praxis soziologischer Forschung und Theoriebildung gänzlich ohne eine philosophische Fundierung auskommen könne (Eberle 2000: 13). Entsprechend wird Mundan-Phänomenologie in der Nachfolge von Schütz nicht als soziologischer Ansatz aufgefasst, sondern als eine Unternehmung, die der eigentlichen soziologischen Arbeit zugrunde liegt. Methodologische Fragen werden – teils unter Berücksichtigung der ethnomethodologischen Weiterführung – lediglich hinsichtlich der interaktiven bzw. kommunikativen Strukturen der alltäglichen Lebenswelt unter dem Stichwort »Protosoziologie« (Luckmann) aufgeworfen.[18] Will die Phänomenologie ihrem unumwundenen Anspruch einer eigenständigen Grundlegung der handlungstheoretischen Soziologie gerecht werden, genügt es aber nicht, Probleme wie das der Intersubjektivität aus dem Zuständigkeitsbereich einer soziologischen Forschung und Theoriebildung auszulagern. Auch wenn an dieser Stelle nicht beurteilt werden soll, wie sinnvoll eine solche Auslagerung ist, so bleibt deutlich festzuhalten, dass zumindest gesichert sein muss, dass außerhalb der Soziologie, wo das Problem gewissermaßen hinverlegt wird (z. B. in den Bereich einer philosophischen Problemdiskussion), Lösungsmöglichkeiten oder zumindest Ansätze für solche bereitstehen, auf die die Soziologie mit ihren inhärenten Begründungsansprüchen dann rekurrieren kann. Für das Problem der

---

15 So ist z. B. auch der Versuch, wie ihn Kurt (1995, 2002) vorgenommen hat, hochgradig problematisch. Diesem Ansatz wären im Wesentlichen die Kritikpunkte entgegenzuhalten, die Schütz gegen Husserl vorgebracht hat. Es ist darüber hinaus inkonsequent, einerseits den Lösungsansatz zum Intersubjektivitätsproblem aus den Bewusstseinsleistungen des Ich als »Husserlschen Holzweg« zu bezeichnen (Kurt 2002: 82), andererseits diesen aber nicht gänzlich verwerfen und den Anderen aus einer radikalkonstruktivistischen Perspektive mittels phänomenologischer Konstitutionsanalyse herleiten zu wollen.

16 Dies gilt für Schütz & Luckmann (1988) ebenso wie für Berger & Luckmann (2003 [1966]), vgl. Soeffner (1999a).

17 Luckmann hat in diesem Zusammenhang von der Phänomenologie als »Protosoziologie« gesprochen (vgl. Luckmann 1979, 1983, 1991, 1993), vgl. ferner Schnettler (2006: 69ff).

18 So bspw. Eberle (1993, 1999), Knoblauch (1996), vgl. Soeffner (1999b).

Intersubjektivität muss bedauerlicherweise konstatiert werden, dass es seiner Lösung harrt. In diesem Sinne handelt es sich um eine hoch problematische Situation, in der bestimmte Fundamentalfragen aus der Soziologie ausgelagert worden sind: zum einen, ohne in Rechnung zu stellen, wer oder welche Disziplin für diese Aufgabe herangezogen werden kann und soll, und zum andern, ohne dass sich das Intersubjektivitätsproblem in Form von Wissen über dessen Lösung auch nur halbwegs in die Soziologie reimportiert hätte lassen können.

Vergleicht man diesen ohnehin ökonomisch anmutenden Prozess mit dem im Bereich der Wirtschaft derzeitig weit verbreiteten Mittel des *Outsourcing*, würde es sich bei dem dargestellten Sachverhalt um einen erhebliches betriebswirtschaftliches Fiasko handeln. Ein Unternehmensbereich ist ausgelagert worden, man weiß aber nicht, wer diese ausgegliederte betriebliche Aktivität erbringen soll und hat dies auch nicht vertraglich abgesichert. Außerdem wird ersichtlich, dass zwar etwas aus dem Betrieb verlagert worden ist, aber dann nicht gewinnbringend (oder gar nicht) zurückgeflossen ist, so dass das gesamte Kerngeschäft in arge Bedrängnis kommen muss.

Die nachgezeichnete Entwicklung ist insgesamt kritisch zu sehen, insofern mit der Ausklammerung wichtiger Fragen das Themenspektrum unnötig eingeschränkt und ein Potential, was die theoretischen Reflexionsmöglichkeiten angeht, verschenkt wird, das phänomenologische Arbeiten im Gegensatz zu anderen soziologischen Richtungen geradezu auszeichnet. In der phänomenologischen Tradition gibt es ein Bewusstsein, die Frage nach dem Anderen als Begründungszusammenhang für die Fundierung von Sozialität überhaupt eigens zu thematisieren. Dies unterscheidet sie tatsächlich von anderen soziologischen Richtungen; wird andernorts doch der grundlegende Schritt einer Begründung von ego-alter-Verhältnissen gar nicht erst als Problem aufgeworfen, sondern in der Regel übergangen. Dort wird »nur« problematisiert, *wie* die Äußerungen eines Anderen verstanden werden können. Die Frage danach, *wer* als Anderer infrage kommt, also welche Wesen als Anderer verstanden werden können, wird gewöhnlich nicht aufgeworfen. In diesem Sinne ist – dem Vorbild der phänomenologischen Tradition nach – einer jeden soziologischen Konzeption die Beschäftigung mit der grundlegenden Frage, wie sich der Kreis derjenigen konstituiert, die füreinander alter egos sind, anzuraten.

Für die an der Phänomenologie anschließenden Konzeptionen selbst bleibt die Aufgabe bestehen, nach Ansätzen für eine soziologische Lösung zu suchen, die nicht hinter Schütz' Kritik zurückfallen. Diese Kritik trifft insbesondere das methodische Vorgehen Luckmanns – ohne dass dieser dazu Stellung bezogen hätte, wie die von Schütz aufgezeigten Schwierigkeiten überwunden werden können. Gleichwohl zeigt er in *Über die Grenzen der Sozialwelt* ein wichtiges Problem auf. Dokumentiert diese Arbeit doch die entscheidende Einsicht: Die Grenzen des Sozialen können nicht als universal geltend und stabil betrachtet werden. Die Sozialwelt könne – so Luckmann – nicht mit dem Kreis menschlicher Personen identifiziert werden, weil eine derartige Auffassung mit den Gegebenheiten historischer Kontexte nicht ausnahmslos übereinstimme. Deshalb besteht sowohl für die soziologische Theoriebildung als auch für die empirische Forschung die Notwendigkeit, das Problem der Intersubjektivität aufzuwerfen.[19] In dieser Frage zeigt sich wiederum die große Schwäche der Mundan-Phänomenologie Schütz'. Durch den quasi-transzendentalen Status der Generalthesis des alter ego wird verhindert, dass die enthaltenden Postulate einer empirischen Überprüfung zugänglich gemacht werden können, um Aufschluss über die konstitutiven Bedingungen des Sozialen zu erlangen.

---

19 Vgl. hierzu Lindemann (2005).

Literatur

Berger, Peter L. & Thomas Luckmann (2003 [1966]), *Die gesellschaftliche Konstruktion der Wirklichkeit. Eine Theorie der Wissenssoziologie*, 19. Aufl., Frankfurt a.M.: Fischer
Binswanger, Ludwig (1964), *Grundformen und Erkenntnis menschlichen Daseins*, 4. Aufl., München: Reinhardt
Eberle, Thomas S. (1993), Schütz' Lebensweltanalyse: Soziologie oder Protosoziologie? in: A. Bäumer & M. Benedikt (Hg.), *Gelehrtenrepublik – Lebenswelt. Edmund Husserl und Alfred Schütz in der Krisis der phänomenologischen Bewegung*. Wien: Passagen-Verlag, S. 293–320
Eberle, Thomas S. (1999), Die methodologische Grundlegung der interpretativen Sozialforschung durch die phänomenologische Lebensweltanalyse von Alfred Schütz, *Österreichische Zeitschrift für Soziologie* 24, 4, S. 65–90
Eberle, Thomas S. (2000), *Lebensweltanalyse und Handlungstheorie. Beiträge zur verstehenden Soziologie*, Konstanz: UVK
Endreß, Martin (2006), *Alfred Schütz*, Konstanz: UVK
Grathoff, Richard (1983), Das Problem der Intersubjektivität bei Aron Gurwitsch und Alfred Schütz, in: R. Grathoff & B. Waldenfels (Hg.), *Sozialität und Intersubjektivität. Phänomenologische Perspektiven der Sozialwissenschaften im Umkreis von Aron Gurwitsch und Alfred Schütz*, München: Fink, S. 87–120
Grathoff, Richard (1989), *Milieu und Lebenswelt*, Frankfurt a.M.: Suhrkamp
Gurwitsch, Aron (1971), Einführung, in: A. Schütz (Hg.), *Gesammelte Aufsätze, Bd. 1*, Den Haag: Nijhoff, S. XV–XXXVIII
Habermas, Jürgen (1988a), Individuierung durch Vergesellschaftung. Zu G. H. Meads Theorie der Intersubjektivität, in: J. Habermas (Hg.), *Nachmetaphysisches Denken. Philosophische Aufsätze*, Frankfurt a.M.: Suhrkamp, S. 187–141
Habermas, Jürgen (1988b), *Theorie des kommunikativen Handelns, Bd. 2*, Frankfurt a.M.: Suhrkamp
Husserl, Edmund (1977), *Cartesianische Meditationen. Eine Einleitung in die Phänomenologie*, Hamburg: Meiner
Knoblauch, Hubert (1996), Soziologie als strenge Wissenschaft? Phänomenologie, kommunikative Lebenswelt und soziologische Methodologie, in: G. Preyer, G. Peter & A. Ulfig (Hg.), *Protosoziologie im Kontext. ›Lebenswelt‹ und ›System‹ in Philosophie und Soziologie*, Würzburg: Königshausen & Neumann, S. 93–103
Knoblauch, Hubert (2005), *Wissenssoziologie*, Konstanz: UVK/UTB
Knoblauch, Hubert, Jürgen Raab & Bernt Schnettler (2002), Wissen und Gesellschaft. Grundzüge der sozialkonstruktivistischen Wissenssoziologie Thomas Luckmanns, in: T. Luckmann (Hg.), *Wissen und Gesellschaft. Ausgewählte Aufsätze 1981–2002*, Konstanz: UVK, S. 9–39
Knoblauch, Hubert & Bernt Schnettler (2004a), ›Postsozialität‹, Alterität und Alienität, in: M. Schetsche (Hg.), *Der maximal Fremde. Begegnungen mit dem Nichtmenschlichen und die Grenzen des Verstehens*, Würzburg: Ergon, S. 23–41
Knoblauch, Hubert & Bernt Schnettler (2004b), Vom sinnhaften Aufbau zur kommunikativen Konstruktion, in: M. Gabriel (Hg.), *Paradigmen der akteurszentrierten Soziologie*, Wiesbaden: VS-Verlag, S. 121–137
Kurt, Ronald (1995), *Subjektivität und Intersubjektivität. Kritik der konstruktivistischen Vernunft*, Frankfurt a.M.: Campus
Kurt, Ronald (2002), *Menschenbild und Methode der Sozialphänomenologie,* Konstanz: UVK
Lindemann, Gesa (2002), *Die Grenzen des Sozialen. Zur sozio-technischen Konstruktion von Leben und Tod in der Intensivmedizin*, München: Fink
Lindemann, Gesa, (2005), The Analysis of the Borders of the Social World. A Challenge for Sociological Theory, *Journal for the Theory of Social Behaviour*, 35, 1, S. 69–98
Luckmann, Thomas (1979), Phänomenologie und Soziologie, in: W. Sprondel & R. Grathoff (Hg.), *Alfred Schütz und die Idee des Alltags in den Sozialwissenschaften*, Stuttgart: Enke, S. 196–206
Luckmann, Thomas (1980 [1970]), Über die Grenzen der Sozialwelt, in: T. Luckmann (Hg.), *Lebenswelt und Gesellschaft*, Paderborn: Schöningh, S. 56–92
Luckmann, Thomas (1983), Eine phänomenologische Begründung der Sozialwissenschaften? in: D. Henrich (Hg.), *Kant oder Hegel? Über die Formen der Begründung in der Philosophie*, Stuttgart: Klett-Cotta, S. 506–518
Luckmann, Thomas (1991), Protosoziologie als Protopsychologie? in: M. Herzog & C. F. Graumann (Hg.), *Sinn und Erfahrung. Phänomenologische Methoden in den Humanwissenschaften*, Heidelberg: Asanger, S. 155–168

Luckmann, Thomas (1993), Schützsche Protosoziologie? in: A. Bäumer & M. Benedikt (Hg.), *Gelehrtenrepublik – Lebenswelt. Edmund Husserl und Alfred Schütz in der Krisis der phänomenologischen Bewegung*, Wien: Passagen-Verlag, S. 321–326
Schnettler, Bernt (2006), *Thomas Luckmann*, Konstanz: UVK
Schütz, Alfred (1957), Das Problem der transzendentalen Intersubjektivität bei Husserl, *Philosophische Rundschau*, 5, S. 81–107
Schütz, Alfred (1971a [1959]), Husserls Bedeutung für die Sozialwissenschaften, in: *Gesammelte Aufsätze, Bd. 1*, Den Haag: Nijhoff, S. 162–173
Schütz, Alfred (1971b [1939]), Phänomenologie und die Sozialwissenschaften, in: *Gesammelte Aufsätze, Bd. 1*, Den Haag: Nijhoff, S. 136–161
Schütz, Alfred (2004 [1932]), *Der sinnhafte Aufbau der sozialen Welt. Eine Einleitung in die verstehende Soziologie*, Konstanz: UVK
Schütz, Alfred & Thomas Luckmann (1979), *Strukturen der Lebenswelt, Bd. 1*, Frankfurt a.M.: Suhrkamp
Schütz, Alfred & Thomas Luckmann (1984), *Strukturen der Lebenswelt, Bd. 2*, Frankfurt a.M.: Suhrkamp
Soeffner, Hans-Georg (1999a), ›Strukturen der Lebenswelt‹ – ein Kommentar, in: R. Hitzler, J. Reichertz & N. Schröer (Hg.), *Hermeneutische Wissenssoziologie. Standpunkte zur Theorie der Interpretation*, Konstanz: UVK, S. 29–38
Soeffner, Hans-Georg (1999b), Verstehende Soziologie und sozialwissenschaftliche Hermeneutik. Die Rekonstruktion der gesellschaftlichen Konstruktion der Wirklichkeit, in: R. Hitzler, J. Reichertz & N. Schröer (Hg.), *Hermeneutische Wissenssoziologie. Standpunkte zur Theorie der Interpretation*, Konstanz: UVK, S. 39–49
Srubar, Ilja (1979), Die Theorie der Typenbildung bei Alfred Schütz. Ihre Bedeutung und ihre Grenzen, in: W. Sprondel & R. Grathoff (Hg.), *Alfred Schütz und die Idee des Alltags in den Sozialwissenschaften*, Stuttgart: Enke, S. 43–64
Srubar, Ilja (1983), Abkehr von der transzendentalen Phänomenologie. Zur philosophischen Position des späten Schütz, in: R. Grathoff & B. Waldenfels (Hg.), *Sozialität und Intersubjektivität. Phänomenologische Perspektiven der Sozialwissenschaften im Umkreis von Aron Gurwitsch und Alfred Schütz*, München: Fink, S. 68–84
Srubar, Ilja (1988), *Kosmion. Die Genese der pragmatischen Lebenswelttheorie von Alfred Schütz und ihr anthropologischer Hintergrund*, Frankfurt a.M.: Suhrkamp
Theunissen, Michael (1965), *Der Andere. Studien zur Sozialontologie der Gegenwart*, Berlin: deGruyter
Waldenfels, Bernhard (1979), Verstehen und Verständigung. Zur Sozialphilosophie von Alfred Schütz, in: W. Sprondel & R. Grathoff (Hg.), *Alfred Schütz und die Idee des Alltags in den Sozialwissenschaften*. Stuttgart, S. 1–12
Weber, Max (1980), *Wirtschaft und Gesellschaft. Grundriss der verstehenden Soziologie*, 5. Aufl., Tübingen: Mohr Siebeck

Jens Bonnemann

Wege der Vermittlung zwischen Faktizität und Freiheit
Zur Methodologie der Fremderfahrung bei Jean-Paul Sartre

Wenn von Sartres Intersubjektivitätstheorie die Rede ist, dann bezieht man sich hauptsächlich auf das berühmte Blick-Kapitel in seinem philosophischen Hauptwerk *Das Sein und das Nichts* von 1943. Zum einen ist es eben jene von Honneth so bezeichnete »Aura der radikalen Desillusionierung« (Honneth 2003: 71), von der die Faszination der Analyse des Blicks ausgeht. Zum anderen wird aber gerade jener Negativismus zum Vorwurf gemacht, der den Schwerpunkt auf den Konflikt legt, gelingende zwischenmenschliche Verhältnisse offenbar ausschließt und in jener berühmten Erklärung aus Sartres Theaterstück *Geschlossene Gesellschaft (Huis Clos)* gipfelt: »die Hölle, das sind die anderen« (Sartre 1991: 59). Wie ein roter Faden durchzieht daher auch der – natürlich verständliche – Vorwurf des Negativismus die gesamte Forschungsliteratur, die sich mit dem Thema der Intersubjektivität beschäftigt hat (vgl. z. B. Danto 1993, Honneth 1999, Waldenfels 1987). Nach jenen zwar verführerisch düsteren, aber dennoch überspannt wirkenden Ausführungen in *Das Sein und das Nichts* sind Reziprozität und Symmetrie ausgeschlossen, da ich entweder vom Anderen angeblickt, also objektiviert werde oder meinerseits den Anderen anblicke, also objektiviere. Entweder bin also ich Objekt und der Andere ist Subjekt oder ich bin Subjekt und der Andere ist Objekt: Es fällt ins Auge, dass es in erster Linie Sartres ontologischer Dualismus ist, der seine phänomenologischen Beschreibungen durchdringt und für die starren Entgegensetzungen verantwortlich ist, die sich immer wieder in *Das Sein und das Nichts* durchsetzen.

Vor allem Theunissen kommt nun das Verdienst zu, in seinem Buch *Der Andere* (Theunissen 1977: 187–230) erstmals eine ausführliche und systematische Analyse der Intersubjektivitätstheorie Sartres vorgelegt zu haben. Seine Lesart hat offensichtlich Maßstäbe gesetzt und dominiert bis heute die Forschungsliteratur zu diesem Thema. Dafür spricht z. B. der Umstand, dass gerade jene Autoren, die nicht lediglich, die Vorherrschaft von Konflikt und Antagonismus in Sartres Intersubjektivitätskonzeption beklagen, sondern sich auf eine tiefer gehende Auseinandersetzung einlassen, mehr oder weniger explizit diese richtungsweisende Deutung berücksichtigen. Dabei fällt auf, dass es neben jenen, die sich affirmativ auf Theunissens Kritik beziehen (vgl. Kampits 1975, Ziegler 1992 und – trotz seiner Vorbehalte gegenüber Theunissen – Waldenfels 1987), zwar einige gibt, die den Negativismus-Vorwurf relativieren (vgl. z. B. Verweyst 2000), aber – soweit ich dies zu überblicken vermag – bisher keinen Versuch einer grundsätzlichen Kritik von Theunissens Interpretation.

Streng genommen verfolgt auch der vorliegende Aufsatz keinen solchen Zweck. Dennoch soll im Folgenden der Versuch unternommen werden, nach einer kurzen Darlegung von Sartres Blickanalyse eine neue Perspektive zu gewinnen, von der aus zumindest eine Revision der Lesart Theunissens erforderlich scheint (1). Jene Kluft zwischen einem allgemeinen Subjekt-Anderen außerhalb der Welt und einem individuellen Objekt-Anderen innerhalb der Welt, welche das Resultat des cartesianischen Dualismus in *Das Sein und das Nichts* ist und von Theunissen zu Recht beanstandet wird, hat auch Sartre selbst offensichtlich gestört. So unternimmt er bereits kurz nach der Veröffentlichung des philosophischen Hauptwerks Versuche einer Weiterentwicklung seiner Fremderfahrungstheorie in den von 1947 bis 1949 verfassten, erst 1983 posthum veröffentlichten und seit 2005 auch in deutscher Übersetzung vorliegenden *Entwürfen für eine Moralphilosophie*.

Der Aufsatz stellt sich daher die Aufgabe, jene Ausführungen, die Fragment geblieben sind und daher kaum den Anspruch auf eine ausgereifte Theorie erheben können, als eine implizite

Selbstkritik Sartres an der Blicktheorie darzustellen (2). In Abgrenzung von den Ausführungen in *Das Sein und das Nichts* sind im Verständnis des Anderen Subjektivität und Objektivität nicht mehr auseinander gerissen, sondern miteinander vermittelt, insofern der Andere nicht als Freiheit außerhalb der Welt, sondern als Freiheit in Situation gedacht ist. Von hier aus wird anschließend ein Bogen zu Sartres Spätwerk, nämlich zum hermeneutischen Programm der Schrift *Fragen zur Methode* von 1960, geschlagen, welches das methodologische Fundament für die Flaubert-Studie *Der Idiot der Familie* legt. Die Überlegungen jener Schrift werden vor dem Hintergrund der Skizze einer neuen Intersubjektivitätskonzeption, die sich in den *Entwürfen zur Moralphilosophie* abzuzeichnen beginnt, als ein Versuch gelesen, den Anderen – anders als in *Das Sein und das Nichts* – zugleich als Subjektivität bzw. Freiheit wie auch in seiner Objektivität bzw. Bedingtheit zu begreifen.

1

Für die Fragestellung dieses Aufsatzes genügt es, kurz auf Husserls Ausführungen zum *alter ego* sowie auf Sartres Kritik einzugehen, um im Folgenden den Gegenentwurf aus *Das Sein und das Nichts* vorzustellen. Eine detaillierte Berücksichtigung der Theorie Husserls ist nicht vonnöten, da auch Sartre nur auf deren Grundzüge eingeht.

Edmund Husserl stellt sich in der *V. Cartesianischen Meditation* die Frage, wie das transzendentale Bewusstsein als letztes Fundament aller Sinngeltung dazu kommt, den Sinn ›anderer Mensch‹ zu konstituieren (vgl. Husserl 1992: §§ 42ff). Gezeigt wird dabei, wie jener Andere, der doch ebenfalls ein weltkonstituierendes Bewusstsein wie ich selbst ist, sich zunächst als ein reines Wahrnehmungsobjekt, als ein bloßer – also unbeseelter – Körper, wie ein Kiesel oder ein Sandhaufen gibt. Aufgrund der Ähnlichkeit mit meinem eigenen Leib, erhält der Körper des nachmals Anderen sozusagen kraft einer Sinnüberschiebung die Bedeutung ›Leib‹, also ›beseelter Körper‹. Infolgedessen ist das *alter ego*, das ebenfalls die Welt konstituiert, nicht gleichursprünglich mit meinem transzendentalen Bewusstsein, sondern primär ein Produkt meiner konstitutiven Vollzüge: Er ist nicht erkennend, sondern ein Erkenntnisobjekt, das von mir den Sinn ›transzendentales Subjekt‹ erhält.

Gegenüber diesem Primat der Erkenntnis insistiert Sartre: »Man *begegnet* dem Anderen, man konstituiert ihn nicht« (Sartre 1994: 452). Wenn der Andere primär als Objekt meiner Wahrnehmungswelt verstanden wird, das sozusagen in einem weiteren Schritt aufgrund seiner Ähnlichkeit mit meinem Leib erst den Sinn *alter ego* erhält, so ist er zunächst immer *etwas*, das ich konstituiere und nicht *jemand*, der selbst konstituierend ist. Selbstverständlich sehe ich den Anderen von meinem Fenster aus, wie er auf der Straße entlangläuft. Ich sehe seine Kleidung, seine Art, sich zu bewegen, über die ich Urteile fällen kann. Aber jene »*Gegenständlichkeit*« (Sartre 1994: 457), jene *Wahrnehmung* und *Erkenntnis* des Anderen ist, wie Sartre hervorhebt, nicht die primäre und fundamentale Begegnung mit dem Anderen. Diese Wahrnehmung verweist auf ein ursprünglicheres Gewahrwerden, in dem er mehr als ein bloßes Wahrnehmungsobjekt ist. So ist bereits der Objekt-Andere, den ich von meinem Fenster aus sehe, nicht nur ein Objekt in der Welt, das sich links von der Bank und hinter dem Baum aufhält, sondern selbst ein Orientierungszentrum, das die Dinge auf sich hin anordnet. Die Dinge der Welt bieten sich nicht nur meinen eigenen Sinnzuweisungen dar, sondern wenden dem Anderen eine Seite zu, die mir entgeht. »So ist plötzlich ein Gegenstand erschienen, der mir die Welt gestohlen hat« (Sartre 1994: 462).

Damit er eine solche Wirkung entfalten kann, muss schon dieser Objekt-Andere mehr als nur ein harmloses Wahrnehmungsobjekt wie z. B. die alte Holzbank neben dem Apfelbaum sein. Sartre erklärt nun, dass der Andere nicht derjenige ist, *den ich sehe*, sondern vielmehr derjenige, *der mich sieht*. So verweist jener Objekt-Andere, der mir entgehende Sinnzuschreibungen konstituiert, auf einen fundamentalen ursprünglichen Subjekt-Anderen, »der grundsätzlich der ist, *der mich ansieht*« (Sartre 1994: 465). Insofern der *Objekt*-Andere derivativ und sekundär ist, kann er nur der Objekt-*Andere* sein, wenn ich zuvor den *Subjekt*-Anderen erlebt habe. Mit anderen Worten: »Das ›Vom-Andern-gesehen-werden‹ ist die Wahrheit des ›Den-Andern-sehens‹« (Sartre 1994: 464). Mein Erblicktwerden durch den Anderen liegt der Wahrnehmung des Objekt-Anderen zugrunde und bedingt sie; sie ist »der eigentliche Typus meines Für-Andere-seins« (Sartre 1994: 458). Das Angeblicktwerden zu realisieren, bedeutet daher nicht, ein Blick-Objekt wahrzunehmen, sondern Bewusstsein davon zu gewinnen, dass ich angeblickt werde. Sartre legt hierbei Wert auf den Umstand, »daß ich nicht Objekt für ein Objekt sein kann« (Sartre 1994: 464). Dies zeigt sich phänomenologisch darin, dass der Blick jene Augen, die ihn manifestieren, verschwinden lässt. Solange ich mich als angeblickt erlebe, kann ich die Augen des Anderen nicht zum Objekt einer These machen; ich kann sie nicht schön oder triefend finden oder versuchen, die Pupillengröße zu bestimmen. »Ganz im Gegenteil, statt den Blick *an* den Objekten, die ihn manifestieren, wahrzunehmen, erscheint mein Erfassen eines auf mich gerichteten Blicks auf dem Hintergrund der Zerstörung der Augen, die ›mich ansehen‹: wenn ich den Blick erfasse, höre ich auf, die Augen wahrzunehmen: sie sind da, sie bleiben im Feld meiner Wahrnehmung als reine *Präsentationen*, aber ich mache davon keinen Gebrauch, sie sind neutralisiert, aus dem Spiel, sie sind nicht mehr Objekt einer These [...]. Nie können wir Augen, während sie uns ansehen, schön oder häßlich finden, ihre Farbe feststellen. Der Blick des Andern verbirgt seine Augen, scheint vor sie zu treten« (Sartre 1994: 466).[1]

Der ursprüngliche Andere ist also kein Objekt, sondern derjenige, durch den ich Objekt werde: »insofern *ich für den Andern bin*, enthüllt sich mir der Andre als das Subjekt, für das ich Objekt bin« (Sartre 1994: 619). Da der Subjekt-Andere prinzipiell nicht Objekt ist, kann ich ihn nicht in der Erkenntnis erfahren, die immer nur Objekte erfasst. Für Sartre ist daher die *Scham* das Erlebnis, in dem ich mich als Objekt für ein anderes Subjekt erfahre. Natürlich ist die Scham ein ontologischer Terminus, der nicht allzu geschwind mit dem alltagsweltlichen Begriff identifiziert werden sollte. Dennoch kommt es sicher nicht von ungefähr, dass Sartre diesen Begriff wählt: »Die reine Scham ist nicht das Gefühl, dieses oder jenes tadelnswerte Objekt zu sein, das heißt, mich in diesem verminderten, abhängigen und erstarrten Objekt, das ich für den Andern bin, *wiederzuerkennen*. Die Scham ist Gefühl eines *Sündenfalls*, nicht weil ich diesen oder jenen Fehler begangen hätte, sondern einfach deshalb, weil ich in die Welt ›gefallen‹ bin, mitten in die Dinge« (Sartre 1994: 516).

Während das Sein das Bewusstseins, also das Für-sich-sein, in Sartres phänomenologischer Ontologie zunächst als Freiheit und Wahl bestimmt wird, fügt ihm das Für-Andere-sein nun eine Identität zu: »Ich, der ich, insofern ich meine Möglichkeiten bin, das bin, was ich nicht bin, und nicht das, was ich bin, jetzt *bin ich* also jemand« (Sartre 1994: 475). Diese Dimension ist jedoch für den Anderen und darum weiß ich weder, »*was für einer* ich bin, noch, welches mein Platz in der Welt ist, noch, welche Seite diese Welt, in der ich bin, dem Andern zuwendet« (Sartre 1994: 483). Das bedeutet konkret, für mich allein wäre ich niemals sympathisch oder unsympathisch, unterhaltsam oder langweilig, hässlich oder schön, geistreich oder dumm. Sobald ich mich selbst frage, was für ein Mensch ich bin, setze ich den Anderen schon voraus und versuche mich so zu sehen, wie ein Anderer mich jetzt sehen würde. Während bestimmte Körpererfahrungen wie Hunger und Schmerz oder Gefühle wie Freude und Trauer sich mir unmittelbar erschließen, ohne dass der Widerspruch des Anderen mich wirklich an der Existenz meiner Bauchschmerzen

---

1 Hier bietet sich ein kurzer Vergleich mit der ethischen Beziehung bei Lévinas an: So wie sich der Blick zu den Augen bei Sartre verhält, verhält sich ganz ähnlich bei Lévinas das Antlitz zum plastischen Gesicht (vgl. Lévinas 1992: 199). Sowohl der Blick als auch das Antlitz sind Erlebnisse, bei denen ich den Anderen nicht mehr konstituiere und objektiviere, sondern ganz im Gegenteil passiv die Bedeutung des Anderen empfange.

zweifeln ließe, so bin ich doch keineswegs in einer privilegierten Position, wenn ich mich frage, ob ich eigentlich gut oder böse, geizig oder langweilig bin. In solchen Fällen ist es immer der Andere, der mich lehrt, wer ich bin (vgl. Sartre 1994: 486, 492). Dennoch hält Sartre zugleich daran fest, dass ich niemals wissen kann, was der Andere in mir sieht: »der Andere ist nicht *für sich*, wie er mir erscheint, ich erscheine mir nicht, wie ich *für den Andern* bin; ich bin ebenso unfähig, mich für mich zu erfassen, wie ich für den Andern bin, wie das, was der Andere für sich ist, von dem Gegenstand-Anderen aus zu erfassen, der mir erscheint« (Sartre 1994: 440).

Im Gegenzug kann ich nun danach trachten, den Anderen zu objektivieren. Insofern mir dies gelingt, entgehe ich dem Objektstatus und gewinne den Subjektstatus zurück (vgl. Sartre 1994: 483). Hierfür muss ich keinesfalls das Bewusstsein des Anderen leugnen; es genügt, wenn ich es als eine mir verborgene objektive Eigenschaft eines Objekts betrachte: Das »Bewußtsein-als-Objekt [...] ist eine Eigenschaft dieses ›Innern‹ neben anderen, vergleichbar einem lichtempfindlichem Film im Innenraum eines Fotoapparats« (Sartre 1994: 517). So neige ich etwa auf der Alltagsebene dazu, als Reaktion auf mein Beurteiltwerden nun meinerseits den Anderen zu beurteilen, um sein Urteil abzuschwächen und zu relativieren. Seine vielleicht negativen Urteile über mich werden hierdurch zum Ausdruck seiner eigenen Unzulänglichkeit und können mir gleichgültig sein. Sie sagen etwas über ihn und nichts über mich. Trotzdem bleibt auch der Objekt-Andere jederzeit »ein explosives Instrument« (Sartre 1994: 529), denn in jedem Moment besteht die Gefahr, dass er seinen Subjektstatus zurückgewinnt, indem er mich objektiviert. In Sartres Intersubjektivitätstheorie bleiben also nur zwei Möglichkeiten: Entweder nehme ich meinen Objektstatus hin und trachte danach, dem Blick- bzw. Subjekt-Anderen zu gefallen, d. h. ihn zu einem günstigem Urteil über mich zu verführen, oder ich beabsichtige, selbst den Status des Blick-Anderen zu erkämpfen, indem ich versuche, ihn zu objektivieren.

Sartre selbst nimmt in diesem Zusammenhang einen nahe liegenden Einwand vorweg: Natürlich kann ich jederzeit fälschlicherweise glauben, angeblickt zu werden, und im Nachhinein feststellen, dass überhaupt niemand da ist. Ist der Blick also nur wahrscheinlich? Insofern sich der Subjekt-Andere, den ich jetzt und hier vor mir zu sehen glaube, möglicherweise als Fehlalarm herausstellt, kann – so folgert Sartre – das Erblicktwerden nicht von dem Objekt abhängig sein, das den Blick manifestiert: »Es ist also in jedem Fall unmöglich, meine Gewißheit des Subjekt-Andern auf den Objekt-Andern zu übertragen und umgekehrt die Evidenz der Erscheinung des Subjekt-Andern von der konstitutionellen Wahrscheinlichkeit des Objekt-Andern her abzuschwächen« (Sartre 1994: 496). Der Blick lässt den Träger verschwinden, indem er ihn als ein Objekt verschwinden lässt. Hieraus folgt für Sartre: »gewiss ist, daß ich *erblickt* werde; nur wahrscheinlich ist, daß der Blick an diese oder jene innerweltliche Anwesenheit gebunden ist« (Sartre 1994: 497). Zwar kann sich die Faktizität des konkreten Anderen als Irrtum erweisen, das heißt, die zufällige und individuelle Verbindung zwischen dem Subjekt- bzw. Blick-Anderen mit einem Objekt in meiner Welt, aber keineswegs mein allgemeines Objekt-sein-für-Andere. Aus diesem Grund ist der Blick weniger ein einzelnes, konkretes und empirisches Ereignis, sondern ein permanenter »Zustand des Erblicktwerdens« (Sartre 1994: 498). Es gibt eine »Allgegenwart des Andern«, und deswegen ist die »Objektivität meines Daseins eine konstante Dimension meiner Faktizität« (Sartre 1994: 620) – unabhängig von der Tatsache, ob in diesem Moment jemand anderes in diesem Zimmer ist oder nicht.

Also erweist sich das konkrete empirische Faktum des Objekt-Anderen, der als Träger des Blicks fungieren kann, im Verhältnis zur Gewissheit des Blick-Anderen erneut als sekundär. Als Wahrgenommenes kann es immer der Täuschung und dem Irrtum unterliegen. Insofern der nun als weltjenseitig aufgefasste Blick-Andere seine innerweltliche Vorhandenheit verliert, büßt er damit seine Körperlichkeit, seine gesellschaftliche und Geschlechtszugehörigkeit sowie seine Individualität ein. Er verliert alles das, was Sartre, als Situation bezeichnet hat, eben das Gegebene, das die Freiheit »*zu sein hat* und das sie mit ihrem Entwurf erhellt« (Sartre 1994: 846). Der Blick-Andere ist ohne Faktizität und Situation, er bietet sich weder als Einheit noch als

Vielheit dar und erweist sich infolgedessen als pränumerisch, allgemein, undifferenziert und überindividuell. Sartre hält an dieser Stelle einen Terminus von Heidegger für passend: »Für diese pränumerische und konkrete Realität ist die Bezeichnung ›man‹ angebrachter als für einen Unauthentizitätszustand der menschlichen-Realität«. Wo immer ich auch bin, fortwährend »erblickt *man* mich« (Sartre 1994: 505).

Genau an dieser Stelle setzt nun die Kritik von Theunissen an, die das Auseinanderklaffen von »überindividuellen Apriori« und »ontologisch irrelevanter Empirie« (Theunissen 1977: 227) hervorhebt. Eine solche Verteidigung der »Unbezweifelbarkeit auf Kosten der Faktizität« (Theunissen 1977: 228, vgl. Kampits 1975: 134) lässt die Faktizität vollkommen auf die Seite des Objekt-Anderen fallen, wohingegen Sartre zuvor erklärt hat, der Subjekt-Andere habe »die Natur eines kontingenten und unreduzierbaren Faktums« (Sartre 1994: 452). Wo bleibt also die »konkrete und unbezweifelbare Anwesenheit *dieses* oder *jenes* konkreten Andern« (Sartre 1994: 455), die Sartre zu entdecken beabsichtigt hat? Zu Recht moniert Theunissen, dass von »dieser anfänglichen Absicht Sartres […] in den jetzt erörterten Passagen tatsächlich nicht mehr die Rede« (Theunissen 1977: 229) ist. Sartre müsste aufzeigen, dass ich jetzt in diesem Augenblick für einen individuellen Subjekt-Anderen unbezweifelbar Objekt bin, aber entgegen seinen eigenen Vorsätzen kommt er nur dazu zu zeigen, dass ich überhaupt erblickt werde – aber eigentlich von niemandem: Der Blick-Andere »ist das Licht, in dem ich mich sehe, aber darum keiner, den ich selber sehe« (Theunissen 1977: 208).[2]

Dennoch ist die Scham, wie wohl niemand bezweifeln würde, sicher größer, wenn Objekt-Andere zusätzlich anwesend sind: Wenn der Subjekt-Andere ohnehin immer anwesend ist und der Objekt-Andere mich nicht anblicken kann, warum schäme ich mich dann vor einem Menschen, der mir gegenübersitzt, während die Scham doch erheblich begrenzt ist, wenn ich allein bin? In seinen phänomenologischen Beispielanalysen unterläuft Sartre jene dualistischen Konsequenzen, indem er beständig aufzeigt, wie ein individueller Anderer mich erblickt. Diese phänomenologischen Beschreibungen stehen im Widerspruch zu seinen eigenen dualistischen Voraussetzungen, nach denen ich nicht Objekt für ein Objekt sein kann und welche letzten Endes verantwortlich für die Trennung von allgemeinen Subjekt-Anderen und individuellen Objekt-Anderen sind. Sartre erklärt, es sei »nicht zu bezweifeln«, dass ich »jetzt als Objekt für einen Deutschen existiere« (Sartre 1994: 503). Eine solche nationale Zugehörigkeit ist aber nichts anderes als eine objektive Qualität eines Objekt-Anderen. Dieselbe Gleichzeitigkeit von Subjekt- und Objekt-Anderen zeigt sich auch in dem pittoresken Beispiel der Galeerensklaven, die »vor Wut und Scham ersticken, weil eine schöne geschmückte Frau ihr Schiff besucht, ihre Lumpen sieht, ihre Mühsal und ihr Elend« (Sartre 1994: 723): Das Schamgefühl ist gerade deswegen so groß, weil der Andere bestimmte Qualitäten wie ›schön‹, weiblich‹ und ›sozial höhergestellt‹ besitzt, die ihm nur als Objekt-Anderen zukommen können und zugleich seinem Urteil als Subjekt-Anderen ein größeres Gewicht verleihen.

In Sartres Drama *Geschlossene Gesellschaft* finden sich noch deutlichere Beispiele für die Individualität eines Blick-Anderen: Garcin ist Ines' Urteil wichtiger als dasjenige Estelles, gerade weil er ihr Eigenschaften wie ›scharfsinnig‹ und ›intelligent‹ zuschreibt, die ihrem Urteil Bedeutung geben. Dies ist aber nur möglich, insofern Garcin Ines gleichzeitig als Objekt wahrnimmt, da nur ein Objekt Eigenschaften besitzen kann. Biemel, der eine frühe und ausgesprochen lesenswerte Einführung in Sartres Denken verfasst hat, schreibt hierzu: »Es ist nicht gleichgültig, um wessen Blick (Urteil) wir kämpfen. Garcin kann mit Leichtigkeit Estelle davon überzeugen, daß er gut gehandelt hat, aber weil sie dumm ist und nicht urteilen kann, ist ihm damit nicht gedient, er ist auf Ines verwiesen […]. Es kommt also nicht darauf an, einfach das Urteil irgendeiner Person günstig ausfallen zu lassen, sondern das der Person, an der uns gelegen ist« (Biemel 1991: 58).

---

2 Vgl. Verweyst (2000: 173): »Sartre scheint zu meinen, daß eine Person als Individualität schon die Macht des reinen Blicks verliert«.

2

In den Fragmenten zur Moralphilosophie, die wenige Jahre nach dem philosophischem Hauptwerk verfasst wurden, versucht Sartre offensichtlich, die zuspitzende Auffassung des Subjekt-Anderen als allgemeinen Blick ohne Faktizität zu revidieren. Während zuvor die Intersubjektivität generell jegliche Wechselseitigkeit ausgeschlossen hat, so geschieht dies jetzt nur noch dann, wenn einer der Interaktionspartner »nie erblickter Erblickender« (Sartre 2005: 336) ist. In solchen Fällen, in denen ich angeblickt werde, ohne zu erblicken, d. h. ohne meinerseits den Anderen in seiner Situation zu erfassen, habe ich nur »die Anschauung einer *anderen* Freiheit im allgemeinen« und nicht »die Freiheit *dieses* Anderen« (Sartre 2005: 869). Damit setzt Sartre bei seiner Selbstkorrektur gerade an jenem neuralgischen Punkt an, auf den Theunissens Kritik zu Recht zielt. Der nie ›erblickte Erblickende‹ ist nicht länger der Normalfall der Intersubjektivität, sondern eher eine Verfallsform, bei der z. B. der Andere mir seine eigene Objektivität verweigert. In dieser Haltung wird vom Interaktionspartner erwartet, »erblickt zu werden, ohne zu erblicken« (Sartre 2005: 337).

Anstelle eines permanenten Konflikts zwischen Blickendem und Angeblicktem beschreibt Sartre nun mit dem Appell eine wechselseitige Beziehung, in der jeder Interaktionspartner als Subjektivität erlebt wird und dennoch in seiner Faktizität verankert ist: »der Appell ist Anerkennung einer persönlichen Freiheit in Situation durch eine persönliche Freiheit in Situation« (Sartre 2005: 481). Eine solche Anerkennung, die sich durch Verstehen, Sympathie und Hilfe auszeichnet, wird ausdrücklich vom Erfassen des Anderen als Blick-Anderen unterschieden: Ich bin in einer Position, »in der ich die Freiheit des anderen *anerkenne*, ohne dass sie mich durchdringt wie ein Blick« (Sartre 2005: 490). Anders als beim Erblicktwerden transzendiert mich die Freiheit des Anderen nicht, »da ich seinen Zweck frei übernehme, ihn beauftrage, mich zu seinen Zielen weiterzuführen, die meine sind, insofern sie durch seine Freiheit verwirklicht werden und ich großzügigerweise meine Hilfe *als Zugabe* gewährt habe und außerhalb meiner eigenen Zwecke, die unberührt bleiben« (Sartre 2005: 491). Beim Appell transzendiere ich den Anderen nicht wie beim Blick auf meine Zwecke, sondern auf die Zwecke des Anderen hin.

Die Anerkennung eines Blicks gibt diesem nicht wie ein Innerweltliches seinen Ort in der Welt, sondern bestätigt ihn ganz im Gegenteil als Riss in meiner Welt, als ein Jenseits der Welt, das sich jeglicher Wahrnehmung entzieht. Hingegen richtet sich die Anerkennung der bedingten Freiheit beim Appell auf eine Freiheit, die immer in Situation, d. h. zugleich Faktizität und Freiheit ist: »Die Freiheit des anderen konkret anerkennen heißt in Wirklichkeit, sie in ihren eigenen Zwecken anzuerkennen, in den Schwierigkeiten, die sie erleidet, in ihrer Endlichkeit, es heißt *sie verstehen*« (Sartre 2005: 496). Insofern der Mensch Faktizität ist, ist er bedingt durch die Umstände und kann *erklärt* werden, d. h. sein Handeln lässt sich »durch die Ursachen erhellen« (Sartre 2005: 484). Da der Mensch aber nicht nur Faktizität, sondern auch Transzendenz und Freiheit ist, reicht es nicht aus, ihn zu erklären. Ich muss ihn auch verstehen, d. h. sein Handeln »durch die Zwecke erhellen« (Sartre 2005: 484), also seine Zwecke nachvollziehen, die die Faktizität überschreiten: »Das Verstehen ist eine ursprüngliche Struktur der Wahrnehmung des Anderen« (Sartre 2005: 485).

Sartres spätes Denken ist von der Intention geprägt, Freiheit und Situation zu vermitteln, also den Menschen als Subjekt der Praxis zu verstehen, ohne den Umstand zu vernachlässigen, dass er Produkt der historisch-gesellschaftlichen Verhältnisse ist. Das Verhältnis zwischen Sartres früher phänomenologischen Ontologie vor allem in *Das Sein und das Nichts* und seiner dialektischen Anthropologie, die hauptsächlich in *Kritik der dialektischen Vernunft* und *Fragen der Methode* vorgelegt wird, bringt er in einem Interview mit einer einfachen Formel auf den Punkt: »das Leben hat mich ›die Macht der Dinge‹ gelehrt« (Sartre 1988: 163). Schon in der Zeit von *Das Sein und das Nichts* beginnt der – nach eigenen Worten – »egoistische Vorkriegsindividualist mehr oder weniger Stendhalscher Prägung« (Sartre 1988: 164) theoretisch unter dem Einfluss der

Daseinsanalyse von Heideggers *Sein und Zeit* und autobiographisch durch die Einberufung zum Militärdienst im Zweiten Weltkrieg das Gewicht der historisch-gesellschaftlichen Wirklichkeit zu ahnen: »So fing ich an, die Realität der Situation des Menschen inmitten der Dinge zu entdecken, die ich das ›In-der-Welt-sein‹ genannt habe« (Sartre 1988: 163).

Das spätere Denken betont die Bedingtheit des einzelnen Menschen durch die gesellschaftlichen Verhältnisse, ohne jedoch den Gedanken der Freiheit aufzugeben. Sartre stellt sich die Frage, wie ein Individuum zugleich als bedingt und als frei gedacht werden kann: »Ich bin davon überzeugt, daß der Mensch immer etwas aus dem machen kann, was man aus ihm macht. Heute würde ich den Begriff Freiheit folgendermaßen definieren. Freiheit ist jene kleine Bewegung, die aus einem völlig gesellschaftlich bedingten Wesen einen Menschen macht, der nicht in allem das darstellt, was von seinem Bedingtsein herrührt. So wird aus Jean Genet ein Dichter, obwohl er ganz dazu bedingt war, ein Dieb zu sein« (Sartre 1988: 165). Insofern Sartre die Bedingtheit einer Freiheit in Situation stärker hervorhebt, bedeutet ›Überschreiten der Faktizität‹ nicht einfach ein Sich-Losreißen vom Gegebenen, sondern zugleich ein Aufbewahren des Gegebenen: »die besondere Gestalt des Hindernisses, das ausgeräumt, des Widerstands, der überwunden werden muß, […] gibt in jeder Situation der Freiheit ihr Gesicht« (Sartre 1990: 56).

Sartres Überzeugung, dass der einzelne Mensch also weder eine reine weltlose Subjektivität noch ein auf seine gesellschaftlich-historische Verankerung reduzierbares Objekt ist, liegt als Kerngedanke der Konzeption der so genannten regressiv-progressiven Methode zugrunde, welche in *Fragen der Methode* entwickelt wird. Dieses hermeneutische Verfahren, das als methodologische Reflexionsform der Fremderfahrung interpretiert werden kann, soll im Anschluss erörtert werden, insofern es eine implizite Korrektur der frühen Blicktheorie darstellt, deren ontologischer Dualismus nur entweder einen allgemeinen Subjekt-Anderen außerhalb der Welt oder einen individuellen Objekt-Anderen innerhalb der Welt zulässt.

Der Entwurf ist für den späten Sartre ein subjektives Überschreiten des Objektiven, d. h. der gesellschaftlichen Verhältnisse, die das Individuum als Ausgangspunkt vorfindet, auf ein anderes Objektives hin, d. h. die Objektivationen des Subjekts: eine bestimmte Aktion, eine sprachliche Äußerung oder etwa ein Roman. Der Entwurf lässt sich also als eine Vermittlung zwischen zwei Objektivitäten begreifen, wobei die Nichtreduzierbarkeit der zweiten Objektivität darin besteht, dass sie nicht aus der ersten Objektivität deduziert werden kann, sondern nur vermittels des Entwurfs verständlich wird. Aber hieraus folgt wiederum keineswegs, dass das Resultat des Entwurfs mit den anfänglichen Intentionen des Subjekts übereinstimmt, denn das praktische Feld, in dem sich der Entwurf realisiert, wird von einer unüberschaubaren Pluralität von Handlungen anderer Subjekte durchkreuzt: »die Entfremdung steht am Ausgangs- und am Endpunkt; und der Handelnde vermag niemals etwas zu unternehmen, das nicht Negation der Entfremdung wäre und nicht zurückfiele in eine entfremdete Welt; aber die Entfremdung des objektivierten Resultats ist nicht die gleiche wie zu Anfang«. Und genau dieser »Übergang von der einen zur anderen definiert die Person« (Sartre 1999: 109).

Der Entwurf ist irreduzibel, weil die am Ende des verwirklichten Entwurfs auftauchende Objektivität nicht identisch mit der vorgegebenen Objektivität als Ausgangspunkt des Entwurfs ist. Mit anderen Worten, die Objektivation« weist Eigenschaften auf, die sich nicht in den objektiven Verhältnissen finden lassen. Durch diesen Umstand stößt der soziologistische Determinismus an seine Grenze: Insofern die zweite Stufe der Objektivität (z. B. ein Roman) nicht aus der ersten (den gesellschaftlichen Verhältnissen) abgeleitet werden kann, lässt sich die Ebene des individuellen In-der-Welt-seins nicht auf jene gesellschaftlichen Verhältnisse reduzieren.

Der marxistischen Orthodoxie hält Sartre vor, die Erfahrungsgegebenheiten zu ignorieren und mit rein abstrakten Begriffen zu operieren. So leitet man aus dem Begriff ›Kleinbürger‹, ohne die Erfahrung zu befragen, alle entscheidenden Eigenschaften ab. Es ist dann völlig ausreichend, wenn man weiß, dass ein Buch von einem Kleinbürger geschrieben wurde. Weder muss der Marxist den Kleinbürger kennen noch das Buch lesen, um ein Urteil abzugeben. Das

Einzelne wird auf Allgemeines zurückgeführt und die Spezifität als irrationaler Zufall abgetan. Natürlich geht es für Sartre nicht darum zu leugnen, dass man z. B. Paul Valéry mit dem Allgemeinen vermitteln kann. Zweifellos zeigt sein Werk die Klassenzugehörigkeit, aber es lässt sich nicht darauf reduzieren – und dies ist der existentialistische Einwand gegen jegliche soziologistische Reduktion: »Es besteht kein Zweifel darüber, daß Valéry ein kleinbürgerlicher Intellektueller ist. Aber nicht jeder kleinbürgerliche Intellektuelle ist Valéry. Die heuristische Unzulänglichkeit des heutigen Marxismus ist in diesen beiden Sätzen enthalten« (Sartre 1999: 64).[3]

Um die reduzierende Abstraktion zu vermeiden, die einem rein progressiv-synthetisch vorgehenden Marxismus vorgeworfen wird, der das Konkrete aus dem Allgemeinen ableitet, macht Sartre das Moment der regressiven Analyse geltend, d. h. der Auseinandersetzung mit der erfahrenen Realität. »Entgegen der synthetischen Bewegung der Dialektik als *Methode* (das heißt entgegen der Bewegung des marxistischen Denkens, das von der Produktion und den Produktionsverhältnissen zu den Strukturen der Gruppierungen, dann zu deren inneren Widersprüchen, zur Umwelt und gegebenenfalls zum Individuum fortschreitet), geht die kritische Erfahrung vom Unmittelbaren, das heißt vom Individuum aus […], um durch immer tiefere Bedingtheiten hindurch die Totalität seiner praktischen Verbindungen mit den anderen wiederzufinden, eben dadurch die Strukturen der verschiedenen praktischen Vielheiten zu entdecken und durch Widersprüche und Kämpfe hindurch zum absolut Konkreten vorzudringen: dem historischen Menschen« (Sartre 1980: 53f).

Die regressive Analyse, welche in Sartres Konzeption von der Phänomenologie und empirischen Hilfswissenschaften wie Soziologie und Psychoanalyse durchgeführt wird (vgl. Sartre 1999: 43), nimmt ihren Ausgang von einem empirischen Ereignis – z. B. das Buch *Madame Bovary* – und versucht, dessen historisch-gesellschaftliche Bedingungen zu entdecken, also vom Einzelnen zum Allgemeinen zu gelangen. Auf diese Weise wird eine Vieldeutigkeit bzw. eine Reihe von aufeinander nicht zu reduzierenden Bedeutungsschichten enthüllt, an der sich die Komplexität des Untersuchungsgegenstands zeigt. Die regressive Analyse untersucht also das Individuum bzw. den anderen Menschen, insofern er ein Objekt-Anderer bzw. ein Produkt seiner Epoche ist. Mit anderen Worten, sie befragt dasjenige, was die anderen aus einem Menschen gemacht haben, also seine gesellschaftliche Situation, sein kleinbürgerliches Milieu, die Institutionen seiner Sozialisation usw. Sartre leugnet also keineswegs die Objektivität des Menschen, weswegen die Eingliederung in die soziokulturellen Verhältnisse notwendig für das Fremdverstehen ist.

Für sich genommen stellen die Resultate der regressiven Analyse wiederum heterogene Bedeutungsebenen dar, die ohne den Versuch einer Synthese isoliert bleiben. Die progressive Synthese beschreibt nun umgekehrt den Weg von den abstraktesten Bedingungen, die die regressive Analyse enthüllt hat, zur konkreten Objektivation des Individuums, im Fall Gustave Flauberts zum Buch *Madame Bovary*. Das gesamte Wissen, das die regressive Analyse gewonnen hat, wird nun berücksichtigt, um vermittels der progressiven Synthese den einzigartigen Lebensentwurf zu rekonstruieren, durch den das Individuum in einer synthetischen Aufhebung der Ausgangsbedingungen sich selbst erschafft. Die Bewegung des Entwurfs von den sozialen Bedingtheiten bis zum Endergebnis, also der Objektivation, soll auf diese Weise nachvollzogen werden. Das Individuum verinnert das Allgemeine, die sozioökonomischen Verhältnisse, die Familienstrukturen usw. und rückentäußert diese Strukturen in individuellen Handlungen, die durch die sie bedingenden Strukturen erklärbar sind, aber sich nicht darauf reduzieren lassen.

Zum einen postuliert Sartre gegenüber reduktionistischen Theorien die »Vieldeutigkeit der verflossenen Tatsachen« (Sartre 1999: 134), zum anderen glaubt er, dass die Wahrheit eines Menschen nicht plural ist. Denn die Schichten heterogener und aufeinander unreduzierbarer

---

3 Der Frage, ob dieser Vorwurf nicht nur auf den orthodoxen reduktionistischen Marxismus zutrifft und eventuell auch Gültigkeit für andere Theorieansätze beanspruchen kann, soll in diesem Zusammenhang nicht nachgegangen werden.

Bedeutungen, die die regressive Analyse bzw. Soziologie und Psychoanalyse entdecken, sollen sich seiner Ansicht nach totalisieren lassen, d. h. zu Teilen eines Ganzen werden. Die Rekonstruktion des Entwurfs, durch den sich z. B. Flaubert zum Autor des Romans *Madame Bovary* macht, geschieht gerade durch eine Totalisierung der in der regressiven Analyse gewonnenen Informationen. Die progressive Synthese versucht also zu zeigen, was der Mensch aus dem macht, wozu andere ihn gemacht haben bzw. wie die literarische Objektivation vermittelt durch den subjektiven Entwurf aus den objektiven Verhältnissen hervorgeht.

Daraus ergibt sich die Aufgabe, einen einzelnen Menschen einerseits von den vorgefundenen Verhältnissen und andererseits von den Resultaten seiner Überschreitung dieser Verhältnisse, also von seinen Objektivationen aus, zu betrachten. Die Arbeitsteilung zwischen regressiver Analyse, die konkretes Wissen gewinnt, und progressiver Synthese, die den Entwurf rekonstruiert, welcher die verschiedenen objektiven Ausgangsbedingungen integriert und durch den das Individuum sich hervorbringt, vermeidet eine strikte Subsumtion der Objektivation unter die objektiven Bedingtheiten. Der Entwurf konserviert zwar immer auch unausweichlich das Ensemble soziökonomischer und historischer Verhältnisse, aber zugleich alteriert er diese und verhindert, dass die Praxis mit dem zur Deckung kommt, was sie überschreitet. Die Wirkung des Entwurfs enthüllt sich infolgedessen in der Differenz zwischen *Madame Bovary* und ihrer geschichtlichen Epoche.

Die regressiv-progressive Methode lässt sich als methodologisch fundierte Reflexionsstufe jener Interaktionsform begreifen, die Sartre in seiner Moralphilosophie als Appell beschreibt und in der wir uns als Freiheiten in Situation, d. h. sowohl als Faktizität mit objektiven Eigenschaften wie auch als Überschreiten dieser Faktizität – bzw. als individuelles Weltverhältnis – wechselseitig zueinander verhalten. Beide Momente des Fremdverstehens sind immer schon in nahezu jeder lebensweltlichen Interaktion – wenn auch in unterschiedlichem Mischungsverhältnis – im Spiel. So wie die Wahrnehmung den Anderen von der Situation her versteht und ihn in seinen Kontext einordnet, d. h. ihn als Frau oder Mann, als Postbeamten, Kellner oder Fahrradfahrer erkennt, so intendiert ihn auch die regressive Analyse mit ihren Hilfswissenschaften Soziologie und Psychoanalyse, indem sie ihn mit ihrer fachspezifischen Terminologie als Kleinbürger oder als Paranoiker begreift. Wahrnehmung wie auch regressive Analyse erfassen den Menschen von seinem Kontext her, also etwa von der unmittelbaren Umgebung, von der Wohnung, in der er lebt, von der Kleidung, die er trägt, als auch von dem soziologisch beschreibbaren Milieu, aus dem er stammt, oder der psychoanalytisch beschreibbaren Familie, in der er aufgewachsen ist. So wie man sich fragen kann, wie jemand, in dieser Situation, mit diesem bestimmten körperlichen Leiden, mit dieser sozialen Stellung, mit dieser ethnischen Zugehörigkeit seine Welt erlebt, so fragt sich das Forschungssubjekt nach Sartre, sobald es von der regressiven Analyse zur progressiven Synthese übergeht, wie jemand innerhalb dieser Situation, die die regressive Analyse erforscht hat, seine Bedingtheit nicht nur erleidet, sondern im Ausgang von ihr individuelle Zwecke entwirft[4].

Gerade weil die individuellen Ziele nicht aus den dank der analytischen Regression gewonnenen Ergebnissen abgeleitet werden können und das individuelle Weltverhältnis nicht als transintelligibel zu den Akten gelegt werden soll, kann der Übergang zwischen den objektiven Ausgangsbedingungen und der individuellen Objektivation nur vermittels imaginierender Empathie erschlossen werden. Insofern diese Imagination sich jedoch an den Resultaten der regressiven Analyse orientiert, ist ihr Ergebnis keinesfalls als willkürlich anzusehen. Daher

---

4 In seinem Geleitwort zu einem Buch von Cooper und Laing erklärt Sartre seine grundsätzliche Übereinstimmung mit der antipsychiatrischen Position: »Ich glaube [...], daß man eine Neurose weder untersuchen noch heilen kann ohne eine grundsätzliche Respektierung der Person des Patienten, seiner ständigen Anstrengung, seine Grundsituation zu begreifen und nachzuvollziehen, ohne herauszufinden, wie diese Person auf diese Situation reagiert« (Statt eines Vorworts, in: Cooper & Laing 1973: 5).

handelt es sich bei der Flaubert-Studie zwar um einen Roman, aber um »einen Roman, der *wahr* ist« (Sartre 1985a: 153). Wo die objektivierenden Verfahrensweisen an ihre Grenze stoßen, bleibt nur noch die »*Empathie*« als die »einzige zum Verständnis angemessene Haltung« (Sartre 1985: 8). Die Empathie negiert jedoch nicht in einem reinen Antagonismus die Ergebnisse der objektivierenden Untersuchung als defizitär, sondern versucht, sie in den Verstehensprozess zu integrieren.

Wie soll jedoch der Wahrheitsanspruch eines solchen Werks, das bei der Anwendung der regressiv-progressiven Methode entsteht und offenbar das Paradox einer nicht-fiktionalen Dichtung darstellt, überhaupt überprüft werden? Sartre zufolge imaginiert das Verstehen zwar notwendig, dennoch ist, wie er fortfährt, die »Hypothese [...] unmittelbar verifizierbar; nur diejenige kann gültig sein, die in einer schöpferischen Bewegung die transversale Einheit *aller* heterogenen Strukturen verwirklicht« (Sartre 1999: 159). Als Wahrheitskriterien bleiben innere Stimmigkeit und methodische Strenge (vgl. Sartre 1985a: 161). Allerdings stellt sich nun die Frage, ob dann nicht mehrere gleichberechtigte Verstehenshypothesen möglich sind, sofern nur jede die heterogenen Bedeutungsebenen in einen kohärenten und stringenten Zusammenhang integrieren kann. Wenn dies zutrifft, dann ist die Wahrheit eines Menschen eben doch plural – und zwar nicht, weil die verschiedenen Fakten nicht synthetisiert werden können, sondern weil mehrere gleichwertige Synthesen möglich sind. In diesem Fall kann es mehrere ›wahre Romane‹ über einen anderen Menschen geben.

Literatur

Biemel, Walther (1991), *Jean-Paul Sartre*, Reinbek bei Hamburg: Rowohlt
Danto, Arthur C. (1993), *Jean-Paul Sartre*, Göttingen: Steidl Verlag
Honneth, Axel (1999), Kampf um Anerkennung. Zu Sartres Theorie der Intersubjektivität, in ders.: *Die zerrissene Welt des Sozialen. Sozialphilosophische Aufsätze*. Frankfurt a. M.: Suhrkamp, S. 165–176
Honneth, Axel (2003), Erkennen und Anerkennen. Zu Sartres Theorie der Intersubjektivität, in ders.: *Unsichtbarkeit. Stationen einer Theorie der Intersubjektivität*. Frankfurt a. M.: Suhrkamp, S. 71–105
Husserl, Edmund (1992), *Cartesianische Meditationen. Eine Einleitung in die Phänomenologie*, Hamburg: Felix-Meiner-Verlag
Kampits, Peter (1975), *Sartre und die Frage nach dem Anderen*, Wien und München: Oldenbourg
Lévinas, Emmanuel (1992), *Die Philosophie und die Idee des Unendlichen*, in ders.: *Die Spur des Anderen. Untersuchungen zur Phänomenologie und Sozialphilosophie*, Freiburg und München: Karl-Alber-Verlag, S. 185–208
Sartre, Jean-Paul (1973), Statt eines Vorworts, in: D. G. Cooper & R. D. Laing, *Vernunft und Gewalt. Drei Kommentare zu Sartres Philosophie 1950–1960*, Frankfurt a. M.: Suhrkamp
Sartre, Jean-Paul (1980), *Kritik der dialektischen Vernunft. Bd. 1: Theorie der gesellschaftlichen Praxis*, Reinbek bei Hamburg: Rowohlt
Sartre, Jean-Paul (1985), *Der Idiot der Familie. Gustave Flaubert 1821 bis 1857. Bd. 1: Die Konstitution*, Reinbek bei Hamburg: Rowohlt
Sartre, Jean-Paul (1985a), Über *Der Idiot der Familie*. Interview mit Michel Contat und Michel Rybalka, in ders.: *Was kann Literatur? Interviews, Reden, Texte 1960–1976*, Reinbek bei Hamburg: Rowohlt, S. 150–169
Sartre, Jean-Paul (1988), Sartre über Sartre 1969. Interview mit *new left review*, in ders.: *Sartre über Sartre. Autobiographische Schriften*, Reinbek bei Hamburg: Rowohlt, S. 163–187
Sartre, Jean-Paul (1990), *Was ist Literatur?* Reinbek bei Hamburg: Rowohlt
Sartre, Jean-Paul (1991), *Geschlossene Gesellschaft. Tote ohne Begräbnis. Die respektvolle Dirne*, Reinbek bei Hamburg: Rowohlt
Sartre, Jean-Paul (1994), *Das Sein und das Nichts. Versuch einer phänomenologischen Ontologie*, Reinbek bei Hamburg: Rowohlt
Sartre, Jean-Paul (1999), *Fragen der Methode*, Reinbek bei Hamburg: Rowohlt
Sartre, Jean-Paul (2005), *Entwürfe für eine Moralphilosophie*, Reinbek bei Hamburg: Rowohlt

Theunissen, Michael (1977), *Der Andere. Studien zur Sozialontologie der Gegenwart*, Berlin und New York: Walter de Gruyter
Verweyst, Markus (2000), *Das Begehren der Anerkennung. Subjekttheoretische Positionen bei Heidegger, Sartre, Freud und Lacan*, Frankfurt a. M. und New York: Campus Verlag
Waldenfels, Bernhard (1987), *Phänomenologie in Frankreich*, Frankfurt a. M.: Suhrkamp 1987
Ziegler, Walther Urs (1992), *Anerkennung und Nicht-Anerkennung. Studien zur Struktur zwischenmenschlicher Beziehung*, Berlin und Bonn: Bouvier

Ingo Schulz-Schaeffer

Soziales Handeln, Fremdverstehen und Handlungszuschreibung

Einleitung

Eine der grundlegenden Bestimmungen der Handlungstheorie der phänomenologischen Soziologie[1] besteht in der Aussage, der Handelnde sei »die letzte Instanz, die zu entscheiden hat, ob er in einem gegebenen Fall gehandelt hat oder nicht« (Schütz & Luckmann 1984: 18, vgl. ebd.: 15, 17, 113). Sie folgt aus der transzendental-phänomenologisch hergeleiteten Auffassung, dass Handeln der Vollzug zuvor entworfener Handlungen ist und deshalb nur der Handelnde die – durch seinen Entwurf konstituierte – Einheit seines Handelns mit Gewissheit kennen kann. Man müsse, so fahren Schütz und Luckmann in den entsprechenden Textpassagen der *Strukturen der Lebenswelt* fort, »sich aber beeilen, hinzuzufügen, daß dem Handelnden sein diesbezüglicher, letztinstanzlicher Charakter zwar grundsätzlich [...] zusteht« (ebd.: 15), nicht aber »dort, wo es praktisch darauf ankommt, nämlich in der alltäglichen Wirklichkeit« (ebd.): »Als praktisch gültige Instanz entscheiden die anderen, ob etwas eine Handlung war oder nicht« (ebd.: 18). Dies folgt aus der natürlich-phänomenologischen Analyse unter Einbeziehung der Vorgegebenheit eines gesellschaftlichen Wissensvorrats: »(E)s sind aber die anderen, die Mitmenschen, die aufgrund gesellschaftlich objektivierter, im sozialen Wissensvorrat abgelagerter Regeln typischen, beobachtbaren Verhaltensabläufen auch das typische Vorhandensein oder Nicht-Vorhandensein eines Ziels, eines Handlungsentwurfs zuordnen« (ebd.).

Als grundlegende Frage an die phänomenologische Handlungstheorie erweist sich damit die Frage nach dem Verhältnis zwischen der Aussage, dass alle Sinngebung, also auch aller Handlungssinn ursprünglich subjektive Bewusstseinsleistung ist, und der Feststellung, dass es für die praktischen Zwecke alltäglichen Handelns auf gesellschaftlich objektivierten Sinn ankommt, also auf Handlungsdeutungen und Handlungszuschreibungen auf der Grundlage des gesellschaftlichen Wissensvorrats. Die handlungstheoretischen Überlegungen von Schütz und Luckmann zielen darauf, diese gesellschaftliche Konstitution des Handelns als eine von der subjektiven Handlungskonstitution abgeleitete und insofern uneigenständige Erscheinung zu behandeln. Im Gegensatz dazu werde ich im Folgenden argumentieren, dass Handlungszuschreibung ein konstitutives Element sozialen Handelns ist.[2]

Die Einheit des Handelns

Schütz zufolge ist Sinngebung eine Bewusstseinsleistung (vgl. Schütz 1974 [1932]: 46): »Der reflexive Blick, der sich einem abgelaufenen, entworfenen Erlebnis zuwendet und es so als ein von allen anderen Erlebnissen in der Dauer wohlunterschiedenes heraushebt, konstituiert dieses Erlebnis als sinnhaftes.« (ebd.: 95) Auch die Konstitution von Handlungssinn beruht der transzendental-phänomenologischen Analyse zufolge auf einer solchen reflexiven Zuwendung zu erlebten Erlebnissen. Dass dies möglich ist, obwohl die Handlungen, auf die die Sinngebungen bezogen sind, in der Zukunft liegen, beruht auf einer eigentümlichen Umkehrung von Zukunft und Vergangenheit, mittels derer Schütz zufolge der Sinn des Handelns im Bewusstsein konstituiert wird und die er als Denken »*modo futuri exacti*« (ebd.: 81) bezeichnet: Als

---

1 Ich verwende diese von Luckmann (1979) abgelehnte Etikettierung im Sinne von Eberle (2000: 75).
2 Eine ausführlichere Darstellung dieser Überlegungen findet sich in Schulz-Schaeffer (2007: 89–135).

erinnerungsfähige und damit als wohlumschreibbare und sinnhaft fassliche Erlebnisse kann das Bewusstsein sich demnach nicht nur auf vollzogene und in die Vergangenheit gerückte Erlebnisse beziehen, sondern auch auf zukünftige Erlebnisse, die das Bewusstsein als Erlebnisse antizipiert, die es erlebt haben wird. D. h. Erlebnisse, die das Bewusstsein als vergangene Erlebnisse in der Zukunft imaginiert, sind dieser Auffassung zufolge ebenso mögliche Gegenstände attentionaler Zuwendung wie solche, die als abgelaufene Erlebnisse in der Vergangenheit erinnert werden. Wiedererinnerte (vgl. ebd.: 64ff) Erlebnisse der Vergangenheit und vorerinnerte (vgl. ebd.: 75ff) Erlebnisse der als Vergangenheit vorgestellten Zukunft sind im Sinne der phänomenologischen Analyse der Konstitution von Sinn beides vergangene Erlebnisse, solche also, auf die der reflexive Blick des Bewusstseins zurückschauen und die das Ich in seinen jeweils aktuellen Erfahrungszusammenhang einordnen kann.

Da jedes Handeln auf Zukünftiges gerichtet ist (vgl. ebd.: 75), ergibt sich, dass der Sinn eigenen Handelns im Bewusstsein nur durch Erlebnisse der als Vergangenheit vorgestellten Zukunft konstituiert werden kann. Schütz zufolge ist genau dies der Fall: Seinen Sinn als ein Handeln erlangt menschliches Tun oder Unterlassen, indem solches Verhalten eine Handlung vollzieht, die sich der Handelnde zuvor »als abgeschlossene Einheit, als Erzeugnis«, als »*abgelaufene vollbrachte Handlung*« (ebd.: 50) vorgestellt hat. Diese zukünftig als abgelaufen vorgestellte Handlung bezeichnet Schütz, einen Terminus Heideggers aufgreifend, als Entwurf der Handlung (vgl. ebd.: 77ff). Dementsprechend gilt: »*(D)er Sinn des Handelns (ist) die vorher entworfene Handlung*« (ebd.: 79). »Der Entwerfende verfährt nicht anders, als wäre das Handeln, welches er entwirft, im Zeitpunkt des Entwerfens bereits in der Vergangenheit liegende, abgelaufene vollzogene Handlung, die nunmehr in den (im Zeitpunkt des Entwerfens gegebenen) Erfahrungszusammenhang eingeordnet wird. [...] Für uns ist vor allem die Einsicht von Wichtigkeit, daß auch alle Entwürfe zukünftigen Handelns wesensmäßig auf ein vergangenes, abgeschlossenes Handeln gerichtet sind, daß also nicht der Handelnsablauf im Dauerstrom, sondern die als abgelaufen gesetzte und daher vom reflektierenden Blick erfaßbare Handlung phantasierend entworfen wird.« (ebd.: 80f) Durch die »Zeitperspektive dieses Vorstellens« (Schütz & Luckmann 1984: 27), also durch die »*modo futuri exacti* vorgestellte Handlung« (ebd.), wird aktuelles Verhalten des Ich dem reflexiven Blick des Bewusstseins zugänglich: als Durchführung einer vorentworfenen Handlung. Es wird dadurch als sinnhaftes Phänomen konstituiert: als Handeln.

Eine entscheidende Konsequenz dieser Konzeption ist, dass »der Handelnde [...] die letzte Instanz (ist), die angehört werden muß, wenn es festzustellen gilt, ob in einem vorliegenden Fall gehandelt wird oder nicht. Nur er weiß, woraufhin – falls überhaupt auf etwas – das Geschehen entworfen wurde.« (Schütz & Luckmann 1984: 15) Resultiert der Sinn, der ein Verhalten zu einem Handeln werden lässt, aus dem Handlungsentwurf, den der Handelnde mit diesem Verhalten zu realisieren trachtet, so folgt notwendig, dass die Frage, welche Verhaltensweisen Bestandteile eines Handelns sind, was also die Einheit des Handelns ausmacht, allein mit Bezug auf den Entwurf beantwortet werden kann, so wie ihn der Handelnde im reflexiven Blick des Bewusstseins auf seine Erfahrungen als subjektiv sinnhaft konstituiert. Aus »der Rückführung des Handelns auf den vorangegangenen Entwurf der modo futuri exacti als abgelaufen phantasierten Handlung«, so konstatiert Schütz (1974 [1932]: 82) dementsprechend, »ergibt sich der Begriff der Einheit des Handelns in erschöpfender Konsequenz: *Die Einheit des Handelns konstituiert sich vermöge des Entworfenseins der Handlung, welche durch das intendierte schrittweise zu vollziehende Handeln verwirklicht werden soll: Sie ist eine Funktion der ›Spannweite‹ des Entwurfes.*«

Sinnkonstitution als Bewusstseinsleistung impliziert nicht, dass die Sinngebilde, die den Wissensvorrat des Einzelnen ausmachen, auch ausnahmslos von ihm selbst erzeugt wurden. Ganz im Gegenteil ist es für die phänomenologische Soziologie von wesentlicher Bedeutung, »daß der subjektive Wissensvorrat nur zum Teil aus ›eigenständigen‹ Erfahrungs- und Auslegungsresultaten besteht, während er zum bedeutenderen Teil aus Elementen des gesellschaftlichen

Wissensvorrats abgeleitet ist« (Schütz & Luckmann 1979: 314). Hinzu kommt, dass auch der »eigenständige« Erwerb von Wissenselementen auf der Grundlage von Deutungsschemata des gesellschaftlichen Wissensvorrats erfolgt (vgl. ebd.). »Unbeschadet dieser empirischen Priorität des gesellschaftlichen Wissensvorrats gegenüber jedem beliebigen subjektiven Wissensvorrat« (ebd.: 314f) besteht jedoch eine »grundsätzliche Priorität des subjektiven Wissenserwerbs« (ebd.: 315): »Den Ursprung des sozialen Wissensvorrats, genauer, der Elemente, die den sozialen Wissensvorrat bilden, kann man nur in subjektiven Erfahrungen und Auslegungen suchen. Dies bedeutet aber, daß in letzter Konsequenz der gesellschaftliche Wissensvorrat auf ›eigenständige‹ Erfahrungen und Auslegungen zurückverweist – so sehr auch die Situationen, in denen die Erfahrungen und Auslegungen stattfinden [...] durch ›faktische‹ soziale Gegebenheiten bedingt sein mögen.« (ebd.) Diesen Überlegungen zufolge ist also jede Sinngebung ursprünglich subjektive Bewusstseinsleistung. Und so bildet die Analyse der Konstitution von Sinn im Bewusstsein des einsamen Ich – die transzendental-phänomenologische Reduktion also – den Grundstein für das Verständnis aller sinnhaften Phänomene, so auch des Handelns im Allgemeinen wie des sozialen Handelns im Besonderen.

Soziales Handeln

Das Konzept der Einheit des Handelns hat Konsequenzen für den Begriff des sozialen Handelns. Dessen Bestimmung nimmt Schütz in Anknüpfung an Max Webers (1972 [1922]: 1) Definition vor. Insbesondere stellt sich ihm hier die Frage, was es bedeutet, dass als soziales Handeln »nur ein sinnhaft am Verhalten des andern orientiertes eigenes Verhalten« (ebd.: 11) zu gelten habe (vgl. Schütz 1974 [1932]: 24f). Schütz sieht sich mit Weber darin einig, dass mit diesem Verhalten des Anderen nicht bloß ein körperliches Geschehen gemeint sein kann, sondern ein selbst sinnhaftes Geschehen. Da nun Sinn der phänomenologischen Konstitutionsanalyse zufolge eine Bewusstseinsleistung ist, muss das auch für den Sinn dieses Geschehens gelten. Daraus folgt, dass soziales Handeln als ein Handeln verstanden werden muss, das seinem Entwurf nach sinnhaft auf den Sinn bezogen ist, an dem der Andere sein Verhalten orientiert. Dementsprechend ist »keineswegs jedes vorentworfene Handeln ›auf einen Anderen zu‹ soziales Handeln. Wenn ich nur auf den fremden Leib als dingliche Gegenständlichkeit zu handele, ohne auf die Bewußtseinsabläufe des alter ego hinzusehen, so sind meine Bewußtseinserlebnisse von diesem meinen Handeln [...] kein *soziales* Handeln. Das ist offenbar auch die Ansicht Max Webers.« (Schütz 1974 [1932]: 205) Es ist zumindest, wie Schütz wenig später vorsichtiger formuliert, eine mögliche Auslegung der Überlegungen Webers. »Dann würde die Forderung, soziales Handeln müsse an dem *Verhalten* des Anderen orientiert sein, [...] bedeuten, daß das eigene Handeln nicht auf den fremden Leib als Gegenstand der Außenwelt, sondern auf den Dauerablauf des alter ego und die fremden sich in ihm konstituierenden Bewußtseinserlebnisse bezogen sein müsse.« (ebd.: 206). Soziales Handeln ist mit anderen Worten ein Handeln, das subjektiv sinnhaft an fremdem Handeln orientiert ist. Dabei ist die Einheit des fremden Handelns natürlich auch durch die Einheit von Handlungsentwurf und Handlungsvollzug gestiftet. Daraus folgt, dass eigenes Handeln an fremdem Handeln zu orientieren, bedeutet, den gemeinten Handlungssinn des Anderen zu verstehen. Die Schütz'sche Rekonstruktion des Begriffs des sozialen Handelns weist damit dem Problem des Fremdverstehens einen zentralen Stellenwert zu.

Fremdverstehen

Aus der transzendental-phänomenologischen Analyse der Konstitution von Sinn im Bewusstsein ergibt sich notwendig, dass »das Postulat nach Erfassung des fremden gemeinten Sinnes

[…] unerfüllbar« (Schütz 1974 [1932]: 139) ist. Fremden gemeinten Sinn zu erfassen, hieße, »*daß die Erlebnisse des alter ego durch ein ego in der nämlichen Weise auszulegen seien, wie das alter ego die Selbstauslegung seiner Erlebnisse vollzieht*« (ebd.). Ist Sinngebung reflexive Zuwendung des Bewusstseins zu den eigenen Erlebnissen, deren Auslegung in Abhängigkeit von dem bereits vorhandenen Erfahrungsvorrat des Ich erfolgt, so müsste »der Beobachter die einzelnen Erlebnisse […] in der gleichen Reihenfolge« wie der Beobachtete »in seinem (des Beobachters) Bewußtsein vorfinden. Mehr noch: der Beobachter müßte […] auch *alle* vorvergangenen Erlebnisse des Beobachteten […] in ihrer gleichen Reihenfolge erlebt und in gleicher Weise Zuwendungen zu ihnen vollzogen haben, wie der Beobachtete selbst. Das heißt aber nichts anderes, als daß […] Beobachter und Beobachteter ein und dieselbe Person sein müßten. […] ›*Gemeinter Sinn‹ ist also wesentlich subjektiv* und prinzipiell an die Selbstauslegung durch den Auslegenden gebunden. *Er ist für jedes Du wesentlich unzugänglich, weil er sich nur innerhalb des jemeinigen Bewußtseinsstromes konstituiert.*« (ebd.: 139f)

Das unter diesen Bedingungen realisierbare Maximum an Fremdverstehen bietet die Erfahrung anderer in der Face-to-Face-Begegnung, also unter der Bedingung raumzeitlicher Koexistenz (vgl. Schütz 1974 [1932]: 227f, Schütz & Luckmann 1979: 90f). Sie ist Gegenstand der mundanphänomenologischen Analyse. »In der Begegnung ist mir das Bewußtseinsleben des anderen durch ein Maximum an Symptomfülle zugänglich. Da er mir leiblich gegenübersteht, kann ich die Vorgänge in seinem Bewußtsein nicht nur durch das, was er mir vorsätzlich mitteilt, erfassen, sondern auch noch durch Beobachtung und Auslegung seiner Bewegung, seines Gesichtsausdrucks, seiner Gesten, des Rhythmus und der Intonation seiner Rede usw.« (Schütz & Luckmann 1979: 95, vgl. Schütz 1974 [1932]: 235) Dabei ist sogleich zu ergänzen, dass sich Schütz zufolge die unmittelbarste Erfahrung fremden Erlebens nicht schon in der einseitigen Zuwendung – der Du-Einstellung – erschließt, sondern erst in der wechselseitigen Zuwendung: der Wir-Beziehung. (vgl. Schütz & Luckmann 1979: 92) »Ich kann am bewußten Leben eines anderen Menschen nur dann teilnehmen, wenn wir uns in einer konkreten Wir-Beziehung begegnen.«[3]

Den Grund dafür, dass »(u)nter all meinen Erfahrungen eines fremden Ichs […] die Begegnung des Mitmenschen in der Gleichzeitigkeit der Wir-Beziehung die gleichsam am wenigsten mediatisierte (ist)« (Schütz & Luckmann 1979: 92), lautet: »Erfahrungen in der Wir-Beziehung sind gemeinsame Erfahrungen« (ebd.: 96f), genauer: Erfahrungen in der Wir-Beziehung sind Erfahrungen, die ein Ich und ein Du in der Auslegung der eigenen Erlebnisse und in der Auslegung der gleichzeitigen (in maximaler Symptomfülle vorhandenen) Anzeichen und Zeichen fremden Erlebens als meine und deine, eben als gemeinsame Erfahrungen erleben. Die Konsequenz, dass in der gemeinsamen Erfahrung der Wir-Beziehung dem Ich fremdes Erleben in einem Höchstmaß möglicher Unmittelbarkeit zugänglich ist, ergibt sich dabei aus der folgenden Überlegung:

Es ist »der umweltlichen Sozialbeziehung[4] wesentlich, daß die *Umgebung* des Ich und die *Umgebung* des Du ein und dieselbe ist. Das Ich stattet das Du zunächst nur mit einer Umgebung aus, die der je eigenen Umgebung des Ich entspricht.« (Schütz 1974 [1932]: 237) Mit anderen Worten: Das Ich setzt in seiner Zuwendung auf das Du die Grundthese der Reziprozität der Perspektiven voraus (vgl. Schütz & Luckmann 1979: 97). »Hier, in der umweltlichen sozialen Beziehung, aber auch nur hier, trifft diese Voraussetzung insofern zu, als ich in der Umwelt mit ungleich höherer Sicherheit annehmen kann, daß der von mir gesehene Tisch mit dem von dir gesehenen Tisch identisch […] sei, als ich dies gegenüber einem Du in der Mitwelt oder gar der Vorwelt annehmen kann. Ich bin daher in der Lage, in der umweltlichen

---

3 Oder mit einer Formulierung des frühen Schütz: »*Leben in den subjektiven Sinnzusammenhängen des Du ist nur möglich als Leben im inhaltserfüllten Wir der umweltlichen Beziehung.*« (Schütz 1974 [1932]: 231)

4 Im *Sinnhaften Aufbau der sozialen Welt* verwendet Schütz den Begriff der umweltliche Sozialbeziehung synonym zu dem der konkreten, inhaltserfüllten Wirbeziehung (die dort noch, anders als dann in den *Strukturen der Lebenswelt*, ohne Bindestrich geschrieben wird).

sozialen Beziehung auf ein der gemeinsamen Umgebung zugehöriges Ding mit einem ›dies da‹, ›dieser Tisch da‹ hinzuweisen und an dieser Identifizierung der Erlebnisse am umgebenden Objekt die Adäquanz meines Deutungsschemas zu deinem Ausdrucksschema zu kontrollieren. [...] Die in der Wirbeziehung bestehende Gemeinsamkeit der Umgebung hat zur Folge, daß ich beständig in der Lage bin, *die Ergebnisse meiner Deutung fremder Bewußtseinserlebnisse zu verifizieren. In der umweltlichen sozialen Beziehung, aber auch nur in ihr, ist das Du prinzipiell befragbar.*« (Schütz 1974 [1932]: 237f, vgl. Schütz & Luckmann 1979: 97)

Dieser Abgleich der Deutungsschemata anhand der als gemeinsam unterstellten Umgebung hat, so Schütz, »für das praktische soziale Leben die ungeheure Bedeutung, daß ich die Selbstinterpretation meines Erlebens der Selbstinterpretation je deines Erlebens gleichzustellen mich berechtigt erachte, zumindest wofern *ein- und dasselbe umweltliche Objekt* Gegenstand dieser Erlebnisse ist. *Die Umgebung des Ich und die Umgebung des Du, unsere Umgebung also, ist eine einheitliche und gemeinsame. Die Welt des Wir ist nicht etwa meine und deine Privatwelt, sie ist unsere Welt, die Eine uns gemeinsame intersubjektive Welt, die uns da vorgegeben ist.* Erst von hier, von der umweltlichen sozialen Beziehung, vom gemeinsamen Erleben der Welt im Wir aus ist die intersubjektive Welt konstituierbar, von hier aus empfängt sie ihr ursprüngliches und eigentliches Recht.« (Schütz 1974 [1932]: 237f) Es ist »also die Wir-Beziehung, in der sich die Intersubjektivität der Lebenswelt überhaupt ausbildet« (Schütz & Luckmann 1979: 97). Sie ist »die ursprünglichste und genetisch wichtigste soziale Beziehung« (ebd.: 98).

Unmittelbares soziales Handeln

Ebenso wie es Schütz zufolge eine elementare Form des Fremdverstehens und der Konstitution intersubjektiven Sinns gibt – die der Erfassung fremder Bewusstseinsvorgänge in der Wir-Beziehung – gibt es, den Überlegungen in den *Strukturen der Lebenswelt* zufolge, auch eine elementare Form sozialen Handelns. Demnach »kann unmittelbares wechselseitiges Handeln [...] als Grundform allen sozialen Handelns gelten, während man die anderen Formen als Ableitungen von dieser Grundform verstehen kann« (Schütz & Luckmann 1984: 104, vgl. ebd.: 109). Unmittelbares wechselseitiges Handeln ist dadurch definiert, dass es die beiden konstitutiven Merkmale der Wir-Beziehung aufweist: Unmittelbarkeit bedeutet hier demnach, dass der Andere, auf den der Handelnde dem Sinn seines Handlungsentwurfs entsprechend sein Handeln bezieht, sich in seiner Reichweite befindet, also raum-zeitlich kopräsenter Mitmensch ist (vgl. ebd.: 99f, 101). Wechselseitigkeit heißt, dass jener Mitmensch nun auch umgekehrt seine Aufmerksamkeit dem Handelnden zuwendet und in seinem Handeln auf dessen Handlung »antwortet«. »Über die Art der ›Antwort‹ ist damit noch nichts weiter gesagt, als daß es eben ein durch die ›Frage‹ (d. h. durch die erste Handlung, Anm. d. Verf.) motiviertes Tun oder Lassen sein muß.« (ebd.: 103)

Grenzen der Unmittelbarkeit

Der Unmittelbarkeit des Fremdverstehens sind bereits in der Wir-Beziehung Grenzen gesetzt. Im wechselseitig unmittelbaren Handeln aber bleibt selbst diese begrenzte Unmittelbarkeit der Bezugnahme auf Mitmenschen unerreicht. Unmittelbar ist soziales Handeln, so Schütz und Luckmann (1984: 101), »grundsätzlich dann, wenn der andere, auf den der Entwurf gerichtet ist, während des Handlungsverlaufs in Reichweite des Handelnden ist.« »Den Entwurf zu solchem Handeln kann ich jedoch selbstverständlich auch in Abwesenheit des betreffenden anderen fassen« (ebd.: 100). Zutreffender ist es, diese Abwesenheit als einen notwendigen Bestandteil sozialen Handelns aufzufassen, anstatt als Kann-Bestimmung: Während des Handlungsentwurfs ist der Mitmensch, auf den der Entwurf gerichtet ist, niemals in der Reichweite dessen, der die Handlung entwirft. Schließlich ist jeder Entwurf auf Zukünftiges gerichtet und so auch auf den zukünftigen Mitmenschen, der der betreffende Andere zum Zeitpunkt des Handlungsvollzugs sein wird. Mit diesem im Entwurf vorgestellten Mitmenschen ist mithin während des Entwurfs keine zeitliche Koexistenz möglich: Er befindet sich niemals in der Reichweite des Entwerfenden. In der aktuellen Reichweite befindet sich bestenfalls der Mitmensch, auf dessen zukünftiges Ich der Entwurf gerichtet ist.

Die entscheidende Konsequenz ist, dass der Andere, auf den der Entwurf gerichtet ist, im Entwurf stets typisierend erfasst werden muss. Ist der Andere während des Handlungsentwurfs Mitmensch, so erfolgt die Typisierung so wie die des Zeitgenossen, der früher Mitmensch war: Meine aktuellen Erfahrungen vom Mitmenschen, der während des Entwurfs in meiner Reichweite ist, sind aus der Zeitperspektive des Entwurfs Erfahrungen der abgeschlossenen Vergangenheit und das Bild seines zukünftigen Ich in meinem Handlungsentwurf ist eine typisierende Ableitung aus diesen (und anderen) vergangenen Erfahrungen.

Ein ergänzender Punkt betrifft die Zeitstruktur der Wechselseitigkeit im wechselseitigen Handeln. In der Wir-Beziehung richtet sich die gegenseitige attentionale Zuwendung im Fall der größtmöglichen Symptomfülle auf die gemeinsame Erfahrung der zeitgleich erlebten Objekte der als gemeinsam unterstellten Umgebung. Im wechselseitigen Handeln dagegen verstreicht Zeit zwischen der initialen Handlung und der »Antwort« seitens des betreffenden Anderen. Zuerst muss der Handlungsvollzug der initialen Handlung so weit vorangeschritten sein, dass Alter, der Andere, auf den ihr zu Grunde liegenden Entwurf Egos rückschließen kann. Erst dann kann Alter seine darauf »antwortende« Handlung entwerfen und durchführen. Ist die Gleichzeitigkeit der Sinnkonstitution, wie eben dargelegt, bereits dadurch durchbrochen, dass jeder Entwurf sich auf einen zukünftigen, zeitlich nicht koexistierenden Anderen richtet, so kommt hier noch ein Zweites hinzu: Wenn Alter, ungeachtet der inzwischen verstrichenen Zeit, auf jene initiale Handlung reagiert, ignoriert er damit zwangsläufig alle zwischenzeitlich erfolgten Veränderungen im Bewusstseinsleben von Ego. D. h. Ego wird im Entwurf der »Antwort« typisierend als derjenige vorgestellt, der er zum Zeitpunkt seines Handlungsvollzugs war.

Immerhin aber hat Alter im wechselseitig unmittelbaren Handeln, auch während er seine Antwort entwirft und umzusetzen beginnt, die Gelegenheit, seine fortlaufenden Erfahrungen des Mitmenschen, auf dessen Handlung er reagiert, einzubeziehen: Seine Äußerung schien mir zunächst eine beabsichtigte Beleidigung zu sein. Während ich zu einer harschen Entgegnung ansetze, registriere ich Anzeichen dafür, dass es wohl doch nur eine verbale Ungeschicklichkeit war, und mildere die schon begonnene Reaktion ab. Dies macht Schütz und Luckmann zufolge die besondere Erfahrungsnähe des fremden subjektiven Sinns im wechselseitig unmittelbaren Handeln aus: »Ich wohne dem schrittweisen Aufbau seiner Handlung bei; zusätzliche, unmittelbare Evidenz steht mir zur Verfügung, wenn ich sehe, wie sich eine Handlung verkörpert. Gewiß, es muß gedeutet werden, was wahrgenommen wird: eine Handlung ist nicht schlicht wahrnehmbares Verhalten. [...] Aber in der lebendigen Gegenwart des anderen bin ich nicht *nur* auf die Chance verwiesen, daß eine in die Zukunft greifende Typisierung zutreffen könnte« (Schütz & Luckmann 1984: 122). Dennoch: Irgendwann muss Alter sich entscheiden zu reagieren, irgendwann muss der Entwurf der »Antwort« endgültig sein, soll überhaupt eine Reaktion erfolgen.[5] Und sobald dies der Fall ist, ist es die als fertig vorgestellte initiale Handlung sowie der Handelnde dieser Handlung – und nicht der Andere, wie er mir weiterhin als Mitmensch erfahrbar ist –, auf die bzw. den meine Aufmerksamkeit gerichtet ist. Denn auf diese Handlung und diesen Handelnden bezieht sich meine Reaktion.

---

5 Oder die Entscheidung fällt de facto, denn »keine Antwort ist auch eine Antwort« (Schütz & Luckmann 1984: 103).

Will Alter eine Reaktion auf Ego entwerfen und durchführen, so muss irgendwann ein Zeitpunkt kommen, an dem Alter Ego als Handelnden einer Handlung gedeutet hat, auf die er dann reagiert. Wie sich Egos Bewusstseinsleben von diesem Zeitpunkt an bis zu demjenigen Zeitpunkt weiterentwickelt, an dem Ego mit Alters Reaktion konfrontiert wird, muss von Alter zwangsläufig ignoriert werden. Somit lässt sich das Phänomen der Typisierung des Anderen als des Handelnden einer vergangenen Handlung aus der Konstitutionsanalyse des wechselseitig unmittelbaren Handelns direkt ableiten. Es zeigt sich also, dass die Bezugnahme auf andere im wechselseitig unmittelbaren Handeln nie die gleiche Stufe der Unmittelbarkeit des Erfassens fremder Bewusstseinsvorgänge erreichen kann wie in der konkreten Wir-Beziehung.

Die Einschränkungen der Unmittelbarkeit des Erfassens fremder Bewusstseinsvorgänge, die sich in der Situation des wechselseitig unmittelbaren Handelns zeigen, gelten umso mehr für das wechselseitig mittelbare Handeln. Mittelbares Handeln ist Schütz und Luckmann zufolge dadurch gekennzeichnet, dass der Andere, auf den eine Handlung vom Entwurf her gerichtet ist, zum Zeitpunkt des Handlungsvollzugs kein Mitmensch ist. Wechselseitig ist mittelbares Handeln dementsprechend dann, wenn dies beidseitig gilt, also die initialen und die »antwortenden« Handlungen sich jeweils auf andere richten, die während des Handlungsvollzugs Zeitgenossen sind. Die entscheidende Differenz zum wechselseitig unmittelbaren Handeln, die sich daraus ergibt, fassen Schütz und Luckmann wie folgt: »Gehandelt wird nicht in der Gleichzeitigkeit der Bewußtseinsströme, in der fließenden Synchronisation der Erfahrung beider Handelnder, sondern in einer Aufeinanderfolge von Erfahrungen: zuerst des einen, dann des anderen, dann wieder des ersten usw. Das Bewußtsein des Anderen ist nicht in seinen lebendigen Erscheinungsformen faßbar, sondern nur über die ›erstarrten‹ Ergebnisse seines Wirkens, seiner Arbeit. Der eine handelt, der andere erfährt die Ergebnisse dieses Handelns und deutet sie in der einen oder anderen Weise, handelt dann seinerseits, woraufhin der erste die Ergebnisse dieses Handelns (die ›Antwort‹) deuten muß usw.« (Schütz & Luckmann 1984: 123f) Diese Form sozialen Handelns ist deshalb »durch eine sozusagen hypothetische Intersubjektivität gekennzeichnet« (ebd.: 122). Da das Handeln jeweils auf Abwesende gerichtet ist, muss es sich »auf die bloße *Annahme* stützen, daß es den Anderen (noch) gibt. Ob aber diese Annahme zu Recht besteht, kann erst nachträglich entschieden werden. Nachträglich: nachdem die Handlung […] vollzogen worden ist und nachdem der Andere so oder so ›geantwortet‹ hat.« (ebd.: 123)

Nun hatten die vorangegangenen Überlegungen gezeigt, dass von einer auf Gleichzeitigkeit der Bewusstseinsströme beruhenden Synchronisation der Handelnden bereits beim wechselseitig unmittelbaren Handeln nicht ausgegangen werden kann. Bereits dort schließen Handlungen notwendig in zeitlicher Abfolge an Handlungen an – und eben nicht in der Gleichzeitigkeit gemeinsamer Erfahrungen. Zudem hatte sich gezeigt, dass die Handlungsentwürfe schon im wechselseitig unmittelbaren Handeln auf der Grundlage »hypothetischer Intersubjektivität« erfolgen. Denn jedes Handeln richtet sich vom Entwurf her notwendig auf das zukünftige Ich eines Anderen, mit dem es zum Zeitpunkt des Entwurfs keine zeitliche Koexistenz geben kann. Auch hier beruht der Entwurf auf Annahmen über den Anderen, deren Richtigkeit sich erst noch erweisen müssen: dass er zum Zeitpunkt des Handlungsvollzugs tatsächlich Mitmensch sein wird und dass er sich als der Mitmensch herausstellen wird, oder wenigstens behandeln lassen wird, als den der Handelnde ihn im Entwurf voraussetzt. Man kann deshalb sagen, dass im wechselseitig mittelbaren Handeln nur deutlicher in den Vordergrund tritt, was im wechselseitig unmittelbaren Handeln in den Grundzügen bereits angelegt ist:

(1) Jeder Zusammenhang aufeinander bezogener Handlungen ist in konstitutiver Weise durch die Zeitstruktur der Ungleichzeitigkeit gekennzeichnet. Das Entwerfen und Vollziehen einer Handlung, die als Reaktion bzw. »Antwort« auf das Handeln eines Anderen angelegt ist, setzt voraus, dass in der Vorstellung des Reagierenden zuvor ein fertig konstituiertes Bild jener Handlung vorliegt, als deren Vollzug er das Handeln jenes Anderen deutet. Anderenfalls wüsste er nicht, worauf und wie er reagieren sollte. Das heißt der Handlungsvollzug des Anderen, auf

den die Reaktion gerichtet ist, muss zumindest so weit fortgeschritten sein, dass in der Deutung des Reagierenden die fertige Handlung antizipiert werden kann. Diese Grundstruktur ist im mittelbaren Handeln nicht anders. Hinzu kommt jedoch, dass als Voraussetzung der Reaktion nun ein vom Handlungsvollzug abgelöstes Handlungserzeugnis vorliegen muss. Denn der Andere ist kein Mitmensch, seine Handlungen sind für den Reagierenden mithin nur vermittels solcher Erzeugnisse erfassbar: der Email, die er verschickt hat, der Ware, die er in seinem Laden zum Verkauf ausgelegt hat, der Dienstanweisung, deren Befolgung er angemahnt hat, usw. Umso stärker wird die Ungleichzeitigkeit von initialer Handlung und Reaktion zu einem einschränkenden Faktor für die Erfassung der Bewusstseinsvorgänge des jeweiligen Anderen, auf den die Handlung gerichtet ist.

(2) Jede Handlung, die auf die Handlung eines Anderen gerichtet ist – also entweder als initiale Handlung auf dessen zukünftige Reaktion oder als Reaktion auf das vorliegende (bzw. als vorliegend antizipierte) Ergebnis eines Handlungsvollzugs – bezieht sich entweder auf das vergangene oder auf das zukünftige Ich des Anderen, nie aber auf das Ich des Anderen zur Jetztzeit des Handelnden: Der Andere, auf den sich die Handlung richtet, ist entweder der Handelnde der zukünftigen Handlung, mit der er auf die initiale Handlung reagieren wird. Oder aber er ist der Handelnde der vergangenen (bzw. als vergangen antizipierten) Handlung, auf die sich die Reaktion bezieht. Auch dieses Merkmal ist beim wechselseitig mittelbaren Handeln, sofern es typischerweise durch größere Zeitabstände zwischen den Handlungen gekennzeichnet ist als das wechselseitig unmittelbare, ausgeprägter als bei jenem.

Aus beiden Merkmalen folgt, dass Handlungsdeutungen im wechselseitigen Handeln – bereits im unmittelbaren und umso mehr im mittelbaren – in größerem Maße auf objektivierte Typisierungen angewiesen sind als dies in Prozessen der Konstitution gemeinsamer Erfahrungen in der Wir-Beziehung der Fall ist: »Je weiter sich das Handeln von dem Höchstmaß der Symptomfülle, welches eine Wir-Beziehung auszeichnet, entfernt, um so wichtiger wird – falls eine wechselseitige Handlung ›erfolgreich‹ zustande kommen soll – die Übereinstimmung zwischen der Vorwegnahme – seitens des Handelnden – der Deutung seines gegenwärtigen Handelns durch den Anderen und der später tatsächlich vorgenommenen Deutung dieses Handelns (über dessen Ergebnisse) durch den Anderen. Mit anderen Worten: um so wichtiger wird eine Objektivierung der Deutungsschemata für typische Handlungsergebnisse.« (Schütz & Luckmann 1984: 126)

Handlungszuschreibung

Die Analyse des Fremdverstehens in der Wir-Beziehung wie auch in der Analyse des wechselseitig unmittelbaren Handelns erfolgt in der phänomenologischen Reduktion unter der Prämisse, dass den Beteiligten daran gelegen ist, die fremden Bewusstseinsvorgänge im Höchstmaß des Möglichen zu erfassen. Betrachtet man die Situation dagegen unter der Bedingung der Vorgegebenheit objektivierter Typisierungen eines jeweiligen gesellschaftlichen Wissensvorrats, so zeigt sich, »daß die Forderung nach möglichst expliziter Erfassung des subjektiven Sinns in der Sozialwelt nicht für den Menschen in der natürlichen Auffassung gilt. Wir brechen vielmehr im täglichen Leben unsere Bemühungen um die Sinndeutung des Partners auf jener Stufe ab, deren Erreichung durch unsere Interessenlage bedingt ist, oder mit anderen Worten, die für die Orientierung unseres Verhaltens gerade noch relevant ist. Zum Beispiel kann die Aufsuchung des subjektiv gemeinten Sinns als thematische Aufgabe entfallen, wenn uns das Handeln des Partners als objektiver Sinngehalt in einer Weise evident wird, die uns der Mühe weiterer Rückverfolgung der Konstitutionsvorgänge enthebt.« (Schütz 1974 [1932]: 49) In diesem Sinne kann man, so Schütz (1974 [1932]: 49), »von jeder Sinndeutung der Sozialwelt aussagen, daß sie ›*pragmatisch bedingt*‹ sei«, dass sie also von den praktischen Zwecken abhängig ist, derentwegen der Deutende sie anstellt.

»Ausreichend«, »zuverlässig«, »zutreffend« und »erfolgreich« sind mithin Sinndeutungen, wenn sie dies bezogen auf die praktischen Zwecke der Beteiligten sind. Mit diesen Attributen verbindet sich also keine Aussage darüber, wie gut Bewusstseinsvorgänge erfasst worden sind, sondern lediglich die Aussage: Mittels dieser Sinndeutungen oder eben auch: Sinnunterstellungen, konnten die verfolgten praktischen Zwecke erreicht werden.

Die Bedingtheit der Sinndeutungen durch praktische Zwecke spielt bereits bei der Konstitution intersubjektiven Sinns in der Wir-Beziehung eine wichtige Rolle. Und auch die Frage, inwieweit wir das Gleiche meinen, wenn wir uns auf eine gesellschaftliche Objektivierung beziehen, ist abhängig von den verfolgten praktischen Zwecken. Für die Handlungsdeutungen im wechselseitigen Handeln gilt dies umso mehr. Denn Handeln ist ja dadurch definiert, dass es vom Entwurf her »dem Interesse an einer so und nicht anders gearteten Zukunft« (Schütz & Luckmann 1984: 49) entspringt. Diesem Interesse ist also jede Deutung eines Anderen als dem Handelnden der Handlung, auf die ich reagiere bzw. mit der er reagieren wird, von vornherein untergeordnet.[6] Ist es, wie im eben angeführten Zitat unterstellt, so, dass die pragmatisch bedingte Verwendung von Typisierungen allein denkökonomisch motiviert ist? Geht es also lediglich darum, sich einen Deutungsaufwand zu sparen, der zwar zu einem genaueren Bild der fremden Bewusstseinszustände führen würde, auf das man aber meint, für die vorliegenden praktischen Zwecke verzichten zu können? Soweit die Interessen der Beteiligten sich in dem Ziel überschneiden, als Grundlage alles weiteren Handelns ein gemeinsames Verständnis der fraglichen Situation zu gewinnen, also sich für die praktischen Zwecke des weiteren Handelns hinreichend zuverlässig auf intersubjektive Sinndeutungen und Objektivierungen des gesellschaftlichen Wissensvorrats beziehen zu können, ist diese Frage wohl überwiegend zu bejahen.[7]

Für die Handlungsdeutungen jenes weiteren Handelns gilt dies jedoch nicht mehr unbedingt in der gleichen Weise. Dies liegt an der schon besprochenen Differenz zwischen dem Anderen als dem in kontinuierlichem Aufbau und Wandel seiner subjektiven Sinngebungsprozesse befindlichen Alter Ego und dem Anderen als dem (gewesenen oder zukünftigen) Handelnden der Handlung, auf die das eigene Handeln (reagierend oder antizipierend) gerichtet ist. Angesichts dieser Differenz, so hatte ich oben argumentiert, ist es für alle praktischen Zwecke des auf andere gerichteten Handelns zwingend, sich in einem gewissen Umfang auf Typisierungen verlassen zu müssen. Eigenes Handeln auf bereits erfolgte oder zukünftig erwartete Handlungen anderer beziehen zu können, setzt voraus, dass diese Handlungen als »Ereignisse in der Welt« behandelt werden können. Im Bewusstsein dessen, der sich auf sie bezieht, müssen sie als Ereignisse konstituiert werden, die abgelöst von den fortschreitenden Sinndeutungen des Anderen fortexistieren. Diese Konstitutionsleistungen werden insbesondere mit Hilfe der Typisierungen des gesellschaftlichen Wissensvorrats erbracht.

So lässt sich festhalten: Alles auf Handlungen anderer gerichtete Handeln beruht auf der Erwartung, dass der Andere, an den eine Handlung gerichtet ist, behandelt werden kann als der Handelnde seiner (vergangenen oder zukünftig erwarteten) Handlung – jener Handlung also, die in einem größeren oder geringeren Ausmaß mittels typisierender Deutungen erfasst werden muss und deren Deutung in diesem Maße dementsprechend vom subjektiv gemeinten Sinn des Anderen abweicht. Je mehr es für den Erfolg sozialen Handelns (jeweils gemessen an den verfolgten praktischen Zwecken) darauf ankommt, dass solche Handlungsdeutungen und die korrespondierenden Erwartungen auch über räumliche und zeitliche Entfernungen aufrechter-

---

6 Das schließt natürlich das Handeln mit ein, das vom Entwurf her darauf gerichtet ist, die Bewusstseinsvorgänge des Anderen im Höchstmaß der Symptomfülle zu erfassen. Aber eben nur als einen besonderen Fall.

7 Auch der Betrüger muss, soll der Betrug erfolgreich sein, zunächst ein gemeinsames Verständnis jenes Sinnzusammenhangs aufbauen, den er dem Anderen in betrügerischer Absicht vorspiegelt, nämlich ein gemeinsames Verständnis jenes vermeintlich anstrebenswerten Ziels, von dem der Betrüger schon jetzt weiß, der Betrogene aber erst später herausfinden wird, dass es ihm tatsächlich zum Nachteil gereicht.

halten werden können, desto mehr müssen die Handlungen, auf die diese Erwartungen sich richten, als Ereignisse in der Welt konstituiert werden, die eine von den fortlaufenden Bewusstseinsvorgängen ihrer Handelnden losgelöste Existenz besitzen. Und je mehr der Erfolg sozialen Handelns darauf beruht, dass das, was der Andere durch sein Verhalten als Ereignis in der Welt hervorbringt, sich mittels gesellschaftlich objektivierter Typisierungen in einer bestimmten Weise als diese oder jene Handlung identifizieren lässt, umso mehr erlangen Handlungen eine Eigenexistenz sogar unabhängig der ursprünglichen Sinnstiftung durch ihre Handelnden. Die Erwartungen werden hier zu kontrafaktisch durchgehaltenen, also normativen Erwartungen, die Handlungsdeutungen geben sich – in diesem Fall am deutlichsten – als Handlungszuschreibungen zu erkennen. Unter diesen beiden Aspekten betrachtet, hängt also der Erfolg sozialen Handelns davon ab, dass die Antwort auf die Frage, welches Verhalten eine Handlung ist und um welche bestimmte Handlung es sich handelt, durch gesellschaftliche Objektivierungen vorgegeben wird und insofern den subjektiven Sinndeutungen der Beteiligten, auch des Handelnden, um dessen Verhalten es geht, entzogen ist.[8]

Schluss

Den Überlegungen von Schütz und Luckmann liegt der Gedanke zu Grunde, dass die typisierende Deutung gleichsam die abgeschwächte, uneigentliche und denkökonomisch abkürzende Variante der eigentlich konstitutiven, und weiterhin im Hintergrund bereitstehenden Möglichkeit des Erfassens subjektiven Sinns ist. Bezogen auf Handlungsdeutungen kommt dies sehr schön in der folgenden Äußerung zum Ausdruck: Zwar komme es »in der alltäglichen Wirklichkeit […] auf den Schein […] des Handelns oder Nicht-Handelns an«, »allerdings nicht einen trügerischen, sondern den durchschnittlich verläßlichen« (Schütz & Luckmann 1984: 15) Schein. Der Aussage ist zwar zuzustimmen. »Verlässlich« heißt jedoch nicht unbedingt, dass der subjektive Handlungssinn des Handelns hinreichend zutreffend wiedergegeben wird. Sondern es heißt, dass eine Handlungsdeutung vorliegt, die das Handeln mit Blick auf die praktischen Zwecke des Deutenden verlässlich interpretiert. Insofern geht es auch nicht um den Schein des Handelns – hinter dem sich, wie die Formulierung suggeriert, das eigentliche Handeln verbirgt –, sondern um das Handeln als Ereignis in der Welt so wie der Deutende es für seine praktischen Zwecke erfolgreich konstituiert.

Es gibt ein interessantes Indiz dafür, dass in den *Strukturen der Lebenswelt* eine vorsichtige, wenn auch nicht ausdrücklich markierte Abkehr von der Vorstellung erfolgt, soziales Handeln lasse sich durch Bezugnahme auf die Bewusstseinsabläufe derjenigen anderen charakterisieren, auf die das Handeln gerichtet ist. Dort bestimmen Schütz und Luckmann (1984: 99) soziales Handeln als ein Handeln, bei dem »›andere‹ im Entwurf auftreten«, wobei »die ›anderen‹ im alltäglichen Handeln andere Menschen sind«. Damit wird für das Vorliegen sozialen Handelns nur noch gefordert, *dass* es auf andere Menschen (bzw. deren Erzeugnisse) bezogen ist. Die Gegebenheitsweisen der betreffenden Anderen, *wie* diese also in den Blick des Handelnden kommen, kann dann sehr unterschiedlich sein und beschränkt sich nicht auf den Fall, in dem der Handelnde etwas über deren subjektiven Handlungssinn in Erfahrung bringt. Im anonymsten Fall »mögen die anderen in meinem Entwurf gar keine faßbaren Menschen sein, sondern bloße Wirkungszusammenhänge, welche andere Menschen nur noch mittelbar und allgemein, z. B. als Urheber, voraussetzen.« (ebd.: 100) Mit anderen Worten: Der Adressat einer Handlung, die sich durch diese Adressierung als soziales Handeln erweist, ist gegebenen-

---

[8] Ausdrücklicher als in den *Strukturen der Lebenswelt* wird diese Konsequenz von Luckmann in der *Theorie des sozialen Handelns* im Kapitel über die Institutionalisierung gesellschaftlichen Handelns gezogen – und interessanterweise nicht ohne funktionalistische Untertöne (vgl. Luckmann 1992: 125ff).

falls nicht mehr als die Zurechnungsadresse für Ereignisse, die ihm mittels objektivierter Typisierungen des gesellschaftlichen Wissensvorrats zugeschrieben werden.

Dem Befund der konstitutiven Bedeutung der Handlungszuschreibung für die Deutung subjektiv sinnhaften Handelns verleiht es besonderes Gewicht, dass er sich als ein Resultat der Auseinandersetzung mit der Handlungstheorie der phänomenologischen Soziologie ergibt: Auch aus einer Perspektive, die radikal davon ausgeht, dass die Konstitution von Sinn ursprünglich eine subjektive Bewusstseinsleistung ist und die damit einhergehend den Handelnden selbst als Letztinstanz der Identifizierung seines Handelns betrachtet, kommt man um die Feststellung nicht umhin, dass die Deutung dieses Handelns durch andere notwendig den Aspekte der Handlungszuschreibung enthält.

Literatur

Eberle, Thomas (2000), *Lebensweltanalyse und Handlungstheorie*, Konstanz: UVK
Luckmann, Thomas (1979), Phänomenologie und Soziologie, in: W. Sprondel & R. Grathoff (Hg.), *Alfred Schütz und die Idee des Alltags in den Sozialwissenschaften*, Stuttgart: Enke, S. 196–206
Luckmann, Thomas (1992), *Theorie des sozialen Handelns*, Berlin u. a.: de Gruyter
Schulz-Schaeffer, Ingo (2007), *Zugeschriebene Handlungen. Ein Beitrag zur Theorie sozialen Handelns*, Weilerswist: Velbrück
Schütz, Alfred (1974 [1932]), *Der sinnhafte Aufbau der sozialen Welt. Eine Einleitung in die verstehende Soziologie*, Frankfurt a.M.: Suhrkamp
Schütz, Alfred & Thomas Luckmann (1979), *Strukturen der Lebenswelt*, Bd. 1, Frankfurt a.M.: Suhrkamp
Schütz, Alfred & Thomas Luckmann (1984), *Strukturen der Lebenswelt*, Bd. 2, Frankfurt a.M.: Suhrkamp
Weber, Max (1972 [1922]), *Wirtschaft und Gesellschaft. Grundriß der verstehenden Soziologie*, 5., revidierte Aufl., besorgt von Johannes Winckelmann, Tübingen: Mohr

Gregor Bongaerts

Verhalten, Handeln, Handlung und soziale Praxis[1]

Einleitung

Im Diskurs der soziologischen Theorie wird zurzeit der *practice turn* ausgerufen und als eine theoretische Perspektive präsentiert, die im Vergleich zu den ›klassischen‹ Theorieangeboten der Soziologie eine neue *social ontology* erschließen soll (vgl. Schatzki 2001: 3). Dem *turn* werden zwar sehr unterschiedliche theoretische Ansätze subsumiert (z. B. Barnes, Boltanski, Bourdieu, de Certeau, Giddens, Latour, Schatzki, Taylor, Thévenot), aber es wird davon ausgegangen, dass sich in ihnen Annahmen und Vokabulare verdichten, die es berechtigt erscheinen lassen, von einer sich abzeichnenden *Theorie sozialer Praktiken* zu reden (vgl. Reckwitz 2003, Schatzki 2001, Schatzki 2002).[2] Ob die unterschiedlichen Theorien grundbegrifflich miteinander zu vereinbaren sind oder ob sich in den vergangenen zwei Jahrzehnten tatsächlich derart neue sozialtheoretische Konzepte etabliert haben (vgl. Reckwitz 2003: 282), die Aussagen ermöglichen, die mit den ›klassischen‹ Theorien nicht zu machen sind, ist bislang weitgehend ungeklärt.[3] Dessen ungeachtet lässt sich aber beobachten, dass die Autoren des *practice turn* mit den von ihnen zusammengestellten Theorien soziale Phänomenbereiche fokussieren, die in Sozialtheorien, von denen sie den *turn* abgrenzen, bislang nicht hinreichend berücksichtigt worden sind. In den Blick geraten vor allem soziale relevante Tätigkeiten, die auf implizitem Wissen beruhen und konstitutiv nicht-intentional oder regelgeleitet sind. Für die kritisierten klassischen Sozialtheorien erscheint es deshalb als Herausforderung, diese Modi sozialer Tätigkeit zu rekonstruieren. Da es neben strukturalistischen Ansätzen oftmals die sozialphänomenologische Handlungstheorie ist, von der sich die Autoren des *practice turn* abgrenzen, ist es gerade im Rahmen eines Sammelbandes, der die fortwährende Relevanz sowie die Potenziale der (Sozial-)Phänomenologie für die Soziologie kritisch herausarbeiten will, ein lohnendes Thema, mit den theoretischen Instrumenten von Schütz' Sozialphänomenologie diese Herausforderung anzunehmen.[4]

In einem ersten Schritt geht es darum herauszuarbeiten, welche Merkmale den *practice turn* als Theorie konstituieren sollen. In einem zweiten Schritt wird nach der Thematisierung und Ausprägung impliziten Wissens und darin fundierter sozialer Tätigkeiten gefragt, die für die Sozialphänomenologie durchaus eine Herausforderung darstellen. Zu diesem Zweck wird nicht nur eine bekannte Kritik an Schütz' reflexivem Sinnbegriff wieder aufgenommen, sondern auch im Rekurs auf Bourdieus Habituskonzept ein Phänomenbereich erschlossen, der in Schütz' Handlungstheorie zunächst systematisch ausgeblendet sein muss: nicht-bewusstseinsfähiges habituelles Verhalten. Der Rückgriff auf Bourdieu bietet sich an, weil er zum einen als ein Hauptvertreter des *practice turn* vereinnahmt wird und zum anderen, weil er – trotz aller ›turn-internen‹ Kritik an der praxisregulativen Dominanz des Habituskonzeptes (vgl. Schatzki 2001:

---

1 Der vorliegende Text ist vor dem Hintergrund zweier Vorträge entstanden, die Beiträge im Rahmen einer Tagung des Arbeitskreises ›Phänomenologie‹ der Sektion Wissenssoziologie am 16. u. 17.2.2006 in Berlin und im Rahmen der Ad hoc Gruppe 69 am 13.10.2006 in Kassel waren. Für sehr hilfreiche Kommentare zur Erstfassung danke ich Jochen Dreher und Martin Endress.
2 So formuliert Reckwitz (2003: 284): »Die Theorie sozialer Praktiken soll nicht als ein Feld miteinander konkurrierender Theorien, sondern als eine sozialtheoretische Perspektive behandelt werden, welche die einzelnen Autoren übergreift«.
3 Ich habe an anderer Stelle ausführlich versucht, diesen Fragen nachzugehen (vgl. Bongaerts 2007).
4 Dies erscheint auch deshalb lohnend und sinnvoll, weil Reckwitz Schütz meint, wenn er Sozialphänomenologie sagt (vgl. Reckwitz 2000: 366–413).

8–9, Schatzki 2002: 78–79) – im Unterschied zu den Autoren des *practice turn* (Schatzki, Reckwitz) ein ausgereiftes Verständnis impliziten, habituellen Wissens formuliert hat. In einem dritten Schritt sollen dann die Potenziale einer Umdeutung von Schütz' Sinnbegriff herausgearbeitet werden, wobei Merleau-Pontys Begriff ›inkarnierter Sinn‹ als Modell für eine Reinterpretation der Ergebnisse der Konstitutionsanalysen von Verhalten, Handeln und Handlung dienen soll. Abschließend wird skizziert, wie gerade das nicht mehr als zeitgenössisch angesehene Begriffsinstrumentarium der Sozialphänomenologie den Einsichten des *practice turn* zu theoretischer Kontur verhelfen kann.

I

Die sogenannte ›Praxistheorie‹ wird bei Schatzki gegen alle Ansätze kontrastiert, die »individuals, (inter)actions, language, signifying systems, the life world, institutions/roles, structures, or systems« (Schatzki 2001: 3) bevorzugen, um ›das Soziale‹ zu definieren. Bei Reckwitz (vgl. 2000) sind es strukturalistische und sozialphänomenologische Ansätze, von denen sowohl der *cultural turn* als auch der aus ihm resultierende *practice turn* unterschieden werden. Berücksichtigt werden in den klassischen Theorien vor allem Handeln und Handlungen, die entweder durch sozial abgeleitete, aber subjektiv vollzogene Sinnsetzungen und Sinndeutungen (Motive) verständlich gemacht oder durch objektive soziale Strukturen erklärt werden, die den Individuen übergeordnet und weitgehend unverfügbar sind. Richtet man das Erkenntnisinteresse auf die Explikation subjektiver Motive oder objektiver Strukturen, dann geraten *Repräsentationen* sozialen Geschehens in den Blick, nicht aber das Geschehen selbst. Der Fokus der Autoren des *practice turn* richtet sich im Unterschied dazu auf den Ablauf sozialen Geschehens: auf die ›Tätigkeiten im Vollzug‹.[5] Letztere werden als soziale Praktiken bezeichnet und durch eine Summe verschiedener Merkmale eher charakterisiert als definiert: Soziale Praktiken werden nicht als *unit acts*, sondern als Kontexte von Tätigkeiten konzipiert, in denen soziale Ordnungen vor allem auf Basis *impliziten Wissens* produziert, reproduziert und transformiert werden. Das implizite Wissen versorgt die Akteure mit Kreativitätspotenzialen, geteilten Fertigkeiten (shared skills; know how) sowie geteilten Symbolsystemen, die practical understandings ermöglichen (vgl. Schatzki 2001: 3), und es lässt sich weder auf bewusstes Handeln noch auf mechanische Regelbefolgung reduzieren. Das implizite Wissen wird als inkorporiert und somit als körperlich verankert begriffen. Die Körperlichkeit verweist auf die materielle Dimension sozialer Praktiken, die auch dingliche Objekte der physischen Welt, vor allem Kulturobjekte umfasst, die regulativ für soziale Praktiken sind – zu denken ist hier an Mensch-Maschine-Kommunikationen (vgl. Reckwitz 2003: 292). Die Summe dieser Merkmale, die soziale Praktiken charakterisieren sollen, kann nicht darüber hinwegtäuschen, dass sowohl in den verschiedenen Ansätzen, die dem *turn* subsumiert werden als auch für die sich scheinbar abzeichnende ›Theorie sozialer Praktiken‹ weitgehend ungeklärt ist, was für einen Tätigkeitsmodus soziale Praktiken bezeichnen sollen:[6]

> »This appeal to skillful practical understanding raises the question: can an array of activity be adequately explained by shared skills alone? Practice approaches diverge on this issue. Opposing Bourdieu's affirmation of the adequacy of habitus, for example, is Barnes's (and Giddens's and others') insistence that skills be supplemented by some combination of per-

---

5 »A practice is a set of doings and sayings« (Schatzki 2002: 73).
6 So markiert Reckwitz am Ende seiner Konstatierung eines vollzogenen *cultural turn*: »Nötig ist einerseits die Präzisierung und gründlichere Reflexion des Verhältnisses zwischen körperlichen Verhaltensroutinen und mentalen Wissensordnungen – damit nichts anderes als das Konzept der ›Praktiken‹ selbst – sowie das zu kulturellen Artefakten/›Texten‹« (Reckwitz 2000: 647).

ception, propositional knowledge, reasons, goals. Some theorists also claim that explicit rules must be brought into the mix.« (Schatzki 2001: 8)

Fraglich ist also, ob auf die Annahme intentionalen Handelns verzichtet werden kann oder nicht. Somit ist aber völlig ungeklärt, ob von einem *turn* die Rede sein kann, weil kein belastbares Kriterium vorliegt, das es erlaubt, die dem *turn* subsumierten Theorien von klassischen Theorieangeboten hinreichend abzugrenzen. Dieses Problem wird von den Autoren des *turn* erst gar nicht aufgeworfen. Die Besonderheit praxistheoretischer Ansätze und der darauf aufbauenden Theorie sozialer Praktiken wird hingegen von den benannten Unstimmigkeiten abgehoben und durch den gemeinsamen Bezugspunkt der praktischen Relevanz impliziten Wissens fixiert (vgl. Reckwitz 2003: 291). Und diese Relevanz des impliziten Wissens soll die praxistheoretischen Ansätze von den klassischen strukturalistischen und sozialphänomenologischen Theorien besondern, die soziales Geschehen auf eine Form repräsentationsfähigen Wissens über die soziale Welt reduzieren. Insofern stellt der *practice turn* allein durch die Fokussierung der kontextierten Tätigkeiten im Vollzug, die weitgehend auf Basis impliziten Wissens sozial geordnet ablaufen, eine Herausforderung für die von ihm nicht mehr als »Zeitgenosse« eingestufte Sozialphänomenologie dar (vgl. Reckwitz 2000: 645).

II

Will man mit Hilfe von Schütz' Handlungstheorie implizites Wissen thematisieren, dann bietet es sich an, seinen Sinnbegriff kritisch zu befragen. Eine zunächst von Waldenfels (vgl. 1979) vorgetragene Kritik an Schütz' Handlungs- und Sozialtheorie setzt an der phänomenologischen Herleitung des Begriffs an. Im Anschluss an, im Unterschied zu, aber nicht in Abgrenzung von Husserls Konstitutionsanalysen versucht Schütz, einen *Sinnbegriff* zu explizieren, der als Grundlage und Präzisierung von Webers verstehender Soziologie dienen soll (vgl. Schütz 2004: 139–218). Der Unterschied zu Husserl liegt in der reflexiven Wendung, die Schütz dem Sinnbegriff gibt. Ist es bei Husserl die Intention allein, die durch die Gerichtetheit auf Etwas als Etwas im Noema Sinn konstituiert, so wird bei Schütz die reflexive Einstellung auf den Bewusstseinsstrom notwendig, um den Sinn immer schon vergangener Erlebnisse zu konstituieren (vgl. Schütz 2004: 174).

Mit Blick auf die Fundierung der soziologischen Grundbegriffe hat diese Fassung des Sinnbegriffs erhebliche Konsequenzen. Verhalten, Handeln und Handlung kommt ihr spezifischer Sinn erst nach der reflexiven Zuwendung zu. Im *Sinnhaften Aufbau* definiert Schütz *Verhalten* als reflexiv erfasste »spontane Aktivität«, *Handeln* als eine solche spontane Aktivität, die auf einen vorentworfenen Plan gerichtet ist und *Handlung* als »Sich-Verhalten haben« (vgl. Schütz 2004: 174).

Damit ist nicht die Tätigkeit im Vollzug unmittelbar sinnvoll, die im *practice turn* ins Zentrum der Sozialtheorie gerückt wird. Für die Rekonstruktion der sozialen Welt bedeutet dies, dass der soziale Sinn an den Wissensbeständen der individuellen Akteure abgelesen wird. Es geht also um die Rekonstruktion des Wissens, über das die Handelnden in ihrer Lebenswelt verfügen.

Die Reflexivität des Sinnbegriffs und der Bezug des Handelns auf ein vorentworfenes Ziel meint bei Schütz allerdings nicht, dass alltägliches Handeln immer auch reflexiv bewusst abläuft. Im Gegenteil geht Schütz ganz ähnlich wie die Autoren des *practice turn* davon aus, dass der größte Teil alltäglichen Handelns routiniert ist. Es beruht auf Wissen, das in früheren Erfahrungen erworben wurde, sozial verteilt und angeeignet ist und Typisierungen in verschiedenen Explizitheitsgraden umfasst. Typisierungen von Menschen, Dingen oder Handlungsabläufen, die einem sehr gut, kaum bis gar nicht oder in Form von Rezeptwissen bekannt sein können (vgl. Berger & Luckmann 1980: 44).

Gleichermaßen bedeutet die Reflexivität des Sinnbegriffs nicht, dass die Schütz'sche Sozialtheorie kein Sensorium für die Körperlichkeit von sozialem Handeln hätte. Die Alltagswelt, in der die Handelnden ihre Ziele verfolgen, ist als *Wirkwelt* konzipiert. Die Handelnden bewegen sich in ihr mit einem *pragmatischen Motiv* und wirken *körperlich*, also materiell auf sie ein, um ihre Ziele zu realisieren. Ihre Körperlichkeit markiert auch den ›Nullpunkt‹, von dem aus die Alltagswelt sich in räumlicher, zeitlicher und sozialer Hinsicht von nahen zu fernen Bereichen ausdehnt (vgl. Schütz 1971: 42, 148, 155–156). Die Körperlichkeit konstituiert die Möglichkeiten und Grenzen des Wirkens in der Welt und steckt so den Horizont der Alltagswelt als Wirkwelt ab. Für soziales Handeln und die Koorientierung sozialer Handlungen kommt dem Körper eine besondere Bedeutung zu, weil er in Bewegung, Mimik und Gestik Anzeichen für fremdes Bewusstsein und der zentrale Bezugspunkt für Fremdverstehen und kommunikatives Geschehen ist.

Ebenso wie die Routinisiertheit und Materialität des Handelns berücksichtigt Schütz zudem die Tätigkeit im Vollzug, wenn er zeitdimensional das faktische Handeln von der in Zukunft zu realisierenden Handlung unterscheidet (vgl. Schütz 2004: 152–161). Handeln bezeichnet die praktische Tätigkeit im Vollzug, Handlung hingegen das vorentworfene Ziel des Handelns oder sein Ergebnis.

Auf einen ersten Blick scheint Schütz' Sozialphänomenologie mit den Merkmalen übereinzustimmen, die den *practice turn* charakterisieren: Routinisiertheit und damit nicht reflexiv bewusste Orientierung des Handelns, Körperlichkeit und Materialität, die Fokussierung der Tätigkeit im Vollzug. Worin also besteht die Herausforderung des *turn* für Schütz' Theorie? Problematisch erscheint der reflexive Sinnbegriff vor allem mit Blick auf implizites, inkorporiertes Wissen. Der Begriff ist zwar im *practice turn* nicht systematisch geklärt, aber es ist doch eine Stoßrichtung erkennbar, die sich dem Zugriff der Sozialphänomenologie entzieht.

Das implizite Wissen, auf das bei den Autoren des *turn* abgestellt wird, kann zunächst an verschiedenen Beispielen verdeutlicht werden: Man kann hier sehr grundlegend an Formen der körperlichen Orientierung in sozialen Situationen denken, an das Lancieren und Begleiten bewusst kommunikativen Geschehens. Der arrogante Ton, den man selbst weder intendiert noch empfindet, noch bewusst angeeignet hat, der einen aber dennoch für andere ›objektiv‹ bestimmt und soziale Wirkungen zeigt. Dies können auch die impliziten Kriterien sein, nach denen sich jemand in Situationen für etwas entscheidet, beispielsweise, ob die Datenmenge oder deren Qualität ausreicht, um eine wissenschaftliche Tatsache zu fabrizieren (vgl. Knorr-Cetina 1984). Dies können kollektive Praktiken wie ›Vegetarier-Sein‹ oder Staffelreiten sein – zwei Beispiele von Barry Barnes (Barnes 2001: 18f). Dies können vor allem auch im Sinne Bourdieus habituelle Verhaltensweisen sein, die auf Klassenstrukturen oder Milieus objektiv zugerechnet werden können, wie zum Beispiel Nahrungspräferenzen, empfundene Diskriminierung, defensives Verhalten und typische Formen unsicheren Verhaltens in daran gekoppelten typischen sozialen Situationen (vgl. Bourdieu 1982). Positiv gewendet fallen darunter aber auch Fertigkeiten, *skills*, wenn man so sagen möchte, die die Feinabstimmung und Koorientierung in solchen Situationen erst ermöglichen. All dies sind sozial relevante Verhaltensweisen unterhalb der Ebene des bewussten Handelns und auch vermutlich zumeist unterhalb der Ebene bewusst gelernten Verhaltens. Und diese Ebene der Aneignung von sozial relevantem, nicht bewusst gelerntem Verhalten ist Schütz' Handlungstheorie vor dem Hintergrund ihres Sinnbegriffs verschlossen.

Man kann dies an einer Logik der Aneignung habituellen Wissens und Verhaltens verdeutlichen, die aus Schütz' Handlungstheorie folgt und im Kontrast zu Bourdieus Habitusbegriff steht. Hubert Knoblauch (vgl. 2003) hat den Versuch unternommen, Bourdieus Habitusbegriff und das Konzept der Habitualisierung, das Berger und Luckmann im Anschluss an Schütz formulieren, miteinander zu parallelisieren. Mit Berger und Luckmann soll die subjektive Dimension der Aneignung von ›Habitus‹ aufgehellt werden (vgl. Knoblauch: 188). ›Habitualisierung‹ wird in genetischer Hinsicht komplementär zum ›Habitus‹ gedacht. Sie thematisiert die Inkorporierung der sozialen Strukturen, dessen Resultat der jeweilige Habitus als ein Zusammenhang von Wahrnehmungs-, Denk-, und Handlungsdispositionen sein soll. Der Habitus wird von Bourdieu als ein Erzeugungsschema für soziale Praktiken gefasst, das Akteure im Laufe ihrer Sozialisation erwerben und das inhaltlich durch die soziale Struktur, die Existenzbedingungen ihrer Herkunft im sozialen Raum bestimmt ist. Als generatives Prinzip umfasst der Habitus praktisches Wissen im Sinn von Fertigkeiten oder Ryles (vgl. 1969: 30–36) *knowing how* (Können) im Unterschied zum *knowing that* (Wissen). Der Habitus ist explizit als Ergebnis von Konditionierungen gefasst und bietet »Erzeugungs- und Ordnungsgrundlagen für Praktiken und Vorstellungen, […] ohne jedoch bewußtes Anstreben von Zwecken und ausdrückliche Beherrschung der zu deren Erreichung erforderlichen Operationen vorauszusetzen« (Bourdieu 1987: 98–99). Das implizite Wissen, das ein Habitus umfasst, geht in ›Erzeugungswissen‹ für nahezu unendliche soziale Praktiken in ebenso vielen sozialen Situationen auf.[7] Die habituellen Dispositionen werden von Bourdieu konstitutiv als körperlich verankert gedacht, und sie stehen auch nicht dem Bewusstsein zur Disposition; sie fungieren unbewusst.

Die Körperlichkeit, Unbewusstheit und die praxisgenerierende Dimension des Habitus setzt Knoblauch nun unter anderem mit den ›sozialphänomenologischen‹ Konzepten ›handlungsleitendes Wissen‹, ›pragmatische Schemata‹, ›körperliches Fertigkeitswissen/Grundelemente lebensweltlichen Wissens‹, ›Sedimentierung/Habitualisierung‹ gleich (vgl. Knoblauch 2003: 190). Dass dies nicht so ohne weiteres möglich ist, hat Kastl (vgl. 2004) in einer frühen Reaktion auf Knoblauchs Vorschlag zu Recht herausgearbeitet. Kastl bemerkt, dass sich die Konzepte ›Habitus‹ und ›Habitualisierung‹ maßgeblich dadurch unterscheiden, dass Habitualisierungen, die auch das Schütz'sche Routinehandeln umfassen, auf Wissen beruhen, das nicht nur bewusstseinsfähig ist, sondern auch ehemals bewusst war, während Bourdieus Habitusbegriff im Gegenteil voraussetzt, dass das inkorporierte Wissen weder aus ehemals bewusstem Handeln abgeleitet noch dem Bewusstsein in Form von Entwürfen oder ›wohlumgrenzten Erlebnissen‹ verfügbar ist (vgl. Kastl 2004: 216–219). Für die Logik der Habitualisierung gilt im Anschluss an Schütz, Berger und Luckmann, dass Habitualisierungen und Routinisierungen von Handeln darin gründen, dass ehemals bewusstes Handeln durch Übung immer weniger Aufmerksamkeit benötigt, automatisiert wird und ohne erneute Planung ablaufen kann:

> »Dennoch darf nicht vergessen werden, dass Gewohnheitshandlungen alles andere als instinktives Verhalten sind. Sie wurden von Handelnden entworfen, richten sich in ihren einzelnen Schritten am Entwurf aus und stehen im Vollzug unter bewußter Kontrolle des Handelnden, obwohl sie bei zunehmender Routinisierung nicht mehr seine volle Aufmerksamkeit in Anspruch nehmen« (Luckmann 1992: 134).[8]

Knoblauch führt das Erlernen des Autofahrens (vgl. 2003: 195) und Luckmann das Erlernen des Zähneputzens (vgl. 1992: 133) als Beispiel an. In beiden Fällen lässt es sich leicht vorstellen, zuvor einen Handlungsentwurf *modo futuri exacti* zu phantasieren. Man hat genauso eine bildlich klare Vorstellung davon, wie man in einem Auto sitzt, die Kupplung, das Lenkrad und die Schaltung bedient wie man auch eine klare Vorstellung davon hat, eine Zahnbürste in die Hand zu nehmen, Zahnpasta auf die Borsten zu drücken, Borsten und Paste zu befeuchten, die

---

7 »Jeder Sprechakt und allgemeiner jede Handlung ist eine bestimmte Konstellation von Umständen, ein Zusammentreffen unabhängiger Kausalreihen: auf der einen Seite die – gesellschaftlich bestimmten – Dispositionen des sprachlichen Habitus, die eine bestimmte Neigung zu Sprechen und zum Aussprechen bestimmter Dinge einschließen (das Ausdrucksstreben), und eine gewisse Sprachfähigkeit, die als sprachliche Fähigkeit zur unendlichen Erzeugung grammatisch richtiger Diskurse und, davon nicht zu trennen, als soziale Fähigkeit zur adäquaten Anwendung dieser Kompetenz in einer bestimmten Situation definiert ist« (Bourdieu 2005: 41).
8 Vergleichbare Textstellen finden sich auch bei Schütz (vgl. 1971: 34) und bei Knoblauch (vgl. 2003: 195).

Bürste an die Zähne zu führen und in langsam kreisenden Bewegungen die Zähne zu bürsten. Dies alles sind Teile eines Entwurfs einer als vollendet sein werdend vorgestellten Handlung und dies alles ist nicht in gleichem Maße auf die oben angeführten Beispiele der praxistheoretischen Perspektive zu übertragen. Wie sollte man sich einer solchen Aneignungslogik gemäß den Erwerb von Diskriminierungserfahrungen vorstellen? Ein diskriminiertes Kind nimmt sich kaum in gleichem Maße vor, sich als diskriminiert zu empfinden und entsprechend zu verhalten, wie es sich vornimmt, seine Zähne zu putzen. Auch schamhaftem Verhalten geht kaum ein reflexiv bewusster Entwurf und ein Training genau dieses Verhaltens in typisch daran gekoppelten Situationen voraus. Gleichermaßen werden das Ekelempfinden oder die moralische Abneigung gegenüber Fleischkonsum, die beide ein Grund und Bestandteil für das Vegetarier-Sein sein können, nicht in der Logik eines bewussten Trainings angeeignet. Und es lässt sich auch nur schwer vorstellen, dass das Gefühl dafür, ab wann die Daten für die Konstatierung einer wissenschaftlichen Tatsache als ausreichend geschätzt werden[9], ehemals ein bewusster Handlungsplan war. Mit solchen Beispielen ist eine Verhaltensebene angesprochen, die durch eine Theorie reflexiv sinnhaften Handelns systematisch ausgeblendet wird. Diese Ebene verhaltensgenerierender Dispositionen scheint Bourdieu aber zu meinen, wenn er in den *Feinen Unterschieden* (vgl. Bourdieu 1982) klassenspezifische Habitus vor allem an Geschmackspräferenzen für bestimmte Nahrung (rustikale Küche vs. haute cuisine), bestimmte Sportarten (Body Building vs. Tennis), bestimmte Kunst (Massenkunst vs. Avantgarde) usw. festmacht. Ein so verstandenes implizites Wissen meint Neigungen für bestimmte Tätigkeiten oder Modi, solche Tätigkeiten auszuführen. Es versorgt Akteure mit einem »Sinn für das Spiel« (vgl. Bourdieu 1987: 122–123) oder ein ›soziales Gespür‹ für adäquate Handlungen in passenden (objektiven) Situationen. Anders formuliert: Die generativen Schemata, die die habituellen Dispositionen sind, versetzen Akteure in die Lage, in unterschiedlichen, objektiv zu definierenden sozialen Situationen mehr oder minder passende Praktiken in Form von Verhalten und Handeln hervorzubringen; und diese Fähigkeit kann phänomenologisch als Gespür/Neigung/Sinn usw. beschrieben werden.

Vor dem Hintergrund dieser Beispiele und der Differenz zwischen den Konzepten ›Habitus‹ und ›Habitualisierung‹ lässt sich die Kritik an dem reflexiven Sinnbegriff erneut aufnehmen und erweitern. Denn es scheint nicht nur und primär die Reflexivität das Problem für die Thematisierung impliziten Wissens zu sein – so meine These –, sondern auch der von Husserl übernommene *Evidenzbegriff von Wahrheit*, den Schütz auf den Sinnbegriff überträgt.[10] Die anschauliche Erfüllung, die für Husserl notwendige Bedingung für Wahrheit ist (vgl. Husserl 1995: 13), wird für Schütz notwendige Bedingung für Sinn im Allgemeinen.

Sinnhaft sind für Schütz schließlich nur Phänomene, die durch den reflexiven Blick als wohlumgrenzte Erlebnisse aus dem Bewusstseinsstrom herausgehoben werden können. Dies setzt voraus, dass diese Erlebnisse anschaulich sein müssen, um sinnhaft konstituiert werden zu können. Eine Eigenschaft, die für Dispositionen, die spezifische Habitus konstituieren, nicht

---

9 Im Hinblick auf den Zusammenhang von implizitem Wissen mit der Entwicklung wissenschaftlicher Probleme schreibt Polanyi (1985: 28): »Es ist ein Gemeinplatz, daß alle Forschung von einem Problem ausgehen muß. Erfolgreich sein kann Forschung nur, wenn das Problem gut ist; um originell zu sein, muß das Problem originell sein. Aber wie kann man ein Problem erkennen, ein beliebiges Problem, ganz zu schweigen von einem guten oder originellen? Denn ein Problem sehen heißt: etwas Verborgenes sehen. Es bedeutet die Ahnung eines Zusammenhangs bislang unbegriffener Einzelheiten zu haben.«

10 Ich übernehme an dieser Stelle *mutatis mutandis* eine Argumentation, die Habermas gegen Husserl angeführt hat, um zu zeigen, dass dessen »Evidenzbegriff der Wahrheit« (vgl. Habermas 1984: 47) nicht in der Lage ist, vor allem normative Geltungsansprüche der Lebenswelt zu begründen. Im Unterschied zu Habermas geht es mir aber nicht um normative Begründungsprobleme, sondern lediglich darum, den Unterschied zwischen Schütz' Sinnbegriff zu dem vor allem an Bourdieu abgelesenen Verständnis impliziten Wissens zu verdeutlichen sowie die Konstruktionsprobleme aufzuzeigen, die sich aus der Perspektive der Sozialphänomenologie für die Erschließung dieses Phänomenbereichs ergeben.

zutrifft, so dass diese Art impliziten Wissens mit den theoretischen Instrumentarien von Schütz aus systematischen Gründen nicht rekonstruiert werden kann. Es sei denn, man versucht, mit Schütz über Schütz hinaus zu denken, und in seinen Konstitutionsanalysen von Verhalten, Handeln und Handlung Ansatzpunkte für eine Reinterpretation zu finden, die seine Sozialphänomenologie für präreflexive Sinnsetzungen und Sinndeutungen öffnet.

III

Ein Modell für einen präreflexiven Sinnbegriff, der zudem phänomenologisch gewonnen ist, bietet Merleau-Pontys Konzept des *inkarnierten Sinns*. Merleau-Ponty gewinnt durch eine kritische Reinterpretation der phänomenologisch-transzendentalen Epoché die leiblichverankerte Wahrnehmung des Forschers als primären Weltzugang und verabschiedet damit das Primat des reflexiven Bewusstseins (vgl. Merleau-Ponty 1966: 3–18). Die Analyse des leiblichen *Zur-Welt-Seins* erfasst schon das leibliche Wahrnehmungsverhalten als Sinnsetzung und Sinndeutung. Es ist insofern sinnhaft, als der Leib *selektiv* auf Welt zugreift und so die Gegenstände, mit denen er umgeht, in spezifischer Weise ›deutet‹. Ein Stein bedeutet sinnhaft je etwas anderes, wenn ich mich auf ihn setze, ihn werfe, jemanden mit ihm erschlage usw. Diese fundamentale Ebene des selektiven Weltbezugs bezeichnet Merleau-Ponty als *inkarnierter Sinn* (vgl. Merleau-Ponty 1966: 198). Mit dem leibphänomenologischen Sinnbegriff wird auch der Begriff der Intentionalität umgedeutet, die nicht mehr die Bewusstseinsstruktur von *egonoesis-noema* meint, sondern eine (fungierende) *Intentionalität* im Sinne des leiblichen Gerichtet-Seins auf weltliche Dinge (vgl. Merleau-Ponty 1966: 165–169).

Die Auslegung des leiblichen Zur-Welt-Seins bedeutet auch eine präreflexive Einbindung in die intersubjektive Welt. Der Leib ist von vornherein und ›unterhalb‹ der Ebene reflexiven Bewusstseins sozialisiert.[11] In der Konsequenz bedeutet dies, dass im leiblichen Verhalten schon sozial strukturierte Dispositionen aktualisiert werden, bevor und – später auch – während reflexives Bewusstsein auftritt. Als diesen Dispositionen korrespondierendes Verhalten kann man sich die oben genannten Beispiele genauso vorstellen wie an typische Situationen gekoppelte mimische und gestische Ausdrucksweisen für Schmerz, Freude, Trauer, Zorn, Gelassenheit; auch leibliches Abstimmungsverhalten für kommunikative Zwecke[12], milieuspezifische Umgangsformen usw. Das leibliche Verhalten leistet präreflexiv die ›Anpassung‹ an Situationen in der natürlichen und vor allem sozialen Welt, die bewusstes Handeln nicht ausschließen, sondern dieses mit ermöglichen und rahmend begleiten.

Sucht man nun bei Schütz Anknüpfungspunkte, um implizites, habituelles Wissen und nicht bewusst abgeleitetes, aber sozial relevantes Verhalten zu thematisieren, dann bieten sich zum einen der Verhaltensbegriff (a) und zum anderen die zeitdimensionale Unterscheidung von Handeln und Handlung (b) an.

Ad (a): Verhalten wird von Schütz als spontane Ich-Aktivität im *Sinnhaften Aufbau* eingeführt, aber für die Analyse der Alltagswelt als dem soziologischen Gegenstandsbereich nicht weiter fruchtbar gemacht. Das Forschungsinteresse richtet sich auf die Rekonstruktion der Handlungsmotive, und Verhalten wird allein mit Blick auf das Problem des Fremdverstehens als Anzeichen fremdseelischen Erlebens relevant (vgl. Schütz 2004: 219–225). In seinem späteren Aufsatz *Über die mannigfaltigen Wirklichkeiten* (vgl. Schütz 2003: 181–239) verleiht er dem Begriff mehr Gewicht, wenn er schreibt: »Subjektiv sinnvolle Erfahrungen, die unserem

---

11 Fundierungslogisch bildet sich reflexives Bewusstsein erst später aus, vor allem im Verbund mit dem Spracherwerb. In dieser Hinsicht argumentiert Merleau-Ponty ähnlich wie Mead (vgl. Bongaerts 2003).

12 Eine ausführliche, aber bisher leider kaum beachtete theoretische Untersuchung zur kommunikativen Funktion der Sinne findet sich in Loenhoff (2001).

spontanen Leben entspringen, werden wir *Verhalten (conduct*, GB*)* nennen. [...] Der Begriff ›Verhalten‹ [...] bezieht sich auf alle möglichen Arten von subjektiv sinnhaften Erfahrungen der Spontaneität [...] Wenn es erlaubt ist, objektive Begriffe in einer Beschreibung subjektiver Erfahrung zu verwenden [...], so können wir sagen, daß Verhalten offen oder verdeckt sein kann. Das erstere soll *bloßes Tun,* das letztere *bloßes Denken genannt werden.* Allerdings impliziert der Begriff ›Verhalten‹, wie er hier verwendet wird, keinen Bezug auf eine Absicht. Alle Arten sogenannter automatischer Tätigkeiten des inneren oder äußeren Lebens – habituelle, traditionale, affektuelle – gehören in diese Klasse« (Schütz 2003: 185f). Schütz markiert für die »automatischen Tätigkeiten« deutlich, dass in diesem Fall kein Handeln vorliegt, weil der Bezug auf einen Entwurf fehlt. Wie ich oben herausgearbeitet habe, ist dieser Bezug im Fall von Routinehandlungen durchaus konstitutiv, wenn auch die ehemals gefassten Entwürfe selbst nicht mehr bewusst aktualisiert werden müssen. Ein so gefasster Verhaltensbegriff kann offensichtlich mit Konzepten von habituellen Dispositionen verknüpft werden. Die Betonung des Habituellen, der Affektivität und des Traditionalen verweist zudem darauf, dass Schütz Verhaltensweisen im Sinn hat, die mit den Beispielen für die *praxistheoretische Perspektive* und Bourdieus *praktischen Sinn* vereinbar sind. Es ist aber weiterhin unklar, wie mit Schütz die sozial abgeleitete Aneignung solcher unterhalb des reflexiven Bewusstseins als sinnvoll konstituierter Verhaltensweisen zu denken ist. Die generativen Dispositionen als eine Art körperlich verankertes Regelwissen geraten durch den reflexiven Evidenzbegriff von Sinn genausowenig in den Blick wie automatisch sich vollziehende Aneignungen von sozial konditionierten Verhaltens- und Empfindungsweisen – zu denken ist hier erneut an Geschmackspräferenzen oder auch die empfundene Diskriminierung mitsamt den daran gekoppelten Verhaltensweisen.

Ad (b): Im Hinblick auf die Unterscheidung von ›Handeln‹ und ›Handlung‹ kann mit Schütz allerdings versucht werden, präreflexive Sinnkonstitutionen im Verständnis *inkarnierten Sinns* zu rekonstruieren. Gibt man den Evidenzbegriff von Sinn an dieser Stelle zunächst auf und geht davon aus, dass es sinnvolle Wissensbestände und Verhaltensweisen gibt, die sich nicht reflexiv in Anschauung überführen lassen, dann eröffnet man sich den Weg zu einer *indirekten Phänomenologie*, wie ich hier tentativ formulieren möchte. Indirekt ist eine solche Phänomenologie insofern, als in der Reflexion nicht nur sinnvoll ist, was anschaulich gegeben ist, sondern auch etwas, auf das die anschaulichen Phänomene verweisen. Ich möchte vorschlagen, in diesem Sinne die beständige Abweichung der entworfenen Handlung von dem entwordenen Handeln als einen Verweis auf präreflexive Sinnsetzungen zu interpretieren. Der Sinn aktuellen Handelns ist durch den in Zukunft zu realisierenden Entwurf als *Um-Zu-Motiv* definiert. Die Tätigkeit im Vollzug, die den Entwurf faktisch realisieren soll, ist dabei in Form noch unerfüllter Protentionen im Sinne leerer Erwartungen präsent, die erst nach Ablauf des Handelns zu erfüllten Retentionen werden. Im rückblickenden Vergleich zwischen dem ehemaligen Entwurf und der faktisch realisierten Handlung können die Abweichungen, die den Entwurf modifiziert haben, als Weil-Motive des konkreten Handlungsverlaufs gelesen werden.[13] Und diese frischen Weil-Motive kann man so deuten, dass im Verlauf des Handelns präreflexiv beständig Abweichungen vom Entwurf *als mit Blick auf den Entwurf sinnvolle Abweichungen* gesetzt werden. Liest man dies als Verweis auf habituelles, implizites Wissen, dann erscheint der reflexive Sinnbegriff nicht als primärer Modus der Sinnkonstitution, sondern ähnlich wie bei Merleau-Ponty als präreflexiv fundiert. Dies bedeutet dann gleichermaßen, dass nicht das bewusste oder ehemals bewusste Handeln der einzige oder primäre Modus sozialer Praxis ist, sondern nur ein besonderer neben anderen.

---

13 »Alle jene Möglichkeiten, zwischen denen eine Wahl bestand, und all jene Determinierungsgründe, welche zur Wahl eines bestimmten Entwurfes geführt zu haben scheinen, enthüllen sich dem rückschauenden Blick als echte Weil-Motive.« (Schütz 2004: 208)

Schluss

Nimmt man mit Schütz die Herausforderung des sogenannten *practice turn* an, so wird deutlich, dass seine Sozialphänomenologie durchaus noch als zeitgenössisch eingestuft werden kann. Auch wenn in Bezug auf den Sinnbegriff eine Neuinterpretation vorgenommen werden muss, um implizites Wissen in Form habitueller Dispositionen und die daran gekoppelten sozialen Phänomenbereiche zu erschließen, bietet Schütz einen systematisch ausgearbeiteten Begriffsrahmen an, der auch für die Einsichten des *practice turn* orientierend sein kann. So erübrigt sich zum Beispiel die im *turn* weitgehend ungeklärte Frage danach, ob für ein Konzept sozialer Praktiken Intentionalität relevant ist oder nicht, wenn man von einem Fundierungsverhältnis habituellen Verhaltens und intentionalen Handelns ausgeht. Dieses theoretische Problem lässt sich empirisch wenden, wenn man die Verschränkung von präreflexivem Verhalten und reflexiv bewusstseinsfähigem Handeln untersucht und zum Beispiel nach typischen Situationen und Mechanismen der Aneignung habitueller Verhaltensweisen und ihrem Verhältnis zu bewussten Orientierungen in Handlungssituationen fragt. Der diffuse Begriff ›soziale Praxis‹ kann zu diesem Zweck in die *terms* Verhalten, Handeln, Handlung der Schütz'schen Handlungstheorie übersetzt werden.

Literatur

Barnes, Barry (2001), Practice as collective action, in: T. R. Schatzki & K. Knorr Cetina & E. von Savigny (Hg.), *The practice turn in contemporary theory*, London und New York: Routledge, S. 17–28

Berger, Peter & Luckmann, Thomas (1980), *Die gesellschaftliche Konstruktion der Wirklichkeit. Eine Theorie der Wissenssoziologie*, Frankfurt a. M.: Fischer

Bongaerts, Gregor (2003), Eingefleischte Sozialität. Zur Phänomenologie sozialer Praxis, *Sociologia Internationalis. Internationale Zeitschrift für Soziologie, Kommunikations- und Kulturforschung* 41: 1, S. 25–53

Bongaerts, Gregor (2007), Soziale Praxis und Verhalten – Überlegungen zum Practice Turn in Social Theory, *Zeitschrift für Soziologie* 36: 4, S. 246–260

Bourdieu, Pierre (1982), *Die feinen Unterschiede. Kritik der gesellschaftlichen Urteilskraft*, Frankfurt a. M.: Suhrkamp

Bourdieu, Pierre (1987), *Sozialer Sinn. Kritik der theoretischen Vernunft*, Frankfurt a. M.: Suhrkamp

Bourdieu, Pierre (2005), *Was heißt Sprechen? Zur Ökonomie des sprachlichen Tausches*, Wien: Braumüller

Habermas, Jürgen (1984), *Vorstudien und Ergänzungen zur Theorie des kommunikativen Handelns*, Frankfurt a. M.: Suhrkamp

Husserl, Edmund (1995), *Cartesianische Meditationen. Eine Einleitung in die Phänomenologie*, Hamburg: Meiner

Kastl, Jörg Michael (2004), Habitus als non-deklaratives Gedächtnis. Zur Relevanz der neuropsychologischen Amnesieforschung für die Soziologie, *Sozialer Sinn. Zeitschrift für hermeneutische Sozialforschung* 2, S. 195–226

Knoblauch, Hubert (2003), Habitus und Habitualisierung. Zur Komplementarität von Bourdieu mit dem Sozialkonstruktivismus, in: B. Rehbein, G. Saalmann & H. Schwengel (Hg.), *Pierre Bourdieus Theorie des Sozialen. Probleme und Perspektiven*. Konstanz: UVK

Loenhoff, Jens (2001), *Die kommunikative Funktion der Sinne. Theoretische Studien zum Verhältnis von Kommunikation, Wahrnehmung und Bewegung*, Konstanz: UVK

Luckmann, Thomas (1992), *Theorie des sozialen Handelns*, Berlin und New York: de Gruyter

Merleau-Ponty, Maurice (1966), *Phänomenologie der Wahrnehmung*, Berlin: de Gruyter

Polanyi, Michael (1985), *Implizites Wissen*, Frankfurt a. M.: Suhrkamp

Reckwitz, Andreas (2000), *Transformation der Kulturtheorien. Zur Entwicklung eines Theorieprogramms*, Weilerswist: Velbrück

Reckwitz, Andreas (2003), Grundelemente einer Theorie sozialer Praktiken. Eine sozialtheoretische Perspektive, *Zeitschrift für Soziologie* 32: 4, S. 282–301

Ryle, Gilbert (1969), *Der Begriff des Geistes*, Stuttgart: Reclam
Schatzki, Theodore (2001), Introduction. Practice theory, in: T. R. Schatzki & K. Knorr Cetina & E. von Savigny (Hg.), *The practice turn in contemporary theory*, London und New York: Routledge, S. 1–14
Schatzki, Theodore (2002), *The site of the social. A philosophical account of the constitution of social life and change*, Pennsylvania: The Pennsylvania State University Press
Schütz, Alfred (2003), *Theorie der Lebenswelt I. Die pragmatische Schichtung der Lebenswelt*, Konstanz: UVK
Schütz, Alfred (2004), *Der sinnhafte Aufbau der sozialen Welt. Eine Einleitung in die verstehende Soziologie*, Konstanz: UVK
Waldenfels, Bernhard (1979), Verstehen und Verständigung. Zur Sozialphilosophie von Alfred Schütz, in: W. M. Sprondel & R. Grathoff (Hg.), *Alfred Schütz und die Idee des Alltags in den Sozialwissenschaften*, Stuttgart: Enke, S. 1–12
Waldenfels, Bernhard (1983), *Phänomenologie in Frankreich*, Frankfurt a. M.: Suhrkamp

Jürgen Raab

Präsenz und mediale Präsentation
Zum Verhältnis von Körper und technischen Medien aus Perspektive der phänomenologisch orientierten Wissenssoziologie

I

Unter dem Eindruck der zunehmenden Ausbreitung und voranschreitenden Entwicklung insbesondere audiovisueller Medientechniken und Medientechnologien ist vielfach vom Verschwinden des menschlichen Körpers und dessen künstlicher Neuschöpfung die Rede. Wo die Diagnostiker der ›Frühmoderne‹ noch von der »Entfremdung« (Marx 1973), »Verdinglichung« (Lukács 1970) oder »Unterwerfung« (Marcuse 2004, Anders 1980) des Menschen durch die mechanisch-industriellen Errungenschaften sprachen und dabei dem Körper – die Termini deuten es an – durchaus eine gewisse Widerständigkeit und gesellschaftliche Unberührbarkeit zugestanden, da ist gemäß den Analytikern der ›Postmoderne‹ nicht nur die »Eroberung« (Baudrillard 1979, 1989, Virilio 1996), sondern bereits sogar die »Entfernung« des natürlichen Körpers (Kamper 1999) zur Realität geworden. In der durch medientechnologische Auf-, Um- und Zurüstungen bewirkten »fundamentalen Künstlichkeit der Welt« (Kamper 1999: 7) und der entsprechenden gesellschaftlichen Besitzergreifung des Menschen verlieren der Körper und die Sinne ihre Bedeutung als erste und letzte Referenzpunkte der Erkenntnis und damit als ›Medien‹ der subjektiven Orientierung der Handelnden in der Lebenswelt.

Auch die an der Frage nach den Wechselwirkungen zwischen Medientechniken und medialen Darstellungsformen einerseits und der sinnlichen Wahrnehmung sowie den körperlichen Präsentationsweisen andererseits bis heute noch mehrheitlich uninteressierte Körpersoziologie meint, wenn sie von ›Verkörperungen‹ spricht, vornehmlich die Formen der Inkorporierung und der Repräsentation des Sozialen. Ihr primärer Bezugspunkt sind die sozialen Strukturen, die als gesellschaftliche Dispositionen und Erwartungen in die Körper eindringen und deren ›Träger‹, die Subjekte, nach den Maßgaben der Gesellschaft fühlen, denken und handeln lassen. Unbestreitbar formen und prägen die gesellschaftlichen Strukturen den menschlichen Organismus und mithin das Bewusstsein. Doch ebenso unstritig setzt derselbe Organismus dem, was gesellschaftlich möglich ist, Grenzen. »Uns bleibt ein Erdenrest zu tragen peinlich« (Goethe: Faust, Zeile 11954f): der sich – diesseits aller gesellschaftlich auferlegten ›Kulturtechniken‹ und Verhaltensprogramme – bereits der eigenen Verfügbarkeit, den eigenen Handlungsplanungen und Selbstbildentwürfen immer wieder entziehende und widerstrebende Körper. Deshalb hört »der Mensch […] nicht auf, sich als Organismus zu erleben, anders als die gesellschaftlich abgeleitenden Objektivationen seiner selbst, ja, manchmal geradezu im Gegensatz zu ihnen« (Berger & Luckmann 1980: 194). Aus solcherart besonderen, nämlich durch Distanzierung vom unmittelbar Gegebenen neue Annäherungen an das vermeintlich Selbstverständliche erlaubenden Erfahrungen[1] entspringt das Grundprinzip phänomenlogischen Den-

---

1 Die intime Kenntnis des ›Gegenstandes‹ stellt eine ebenso notwendige Bedingung für die Arbeit des Sozialwissenschaftlers dar, wie seine Fähigkeit der Distanznahme zum Vertrauten und vermeintlich Selbstverständlichen. Diesen bereits von Gaston Bachelard eingeforderten epistemologischen Bruch begründet Alfred Schütz phänomenologisch: »Ich kann auf die sich mir darbietende Welt als eine fertig konstituierte und mir vorgegebene hinsehen, ohne mich den leistenden Intentionalitäten meines Bewusstseins zuzuwenden, in denen sich ihr Sinn vordem konstituiert hatte. […] Ich kann mich aber auch den leistenden Intentionalitäten meines Bewusstseins, in denen und durch die sich die Sinngebung vollzog, selbst zuwenden. Dann habe ich vor mir nicht eine fertig konstituierte Welt, sondern

kens, jede körperlich-sinnliche und bewusstseinsmäßige (Selbst-)Wahrnehmung als Erkenntnispotenzial zu erkennen und als Analysegegenstand zu nutzen.

Für die wissenssoziologische Auseinandersetzung mit dem Verhältnis von Individuum und Gesellschaft – wie im vorliegenden Fall der Wechselwirkungen zwischen menschlichem Körper und technischen Medien – ist der Bezug auf die Phänomenologie denn auch zumindest aus drei Gründen von entscheidender Bedeutung.

Zuvorderst gestattet die Erhebung der menschlichen Erfahrung zur Grundlage der Gesellschaftstheorie eine philosophische Fundierung der Soziologie als Wirklichkeits- *und* Erfahrungswissenschaft im Sinne Max Webers. Vermag die Phänomenologie doch zur Beantwortung einer der vordringlichsten Fragen jener verstehenden *und* erklärenden Gesellschaftstheorie beizutragen, als die sich die Wissenssoziologie seit Peter L. Berger und Thomas Luckmann begreift: Wie werden die *objektiven* Eigenschaften historischer sozialer Wirklichkeiten im *intersubjektiven* menschlichen Handeln hervorgebracht, und inwiefern und in welcher Weise beruht dieses Handeln auf den universalen Strukturen der *subjektiven* Orientierung in der Welt (vgl. Berger & Luckmann 1980: 20)?

Darüber hinaus bereitet die Phänomenologie den wissenssoziologischen Untersuchungen über die soziale Konstruktion von Wirklichkeit eine methodologische Grundlage im Sinne einer wissenschaftlichen *Haltung* und eines Forschungs*stils*. Für Husserl nämlich kann adäquate Erkenntnis nur der unvoreingenommenen, unverstellten Anschauung entspringen, weshalb die Aufgabe phänomenlogischer Beschreibungen in der methodisch kontrollierten Rekonstruktion menschlicher Erfahrungen besteht – so, wie sie sich dem Bewusstsein in unmittelbarer und unbezweifelbarer Evidenz präsentieren, also im Horizont ihrer Möglichkeiten wie auch ihrer Schranken. Diese Perspektive wirft Licht nicht nur auf die Prozesse, in denen Menschen die Welt als spezifisch menschliche Wirklichkeit aufbauen und wahrnehmen. Vielmehr zielt die selbst auferlegte, strenge methodische Kontrolle des analytischen Zugangs auf ›Objektivität‹: auf die intersubjektive Überprüfung, Korrektur, Bestätigung und Ergänzung der Deskriptionen jener Evidenzen, die als ›objektive Daten‹ jedermann zugänglich sind (vgl. Oevermann 2000, Soeffner 2004).

Drittens schließlich ist der Leib, wie Merleau-Ponty notiert, »der Ort des Phänomens des *Ausdrucks*, oder vielmehr dessen Aktualität selbst [...]. Mein Leib ist die allen Gegenständen gemeinsame Textur, und zumindest bezüglich der wahrgenommenen Welt ist er das Werkzeug all meines *Verstehens* überhaupt« (Merleau-Ponty 1966: 274f, Hervorhebung J.R). Die in lebensweltlicher Erfahrung gewonnene Einsicht in die Unaussetzbarkeit und Unhintergehbarkeit des Körpers ist allerdings reich an Implikationen, denn sie gründet auf eine alle Reflexionsebenen durchziehende, paradoxe Grundstruktur.

Einerseits fasst Merleau-Ponty den Leib als Einheit, denn dessen verschiedenen Teile wie Kopf, Rumpf und Extremitäten sowie seine sensorischen Anlagen und motorischen Aspekte erfährt die Selbstwahrnehmung nicht als zusammengesetzt und koordiniert, sondern die »Übertragung und Versammlung ist vielmehr in mir immer schon vollzogen, ein für allemal: sie ist überhaupt mein Leib selbst« (Merleau-Ponty 1966: 180). Weil auch die Fremdwahrnehmung, indem sie die Leiblichkeit des anderen als unmittelbare und plastische Ausprägung seines Innenlebens auffasst, also Ausdruck und Ausgedrücktes in eins setzt und so eine Fülle heterogenster Eindrücke zu einer Einheit zusammenführt, diese Geschlossenheit und Totalität unterstellt, folgert Merleau-Ponty, dass der Leib »nicht einem physikalischen Gegenstand, sondern eher einem Kunstwerk [...] zu vergleichen« sei (Merleau-Ponty 1966: 181). Die Analogie zum Kunstwerk ist – vor allem im Hinblick auf die weitere Argumentation dieses Beitrags (vgl. insb. Abschnitt IV.) – erhellend, bringt sie doch die in der leiblichen Existenz angelegte paradoxe Grundstruktur auf den Begriff.

---

eine, die sich im Strom meines dauernden Ich eben erst konstituiert und immer wieder neu konstituiert: Nicht eine seiende, sondern eine in jedem Jetzt neu werdende und vergehende oder besser entwerdende Welt« (Schütz 2004: 120f, vgl. auch Waldenfels 2002).

Andererseits und zugleich nämlich beruht jene die Einheit des Leibes in Selbst- und Fremdwahrnehmung konstituierende ›Übertragung und Versammlung‹ auf synthetisierenden und typisierenden Prozessen, die der Reflexion zugänglich sind. Wenn deshalb Merleau-Ponty – siehe oben – vom Leib als ›*Phänomen* des Ausdrucks‹ und ›*Werkzeug* des Verstehens‹ spricht, bringt er eine die Unmittelbarkeit und Einheitlichkeit des Leibes aufhebende Distanzierung und Brechung ins Spiel, was den Leib abermals zu einem Kunstwerk werden lässt, nun aber zu einem ›Medium‹, über das die Einheit in Darstellung und Deutung immer wieder aufs Neue herzustellen ist. Abständigkeit und ›Medialität‹ bezeichnen denn auch das Spannungsverhältnis zwischen den organischen und gesellschaftlichen Faktizitäten einerseits sowie der spezifisch menschlichen Potentialität andererseits: »*Ich bin gegeben* – das besagt, je schon finde ich mich situiert und engagiert in einer physischen und sozialen Welt; *ich bin mir selbst gegeben* – das besagt, dass mir diese Situation nie verborgen ist, niemals mich umgibt nach einer Art fremden Notwendigkeit, ich niemals in sie wirklich eingeschlossen bin wie ein Gegenstand in eine Büchse. Meine Freiheit, mein fundamentales Vermögen, Subjekt all meiner Erfahrungen zu sein, ist von meinem Sein-in-der-Welt nicht verschieden. Es ist für mich mein Geschick, frei zu sein, mich auf nichts von alledem, was ich erlebe, je reduzieren zu können, hinsichtlich jeglicher faktischen Situation die Fähigkeit des Abstands zu behalten« (Merleau-Ponty 1966: 412; Hervorhebungen im Original).

Vor dem Hintergrund der eingangs angesprochenen medienphilosophischen und mediensoziologischen Zeitdiagnosen sollen im Folgenden einige Überlegungen zum Verhältnis zwischen Körper und technischen Medien aus Perspektive der phänomenologisch orientierten Wissenssoziologie unternommen werden. Zwei Fragen leiten die Diskussion an. Erstens, ob und in welcher Form erweitern sich im Zuge der voranschreitenden Medialisierung der Lebenswelt die menschlichen Erfahrungs-, Deutungs- und Handlungsrepertoires? Zweitens, auf welchem Wege können die kulturellen Wandlungsprozesse der sozialwissenschaftlichen Analyse zugeführt werden? Die Einlassung auf das Problem der Körperlichkeit unter den Bedingungen technisch vermittelter Kommunikation geschieht in einer groben Schrittfolge, über die ich das wissenssoziologische Erkenntnisinteresse an diesem Spannungsverhältnis entfalte.

II

Den Ansatzpunkt für eine wissenssoziologische Auseinandersetzung mit dem Körper haben neben George H. Mead, Alfred Schütz und Anselm Strauss vor allem Georg Simmel, Erving Goffman, Peter L. Berger, Thomas Luckmann, Hans-Georg Soeffner und Hubert Knoblauch deutlich markiert, wenn sie in anthropologischer Perspektive die Face-to-face-Situation als den phylogenetischen und ontogenetischen Urtypus jeglicher sozialer Interaktion auffassen (vgl. Knoblauch (2005), zum Folgenden auch Raab & Soeffner 2005). Face-to-face-Situationen bilden den ersten und in der menschlichen Sozialisation weiterhin bedeutsamen, deshalb immer wieder aufgesuchten Ort für das Erlernen und Einüben kommunikativen Handelns. Denn in den Situationen körperlicher Kopräsenz eignen sich die Interaktionspartner neben ihrem Agieren und Reagieren auch die Arten und Weisen der Deutung von Bewegungen, Gesten, Mimik und Berührungen, von Farben, Gerüchen und Sprache an. Dass sie sich dabei mit allen Sinnen wahrnehmen und die einzelnen Sinnesmodalitäten sich darüber hinaus im synästhetischen Zusammenspiel wechselseitig ergänzen und kontrollieren, erhebt Face-to-face-Situationen zu den annäherungsweise erfolgreichsten Formen der wechselseitigen Überprüfung verstehender Erfahrung. Die Zusammenschau der angeführten Aspekte mag erklären, weshalb sich alle anderen, technisch vermittelten Kommunikationssituationen und Kommunikationsmodalitäten von der Face-to-face-Situation ableiten, und sie kann verständlich machen, weshalb Menschen – gleich mit welchen technisch-medialen Segnungen ausgestattet – immer zum Schauplatz unmittelbarer Beziehungen zurückkehren.

Dabei mag das Geflecht nicht unbedingt widerspruchsfreier Zeichen und Zeichenformationen ebenso wie die Vielzahl einander überlagernder Deutungsebenen dafür verantwortlich sein, dass Face-to-face-Situationen, wie keine anderen, Eindrücke von der Evidenz des Gegenübers und vom besonderen Zugang der Interaktionspartner zueinander erzeugen. Ausschlaggebend für diese Einschätzungen erachten Berger und Luckmann, dass »die Anonymität der Typisierung, mit deren Hilfe ich Mitmenschen in Vis-à-vis-Situationen erfasse, ständig mit vielfältigen, lebendigen Symptomen ›aufgefüllt‹ wird, in denen sich ein leibhaftiger Mensch anzeigt« (Berger & Luckmann 1980: 35, Hervorhebung im Original). Aus der ›Auffüllung‹ resultiere nämlich ein allmähliches ›Aufheben‹ des Typus – dessen Bestätigung und Verfestigung, Korrektur oder Ablösung – hin zur ›Authentifizierung‹ eines Menschen, die bis zur Vorstellung der intimen Kenntnis seiner Eigentlichkeit und zur Illusion seines vollständigen Verstehens gereichen kann.

Das von Berger & Luckmann nicht ohne Grund hervorgehobene Moment der ›Auffüllung‹ macht darauf aufmerksam, dass der in der unmittelbaren Interaktion dauerpräsente und potentiell allen Sinnen zugängliche Körper jene äußeren Zeichen liefert, über wir auf die innerlichen Befindlichkeiten, Motive und Bewusstseinsinhalte eines Gegenübers schließen. Denn hätten »wir direkt Einsicht […] in die Seelen unserer Partner, wären wir nicht auf die Wahrnehmung ihres Leibes angewiesen« (Hahn & Jakob 1994: 153). Oder genuin systemtheoretisch gesprochen: »Man kann davon ausgehen, dass autopoietische Systeme durch ihre operative Schließung eine Differenz produzieren, nämlich die Differenz von System und Umwelt. *Und diese Differenz kann man sehen*. Man kann die Außenseite des Organismus eines anderen beobachten und wird durch diese Innen/Außen-Form veranlasst, auf eine unbeobachtbare Innenwelt zu schließen« (Luhmann 1997: 25f; Hervorhebung im Original).

Gemäß der Phänomenologie Husserls handelt es sich bei solcherlei ›Auffüllungen‹ um ausgezeichnete Fälle der Appräsentation. Wie alle anderen Objekte ist uns der Körper des anderen in »originärer Präsentation« gegeben. Das Seelenleben des Gegenübers wird uns jedoch nur in seiner Mitvergegenwärtigung zugänglich, es ist nicht wirklich präsent, sondern appräsentiert – seine Erfahrung beruht auf hypothetischen Konstruktionen. Appräsentation meint demnach eine analogisierende Erfahrung, die »ein Mit-da vorstellig macht, das doch nicht selbst da ist und nie ein Selbst-da werden kann« (Husserl 1992: 111). Doch während wir beispielsweise beim Anblick der Vorderseite eines Würfels dessen jeweils verdeckte Seiten mitvergegenwärtigen und in »passiver Synthesis« aus Präsentem und Nicht-Präsentem eine Einheit sinnhaft konstruieren, deren Adäquanz wir dann auch am Objekt selbst überprüfen können, indem wir – durch Eigenbewegung oder durch Drehung des Würfels – uns seine je verdeckten Seiten zur Ansicht bringen, so ist uns diese »Möglichkeit der Bewährung […] für diejenige Appräsentation, die in eine andere Originalsphäre [in ein anderes Ich, J.R.] hineinleiten soll, a priori ausgeschlossen« (ebd.). Wenn aber ein Ich, das nur sich selbst als Erfahrendes, Erfahrungsort und Bewusstsein unmittelbar gegeben ist, ein anderes, koexistierendes Ich, zu dem es nie einen unmittelbaren Zugang finden, dem es nie in der gleichen Weise, wie es dies für sich selbst tut, dennoch Präsenz verschaffen und, als ›Mit-da‹, als Mitmenschen erfahren kann, dann – so die wissenssoziologisch äußerst folgenreiche Einsicht – entspringt aus dem Vermögen zur »Appräsentation die primäre, Intersubjektivität stiftende Erfahrung« (Soeffner 1990: 50, vgl. ebenso Gehlen 2004 [1923]: 319ff).

In Face-to-face-Situationen richten die Interaktionspartner ihr Verhalten jedoch nicht ausschließlich an den in der aktuellen Wahrnehmung sich formenden Eindrücken aus, sondern gleichfalls an den bei den anderen angenommenen, innerlich repräsentierten Bildentwürfen und Bilderfolgen ihrer selbst. Sie mitvergegenwärtigen – siehe Cooleys »looking-glass self« (1902) – jene Eindrücke, Erwartungen und Einschätzungen, bei denen sie davon ausgehen, dass die anderen sie bereits von ihnen haben, in der Situation bekommen und aus ihr mitnehmen (werden), um sie in die darauf folgenden Interaktionen wieder einzubringen. Diese Vorwegnahmen und Hinzufügungen tragen wesentlich zu der Notwendigkeit bei, ein bestimmtes Selbstbild, ein *Image* zu entwickeln und zu stabilisieren, das es in den eigenen Augen und in denen der anderen aufrechtzuerhalten gilt (vgl. Goffman 1986: 10). Aber die Ausbildung und das Inszenieren, das Präsentieren und Aufdauerstellen eines Images – jener besonderen und gut konturierten, einheitlichen sozialen Gestalt, die man letztlich nicht ist, sondern nur als Bild von und für sich hat, und ebenso für andere entwirft – ist etwas Brüchiges, dem in »the presentation of self in everyday life« (Goffman 1969) der Beigeschmack des Vorläufigen, Ungewissen und Gefährdeten anhaftet. Denn zum einen geschieht die Arbeit am Image – »the face-work« (Goffman) – weder auf einen Schlag, noch ein für alle mal: als Interaktionsprodukt ist es vielmehr das immer nur vorläufige Ergebnis situativer Bewährungen im Streben nach sozialer Anerkennung. Zum anderen ist das »Image eines Menschen etwas Heiliges« (Goffman 1986: 25, 38ff und 100ff, vgl. ebenso Durkheim 1976: 86) und somit nicht nur eines von vielen Elementen einer expressiven Ordnung der sozialen Interaktion in individualisierten Gesellschaften, sondern eine zentrale Ausdrucksform der Selbstdeutung im öffentlichen Austausch von Bild- und Selbstbildpräsentationen. Deshalb pflegen und schützen die Handelnden ihr Image mit besonderer ritueller Sorgfalt. Ist es nämlich bedroht oder wird die es tragende expressive Ordnung angezweifelt, dann kratzt dies nicht einfach an der Oberfläche einer Maske (*persona*), sondern ein soziales Schutzschild wird zerstört und die »ideelle Sphäre« seines Trägers verletzt (Simmel 1992: 396).

Goffmans Analysen der Interaktionsordnung, jener ritualisierten Verkehrsregeln in Situationen körperlicher Kopräsenz, richten sich auf die Beschreibung der strategischen und überwiegend kooperativen Techniken des Eindrucksmanagements, mit denen das störanfällige Image vor Verletzungen bewahrt wird. Und auch bei dem Problem, den durch die Verkehrsregeln der Interaktionsordnung sich öffnenden Raum von Gestaltungsmöglichkeiten zu füllen, bleiben die Handelnden nicht auf sich allein gestellt. Vielmehr suchen und finden sie die ihre Subjektivität überbrückende ›Lösung‹ in einer die Selbst- und Fremdwahrnehmung strukturierenden, interpretationsanleitenden und orientierungsgebenden sozialen Sinnfigur: im das sozial eingeforderte Ausdrucksverhalten überhöhenden *Stil*. Die Ausdrucksmittel und Darstellungs-formen von Posen, Moden und Szenen führen mit ihren ästhetischen Beigaben bereits akzeptierte oder nach sozialer Akzeptanz strebende Körperstandards vor Augen, an denen sich der Umgang mit Objekten genauso orientieren kann, wie die Wahl und Ausgestaltung von Symbolen und Handlungsweisen. So verleiht die vorkonfektionierte ›Stangenware‹ den Körpern jene soziale Form und Gestalt über die sich die Handelnden füreinander sichtbar lesbar und erträglich machen, und erlaubt damit jene »Entlastung und Verhüllung des Persönlichen, die das Wesen des Stils ist« (Simmel 1993: 382, vgl. auch Hitzler 2002).

Doch trotz aller die Deutung anweisenden, ästhetischen Stilvorgaben und trotz der ständigen Kontrollen und Korrekturen unserer Images am Verhalten unserer Interaktionspartner – wir können niemals sicher sein, ob diejenigen Bildentwürfe, denen wir nachstreben und in der Selbstdarstellung umzusetzen versuchen, auch mit den von den anderen wahrgenommenen und konstruierten Bildern übereinstimmen. Eine »wesensmäßige Unsicherheit« (Plessner 1981: 78), so zu wirken, wie wir sind oder gar wie wir sein wollen, überschattet unser Streben nach Eindeutigkeit. In der Tatsache, »dass man an sein Image fixiert ist und leicht für einen selbst oder andere ungünstige Informationen mitgeteilt werden können«, begründet sich denn auch, dass »man die Teilnahme an jeder Interaktion als Verpflichtung empfindet« (Goffman 1986: 11). Da sich in Face-to-face-Situationen jeder Ausdruck und jedes Eindrucksmanagement über die Körper vollzieht, haben die ›ungünstigen Informationen‹ am Körper auch ihre erste, natürliche Quelle.

III

Weil wir den Körper des anderen als untrüglichen Informanten für Botschaften nehmen, die diese Person selbst gerade nicht verbreiten möchte, entspringen aus der wenngleich »begrenzten Undomestizierbarkeit des Körpers« (Hahn 2002: 51), die das ›Innere‹, ›Eigentliche‹ und ›Wahre‹

einer Person enthüllenden und damit sozial besonders relevanten Deutungen. In ihrem Bemühen um die Erlangung und Wiederholung von sozialer Anerkennung versuchen die Handelnden deshalb eine geschlossene, festumrissene Gestalt vorzuführen und zu bewahren. Mit ihr zielen sie auf eine die wechselnden Zeiten und Anforderungen überdauernde, eindeutige Deutung. Doch zugleich erträgt das moderne Individuum keine endgültige Definition und wehrt sich gegen das vereinheitlichende Bild, denn »ein treffendes Urteil trifft uns, verletzt uns ebensosehr als ein falsches. Getroffen sehen wir uns, im eigenen oder im fremden Blick, vereinseitigt und festgelegt« (Plessner 1981: 63). Helmuth Plessner beschreibt diese beiden Neigungen – das Streben nach Enthüllung und Offenlegung, nach dem Herstellen von Eindeutigkeit und Durchsichtigkeit einerseits, und das ebenso starke, jedoch in die entgegen gesetzte Richtung weisende Streben nach Abstandnahme und Verdeckung, Abdunkelung und Verfremdung, mit dem wir uns der festlegenden Deutung verweigern, andererseits – als Realitätstendenz und Illusionstendenz. (ebd.).

Aber nicht nur die Selbstdarstellung, auch die Deutungen der Darstellungen anderer sind von diesen beiden antagonistischen Strebungen durchzogen. »Die Realitätstendenz, die wissen will, wie der Mensch eigentlich ist«, hebt darauf ab, den anderen zu enthüllen, ihn allansichtig und durchsichtig zu machen, sich ihm zu nähern und ihn zu ›begreifen‹. Ist die Tendenz aber zu stark und unvermittelt, »verfahren wir wie das Kind mit der Puppe«, das den Zauber bricht und zu tief danach bohrt, »was in den Dingen, in den Menschen, in all dem Aufregenden dieser fabelhaften Welt steckt«, so laufen wir Gefahr, dabei nicht mehr ans Licht zu befördern als »atomisiertes Sägemehl« (Plessner 1981: 67). Detaillierung und Individualisierung schließen sich gegenseitig aus: Je mehr wir in die Details einer Persönlichkeit vordringen, desto mehr stoßen wir auf Durchschnittliches und Allzumenschliches, auf Züge, die wir auch bei anderen finden – und nicht zuletzt bei uns selbst. Deshalb verlieren in allzu großer Nähe »die Gestalten den Glanz, die Farbe und das Aroma wie eine Frucht, die man zu intensiv angefasst hat«, wovor abermals – nur aus anderer Richtung – die Illusionstendenz schützt, indem sie »scheu vor dem Geheimnis uns fernhält« (ebd.: 67, 85).

Das letztlich in einer nie ausgleichbaren Bewegung befindliche Spannungsverhältnis aus Realitäts- und Illusionstendenz wird in Face-to-face-Situationen interaktiv ›ausgependelt‹. In diesem Zwischenreich aus Nähe und Distanz, das die Interaktionspartner kooperativ herstellen und aufrechterhalten, können sich die »Reize der seelischen Ferne« einer Person ebenso entfalten wie ihre »nach Antastung strebende[n] Unantastbarkeit« (Plessner 1981: 84). Anders ausgedrückt: Im *kairós* der Interaktionssituation, im unwiederholbaren Hier und Jetzt körperlicher Kopräsenz und intersubjektiv geteilter Raum-Zeitlichkeit, wird jene besondere, das Schwungrad der Appräsentationen in Gang haltende Fremderfahrung möglich, die Walter Benjamin als »sonderbares Gespinst von Raum und Zeit: einmalige Erscheinung einer Ferne, so nah sie sein mag« beschreibt – die *Aura* (Benjamin 1963b: 57).

IV

In seiner bekannten Definition exemplifiziert Benjamin die Aura am Beispiel eines Naturerlebnisses und erörtert den Verfall dieser Erfahrung anhand des Kunstwerks. Allerdings wird häufig übersehen, dass Benjamin den Aura-Begriff in einem überaus langen Zeitraum entwickelt, diskutiert und modelliert. Diese Begriffsarbeit will ich hier keineswegs nachzeichnen. Von besonderer Bedeutung erscheint mir jedoch, dass sowohl die frühesten, noch auf den Drogen-Experimenten beruhenden Beschreibungen (Benjamin 1972), ebenso wie die spätesten, im Aufsatz über Baudelaire (Benjamin 1974) dargelegten Bestimmungen, die Aura als eine Erfahrung schildern, die in sozialen Situationen körperlicher Kopräsenz ihren eigentlichen Ursprungsort hat, beruhe die Erfahrung der Aura doch »auf der Übertragung einer in der menschlichen Gesellschaft geläufigen Reaktionsform auf das Verhältnis des Unbelebten oder der Natur zum Menschen« (Benjamin 1974: 142f).

Werde das ›Kunstwerk‹ jedoch aus seiner Einmaligkeit und dem ursprünglich rituell-kultischen Kontext herauslöst und falle der massenhaft technischen Reproduktion zu, dann drohe – so Benjamins berühmte These – der Verfall der Aura. Die technische Reproduktion verändere Funktion, Wahrnehmung und Erfahrung des Kunstwerks, die dann nicht mehr in ihrem »Kultwert«, sondern im profanen »Ausstellungswert« liegen: »Die Entschälung des Gegenstandes aus der Hülle, die Zertrümmerung der Aura« (Benjamin 1963a: 15) geschehe, wo die menschliche Selbstdarstellung und die soziale Wahrnehmung von der unmittelbaren Präsenz in der Face-to-face-Situation in die mediale vermittelte Präsentation übergehen. Denn mit seinem Erscheinen und seiner Präsentation in den technischen Medien, in der Photographie und insbesondere im Film, komme der Mensch »zum ersten Mal […] in die Lage zwar mit seiner gesamten lebendigen Person, aber unter Verzicht auf deren Aura wirken zu müssen« (ebd.: 25).

Den gesellschaftlichen Hintergrund für den Verfall der Aura bilde die gesteigerte Realitätstendenz des modernen Menschen, sei dessen Neigung, »die Dinge sich räumlich und menschlich näher zu bringen«, ihnen mit den Möglichkeiten der technischen Medien »aus nächster Nähe im Bild […] habhaft zu werden« (Benjamin 1963a: 15). Wo die Malerei allein schon aufgrund ihrer Materialität noch »eine natürliche Distanz zum Gegebenen« wahre[2] und die frühe Photographie die Aura über den Hauchkreis ovaler Bildausschnitte und einen mittels Retusche erzeugten »schummrigen Ton« wieder einfange, da dringen die Kameraleute und Cutter des Films gleich Chirurgen »tief ins Gewebe der Gegebenheit ein« (Benjamin 1963a: 32, 1963b: 56). Die Positionierungen und Bewegungen der Aufzeichnungsapparate, die Kadrierungen und Großaufnahmen, vor allem aber der Schnitt und die Montage, isolieren und verknüpfen, verlangsamen und beschleunigen ausgewählte Haltungen und Handlungen; sie fixieren, vergrößern und betonen die ansonsten flüchtigen und versteckten Details der Physiognomie, des Verhaltens und des Outfits einer Person und unterwerfen diese »optischen Tests«. So wandle sich mit der »Erweiterung des Feldes des Testierbaren« nicht zuletzt auch das Publikum vom bloß erfahrenden Betrachter zum »Examinator«[3] (Benjamin 1963a: 24).

Gleichwohl, an keiner Stelle spricht Benjamin vom definitiven *Verlust* der Aura. Vielmehr betont er den prozessualen Charakter des Phänomens und erkennt darüber hinaus sogar eine Gegentendenz, nämlich die Inszenierung von Aura unter den Bedingungen der neuen medialen Vermittlungstechniken sowie durch die spezifische Nutzung, Ausgestaltung und Neuentwicklung ihrer Präsentationsformen. Für Benjamin zeigt sich die so bewirkte neue Qualität der Wechselwirkung zwischen audiovisuellen Medien und den in ihnen präsentierten Menschen in

---

2 Die Erzeugung jener ›natürlichen Distanz‹, die das Selbst als bewegliche Struktur zwischen Faktizität und Potentialität bewahrt, beschreibt Simmel exemplarisch anhand der Portraitkunst Rembrandts, in der die abgebildete Person »mit der Landschaft, mit Luft und Licht, mit dem Gewoge von Farben und Formen verschmilzt.« Das derart bewirkte Fehlen genauer Detaillierung […] lässt den Teilen einen Sonderbestand, der ihre Einstellung in einen anderen Zusammenhang prinzipiell ermöglicht und sie der Einzigkeit ihrer jetzigen Bedeutung enthebt. Dies scheint mir die tiefere Verknüpfung zu sein, durch die das sooft Grenzverwischende, Vibrierende, Verundeutlichende in Rembrandts Malweise zu einem Träger seiner Individualisierungstendenz werden kann« (Simmel 2000: 181).

3 Den Examinator charakterisiert, »dass die Lust am Schauen und Erleben in ihm eine unmittelbare und innige Verbindung mit der Haltung des fachmännischen Beurteilers eingeht« (Benjamin 1963a: 33). Einen vorläufigen Höhepunkt dieser Entwicklung mag man in den Showformaten der momentanen Fernsehunterhaltung erkennen, bei denen die Protagonisten über eine bereits im Medienformat angelegte und durch die Moderatoren situativ forcierte Weise ihres ›Kultwertes‹ benommen und auf ihren bloßen ›Ausstellungswert‹ reduziert werden. In teils aberwitzigen, stets künstlich erzeugten Krisensituationen werden sie vorgeführt, müssen sich – vor allem in ihrer medialen Darstellungskompetenz – bewähren und sind dabei in ihren Mühen und mit ihren unmittelbaren Reaktionen nicht nur der ›examinierenden‹ Beobachtung ausgesetzt, sondern auch einer soziale Anerkennung oder Zurückweisung direkt nach sich ziehenden Be- und Aburteilung durch einen über ›Star‹-Sein oder Nicht-Sein befindenden ›Exekutanten‹.

der »Ästhetisierung der Politik« (Benjamin 1963a: 42). Denn er meint zu erkennen, dass die »Vergewaltigung der Massen« durch die Faschisten mit der Vereinnahmung des Films einhergehe, genauer, mit der »Vergewaltigung einer Apparatur, die er [der Faschismus, J.R.] der Herstellung von Kultwerten dienstbar macht« (ebd.). In den filmischen Inszenierungen Mussolinis und Hitlers dokumentiert sich denn auch zum ersten Mal das Erproben, Einüben und Einschleifen neuer audiovisueller Inszenierungsweisen sowie die im Zusammenspiel mit den Darstellungsformen sich um- und herausformenden Körperbilder der sich präsentierenden Akteure (vgl. Raab & Tänzler 1999, Tänzler 2000, Raab et al. 2001).

Die historischen Beispiele deuten darauf hin, dass Gesellschaften, in denen immer mehr soziale Wirklichkeit durch die Medien vermittelt und wahrgenommen wird, die Auflösung der die Einmaligkeit ihrer Mitglieder schützenden Ordnungen nicht in allen Bereichen des Sozialen hinnehmen. Vielmehr, so die der empirischen Forschung offen stehende These, ist davon auszugehen, dass die Handelnden das soziale Akzeptanz generierende Verhältnis von Nähe und Distanz dort in eine gelingende Balance zu bringen versuchen, wo sie die medialen Möglichkeiten für ihre Selbstbildpräsentationen einsetzen können. Denn wo medial sozialisierte Akteure die jüngsten Innovationen der Aufzeichnungs-, Nachbearbeitungs- und Darstellungstechniken selbst in den Griff nehmen, da werden neue Formen des Selbst- und Fremdverstehens möglich und stellen sich dem Alltagsverstehen ebenso wie dem wissenschaftlichen Interpretation neue Herausforderungen.

Für die wissenssoziologische Forschung und Theoriebildung eröffnen die voranschreitenden und sich dabei selbst dokumentierenden Medialisierungsprozesse neue Horizonte und Perspektiven auf die Wechselwirkungen zwischen Körper und technischem Artefakt in sich modernisierenden Gesellschaften. Die noch in den Anfängen stehende Nutzung audiovisueller Aufzeichnungstechniken für die sozialwissenschaftliche Datenproduktion, sehr viel stärker aber die methodologisch wie methodisch in weiten Teilen noch zu diskutierenden oder gar erst zu erarbeitenden Analyseverfahren für mediale oder medial eingefangene Selbstinszenierungen, versprechen Einblick zu geben – zumindest – in drei wissenssoziologische Interessensgebiete: Erstens, in die Prozesse der Ausbildung und Vermittlung gesellschaftlicher Sinnkonstruktionen, Images und Stile; zweitens, in die Verfahren der Erprobung, Verfestigung und Veränderung symbolischer Kommunikationsformen; und schließlich drittens, in die Rückwirkungen medialer Konstruktionen auf das unauflöslich an den Körper gebundene menschliche Wahrnehmen, Deuten und Wissen.

V

Hans Ulrich Gumbrecht stellte Benjamins berühmter Formel vom Verfall der Aura jüngst die These vom zunehmenden *Verlust der Präsenz* in der Kultur der sich entwickelnden Moderne an die Seite. Anknüpfend an Benjamins Auffassung von der Existenz einer Dingwelt jenseits der Deutung und des Sinns spricht Gumbrecht von Präsenz jedoch als einem ästhetischen Erleben, in dem Präsenzeffekte und Sinneffekte in einem Spannungsverhältnis zueinander stehen, denn »Präsenzeffekte werden notwendig von Wolken oder Polstern des Sinns umgeben, umfangen und vielleicht sogar vermittelt« (Gumbrecht 2004: 127). Für die Umschreibung dieses Oszillierens zwischen Präsenz und Sinn in der ästhetischen Erfahrung, der Spannung zwischen dem Noch-nicht – dem, wie Jean-Luc Nancy es formuliert, was »keine Bedeutung ist, sondern das Zur-Welt-Kommen einer Welt« (Nancy 1994: 106) – und dem Nicht-Mehr der Feststellung im Begriff, strebt Gumbrecht eine Präzisierung der Aura-Metapher an.

Die drei hierfür vorgeschlagenen Termini *Epiphanie, Präsentifikation* und *Deixis* sollen helfen, die Aufmerksamkeit auf jene Ästhetisierungsverfahren zu lenken, mit denen im kommunikativen Handeln das Oszillieren zwischen Präsenz- und Sinneffekten erzeugt werden. Unter *Epiphanie* lassen sich mit Gumbrecht jene kommunikativen Verfahren fassen, in denen die

Spannung zwischen Präsenz und Sinn als primär räumliches Ereignis inszeniert wird; wie etwa, wenn das zu faszinierende Objekt plötzlich, wie aus dem Nichts, aufscheint und auf den Wahrnehmenden zukommt, nur um sogleich wieder zurückzuweichen und sich der Wahrnehmung zu entziehen. Zur *Präsentifikation* dienen jene kommunikativen Ästhetisierungsmittel, die Eindrücke oder Illusionen hervorrufen, vergangene Ereignisse oder gar Welten könnten im Moment erneut greifbar werden. Darüber hinaus sei unter dem Aspekt der *Deixis* auf diejenigen Inszenierungsverfahren zu achten, welche die Rezeption mit einem erhöhten Maß an Komplexität konfrontieren. *Deixis* meint eine Dramaturgie des Zeigens, die weder Sinnbezüge vorgibt, noch finale Sinnschlüsse vorstellt, sondern die allein über Andeutungen, die Sinnzuschreibungen zwar nahe legen, dann aber auch wieder konterkarieren und ins Offene lenken, den Wahrnehmenden in einen Schwebezustand zwischen Verlust und Wiedergewinnung von Kontrolle und Orientierung versetzen.

Im Verlauf seiner Argumentation verabschiedet sich Gumbrecht allerdings von der Vorstellung, die Substantialität und Intensität von Präsenz, also die Faszination des Auratischen, könne einzig in der Greifbarkeit des Hier und Jetzt, allein in der körperlich-räumlichen Unmittelbarkeit erfahren werden. Vielmehr seien Präsenzeffekte – dies deutet Gumbrecht anhand der Gedichte von García Lorca und am Beispiel der ›special effects‹ technisch-artifizieller Kommunikation an – durchaus auch über mediale Artefakte und ihre symbolischen Präsentationsformen inszeniert, vermittelt und ausgelöst (vgl. Gumbrecht 2004: 137, 162, ebenso Andree 2005).

Es bleibt zu diskutieren, ob und inwieweit Gumbrechts Vorschlag über die von Georg Simmel und Walter Benjamin vorgelegten Ansätze zu einer soziologischen Ästhetik bzw. Kunstsoziologie hinausreicht. Ein Beitrag zu dieser Diskussion ist die Prüfung der tentativen Begriffe auf ihre Dienlichkeit als Heuristik für die methodischen Verfahren der phänomenologisch orientierten Wissenssoziologie anhand materialer Analysen über die Wechselwirkungen zwischen körperlicher Präsenz und medialer Präsentation (vgl. Raab & Soeffner: im Erscheinen).

Literatur

Anders, Günther (1980), *Die Antiquiertheit des Menschen. Bd. 2: Über die Zerstörung des Lebens im Zeitalter der dritten industriellen Revolution*, München: C.H. Beck
Andree, Martin (2005), *Archäologie der Medienwirkung. Faszinationstypen von der Antike bis heute*, München: Fink
Baudrillard, Jean (1979), *Agonie des Realen*, Berlin: Merve
Baudrillard, Jean (1989), Videowelt und fraktales Subjekt, in: Ars Electronica (Hg.), *Philosophien der neuen Technologie*, Berlin: Merve, S. 113–131
Benjamin, Walter (1963a [1935/36]), Das Kunstwerk im Zeitalter seiner technischen Reproduzierbarkeit, in ders.: *Das Kunstwerk im Zeitalter seiner technischen Reproduzierbarkeit. Drei Studien zur Kunstsoziologie*, Frankfurt a.M.: Suhrkamp, S. 7–44
Benjamin, Walter (1963b [1931]), Kleine Geschichte der Photographie, in ders.: *Das Kunstwerk im Zeitalter seiner technischen Reproduzierbarkeit. Drei Studien zur Kunstsoziologie*, Frankfurt a.M.: Suhrkamp, S. 45–64
Benjamin, Walter (1972), *Über Haschisch. Novellistisches, Berichte, Materialien*, Frankfurt a.M.: Suhrkamp
Benjamin, Walter (1974 [1923]), *Charles Baudelaire*, Frankfurt a.M.: Suhrkamp
Berger, Peter L. & Thomas Luckmann (1980 [1969]), *Die gesellschaftliche Konstruktion der Wirklichkeit. Eine Theorie der Wissenssoziologie*, Frankfurt a.M.: Fischer
Cooley, Charles H. (1902), *Human Nature and Social Order*, New York: Scribner's Sons
Durkheim, Emile (1976 [1924]), *Soziologie und Philosophie*, Frankfurt a.M.: Suhrkamp
Gehlen, Arnold (2004 [1940]), *Der Mensch. Seine Natur und seine Stellung in der Welt*, Wiebelsheim: Aula
Goffman, Erving (1969 [1956/59]), *Wir alle spielen Theater. Die Selbstdarstellung im Alltag*, München: Piper
Goffman, Erving (1986 [1967]), *Interaktionsrituale. Über Verhalten in direkter Kommunikation*, Frankfurt a.M.: Suhrkamp

Gumbrecht, Hans Ulrich (2004), *Diesseits der Hermeneutik. Die Produktion von Präsenz*, Frankfurt a.M.: Suhrkamp
Hahn, Alois & Rüdiger Jacob (1994), Der Körper als soziales Bedeutungssystem, in: P. Fuchs & A. Göbel (Hg.), *Der Mensch – das Medium der Gesellschaft?*, Frankfurt a.M.: Suhrkamp, S. 146–188
Hahn, Alois (2002), Absichtliche Unabsichtlichkeit, *Sozialer Sinn. Zeitschrift für hermeneutische Sozialforschung* 1, S. 3–36
Hitzler, Ronald (2002), Der Körper als Gegenstand der Gestaltung. Über physische Konsequenzen der Bastelexistenz, in: K. Hahn & M. Meuser (Hg.), *Körperrepräsentationen. Die Ordnung des Sozialehn und der Körper*, Konstanz: UVK, S. 71–85
Husserl, Edmund (1992 [1931]), *Cartesianische Meditationen. Eine Einleitung in die Phänomenologie. Gesammelte Schriften, Bd. 8*, Hamburg: Meiner
Kamper, Dietmar (1999), *Ästhetik der Abwesenheit. Die Entfernung der Körper*, München: Fink
Knoblauch, Hubert (2005), Kulturkörper. Die Bedeutung des Körpers in der sozialkonstruktivistischen Wissenssoziologie, in: M. Schroer (Hg.), *Soziologie des Körpers*, Frankfurt a.M.: Suhrkamp, S. 92–113
Lukács, Georg (1970 [1923]), *Geschichte und Klassenbewusstsein. Studien über marxistische Dialektik*, Neuwied & Berlin: Luchterhand
Luhmann, Niklas (1997), *Die Kunst der Gesellschaft*, Frankfurt a.M.: Suhrkamp
Marcuse, Herbert (2004 [1964]), *Der eindimensionale Mensch. Studien zur Ideologie der fortgeschrittenen Industriegesellschaft*, München: DTV
Marx, Karl (1973 [1844]), *Ökonomisch-philosophische Manuskripte, MEW, Ergänzungsband I*, Berlin: Reclam
Merleau-Ponty, Maurice (1966 [1945]), *Phänomenologie der Wahrnehmung*, Berlin: de Gruyter
Nancy, Jean-Luc (1994), Entstehung zur Präsenz, in: C. L. Hart Nibbrig (Hg.), *Was heißt ›Darstellen‹?*, Frankfurt a.M.: Suhrkamp, S. 102–106
Oevermann, Ulrich (2000), Die Methode der Fallrekonstruktion in der Grundlagenforschung sowie der klinischen und pädagogischen Praxis, in: K. Kraimer (Hg.), *Die Fallrekonstruktion. Sinnverstehen in der sozialwissenschaftlichen Forschung*, Frankfurt a.M.: Suhrkamp, S. 58–156
Plessner, Helmuth (1981 [1924]), Grenzen der Gemeinschaft. Eine Kritik des sozialen Radikalismus, in ders.: *Macht und menschliche Natur. Gesammelte Schriften V.* Frankfurt a.M.: Suhrkamp, S. 7–133
Raab, Jürgen & Dirk Tänzler (1999), Charisma der Macht und charismatische Herrschaft. Zur medialen Präsentation Mussolinis und Hitlers, in: A. Honer, R. Kurt & J. Reichertz (Hg.), *Diesseitsreligion. Zur Deutung der Bedeutung moderner Kultur*, Konstanz: UVK, S. 59–77
Raab, Jürgen, Manfred Grunert & Sylvia Lustig (2001), Der Körper als Darstellungsmittel. Die theatrale Inszenierung von Politik am Beispiel Benito Mussolinis, in: E. Fischer-Lichte, C. Horn & M. Warstat (Hg.), *Verkörperung*, Tübingen & Basel: Francke, S. 171–198
Raab, Jürgen & Hans-Georg Soeffner (2005), Körperlichkeit in Interaktionsbeziehungen, in: M. Schroer (Hg.), *Soziologie des Körpers*, Frankfurt a.M.: Suhrkamp, S. 166–188
Raab, Jürgen & Hans-Georg Soeffner (im Erscheinen), Politik im Film. Über die Präsentation der Macht und die Macht der Präsentation, in: M. Schroer (Hg.), *Die Gesellschaft des Films*, Konstanz: UVK
Schütz, Alfred (2004 [1932]), *Der sinnhafte Aufbau der sozialen Welt. Eine Einleitung in die verstehende Soziologie*, Konstanz: UVK
Simmel, Georg (1992 [1908]), *Soziologie. Untersuchungen über die Formen der Vergesellschaftung*, Frankfurt a.M.: Suhrkamp
Simmel, Georg (1993 [1918]), Vom Wesen des historischen Verstehens, in ders.: *Das Individuum und die Freiheit*, Frankfurt a.M.: Fischer, S. 61–83
Simmel, Georg (2000b [1916]), Bruchstücke aus einer Philosophie der Kunst, in ders.: *Aufsätze und Abhandlungen 1909–1918, Bd. 2*, Frankfurt a.M.: Suhrkamp, S. 174–183
Soeffner, Hans-Georg (1990), Appräsentation und Repräsentation. Von der Wahrnehmung zur gesellschaftlichen Darstellung des Wahrzunehmenden, in: H. Ragotzky & H. Wenzel (Hg.), *Höfische Repräsentation. Das Zeremoniell und die Zeichen*, Tübingen: Niemeyer, S. 43–63
Soeffner, Hans-Georg (2004 [1989]), *Auslegung des Alltags – Der Alltag der Auslegung*, Konstanz: UTB/UVK
Tänzler, Dirk (2000), Das ungewohnte Medium. Hitler und Roosevelt im Film, *Sozialer Sinn. Zeitschrift für hermeneutische Sozialforschung* 1, S. 93–120
Virilio, Paul (1996), *Die Eroberung des Körpers. Vom Übermenschen zum überreizten Menschen*, Frankfurt a.M.: Fischer
Waldenfels, Bernhard (2002), *Bruchlinien der Erfahrung, Phänomenologie – Psychoanalyse – Phänomenotechnik*, Frankfurt a.M.: Suhrkamp

Michael Kauppert

Wie erschließt sich der Erfahrungsraum?
Zur Transformation des Lebensweltheorems

Dem Andenken an Jürgen Frese

Im Folgenden möchte ich einen Vorschlag unterbreiten, auf welche Weise die klassischen Lebensweltphänomenologien von Edmund Husserl und Alfred Schütz zu beerben wären, um sie für die soziologische Gegenwart nicht nur als historische Vorläufer in Anspruch zu nehmen, sondern auch als eine aktuelle Theorieressource zu gebrauchen. Nach einer Darstellung der Lebensweltphilosophie bei Husserl (1. Abschnitt) und der Lebensweltsoziologie bei Schütz (2. Abschnitt), werde ich jene Dimensionen im Lebenswelttheorem identifizieren (3. Abschnitt), aus denen heute zwar keine Problemlösungen mehr, immerhin aber noch Problemdefinitionen abgeleitet werden können. Im 4. Abschnitt schlage ich deswegen vor, im Konzept des Erfahrungsraums den Nachfolger der Lebensweltphänomenologie der Gründerväter zu sehen.

1. Die Lebensweltphilosophie bei Edmund Husserl

»Lebenswelt« ist ein Begriff, mit dem Husserl (1954) das Begründungsverhältnis von objektiver Wissenschaft und subjektiv konstituiertem Sinn korrigieren wollte. Dieses Unternehmen sah sich einer doppelten Schwierigkeit ausgesetzt. Einerseits musste Husserl darlegen, worin das Fundament auch noch der objektiven Wissenschaften bestehen konnte. Andererseits durfte er dabei nicht mit den Mitteln des von ihm kritisierten physikalischen Objektivismus vorgehen, konnte also dessen Exaktheitsidealisierungen der Welt nicht zur Grundlage einer Kartographie der bisherigen terra incognita aller Wissenschaften machen. Mit dem Begriff der Lebenswelt wählte Husserl daher einen Ausdruck, der schon auf sprachlicher Ebene diese Problemstellung mitreflektierte. Er besteht aus »zwei Allerweltswörtern, [...] die ihre nichtssagende Allgemeinheit im überraschenden Verbund verbergen« (Blumenberg 2001: 11). Der Synergieeffekt der Begriffskomposition lag darin, dass sie für Husserls Zwecke einesteils vage genug blieb, andernteils aber hinreichend suggestiv war. »Leben« ebenso wie »Welt« schien jedermann irgendwie bekannt zu sein, obgleich kaum jemand hätte explizieren können, was das Leben zum Leben machte und worin die Weltlichkeit der Welt eigentlich bestand. Durch ihre Synthese im Begriff der Lebenswelt steigerte Husserl diese partialen Gewissheiten, aber auch Verlegenheiten zu einem Realismus, der intuitive Bekanntheit mit unmittelbarer Anschauungsfülle vereinte und sich dabei zugleich prädikativ verschlossen hielt. Seitdem ist der Terminus Lebenswelt der schlechthinnige Titel für Art und Umfang dessen geworden, was sich von selbst versteht. Auch Husserl durfte bei Strafe ihrer Verfehlung keine Beschreibungen der Lebenswelt anfertigen, die über die schemenhafte Skizze einer Sphäre des »Allerbekanntesten, das in allem menschlichen Leben immer schon Selbstverständliche« (Husserl 1954: 126) hinausging. Die Lebenswelt sollte ja Inbegriff einer theorie- und sprachlosen Weltzugewandtheit sein, in der sich die Welt für ein Subjekt (noch) von selbst versteht, die mithin keiner Auslegung bedurfte, weil das, was erschien und das, worum es ging, im Welterleben eines Subjekts evident war. In der Beschreibung der Lebenswelt war »Vagheit« deswegen keine Verlegenheit, sondern das phänomenologische Mittel der Wahl. Die Lebenswelt konnte und sollte ja nirgends zum bloßen Gegenstand der Beobachtung werden, denn dann liefe sie Gefahr, zur zweiten Natur eines egologischen Welterlebens verdinglicht zu werden. Anstelle dessen fiel die Lebenswelt für Husserl mit der

Struktur der Weltvertrautheit insgesamt zusammen. Die Lebenswelt ließ sich nur von ihrer Funktion her verstehen, stetige Ressource und unausschöpfbares Reservoir elementarer Prozesse der Sinnbildung im Welterleben eines Erkenntnissubjektes zu sein. Zur Erläuterung dieser Funktion wählte Husserl eine absolute Raummetapher. Die Lebenswelt – das war der *Boden* aller Weltgewissheiten und der *Horizont* aller Weltinterpretationen (vgl. Husserl 1954: 145). Als Erstgegebenes war die Lebenswelt das Fundament und als Letztorientierendes blieb sie der Horizont des Erlebens. Gerade durch ihre Unüberbietbarkeit gewann die Lebensweltmetapher an enormer Attraktivität: Sie wurde das zur Ersatzontologie geronnene Versprechen eines ursprünglichen Welterlebens. Diesseits des Einflusses der vorurteilsgeladenen Wissenschaft wartete auf den Phänomenologen eine Sphäre reiner Evidenzen. Mit der Lebenswelt wollte und konnte Husserl nichts prinzipiell Neues entdecken, sondern nur das wiederfinden, was jedermann längst bekannt war. Die Lebenswelt – das war die vertraute Erde und der gewohnte Himmel des Erlebens. Sie ist seitdem zum kulturellen Heimspiel des Phänomenologen geworden. Denn als »Heimwelt« (vgl. Därmann 2005: 434f) der Lebensalltäglichkeit ließ sich die Lebenswelt als Komplementärstück zu jener Welt verstehen, die Ethnologen in der geographischen Ferne und kulturellen Fremde suchten. Mit Husserl konnte man annehmen, dass Fremdheit nicht erst mit dem kulturellen Abstand wuchs, sondern auch eine Funktion von Nähe war. Nicht erst bei den Primitiven, sondern mitten in der modernen Welt wartete für die Phänomenologie eine noch unerforschte Welt der Lebensalltäglichkeit, deren Vertrautheit zwar nicht für einen Teilnehmer, wohl aber für einen Beobachter dieser Welt ein denkbar großes Rätsel war. Schon der Grundbegriff jener wissenschaftlichen Anstrengung, Vertrautheit zu dechiffrieren, transportierte die methodische Anweisung, Vorurteile im großen Stile abzubauen. »Phänomene« waren das, was sich einem Beobachter *von selbst* zeigen sollte (vgl. Heidegger 1993: 28), *wenn* er sich vom Methodenideal und Rationalitätsbegriff der neuzeitlichen Wissenschaften lossagte und stattdessen auf den subjektiven Ursprung des Welterlebens zurückging. Husserls Kritik wies eine interessante Parallele zur Ethnologie auf. Das Objektivitätsideal der Naturwissenschaften verstellte die Erkenntnis der subjektiven Quellen des Welterlebens auf eben dieselbe Art, wie die technischen Errungenschaften der abendländischen Zivilisation in den Augen eines Ethnologen die Qualitäten der primitiven Gesellschaft vergessen machen ließen. Phänomenologie und Ethnologie hatten mehr gemeinsam, als insbesondere Husserl wahrnehmen wollte (vgl. Därmann 2005: 445f). Doch worin auch immer die Entfremdung von der natürlichen Lebens(um)welt für einen abendländisch-wissenschaftlichen Beobachter letztlich bestand, fremd konnte ihm diese Welt nicht deswegen sein, weil sie einfach und ursprünglich war. Es war aber genau diese Vermutung, die nicht nur den Ethnologen in die Ferne lockte, sondern auch dem Phänomenologen zuhause eine analoge Entdeckung versprach. Die Idee einer prälogischen und prämoralischen Welt verriet mehr über die Entdecker (Lévy-Bruhl 1927) als die Entdeckten. Und auch Husserls Vorstellung, bei Lebenswelt müsse es sich um Ursprungsevidenzen und Anschauungsfülle handeln, zeigte mehr über ihn selbst als über die Lebenswelt. Denn wohin man auch blickte, die subjektive und die primitive Welt waren nicht minder komplexe und weniger abstrakte Welten als jene, denen sie vermeintlich entgegenstanden. Sowohl die primitive Welt als auch die Lebenswelt bezeugten daher ein grundlegendes Vorurteil von Wissenschaftlern. Sie waren die raffinierte »Überdeutung ihres Objekts als einer reinen Ungedeutetheit« (Blumenberg 2000: 57). Die vermeintliche Unberührtheit der Lebenswelt von höherstufigen kulturellen Leistungen war demnach nicht, wie Husserl hoffte, der radikale Abbau der Kultur, sondern ihr wirkmächtigster Ausdruck. Davon konnte auch das moralische Gründungsmotiv von Ethnologie und Phänomenologie nicht ganz unberührt bleiben. Denn beide Forschungsrichtungen waren in erster Linie nicht vom Drang nach Erkenntnis angetrieben, sondern vom Überdruss am Zustand eigener Kultur und eigener Wissenschaft. Man sollte sich in diesem Zusammenhang daher nicht nur ins Gedächtnis rufen, dass der kanonische Text zur Lebensweltphänomenologie eine Antwort auf die »Krisis der europäischen

Wissenschaft« ist. Aus vergleichbaren Gründen hatte auch Lévi-Strauss (vgl. 1992) in Rousseau den Ahnherren der wissenschaftlichen Ethnologie gesehen.

Aber auch innerhalb des immanenten Anspruchsniveaus einer phänomenologischen Philosophie selbst tat sich ein Graben auf. Eine ursprüngliche und einfache Welt war zwar vorstellbar – zur sinnhaften Anschauung war sie jedenfalls nicht zu bringen. So kam es, dass Husserl die Verfassung der Lebenswelt nur mit Mitteln vor Augen führen konnte, die er zuvor programmatisch verworfen hatte. Als Ausgangspunkt und Bewährungsprobe jeder phänomenologischer Reflexion sollte ihm ja nichts anderes gelten als der für ein Erkenntnissubjekt *anschaulich gegebene* Sinn. Doch als basale Vertrautheitszone und Sphäre fragloser Gewissheiten war der Lebenswelt eines gerade nicht möglich: für ein Subjekt zu erscheinen. So wie nach antiker Weisheit die Natur es liebte, sich zu verbergen, so versteckte sich auch die Lebenswelt. Sie verblieb in einer absoluten Unauffälligkeit. Die Lebenswelt litt aus Sicht eines Phänomenologen geradezu unter einem »Phänomendefekt« (Blumenberg 2001: 25). Sie konnte daher nicht selbst erlebt, sondern nur *erschlossen* werden. Damit aber überschritt die Phänomenologie die von ihr selbst gesetzte Grenze, in »Welt« nichts weiter als das Korrelat sinnhafter Erlebnisse zu erblicken. Wie das »Ding an sich« unter den Kantischen Prämissen nur als ein reines Gedankending vorstellbar war, so bekam auch das Selbstverständliche der Lebenswelt von Husserl unversehens den Status eines Noumenon zugewiesen. »Die formal allgemeinsten Strukturen der Lebenswelt« (Husserl 1954: 145) sollten in nichts weiter als der Korrelation von Ding- und Weltbewusstsein bestehen. Gemessen an Husserls eigenen Ansprüchen erwies sich die *Struktur* der Lebenswelt als ein Gedankending. Ausgerechnet im Lebensweltkonzept zeigte sich damit ein Ausmaß an Abstraktion und ein Anteil an philosophischer Einbildungskraft, die Husserls Fundierungsabsichten durchkreuzten. Er unterlag hier durchaus seinen eigenen philosophischen Ambitionen. Denn gegen die »Natur« der Naturwissenschaften konnte die »Lebenswelt« des Phänomenologen nur dann bestehen, wenn es Husserl gelang, zwei Dinge zu zeigen. Erstens musste sich auch mit dem Lebensweltkonzept ein Anspruch auf Universalität erheben lassen. Wie die Natur, so konnte und durfte auch die Lebenswelt nur *eine* Lebenswelt *für alle* sein. Zweitens hatte Husserl aber auch den Beweis dafür anzutreten, dass die Schematisierung der Welt am Leitfaden der Mathematik und Physik nicht die Qualität einer ersten Philosophie haben konnte, sondern nur ein Derivat lebensweltlicher Einstellungen war. Die Gigantomachie zwischen »Natur« und »Lebenswelt« nötigte ihn daher dazu, letztere als kulturinvariantes und unwandelbares Fundament *jeden* Welterlebens auszuweisen. Betrachtet man das Lebensweltkonzept von dieser intellektuellen Frontstellung her, ist es nicht weiter überraschend, dass am Ende aus der Lebenswelt genau das ausgetrieben wurde, was Husserl zur Einführung dieses Konzepts anfänglich bewegt hatte: Anschauungsfülle, Evidenzerlebnisse und Ursprungskonkretionen. Seit Husserl schlägt sich die Lebensweltphänomenologie daher mit einem Dualismus herum. In der Formulierung Waldenfels (1979: 129) heißt das Grundproblem: »Sofern die Lebenswelt konkret-geschichtlich ist, ist sie kein universales Fundament, und insofern sie ein solches ist, ist sie nicht konkret-geschichtlich«.

2. Die Lebensweltsoziologie bei Alfred Schütz

Die Einführung des Lebensweltkonzeptes in die Soziologie durch Alfred Schütz konnte an eine Motivationslage anknüpfen, die derjenigen Husserls durchaus entsprach. Denn auch Wissenschaften wie die Soziologie unterlagen einem schon in der Krisis-Schrift dargelegten Fehlschluss. Sie tendierte dazu, nur dasjenige für soziale Wirklichkeit zu halten, was erfolgreich durch das Nadelöhr des eigenen Methodenkanons hatte hindurchschlüpfen können. Dieses Verdikt betraf in der Soziologie keineswegs nur kontrollierte Datenerhebung und statistisch fundierte Datenanalyse, sondern auch Theorien, die meinten, von den sinnhaften Erlebnissen der Individuen, und damit der Grundlage des sinnhaften Erlebens insgesamt abstrahieren zu können. Gegenüber einer

Soziologie wiederum, die in der Tradition Max Webers ausdrücklich darum bemüht war, die individuelle Perspektive zu berücksichtigen, indem sie Motive verstehen und Handlungen erklären wollte, monierte Schütz, dass dort das sinnhafte Erleben und Handeln zwar vorausgesetzt werde, aber hinsichtlich seiner Konstitutionsbedingungen weitgehend undurchsichtig sei. Um frei schwebende Konstruktionen von Motiven und ins Leere gehende Erklärungen von Handlungen aber zu vermeiden, wurde der Soziologie von Schütz eine Untersuchung der »Strukturen der Lebenswelt« vorgeschaltet, die in der Redaktion von Thomas Luckmann erhalten geblieben und seitdem verschiedentlich neu aufgelegt worden ist. Schütz ging es vor allem darum, *wie* sich die Welt aus der Perspektive eines in ihr Lebenden *zunächst und zumeist* präsentierte. Unter diesen phänomenologischen Voraussetzungen erwies sich ihm der Alltag als »Urtypus unserer Realitätserfahrung« (Schütz & Luckmann 2003: 57), einer Realität, die erneut nicht ontologisch begriffen werden sollte, sondern als ein »geschlossenes Sinngebiet« (Schütz & Luckmann 2003: 55), neben dem es zwar noch andere Sinngebiete gab, die sich aber *vom Alltag aus* allesamt als Modifikationen der Alltagsrealität, d. h. als Sonderwelten begreifen ließen. Der Alltag galt Schütz als jener Wirklichkeitsbereich, in den jedermann »unausweichlich, in regelmäßiger Wiederkehr« (Schütz & Luckmann 2003: 29) als Teilnehmer verstrickt war. Man konnte diese Welt nicht einfach und keinesfalls auf Dauer ignorieren. Wie jedes Sinngebiet, so war auch der Alltag »ausgestattet mit einem »besonderen Erlebens- und Erkenntnisstil« (Schütz & Luckmann 2003: 55), der den Entwurf und die Durchführung von Handlungen anleitete. Das zielte auf Routine ab. Der Alltag definierte sich geradezu als die eingespielte Welt der schlichten Gewissheiten und fraglosen Gültigkeiten. Die Einstimmigkeit der Alltagserfahrung beruhte auf einer fundamentalen Sicherheit gegenüber Enttäuschungen. Die Überraschungen, die das Alltagsleben stets aufs Neue bereithielt, ließen keine radikalen Weltzweifel und prinzipielle Sinnfragen aufkommen, sondern sie führten allenfalls zur Neujustierungen von Erwartungen. Der Alltag war und blieb damit derjenige Sinnbereich, der durch eine unerschütterliche Weltgewissheit ausgezeichnet war.

Die »Lebenswelt des Alltags« war dabei keineswegs kongruent mit Lebenswelt im Allgemeinen. Unter dem Stichwort »Abkehr vom Alltag« (Schütz & Luckmann 2003: 614ff) analysierte Schütz denn auch die Grenzüberschreitungen des Alltags zu anderen Sinngebieten hin. Der Alltag erwies sich hier als ein Sinnbezirk unter anderen in der Lebenswelt. Es war jederzeit möglich, ihm, etwa durch Schlaf und im Tagtraum, den Rücken zu kehren. Dies führte aber nicht aus der Lebenswelt hinaus, sondern wiederum zu anderen Sinngebieten *in* der Lebenswelt. Erst wenn die Typiken des Alltags angesichts »großer Transzendenzen« (Schütz & Luckmann 2003: 628) wie der Sterbensangst versagten, musste das Sinngebiet »Alltag« suspendiert werden. So sehr die Lebenswelttheorie von Schütz der Zeitlichkeit des Erlebens damit näher stand als das bei Husserl der Fall war, so sehr ist aber auch hier der Tod das denkbar größte Zeichen für unerfülltes Erleben und die absolute Leere des Bewusstseins geblieben. Wenn der Tod darin auch Erzfeind einer Wissenschaft von den Phänomenen sein musste, wenigstens ex negativo vermochte er es, den Gegenstand einer Phänomenologie zu definieren. Er war jene Grenze, die sich sowohl von den Grenzen innerhalb des Alltags wie auch von denjenigen zwischen Alltag und anderen Sinngebieten radikal unterschied (vgl. Schütz & Luckmann 2003: 626). Der Tod bezeichnete diesseits der Lebenswelt deren Jenseits und wurde damit zum praktischen Grenzbegriff des Sinns. Er gab der Verunmöglichung jeden Sinns noch einen Sinn dadurch, das er eine Sphäre bezeichnete, in der nichts weiter mehr gewusst, nichts weiter mehr erfahren und nichts weiter mehr erlebt werden konnte. Wie der Schlaf die relative Grenze für das alltägliche Bewusstsein war, so stellte der Tod die absolute Grenze der Lebenswelt dar. Erst durch den Tod konnte die Lebenswelt zum Inbegriff des Erlebnismöglichen werden, er selbst blieb ihr Gegenbegriff. In der Ausarbeitung der subjektiven Strukturen der Lebenswelt erwies sich die Zeitlichkeit des Erlebens damit als *die* Konstitutionsbedingung für die Phänomenalität der Welt. Denn ein schlichtes Faktum wurde bei Schütz stets vorausgesetzt, aber nicht selbst durchsichtig gemacht: Nur wer lebte, konnte die Welt auch erleben. Mit dem Alltagssubjekt hatte Schütz zwar eine

Jedermann-Perspektive gewählt, doch wie bei Husserl, so floss auch in den Adern dieses Subjekts kein wirkliches Blut. Obwohl es so aussah, war das Alltagssubjekt bei Schütz kein empirisches. Zeitlichkeit blieb bei ihm eine *Form* des durchschnittlichen Erlebens, wie auch alle anderen Strukturkategorien der Lebenswelt die selbst überzeitlichen, an keine besondere Existenzform und Geschichte gebundenen Kategorien blieben. Aus Sicht der Erfahrungswissenschaften machte es daher in der Lebensweltphänomenologie letztlich keinen Unterschied, ob mit Schütz von Protosoziologie (vgl. Luckmann 1993) oder mit Husserl von Transzendentalphilosophie die Rede war. In beiden Varianten war die Lebenswelt nichts weiter als ein invariantes Arsenal von Erlebnisformen, eine universale Quelle von Wahrnehmungsschematismen und ein konstantes Reservoir an Handlungstypen, mit denen ein Subjekt die Welt sinnhaft erlebte.

3. Drei Dimensionen der Lebensweltphänomenologie

So ergibt sich in etwa folgendes Bild der Lebensweltphänomenologie. Während Husserl die Lebenswelt zum Fundament des gesamten Welterlebens erhebt, wird sie bei Schütz in Gestalt des Alltags als dessen Zentrum gedacht (1). Husserl wie Schütz dient die Lebenswelt dabei als methodenkritischer Gegenbegriff: Husserl brachte sein Lebensweltkonzept in Stellung zur Natur der objektiven Wissenschaften. Schütz hingegen suchte mit der Lebenswelt das unkritische Methodenideal der Sozial- und Gesellschaftswissenschaften zu korrigieren (2). Weder Husserl noch Schütz beschrieben drittens mit dem Lebensweltkonzept einen empirischen Erfahrungszusammenhang, sondern sie wollten dafür vielmehr dessen Bedingungen und Formen aufweisen (3). Die weitere Rezeptionsgeschichte des Lebensweltheorems lässt sich entlang dieser drei Dimensionen folgendermaßen beschreiben. In *der ersten Dimension* des konzeptionellen Zugriffs wird »Lebenswelt« zunehmend als Welt unter Welten begriffen – sei es in der Gestalt kleiner sozialer Lebenswelten (vgl. Hitzler & Honer 1984), sei es in Form von Milieus (vgl. Grathoff 1989) oder sei es als eine zersplitterte Mannigfaltigkeit von Sinnwelten (vgl. Hitzler 1988). Damit wird »Lebenswelt« faktisch zum phänomenologischen Ersatzkonzept sozialer Differenzierung (Hierarchie, Zentrum-Peripherie, Polykontexturalität). In der *zweiten Dimension* wird das ursprünglich methodenkritische Lebensweltkonzept zunehmend gesellschaftskritisch gewendet. Der prominenteste Fall ist Habermas (1995), der die Lebenswelt gegen systemische Funktionszusammenhänge innerhalb der Gesellschaft verteidigt – freilich nicht ohne den seiner Meinung nach »kulturalistisch verkürzten« (Habermas 1995: 210) Begriff der Lebensweltheorie klassischer Prägung seinerseits zu korrigieren. Von Habermas aus ist das Schicksal des Lebensweltbegriffs vorgezeichnet. Denn in Forschungen, in denen die Lebenswelt zu einer in Familie und Freizeit verorteten Reproduktionssphäre allgemeiner Lebenskapazitäten stilisiert wird, hat sich zwar der gesellschaftskritische Impuls im Lebensweltbegriff immer mehr verflüchtigt, dafür aber verhärtet sich hier der Status der Lebenswelt zu einer Art gesellschaftlichem Reservat. Von »Lebenswelt« bleibt dann nicht viel mehr übrig als das bewahrenswerte Gegenstück zur Arbeitswelt. In der *dritten Dimension* schließlich verzichten aktuelle Varianten der Lebensweltheorie darauf, extraempirische Formen des Welterlebens zu postulieren, sondern sie kaprizieren sich stattdessen darauf, lebensweltliche Ethnographien (vgl. Honer 1993) verschiedener Sinnwelten zu liefern. Damit setzen sie sich einesteils zwar konkreten Erlebnissen und Handlungen von Akteuren aus, verzichten aber anderenteils dabei auf durchgreifende Theoretisierungen.

4. Der Erfahrungsraum

Ich möchte nun skizzieren, wie die Lebensweltphänomenologie in allen drei Dimensionen so zu beerben ist, dass sowohl Diskontinuität als auch Kontinuität zu den genannten Positionen erkennbar wird. Es geht also nicht um ein Alternativkonzept, sondern um die Transformation des Lebenswelttheorems. Auf *konzeptioneller Ebene* geht es zunächst darum, den Fassungen der Lebenswelt (Fundament, Zentrum, Reservat, Welt unter Welten) keine weitere mehr hinzuzufügen, sondern die Begrifflichkeit umzustellen. Mein Vorschlag ist hier, im Erfahrungsraum den konzeptionellen Nachfolger zu sehen. Auf *methodenkritischer Ebene* geht es vor allem darum, bereits bestehende Verfahren zur Erschließung historisch-konkreter Lebenswelten auf einen *alternativen methodischen Zugang* zum Erfahrungsraum zumindest vorzubereiten. Abschließend geht es in der dritten *Dimension der Geltungsansprüche* darum, die scheinbar ausweglose Alternative zwischen Universalismus und Geschichte durch ein Programm induktiv erschlossener, gleichwohl aber sozialräumlich stabiler Strukturen eines »konjunktiven Erfahrungsraums« (Mannheim 1980: 230) zu umgehen.

4.1 Das Konzept

Zunächst und vor allem muss sowohl dem transzendentalphilosophischen Subjekt wie auch dem protosoziologischen Alltagssubjekt das *faktische Leben* zurückerstattet werden, das ihm von Husserl bzw. von Schütz genommen wurde. Das primordiale bzw. submundane Subjekt der Phänomenologie kann in der Folge gar nicht anders, als wieder in die Welt der *Erfahrung* einzutreten. Die Lebenswelt ist Erlebenswelt: Sie beginnt mit dem Erleben eines konkreten Erfahrungssubjektes und endet auch damit. Was dazwischen liegt, ist der Raum der Erfahrung. Und dieser Raum hat eine spezifische Struktur. Im Zusammenhang einer Wissenschaft von den Ursprungsevidenzen des Welterlebens ist es freilich einigermaßen überraschend, dass diese es bisher versäumt hat, einen Begriff von Erfahrung auszubilden, der dem Verständnis von »Empirie« der positiven Wissenschaften nicht nur einen Katalog von Missverständnissen vorhält. Denn schon *auf deren eigenem Feld* lässt sich ein Vorverständnis dessen aufzeigen, was Erfahrung in einem phänomenologisch anschlussfähigen Sinne heißen kann. In der Phänomenologie wird »Erfahrung« vor allem in zwei Weisen gebraucht: kritisch, etwa als Gegenbegriff zum Urteil (vgl. Husserl 1985), oder unkritisch, zum Beispiel als Synonym zu Wahrnehmung und Erlebnis. Tatsächlich aber gibt es ein Verständnis von Erfahrung, mit dem sich sowohl kritisch-phänomenologische als auch soziologisch-empirische Ansprüche gleichermaßen befriedigen lassen. Dieses Verständnis lässt sich zu Teilen aus dem Sprachgebrauch, zu anderen Teilen aber aus einer traditionell-wissenschaftlichen Reflexion heraus ableiten. Der Erfahrungsbegriff meint zunächst eine Ortsbewegung (vgl. Hahn 1994: 95). Er bezeichnet ein Fahren, genauer gesagt: durch einen Raum ›hindurchfahren‹. Erfahrung besagt demnach: Eine Kenntnis, die einem unterwegs, etwa auf einer Reise, zugewachsen ist. Damit ist deutlich, welche elementare Bedingung die Konstitution einer Erfahrung hat: Sie braucht und verbraucht Zeit, um sich herauszubilden. Andererseits aber führt dieses Verständnis von Erfahrung noch zu zwei weiteren wichtigen Eigenschaften des Erfahrungsbegriffes. Denn erstens ist Erfahrung dasjenige, was von dieser Durchfahrt von demjenigen zurückbehalten wurde, der gefahren ist. Um erfahren zu sein, muss jemand also über Gedächtnis und Erinnerung verfügen. Doch was kann hier erinnert werden? Die Fahrt zerfällt einerseits in eine Reihe von Zuständen: Es handelt sich hier um eine Vielzahl von Erlebnissen und eine Unzahl von Handlungen. Andererseits aber hat sich die Erfahrung nicht erst am Ende der Reise, sondern bereits »unterwegs« unwillkürlich selbst gebildet: Jemand bemerkt hier zwischen seinen Erlebnissen und Handlungen etwas Gleichartiges. Um von »Erfahrung« sprechen zu können, müssen sich zweitens verschiedene Erlebnisse und Handlungen in mindestens einer Hinsicht untereinander als ähnlich erwiesen haben. Darum zu wissen und diese Erlebnisse von anderen Erlebnissen wiederum unterscheiden zu können, macht nun aber den traditionell-aristotelischen Begriff von Erfahrung aus (vgl. Hahn 1994: 139). Einesteils ist *empireia* ein Vorbegriff (wissenschaftlichen) Wissens. Andererseits ist im Erfahrungsbegriff selbst schon das Kriterium für die Konstitution der Lebenswelt enthalten.

Denn wenn es richtig ist, dass die Lebenswelt diejenige Welt ist, die sich von selbst versteht und fraglos gewiss ist, dann ist dies nur eine Umschreibung einer elementaren Weltvertrautheit. Lebenswelt, so lässt sich sagen, ist dort, wo Vertrautheit ist (vgl. Luhmann 1986). An der *empireia* lässt sich nun durchsichtig machen, inwiefern sich Vertrautheit gar nicht anders als über Wiederholungen, Variationen und Reprisen von Erlebnissen und Handlungen *in der Zeit* aufbauen kann. Erst darüber kann sich ein Wissen um Ähnlichkeit oder Verschiedenheiten ausbilden, mithin ein Regelwissen. Wenn man in diesem Sinne nun »Erfahrung« als allmählichen *Prozess des Vertrautwerdens* mit der Welt auffasst, heißt dies nichts anderes als dass die Lebenswelt geschichtlich ist *und* ein Wissen über Regelzusammenhänge enthält.

4.2. Methodologische Grundlinien

Der Erfahrungsraum ist nun nicht länger mehr der extraempirische Raum, wie das die Lebenswelt bei Husserl und Schütz noch war, sondern in der menschlichen Erfahrung selbst verankert. Räumlich ist die Erfahrung deswegen, »weil sie sich zu einer Ganzheit bündelt, in der viele Schichten früherer Zeiten zugleich präsent sind, ohne über deren Vorher oder Nachher Auskunft zu geben« (Koselleck 1979: 356). Wie kann Erfahrung aber jederzeit präsent sein? Doch wohl nur so, dass sie sich wie ein *virtueller Raum* im Handlungs- und Erlebenszusammenhang eines Individuums co-präsent hält. Der Erfahrungsraum lässt sich von einem Erfahrungsträger nicht ohne weiteres explizieren. Wäre dies der Fall, wäre damit bereits der Schritt zur reflektierenden Wissenschaft getan. In der Alltagspraxis wird die eigene Erfahrung in der Regel so dargestellt, wie sie erworben wurde: zeitlich. Da das Wissen eines Erfahrungssubjektes in dessen eigenem Erfahrungsraum aufbewahrt wird, kann dieses Wissen nur von ihm selbst repräsentiert, d. h. als Geschichte seiner Erfahrungsbildung erzählt werden. Im Alltag geschieht dies permanent und relativ unkompliziert: Ein Ich-Erzähler teilt einem Adressaten die Geschichte seiner Erfahrungsbildung mit. Das Paradigma hierfür sind Reisen. Bei deren Darstellung begnügt man sich mit den wichtigsten Etappen und den eindrücklichsten Erlebnissen. Und trotzdem steht die Geschichte für die ganze Reise. Dieser Umstand lässt sich nun methodisch für die Soziologie zunutze machen. Denn begreift

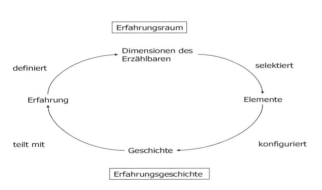

Abb. 1: Zusammenhang von Erfahrungsraum und Erfahrungsgeschichte

man das Leben als denjenigen Prozess im Erleben eines Individuums, über den eine zunächst vollkommen unvertraute Welt sukzessive in Vertrautheit überführt wird, also als Lebenslauf, dann ist wiederum die Lebensgeschichte jene Auskunft darüber, wie und als was die Welt im Maßstab einer datierbaren Lebensspanne für ein Erfahrungssubjekt vertraut geworden ist. »Lebenswelt« kann dann nichts anderes mehr heißen als jene elementare Weltvertrautheit, die sich für ein Individuum aus Fleisch und Blut im Laufe seiner Biographie eingestellt hat. Um die Diskontinuität zur phänomenologischen Lebensweltheorie zu bezeichnen, schlage ich vor, nicht mehr von den Strukturen der Lebenswelt, sondern von der *Struktur des Erfahrungsraumes* zu sprechen. Es handelt sich hier nicht mehr um einen Wissensvorrat, der von einem Alltagssubjekt für die Bewältigung von Handlungssituationen angezapft wird, sondern um die

Organisationsform der Erfahrung eines Biographieträgers. Die Struktur des Erfahrungsraumes bildet sich nicht durch einen zeitlichen Zusammenhang, sondern schält sich durch die *topologische Stellung* derjenigen Dimensionen heraus, die im Maßstabe einer Lebensspanne von einem konkreten Individuum wiederholt durchlaufen wurden. Die Lebensgeschichte ist daher nicht einfach die Darstellung von Lebensereignissen, auch geht sie nicht in narrativen Vergewisserungen personaler Identität auf, sondern sie bildet einen eigenen Erkenntnistyp aus, der den Raum der Erfahrung zum Gegenstand hat. Die Lebensgeschichte kann ihrer eigenen Anlage nach dabei nichts anderes sein als eine Zusammenraffung, eine Komprimierung, eine Miniaturisierung des Lebens. In dem Maße, wie die Geschichte das erlebte Leben abkürzt und verdichtet, muss sie dabei auf diejenigen Dimensionen zurückgreifen und sich beschränken, in denen ein Erzähler *gesamtbiographisch* mit der »Welt« vertraut wurde. Die Lebensgeschichte unterscheidet sich deswegen von einer Ereignisgeschichte, die detailliert darlegt, welche Erfahrungen in welchen Situationen gemacht wurden. Die Ereignisgeschichte benutzt dazu einen grundlegend anderen Erfahrungsbegriff. Erfahrungen, die »man macht«, stellen im eigentlichen Sinne kein Wissen um Regelzusammenhänge, sondern Widerfahrnisse dar. Erfahrungen, die man macht, sind Enttäuschungen von Erwartungen und deren Neujustierungen: man ist hinterher schlauer. Aber das Leben ist keine Erfahrung, die man macht und daher kein Lernprozess. Das Leben gleicht vielmehr einer Überfahrt, einem Durchlauf, einer Reise. Nicht umsonst spricht man vom Leben als einen Lauf, eben von einem Lebenslauf. Die Lebensgeschichte erzählt – weil sie die Gesamtbiographie vor Augen hat – vom Lebensverlauf dabei mit einer gleichmütigen Indifferenz gegenüber den Ereignissen, die ihn ausmachen. Im Maßstab des Lebens verlieren die biographischen Ereignisse offenbar ihre Singularität. Die Ausschläge und Niederschläge des Lebens werden im Rahmen einer Lebensgeschichte auf eine ihr eigene Durchschnittlichkeit hin nivelliert. Die Lebensgeschichte ist deswegen der große Gleichmacher der Ereignisse, weil es in ihr nicht um Ereignisse geht, sondern um die *elementaren Dimensionen der Weltvertrautheit.*
Stellen wir uns eine erzählte Lebensgeschichte nun vor (vgl. Abb. 1). Der Erfahrungsprozess definiert hier, in welchen Dimensionen Welt für einen Ich-Erzähler im Verlaufe seines Lebens vertraut geworden ist. Das bedeutet, dass die Erfahrungsbildung die Dimensionen des überhaupt Erzählbaren begrenzt. Die von vornherein eingeschränkten Dimensionen des Erzählbaren bilden das Reservoir für die Auswahl konkreter Elemente, also von Ereignissen im Lebensverlauf, die einen Stellvertretercharakter für diese Erfahrungsdimensionen haben. Diese Elemente müssen aber wiederum erst in einen Zusammenhang gebracht werden, um für einen Zuhörer einen Sinn zu ergeben. Bevor eine Geschichte durch einen Hörer verstanden werden kann, müssen innerhalb eines kognitiven Bezugssystems der Narration also bereits eine Reihe von Operationen vollzogen worden sein: die Begrenzung des Erzählbaren durch den Erfahrungsprozess, die Selektion symptomatischer Elemente aus dem damit korrelierenden Erfahrungsraum, die Konfiguration dieser Elemente zur Einheit einer Geschichte (vgl. Ricœur 1988: 104ff) und schließlich deren Mitteilung an den Adressaten der Erzählung. Wenn es richtig ist, dass die Lebensgeschichte datierbare Ereignisse nur zum Anlass dafür nimmt, darüber die Dimensionen der Weltvertrautheit darzustellen, geht an den Soziologen die methodische Anweisung, das kognitive Bezugssystem der Erzählung zu untersuchen. Wegen des hier zugrunde gelegten kognitiven Begriffs von Erfahrung ist dieses identisch mit der Struktur des Erfahrungsraumes.

4.3. Ein Netzwerk von Beziehungen

Für das dualistische Grundthema der Lebensweltphänomenologie, der Widerstreit zwischen (abstraktem) Universalismus und (konkreter) Geschichtlichkeit, bedeutet die Anlage eines solchen Unternehmens in etwa folgendes: Einesteils geht das vorgestellte Konzept von der konkreten »Lebenserfahrung« eines historisch situierten Individuums aus. Da aber andernteils hier nicht die einzelnen Lebensereignisse interessieren, sondern die im Erfahrungsraum eines

Erfahrungssubjekts appräsentierten Strukturen seiner Weltvertrautheit, kann durch sukzessive Konfrontation mit einer beliebig großen Reihe anderer Erfahrungsstrukturen induktiv das erschlossen werden, was Karl Mannheim (1980: 230) einen »konjunktiven Erfahrungsraum« genannt hat. Damit wird deutlich, dass das Konzept des Erfahrungsraumes von vornherein auf einen überindividuellen Erfahrungszusammenhang hin angelegt ist. Dazu muss sich empirisch allerdings zeigen lassen, um welche Dimensionen der Erfahrungen es sich dabei konkret handelt und welche Relationen zwischen diesen Dimensionen jeweils bestehen (vgl. Kauppert 2007). Wenn dieser Schritt methodisch vollzogen ist, erweist sich der konjunktive Erfahrungsraum als ein großflächiges Netzwerk von Beziehungen. Man kann dabei an einen nächtlichen Sternenhimmel denken. Er versinnbildlicht, dass im Erfahrungsraum gleichzeitig präsent ist, was sich ungleichzeitig herausgebildet hat. Am Sternenhimmel macht es keinen Unterschied, ob das Sternenlicht eine größere oder kürzere Entfernung zurückgelegt hat, wir sehen dennoch alle Sterne auf einmal. Nur über die Lichtstärke lassen sich für den nächtlichen Beobachter Rückschlüsse auf die Dauer und die Entfernung ziehen, die das Licht mutmaßlich unterwegs gewesen ist. Wir können aber nicht einmal entscheiden, ob die Quelle des Lichts, das wir gerade sehen, überhaupt noch existiert. Wenn wir an den Sternenhimmel sehen, blicken wir in der Erlebnisgegenwart in eine kosmische Vergangenheit. Am Sternenhimmel erkennen wir außerdem bestimmte Muster: Anhäufungen von Galaxien und Galaxienhaufen, zwischen denen wir intuitiv Beziehungen herstellen, die uns als Sternbilder geläufig sind. Wenn man nun den konjunktiven Erfahrungsraum auf eine solche Weise auffasst, dann lassen sich Galaxienhaufen als gemeinsame Erfahrungsdimensionen und Sternbilder wiederum als Strukturen der Erfahrung veranschaulichen, wie sie von den Erzählern selbst dargestellt werden. Eine strukturalistisch gewendete Erforschung konjunktiver Erfahrungsräume glaubt daher zu wissen, in welcher Hinsicht Husserl und Schütz auch heute noch aktuell sind: »Wenn *eine* Lebenswelt, dann als Netz von Lebenswelten« (Waldenfels 2001: 433, kursiv i.O.).

Literatur

Blumenberg, Hans (2001), *Lebenszeit und Weltzeit*, Frankfurt a. M.: Suhrkamp
Därmann, Iris (2005), *Fremde Monde der Vernunft. Zur ethnologischen Provokation der Philosophie*, München: Fink
Grathoff, Richard (1989), *Milieu und Lebenswelt. Einführung in die phänomenologische Soziologie und sozialphänomenologische Forschung*, Frankfurt a.M: Suhrkamp
Habermas, Jürgen (1995), *Theorie des kommunikativen Handelns*, Bd. 2, Frankfurt a. M.: Suhrkamp
Hahn, Achim (1994), *Erfahrung und Begriff. Zur Konzeption einer soziologischen Erfahrungswissenschaft als Beispielhermeneutik*, Frankfurt a. M.: Suhrkamp
Heidegger, Martin (1993), *Sein und Zeit*, Tübingen: Niemeyer
Hitzler, Ronald & Anne Honer (1984), Lebenswelt – Milieu – Situation, *Kölner Zeitschrift für Soziologie und Sozialpsychologie*, 1, S. 56–74
Hitzler, Ronald (1988), *Sinnwelten*, Opladen: Westdeutscher Verlag
Honer, Anne (1993), *Lebensweltliche Ethnographie*. Wiesbaden: DUV
Husserl, Edmund (1954), Die Krisis der europäischen Wissenschaften und die transzendentale Phänomenologie. Eine Einleitung in die phänomenologische Philosophie, hg. von Walter Biemel, Den Haag: Nijhoff
Husserl, Edmund (1985), *Erfahrung und Urteil: Untersuchungen zur Genealogie der Logik,* hg. v. L. Landgrebe, Hamburg: Meiner
Kauppert, Michael (2007), »Ost« und »West« – Von einer Differenzierung der Lebensverhältnisse zu einer Transformation von Lebenswelten, in: T. Hengartner & J. Moser (Hg.), *Grenzen und Differenzen. Zur Macht sozialer und kultureller Grenzziehungen*, Leipzig: Universitätsverlag, S. 811–822
Koselleck, Reinhart (1979), *Vergangene Zukunft: Zur Semantik geschichtlicher Zeiten*, Frankfurt a. M.: Suhrkamp

Lévi-Strauss, Claude (1992), Jean-Jacques Rousseau, Begründer der Wissenschaften vom Menschen, in: *Strukturale Anthropologie II*, Frankfurt a. M.: Suhrkamp, S. 45–56
Lévy-Bruhl, Lucien (1927), *Die geistige Welt der Primitiven*, München: Bruckmann
Luckmann, Thomas (1993), Schützsche Protosoziologie? in: A. Bäumer & M. Benedikt (Hg.), *Gelehrtenrepublik – Lebenswelt. Edmund Husserl und Alfred Schütz in der Krisis der phänomenologischen Bewegung*, Wien: Passagen, S. 321–326
Luhmann, Niklas (1986), Die Lebenswelt – nach Rücksprache mit Phänomenologen, in: *Archiv für Rechts- und Sozialphilosophie* 72, S. 176–194
Mannheim, Karl (1980), *Strukturen des Denkens*, hg. v. D. Kettler u. a., Frankfurt a. M.: Suhrkamp
Ricœur, Paul (1988), *Zeit und Erzählung*, Band 1: Zeit und historische Erzählung, München: Fink
Schütz, Alfred & Thomas Luckmann (2003), *Strukturen der Lebenswelt*. Konstanz: UVK
Waldenfels, Bernhard (1979), Die Abgründigkeit des Sinns. Kritik an Husserls Idee der Grundlegung, in: E. Ströker (Hg.), *Lebenswelt und Wissenschaft in der Philosophie Edmund Husserls*, Frankfurt a. M: Klostermann, S.124–142
Waldenfels, Bernhard (2001), »…jeder philosophische Satz ist eigentlich in Unordnung, in Bewegung« Gespräch mit Bernhard Waldenfels, in: M. Fischer & H.-D. Gondek & B. Liebsch (Hg.), *Vernunft im Zeichen des Fremden*, Frankfurt a. M.: Suhrkamp, S. 409–460

Joachim Renn

Emergenz –
Das soziologische Problem heterogener Ordnungsebenen und die Zeit der Phänomenologie

I

Die Frage, was »Emergenz« bedeute, betrifft ein für die Soziologie elementares Theorieproblem: die Dekomposition der disziplinär konstitutiven »Ordnungsfrage« in das Differential heterogener sozialer Ordnungs*ebenen*. Wenn die Gesellschaftstheorie die Frage nach den Bedingungen sozialer Ordnung integrationstheoretisch auf die Ebene eines Problems zweiter Ordnung hebt – d. h. auf die Frage der Ordnung des Verhältnisses zwischen autonomen Teilordnungen bezieht (siehe: Renn 2006b: 75ff) – dann ist die Analyse des Spannungsverhältnisses zwischen teilautonomen Ordnungen und möglichen Ordnungen zweiter Ordnung auf eine klare Verwendung des Emergenzbegriffes angewiesen.

Als Differenz zwischen Ordnungsebenen kommen hierbei Unterschiede in Betracht, die innerhalb der Disziplin für gewöhnlich unter den Titeln Mikro-, Meso- und Makroebene verhandelt werden (Hoyningen-Huene 1994, Albert 2005: 392ff). Emergenztheoretisch wird diese Unterscheidung allerdings erst dann interessant, wenn die Ebenenunterscheidung sich nicht auf die Differenzierung zwischen Handlungsebene und passiven Aggregateffekten beschränkt, sondern makrotheoretisch die Gesellschaft als differenziert in selbstregulative Sozialsysteme betrachtet, die untereinander Typenunterschiede in den Dimensionen Größenordnung, Abstraktionsgrad und mediale Basis aufweisen (vgl. Heintz 2004).

In der Soziologie fallen mit Bezug auf synchrone Emergenzbeziehungen vor allem Probleme der kausalen Beziehungen zwischen Makro- und Mikroebene an, als Spezialproblem Fragen zur »strukturellen Kopplung« in der Systemtheorie, in anderen Fächern vor allem das Problem der »Supervenienz« zwischen mentalen und physischen Ereignissen. Ein zweites »Emergenz-Problem« liegt demgegenüber in der diachronen Dimension und betrifft Fragen der Entstehung des »Neuen« bzw. von »Ordnung« (siehe: Krohn & Küppers 1992), allgemein: Übergänge, die nicht-triviale Diskontinuitäten enthalten. Dieser Problemzusammenhang gewinnt makrosoziologisch und gesellschaftstheoretisch an Bedeutung, seit die Soziologie sich von evolutionistischen und teleologischen Narrativen der Entwicklung der Moderne verabschiedet hat und die prinzipielle Kontingenz von Struktur-Übergängen einrechnen muss.

Die beiden genannten Probleme treffen sich am Ende, wenn das synchrone Verhältnis zwischen heterogenen Ordnungsebenen auf die diachrone Frage ihrer *Ausdifferenzierung* bezogen und diese Ausdifferenzierung wiederum durch die Betonung der resultierenden *Heterogenität* zwischen den Ordnungsebenen radikalisiert wird. Dann nämlich hilft die synchrone Untersuchung der Emergenz die Folgen von Ausdifferenzierung zu verstehen, während die diachrone Analyse eine Rekonstruktion synchroner Emergenz ermöglicht.

Gegenwärtig zeigen die in der Soziologie verbreiteten Berufungen auf Emergenz in der Regel jedoch, dass entsprechende Übergänge entweder gar nicht oder reduktionistisch erklärt werden. Letzteres gilt für das Lager *angeblich* »nichtreduktionistischer« Monisten (und Naturalisten) (vgl. Stephan 1992, 1999), ersteres für die kybernetisch inspirierten Verfechter von Prinzipien der »Selbstorganisation«. Was in der Debatte fehlt, ist die reflexive Wendung, das Problem der Emergenz auf die Emergenz dieses Problems zu beziehen. Das Problem der Heterogenität von Ordnungsebenen erscheint dann als die Frage nach den Bedingungen der Unterscheidung zwischen solchen Ebenen.

Die weit verbreiteten Analysen des Emergenzproblems, die in der einfachen Beobachterperspektive auf emergente Übergänge wie auf objektive Dynamiken hinsehen, führen in eine Sackgasse, solange sie unterschlagen, dass Emergenz nicht allein als ein *sachliches* Strukturproblem zu analysieren ist, sondern die Exposition eines Problems zweiter Ordnung erzwingt: das *vollständige* Phänomen ist nicht die fallweise je anders gelagerte spezifische Emergenz von etwas, sondern die *Emergenz von Emergenzzuschreibungen*.

Die Notwendigkeit dieser Berücksichtigung von Reflexivität wird indirekt impliziert durch ein zentrales Emergenzparadox: durch den Zwang, bezogen auf den Umschlag von der Quantität in die Qualität oder auf einen »Phasenübergang« bei spontaner Ordnungsbildung (Holland 1998, Krohn & Küppers 1992) und ebenso auf die gewissermaßen »ruckartige« Aufstufung rekursiver Beziehungen zwischen Elementen eines homogenen Mediums zur Reflexivität dieses Mediums (etwa: »Selbstbewusstsein«) *Kontinuität und Diskontinuität zugleich* zuzuschreiben. Diese Gleichzeitigkeit des Gegensätzlichen kann nur durch den Rekurs auf eine dritte Instanz, auf den *vergleichenden* Beobachter, konsistent behauptet werden. Sobald dieser »Beobachter« jedoch seine eigene Reflexivität und darin die Bedingung der Möglichkeit seiner Beobachtung und der Zuschreibung von Emergenz reflektiert, tritt die Reflexivität als Merkmal emergenter Prozesse in den Gegenstandsbereich der Emergenzbeobachtung wieder ein. Denn – anders als die konstruktivistische Iteration von Beobachtern immer höherer Ordnung unterstellt (Luhmann 1990a, 1990b, 1992) – der Beobachter muss seine eigene Reflexivität als Folge eines *sachlichen* (nicht konstruierten) emergenten Übergangs verstehen. Darum ist die Analyse der Emergenz mit Notwendigkeit auf das Problem der *Perspektive* verwiesen. Wir können nicht nach der Emergenz von etwas fragen, ohne die Emergenz einer *Perspektive* in Betracht zu ziehen, die ex post ihre eigenen Bedingungen der Möglichkeiten und den Unterschied zwischen sich als Kontinuität und der Kontinuität, der sie zugleich entstammt und *entronnen* ist, reflektiert.[1]

II

In der Bestandsaufnahme soziologischer Emergenzbegriffffe von Alfons Bora (2003: 119ff) wird zwar vorschnell unterstellt, dass das Problem bei Luhmann durch den verhältnismäßig mystifizierten Begriff der Selbstorganisation schon »gelöst« sei. Verdienstvoller Weise aber stellt Bora Beziehungen zum Begriff der Supervenienz her: Schon John Stuart Mill hatte zwei Typen von Ursachenzusammenhängen unterschieden: die Ermittlung der Wirkung zweier Ursachen durch Addition oder Superposition, und demgegenüber jenen Fall, in dem diese Rückführung nicht möglich erscheint. Der zweite Typus leitet über zur Figur der Emergenz. In der Evolutionstheorie haben C. Lloyd Morgan und C. D. Broad die sprichwörtliche Überschreitung des Ganzen gegenüber der reinen Summierung der Teile ins Spiel gebracht (vgl. Fromm 2004, Beckermann 1992). Das Ganze kann auch bei vollständigem Wissen über das Verhalten der Komponenten und ihrer Anordnung im Ganzen aus diesem Verhalten nicht abgeleitet werden. Bei den britischen Emergentisten wird die Figur emergenter Eigenschaften auf das tradierte Leib-Seele-Problem übertragen. Das Prinzip der Supervenienz, die Gleichzeitigkeit von Ereignissen auf verschiedenen Ordnungsebenen (hier: bezogen auf body und mind, vgl. Stephan 2002 und Beckermann 1992), die keine Unterstellung kausaler Relationen zwischen den Ereignissen erlaubt, steht nach wie vor im Zusammenhang mit der Beziehung zwischen einem Ganzen und seinen Teilen (Komponenten oder Elementen). Auch wenn nämlich physikalische Elemente (Hirnzustände) als Basis-Komponenten der Gesamtheit, in der Bewusstsein entsteht, gelten mögen, so lassen sich Eigenschaften des Geistes nicht aus den Eigenschaften jener Komponen-

---

1 Die Bergsonsche Beschreibung einer »évolution créatrice« bleibt mit der traditionellen Metapher einer spezifischen »Schöpfung« hinter dieser Wendung noch zurück (Bergson: 1940).

ten (etwa additiv) erklären bzw. prognostizieren. Es besteht keine Identität zwischen Basiseigenschaften und supervenienten Eigenschaften der komplexen Gesamtorganisation (und ihrer nun intentional erscheinenden Elemente), so dass schon deswegen eine deterministische Kausalrelation für die Erklärung ausscheiden muss. Die Eigenschaften der komplexen Ordnung »emergieren«. In diesem Sinne impliziert das Prinzip der Supervenienz zunächst eine nichtdeterministische Zuordnungsrelation zwischen gleichzeitigen Ereignissen. Es impliziert in diachroner oder genetischer Hinsicht deshalb die Figur eines diskontinuierlichen Übergangs in ein Ordnungsniveau, dessen Eigenschaften durch die entsprechenden Antezedenzbedingungen nicht festgelegt sind (auch wenn diese Bedingungen als notwendige Bedingungen gewertet werden dürfen).

Sofern Supervenienztheorien dieses Typs allerdings in ihrem Bezug auf die Elemente einer emergierenden Ordnungsebene nur den basalen (das heißt in unklarer Bedeutung »zugrunde liegenden«) Elementen Realität zusprechen, wirft die Zuschreibung supervenienter Eigenschaften das Problem des »ontischen Reduktionismus« (Castañeda 1994) auf. »Real« sind dann nur jene Eigenschaften und Ereignisse, die im Horizont kausalanalytischer und nomologischer Sprachspiele als Ursachen und Wirkungen identifiziert werden, während die über ihnen supervenierenden Ereignisse bzw. die über jener kausal verknüpften Realitätsebene supervenierenden Ordnungsebenen einen mirakulösen Status[2] behalten. Das ist ein Problem, dass sich in radikal monistischen *Sozialtheorien* ebenfalls stellt, hier in Gestalt der Restriktion sozialer Wirkungszusammenhänge auf die Realität von individuellen Akteursperspektiven.

Der in der Soziologie zentrale Unterschied zwischen Mikro- und Makroebene (Hoyningen-Huene 1994), das Gefälle zwischen Interaktion und Gesellschaft (Luhmann 1983), die Beziehung zwischen Organisation und Person, schließlich die Differenz zwischen dem systemischen, dem sozialen, dem kommunikativen und dem subjektiven »Sinn« – all diese soziologisch notwendigen Unterscheidungen zwischen Bezugsgrößen lassen sich in das Problem der Beziehung zwischen unterschiedlichen *Ordnungsebenen* übersetzen, auf denen Handlungen bestimmt und koordiniert werden. Und jede dieser Übersetzungen begibt sich in die Gefahr des ontischen Reduktionismus, sobald sie nur eine der jeweils beteiligten Ordnungsebenen als »real« definiert und – korrelativ dazu – nur einen Typus der Erklärung sozialer Phänomene als wissenschaftlich solide Operationsweise zulassen will. Paradigmatisches Beispiel ist der Unterschied zwischen der intendierten, subjektiven Bedeutung und Einheit einer Handlung und der sozialen Bedeutung der selben Handlung. Wenn der methodische Individualismus sich mit einem *sozial*ontologischen Monismus verschwistert, also nur intentionale Phänomene als reale Elemente sozialer Beziehungen und als einzige solide Randbedingungen syllogistischer Handlungserklärung gelten lässt (Sawyer 2001, Kelle & Lüdemann 1995), dann löst sich jedes strukturelle Aggregat in seinen intentionalen Reflexen auf, und damit verschwindet das eigentliche Problem der Emergenz, die Heterogenität der Ordnungsebenen und der auf sie bezogenen Beschreibungssprachen.[3]

Die Soziologie bezieht sich jedoch notwendig auf »einen« Gegenstand, der in sich selbst in aufeinander irreduzible Ordnungsebenen differenziert ist, und die *deshalb* nicht im Medium eines einzigen Vokabulars beschrieben werden können (Renn 2006a). Die Unterscheidung zwischen Ordnungsebenen macht sich bemerbar in den jeweils theorieabhängigen und deshalb heterogenen Bestimmungen des Begriffs der Einzelhandlung. Während die einzelne Handlung mit Bezug auf das Bewusstsein eine intentionale Einheit »ist« und eine in Abhängigkeit vom subjektiven Sinn bestimmbare Spannweite hat (Schütz 1974), definiert z. B. die Systemtheorie

---

2 Unter dieser Bedingung erscheint »Emergenz« – als Beziehung zwischen dem qualitativ Phänomenalen und dem Physischen – so wie es Todd Feinberg (2001) formuliert, »somewhat mysteriously« zu sein, vgl. Laucken (2005).
3 Bei G. H. Mead »emergiert« (ebenso wie bei Jean Piaget, wenn auch auf andere Weise bzw. von einer ganz anders gedeuteten Ausgangslage aus) das Selbst-Bewusstsein und – damit zusammenhängend – das »signifikante Symbol«, das Perspektivenübernahme zugleich verlangt und ermöglichen soll, vgl.: Mead (1973) und (1959).

die Handlung als die von einer systemrelativen Semantik abhängige selektive Bestimmung einer Kommunikation (als Element des Systems). Beide Identifizierungen der Einzelhandlung sind schon deshalb heterogen (aber nicht notwendig dauerhaft inkommensurabel), weil die theoretische Identifizierung bestimmter Handlungsereignisse von jeweils anderen *Erklärungs*formen abhängt: subjektiv sinnvolle Handlungen sind Gegenstand intentionaler Erklärungen (Motive sind keine kausalen Ursachen), während systemtheoretische Rekonstruktionen systemspezifischer Handlungsidentitäten auf funktionale Erklärung (im Sinne des Äquivalenzfunktionalismus) gerichtet sind (Luhmann 1983).

III

Wo die Beziehung zwischen Ordnungsebenen nicht auf die *Identität* von jeweils ebenenspezifischen Ereignissen reduziert wird (z. B.: methodologischer Individualismus oder psychophysischer Parallelismus) *erscheinen* synchrone (kausale und explikative) oder diachrone (genetische) Übergänge zwischen differenten Ordnungsebenen als »emergente« Prozesse. Es ist diese *Erscheinungsweise*, über die sich die soziologische Emergenztheorie Rechenschaft geben muss, indem sie auf die Bedingungen der Möglichkeit einer Alternative zu jener reduktionistischen Sichtweise reflektiert.

Die Luhmannsche Systemtheorie führt diese reflexive Wende vor, indem sie ihre eigene Zuschreibung von Emergenz unter den Vorbehalt einer konstruktivistischen Epistemologie stellt. In der Systemtheorie bedeutet dass, die Zuschreibung von Emergenz durch einen Beobachter nicht auf ein letztes Konstitutionsfundament zu stützen, sondern sie in gewollt paradoxer Argumentation durch die Verallgemeinerung der Beschreibung des Gegenstandes der Theorie (unter Einschluss des Bezuges auf die Theorie selbst) aus dem Objektbereich abzuleiten, wohl wissend, dass jene Ableitung selbst Element der Beobachtung durch die Theorie ist. In Luhmanns Theorie »emergieren« soziale *und* psychische Systeme wie auch makrologische Strukturformen. Aber diese Befunde bleiben an den systemtheoretischen Beobachter gebunden und relativ zu seinen Unterscheidungen und Vergleichsperspektiven, die ihrerseits als »emergente« Perspektiven gelten müssen. Luhmann überschreitet das empiristische Paradigma schon dort, wo er die Realitätszuschreibung im Zusammenhang mit der Identifizierung eines Prozesses diskontinuierlicher Übergänge vom Maßstab der kausalen Wirkungsbeziehung abkoppelt: »Nur aus der Selbstreferenz, nicht aus der Kausalität, folgt der Realitätsaufbau als Emergenz unterschiedlicher Systemtypen« (Luhmann 1983: 608). Aber Luhmann expliziert seinen Emergenzbegriff nicht hinreichend, diesbezüglich sind die empiristisch befangenen Argumentationen dann wieder ausführlicher:

Ontologische und epistemologische Irreduzibilität zu unterscheiden (Heintz 2004 und Albert 2005) bedeutet, nicht von der Heterogenität der Beschreibungssprachen im Verhältnis zwischen Theorien auf die Heterogenität von Ordnungsebenen im Gegenstandsbereich zu schließen. Das Kriterium der Nichtreduzierbarkeit von Makroeigenschaften auf Mikroeigenschaften (mutatis mutandis von emergenten Resultaten auf Antezedenzbedingungen) könnte ja unter (epistemisch *stets* unvollkommenen) Umständen nur deshalb und nur solange erfüllt sein, weil und wie *vorläufig* Brückentheorien und Brückenterme fehlen. Solche Brückenprinzipien würden es erlauben, heterogene Gegenstände miteinander zu identifizieren und darum – über Brückentheoreme – Beschreibungssprachen nicht nur ineinander (verlustlos) zu übersetzen, sondern sie dadurch aufeinander zu reduzieren. Adäquate Übersetzungsmanuale, die die Identität der Bezugsgegenstände zwischen theorierelativen Beschreibungssprachen herstellen, die auf unterschiedliche Ordnungsebenen rekurrieren, würden es gestatten, psychische Ereignisse in physiologischen Begriffen zu »erklären«, soziale Strukturen auf die mentalen Repräsentationen rationaler Entscheider – in einem starken Sinne – »zurückzuführen«. Die Unterstellung einer Differenz zwischen epistemischer und ontologischer Irreduzibilität suggeriert allerdings, dass die ontologische Gewähr für die zumindest *mögliche* Konvergenz von hic et nunc irreduziblen

Theoriesprachen unproblematisch ist. Genau in dieser Unterstellung macht sich die empiristische Engführung der ontologischen Frage bemerkbar, denn der Vorbehalt, der auf mögliche zukünftige Reduktionen verweist, unterstellt eine von Theoriesprachen unabhängige ontologische Referenzebene, an der die Bedeutungskonvergenz von Termini gemessen werden könnte (was nur in einer *dritten* Sprache geschehen könnte, für die allerdings eben das gilt, was für die gemessenen Sprachen gilt, siehe: Putnam 1990).[4] Diese ontologische Unbefangenheit steht nur einem materialistischen Monismus zur Verfügung, der sich für das Paradigma »der« modernen Wissenschaften ausgibt. Er geht problematischerweise von der kausalen Geschlossenheit der physischen Welt aus, erhebt diese zum Inbegriff von »Realität« und misst an *dieser* Prämisse die Konsistenz nun auch von soziologischen Erklärungsstrategien. Auf dieser Grundlage wird dann Theorien mit starken Emergenzannahmen das Problem einer unmöglichen »downward causation« vorgehalten. Unter den genannten ontologischen Prämissen wäre in der Tat fraglich, wie ein streng genommen »irrealer« Makrobereich, dem emergente Eigenschaften nur *methodisch* zugeschrieben werden, auf die Mikroebene tatsächlich kausal einwirken soll. Wie können institutionelle Strukturen Motive und Handlungen »verursachen«, wenn Ursachen nur auf der Ebene der Handlungen einzelner Akteure identifiziert werden können?[5]

IV

In einer empiristischen und kausalanalytischen Version der Emergenzfrage stellt sich das Problem der Genese und Differenzierung von Ordnungsebenen deshalb streng genommen *gar nicht*. Die Analyse der Emergenz als Prinzip der Beziehung zwischen tatsächlich *heterogenen* Ordnungsebenen verlangt darum nach zwei Erweiterungen: Realitätsebenen *und* Erklärungsformen fallen relativ zu Ordnungsebenen jeweils unterschiedlich aus, so dass nicht eine Form der Realität (die Vorhandenheit physischer Dinge bzw. Partikel) und nicht eine Form der Erklärung (nicht nur die kausale) bei der Analyse emergenter Phänomene zum Maßstab gemacht werden können.

Real sind nicht allein (überdies probabilistisch eingegrenzte statt objektiv identifizierte) Letztpartikel kausaler Relationen, sondern als »real« können höchst unterschiedliche Entitäten gelten, die in gegenüber bloß kausalen Abhängigkeiten variantenreicheren Beziehungen zueinander stehen. Realitätsebenen werden relativ zu Vokabularen unterschieden und bestimmt, ohne dass die Referenz der Beschreibungssprachen geleugnet werden muss oder überhaupt geleugnet werden könnte (Putnam 1990, Maasen & Weingart 2000, Renn 2006a). Bezugsgegenstände sind niemals beschreibungsfrei und sprachunabhängig identifizierbar. Darum sind die mangelnde Koreferentialität und die Nichtreduzierbarkeit zwischen Vokabularen (Abwesenheit von Brückentermini) nicht durch ontologische Festlegungen zu beheben.

Die *kausale* Erklärung entspricht der logischen Struktur eines *spezifischen* Vokabulars, das auf nur einen spezifischen Realitätsbereich bezogen ist, der entsprechend der kausallogischen Verknüpfung aus Elementen besteht, die einander Ursachen und Wirkungen sein können. *Intentionale* Erklärungen und ein entsprechend mentalistisches Vokabular beziehen sich demgegenüber auf bewusstseinsimmanente »Entitäten«, die aufeinander nicht kausal folgen und bezogen sind («Motive« sind keine »Ursachen«).

Das Kriterium der »Realität« von Entitäten ist dann nicht die Materialität »vorhandener« Gegenstände oder Tatsachen, sondern die *Wirksamkeit* von Korrelaten der Bezugnahme, die nur

---

4 Der metaphysische Charakter der empiristischen Unterstellung einer »realen« Ebene kausal verknüpfter Entitäten besteht darin, die *Konstruktivität dieses* ontologischen Entwurfes nicht zu reflektieren. Ordnungsebenen sind dann nicht nur durch Grade der Körnigkeit differenziert, mit der sie Phänomene zerlegen, sondern durch die Heterogenität der »Realitätsebenen«.
5 *Deshalb* halten methodische (methodologische?) Individualisten Durkheim für einen Dualisten.

relativ zu Horizonten der Sprache bzw. des Mediums des Bezugnehmens intelligibel sind, dennoch aber diese Horizonte überschreitet. Hillary Putnam (1990) hat diese indirekte ontologische Verpflichtung, die sich nicht auf den horizontfreien, theorieunabhängigen Zugang zu den Dingen, sondern auf die *notwendige Unterstellung* von realen Referenzobjekten stützt, »internen«, später »pragmatischen« Realismus genannt (vgl. auch Habermas 1999).

Das zentrale Problem emergenter Prozesse und emergenter Eigenschaften ist also nicht, wie und ob wir die Genese von Heterogenität und den Austausch zwischen heterogenen Ordnungsebenen (bzw. zugeordneten Elementen und Ereignissen) *kausal* erklären können. Problematisch wird demgegenüber vielmehr, wie das »Neue«, besonders und systematisch *primär*: wie neue *Ordnungsebenen* als selbstbezügliche Einheiten der Koordination und Bestimmung von Handlungen »entstehen« können. Das ist das eigentliche Problem, das in der globalen Frage nach dem Übergang von Natur zu Kultur, das in der Luhmannschen Frage nach der Autogenese von Systemen und auch in der Meadschen Frage nach der Emergenz von Signifikanz und Selbstbewusstsein steckt.

Die emergente Beziehung impliziert eine gestufte Transformation von Formen des Gegenstandsbezuges, z. B. der Handlungstypisierung, -identifizierung und -erklärung. Auf der intentionalen Ordnungsebene (Bewusstsein) werden Handlungsereignisse intentional, teleologisch und antizipatorisch identifiziert; auf der Ebene komplexer sozialer Kommunikation, die sich gegenüber »teilnehmenden Individuen« selbst reguliert (Ordnungsebene der Systeme und Diskurse), nimmt die Handlungsbestimmung eine andere Form an, der eine andere »Erklärung« zukommt. Die intentionale Erklärung von Handlungssequenzen muss abgelöst werden von der funktionalen Erklärung der Strukturierungsselektionen transsubjektiver sozialer Einheiten.

Das Vokabular der *Kausalität* ist selbst historisch variabel und kennt z. B. zu Beginn, bei Aristoteles, finale Ursachen. Dieser Bezug auf Zukunft bei der Kausalerklärung wird in der neuzeitlichen Entwicklung abgespalten und bleibt schließlich der intentionalen Erklärung überlassen, die auf Absichten, Entwürfe und Vorstellung von zukünftigen Zuständen rekurriert. Mindestens von da an gehört die jetzt »bereinigte« kausale Erklärung nur noch einer *bestimmten* Ordnungsebene an. Wenn Ordnungsebenen emergieren, Kausalität aber *einer* Ebene zugehört, dann ist die kausale Untersuchung des diachronen wie synchronen Verhältnisses zwischen Ordnungsebenen ein Kategorienfehler. Die Differenzierung von Ordnungsebenen schließt die Differenzierung zwischen kausalen, funktionalen, normativen und intentionalen Verknüpfungen zwischen Handlungen ein. Das empiristische Bedenken gegenüber einer rätselhaften »downward causation« löst sich damit auf, dass eine Theorie der Emergenz zwischen Erklärungstypen differenzieren muss.

V

Das Verständnis der Dynamik des Verhältnisses zwischen Ordnungsebenen kann von der Phänomenologie der Zeit profitieren und dann schließlich in Gegenrichtung die Zeit der Phänomenologie als eine emergente Perspektive verständlich machen. Die phänomenologische Reduktion lässt es zu, zwischen objektiver und perspektivenabhängiger Zeit (A und B Reihe) nicht nur zu unterscheiden, sondern die ontologische Prätention, der B Reihe den Vorzug zu geben und sie als »eigentliche« Realität zu betrachten, außer Kraft zu setzen (vgl. Bieri 1972, McTaggart 1908, Husserl 1980). Zeit selbst ist dann nicht der leere, homogene, isotrope Rahmen für »objektiv« lokalisierbare Sequenzen, sondern sie wird *perspektivenabhängig*, dass heißt sie wird gezeitigt (vgl. auch Renn 1997).

Ein *zweites Motiv*, Heideggers »ekstatische« Horizontalität der daseinsrelativen Zeit, beschreibt die genannte Zeitigung mit Referenz auf die Ordnungsebene leiblicher Intentionalität des einzelnen Bewusstseins (Heidegger 1984). Die Gegenwart als perspektivische, existentiell bedeutsame und ausgelegte (handlungsbezogene) Präsenz »ist« primär die Einheit aus zukünftiger Vergangenheit (Entwurf) und vergangener Zukunft (Geworfenheit). Gegenwart wird verstanden aus dem Horizont der primären Ekstase des gesamten Zeithorizontes (der den Ausgriff auf Zukunft und Vergangenheit einschließt). Damit differenziert sich aber auch der Bezug auf die (eigene) Vergangenheit durch *Auslegungsvarianten* aus. Die vergangene Gegenwart ist dann – wenn eine Perspektive interveniert – nicht mit der gegenwärtigen Vergangenheit identisch, sondern sie wird als gewesene Gegenwart im Modus selektiver *Auslegung* vergegenwärtigt. Beide – in Gegenrichtung modalisierte – Vergangenheiten können also voneinander abweichen und schließlich in einem weiteren Akt der Reflexion, der diese Differenz vergegenwärtigt, bewusst unterschieden werden. Genau diese modale Verwicklung zwischen verschiedenen Gegenwarten verschiedener Vergangenheiten charakterisiert das »historische Bewusstsein«.

Zeit kann schließlich im Sinne Heideggers als kairologische Zeit verstanden werden. Die Auslegung des Zeithorizontes kann in einem Punkt des Umschlags an die Veränderung der Zeitekstasen führen (ein ursprünglich christologisches Motiv, demzufolge mit Kreuzestod und Auferstehung nicht nur eine neue Zukunft, sondern auch eine neue Vergangenheit anbricht). Vergangenheit und Zukunft sind von diesem Umschlag an nicht mehr was sie zuvor gewesen sind. Dieses Motiv wird von Heidegger existentialistisch nur auf die Person bezogen. Doch dieses Motiv ist *soziologisch* verallgemeinerungsfähig. Kairologische Zeit bedeutet, dass Zeithorizonte mutatis mutandis: *Ordnungsebenen* entstehen, von denen aus und durch die retrospektiv eine neue Zeit auch in die Vergangenheit projiziert werden kann, *weil das Neue darin besteht, dass eine Perspektive und ihre eigene »Zeitigung« entstanden sind*.

Darin lässt sich ein entscheidender Teil der Figur der Emergenz wieder finden. *Jemand* oder *etwas* muss emergieren, damit Emergenz für ihn oder für es *zum Problem werden kann*. Die Genese von Ordnungsebenen steht für die perspektivenabhängige »Zeitigung«, die zwischen dem Früheren und dem Folgenden, zwischen sich selbst und der Vorgeschichte, zwischen der »rekonstruierten« Vergangenheit und der auf diese bezogenen Rekonstruktion unterscheidet und dabei Identität (Kontinuität) und Differenz (Diskontinuität) aufeinander bezieht. Aus einer bestimmten Perspektive muss unterschieden werden zwischen der Erwartung und dem Aktualisierten. Es muss zugleich retrospektiv verglichen werden zwischen der vergangenen Zukunft und der zukünftigen Vergangenheit des emergenten Übergangs. Dass überhaupt etwas emergiert, setzt darum voraus, dass ein Rekonstrukteur zwischen den »Ekstasen« der Gegenwart mit Bezug auf den Emergenzpunkt, auf die »Gegenwart« des Umschlags, unterscheidet. Eine Perspektive trifft also die komplexe Unterscheidung zwischen einem Vorher, von dem aus das sich Einstellende nicht erwartet, nicht vorausberechnet hätte werden können, und dem Nachher, von dem aus – wie Mead versichert – nun Notwendigkeit zugeschrieben werden kann (Mead 1959), so dass Kontinuität über der Erfahrung der Diskontinuität aufgebaut wird.

Das Entscheidende ist wie gesagt, dass wir diese Figur – wenn wir sie nicht auf das ontologisch »ausgezeichnete« Dasein der hermeneutischen Phänomenologie beschränken – auf unterschiedliche heterogene Ordnungsebenen beziehen können. Dann wird deutlich, dass Emergenz nicht von außen, von irgend einem vermeintlich neutralen Bezugspunkt »identifiziert« werden kann, sondern immer dort zugeschrieben werden kann, wo eine *eigene Perspektive* in der Form der Zeitigung ihrer eigenen Vergangenheit nun retrospektiv eine Unterscheidung zwischen der vergangenen Zukunft und der zukünftigen Gegenwart des Emergenzpunktes und darüber hinaus eine Unterscheidung zwischen den Zeitigungen verschiedener Ordnungsebenen konstituiert (das »Subjekt« unterscheidet als »historisches Bewusstsein« nicht nur zwischen der eigenen vergangenen Gegenwart und der gegenwärtigen Vergangenheit, sondern auch zwischen dem eigenen Zeithorizont und dem von anderen Subjekten oder sozialen Institutionen).

Eine Folge dieser Perspektivität ist, dass jede zuschreibende Instanz, welche die Emergenz als ein Verhältnis zwischen Zeiten behandelt, *sich selbst* als das Ergebnis eines emergenten Übergangs reflektieren muss. Das macht den Unterschied zwischen konstruktivistischen und »intern realistischen« Positionen aus (Putnam 1990; siehe weiter oben), denn daraus folgt, dass die Zuschreibung von Emergenz nicht eine bloße Konstruktion eines Beobachters ist, sondern dass die sachliche Emergenz der *Perspektive* als Bedingung der Möglichkeit, Emergenz zuzuschreiben, *unterstellt* werden muss.

Mit diesen Überlegungen wird nur ein Element einer soziologischen Theorie der emergenten Beziehungen zwischen Ordnungsebenen beleuchtet. Die Figur der Zeitlichkeit der Entstehung von differenzierten Zeitverhältnissen als Element von Emergenz. Auf diesem Wege könnte die »Gleichzeitigkeit« von Diskontinuität und Kontinuität durch die Ent-Ontologisierung des Prinzips der Gleichzeitigkeit näher aufgeklärt werden. Das Problem der Heterogenität von ordnungsebenenspezifischen Beschreibungssprachen und Erklärungsformen ist damit jedoch noch längst nicht geklärt. Aber immerhin kann das Problem besser verstanden werden.

Literatur

Albert, Gert (2005), Moderater methodologischer Holismus. Eine weberianische Interpretation des Makro-Mikro-Makro-Modells, *KZfSS* 57: 3, S. 387–413

Beckermann, Ansgar (1992), Supervenience, Emergence and Reduction, in ders., H. Flohr & J. Kim (Hg.), *Emergence or Reduction. Essays on the Prospects of Nonreductive Physicalism*, Berlin, New York: deGruyter, S. 94–118

Bergson, Henri (1940), *L'évolution crèatrice*, Paris: Presse Univ. de France

Bieri, Peter (1972), *Zeit und Zeiterfahrung*, Frankfurt a.M.: Suhrkamp

Bora, Alfons (2003), Whatever its causes – Emergenz, Koevolution und strukturelle Kopplung, in: U. Wenzel, B. Bretzinger & K. Holz (Hg.), *Subjekte und Gesellschaft. Zur Konstitution von Sozialität*, Weilerswist: Velbrück, S. 117–139

Castañeda, Hector Neri (1994), Superveniente Eigenschaften, Emergenz und die Hierarchie konkreter Einzeldinge, in: H. Pape (Hg.), *Kreativität und Logik. Charles S. Peirce und das philosophische Problem des Neuen*, Frankfurt a.M.: Suhrkamp, S. 288–307

Dewey, John (1922), *Human Nature and Conduct*, New York: Modern Library

Feinberg, Todd E. (2001), Why the Mind is not a Radically Emergent Feature of the Brain, *Journal of Conscious Studies* 8, 123–145

Fromm, Jochen (2004), *The Emergence of Complexity*, Kassel Univers. Press

Habermas, Jürgen (1999), *Wahrheit und Rechtfertigung. Philosophische Aufsätze*, Frankfurt a.M.: Suhrkamp

Heidegger, Martin (1984), *Sein und Zeit* (1927), Tübingen: Niemeyer

Heintz, Bettina (2004), Emergenz und Reduktion. Neue Perspektiven auf das Mikro-Makro Problem, *KZfSS* 56: 1, 1–31

Holland, John H. (1998), *Emergence, From Chaos to Order*, Oxford, New York: Oxford University Press

Hoyningen-Huene, Paul (1994), Emergenz. Mikro- und Makrodetermination, in: W. Lübbe (Hg.) *Kausalität und Zurechnung*, Berlin, New York: DeGruyter, S. 165–195

Husserl, Edmund (1980), *Vorlesungen zur Phänomenologie des inneren Zeitbewusstseins* (1928), Tübingen: Niemeyer

Kelle, Udo & Christian Lüdemann (1995), Grau teurer Freund ist alle Theorie – Rational Choice und das Problem der Brückenannahmen, *KZfSS* 47: 2, S. 249–267

Krohn, Wolfgang & Günter Küppers (Hg. 1992), *Emergenz: Die Entstehung von Ordnung, Organisation und Bedeutung*, Frankfurt a.M.: Suhrkamp

Laucken, Uwe (2005), »Gibt es Willensfreiheit« Möglichkeiten der psychologischen Vergegenständlichung von »Willens-, Entscheidungs- und Handlungsfreiheit«, *Forum Qualitative Sozialforschung*, 6, 1

Luhmann, Niklas (1983), *Soziale Systeme*, Frankfurt a.M.: Suhrkamp

Luhmann, Niklas (1990a), »Sthenographie«, in ders., U. Maturana et al. (Hg.), *Beobachter, Konvergenz in der Erkenntnistheorie*, München: Fink, S. 119–139

Luhmann, Niklas (1990b), »Das Erkenntnisprogramm des Konstruktivismus und die unbekannt bleibende Realität«, in ders., *Soziologische Aufklärung, Band 5*, Konstruktivistische Perspektiven, Opladen: Westdeutscher Verlag, S. 31–59

Luhmann, Niklas (1992), *Beobachtungen der Moderne*, Opladen: Westdeutscher Verlag

Maasen, Sabine & Peter Weingart (2000), *Metaphors and the Dynamics of Knowledge*, London: Routledge
McTaggert, J. M. E. (1908), »The Unreality of Time«, *Mind* 17, S. 457–484
Mead, George Herbert (1959), *The Philosophy of The Present*, La Salle, Ill.: Open Court
Mead, George Herbert (1973), *Geist, Identität und Gesellschaft* (1934), Frankfurt a.M.: Suhrkamp
Putnam, Hilary (1990), *Vernunft, Wahrheit und Geschichte*, Frankfurt a.M.: Suhrkamp
Renn, Joachim (1997), *Existentielle und kommunikative Zeit. Zur »Eigentlichkeit« der individuellen Person und ihrer dialogischen Anerkennung*, Stuttgart: Metzler
Renn, Joachim (2006a), Rekonstruktion statt Repräsentation – Der »pragmatische Realismus« John Deweys und die Revision des wissenssoziologischen Konstruktivismus, in: H.-G. Soeffner & R. Herbrik (Hg.), *Wissenssoziologie*, Soziologische Revue, Sonderheft 6, 2006, S. 13–38
Renn, Joachim (2006b), *Übersetzungsverhältnisse. Perspektiven einer pragmatistischen Gesellschaftstheorie*, Weilerswist: Velbrück
Sawyer, Keith (2001), Emergence in Sociology: Contemporary Philosophy of Mind and Some Implications for Sociological Theory, *American Journal of Sociology* 107, S. 551–585
Sawyer, Keith (2002), Durkheims Dilemma: Toward a Sociology of Emergence, *Sociological Theory* 20: 227–247
Schütz, Alfred (1974), *Der sinnhafte Aufbau der sozialen Welt. Eine Einleitung in die verstehende Soziologie* (1932), Frankfurt a.M.: Suhrkamp
Schmidt, Siegfried J. (1994), »Gedächtnisforschung: Positionen, Probleme, Perspektiven«, in ders. (Hg.), *Gedächtnis. Probleme und Perspektiven der interdisziplinären Gedächtnisforschung*, Frankfurt a.M.: Suhrkamp, S. 9–56
Stephan, Achim (1992), Emergence – A Systematic View on its Historical Facets, in: A. Beckermann, H. Flohr & J. Kim (Hg.), *Emergence or Reduction. Essays on the Prospects of Nonreductive Physicalism*, Berlin, New York: deGruyter, S. 25–48
Stephan, Achim (1999), *Emergenz. Von der Unvorhersagbarkeit zur Selbstorganisation*, Dresden Univers. Press
Stephan, Achim (2002), Emergenz in kognitionsfähigen Systemen, in: M. Pauen & G. Roth (Hg.) *Neurowissenschaften und Philosophie*, München: Fink, S. 123–154
Wenzel, Harald (2000), Dewey, Whitehead und das Problem der Konstruktion in der Sozialtheorie, in: H. Joas (Hg.), *Philosophie der Demokratie. Beiträge zum Werk von John Dewey*, Frankfurt a.M.: Suhrkamp, S. 235–280

Peter Stegmaier

Normative Praxis:
konstitutions- und konstruktionsanalytische Grundlagen

Talcott Parsons gründet seine funktionale Handlungstheorie in Anschluss an Émile Durkheim auf die Annahme, dass kulturelle Werte und Normen ein internalisiertes System von Symbolen bilden, das von allen Gesellschaftsmitgliedern geteilt wird und ebenso den Verlauf wie den Sinn und die Legitimation von Handlungen steuere. Alfred Schütz konterte diese Auffassung von Parsons zu ›normativen Werten‹ bekannterweise mit dem Hinweis, es gebe keine Norm, die nicht in Bestandteile oder Mittel zerlegt und auch Gegenstand der subjektiven Wahl zwischen Realisieren oder Verwerfen werden kann (Schütz & Parsons 1977: 47). Ebenfalls im Gegensatz zu Parsons Annahme, dass Gesellschaft auf Normativität gründet, und nun mit Blick auf die soziohistorische Dimension, führt Theodor Geiger (1987) die These des Funktionsverlustes der universalen Moral an, wonach moderne, hochdifferenzierte Gesellschaften gerade das Auseinandertreten divergierender Gruppen- und Sondermoralen verkraften müssen (vgl. Bergmann & Luckmann 1999: 33). Wenn dies zutrifft, kann sich eine moderne Gesellschaft freilich nicht auf einer streng eindimensionalen ›Generalmoral‹ gründen, obwohl normative gesellschaftliche Faktoren, wenn sie effektiv funktionieren, eine relativ spontane soziale Ordnung garantieren.

An die Stelle der Moral treten nunmehr sowohl das Recht im Zuge einer zunehmenden Verrechtlichung der normativen Ordnung als auch die Verstaatlichung von Sicherheit (etwa der Versorgungsleistungen, Polizei u. v. m.). Diejenigen Teile traditioneller Moral, die nach der Auflösung eines allgemein verpflichtenden und zugleich verhaltensspezifischen moralischen Systems weiterhin verbindlich sind, werden unterdessen als positives Recht ausformuliert (vgl. Luckmann 1999: 40). Zahlreiche Formen *intermediärer Bewertung* der gesellschaftlichen Probleme kommen nun auch besser in den Blick, obwohl sie vermutlich stets vorhanden waren: So werden etwa Technik und Wissenschaft hinsichtlich ihrer nützlichen und riskanten Potentiale mit Hilfe von Experten-Ethikräten und regierungsnahen Instituten zur Technikfolgenabschätzung, mit akademischer bioethischer Begleitforschung, NGOs und informal organisierten Bürgerinitiativen bewertet. Die Frage ist, wie normative Ordnungsgefüge angesichts der vielfältigen funktionalen und praktischen, sinnhaften und wertmäßigen Schismen wirksam bleiben.

Zwei grundlegende Bezugspunkte soziologischen Denkens werden im Folgenden in Beziehung zueinander gesetzt: Wissen und Normativität. Den Ausgangspunkt bildet die Standard-Annahme der neueren Wissenssoziologie, dass Sozialität und die gesellschaftliche Ordnung aus der Verklammerung der kognitiven und der sozialen Dimension heraus konstituiert sind, sowie dass die normativen Deutungen der sozialen Wirklichkeit den rein kognitiven zwar auf dem Fuße folgen, für sich genommen jedoch nicht vollfundamental sind. Mit Blick auf das Entstehen, Handhaben und Wirken von Normativität in sozialen Prozessen schlage ich vor, direkt an George Herbert Meads und Hans Joas' Überlegungen zur symbolisch-interaktionalen Entstehung der Werte (Abschnitt 1), an Thomas Luckmanns Studien zur intersubjektiven Konstitution von Moral (Abschnitt 2) sowie Peter L. Bergers und Thomas Luckmanns Theorie der sozialen Konstruktion von Wirklichkeit (und implizit auch von Normativität) anzuschließen (Abschnitt 3), um diese Stränge schließlich auf sämtliche Formen von Normativität hin zu verallgemeinern. Das Beispiel der ›intermediären Bewertung‹ in Form des Phänomens der »Linie« in der richterlichen Rechtspraxis illustriert schließlich den Begriff der ›Plastizität des Normativen‹ (Abschnitt 4).

1. Die Konstitution von Normativität aus der symbolischen Interaktion

Gegen eine passiv-individualistische Erkenntnistheorie, nach welcher der ›Geist‹ lediglich wie ein Gefäß das Wissen ansammelt, wendet sich Mead mit seiner Theorie der Konstitution von Bedeutung. Er betont vielmehr, dass Wissens aus der Kommunikation mit anderen Menschen aktiv gebildet wird. Diese Wendung in der Auffassung vom Funktionieren des Wissens ist ein Schlüssel zur neueren Wissenssoziologie, wie sie später von Berger und Luckmann vorgeschlagen worden ist. Wissen wird nun nicht mehr als eine extern mit den Menschen zu korrelierende ›Einheit‹ konzipiert, sondern Wissen und soziales Handeln werden dergestalt miteinander verknüpft, dass Geistiges und Soziales als zwei Seiten derselben Medaille fassbar werden. Dies beschreibt Hubert Knoblauch (2005: 17) als die Wende von der ›korrelationistischen‹ zur ›integrativen‹ Wissenssoziologie.

Mead (1987) geht davon aus, dass das Handeln als solches zwar kein ethischer Wert ist, ohne Handeln aber das Werten nicht realisiert werden kann (vgl. Joas 1989). Die normative Dimension der Mead'schen Konzeption des Sozialen wird nur verständlich, wenn man die Besonderheiten seiner ethischen Überlegungen einbezieht (ebd.: 120f, 125, vgl. Mead 1987a: 359). Die pragmatistische Ethik Meads versteht sich als Reflexion der praktischen Lösung moralischer Problemsituationen. Indem Mead nun davon ausgeht, dass dem Handelnden in der je konkreten Handlungssituation die Vermittlung von Werten und Gegebenheiten selbst aufgegeben ist, wendet er sich gegen jede präskriptive Ethik und letztlich auch gegen die Annahme einer präskribierten Moral und Rechtsordnung, die selbst als bloß gesetztes Wertsystem auftritt (Joas 1989: 125, 128f). Weiterhin geht Mead davon aus, dass eine moralische Problemsituation im Prinzip eine Krise der ganzen Persönlichkeit darstellt, weil der Einzelne einen Konflikt zwischen bestimmten eigenen Werten und den Werten anderer, also den Werten seiner Interaktionspartner, erfährt. Um eine moralische Problemsituation zu lösen, müssen mitgebrachte Wertvorstellungen, Erwartungen und Impulse reflektiert und bei Einsicht in die Notwendigkeit ihrer Modifikation umstrukturiert werden. Dies bedeutet, mit einer situationsangemessenen, praktikablen moralischen Strategie den Wertkonflikt aufzulösen und die eigene Identität zu reintegrieren. Jede moralische Problemsituation verändert also die Identität des Handelnden und den gesellschaftlichen Wertzusammenhang. Die Sprache regelt dabei die gesellschaftlich zulässigen symbolischen Ausdrucksformen und deren Bedeutung, repräsentiert mehr noch das Gesamtinventar an sozialen Werten, Normen, Rollen und Institutionen der vergesellschaftet Handelnden (ebd.: 131-133). Meads Normativitätskonzept fußt, so Joas, *erstens* auf einer anthropologisch fundierten Theorie menschlichen Handelns und Kommunizierens, die *zweitens* universelle Strukturen des menschlichen Handelns voraussetzt, *drittens* damit einen universellen Bedarf an normativer Regulation menschlicher Kooperation und Fürsorge verbindet und *viertens* davon ausgeht, dass in diesen universellen Strukturen typische Funktionsstörungen angelegt sind, aus denen sich ein Regelungsbedarf ergibt (Joas 1999: 265).

Symbolisch vermittelte Interaktion ist für Mead die charakteristisch menschliche Form des Sozialverhaltens. Es liegt in seiner Grundstruktur vor, wenn ein Akteur auf das Handeln anderer Akteure reagiert (Mead 1987b: 313). ›Institutionen‹ nennt Mead solche Haltungen, die den Handelnden in einer bestimmten Situation gemeinsam seien (Mead 2002: 308). Institutionalisierung setzt durchaus kein gleichförmiges Verhalten aller Interaktionsteilnehmer voraus, sondern verträgt sich auch mit Verhalten, das auf Grund von Rollen differenziert ist. Im Zuge der Sozialisation verinnerlicht der Mensch die Rollen und Haltungen seiner Gruppe und richtet sein Verhalten an ihren Erwartungen aus, um als Mitglied der Gesellschaft gelten und mittun zu können. Indem der Handelnde die Einstellungen der anderen (generalisierten) Gesellschaftsmitglieder und an der Interaktionssituation Beteiligten einnimmt, orientiert er sein Handlungsziel an diesen Gruppeneinstellungen und lässt es zu, dass dieses gesellschaftlich vermittelte Objekt seines Handelns sein Tun zwar nicht vollständig determiniert, aber doch zu einem hohen Grad steuert und kontrolliert (vgl. Mead 1987b: 324f). Sein Verhalten steht damit unter ›sozialer Kontrolle‹ in dem Maße, wie Handelnde die Einstellungen der an gemeinsamen Aktivitäten Beteiligten übernehmen. Denn die Orientierung an den verfestigten Erwartungen im Handeln heißt, auf die moralischen Maßstäbe der eigenen Gesellschaft Bezug zu nehmen (Mead 2002: 317, 1987b: 323ff). Mead stellt gerade auch an der Institution des Rechts (seinerzeit z. B. auf den Ständigen Internationalen Gerichtshof und den Völkerbund verweisend), aber im Grunde für alle Institutionen, fest, dass hierdurch über Individuen, die in ihnen die nachhaltige Organisation ihrer eigenen sozialen Reaktionen wiederfinden, Kontrolle ausgeübt wird (Mead 1987b: 326).

Mead macht greifbar, wie Normen in zwischenmenschlichen Interaktionen »mit hineinspielen«, indem er die Identität von Individuen über Hirnfunktionen, Gebärdenaustausch, Sprache, Handeln sowie die Herausbildung und Wirkung von sozialen Institutionen in Rechnung stellt. Er folgt damit John Deweys (1994) Ansatz, alles moralische Verhalten als *soziales* Verhalten aufzufassen und keine abstrakten Wertmaßstäbe anzunehmen, außer jenen, die als Werte im Verlauf einer aktuellen Handlung auftreten. Recht (und andere Formen des Normativen) werden aus ihrer Realität im Handeln heraus betrachtet, nicht nur als in der Gesellschaft einfach schon immer bestehende Strukturen (vgl. Mead 1987c: 352). Moral und Recht sind hier als *Handlungsprobleme* entziffert. So »verflüssigt« Mead die relativ statische Sozialstruktur ›Recht‹, wie sie bei Durkheim konzipiert ist, und trifft sich mit Webers handlungstheoretischem Ansatz. Mead verweist aber deutlicher als Weber (1982, 1980) auf die tiefer angesiedelten, im subjektiven Bewusstsein sich abspielenden Prozesse der Konstitution des Normativen, ohne dass er analytisch klar die Sozial- und die Bewusstseinsdimension umreißen würde (vgl. Stegmaier 2007).

Hans Joas fragt im Anschluss an Mead, woher der Sinn der Handelnden für ›das Rechte‹ und ›das Gute‹ – also für Normen und Werte – kommt (1999: 254). Mit den universellen Fähigkeiten zur Verwendung signifikanter Symbole in der Kommunikation und zur Übernahme sozialer Rollen sind die basalen Voraussetzungen für die Bewältigung von Störungen der intersubjektiven Wertordnung zwar gegeben: Sofern Normen und Werte oder deren ›Anwendung‹ einem Rechtfertigungsdiskurs unterzogen werden, sind sie im Prinzip von der existentiellen Perspektive des Handelnden separiert. In der Akteursperspektive hingegen geht es nicht zuvörderst um die Rechtfertigung. Vielmehr müssen Akteure das Gute bzw. das Rechte in der jeweiligen Handlungssituation spezifizieren. Joas weist besonders darauf hin, dass wir zwar bestimmte Vorstellungen des ›Guten‹ oder des ›Rechten‹ präferieren mögen, allerdings nie über ein absolut sicheres Wissen darüber verfügen, worin dieses besteht und was wir mit Blick darauf zu tun haben. Wir wissen demnach auch nicht, welche Folgen und Nebenfolgen wir mitproduzieren, wenn wir etwas beurteilen; ob uns die Realisierung unseres Urteils auch tatsächlich gelingt oder ob wir unter Revisionsdruck geraten. Ein klarer und finaler Abschluss der Bemühungen um situative Spezifikation der normativen Kriterien ist keineswegs vorstellbar, da die Situationen unseres Handelns zumindest in Teilaspekten stets neu sind und damit die Suche nach Gewissheit nie zur Ruhe kommt (ebd.: 267).

Zwar kann man, so Joas (ebd.: 267f), sehr allgemeine Normen aufstellen und sie sehr abstrakt rechtfertigen. Aber solch ein Diskurs über die Gewissheit lässt nie gänzlich aus Handlungssituationen herauslösen, denn auch der Diskurs stellt letztlich eine existentielle Handlungssituation dar, in der nicht immer alle Faktoren stabil gehalten werden können. In der Konkretion der Handlungssituation erreichen wir, konzediert Joas, zwar durchaus nicht selten ein subjektives Gewissheitsgefühl, dass unsere normative Einschätzung korrekt ist; intersubjektiv aber lediglich Plausibilität. Im Blick zurück auf unser Handeln können wir mehr über die Angemessenheit unseres Handelns entdecken. Doch zu einem endgültigen und gewissen Urteil kommen wir auch so nicht, weil die Zukunft weitere Handlungsfolgen und Gesichtspunkte zeitigen wird, die unsere Einschätzung wieder gefährden.

2. Normativitätskonstitution durch subjektive Wertungskognition

Schütz teilt mit Mead nicht nur die Abwendung von präskriptiv angenommenen Ethiken, Moralen und Rechtsordnungen als verdinglichten Sozialphänomenen. Dazu gehört in logischer Konsequenz auch die Position, dass eine ethische, moralische oder rechtliche Ordnung dem Wissen und Handeln (als Verfolgen von Zielen mit Mitteln) nicht vorgängig sein kann, sondern aus dem problembezogenen Handeln in der Welt resultiert. Normativität, so Schütz (1977: 51) in der Debatte mit Parsons, biete nur zeitweilig Orientierung – unterliegen Motive, Interessen, Aufmerksamkeiten und Relevanzen doch einem kontinuierlichen Wandel. Sowohl bei Mead als auch bei Schütz finden wir demnach Theorieansätze, die (etwa entgegen der strukturfunktionalistischen Handlungstheorie von Parsons und dessen Betonung der Formung des Individuums durch gesellschaftliche Symbole und Normen) den Kreativitätsanteil der Handelnden bei der Genese und Veränderung von Symbolen und Normen gebührende Beachtung zollen.

Wie können wir nun der Genese normativen Wissens auf die Spur kommen und zugleich auch dem Wechselverhältnis der Sozial- und der Bewusstseinsdimension des Normativen in der sozialen Praxis gerecht werden? Während Joas die unterschiedlichen Linien pragmatistischer Theorien zur kontingenten Wertentstehung und zum Universalismus in der Moral konsequent integriert (Joas 1999) und die Kreativität des Handelns (vgl. Joas 1992, 1999: 270) sehr treffend betont, vermittelt Luckmann (2000, 1998, 1987) ebenso konsequent einerseits zwischen der phänomenologischen und andererseits der soziologischen Dimension der Entstehung und des Wandels von Normativität: Luckmann setzt *erstens* bei der intersubjektiven *Konstitution* von Moral an, *zweitens* bei der kommunikativen *Konstruktion* und institutionellen Vermittlung von Moral und anderer Formen von Normativität.

Zum ersten Komplex, der Moral*konstitution* aus dem intersubjektiv verständlichen Handeln, stellt Luckmann fest, dass der Kern der sozialen Wirklichkeit eine moralische Ordnung ist (2000: 115). Er vertritt die Vorstellung einer universalen Proto-Moral als einer intersubjektiven Struktur wechselseitiger Verpflichtungen, die im Zuge von sozialen Interaktionen gebildet werden (ebd.: 118). Die Proto-Moral ist jenes universale Strukturelement der Lebenswelt, das in der historischen gesellschaftlichen Konstruktion, Aufrechterhaltung und Vermittlung von moralischen Codes vorausgesetzt ist (Bergmann & Luckmann 1999: 27). Damit kann man die bewusstseinskonstitutiven Voraussetzungen für kommunikative Vorgänge und den Aufbau von Durchsetzungsapparaten angeben, die dem gesellschaftlichen Aufbau und der Aufrechterhaltung historischer ›Moralen‹ dienen. Die ›Proto-Moral‹ als universale Grundlage der sozio-historischen Moral ist zu denken als ein Geflecht intersubjektiver Verpflichtungen, die sich auf den Vollzug oder die Unterlassung ›guter‹ Handlungen beziehen. Gesellschaftlich etablierte sittliche Ordnungen in geschichtlichen Welten setzen die Grundannahme durch, dass menschliche Wesen für ihre Handlungen verantwortlich sind, indem sie sie für ihre Handlungen tatsächlich verantwortlich machen (Luckmann 2000: 137f). So wird trotz fundamentaler Platzierung der ›Proto-Moral‹ bereits in der Konstitution des Bewusstseins der Vorstellung einer universalen materialen Moral entgegen getreten – so wie auch schon Mead jegliche Idee einer präskriptiven Ethik ablehnte.

Die ›Proto-Moral‹ dient dazu, Handlungen anderer Akteure nach übersituativen Kriterien zu bewerten. Als allgemeine Voraussetzungen der Konstitution von ›Proto-Moral‹ in den Grundschichten von Erfahrung und Handeln sind die Bewertungen und ihre sedimentierten Ergebnisse, die Werte, anzuführen. Dabei, betont Luckmann, ist es in diesen konstitutionellen Schichten noch egal, ob es sich im Endeffekt dann etwa um spezifisch moralische, sittliche, wirtschaftliche, ästhetische oder rechtliche Werte und Urteile handelt, die als Bestandteile des subjektiven Sinns von Handlungen und der im Handeln vorausgesetzten Erfahrungen fungieren. Etwas mit einem Wert zu versehen bedeutet, es in Bezugnahme auf ein Vergleichskriterium, das aktuell im Interesse des handelnden und denkenden Akteurs liegt, relevanter einzuschätzen als etwas anderes. Akte des Bewertens und des Wählens sind im Entscheiden und

Urteilen zu einer Kette verknüpft, so dass der Akt der Bewertung zu einer Wahl führt. Zufriedenstellend oder enttäuschend ausgefallene Bewertungen sind erinnerlich und stehen als Relevanzkriterien bzw. als ›Wertwissen‹ über die Rangordnung früherer Handlungsentscheidungen für aktuelle Wahlprobleme zur Verfügung (ebd.: 121–123, vgl. Schütz & Parsons 1977: 51).

Wenn wir ›etwas bewerten‹, dann ist die Bewertung dadurch möglich, dass dieses Etwas zuvor aus einem einheitlichen Zusammenhang heraus unterschieden werden konnte. Man kann sich diese beiden Schritte folgendermaßen vorstellen: einerseits als die ›*identifizierende* Differenzierung‹ von Elementen aus einem Zusammenhang heraus, wobei die Elemente hierdurch erst in ihrer Unterschiedlichkeit geordnet und »markiert« werden; andererseits als die ›*valutierende* Differenzierung‹, wodurch dann die Elemente in ihrem Rang (Wichtigkeit, Trefflichkeit, Verbindlichkeit, Schönheit etc.) geordnet und »markiert« werden. Erstes ist die rein kognitive Ordnungs- und Orientierungsleistung, zweites die darauf aufbauende kognitiv-normative Leistung. Werte können folgerichtig als Kriterien definiert werden, auf Grundlage derer Handlungsentscheidungen getroffen werden, die sowohl aktuell anstehenden Wahlentscheidungen als auch rückwirkenden Rechtfertigungen dienen.

Kommen wir zu den *spezifischen* Voraussetzungen der Moralkonstitution. Diese leitet Luckmann aus der engen Verknüpftheit von Moral und persönlicher Identität ab. Unter ›Proto-Identität‹ versteht er eine intersubjektiv konstituierte *subjektive* Struktur, für welche die Gegenwart eines alter ego in der Reichweite des ego bereits nur als Beobachter erforderlich ist. Unter ›Proto-Moral‹ versteht er hingegen eine intersubjektiv konstituierte *intersubjektive* Struktur, zu deren Konstitution ein bloß beobachtendes alter ego nicht mehr ausreicht, denn sie enthält (als Antwort von alter ego auf eine Handlung von ego) mehr als lediglich eine parallele Bewertung der Handlung des ego und der Werte, die ego in seiner Entscheidung für dieses Handlungsprojekt zugeschrieben werden. Beide Elemente – Proto-Identität und Proto-Moral – hängen indes zusammen. Die ursprünglich eigenen Wertungen von Handlungen von ego werden in den Wertungen von alter ego wie durch eine dazwischen gefügte Optik sozusagen »gebrochen«.

Übereinstimmung bzw. Nichtübereinstimmung fungieren als bestimmendes Element intersubjektiver Wertungen. In der wechselseitigen Typisierung der Handlung als einer von beiden Akteuren zum Beispiel positiv bewerteten Handlung aus der Wiederholung der Interaktion heraus liegt der Anfang einer Objektivierung von Bewertungen. Zur einfachen intersubjektiven Erwartung an die Handlungsweise unter typischen Bedingungen tritt ein zunächst auf einen Handlungstypus bezogenes Geflecht von intersubjektiven Verpflichtungen hinzu, im Rahmen derer man für seine Handlungen verantwortlich gehalten wird. In der Folge von aneinander anschließenden Interaktionen mit typischen Bewertungen kommt es zur Herausbildung einer intersubjektiven Hierarchie der Bewertung von Handlungen. Durch Involvierung weiterer ›alter egos‹ entsteht dann eine gesellschaftlich objektivierte und durchsetzbare Struktur von Erwartungen und Verpflichtungen (Luckmann 2000: 135–137).

So sind wir am Übergang von der Bewusstseinsdimension und Subjektivität zur Intersubjektivität und Gesellschaftlichkeit angekommen. Die Bedeutung der *Konstitutions-* neben der *Konstruktions*dimension liegt in der intimen Verbundenheit von proto- und sozio-normativen Wertungen. Nicht alle, wahrscheinlich sogar nur die Minderzahl der Akte beispielsweise richterlicher »Entscheidungsprozesse« sind bewusst erlebte und logisch strukturierte Akte. Als solche sind sie vom Handelnden zwar irgendwie noch erfahrbar und in Teilen beschreibbar. Wir erkennen aber durch diese Rückbesinnung auf die phänomenologischen Fundamente des Bewertens, wie das Verhältnis von Moral und persönlicher Identität, so etwa auch von Rechtsarbeit und persönlichem Arbeitsstil, ein Problem der Sozialisationstheorie (Wie wird Moral verinnerlicht?) und ein Problem der Soziologie sittlicher Ordnung und Institutionen (Wie werden diese historisch aufgebaut und aufrechterhalten?) ist (vgl. Luckmann 2000: 126), das man mit Blick aufs Handeln in Institutionen sowohl institutionengeschichtlich als auch in der jeweiligen institutionellen Situiertheit der fraglichen normativen Praxis beantworten muss.

3. Normativität als soziale Konstruktion

Als Grundfragestellung der Neueren Wissenssoziologie geben Peter L. Berger und Thomas Luckmann an: »Wie ist es möglich, dass subjektiv gemeinter Sinn zu objektiver Faktizität wird?« (1969: 20). Mit dieser Frage einher geht die Überlegung, dass die Relation von ›Wissen‹ und ›Handeln‹ bzw. von ›Wissen‹ und ›Sozialität‹, nicht jedoch normative Systeme, als Startlinie für die besagte Problemstellung aufzufassen sind.

Die kognitive Ordnung des Normativen – nunmehr im Bereich des Sozialen, nicht mehr allein des Bewusstseins – entsteht im Sinne dieser Theorie im Wechselwirkungsprozess aus Typisierung, Habitualisierung, Institutionalisierung, Legitimation und Sozialisation. Immer wieder aufs Neue werden im Vollzug der Praxis u. a. auch normative Konstrukte externalisiert, objektiviert und wiederum internalisiert. *Typisierungs*prozesse dienen dazu, in der Alltagswelt andere Akteure zu erfassen und zu ›behandeln‹ (Berger & Luckmann 1969: 33). Typen sind kognitive Schablonen: die Individualität überschreitende Abstraktionen von Einzelerscheinungen, wodurch es möglich wird, die gesellschaftliche Wirklichkeit als ein kohärentes und dynamisches Gebilde wahrzunehmen. Entstehen, Bestand und Überlieferung einer Gesellschaftsordnung wird durch *Institutionalisierung* bewerkstelligt (ebd.: 56ff). Jeder Institutionalisierung gehen *Habitualisierungs*prozesse voraus: Menschen handeln, interagieren. Jede Handlung, die man häufig wiederholt, verfestigt sich zu einem Modell, welches unter Einsparung von Kraft reproduziert werden kann und dabei vom Handelnden *als* Modell aufgefasst wird. Sobald habitualisierte Handlungen durch Typen von Handelnden reziprok typisiert werden, findet Institutionalisierung statt. Damit ist die wechselseitige Typisierung von Handlungen das Ergebnis einer gemeinsamen Geschichte.

Berger und Luckmann gehen davon aus, dass Vorgänge der Habitualisierung oder beginnenden Institutionalisierung vor sich gehen können, ohne als gesellschaftliche Phänomene funktional oder logisch integriert zu sein. Die institutionale Ordnung ist als expansiv anzusehen, aber nicht unumkehrbar. Man kann also konstatieren, dass schon durch die bloße Tatsache ihres Vorhandenseins Institutionen menschliches Verhalten unter Kontrolle halten. Institutionen stellen Muster auf, welche das Verhalten in eine Richtung lenken, ohne »Rücksicht« auf jene Richtungen zu nehmen, die auch noch theoretisch möglich wären, und zwar noch unabhängig von Zwangsmaßnahmen. Was wechselseitig typisiert wird, kann je nach Situation verschieden sein; in jedem Fall geschieht dies aber im Rahmen der Kommunikation der Beteiligten.

Die Institutionalisierung vollendet sich darin, dass die institutionalisierte Welt weitergereicht wird. Durch Weitergabe der gemeinsam praktizierten Habitualisierungen und Typisierungen werden diese zu historischen Institutionen und gewinnen Objektivität. Institutionen sind nun etwas, das seine eigene Wirklichkeit hat – eine Wirklichkeit, die dem Menschen als äußeres, zwingendes Faktum gegenübersteht. Eine institutionale Welt wird nunmehr als objektive Wirklichkeit erlebt. Hierin erkennen Berger und Luckmann ein Paradox: Der Mensch produziert eine Welt und erlebt bzw. erfährt sie dann nicht mehr als menschliches Produkt. Dieser Umstand resultiert aus dem dialektischen Prozess von Externalisierung (Gesellschaft als menschliches Produkt), Objektivation (Gesellschaft als objektivierte, also hergestellt ›objektive‹ Wirklichkeit) und Internalisierung (Mensch als gesellschaftliches Produkt).

Hinzu tritt die *Legitimierung,* denn eine sich ausdehnende institutionale Ordnung muss ein ihr entsprechendes Dach aus Legitimationen erhalten, das sich in Form kognitiver und normativer Interpretationen schützend über sie breitet (ebd.: 66, 98ff). Legitimation, so formulieren Berger und Luckmann, ›erkläre‹ die institutionelle Ordnung dadurch, dass sie ihrem objektivierten Sinn kognitive Gültigkeit zuschreibe. Sie rechtfertige die institutionale Ordnung, indem sie ihren pragmatischen Imperativen die ›Würde des Normativen‹ verleihe. Man kann sich das hier vertretene Verhältnis des Normativen und des Kognitiven an einem Beispiel vergegenwärtigen, das Berger und Luckmann (ebd.: 102) geben: Eine Verwandtschaftsstruktur werde nicht nur durch die Moral ihrer Inzesttabus legitimiert. Zuerst müsse Wissen von den Rollen vorhanden sein, die ›rechtes‹ oder ›unrechtes‹ Handeln im Rahmen der Gesamtstruktur bestimmen. Legitimation sage dem Einzelnen nicht nur, warum er eine Handlung ausführen *soll* und andere nicht ausführen darf. Sie sage ihm auch, warum die Dinge sind, *was* sie sind. Bei der Legitimierung von Institutionen gehe das Wissen also den Werten voraus. Dass Legitimation sowohl eine kognitive als auch eine normative Seite hat, darf folglich nicht außer Acht gelassen werden. Legitimierung ist keineswegs einfach eine Frage der *Werte* und der Bewertung, sondern setzt stets auch *Wissen* (u. a. das Wissen von Werten und Normen) voraus. So gilt es jeweils *empirisch* zu untersuchen, in welchen konkreten Formen und Vermengungen Moral, Ethik, Recht und so fort als soziale Praxen vorliegt, von beginnender Legitimation über explizite Legitimationstheorien, die einen institutionalen Ausschnitt an Hand eines differenzierten Wissensbestandes rechtfertigen, bis hin zu weitreichenden symbolischen Sinnwelten als *Matrix* aller gesellschaftlich objektivierten und subjektiv wirklichen Sinnhaftigkeit (vgl. ebd.: 100ff).

Sozialisierung ist wiederum die Internalisierung der Wirklichkeit innerhalb einer spezifischen Gesellschaftsstruktur (ebd.: 139ff). *Internalisierung* bedeutet das unmittelbare Erfassen und Auslegen eines objektiven Vorgangs oder Ereignisses, das Sinn zum Ausdruck bringt. Sie ist eine ›Offenbarung‹ subjektiv sinnhafter Vorgänge bei alter ego, welche auf diese Weise für ego subjektiv sinnhaft werden. Internalisierung bildet das Fundament sowohl für das Verständnis unserer Mitmenschen als auch für das Erfassen der Welt als einer sinnhaften und gesellschaftlichen Wirklichkeit. Dieses Erfassen ist keine Leistung isolierter Individuen in autonomen Sinnsetzungen, sondern von Subjekten, die eine Welt gewissermaßen ›übernehmen‹, in der andere schon leben. Als Sprache und mittels Sprache werden die institutionell festgesetzten Begründungs- und Auslegungszusammenhänge internalisiert. Sozialisation ist so gesehen weder je total noch je zu Ende.

Im Zuge der *primären* Sozialisation werden die frühen Grundlagen des Verständnisses sozialer Normen überhaupt gelegt: Regelwissen wird über den Ablauf, Austausch und die Gestaltung sozialer Interaktionen erworben und entwickelt. Wie stark ausgeprägt das implizite Regelwissen und die Fertigkeiten des Verstehens und der Auslegung sind, richtet sich Berger und Luckmann zufolge nach den konkreten Sozialisationsbedingungen der Individuen. Die *sekundäre* Sozialisation umfasst die Internalisierung institutionaler oder in Institutionalisierung gegründeter ›Subwelten‹ und ist insofern von besonderer Bedeutung, da durch sie in nachkindlichen Lebensaltern rollenspezifisches (z. B. gerade berufliches) Wissen erworben wird: gesellschaftlich verteiltes Wissen, das als Ergebnis von Arbeitsteilung (direkt oder indirekt) entsteht, institutionalisiert wird und letztlich Spezialwissen ist (Berger & Luckmann 1969: 148f).

Das gerichtliche Noviziat etwa, in Form des ›Referendariats‹ vor dem Zweiten Staatsexamen und in Form der ›Probezeit‹ von neu angestellten Richtern als ›Gerichtsassessoren‹, dient zur ritualisierten und institutionalisierten Übernahme der zu internalisierenden Wirklichkeit. Ausbilder und Dienstvorgesetzte nehmen gegenüber der zu sozialisierenden Person die Rolle und Funktion signifikanter Anderer ein (vgl. ebd.: 155). In der Entwicklung von beruflichen bzw. professionellen Rollen und damit verbundenen Wissensbeständen differenzieren sich derartige Sonderwissensbestände dann in Spezialisten- und Expertenwissen aus.

Betrachtet man dieses Modell der empirischen Realisationsbedingungen für praktische Normativität, so treten grundsätzliche Wissensprobleme in allen drei Zeitdimensionen vor Augen: wissen zu müssen, worin die normativen Maßstäbe einer Gruppe oder Gesellschaft für ein typisches Problem früher bestanden haben; wissen zu müssen, wie man jetzt in der konkreten Handlungssituation ›das Richtige‹ tun und erreichen kann; schließlich wissen zu müssen, inwieweit der eingeschlagene Weg auch weiterhin trägt. Dieses praktische, situative Wissenmüssen ist dabei immer mit der Anfechtung der Ungewissheit, des Nicht-wissen-könnens verbunden. Mit Mead und Joas und weitergedacht mit Berger und Luckmann (1969) sowie Anselm Strauss (1993: 245ff) – der mit der Kurzformel von ›processual ordering‹ aus pragmatistisch-interaktionistischer Sicht zum analogen Ergebnis kommt wie Berger und Luckmann –

ist soweit erkennbar, dass in einer handlungsbezogenen Perspektive die normative Ordnung (jedweder Reichweite) stets eine prekäre und vorübergehende ist, die im Zuge interaktionaler Aushandlungsprozesse fortlaufend produziert, reproduziert und modifiziert werden muss. In diesem Zusammenhang kann – mit Verweis auf Martin Endreß in diesem Band – nur angemerkt werden, dass Berger und Luckmann natürlich auch zahlreiche explizite Hinweise geben für relevante Aspekte der Macht, Herrschaft, Disziplinierung und Sanktionierung, die durch Institutionalisierung, Legitimierung und Sozialisierung zustande kommen, aber auch nicht statisch zu sehen sind.

4. Intermediäre Bewertung

Der besondere »Dreh« der handlungstheoretischen Konzeption von Normativität in soziologischen Theorien sinnhaften Handelns ist es, eingedenk der prinzipiell verbundenen Kognito- und Soziogenese von Normativität aus dem bewährten und wechselseitig zwischen Akteuren beobachteten und erwarteten Verhalten heraus die Dualität zum einen des *Übernehmens* und des *enacting* von Normen, zum anderen die Dualität des *Zugriffs auf* bestehende Normen und der *Modifikation* von bestehenden Normen durch den Zugriff ins Zentrum der Aufmerksamkeit zu rücken. So sind wir gerade für die Analyse der Rechtspraxis, der Praxis ethischer Beratung und Prüfung in Medizin und Wissenschaft und genauso gut für die Analyse der trivialsten Kommunikationssituationen des Alltags bestens grundbegrifflich eingerichtet. Denn es besteht nicht mehr die Gefahr, Normativität mit normativen Begriffen zu beobachten und zu beschreiben, sondern mit Begriffen der (subjektiven, intersubjektiven und sozialen) Kognition und auf Strukturen der Bewusstseins- und Wissensordnung zu beziehen. Hierzu abschließend ein Beispiel für einen besonders formbaren Typ von Normen aus der aktuellen Rechtspraxisforschung (Stegmaier 2008).

Wenn wir davon ausgehen, dass es keine allumfassende Moral mehr gibt und Bewertungsformen wie etwa Recht und Ethik je nach Verwendungskontext relativ stark ausdifferenziert sind, dann muss man sich ansehen, wie eigentlich zwischen all diesen Teilnormativitäten vermittelt wird und welche tragende Rolle der jeweilige Kontext für einen Bewertungsakt hat. In der richterlichen Rechtspraxis, wie überall sonst auch, sind Formen *intermediärer Bewertung* zu erkennen: als Vermittlungs- oder Zwischenformen von sehr lokalen und weitreichenden Normen. Intermediäre Normativität dient gleichwohl der Vermittlung zwischen Bereichen unterschiedlicher normativer Ordnung. Luckmann spricht von ›intermediären Institutionen‹ und meint damit Sinnproduktionsstätten, die in der Polyphonie der gesellschaftlich ausdifferenzierten Teilmoralen zwischen großen, anonymen, komplexen, mit dem Staat, dem Recht und der Wirtschaft in Verbindung gebrachten Institutionen einerseits und kleinen Lebenswelten einzelner Individuen und kleiner Gruppen andererseits vermitteln (vgl. Luckmann 1998: 34ff).

Im Gerichtskontext ist der Gebrauch von ›Linien‹ zu beobachten, der flexibler angelegt ist als der Gebrauch von bereits approbierten Rechtsvorschriften. Eine Linie bezieht sich wie andere Normen auf Falltypen, mehr als andere Normen aber auch auf den lokalen Fallbearbeitungskontext, und sie entfaltet nur hier eine begrenzte Regelungskraft. Für diese Falltypen und -kontexte erlangt sie Bedeutung, wenn sich in ihr lokale Gewohnheiten, Relevanzen, Plausibilitäten und Bewährung beim Gebrauch von Normen herauskristallisieren und dabei helfen, die Handhabung eines Falls grundständig (aber nicht absolut) auszurichten. Linien sind stärker im Fluss als Rechtsnormen aus dem Gesetz- und Kommentarbuch: Sie werden viel eher von Fall zu Fall fortgeschrieben, womit sie die Fortentwicklungsarbeit der robusten Rechtsnormen gewissermaßen »austragen«. Linien sind *normative Typologien* bezogen auf Fallkonstellationen. Sie sind wie Spannungsbögen zwischen der herrschenden Meinung (»h. M.«, wie man dies in der Jurisprudenz abkürzt) im Gesamtfeld der Jurisprudenz und der »eigenen Meinung« der Richter angesiedelt und sollen zur Überbrückung der Differenz verhelfen. Darunter fallen die unterschiedlich mächtigen und in verschiedener Reichweite wirksamen, aus der mehr oder weniger institutionalisierten Praxis gewonnenen Konventionen bezüglich etwa des eigenen Personalstils, Dezernats, Spruchkörpers, Gerichts, Rechtsbereichs, Bundeslandes. Linien werden herangezogen oder weggelassen, je nach Bedarf. Linien kommen in den Rechtsgesprächen und Urteilen hörbar zum Ausdruck kommen und werden damit insbesondere von erfahrenen und über die Linien orientierten Anwälten erkannt und mit Blick auf ein bestimmtes Gericht antizipiert.

Wie »Probiernormen«, wie explorative Normierungsangebote wirken Linien. Sie können sich bewähren oder scheitern, erweitert oder ersetzt werden, durch neue Versuche oder altbewährte Normen, in der engeren Fallarbeit genauso wie durch spätere Revisionen durch höhere Gerichte, Debatten in der Jurisprudenz oder schlichte Gegenargumentationen von Anwälten oder Staatsanwälten. Linien bieten Halt, wo der Boden des Normativen (noch) nicht sicher trägt. Sie sind zugleich Ausdruck eines vom konkreten Einzelfall abgelösten Rechtsverständnisses, das mehr auf Überblick über generalisierbare Rechtsprobleme sensibilisiert ist denn auf Schlussfolgerungen im Detail, ohne aber die Lebensnähe ganz aus dem Sichtfeld zu verlieren. Linien heißen vermutlich nicht zufällig »Linien« unter Richtern: In der Begriffswahl könnte das richterliche Wissen um Bedarf und Vorhandensein von noch gar nicht in Gesetze gegossene, aber rechtlich relevante Organisationsformen der normativen Erfahrung liegen.

Die Vorstellung der *Plastizität des Normativen* öffnet erst den Blick für die nicht immer reibungslos und auch von den professionellen Rechtspraktikern oft nicht bewusst erlebte Umformungsarbeit der Normen, der Lebenssachverhalte und deren wechselseitiger Bezüge. Es ist erheblich mehr explorative empirische Forschung als bisher nötig, die weit über die herkömmliche justiz- und rechtssoziologische Forschung hinaus geht und mit der man die in großer Vielfalt existierenden praktischen Formen von Normativität (immer wieder) neu entdecken und verstehen kann.

Literatur

Berger, Peter L. & Luckmann, Thomas (1969), *Die gesellschaftliche Konstruktion der Wirklichkeit. Eine Theorie der Wissenssoziologie*, Frankfurt a.M.: Fischer

Bergmann, Jörg R. & Luckmann, Thomas (Hg. 1999), *Kommunikative Konstruktion von Moral* (2 Bde.). Opladen: Westdeutscher Verlag

Dewey, John (1994), *The Moral Writings of John Dewey*, hgg. v. J. Gouinlock, Buffalo, N.Y.: Prometheus

Geiger, Theodor (1987), *Vorstudien zur Soziologie des Rechts*. Berlin: Duncker & Humblot

Joas, Hans (1999), *Die Entstehung der Werte*, Frankfurt a.M.: Suhrkamp

Joas, Hans (1992), *Die Kreativität des Handelns*, Frankfurt a.M.: Suhrkamp

Joas, Hans (1989), *Praktische Intersubjektivität. Die Entwicklung des Werkes von G. H. Mead*, Frankfurt a.M.: Suhrkamp

Knoblauch, Hubert (2005), *Wissenssoziologie*, Konstanz: UVK

Luckmann, Thomas (2000), Die intersubjektive Konstitution von Moral, in: M. Endress & N. Roughley (Hg.), *Anthropologie und Moral. Philosophische und soziologische Perspektiven*, Würzburg: Königshausen & Neumann, S. 115–138

Luckmann, Thomas (1999), Unheilsschilderung, Unheilsprophezeiung und Ruf zur Umkehr. Zum historischen Wandel moralischer Kommunikation am Beispiel der Weihnachtsansprache eines deutschen Bundespräsidenten, in: A. Honer et al. (Hg.), *Diesseitsreligion. Zur Deutung der Bedeutung moderner Kultur*, Konstanz: UVK, S. 36–57

Luckmann, Thomas (Hg. 1998), *Moral im Alltag. Sinnvermittlung und moralische Kommunikation in intermediären Institutionen*. Gütersloh: Bertelsmann

Luckmann, Thomas (1987), Comments on Legitimation, *Current Sociology* 35: 2, S. 109–117

Mead, George H. (2002), *The Philosophy of the Present*, New York: Prometheus

Mead, George H. (1987), *Gesammelte Aufsätze* (2 Bde., hgg. von Hans Joas), Frankfurt a.M.: Suhrkamp

Mead, George H. (1987a), Die philosophische Grundlage der Ethik, in ders.: *Gesammelte Aufsätze* (2 Bde., hgg. von Hans Joas). Frankfurt a.M.: Suhrkamp, S. 347–354

Mead, George H. (1987b), Die Genesis der Identität und die soziale Kontrolle, in ders: *Gesammelte Aufsätze* (2 Bde., hgg. von Hans Joas). Frankfurt a.M.: Suhrkamp, S. 299–328

Mead, George H. (1987c), Rezension von John Dewey: Human Nature and Conduct (New York 1922), in ders.: *Gesammelte Aufsätze* (2 Bde., hgg. von H. Joas). Frankfurt a.M.: Suhrkamp, S. 357–370

Schütz, Alfred & Talcott Parsons (1977), *Zur Theorie sozialen Handelns. Ein Briefwechsel.* Frankfurt a.M.: Suhrkamp

Stegmaier, Peter (2007), Wissen und Normativität, in: R. Schützeichel (Hg.), *Handbuch Wissenssoziologie und Wissensforschung*, Konstanz: UVK, S. 685–698

Stegmaier, Peter (2008), *Wissen, was Recht ist – Richterliche Rechtsarbeit als soziale Praxis* (in Vorbereitung)

Strauss, Anselm (1993), *Continual Permutations of Action.* New York: Aldine de Gruyter

Weber, Max (1982), Über einige Kategorien der verstehenden Soziologie, in ders: *Gesammelte Aufsätze zur Wissenschaftslehre* (hgg. v. Johannes Winckelmann), Tübingen: Mohr/Siebeck, S. 427–474

Weber, Max (1980), *Wirtschaft und Gesellschaft. Grundriss der verstehenden Soziologie*, Tübingen: Mohr

Dirk Tänzler

Repräsentation
Brücke zwischen Phänomenologie und Soziologie des Politischen

Moderne westliche Gesellschaften verstehen sich fast ausnahmslos als repräsentative Demokratien. Die Idee der politischen Repräsentation, wie sie im Prozess der Ausdifferenzierung einer autonomen Sphäre politischen Handelns, der Entstehung des modernen Staates sowie schließlich der Demokratisierung der Gesellschaft entstand und zwischen politischer Pragmatik und politischer Ästhetik verortet wurde, war aber von Anfang an umstritten. Hobbes, der Begründer der modernen politischen Theorie, erklärt Repräsentation im Sinne der Stellvertretung, aber auch der theatralen Inszenierung, zum Kern des Politischen. Rousseau dagegen ist der Ansicht, dass die Idee der Repräsentation Hobbes' Theorie des Gesellschaftsvertrages und damit die Natur des Politischen zerstöre. Im Rahmen seines Gegenentwurfs entwickelt er die Idee eines politischen Festes, mit dem das um einen Maibaum tanzende Staatsvolk nicht, wie im Leviathan, dem Repräsentanten huldigt, sondern sich selbst in seiner unmittelbaren politischen Identität als souveräne Bürgerschaft feiert. Auch aktuell ist die, allerdings bis ins frühe 20. Jahrhundert zurückreichende, Diskussion von der These einer angeblichen Krise der Repräsentation bestimmt. Repräsentation gilt den Kritikern als Ausdruck einer historisch überholten staatsfixierten Politikkonzeption, und zumal Soziologen haben sich auf die Suche nach einem »erweiterten Politikbegriff« begeben (vgl. ihrerseits kritisch Soeffner & Tänzler 2002a).

Legitimiert sich Politik, seit und solange es souveräne Nationalstaaten gibt, als Repräsentation eines Allgemeinwillens, so scheint mit dem zu beobachtenden Zerfall des Nationalstaates das Ende der Repräsentation anzubrechen, so dass eine »Neuerfindung des Politischen« (Beck 1993) auf die Agenda gerückt ist. Aber schon Kant (»Zum ewigen Frieden«) schien es unmöglich, nationalstaatsbezogene Politik in einen demokratischen Weltstaat aufzuheben. In der Gegenwart droht Politik, nach Max Weber das Streben nach Macht (Weber 1976), sich vielmehr staatlicher Regulierung in welcher Form auch immer zu entziehen.

Zur Kennzeichnung dieser Entwicklung hat sich der Ausdruck »Globalisierung« eingebürgert, der immer noch mehr Metapher als Begriff ist. Globalisierung scheint einen Vorgang der Entbindung oder Entbettung zu benennen, eine neue Stufe im Prozess der funktionalen Ausdifferenzierung sozialer Handlungssphären, der möglicherweise in sein Gegenteil, in Entdifferenzierung umschlägt.[1] Ulrich Beck spricht kurz und bündig von der Weltgesellschaft als »Vielfalt ohne Einheit« (Beck 1998: 7). Der Begriff der Repräsentation zielt dann auch tatsächlich, nicht erst, aber insbesondere bei Thomas Hobbes, auf die Herstellung eines *corpus politicum*. Repräsentation ist ein Versuch, politisch Einheit und Bindung in einer modernen Gesellschaft zu stiften und zwar in Gestalt des Nationalstaates, den Max Weber (1971) als materiale Rationalität, als ›letzten‹ Selbstzweck (›Staatsraison‹), des Politischen bezeichnete. Als Adressat fürs Allgemeine fungierte der Staat als zentrale Steuerungsinstanz der Gesellschaft.

Wenn der Gesellschaft nun der Kopf abgeschlagen wird, d. h. ihr mit dem Staat ein Zentrum verloren zu gehen scheint, dann handelt es sich aber nicht um die Krise des Staates überhaupt. In Auflösung begriffen ist der Wohlfahrtstaat des sozialdemokratischen Jahrhunderts, die historisch äußerst wirksame Idee der politischen Regulierung individueller Lebenschancen. In Gestalt des Wohlfahrtsstaates hat der Nationalstaat mittlerweile selbstzerstörerische Qualität angenommen, die durch äußere Pressionen verstärkt werden. Seine formale Rationalität, die Verwaltung (Bürokratie), ist nicht mehr in der Lage, die materiale Rationalität der legitimen Ansprüche seiner

---

1 Ein eindrückliches Beispiel dafür ist der Formenwandel des Krieges (vgl. Trotha, Münkler u. a.).

Bürger zu befriedigen oder zu bändigen. Die vom Wohlfahrtstaat erzeugte Finanzkrise weitet sich schließlich zur allgemeinen politischen Steuerungskrise, der man durch neoliberale Reformen Herr zu werden hofft, indem de facto Ansprüche zurückgeschnitten und Verantwortung privatisiert werden. Neoliberal nennen sich diese Reformen, weil nicht mehr nur allein *mehr* Markt *statt* Staat gefordert und dieser auf seine liberale Nachtwächterfunktion zurückgeschraubt wird, sondern weil der Staat selbst marktförmig umgestaltet werden soll: Behörden werden zur Agenturen, Bürger zu Kunden und Politiker zu Managern.[2] In seinem Bestreben, die eigene Autonomie zu retten, liefert sich der Staat ans Heteronome aus. In diesem eher Zerfalls- als Wandlungsprozess nationalstaatlicher Autorität verliert die Souveränität zunehmend ihre Funktion des Schutzes (vgl. Luhmann 1998: 369ff) und der Garantie der Lebenschancen, der Gesellschaftsvertrag schließlich seinen Legitimationsgrund: der Wähler fühlt sich nicht mehr repräsentiert und übt bewusst Wahlenthaltung, benutzt sein heiligstes Staatsbürgerrecht zur Verstärkung der Entlegitimierung staatlicher Politik. Globalisierung erfährt der Bürger zum einen als Individualisierung der Chancen und Risiken des Lebens sowie zum anderen als Rückkehr des Politischen (aber auch der Ökonomie, vgl. Piore & Sabel 1989) in die nun zentrumslose (Welt-)Gesellschaft, die zwangsläufig von »neuer Unübersichtlichkeit« (Habermas 1985) geprägt ist und Unsicherheit erzeugt.

Die vielleicht entscheidende technische Infrastruktur des Prozesses der Globalisierung sind die Informationsmedien (Castells 2001ff). Formell garantieren sie, dass Informationen weltweit frei flottieren und kaum mehr staatlich reguliert und kontrolliert werden können. Inhaltlich bewirkt die Medialisierung der Politik eine Entdifferenzierung, ein Überschreiten der Grenzen zwischen dem Wirklichkeitsbereich des Politischen und dem der Medien. In der breiten Öffentlichkeit, aber auch in der Theorie der »symbolischen Politik« von Edelman (1990) bis Sarcinelli (1987) werden die Medien folglich als Ursache der Verselbständigung, Entäußerung und Entfremdung der Politik(er)darstellung vom politischen Entscheidungshandeln wahrgenommen. Insbesondere im Leitmedium Fernsehen, das dem Parlament seine Funktion als Bühne politischer Öffentlichkeit zunehmend streitig macht, büßt das Politische seinen Ernst ein und wird zur Unterhaltung, zum »Politainment« (Dörner 2001). Politische Ästhetik erscheint als reiner Überbau der politischen Pragmatik und dient der Verschleierung des Geschehens auf der Hinterbühne (Edelman 1990). Politik im Medienzeitalter sei geprägt durch den Widerspruch zwischen einer zunehmenden Komplexität politischer Handlungszusammenhänge etwa durch die Auflösung klarer Hierarchien in netzwerkartige Verflechtungen und Abhängigkeiten (Granovetter 1985, Castells 2001ff) auf der einen Seite und dem Zwang zur Vereinfachung in der medialen Politikdarstellung auf der anderen Seite (Sarcinelli 1987). Strukturell ist aber zunächst die widersprüchliche Einheit von politischer Pragmatik und politischer Ästhetik sowie ihre Wechselwirkung zu bestimmen, schließlich ihre besondere historische Figuration unter Bedingungen medialer Politikdarstellung. Strukturell lässt sich der expressive Aspekt des Politischen nämlich nicht auf Darstellung, Vermittlung, Vereinfachung oder »Komplexitätsreduktion« des instrumentellen Aspekts (Entscheidung, Streben nach Macht) ›reduzieren‹. Vielmehr ist die politische Ästhetik die Hervorbringung des Politischen als einer symbolisch vermittelten, alltagstranszendenten Wirklichkeit. Diese These von der Repräsentation als Performanz ist in doppelter Hinsicht zu entfalten. Zu zeigen ist, dass das Politische im Kern sowohl Repräsentation ist als auch durch Repräsentation performativ erzeugt wird.

Materialität und Macht. Der *Performative Turn* in den Kulturwissenschaften

Der *performative turn* zeigt einen Paradigmawechsel von den Human- und Geisteswissenschaften zu den Kulturwissenschaften an. Bis in die 80er Jahre des letzten Jahrhunderts galt noch der

---

2 Dieses Image verlieh sich z. B. Gerhard Schröder (vgl. Raab & Tänzler 2002).

Begriff der Repräsentation als »Schlüssel« zum Selbstverständnis der unter der Formel vom *linguistic turn* vereinten Human- und Geisteswissenschaften (Ginzburg 1992). Eben diese universalistisch und realistisch geprägten Humanwissenschaften hatte Michel Foucault in »Die Ordnung der Dinge« (1966) mit seiner These von der Krise der Repräsentation der Dekonstruktion ausgeliefert. Die Überwindung des Repräsentationsbegriffs wird dann gegenwärtig auch als Beginn eines relativistisch und konstruktivistisch ausgerichteten kulturwissenschaftlichen Programms angesehen. Gefragt wird primär nicht danach, *was* etwas, z. B. das Politische, seiner ›Logik‹ oder seinem ›Begriffe‹ nach sei, sondern danach, *wie* es sozial in der Praxis ›wirklich‹ hergestellt werde. Dieser theoretische Perspektivenwechsel vom konstativen zum performativen Charakter sozialen Handelns war schon kennzeichnend für den Sozialkonstruktivismus von Peter L. Berger und Thomas Luckmann (1980), der die Konsequenzen des *linguistic turns* für die Sozialtheorie zog. Der *performativ turn* in seinen diversen Spielarten (s.u.) geht einen Schritt weiter in Richtung auf einen radikalen Konstruktivismus, der zur Auflösung der Differenz zwischen Fiktion und Wirklichkeit neigt, am prägnantesten etwa in der Medientheorie Jean Baudrillards. Deutlichstes Merkmal des *performativ turn* ist seine Abwendung vom Universalismus der humanistischen Tradition und der Aufklärung etwa in Gestalt der (Sprach-)Pragmatik (daher die Stilisierung von Jürgen Habermas zum Hauptgegner) und seine Hinwendung zur Ästhetik und dezisionistischen Moral (als oberster Gewährsmann fungiert hier der Sprachkritiker Friedrich Nietzsche).

Ausgangspunkt ist die Annahme, dass Wirklichkeitskonstruktionen nicht nur kognitive Leistungen sind. Ordnungsstrukturen erhalten ihren Wirklichkeitsakzent als Manifestation einer sozialen Praxis (vgl. Wulf, Göhlich & Zirfas 2001, Hahn & Meuser 2002), als Verkörperung einer präreflexiven Typisierung, was Pierre Bourdieu (1974) als Habitus bezeichnet, ein Begriff, der die Abkehr vom Strukturalismus und die Hinwendung zur Praxistheorie markiert. In seiner Suche nach universellen anthropologischen Regeln tendiere der Strukturalismus zur Reduktion von Praxis auf Logik. Handeln werde zum bloßen Anwendungsfall (Performanz) intelligibler Regeln (Kompetenz) und Ereignisse zu reinen Wirkungen (»Effekte«) stilisiert. Performanztheorien betonen dagegen das Ereignishafte des Geschehens, mit anderen Worten die Geschichtlichkeit aller menschlichen Praxis, und mit ihrer Machbarkeit die Macht als Ferment sozialer Beziehungen. Erst das Wollen und Handeln individueller Menschen in spezifischen Kontexten verleiht dem Geschehen einen kulturellen Sinn und damit einen sozialen Wirklichkeitsaspekt. In diesem Sinne eines strikten Kontextualismus und in Abkehr von dem strukturalistischen Universalismus spricht der englische Historiker Quentin Skinner (2002) von Performanztheorie. Mit dem *performative turn* verbindet sein schweizer Kollege Philip Sarasin (2003) einen Wandel (nicht nur) der Geschichtswissenschaft von der verstehenden Geisteswissenschaft zur erklärenden Kulturwissenschaft: Immer noch sei unter Historikern ein erkenntnistheoretischer Realismus weitverbreitet, der unkritisch von historischen Tatsachen ausgehe. Tatsachen seien aber Konstrukte und auf das sie konstituierende System zurückzuführen. Allerdings, so Sarasin, müsse mit Foucault[3] die sinnkonstitutive Ordnung jenseits von Wort und Ding, jenseits von Natur und Kultur in einem Dritten, dem Diskurs gesucht werden. Der Diskurs, das betont auch Judith Butler (1997) im Hinblick auf den Geschlechtsunterschied, besitze eine eigene Materialität, die sich in den Brüchen, dem Unsagbaren zeige, sich kontingent in dem ereigne, was zwischen Wort und Sache, also jenseits der Regelsysteme, liege. Wenn dieses Unsagbare die Macht ist, dann wird sowohl in der Symbol- wie in der Politikanalyse der Begriff der Repräsentation hinfällig, weil das Unsagbare nicht repräsentiert werden kann. Die Repräsentation verweist wie andere Begriffe nicht auf eine vergangene oder zukünftige Präsenz oder Identität, sondern nur auf eine Leerstelle oder Urdifferenz – Derrida (1983) bildete dafür bekanntlich den Neologismus *différance* –, also auf ein anderes Machtspiel, eine andere Machtkonstellation.

---

3 Nach dessen »Kehre« vom Formalismus des »historischen Apriori« in *Die Ordnung der Dinge* (1974) zur Materialität des »Diskurses/Dispositivs« in *Sexualität und Wahrheit* (1977).

Die Theaterwissenschaftlerin Erika Fischer-Lichte sieht im *performative turn* der Kulturwissenschaften den Ausdruck eines *performative turn* in der Kultur. Ausgangspunkt ist der Wandel von einem dramatischen zu einem postdramatischen Theaterverständnis – die Aufführung wird nicht mehr als Repräsentation des Textes und des Sinnes verstanden, der ein für allemal vom Autor festgelegt sei, sondern als eine performative Hervorbringung durch den Schauspieler –, das sich dann in der Gesellschaft selbst durchsetzt. Die semiologische Idee einer »Welt als Text« erfasse nicht mehr die Gegenwart und könne nicht mehr als universales Erklärungsmodell dienen. Vielmehr müsse das Theater zum Modell der Kulturwissenschaften erklärt werden (Fischer-Lichte 2000a, 2000b). Die Diskussion um das Politiktheater scheint das zu belegen. Fischer-Lichte führt dann die »Verkörperung als ›Gegenkonzept‹ zum Begriff der Repräsentation« (Fischer-Lichte 2001: 21) ein und attestiert dem Körper *agency* (vgl. auch Bourdieu 1976, Rao & Köpping 2001, Meuser 2002). Damit soll der dem Repräsentationsparadigma innewohnende »Logozentrismus« überwunden und an dessen Stelle die »sens practique« – dieser Schluss hätte Bourdieu weniger gefallen – die »gelebte Erfahrung« (Fischer-Lichte 2001: 20) gesetzt werden.

Performanz aus phänomenologischer Sicht

Der *performative turn* präsentiert sich nicht einheitlich. Mal ist Performanz schlicht Darstellung (so z. B. Bailey 1996) oder Kontextualität und Intertextualität (Skinner 2002), dann – wider den semiotischen Logozentrismus und die Idee der Welt als Text – das Beharren auf Materialität (Butler 1997, Sarasin 2003), Verkörperung (Fischer-Lichte 2001) oder gar Verstricktsein in die Macht und Wenden der Macht gegen sich selbst (Butler 1997: 331). Schließlich kann Performanz programmatisch für Konstruktivismus, Fiktionalität und Metaphorizität aller sprachlichen Ausdrücke stehen und ist dann wie die Diskurstheorie – Performanz- und Diskurstheorie bilden in dieser Lesart mehr oder weniger Synonyme und berufen sich auf die gleichen Gründerväter, vor allem Nietzsche, Foucault und Bourdieu in je unterschiedlichen Mischungsverhältnissen – »keine Methode, die man ›lernen‹ könnte, sondern [...] eine theoretische, vielleicht sogar philosophische Haltung« (Sarasin 2003: 8).

Diese Haltung oder dieser Habitus präfiguriert durchaus paradox eine wissenschaftliche Praxis mit gebremster Neigung zur Selbstexplikation. Es drängt sich, beispielsweise angesichts der oben wiedergegebenen Definitionen von Judith Butler, der Eindruck auf, das Prinzip der Metaphorizität werde im Sinne einer *selffullfilling prophecy* zum Selbstverständnis und zum Programm erhoben. Die These von der Metaphorizität der Wissenschaft findet sich schon bei Alfred Schütz (2003) und Eric Voegelin (1959), wenn sie die Wissenschaft, wie auch die Politik, die Religion, die Kunst etc., als alltagstranszendente symbolische Wirklichkeiten mit je eigner Bildersprache behandeln. Die Metaphorizität der Wissenschaft enthebt keinen Wissenschaftler der Verpflichtung zur rationalen Rekonstruktion. Das Unbestimmbare und Irrationale an sich, aber nicht sein Begriff, entzieht sich jedem Verstehen. Es gibt, wie z. B. der Religionsphänomenologe Rudolf Otto (1958) gezeigt hat, nicht nur ein rationales Verstehen des Begriffs des Irrationalen, sondern sogar eine rationale Religion, die einen Begriff und damit ein Verstehen des Wesens des Religiösen in seiner absoluten Irrationalität hervorgebracht hat, an das die Religionswissenschaft anschließen kann.

Der bunte Strauss von Definitionen, der als Selbstbeschreibung des *performative turn* angeboten wird, kann dann auch auf zwei Grundformen reduziert werden, die sich bei Judith Butler formuliert finden. Performanz kann zum einen als Darstellung (Schauhandeln) und zum anderen als Herstellung (soziale Konstruktion) begriffen werden. In beiden Fällen geht es philosophisch gesehen um das Problem der Materialität im Gegensatz zur Rationalität von Diskursen und anderen sozialen Praktiken.[4] Während die Sprechakttheorie die performative Äuße-

---

4 Judith Butler unterscheidet *performing* (Herstellung) und *performance* (Darstellung). Dieses wird als

rung als diejenige diskursive Praxis bestimmt, die das vollzieht oder herstellt, was sie benennt, hat Derrida demgegenüber kritisch angemerkt, dass diese Macht nicht die Funktion eines ursprunggebenden Willens hat, der einem freien Subjekt zurechenbar wäre, sondern abgeleitet ist. Performativität ist in seiner Sicht die Macht des Diskurses, die durch seine ständige Wiederholung zur Wirkung kommt und die Subjektstelle mitproduziert (vgl. Butler 1997: 36f und 46).

Der *performative turn* verbleibt innerhalb der Grenzen der semiologischen Unterscheidung zwischen Kompetenz und Performanz, hinter der die cartesianische Gegenüberstellung von Geist und Körper (res cogitans – res extensa) zum Vorschein kommt. Gelegentlich suggeriert die Rede von einer Theorie der Praxis oder der praktischen Vernunft, es gebe neben der theoretischen Vernunft eine praktische Vernunft, jene repräsentiere formelle Regeln, im Idealfall einen Algorithmus, diese verkörperten, realen Sinn, also materiale Ausdrucksgestalten. Anvisiert ist eine – soziologisch gesehen äußerst fatale – Trennung von ›transzendenter‹ Handlungslogik und sinnlich-faktischer Wirkung des Handlungsvollzugs. Es war gerade das Anliegen der vielfach gegeißelten Phänomenologie, diesen Gegensatz zu überwinden. Immer ist es die eine Vernunft und Welt, nur im Hinblick auf unterschiedliche alltägliche wie außeralltägliche Erfahrungsmodi: entweder des Handelns oder der Reflexion, wobei es sich mehr um graduelle, denn um wesensmäßige Unterschiede handelt. Theorie und Praxis markieren die Endmarken eines Kontinuums der Erfahrung, nicht zwei Zustände der Welt. In der Praxis herrscht die natürliche Einstellung des Alltags (implizite Urteile der Angemessenheit mit Bezug auf praktische Problemlösungen), in der Theorie die künstliche Einstellung der Bedeutungsexplikation (logisch begründete Urteile in Bezug auf das Rationalitätskriterium der Wahrheit).

Performanz, das zeigte unsere Rekonstruktion, bedeutet Darstellen und Herstellen, vereint also Unvereinbares, denn alles Darstellen enthält ein Moment der Präsenz oder der Unmittelbarkeit, das sich einem Herstellen oder Konstruieren entzieht. Das Credo der Phänomenologie von Husserl bis Merleau-Ponty lautet daher: Aller Sinn ruht auf Sinnlichkeit, ist an körperliche Präsenz gebunden, transzendiert diese aber im Hinblick auf symbolische Verweisungszusammenhänge sozialer Natur.

In einer seiner letzten Volten ist der *performative turn* selbstreflexiv und transitiv geworden. Dieter Mersch hat in seiner Dekonstruktion der philosophischen Theorie der Wahrnehmung und der Kunsterfahrung (2002) das Problem der Materialität zugespitzt und dem Performativitätsdiskurs eine radikale Wendung gegeben: Die Leerstellenmetaphorik – Derridas »différance« – wird mit der einst verrufenen Kategorie der Präsenz »aufgefüllt« und ein grundsätzlicher Zweifel an der Möglichkeit eines radikalen Konstruktivismus angemeldet.[5]

Was seit dem *performative turn* als Gegensatz zwischen Verkörperung und Repräsentation, Performanz oder »gelebter Erfahrung« (»Authentizität«) und Kompetenz oder Regelbewusstsein (»Logozentrismus«) verhandelt wird, die Verschränkung von leiblicher Präsenz und sozialer Typisierung, hat Alfred Schütz (2003) im Anschluss an Edmund Husserl (1992) in den Begriff der Appräsentation gefasst. Appräsentation ist die Bewusstseinsleistung, die aller Zeichenerzeugung und allem Zeichengebrauch zugrunde liegt (Luckmann 1980: 101). Sie unterscheidet und beschreibt phänomenologisch kognitive Stile leibgebundener Selbsterfahrung und symbolgebundener Fremderfahrung und kann zur Aufklärung über die Struktur von Performativität und Verkörperung herangezogen werden. Die Appräsentationstheorie liefert schließlich eine phänomenologische Beschreibung der Grundlagen für eine Theorie der Repräsentation im engeren erkenntnis- und zeichentheoretischen, aber auch weiten politischen Sinne.

Den Begriff der Appräsentation hatte Husserl zur phänomenologischen Beschreibung der Fremderfahrung eingeführt, aber selbst noch cartesianisch-egologisch konzipiert. Alfred Schütz

---

Performanz, jenes als Performativität übersetzt. Butler behandelt auch das Problem der Materialität (Butler 1997: 325).
5 Ähnlich neuerdings auch Hans Ulrich Gumbrecht (2004).

reformuliert die Theorie der Appräsentation auf der Basis einer mundanen Phänomenologie, die den Anderen nicht mehr als transzendentale Gegebenheit des sinnkonstituierenden Ego, sondern als sozialen und geschichtlichen Sachverhalt fasst. Diese alltägliche Typik wird weder mit Hilfe der Intuition noch der Theorie gebildet[6], sondern durch Appräsentation einer Problemlösung, die wiederum auf eine ursprünglich konkrete und unmittelbare Handlungssituation verweist.

Die Welt in ihrer ganzen Mannigfaltigkeit drängt sich dem Bewusstsein regelrecht auf und setzt es einer permanenten Reizüberflutung (vgl. Gehlen 1986) aus. Durch die Zuwendung von Aufmerksamkeit werden in dem Bewusstseinsstrom Zäsuren gesetzt und die so von dem Bewusstseinsfeld abgehobenen »thematischen Kerne« (Aron Gurwitsch nach Luckmann 1992: 29) bilden dann das, was wir als Erlebnisse bezeichnen. Diese, das alltägliche Erleben konstituierenden thematischen Kerne, setzen sich zusammen aus aktuell leiblich präsenten und sogenannten appräsentierten Bestandteilen. Das aktuell Präsente ruft im Bewusstsein unmittelbar und spontan Nicht-Präsentes ab, z. B. zur Vorderseite des Gegeben dessen Rückseite, und bildet in dieser Ursynthese die Dingwahrnehmung. Die natürliche Einstellung des Alltags steht unter pragmatischem Vorzeichen, ist auf Handlungserfolg orientiert und damit an der Kontinuität der als Normalität geltenden Ordnung interessiert. Die Kontinuität der Ordnungsstrukturen wird durch die appräsentierten Bestandteile der Erlebnisse gesichert. Diese, die typische Dingerfahrung gewährleistenden Appräsentationen, bestehen aus Vorerfahrungen, die im subjektiven oder sozialen Wissensvorrat abgespeichert sind und spontan abgerufen werden. Wird dagegen die Aufmerksamkeit auf die präsenten Bestandteile gelenkt, wie etwa in der modernen Kunst (vgl. Fischer-Lichte 2001, Mersch 2002), dann kommt es zur alltagstranszendenten Erfahrung des »anderen Zustands« (Musil 1978) oder des Außeralltäglichen (Weber 1976) und zu einem Bruch mit der Normalität, der sich, falls sie nicht durch institutionalisierte Entlastungsfunktionen gesichert ist (Gehlen 1986), zur Krise ausweiten kann, so dass sich die Welt entzieht und das Handeln blockiert ist. Das Ich ist an solchen alltäglichen wie außeralltäglichen Erlebnissen noch gar nicht beteiligt, kann sich ihnen aber zuwenden. In der Reflexion werden diese Erlebnisse dann in einen die Aktualität überschreitenden Zusammenhang eingeordnet und dank dieser nachträglichen Sinnzuschreibung zu Erfahrungen eines selbstbewussten Ich. Alltagshandeln ist in seinem Vollzug also ›blind‹ und erhält Sinn nur im Bezug auf transzendente Welten. »Jede Typisierung des Alltags erfolgt zwar in der unmittelbaren Präsenz eines umweltlichen Gegenübers, verweist aber stets auf ein appräsentes Moment einer anderen Sinnprovinz einer Vor- oder Nachwelt. In diesen Verweisungen transzendiert die Typik des Alltags jede alltägliche Situation des Handelns. Mit anderen Worten: Schütz entwickelt hier eine Theorie ›situativer Transzendenz‹ (Grathoff 1989: 55). Diese Theorie situativer Transzendenz ist nicht nur die Grundlage für eine wissenssoziologische Handlungstheorie im Allgemeinen, sondern auch für die Bestimmung der Begriffe der Repräsentation und des Politischen im Besonderen. Schütz, so Ilja Srubar, geht von der anthropologischen Annahme aus, dass der Mensch durch Handeln die Transzendenz der Welt zu überwinden trachtet und dass jeder Transzendenzform eine spezifische Form von Appräsentationsbeziehung entspricht. Stand Appräsentation bei Husserl für eine Form der Intentionalität, also für eine Bewusstseinsleistung, so steht diese Bewusstseinsleistung bei Schütz unter dem Primat des pragmatischen Motivs und ist die Leistung eines sozial handelnden Menschen. Die Analyse der Appräsentationsbeziehungen zeigt, wie vermittels objektivierbarer Sinnsysteme die Welttranszendenz überwunden und in sozial geordnete Wirklichkeiten umgewandelt wird (vgl. Srubar 1988: 231f). »Die Einheit der Lebenswelt ist also nicht von dem transzendentalen Nachweis ihrer Intersubjektivität abhängig, sondern sie wird auf den sinn- und realitätskonstituierenden Charakter des Pragma als Wirken zurückgeführt. Die transzendentale Subjektivität wird durch mundane

---

6 Appräsentation dient umgekehrt der Bestimmung von Intuition und Theorie als Typen der Erfahrung und des Wissens.

Sozialität ersetzt« (Srubar 1988: 259). Bei Husserl liegt der Akzent auf dem Nachweis, dass der Andere eine zwar die Grenzen des Ego transzendierende, aber bewusstseinsimmanente Gegebenheit ist. Aus Schütz' Sozialisierung und Objektivierung des Appräsentationskonzepts (Srubar 1988: 234) folgt dagegen die Einsicht, dass der konkrete Andere immer schon ein sozialer und historisch wandelbarer Typus ist, der im Sinne Max Webers einer konkreten Problemlösung im Handeln zugeordnet werden kann (vgl. Grathoff 1989: 50ff). Die Appräsentation ist der Grund der Performativität sozialen Handelns und insofern Grundlage einer Theorie der Praxis.

Anthropologische Ursache sozialer Praxis und des ihr inhärenten Entscheidungs- und Handlungszwangs ist aber die Transzendenz der Welt, die der Mensch mit Hilfe von Appräsentationen zu überwinden trachtet. In der Welt des Alltags gibt es appräsentative Verweisungen, die schlicht hingenommen werden. Diese appräsentativen Verweisungen verbleiben innerhalb des abgeschlossenen Sinnbereichs des täglichen Lebens. Es gibt aber Erfahrungen, die diesen geschlossenen Sinnbereich zu höheren Wirklichkeiten transzendieren, in denen die ›letzten Werte‹ eines menschlichen Lebens verortet sind. Diese transzendenten Phänomene und Subuniversa versucht der Mensch mit Hilfe spezifischer Appräsentationen, sogenannter Symbole, zu erfassen. Wie Zeichen sind Symbole Elemente innerhalb der Alltagswirklichkeit, bedeuten aber nicht die Welt, sondern fungieren als Brücken zu anderen, metaphysischen Wirklichkeiten. Symbole sind nicht rational deutbar und verstehbar, d. h. in geteiltes Alltagswissen übersetzbar, sondern nur wieder symbolisch-bildlich deutbar als Ausdruck von Grenzerfahrungen und als Bezogensein auf Transzendenz. Natur und Gesellschaft, Wissenschaft, Kunst, Religion, Politik, Traum und Phantasie sind solch alltagstranszendente Wirklichkeiten oder symbolische Ordnungen, die sich in Bildern offenbaren und die in Analogien zu erfassen versucht werden. Diese Bilder werden aber ihrerseits zu Selbstverständlichkeiten wie die Transzendenzen, die sie repräsentieren, was nur möglich ist, weil diese Symbole Antworten auf Fragen geben, die sich die jeder Erfahrung entziehenden Transzendenzen aufwerfen. Durch die symbolische Appräsentation oder, wie wir jetzt sagen können[7], Repräsentation wird die transzendente Ordnung in Handeln umgesetzt (Luckmann 1980, 1992, Schütz 2003, Soeffner 1990, Srubar 1988). Die Selbstbeschreibung der Gesellschaft im symbolischen Handeln ist die performative Herstellung sozialer Praxis oder, wie es Voegelin nennt, auf den sich Schütz hier explizit bezieht, eines von ›Innen‹ mit Sinn erfüllten Kosmions. Durch »eine solche Symbolisierung erfahren Menschen die Gesellschaft als mehr denn eine bloße Zufälligkeit oder Annehmlichkeit; sie erfahren sie als Teil ihres menschlichen Wesens« (Voegelin zit. nach Srubar 1988: 248).

Das Politische der Politik. Einheit und Differenz von politischer Ästhetik und politischer Pragmatik

Im Rahmen einer phänomenologischen Symboltheorie bestimmt sich das Politische als eine alltagstranszendente Wirklichkeit. Daraus ergeben sich eine Reihe fundamentaler Unterscheidungen. Politik ist ein mehr oder weniger geschlossener Bereich alltäglicher Praxis, die ihren Sinn allerdings in der alltagstranszendenten Wirklichkeit des Politischen findet. Das Politische kann nur durch Symbole und spezifische, das politische Handeln begleitende Ausdruckshandlungen im Alltag ›repräsentiert‹ werden. Kurz: Politik ist Handeln, das Politische die dieses Handeln bestimmende symbolische Ordnung. Politische Pragmatik als spezifische Handlungsform bestimmt und legitimiert sich als Repräsentation einer alltagstranszendenten Wirklichkeit. Analytisch betrachtet vollzieht sich Legitimation in das Entscheidungshandeln begleitenden und dieses als ›politisches‹ rahmenden Darstellungshandlungen. Einzig im Bezug auf die politische Ästhetik lässt sich die politische Pragmatik überhaupt bestimmen: Politik ist nicht

---

[7] Appräsentationen sind die ›mentalen‹ Innenseiten (Vorgänge) der ›materialen‹ Außenseite der Repräsentation.

Entscheidungshandeln per se, sondern ein spezifischer Typus, nämlich Entscheidungshandeln mit Bezug auf ein außeralltäglich Allgemeines, das nur als Symbol real ist, das nur als Repräsentiertes und in der Repräsentation existiert. Die politische Ästhetik »repräsentiert« den die Logik rationaler Wahl überschreitenden Sinn politischen (Entscheidungs-)Handelns, also das, was das Politische am politischen Handeln konstituiert. Politik muss dargestellt und vermittelt werden. Politische Ästhetik gehört zur Substanz des Politischen. Als symbolische Ordnung ist das Politische im Kern Repräsentation und zwar (mindestens) in dem doppelten Sinne der verfahrenstechnischen Interessensstellvertretung wie der rituellen Manifestation der politischen Identität.

Die Medialisierung von Politik vor Augen, reduzieren politikwissenschaftliche Analysen politische Ästhetik oder »symbolische Politik« vorschnell auf »Politikersatz« (vgl. Soeffner & Tänzler 2002a). Aber selbst die Medialisierung von Politik ist nicht nur Substitution von Entscheidungshandeln durch fassadenhafte Inszenierung, sondern eine ästhetische *und* pragmatische Anteile umfassende Figuration von Politik, die gekennzeichnet ist durch die Verlagerung des Entscheidungshandelns vom Ort genuin politischen Handelns (Parlament, Regierung, Ausschüsse) auf eine andere Bühne, auf der dann auch die Entscheidungen fallen, die auf den genuin politischen Bühnen nur noch nachvollzogen werden. *Substituiert wird nicht das Entscheidungshandeln, sondern die Kontrollinstanz und die Legitimationsquelle: mediale Inszenierungsdominanz wird zum zentralen Legitimationsmodus, wobei Legitimation hier als Bewährung zu verstehen ist* (vgl. Soeffner & Tänzler 2002b). Bewährung ist aber an einen Legitimationsglauben gebunden, der in der Politikdarstellung performativ erzeugt wird und inhaltlich sowohl an den instrumentellen wie an den expressiven Aspekt politischen Handelns gebunden sein kann: *Politikdarstellung ist selbst ein Bewährungskriterium*, von dem nicht nur abhängt, ob man generelle Anerkennung und Gefolgschaft findet (wie sie sich niederschlägt in der Beliebtheitsskala der Demoskopen oder in Wahlergebnissen), sondern auch ob man die getroffene Entscheidung gegen die politischen Kontrahenten in und außerhalb der eigenen Partei und Regierung durchsetzen kann oder nicht (vgl. dazu die empirischen Fallanalysen in Soeffner & Tänzler 2002b, Tänzler 2003). Zwar verstärkt sich damit die Tendenz zur Personalisierung von Politik, d. h. die Bindung von programmatischen Inhalten an Personen. Personalisierung bedeutet aber nicht zwangsläufig mehr Unabhängigkeit des politischen Führungspersonals. Wie die Wahlkämpfe zeigen, befindet sich das Führungspersonal auf diesen medialen Bühnen im Kampf um Inszenierungsdominanz mit anderen Mächten, den Parteien und neuerdings den professionellen Politikberatern (Tänzler 2003). Anderserseits kann Personalisierung den Trend zu plebiszitärer Legitimationsbeschaffung (»Populismus«) verstärken.

Literatur

Bailey, F. G. (1996), Cultural Performance, Authenticity, and Second Nature, in: D. J. Parkin, L. Caplan & H. J. Fisher (Hg.), *The Politics of Cultural Performance*, Providence & Oxford: Berghahn Books, S. 1–17
Beck, Ulrich (1993), *Die Neuerfindung des Politischen*, Frankfurt a.M.: Suhrkamp
Beck, Ulrich (1998), Vorwort in ders. (Hg.), *Perspektiven der Weltgesellschaft*, Frankfurt a.M.: Suhrkamp, S. 7–10
Berger, Peter L. & Thomas Luckmann (1980 [1969]), Die gesellschaftliche Konstruktion der Wirklichkeit. Eine Theorie der Wissenssoziologie, Frankfurt a.M.: Fischer
Bourdieu, Pierre (1974), *Zur Soziologie der symbolischen Formen*, Frankfurt a.M.: Suhrkamp
Bourdieu, Pierre (1976), *Entwurf einer Theorie der Praxis*, Frankfurt a.M.: Suhrkamp
Butler, Judith (1997), *Körper von Gewicht. Gender Studies*, Frankfurt a.M.: Suhrkamp
Castells, Manuel (2001ff), *Das Informationszeitalter*, 3 Bde., Opladen: Leske + Budrich
Derrida, Jacques (1983 [1974]), *Grammatologie*, Frankfurt a.M.: Suhrkamp
Dörner, Andreas (2001), *Politainment. Politik in der medialen Erlebnisgesellschaft*, Frankfurt a. M.: Suhrkamp

Edelman, Murray (1990 [1976]), *Politik als Ritual. Die symbolische Funktion staatlicher Institutionen und politischen Handelns*, Frankfurt a.M.: Campus

Fischer-Lichte, Erika (2000a), Vom ›Text‹ zur ›Performance‹. Der performative turn in den Kulturwissenschaften, *Kunstforum* Bd. 152: Kunst ohne Wert. Ästhetik ohne Absicht, S. 61–64

Fischer-Lichte, Erika (2000b), Theater als Modell für eine performative Kultur. Zum performative turn in der europäischen Kultur des 20. Jahrhunderts, *Universitätsreden* 46, Saarbrücken: Universität

Fischer-Lichte, Erika (2001), Verkörperung/Embodiment. Zum Wandel einer alten theaterwissenschaftlichen in eine neue kulturwissenschaftliche Kategorie, in: E. Fischer-Lichte, C. Horn & M. Warstat (Hg.), *Verkörperung*, Reihe Theatralität Bd. 2. Tübingen & Basel: Francke, S. 11–25

Foucault, Michel (1974 [1971]), *Die Ordnung der Dinge. Eine Archäologie der Humanwissenschaften*, Frankfurt a.M.: Suhrkamp

Foucault, Michel (1977), *Sexualität und Wahrheit. Der Wille zum Wissen*, Frankfurt a.M.: Suhrkamp

Gehlen, Arnold (1986 [1940]), *Der Mensch. Seine Natur und Stellung in der Welt*, Wiesbaden: Aula

Ginzburg, Carlo (1992), Repräsentation – Das Wort, die Vorstellung, der Gegenstand, *Freibeuter* 52, S. 2–23

Granovetter, Mark O. (1985), Economic Action and Social Structure. The Problem of Embeddedness, *American Journal of Sociology* 49, S. 323–334

Grathoff, Richard (1989), *Milieu und Lebenswelt. Einführung in die phänomenologische Soziologie und die sozialphänomenologische Forschung*, Frankfurt a.M.: Suhrkamp

Gumbrecht, Hans Ulrich (2004), *Diesseits der Hermeneutik. Die Produktion von Präsenz*, Frankfurt a.M.: Suhrkamp

Habermas, Jürgen (1985), *Die Neue Unübersichtlichkeit. Kleine politische Schriften V*, Frankfurt a. M.: Suhrkamp

Hahn, Kornelia & Michael Meuser (2002), *Körperrepräsentationen. Die Ordnung des Sozialen und der Körper*, Konstanz: UVK Verlagsgesellschaft

Husserl, Edmund (1992 [1931]), Cartesianische Meditationen, in ders.: *Gesammelte Schriften Bd. 8*, Hamburg: Meiner

Luckmann, Thomas (1980), *Lebenswelt und Gesellschaft. Grundstrukturen und geschichtliche Wandlungen*, Paderborn: Schöningh

Luckmann, Thomas (1992), *Theorie des sozialen Handelns*, Berlin & New York: De Gruyter

Luhmann, Niklas (1998), Der Staat des politischen Systems, in: U. Beck (Hg.), *Perspektiven der Weltgesellschaft*, Frankfurt a.M.: Suhrkamp, S. 345–380

Mersch, Dieter (2002), *Ereignis und Aura. Untersuchungen zu einer Ästhetik des Performativen*, Frankfurt a. M.: Suhrkamp

Meuser, Michael (2002), Körper und Sozialität. Zur handlungstheoretischen Fundierung einer Soziologie des Körpers, in: K. Hahn & M. Meuser (2002), *Körperrepräsentationen. Die Ordnung des Sozialen und der Körper*, Konstanz: UVK, S. 19–44

Musil, Robert (1978), *Der Mann ohne Eigenschaften*, Reinbek bei Hamburg: Rowohlt

Otto, Rudolf (1958 [1917]), *Das Heilige. Über das Irrationale in der Idee des Göttlichen und sein Verhältnis zum Rationalen*, München: Beck

Piore, Michael J. & Charles F. Sabel (1989), *Das Ende der Massenproduktion. Studie über die Requalifizierung der Arbeit und die Rückkehr der Ökonomie in die Gesellschaft*, Frankfurt a.M: Fischer

Raab, Jürgen & Dirk Tänzler (2002), Politik als/im Clip. Zur soziokulturellen Funktion politischer Werbespots, in: H. Willems (Hg.), *Die Gesellschaft der Werbung*, Wiesbaden: Westdeutscher Verlag, S. 217–245

Rao, Ursula & Klaus-Peter Köpping (2000) (Hg.), *Im Rausch des Rituals. Gestaltungen und Transformation der Wirklichkeit in körperlicher Performanz*. Münster, Hamburg und London, LIT-Verlag

Sarasin, Philipp (2003), *Geschichtswissenschaft und Diskursanalys*, Frankfurt a.M.: Suhrkamp

Sarcinelli, Ulrich (1987), *Symbolische Politik. Zur Bedeutung symbolischen Handelns in der Wahlkampfkommunikation der Bundesrepublik*, Opladen: Westdeutscher Verlag

Schütz, Alfred (2003 [1932]), *Symbol, Wirklichkeit und Gesellschaft*, in: *Alfred-Schütz-Werkausgabe, Bd. V.2*, Konstanz: UVK, S. 117–220

Skinner, Quentin (2002), *Visions of Politics, Volume III: Hobbes and Civil Science*. Cambridge: Cambridge University Press

Soeffner, Hans-Georg (1990), Appräsentation und Repräsentation. Von der Wahrnehmung zur gesellschaftlichen Darstellung des Wahrzunehmenden, in: H. Ragotzki & H. Wenzel (Hg.), *Höfische Repräsentation, Zeremoniell und Schrift im Mittelalter*, Tübingen: Niemeyer, S. 43–63

Soeffner, Hans-Georg & Dirk Tänzler (2002a) (Hg.), *Figurative Politik. Zur Performanz der Macht in modernen Gesellschaften.*, Opladen: Leske + Budrich

Soeffner, Hans-Georg & Dirk Tänzler (2002b), Medienwahlkämpfe – Hochzeiten ritueller Politikinszenierung, in: A. Dörner & L. Vogt (Hg.), *Wahl-Kämpfe. Betrachtungen über ein demokratisches Ritual,* Frankfurt a.M.: Suhrkamp, S. 92–115

Srubar, Ilja (1988), *Kosmion. Die Genese der pragmatischen Lebensweltheorie von Alfred Schütz und ihr anthropologischer Hintergrund,* Frankfurt a.M.: Suhrkamp

Tänzler, Dirk (2003), Politikdesign als professionalisierte Performanz. Zur Rolle von ›spin doctors‹ bei der Politikinszenierung, in: H. Mieg & M. Pfadenhauer (Hg.), *Professionelle Leistung – Professional Performance: Positionen zur Professionssoziologie,* Konstanz: UVK, S. 227–246

Voegelin, Eric (1959), *Die Neue Wissenschaft der Politik. Eine Einführung.* München: Pustet

Weber, Max (1971), *Gesammelte politische Schriften.* Tübingen: Mohr (Siebeck)

Weber, Max (1976 [1921]), *Wirtschaft und Gesellschaft. Grundriss der verstehenden Soziologie,* Tübingen: Mohr (Siebeck)

Wulf, Christoph, Michael Göhlich & Jörg Zifas (Hg. 2001), *Grundlagen des Performativen. Eine Einführung in die Zusammenhänge von Sprache, Macht und Handeln,* Weinheim und München: Beltz

Thilo Raufer

Politik, Symbolismus und Legitimität
Zum Verhältnis von Konstitutions- und Konstruktionsanalysen in der empirischen Forschung

Als Edmund Husserl in den dreißiger Jahren des vergangenen Jahrhunderts über die »Krisis der europäischen Wissenschaften und die transzendentale Phänomenologie« (Husserl 1954)[1] schreibt, hat er gewiss auch die Bedrohung der europäischen Wissenschaftskultur durch den Nationalsozialismus insgesamt im Blick. Zugleich ging es ihm aber um die Lebensbedeutsamkeit der Wissenschaften, mithin um den Zusammenhang von *theoria* und *kosmos* (vgl. Habermas 1965) und damit auch um die Frage, wie ein philosophisches Programm aussehen könnte, das als reine Theorie die Menschen zu »absoluter Selbstverantwortung aufgrund absoluter theoretischer Einsichten« befähigt (Husserl 1954: 329). Seine Antwort auf diese Frage ist bekanntermaßen eine transzendentale Phänomenologie, die sich in egologischer Perspektive der »Evidenz unmittelbarer Erfahrung« (Luckmann 1991: 156) zuwendet und versucht – so jedenfalls die Deutung von Luckmann – »die universalen Strukturen subjektiver Orientierung in der Welt zu beschreiben« (ebd.: 158). Unabhängig davon, ob die Husserlsche Phänomenologie tatsächlich ihren Anspruch einlösen kann, zugleich reine Theorie und Aufklärung in einem zu sein, fand sie Aufnahme in die Sozialwissenschaften, namentlich in die Soziologie, die seit Weber auf »sinnhaftes soziales Handeln« abzielt. Sie wurde hier vor allem durch Alfred Schütz und Thomas Luckmann fruchtbar gemacht und in unterschiedlichen theoretischen Kontexten eingesetzt (vgl. dazu Eberle 1993). Dabei wurde deutlich, dass die Phänomenologie zwar nicht unmittelbar sozialwissenschaftlich nutzbar war – sie behandelt wesentlich philosophische Fragestellungen – dass sie aber als Begründungsprogramm für eine auf Sinnrekonstruktionen abstellende verstehende Soziologie herangezogen werden konnte. Auch Husserl suchte die Grundlagen der Sinnkonstitution zu erforschen und hatte damit letztlich genau den Gegenstandsbereich im Blick, dem auch die verstehende Soziologie ihr Augenmerk zuwendet (vgl. dazu Srubar 1988: 36).

Im Folgenden soll nun weniger die Frage im Mittelpunkt stehen, ob die damit zusammenhängenden erkenntnis- und wissenschaftstheoretischen Fragen zufriedenstellend gelöst worden sind. Es soll vielmehr danach gefragt werden, worin der Nutzen phänomenologischer Überlegungen für die Praxis empirischer soziologischer Forschung besteht und ob es einen solchen überhaupt gibt. Gerade weil eine phänomenologisch orientierte Soziologie ihre phänomenologischen Anteile in der empirischen Forschung selten dezidiert ausweist[2] und die konstitutiven Momente des in Frage stehenden Phänomens eher implizit als explizit in die empirischen Analysen eingehen, wird dieser Nutzen nicht immer deutlich – und dies nicht zuletzt, weil sich die Phänomenologie als philosophische Methode eben nur indirekt für die empirische Forschung nutzbar machen lässt. Dass sie gleichwohl nützlich ist, soll nachfolgend gezeigt werden.

Dazu werden zunächst einige knappe Anmerkungen zum Verhältnis von Phänomenologie und Soziologie gemacht, wie es Alfred Schütz und Thomas Luckmann beschrieben haben und auf dieser Grundlage einige Perspektiven aufgezeigt, die phänomenologische Überlegungen für die soziologische empirische Forschung eröffnen. Dabei geht es um den Zusammenhang zwi-

---

1 Die Krisis-Schrift entstand aber auf der Grundlage von Vorlesungen aus den Jahren 1935/36 und wurde in diesen Jahren auch teilweise publiziert (vgl. Srubar 1988: 259).
2 So etwa, wenn auf der Basis der Schützschen Handlungstheorie argumentiert wird, ohne dass deren phänomenologische Grundlegung in Rechnung gestellt wird.

schen phänomenologischer Konstitutionsanalyse und empirischen Rekonstruktionsanalysen (1). In einem zweiten Schritt möchte ich diese Überlegungen an einem konkreten Beispiel – dem Phänomen des Politischen – erläutern (2) um anschließend einige Schlussfolgerungen zu ziehen (3), die mit einem Ausblick verbunden werden (4).

1. Zum Verhältnis von Phänomenologie und Soziologie bei Alfred Schütz und Thomas Luckmann

Betrachtet man das Verhältnis von Phänomenologie und Soziologie bei Schütz und bei Luckmann, dann wird sehr schnell deutlich, dass es bei beiden wesentlich um ein Begründungsprogramm geht und dass beide dabei die Trennung zwischen Philosophie und Sozialwissenschaften betonen. Alfred Schütz hat bekanntermaßen versucht, die Webersche Idee, dass sich Soziologie um den Sinn des sozialen Handelns zu kümmern habe, auf der Grundlage, aber auch in Absetzung[3] zur Phänomenologie von Husserl theoretisch angemessen zu fundieren. Er wollte damit dem sinnhaften Aufbau des sozialen Handelns und der sozialen Welt, der Konstitution des Sinns in den Erfahrungen des Einzelnen und in den pragmatischen Interaktionen in der Wirkwelt des Alltagswelt nachgehen und zugleich den invarianten Strukturen der Lebenswelt und den damit verbundenen Konsequenzen für eine verstehende Soziologie auf die Spur kommen. Den Wert der Phänomenologie sieht er dabei aber nicht nur in der Begründungsleistung, d. h. der »Einlösung des Weberschen Postulats der Sinnadäquanz von Handlungserklärungen« (Luckmann 1991: 160), sondern auch darin, dass auf der Grundlage dieser durch phänomenologische Überlegungen gewonnenen Einsichten, bislang als selbstverständlich hingenommene Phänomene in der Welt hinterfragt, aufgeklärt, durchschaut, theoretisch angemessen gefasst und empirisch adäquat rekonstruiert werden können. Als Beispiel nennt er die »Intersubjektivität des Denkens und Handelns«, die in »allen Sozialwissenschaften für selbstverständlich hingenommen werden« (Schütz 1971a: 134). Schütz hingegen ist überzeugt, dass man zur Aufklärung dieser Phänomene eine Ebene tiefer ansetzen muss und fragt »wie es dazu kommt, dass gegenseitiges Verstehen und Kommunikation überhaupt möglich werden?« (ebd.) – und hier glaubt er mit Hilfe der Phänomenologie grundlegendere Einsichten liefern zu können.

Auch Luckmann sieht als »sozialwissenschaftlich wichtigste Funktion des phänomenologischen Forschungsprogramms [...] die Möglichkeit einer philosophischen ›Begründung‹ der *Sozial*wissenschaften durch die Lösung ihres Grundproblems. Dieses besteht darin, dass die objektiven Eigenschaften historischer sozialer Wirklichkeiten im intersubjektiven menschlichen Handeln hervorgebracht wurden (›sozial konstruiert‹ sind) und dass dieses auf den universalen Strukturen der subjektiven Orientierung in der Welt beruht« (Luckmann 2002: 50f, Hervorh. dort). Zur Beschreibung dieser universalen Strukturen nutzt er die Phänomenologie, mit deren Hilfe er grundlegende, historisch und kulturell unabhängige Strukturen der Erfahrung der Lebenswelt gewinnen möchte. Und diese phänomenologische Beschreibung der Strukturen der Lebenswelt ist für ihn die Voraussetzung, um eine komparative, auf Sinnverstehen abzielende und zugleich nicht historizistisch oder kulturrelativistisch verfahrende Soziologie betreiben zu können – sie ist das, was Luckmann eine Protosoziologie nennt (vgl. Luckmann 1980, 1991, 2002). Auf der Basis dieser Protosoziologie lassen sich aber nicht nur konkrete historische Phänomene und Zusammenhänge einordnen, vergleichen und analysieren. Sie dient zugleich dazu, eine fundierte

---

3 Absetzung deshalb, weil Schütz davon überzeugt war, dass die Konstitution der Lebenswelt nicht im transzendentalen Bewusstsein stattfindet, sondern in der mundanen Interaktion. Dies ist das, was Srubar als pragmatische und anthropologische Wende bei Schütz bezeichnet hat. Seine Phänomenologie ist eben keine transzendentale Phänomenologie, sondern eine mundane Phänomenologie der Lebenswelt (vgl. dazu Srubar 1988, Luckmann 2002).

Methodologie für die Rekonstruktion der Konstruktionen der gesellschaftlichen Wirklichkeit zu begründen. Dabei lässt Luckmann keinen Zweifel daran, dass Phänomenologie und Sozialwissenschaft zwei unterschiedliche Unternehmungen mit unterschiedlichen Zielen sind: »Das Ziel der Phänomenologie ist es, die universalen Strukturen subjektiver Orientierung in der Welt zu beschreiben« [...] während es das Hauptziel der Sozialwissenschaft ist »die allgemeinen Merkmale der Welt so zu erklären, dass die intersubjektiven Gegebenheiten auf ›Daten‹, bezogen werden können« (Luckmann 1991: 158).

Welche Perspektiven ergeben sich mit einer solchen, konstitutionstheoretisch grundgelegten Konzeption für die empirische Forschung? Die konstitutive Logik – wenn sie denn von Schütz & Luckmann richtig rekonstruiert worden ist – der Sozialität im sozialen Handeln und Wirken im Zusammenhang mit den universalen Strukturen der Lebenswelt eröffnet Grundlagen und grundlegende Einsichten in die Konstitution ansonsten als selbstverständlich hingenommener oder unterstellter Aspekte des sozialen Zusammenlebens. Wenn die soziale Welt in einem »autogenetischen Prozess« (Srubar 1991: 172) entsteht, dessen grundlegende Prozessmerkmale und formale Elemente immer konstant bleiben (oder als konstant unterstellt werden), dann lassen sich unterschiedliche soziale Zusammenhänge, Orte, Institutionen, Gegebenheiten (wie Politik, Freundschaft, Identität, Geschlecht, Organisationen usw.) auf der Grundlage dieser Matrix erfassen. Vermieden werden damit Ontologisierungen und Verdinglichungen ebenso wie verdeckte kulturalistische Erklärungen – Phänomene *sind* nicht, weil sie ein Abbild einer Kosmologie, göttlichen Ordnung oder einer Natur der Dinge sind, sondern *sind so*, weil sie im Handeln konstituiert und mit Sinn versehen werden. In diesem Verstande kann die Phänomenologie als ein Art ›Hilfswissenschaft‹ dienen, als ein Leitfaden der empirischen Forschung: wenn man weiß, wie sich ein Phänomen in interaktiven Prozessen konstituiert, wie also menschliche Realität als eine sinnhafte Welt entsteht, dann kann der Forscher auf dieser Basis versuchen, des Phänomens empirisch habhaft zu werden. Hierbei handelt es sich dann aber eben genau nicht um eine ›phänomenologische Wesensschau‹, die unter Umgehung der Konzeptualisierung mundaner Sinngebung, durch die sich das Phänomen in seiner Sinnhaftigkeit erst konstituiert, versucht, empirische Ergebnisse zu erzielen, sondern um Rekonstruktionsarbeit, die auf der Basis verstehender Methoden versuchen muss, dem je explizierten Sinn habhaft zu werden. Der Forscher weiß oder ahnt dann zumindest, wonach er suchen kann oder suchen sollte, was er beachten kann oder beachten sollte: er vergewissert sich seines Gegenstandes (vgl. Luckmann 1991: 163) und kann sich die Frage stellen – und dies gilt v. a. dann, wenn man vergleichend vorgeht – warum eine universale Struktur in einem Fall eine solche und in einem anderen Fall eine andere Ausprägung erfahren hat. Phänomenologie hat in diesem Sinne nicht nur einen philosophisch begründenden sondern eben auch einen *explorativen Charakter* für die empirische Forschung und eine daran anschließende empirisch fundierte Theoriebildung; Grundlage ist dabei aber immer eine Theorie der Lebenswelt und eben nicht eine »losgelöste Wesensschau«. Eine phänomenologisch orientierte, empirische Forschung kann somit als ein sich wechselseitig informierender Prozess zwischen phänomenologischer Konstitutionsanalyse und empirischer Rekonstruktionsanalyse gesehen werden.[4]

Auf der methodischen Ebene ermöglichen phänomenologische Überlegungen hingegen eine theoretisch hinreichende Begründung der methodischen Vorgehensweise, ohne selbst die Methode zu sein und eine Reflexion darüber, warum man wie in methodisch spezifischer Weise vorgehen kann. Weil die Welt sinnhaft strukturiert ist und sich über wechselseitige Verstehensprozesse in Interaktionen konstituiert, ist man auf die verstehende Rekonstruktion des Sinns angewiesen, wenn man etwas über diese Welt erfahren möchte. Ziel derartiger Rekonstruktion ist es, sinnadäquate und kausaladäquate Typen zu bilden: die Lebenswelt ist hierbei der Bezugrahmen für die

---

4 Auf eine Verbindung von Phänomenologie und empirischer Forschung zielen ebenso die Beiträge von Berndt, Dreher, Pfadenhauer, Schnettler und Röhl in diesem Band – mit je eigener Akzentuierung.

Typenbildung. Dem wissenschaftlichen Verstehen geht das alltägliche Verstehen voraus, dessen Grundstrukturen freigelegt werden müssen, bevor eine adäquate sozialwissenschaftliche Analyse möglich ist (vgl. Luckmann 1980, 1991, Soeffner 1991, Raufer 2005: 4ff).

2. Phänomenologie des Politischen

»Der Begriff des Politischen scheint sich selbst unsicher zu werden«, schreiben Nassehi & Schroer (2003: 9) in der Einleitung des Sonderbandes der Sozialen Welt zum »Begriff des Politischen«. Sie greifen damit eine Diskussion auf, die in jüngerer Zeit im Zuge der These der »Entgrenzung des Politischen« (vgl. Hitzler & Pfadenhauer 1998, Hitzler 2002) entstanden ist, die aber letztlich an eine viel längere Diskussion um den Kern des Politischen oder der Politik anschließt. Diese beginnt mindestens bei Platon und seiner Differenzierung von *oikos* und *polis* und bei Aristoteles und seiner Vorstellung vom Menschen als *zoon politicon* und setzt sich dann über Machiavelli bis in die Gegenwart fort. Je nach Perspektive werden hierbei immer wieder unterschiedliche Aspekte des Politischen in den Vordergrund gerückt: manche Ansätze betonen v. a. die normative Dimension (z. B. Hannah Arendt und Jürgen Habermas), andere eher eine staats- und herrschaftszentrierte Dimension (z. B. Max Weber oder Niklas Luhmann), wieder andere stellen eher auf anthropologische oder existentielle Aspekte ab (Aristoteles, Helmuth Plessner oder Carl Schmitt) oder betonen die symbolisch-expressive Seite des Politischen (z. B. Murray Edelman, Hans-Georg Soeffner). Deutlich wird hier, dass die unterschiedlichen Versuche, das Politische zu bestimmen, zwar verschiedene Dimensionen des Politischen zur Geltung bringen, dass es sich aber keineswegs um allgemeine Strukturmerkmale handelt, sondern tendenziell eher um aus normativen Setzungen oder nominalistischen Definitionen entsprungene Politikvorstellungen. Gerade im Hinblick auf empirische Untersuchungen wäre es allerdings vorteilhaft, wenn man allgemeine und sozio-historisch unabhängige konstitutive Strukturmomente bestimmen könnte, die – material-normativ unbestimmt – einem dann, im oben genannten Sinn, Hinweise liefern könnten, wonach man empirisch besonders zu suchen und worauf man besonders zu achten hätte. Wenn nun die Phänomenologie den Anspruch erhebt, universale Strukturen der Lebenswelt (vgl. Schütz & Luckmann 1979, 1984) – zu der auch der Sinnbereich der Politik gehört – zu bestimmen, müsste sie dies auch für das spezifische Feld des Politischen tun können. Genau diesen Versuch hat nun Ilja Srubar in seinem Aufsatz »Woher kommt das Politische?« (Srubar 1999) unternommen: eine phänomenologische Fundierung des Politischen und zwar mit dem Ziel, das Politische in den Strukturen der Lebenswelt zu verorten, seine Genese aus der Struktur der Lebenswelt heraus zu bestimmen und trotzdem die Differenz zum ›bloß Sozialen‹, zur sozusagen unreflektierten Konstitution der Lebenswelt in Interaktionen aufrecht zu erhalten.

Srubar versucht die Frage nach den Konstitutionsbedingungen des Politischen mit Hilfe eines Theoriedurchgangs zu beantworten, wobei er sich insbesondere auf Aristoteles, Plessner, Voegelin, v.a. aber auf Alfred Schütz und dessen Einlassungen zur »Gleichheit und die Sinnstruktur der sozialen Welt« (Schütz 1971c) stützt. Im Wesentlichen – so das Ergebnis der Bemühungen von Srubar (vgl. zum folgenden Srubar 1999: 32ff) – sind es drei allgemeine Strukturmomente, durch die sich das Politische auszeichnet. Zum ersten ist es dadurch gekennzeichnet, dass die Rekonstruierbarkeit der sozialen Bedingungen von Intersubjektivität, d. h. die Definition der Reziprozität von Perspektiven reflektiert wird. Politisch handelnden Akteuren ist klar, dass die in der alltäglichen Lebenswelt sozusagen unreflektiert unterstellte Reziprozität der Perspektiven (als eine universale Struktur der subjektiven Orientierung in der Welt, vgl. dazu Schütz 1971: 14) und die auf der Grundlage eines pragmatischen Weltbezuges sich konstituierenden Aus- und Eingrenzungen, Konkurrenzen zwischen Gruppen, Freund-Feind Konstellationen, Selbst- und Fremdtypisierungen usw. bewusst und gewollt und d. h. *politisch* reformuliert werden können. Weil dies aber so ist – und das ist das zweite allgemeine Strukturmoment des Politischen – sind generalisierende und die alltägliche Lebenswelt transzendierende legitimierende Deutungsschemata notwendig, die die ›Künstlichkeit‹ der ›politisch‹ geschaffenen gesellschaftlichen Strukturen, Zuteilungen von Handlungsmöglichkeiten und Aberkennung von Handlungschancen, auch für die jeweils unterlegene Gruppe als normal, angemessen, richtig, selbstverständlich, eben als legitim erscheinen lassen (zu dieser auch wissenssoziologischen Perspektive auf die Legitimitätsproblematik vgl. Raufer 2005). Drittens weist er darauf hin, dass so auch die Handlungsmacht der dominierenden oder herrschenden Akteure begrenzt wird: wenn man sich an bestimmte Legitimationen bindet, ist dies eben immer auch eine Selbstbindung – klassisches Beispiel hierfür ist natürlich der demokratische Rechtsstaat (vgl. dazu etwa: Offe 1989). Politik wird in dieser phänomenologischen Perspektive als etwas sichtbar, das im Handeln und Wirken der Menschen gründet, das mit Selbst- und Fremdtypisierungsprozessen, Grenzziehungen und mit Redefinitionen von als natürlich angesehenen Verhältnissen und Beziehungen zwischen Akteuren und v. a. mit der Re-Naturalisierung dieser politisch geschaffenen Verhältnisse durch Legitimationen zu tun hat, das aber gleichwohl nicht inhaltlich-normativ bestimmt ist. Anders formuliert: Das Politische ist etwas in den Interaktionen, Kommunikationen und den dabei entstehenden Sinnzusammenhängen und Deutungsmustern von Menschen konstituiertes, das auf die ›sekundäre‹ Definierung, Institutionalisierung und Legitimierung der sozialen Welt abzielt.[5] Es ist eine – wenn auch spezifische – gesellschaftliche Konstruktion der Wirklichkeit, d. h. etwas von Menschen in ihren Handlungen ›Gemachtes‹ und deshalb genau in den Produkten dieser Handlungen empirisch Rekonstruierbares, das spezifische Momente aufweist und sich so von der ›nur‹ sozialen Ordnung unterscheidet. Eine Vorstellung von Politik als etwas ontologisch-normativ Gegebenes, das auf objektiver Wahrheit und ewigen Werten basiert ist in dieser Perspektive damit ebenso wenig denkbar wie Politik als ein erst durch die Wissenschaft hergestelltes und möglicherweise in Systemen prozessierendes Moment, wie sie bei Niklas Luhmann (vgl. 1984) aufscheint.

3. Der Nutzen phänomenologischer Überlegungen für eine Analyse des Politischen

Was bedeutet dies für eine empirische Analyse des Politischen? Mit einer derartigen phänomenologischen Perspektive gewinnt man unterschiedliche Ansatzpunkte, was untersucht werden kann, wenn man sich der Politik, politischen Phänomenen oder dem Politischen zuwendet – so z. B. Inklusions- und Exklusionsmechanismen, politische Kommunikationen, Konfliktsituationen und darin wirksame Machtmechanismen, Legitimationsmuster (Produktion und Rezeption), die Entstehung bestimmter politischer Ordnungen, die Bedeutung politischer Symbolzusammenhänge (vgl. Srubar 1991: 36). Der dabei explizierte Handlungssinn – der Sinn der Politik wenn man so will – ist dabei aber immer als eine »kognitiv-pragmatische Leistung« (Srubar 1983: 137) zu verstehen, der aus dem Handeln resultiert, ebenso wie die ›objektive Wirklichkeit‹ der (politischen) Institutionen auf die intersubjektive Tradierung und Habitualisierung relativ fluiden Handlungssinns zurückzuführen ist. Dies hat zur Folge, dass derartige Analysen des Politischen immer handlungstheoretisch orientierte und kulturalistische, d. h. sich um Sinnzusammenhänge bemühende, verstehende und letztlich also *wissenssoziologische* Rekonstruktionen der Konstruktionen 1. Ordnung, d. h. der Selbstinterpretationen der Gesellschaft (vgl. Voegelin 1965) sein werden (vgl. dazu auch: Raufer 2005, Zifonun 2004). Die

---

5 Sekundär deshalb, weil auch in alltäglichen sozialen Interaktionsprozessen diese Mechanismen ablaufen, allerdings nicht auf das Ganze der Gesellschaft bezogen, sondern auf relativ begrenzte soziale Situationen und Zusammenhänge und zudem der Grad der Reflexivität, insbesondere was die sozialen Beziehungen angeht, deutlich geringer sein dürfte (vgl. dazu auch: Hitzler 2002, Zifonun 2004).

allgemeinen Momente des Politischen werden dabei in Form konkreter gesellschaftlicher Konstruktionen wieder auftauchen – und eben dort müssen sie auch rekonstruiert werden.

Untersucht man auf der Grundlage der vorhergehenden Überlegungen das Politische in seinen historisch-kulturellen Emanationen, dann lassen sich durchaus überraschende Einsichten gewinnen. So wird beispielsweise die Demokratie vor diesem Hintergrund nicht nur als eine zentrale institutionelle Form politischer Herrschaft sichtbar, sondern eben auch als eine Form der politischen Selbstbeschreibung und Selbstlegitimation moderner Gesellschaften. In diesem Lichte erscheinen dann etwa die permanenten Debatten um direkte oder repräsentative Demokratie (vgl. Raufer 2005) nicht nur als eine verfassungspolitisch-normative Frage von hoher Bedeutung, sondern eben auch als die soziohistorisch konkrete Problematik der Definition bestimmter Gruppen (die Repräsentanten, die Bürger, die Nicht-Bürger, die Noch-Nicht-Bürger), die damit verbundene Festlegung von Handlungsmöglichkeiten und Handlungschancen (z. B. Mitbestimmungs- und Teilhaberechte) und der Relation zwischen diesen unterschiedlichen Gruppierungen in der Gesellschaft. Es kann dann z. B. danach gefragt werden, was die typischen Formen der politischen Ordnungsgestaltung unter modernen und demokratischen Bedingungen sind – im Gegensatz etwa zur politischen Ordnungsgestaltung unter nicht modernen, bestenfalls halb-demokratischen Konstellationen. Ebenso kann z. B. rekonstruiert werden, welche Semantiken dabei jeweils zum Tragen kommen und wie anschluss- und damit inklusionsfähig diese sind oder etwa welche Kommunikationsmittel eingesetzt werden, um diese Ordnungsgestaltungen zum implementieren. In der Analyse werden so die allgemeinen Momente des Politischen als sozio-historische in ihrer Spezifik erkennbar, die sich dann wiederum – wenn man vergleichend vorgeht – von anderen Konstellationen differenzieren lassen. Sie bleiben dabei aber immer an das Handeln und das in diesem Handeln explizierte Wissen zurückgebunden.

Auch der oben beschriebene Legitimationsaspekt (als zweites Strukturmoment des Politischen) taucht als soziohistorisch spezifisches Legitimationsproblem wieder auf. Legitimiert wird, wenn wir politische Phänomene betrachten, natürlich immer. »Keine Herrschaft« – so Max Weber – begnügt sich nach aller Erfahrung, freiwillig mit den nur materiellen oder nur affektuellen oder nur wertrationalen Gefühlen als Chance ihres Fortbestandes. Jede sucht vielmehr den Glauben an ihre Legitimität zu wecken und zu pflegen und politische Herrschaftsordnungen können nur dann dauerhafte Stabilität erreichen, wenn sie von den in ihr lebenden Mitgliedern »durch Gründe ihrer Legitimität *innerlich* gestützt« werden. Ein rein »faktisches, äußerliches Befolgen« reicht hingegen nicht aus und eine »Erschütterung dieses Legitimitätsglaubens pflegt weitreichende Folgen zu haben« (Weber 1980: 122, 540, Weber 1992: 151). Es zeigt sich aber, dass die Sicherung und Herstellung von Legitimität je nach Ordnungsform ganz unterschiedliche Anforderungen an die Akteure stellt und dass unterschiedlichste Legitimationen mit unterschiedlichen Reichweiten und Bezügen herangezogen werden – so gilt es etwa bei der Legitimation vorwiegend repräsentativ verfasster Demokratien zu begründen, warum der größte Teil der Bevölkerung von den Entscheidungen ausgeschlossen ist, es sich aber trotzdem um eine Demokratie handelt – ein schwieriges Unterfangen, weshalb die repräsentative Demokratie unter einem permanenten Legitimationsdruck steht. (vgl. Raufer 2005). Auch hier eröffnet eine phänomenologisch informierte Herangehensweise einen Blick dafür, dass politische Legitimationen sich aus wechselseitigen Interaktionen bzw. Kommunikationen konstituieren und Sinnzusammenhänge kleinerer und größerer Art bilden, die von konkreten Akteuren expliziert werden und dann rekonstruiert werden können. Von Vorteil ist hier insbesondere, dass man weder einen normativen Begriff von Legitimität unterstellen muss, wie dies in politikwissenschaftlichen Abhandlungen häufiger der Fall ist, noch dass man vorab Legitimationskategorien bilden muss, denen die empirischen Daten dann subsumiert werden. Diese werden vielmehr aus dem empirischen Material erst gewonnen. Je nach Fragestellung und Datenkorpus sind hierbei unterschiedliche Schwerpunktsetzungen möglich: man könnte sich etwa anschauen, wie der transzendente Bezug aussieht, der zur Legitimation eingesetzt wird (ob

z. B. hauptsächlich Legitimationskonstruktionen mit außerweltlichem oder mit innerweltlichem Bezug auftauchen werden) und wie hier die Grenze zur Religion verläuft (vgl. dazu auch Minkenberg 2004). In diesem Zusammenhang wäre auch von Interesse, welche Medien eingesetzt werden, um Legitimität herzustellen.

Denkbar und gerade bei Analyse des Politischen wichtig, wäre es auch, phänomenologische Überlegungen in Bezug auf Zeichen und Symbole heranzuziehen (vgl. Schütz 1971b). Gerade die von Schütz beschriebene Symbolgebundenheit des Individuums und – damit verbunden – die immer nur zeichen- und symbolhaft erfahrbare Realität, muss hier in Rechnung gestellt werden: So ist eben auch die politisch- institutionelle Wirklichkeit gebunden an den Symbolismus und an die »symbolische Herstellung von situationaler Präsenz« (Rehberg 2001: 35) – und genau in und mittels dieser Symboliken kann das Politische dann wiederum rekonstruiert werden.[6] In diesem Sinne, aber auch hinsichtlich der Leistungen von Symbolen (z. B. ganze Welten zu appräsentieren oder auch Diskurse zu verkürzen (vgl. Soeffner 2000)) könnte man zu empirisch differenzierten Betrachtungen der eingesetzten Legitimationen und ihrer politischen Leistungsfähigkeit kommen. Außerdem erlauben diese Überlegungen relativ stabile Erklärungen für die Wirksamkeit politischer Symboliken (die ja praktisch sehr weit reichen kann) jenseits polemischer Annahmen von symbolischer Politik als Politik des bloßen Scheins (vgl. Edelman 1976, Habermas 2001).

Um derartige Analysen der spezifischen historischen Formen des Politischen (d. h. der Grenzziehungen, der Inklusions- und Exklusionsmuster und der typischen Legitimationen) konkret durchzuführen, können nun wiederum phänomenologische Überlegungen herangezogen werden, um sich darüber klar zu werden, warum man wie methodisch vorgehen kann, wenn es um die Rekonstruktion von Handlungssinn und damit zusammenhängenden Wissensbeständen geht. Dies betrifft natürlich verstehende Methoden als solche: wenn man weiß, wie alltägliches Verstehen abläuft, kann man versuchen eine solide und intersubjektiv überprüfbare Methode wissenschaftlichen Verstehens darauf aufzubauen. Die Sequenzanalyse ist eine aus diesen Überlegungen resultierende Analysemethode (vgl. z. B. Soeffner & Hitzler 1994, Kurt 2002, Raufer 2005: 39–56). Gerade im methodologischen Bereich liefert die Phänomenologie – ohne selbst eine sozialwissenschaftliche Methode zu sein – also wieder Hinweise und Begründungen, die die empirische Arbeit erleichtern und eine theoretisch gesicherte methodische Vorgehensweise (was im Bereich interpretativer Methoden im Übrigen ja häufig nicht der Fall ist) ermöglichen.

4. Schluss: Perspektiven und Probleme phänomenologischer Überlegungen für die Soziologie

Wenn nun das Gesagte plausibel ist, wo liegt dann das Hauptproblem einer derartig phänomenologisch orientierten Soziologie, gerade für eine eher empirische interessierte Forschung? Zweifellos scheint dies die Durchführung von phänomenologischen Analysen, die als Grundlage und exploratives Moment für die Rekonstruktionsanalyse dienen sollen, selbst zu sein – insbesondere bei komplexen sozialen Phänomenen. Hier geht es nicht nur um die Frage der Vermeidung von kulturspezifischen Abhängigkeiten, von »common-sense Taxonomien« (Luckmann 1991: 164), Idealtypisierungen und oder Idiosynkrasien bei Konstitutionsanalysen, sondern auch darum, dass sich doch normative Setzungen einschleichen können oder dass es zu Ontologisierungen oder Verdinglichungen, d. h. zur Suche nach den ›eigentlichen, objektiven Gegebenheiten‹ hinter den explizierten kommt und dann gerade nicht universale Prinzipien und Strukturmomente mundanphänomenologisch beschrieben werden.

---

6 Das ist natürlich auch das Projekt, das Voegelin vorangetrieben hat (vgl. Voegelin 1965).

Daran anschließend stellt sich natürlich generell die Frage, ob und wie denn das kulturell und historisch Invariable vom Variablen in der egologischen Perspektive getrennt werden kann. Sicherlich bereitet es häufig große Schwierigkeiten zu erkennen, ab welchem Punkt die soziohistorische Prägung des zur Untersuchung anstehenden Phänomens beginnt. Zudem bedient sich auch jede Konstitutionsanalyse wiederum einer historische Sprache und ›verunreinigt‹ sie dadurch gewissermaßen – ein Punkt, auf den auch Luckmann hinweist (vgl. 2002: 51f). Letztlich scheint es somit gar nicht so klar zu sein, ob die Trennung zwischen phänomenologischer Konstitutionsanalyse – die auf universale Strukturen abzielt – und empirisch-soziologischer Rekonstruktionsanalyse – die auf die Erforschung konkreter empirischer Zusammenhänge abzielt – wirklich so eindeutig gezogen werden kann, wie die theoretischen Überlegungen dies vorzugeben scheinen.

Aus diesen Gründen muss eine empirisch verfahrende, phänomenologisch begründete Soziologie ihre Leistungsfähigkeit letztlich bei der Analyse konkreter sozialer Zusammenhänge zeigen. Wenn sie in der Lage ist, hier neue Perspektiven zu eröffnen, ihre Lebensbedeutsamkeit unter Beweis zu stellen und eine empirisch gesättigte Theoriebildung auf der Grundlage gesicherter methodischer Vorgehensweisen voranzubringen, dann wird sie ihren Platz im Kanon soziologischer Forschung finden. Und vielleicht befähigt sie in diesem Sinne zwar nicht zu absoluter theoretischer Einsicht (wie Husserl dies in Bezug auf die Transzendentalphänomenologie vorgeschwebt ist), aber immerhin zu hinreichenden empirischen Einsichten – und auch dies wäre dann ein Schritt auf dem Weg zu Verantwortung und soziologischer Aufklärung.

Literatur

Eberle, Thomas S. (1993), Schütz' Lebensweltanalyse: Soziologie oder Protosoziologie?, in: A. Bäumer & M. Benedict (Hg.), *Gelehrtenrepublik – Lebenswelt: Edmund Husserl und Alfred Schütz in der Krisis der phänomenologischen Bewegung.* Wien: Passagen, S. 293–320

Edelman, Murray (1976), *Politik als Ritual. Die symbolische Funktion staatlicher Institutionen und politischen Handelns,* Frankfurt a.M.: Suhrkamp

Habermas, Jürgen (1968), Erkenntnis und Interesse, in ders., *Technik und Wissenschaft als Ideologie,* Frankfurt a.M.: Suhrkamp, S. 146–168

Habermas, Jürgen (2001), Symbolischer Ausdruck und rituelles Verhalten. Ein Rückblick auf Cassirer und Gehlen, in: G. Melville (Hg.), *Institutionalität und Symbolisierung. Verstetigung kultureller Ordnungsmuster in Vergangenheit und Gegenwart,* Köln: Böhlau, S. 53–67

Hitzler, Ronald (2002), Die Wiederentdeckung der Handlungspotentiale. Problemstellungen politischer Soziologie unter den Bedingungen reflexiver Modernisierung, in: M. Müller, T. Raufer & D. Zifonun (Hg.), *Der Sinn der Politik. Kulturwissenschaftliche Politikanalysen,* Konstanz: UVK, S.17–37

Hitzler, Ronald & Michaela Pfadenhauer (1998), Konsequenzen der Entgrenzung des Politischen. Existentielle Strategien am Beispiel Techno, in: K. Imhof & P. Schulz (Hg.), *Die Veröffentlichung des Privaten – Die Privatisierung des Öffentlichen,* Opladen: Westdeutscher, S. 165–179

Husserl, Edmund (1954), *Die Krisis der europäischen Wissenschaften und die transzendentale Phänomenologie* (Husserliana, Bd. 6 d), Den Haag: Nijhoff

Kurt, Ronald (2003), *Menschenbild und Methode der Sozialphänomenologie,* Konstanz: UVK

Luhmann, Niklas (1984), Staat und Politik. Zur Semantik der Selbstbeschreibung politischer Systeme, in: U. Bermbach (Hg.), *Politische Theoriegeschichte. Probleme einer Teildisziplin der Politischen Wissenschaft* (PVS Sonderheft 15), S. 99–125

Luckmann, Thomas (1980), Philosophie, Sozialwissenschaft und Alltagsleben, in ders., *Lebenswelt und Gesellschaft.* Paderborn: Schöningh, S. 9–55

Luckmann, Thomas (1991), Protosoziologie als Protopsychologie, in: M. Herzog & C. Graumann (Hg.), *Sinn und Erfahrung. Phänomenologische Methoden in den Sozialwissenschaften,* Heidelberg: Asanger, S.155–182

Luckmann, Thomas (2002), Lebenswelt – Modebegriff oder Forschungsprogramm, in ders., *Wissen und Gesellschaft. Ausgewählte Aufsätze 1981–2002,* S. 45–53

Minkenberg, Michael (2004), Heilige Versteinerung? Das Verhältnis von Religion und Demokratie an der Jahrtausendwende, in: B. Schwelling (Hg.), *Politikwissenschaft als Kulturwissenschaft. Theorien, Methoden, Problemstellungen*, Wiesbaden: VS-Verlag, S. 275–306

Nassehi, Armin & Schroer, Markus (Hg. 2003), *Der Begriff des Politischen* (SH 14 der Sozialen Welt)

Offe, Claus (1989), Fessel und Bremse. Moralische und institutionelle Aspekte »intelligenter Selbstbeschränkung, in: A. Honneth u. a. (Hg.), *Zwischenbetrachtungen. Im Prozess der Aufklärung. Jürgen Habermas zum 60. Geburtstag*. Frankfurt a.M.: Suhrkamp, S. 739–774

Raufer, Thilo (2005), *Die legitime Demokratie. Zur Begründung politischer Ordnung in der Bundesrepublik*, Frankfurt a.M. und New York: Campus

Rehberg, Karl-Siegbert (2001), Weltrepräsentanz und Verkörperung. Institutionelle Analyse und Symboltheorien – Ein Einführung in systematischer Absicht, in: G. Melville (Hg.), *Institutionalität und Symbolisierung. Verstetigung kultureller Ordnungsmuster in Vergangenheit und Gegenwart*, Köln: Böhlau Verlag, S. 3–49

Schütz, Alfred (1971a), Phänomenologie und die Sozialwissenschaften, in ders., *Gesammelte Aufsätze, Band 1*, den Haag, S. 113–135

Schütz, Alfred (1971b), Symbol, Wirklichkeit und Gesellschaft, in ders., Gesam*melte Aufsätze, Band 1*, den Haag: Nijhoff, S. 331–411

Schütz, Alfred (1971c), Über die Gleichheit und die Sinnstruktur der sozialen Welt, in ders., *Gesammelte Aufsätze, Band 2*, den Haag: Nijhoff, S. 203–255

Schütz, Alfred & Thomas Luckmann (1979), *Strukturen der Lebenswelt*, Bd. 1, Frankfurt a.M.: Suhrkamp

Schütz, Alfred & Thomas Luckmann (1984), *Strukturen der Lebenswelt*, Bd. 2, Frankfurt a.M.: Suhrkamp

Soeffner, Hans-Georg (1989), *Auslegung des Alltags – Der Alltag der Auslegung. Zur wissenssoziologischen Konzeption einer sozialwissenschaftlichen Hermeneutik*, Frankfurt a.M.: Suhrkamp

Soeffner, Hans-Georg (1991), Verstehende Soziologie und sozialwissenschaftliche Hermeneutik – Die Rekonstruktion der gesellschaftlichen Konstruktion der Wirklichkeit, *Berliner Journal für Soziologie* 2, S. 263–269

Soeffner, Hans-Georg (2000), Zur Soziologie des Symbols und des Ritual, in ders., *Gesellschaft ohne Baldachin. Über die Labilität von Ordnungskonstruktionen*. Weilerswist: Velbrück Wissenschaft, S. 180–208

Soeffner, Hans-Georg & Ronald Hitzler (1994), Qualitatives Vorgehen – »Interpretation«, in: C. Graumann (Hg.), *Enzyklopädie der Psychologie. Methodische Grundlagen der Psychologie. Forschungsmethoden der Psychologie 1 (Sonderdruck)*, Göttingen: Hofgrefe, S. 98–136

Srubar, Ilja (1988), *Kosmion. Die Genese der pragmatischen Lebensweltheorie von Alfred Schütz und ihr anthropologischer Hintergrund*, Frankfurt a.M.: Suhrkamp

Srubar, Ilja (1999), Woher kommt das Politische? Zum Problem der Transzendenz in der Lebenswelt, in: A. Honer, R. Kurt & J. Reichertz (Hg.), *Diesseitsreligion. Zur Deutung der Bedeutung moderner Kultur*, Konstanz: UVK, S. 17–38

Voegelin, Eric (1965), *Die neue Wissenschaft der Politik*, Salzburg: Verlag Karl Alber

Weber, Max (1980), *Wirtschaft und Gesellschaft. Grundriß der verstehenden Soziologie*, Tübingen: J.C.B. Mohr

Weber, Max (1992), *Soziologie. Universalgeschichtliche Analysen. Politik*, Stuttgart: Kröner

Zifonun, Darius (2004), Politisches Wissen und die Wirklichkeit der Politik. Zum Nutzen der Wissenssoziologie zur Bestimmung des Politischen, in B. Schwelling (Hg.), *Politikwissenschaft als Kulturwissenschaft. Theorien, Methoden, Problemstellungen*, Wiesbaden: VS-Verlag, S. 255–275

III
Methodische Reflexionen und Analysen

Jochen Dreher

Protosoziologie der Freundschaft
Zur Parallelaktion von phänomenologischer und sozialwissenschaftlicher Forschung

> »Was ist ein Freund? Eine einzige Seele,
> die in zwei Körpern wohnt.«
> Aristoteles: *Nikomachische Ethik*

Das Phänomen der Freundschaft

Die Freundschaft steht in der abendländischen Kultur, Geschichte und insbesondere in der Literatur seit der griechischen Antike häufig im Fokus philosophischer Reflexionen. Freundschaft wurde von Aristoteles, Cicero, Augustinus, Montaigne und vielen anderen als ein Phänomen auserkoren, dessen Analyse sich als lohnenswert erweist. Aus soziologischer Perspektive hingegen wurde die Freundschaft nur wenig erforscht. Entscheidend für die Ausprägung von Freundschaften – dies wird die Argumentation verdeutlichen – ist eine persönliche, freiwillige und dauerhafte Beziehung zwischen zwei oder mehreren Personen, welche emotional gefestigt ist und im Regelfall ohne eine sexuelle Bindung und ohne soziale Kontrolle existiert. Ferdinand Tönnies bezeichnet in einer Unterscheidung von Verwandtschaft und Nachbarschaft die geistige Freundschaft als »eine Art von unsichtbarer Ortschaft, eine mystische Stadt und Versammlung, […] die gleichsam durch eine künstlerische Intention, einen schöpferischen Willen lebendig ist« (Tönnies 2005 [1887]: 13). Freundschaftliche Beziehungsverhältnisse haben so betrachtet am wenigsten einen organischen und innerlich notwendigen Charakter, sie sind am wenigsten instinktiv und weniger durch die Gewohnheit bedingt als die nachbarschaftlichen Verhältnisse. Entscheidend für Freundschaften ist deshalb, dass es sich bei ihnen um mentale Phänomene handelt, die hinsichtlich ihres Zustandekommens entweder auf einen Zufall oder die freie Wahl zurückzuführen sind.

Wodurch sich die Freundschaft auszeichnet, ist die Tatsache, dass nicht sachlich festgelegte Interessen diese Beziehungsform begründen, sondern dass sie – zumindest ihrer Idee nach – auf der ganzen Breite der Persönlichkeit aufbaut (Simmel 1999 [1908]: 400). Vor allem hinsichtlich des Freundschaftsideals der Antike, das im Geiste der Romantik weiterentwickelt wurde, wird von einer »absoluten seelischen Vertrautheit« ausgegangen, wobei gefordert wird, dass den Freunden sogar der materielle Besitz gemeinsam sein soll. Von zentraler Bedeutung ist diesbezüglich ein Eintreten des ganzen, ungeteilten Ich in eine Freundschaft; diese Involvierung des Ich ist Simmel zufolge deshalb in einer Freundschaft plausibler als in einer Liebe, weil der Freundschaft die Zuspitzung auf das *eine* Element der Sinnlichkeit fehlt, durch welches die Liebe gekennzeichnet ist (ebd.: 400). Gerade diese Besonderheit der Gemeinschaftsform der Freundschaft, die eine spezifische Ausprägung der Involvierung des Ich bzw. der Persönlichkeit des einzelnen zulässt und eine solide, dauerhafte Verbindung zwischen Individuen etabliert, gilt es im Rahmen vorliegender kleiner Studie zu untersuchen. Der Zuschnitt einer für diese Analyse passenden Kombination, präziser formuliert »Parallelaktion«, aus sozialwissenschaftlicher und phänomenologischer Forschung soll es ermöglichen, grundsätzliche, jedoch nicht universelle Prinzipien der Konstitution des Phänomens der Freundschaft zu beschreiben.

Die Bestimmung der Schnittstellen von Phänomenologie und Soziologie erweist sich als nicht unproblematisch, zumal es sich bei beiden Disziplinen hinsichtlich deren methodischer Vorgehensweise sowie Forschungsgegenstand um zwei verschiedenartige Unterfangen handelt. Wenn in einer Verbindung der beiden Orientierungen indessen konkrete soziale Phänomene – im vorliegenden Falle die Freundschaft – analysiert werden, so kann gezeigt werden, wie beide Perspektiven durchaus aufeinander Bezug nehmen und voneinander profitieren können. In einer »Parallelaktion« werden Überlegungen zur sozialen Konstruktion der Freundschaft mit phänomenologischen Reflexionen mit der Zielsetzung konfrontiert, die Grundprinzipien für die Konstitution dieser spezifischen Sozialbeziehung zu bestimmen. Im Sinne einer »Protosoziologie« (vgl. Luckmann 1991, Luckmann 2007 [1970]) wird davon ausgegangen, dass die Analyse der sozialen Beziehungsform der Freundschaft auf die Ebene der lebensweltlich festgelegten Konstitutionsbedingungen des subjektiven Bewusstseins zurückführen muss. Aus bewusstseinstheoretischer Perspektive geht die Konstitution (vgl. Luckmann 2007 [1999]) der ›Freundschaft‹ basierend auf der Symbolisierung der einzigartigen Wir-Beziehung der in der Sozialbeziehung Involvierten vonstatten. Die Bewusstseinsleistung der Symbolisierung (Schütz 2003 [1955]) erweist sich in diesem Sinne als konstitutiv für die Herausbildung dieses Sozialphänomens, welches durch den Symbolisierungsvorgang einen existentiellen Status für das Individuum erlangt.

Im Rahmen der Durchführung einer Konstitutionsanalyse dieses Phänomens wird vornehmlich die symbolisch etablierte, ›romantisch überhöhte‹, gleichsam für die Ewigkeit bestimmte Freundschaft als Referenzphänomen festgelegt, die insbesondere im 18. Jahrhundert in Deutschland ihre Blütezeit erlebte. Dieses Phänomen wird deshalb zum Ausgangspunkt einer systematischen Entwicklung genommen, da sich von ihm zahlreiche Unterkategorien dieser Beziehungsform ableiten lassen. Diese Ausprägung von Freundschaft ist deswegen für die Analyse geeignet, da sie realtypisch als eine auf Dauer angelegte Beziehungsform einen hohen Grad an Individualität der Beteiligten mit einschließt, weshalb dieser Typus von Freundschaft in einer extremen Ausprägung dieser geistig-sozialen Lebensform systematisch als Grundlage für die Argumentation verwendet werden kann. Es ist davon auszugehen, dass die reine Lebensform der Freundschaft sich mannigfaltiger empirischer Gestaltungen bedienen kann, um sich auszudrücken und zu verwirklichen, und es ist anzunehmen, dass diese empirischen Formen ein einheitlicher Sinn verbindet (Salomon 1979 [1921]: 282). Den Prämissen einer Protosoziologie entsprechend werden in Anlehnung an das methodische Verfahren der phänomenologischen Reduktion analog Variations- und Reduktionsebenen beschrieben, auf welchen Konstitutionsprinzipien von Freundschaft bestimmt werden können.

Zur Parallelaktion von phänomenologischer und sozialwissenschaftlicher Forschung

Zu erläutern gilt nun, worin die entscheidenden erkenntnistheoretischen Unterschiede zwischen Phänomenologie und Soziologie bestehen und wie beide Disziplinen für die Analyse sozialer Phänomene aufeinander Bezug nehmen können. Grundlagentheoretische Reflexionen, die sich aus wissenschaftstheoretischer Perspektive damit auseinandersetzen, wie der Gegenstand der Forschung konstituiert wird, sind auch für die Soziologie unerlässlich. Alfred Schütz gelangte zu der Überzeugung, dass sich die Phänomenologie am besten für eine philosophische Begründung der Sozialwissenschaften eigne, wenn davon ausgegangen wird, dass deren Gegenstand in menschlichen Erfahrungen und Handlungen konstituiert wird (Schütz 2004 [1932]: 185ff). Sein Schüler Thomas Luckmann knüpft an diese Position an und argumentiert, dass die objektiven Eigenschaften historischer sozialer Wirklichkeiten auf den universalen Strukturen *subjektiver* Orientierung in der Welt beruhen (Luckmann 1983: 510). Dessen Überlegungen zufolge kann eine Grundlegung der Sozialwissenschaften nur nach dem Prinzip der »epistemologischen Reflexivität« (Luckmann 1974: 31) erfolgen, die auf die Voraussetzungen jeglicher sozialwissenschaftlicher Erkenntnis abzielt und die gesellschaftlich-geschichtliche Wirklichkeit der Lebenswelt zum Gegenstand hat: »Die invarianten und universalen Strukturen der Lebenswelt, die durch die phänomenologische Reduktion aufgedeckt werden, bilden eine allgemeine Matrix für Aussagen über menschliches Handeln« (Luckmann 1983: 516). Der Begriff der »Lebenswelt« wird mit Bezugnahme auf seine Verwendung in Husserls Krisis-Schrift als »das vergessene Sinnesfundament« der Wissenschaft verstanden (Husserl 1954: 48).

In diesem Kontext formuliert Luckmann das Projekt einer Protosoziologie: Ausgehend von Max Webers Bestimmung der Soziologie als Erfahrungswissenschaft wird die Protosoziologie als »Phänomenologie der Lebenswelt« verstanden, insofern sie in der Lage ist, einen Zusammenhang zwischen den universalen Strukturen der subjektiven Orientierung, den Grundformen intersubjektiven Handelns und den objektiven Eigenschaften geschichtlicher sozialer Wirklichkeiten herzustellen (vgl. Luckmann 1993: 322f). Ihre methodische Vorgehensweise betreffend müssen die beiden Disziplinen Phänomenologie und Sozialwissenschaft jedoch dezidiert auseinandergehalten werden. Weshalb ist im Rahmen dieser Überlegungen hinsichtlich des Zusammenwirkens von phänomenologischer und sozialwissenschaftlicher Forschung von einer »Parallelaktion«[1] die Rede? Mit Bezugnahme auf die Überlegungen von Luckmann, der eine Möglichkeit aufzeigt, wie sich eine phänomenologische Konstitutionsanalyse und eine erfahrungswissenschaftliche Rekonstruktion historischer Wirklichkeitskonstruktionen gegenseitig ergänzen können (Luckmann 2007 [1999]: 131), werden für vorliegende Analyse einige soziologische Reflexionen zur Freundschaft verwendet, um konstitutionstheoretische Überlegungen zum Phänomen der Freundschaft zu inspirieren. Insbesondere hinsichtlich des Phänomens der Freundschaft ist es entscheidend, die bewusstseinstheoretische Konstitution dieses Phänomens aufzuzeigen, da die in diese spezifische Beziehungsform involvierte Subjektivität derart besonders fruchtbar beschrieben werden kann. In einer Parallelaktion werden deshalb einige soziologische Erkenntnisse aus der Literatur hinsichtlich der Konstruktion der Freundschaft mit konstitutionstheoretischen Beschreibungen dieses Phänomens konfrontiert. Protosoziologische Überlegungen über die Konstitution der Freundschaft sind deshalb von besonderer Relevanz, weil mit diesen Reflexionen erläutert werden kann, wie mit der Herausbildung dieses Phänomens die dem Individuum durch die Sozialwelt auferlegten Transzendenzen ›überwunden‹ werden. Gesucht wird sozusagen nach den epistemologischen Grundlagen der Konstitution der besonderen Beziehungsform der ›Freundschaft‹.

Soziologische Überlegungen zur Freundschaft

In hoch differenzierten Gesellschaften verlieren Familien- oder Verwandtschaftsbeziehungen und -rollen an Bedeutung, wenn es darum geht, dem menschlichen Handeln eine umfassende Orientierung zu bieten (Simmel 1999 [1908]: 383ff); persönliche Beziehungen werden immer wichtiger, insbesondere die der Freundschaft, da in ihr die Möglichkeit besteht, sich individuell für den potentiellen Partner, der in einer bestimmten biographischen Situation in einen Lebenszusammenhang eintritt, zu entscheiden bzw. diesen vom Freundeskreis auszuschließen. Freundschaft kann durch die Pflege ähnlicher Denkweisen gefördert werden und setzt eine gemeinsame Entwicklung in den Bereichen des typischen Erkennens voraus. Neigungen und Interessen der Freunde können stark divergieren, in wesentlichen Gesinnungen und Idealen müssen sie sich jedoch berühren (Kracauer 1971: 45ff). Im Freunde findet man Ergänzung und Bestätigung, d. h., man kann mit ihm eine »geistige und seelische Beziehung« teilen (Tenbruck 1964: 440). Der auf sich selbst zurückgeworfene Mensch in einer heterogenen Welt entdeckt im Freunde nicht ein zweites Ich, sondern überhaupt erst sein eigenes Ich. »Erst dass zwei Menschen sich aufeinander richten, ein jeder sich stets ein Bild von dem anderen macht und mit diesem Bild lebt und zugleich sich dessen bewusst ist, dass auch der andere mit einem

---

1 Robert Musil verweist in seinem Roman *Der Mann ohne Eigenschaften* mit der Bezeichnung »Parallelaktion« auf die Planung der österreichisch-ungarischen Feiern zum 70jährigen Regierungsjubiläum Kaiser Franz Josefs im Jahre 1918, die parallel zu den ins gleiche Jahr fallenden Festivitäten zum 30jährigen Regierungsjubiläum des preußischen Kaisers Wilhelm II. stattfinden sollten (Musil 1999 [1930/1943], Berger 1983).

solchen Bild von ihm selbst lebt, begründet diese Freundschaft. In der Konzentration der Freunde aufeinander finden beide sich auf doppelte Weise auf ein Ich festgelegt« (ebd.: 441). In sozio-historischen Zusammenhängen, in denen traditionelle Gemeinschaftsbeziehungen an Bedeutung verloren haben, wird durch die Freundschaftsbeziehung eine Stabilisierung des Daseins des Einzelnen erreicht.

Ausgehend von einer phänomenologischen Perspektive – den Überlegungen von Alfred Schütz folgend – wird Freundschaft als Vorstellung bzw. Idee und auch als eine besondere Form der »mitmenschlichen Begegnung« verstanden, die die alltägliche Lebenswelt des Individuums transzendiert und eine spezifische Bindung zwischen Menschen herstellt (Schütz 2003 [1955]: 194; vgl. Dreher 2003: 147f). Das erfahrende Subjekt ist konfrontiert mit den Transzendenzen des Raums, der Zeit, der (intersubjektiven) Sozialwelt und mannigfaltiger Wirklichkeitssphären, den Welten des Traums, der Phantasie, des Spiels, der Religion, der Wissenschaften etc. Soziale Phänomene wie diejenigen der Freundschaft oder der Liebe entwickeln sich nahezu ausschließlich in face-to-face-Beziehungen, wobei sie gleichzeitig mit Verweis auf einen außeralltäglichen Wirklichkeitsbereich symbolisiert werden (vgl. Schütz 1994 [1956]: 365f). Auf diese Art und Weise wird das soziale Phänomen der Freundschaft auf Dauer gestellt und kann unabhängig von Zeit und Raum bestehen. Die Tatsache, dass beispielsweise der Freund in einem anderen Kontinent lebt, beeinflusst nicht unbedingt die Sozialbeziehung. Unabhängig davon, welche zeitlichen und räumlichen Distanzen zwischen Freunden oder Liebenden bestehen, stellt diese Sozialbeziehung eine solide dauerhafte Verbindung zwischen Menschen her.

Das Phänomen der Freundschaft wird gewöhnlich in der face-to-face-Beziehung herausgebildet; für beide Personen (in dieser Beziehungsform der Dyade tritt das Sozialphänomen zumeist auf) ist ein hoher Grad an Individualität innerhalb der mitmenschlichen Begegnung involviert (vgl. Simmel 1999 [1908]). Die Konstitutionsanalyse dieses Phänomens konzentriert sich auf die ›romantisch überhöhte‹ Idee einer einzigartigen, ›für die Ewigkeit bestimmten Freundschaft‹, die weniger häufig vorkommt, von welcher sich jedoch in graduellen Abweichungen andere, ›flüchtigere‹ Freundschaften – wie beispielsweise Sports-, Geschäfts- oder politische Freundschaften – ableiten lassen, deren Elemente nahezu vollständig in diesem enthalten sind. Mit dieser Festlegung auf den Realtypus der für die Ewigkeit bestimmten Freundschaft lassen sich die Konstitutionsprinzipien der Freundschaft im allgemeinen konkreter fassen, da ihre ›Extremform‹ die Spezifik des Phänomens zu verdeutlichen verhilft.

Konstruktion und Konstitution von Freundschaft

Für eine Analyse des Phänomens der Freundschaft ist die aus erkenntnistheoretischer Perspektive grundsätzliche Unterscheidung zwischen der Konstruktion und Konstitution von entscheidender Bedeutung. Zum einen wird davon ausgegangen, dass historische menschliche Welten im gesellschaftlichen Handeln *konstruiert* werden, zum anderen ist die Annahme zentral, dass Wirklichkeit auf der Grundlage allgemeiner Strukturen der Erfahrung in Bewusstseinsaktivitäten *konstituiert* wird. In diesem Sinne greift die phänomenologische Konstitutionsanalyse in cartesianischer Manier zurück auf die einzige unmittelbare Evidenz, die jedem von uns immer gegeben ist, unabhängig davon, welchen Stand die Wissenschaften erreicht haben, nämlich unser eigenes Bewusstsein. Durch die Bezugnahme auf die Evidenz des reinen Bewusstseins können die Vorannahmen der eigenen theoretischen Tätigkeit sowie der spezifisch menschlichen Beschaffenheit des empirischen Gegenstands der Sozialwissenschaften reflektiert werden (vgl. Luckmann 2007 [1999]: 128). Dementsprechend können soziale Phänomene, wie beispielsweise die Sozialbeziehung der Freundschaft, nur in konkreten historischen Welten konstruiert werden. In jeder dieser sozialen Welten werden diese Phänomene auf eine spezifische Art und Weise in einer bestimmten Ausprägung konstituiert. Die soziale Konstruktion der Freundschaft ist jedoch von grundsätzlichen Konstitutionsprinzipien des subjektiven Bewusstseins abhängig. Für vorliegende Untersuchungen werden einige typische Prinzipien der Konstruktion von Freundschaft – jeweils abhängig vom sozio-historischen Kontext – dargestellt, die als Anregungen für die Analyse einiger Konstitutionsprinzipien der Freundschaft dienen werden. Dabei ist von entscheidender Bedeutung, dass Freundschaft in erster Linie symbolisch konstruiert wird, d. h., dass sie ausgehend von einem kollektiv geteilten Symbolismus mit einem Repertoire der kulturell geprägten Kategorien der Freundschaft in Konstruktionsprozessen herausgebildet wird.

Im Folgenden werden drei protosoziologische Reduktionsstufen[2] entworfen, mit denen die Konstitution des Phänomens der Freundschaft beschrieben werden kann. Analog zur streng egologisch ausgerichteten phänomenologischen Methode der Reduktion (Husserl 1992 [1913]: § 56ff), die für die Analyse der Konstitution sozialer Phänomene adaptiert wird, richten sich die protosoziologischen Reduktionen auf die Freilegung einiger grundsätzlicher Voraussetzungen dieser sozialen Beziehungsform. Phänomenologische Reduktionen zielen darauf ab, in menschlichen Bewusstseinsabläufen vorhandene, allgemeine »formale« Strukturen der Erfahrung freizulegen. Die offensichtlichsten dieser Strukturen sind die Kategorien der subjektiven Orientierung im Raum wie »oben/unten«, »vor mir/hinter mir« und die Rhythmen der inneren Zeit. Schwieriger zu erfassen sind die lebensweltlichen Strukturierungen sozialer Beziehungen, die nach Graden der Unmittelbarkeit, Vertrautheit und Anonymität abgestuft sind (vgl. Luckmann 2007 [1999]: 130). Folgende drei Reduktionsstufen im Sinne einer Protosoziologie (vgl. Dreher 2007: 140ff) sollen an dieser Stelle präsentiert werden:

1. Sozio-eidetische Reduktion der Konstruktion von Freundschaft

In Anlehnung an die von Husserl beschriebene »eidetische Reduktion« und dessen Überlegungen zur methodischen Ausrichtung der Psychologie können sozialwissenschaftliche Problemstellungen ins Auge gefasst werden. Husserl kennzeichnet die Psychologie als Erfahrungswissenschaft, welche sich auf »Tatsachen« und »Realitäten« konzentriert. Die Phänomene, die sie als psychologische Phänomenologie bearbeitet, werden als reale Vorkommnisse verstanden, die sich, wenn sie ein wirkliches Dasein haben, realen Subjekten, denen sie zugehören, als Teil einer räumlich-zeitlichen Welt zuordnen lassen (Husserl 1992 [1913]: 6). Bei der transzendentalen Phänomenologie hingegen handelt es sich nicht um eine Tatsachen-, sondern um eine Wesenswissenschaft, für welche »Tatsachen« als solche nicht relevant sind. Die zugehörige Reduktion, die vom psychologischen Phänomen zum reinen »Wesen«, bzw. im urteilenden Denken von der tatsächlichen (empirischen) Allgemeinheit zur Wesensallgemeinheit überführt, ist die »eidetische Reduktion«. Die Sozialwissenschaften müssen in ähnlicher Weise als Erfahrungswissenschaften verstanden werden, die die konkreten empirischen Ausprägungen sozialer Phänomene für die Entwicklung von Typiken der Konstruktion derselben verwenden. Entscheidend hinsichtlich der Durchführung einer sozio-eidetischen Reduktion der Konstruktion der Freundschaft ist nun eine Beschreibung der typischen Ausprägungen dieses Phänomens; in diesem Sinne geht ähnlich wie bei Husserl der eidetischen Reduktion eine »eidetische Variation« (Husserl 1992 [1929]: 296) hinsichtlich eines Möglichkeitsraumes des Auftretens des Phänomens voraus. Für die sozio-eidetische Reduktion werden – in diesem Rahmen ansatzweise – die unterschiedlichen Ausprägungen von Freundschaften in verschiedenen historischen Epochen sowie unterschiedlichen Kulturen dargestellt.

---

2 An dieser Stelle könnten weitere Reduktionen hinsichtlich der Konstitution von Freundschaft ausgearbeitet werden, abhängig von der jeweiligen »Einklammerung« von Sinnzusammenhängen; im Rahmen der vorliegenden Studie beschränkt sich die Analyse auf drei Konstitutionsebenen.

In diesem Sinne werden aus einer wissenssoziologischen Perspektive einige typische Merkmale der Konstruktion von Freundschaft in unterschiedlichen Epochen aufgezeigt; eine umfassende, kulturübergreifende Darstellung ist in diesem Rahmen nicht möglich. Es kann so festgestellt werden, welche konkreten Ausprägungen von Freundschaft versehen mit welchen Bedeutungsgehalten empirisch in spezifischen sozio-historischen Kontexten anzutreffen sind. Worin besteht die Spezifik der in verschiedenartigen kulturellen Zusammenhängen sich abzeichnenden Beziehungsformen, die man als Freundschaften verstehen kann? Für das 18. Jahrhundert in Deutschland gilt, um einige Beispiele zu nennen, eine ewige Antinomie der Moderne von Werk, Leistung, Arbeit einerseits und Leben, Geist und Seele andererseits, wobei eine Entscheidung für eine dieser Haltungen eingefordert wird. Die »freundschaftliche Gemeinschaft«, die sich in einem solchen sozio-historischen Kontext herausbildet, wird zum Symbol des Kampfes der Seele und ihrer absoluten Forderungen gegen den »trägen und zähen Lebensstoff« (Salomon 1979 [1921]: 289). Die Konkretisierungen der Freundschaften dringen als »reine Seelenwirklichkeit« ins Leben der Menschen ein und erhalten für deren Dasein einen existentiellen Status.

Idealtypisch unterscheidet Albert Salomon drei verschiedene Formen der Freundschaftsbeziehungen im 18. Jahrhundert in Deutschland, die wiederum mit drei Perioden mit entsprechenden Lebensformen zusammenhängen. Der diese Epochen kennzeichnende humanistische Freundschaftskult hat zweierlei Ursprünge: Er geht zum einen zurück auf den Bildungsgang der antiken Welt und zweitens auf die Idee einer Gemeinschaft von Männern im Bewusstsein des Dienstes am wertvollen Gut einer klassischen Bildung. In der ersten Phase sind Freundschaften noch in eine allgemeine Geselligkeit eingebettet, es handelt sich um eine Epoche innerer Harmonie von Aufklärung und Rokoko; die Aufklärung befindet sich noch in einer statischen Form. Literaten wie Johann Georg Jacobi, Weise, Gellert, Rabener und Wieland bringen die spezifischen Lebensformen zum Ausdruck, die als ein Erzeugnis der Vernunft im Dienste des Menschen zu verstehen sind. Die menschliche Gesellschaft nimmt deshalb die ihrem Zweck entsprechende Form der Geselligkeit an. Diese Gesellschaft wird zusammengehalten durch die Menschenliebe, die ihre höchste und reinste Form in der Freundschaft erlangt (vgl. Salomon 1979 [1921]: 297). Die zweite Epoche ist durch die Entwicklung von Freundschaftsbünden jugendlicher Menschen gekennzeichnet, welche den leer gewordenen Formen der Rokokokultur ein neues Gefühl entgegensetzen, diese zu zerschlagen versuchen, jedoch noch keine neuen Lebensformen in einer Abgrenzung etablieren. Repräsentanten dieser Epoche sind Goethe, Lenz und Stollberg in ihrer Jugend, die Wieland als bedeutendsten Vertreter des deutschen Rokoko aufgrund seines Pathos und seiner Empfindsamkeit verachten. Freundschaft wird für sie zum zentralen Problem des persönlichen Lebens; sie ist die Form, welche allein das Chaos der jugendlichen Literaten bewältigen kann. Diese Freundschaften sind geprägt durch ein paradoxes Ineinander von innigster Nähe und Ferne zugleich und Individualität wird immer stärker zum Bestandteil dieser Gemeinschaftsform. In einer dritten Epoche in der Zeit der Klassik kann eine Synthese beider Formen festgestellt werden, die eine seelische Gemeinschaft hervorbringt, »in welcher schöpferisch produktive Menschen die Freundschaft als Vollendung der Bildung erleben, als notwendige Form, um zur menschlichen Totalität zu gelangen« (ebd.: 292f). Der Eros ist für diese Beziehungsformen Bedürftigkeit ohne Zwang und strebt in einer intelligiblen Welt zur Idee der vollkommenen Gestalt – Freundschaft ist Liebe als freie Hingabe. Exemplarisch können für diese Epoche die persönlichen Freundschaften zwischen Goethe, Humboldt, Schiller und Körner genannt werden, in denen Humanität Wirklichkeit geworden war. Die Überzeugung, dass Freundschaft nur unter Edlen bestehen kann, ist bereits in der Nikomachischen Ethik anzutreffen, kommt bei Cicero zum Ausdruck und ist nun für die Klassik von entscheidender Bedeutung (vgl. ebd.: 303f).

Für moderne, differenzierte Gesellschaften sind die Überlegungen von Georg Simmel ausschlaggebend, der den besonderen, modernen Typus der Freundschaft beschreibt, in dem das Maß des Eindringens oder der Reserviertheit innerhalb des Freundschaftsverhältnisses zentral sind. Mit einem Menschen verbindet uns die Seite des Gemütes, mit einem anderen teilen wir geistige Gemeinsamkeiten, mit dem dritten religiöse Erfahrungen, mit dem vierten vereinigen uns gemeinsame Erlebnisse. Gefordert wird in diesen Freundschaften, dass sich die Freunde nicht gegenseitig in die Interessen- und Gefühlsgebiete hineinsehen, »die nun einmal nicht in die Beziehung eingeschlossen sind und deren Berührung die Grenze des gegenseitigen Sich-Verstehens schmerzlich fühlbar machen würde« (Simmel 1999 [1908]: 401f). Obwohl diese Freundschaften in gewisser Hinsicht begrenzt sind, wird die Beziehung doch aus dem Inneren der ganzen Persönlichkeit erlebt; ihrer Idee nach führt sie in dieselbe Gemütstiefe und zur selben Opferwilligkeit (vgl. ebd.), die in anderen Epochen festzustellen war.

Idealtypisch wurden exemplarisch einige unterschiedliche Ausprägungen von Freundschaften benannt und rekonstruiert – eine umfassende, kulturübergreifende Beschreibung empirisch sich abzeichnender Freundschaftstypen[3] wäre Aufgabe einer umfassenden Studie, kann an dieser Stelle jedoch nicht geleistet werden. Folgende Gemeinsamkeiten hinsichtlich der Konstruktion der Freundschaft werden erkennbar: Bestimmte sich empirisch abzeichnende Prinzipien der Konstruktion dieser Gemeinschaftsform bestehen – wie gezeigt wurde – in einer persönlichen, freien Entscheidung des Individuums, die Bindung mit dem bzw. der anderen einzugehen, die Beziehung beruht im Normalfall nicht auf einer sexuellen Vereinigung, in sämtlichen Fällen wird eine ausgeprägte Involvierung des Ich des einzelnen Freundes feststellbar und häufig erlangt der Freund einen existentiellen Status, indem er in den Lebenszusammenhang seines Gegenübers eingebunden wird. Gemeinsame Interessen, die sich auf die Freundschaftsdefinition mit auswirken, können variieren, sie können sich auf Ideale der Antike, der römischen Welt, der klassischen Bildung, den Humanismus, religiöse Orientierungen etc. beziehen, strukturell sind sich jedoch die Ausprägungen von Freundschaften sehr ähnlich. Die Spezifik der Freundschaft besteht darin, dass im Vergleich zur Liebesbeziehung keine physische Anziehung innerhalb der Sozialbeziehung vorhanden sein muss. Freundschaften können zwischen älteren und jüngeren Menschen bestehen, Geschlechterunterschiede müssen kein Hindernis für Freundschaften darstellen, sozialstrukturelle Grenzen können mit der Freundschaft überwunden werden und außerdem sind Freundschaften zwischen Individuen mit einem völlig unterschiedlichen kulturellen Hintergrund vorstellbar.

Es handelt sich um eine ausgesprochen persönliche und individuelle Entscheidung, ob eine Person als Freund anerkannt wird oder nicht. Die Wir-Beziehung selbst, so Alfred Schütz, transzendiert die Existenz jeder der beiden Partner innerhalb der Vorzugsrealität des Alltags und kann nur durch Symbole erfasst bzw. ›appräsentiert‹[4] werden. Mein Freund ist für mich und ich bin für ihn ein Element der Realität der subjektiv festgelegten Lebenswelt. Unsere Freundschaft übersteigt jedoch unsere individuelle Situation innerhalb des geschlossenen Sinngebietes der Vorzugsrealität. Der Begriff der Wir-Beziehung umfasst alle Grade der Intimität und Fremdheit, und so sind die Symbole, durch die die Wir-Beziehung erfasst wird, höchst verschiedener Art. Ihr appräsentierendes Glied ist immer die gemeinsame Situation, wie sie seitens der Teilnehmer definiert ist, nämlich ihre gemeinsame Erfahrung, ihr gemeinsamer Nutzen, ihre gemeinsamen Leiden und Freuden. Ein gemeinsames Interesse macht sie zu Partnern und die Idee der Partnerschaft ist der allgemeine Ausdruck für die appräsentierte Wir-Beziehung. Wir sind Liebende, Leidensgefährten, Kollegen, Genossen etc. (Schütz 1994 [1956]: 365).

---

3 So wird beispielsweise hinsichtlich der US-amerikanischen Ausprägung der Begriff der Freundschaft weniger anspruchsvoll gebraucht, wobei die Enge und Dauer der Sozialbeziehung idealtypisch von der europäischen Form entscheidend abweicht. Mit Bezug auf die USA ist von einer »unverbindlicheren *Kameradschaft*« die Rede (Schelsky 1957: 351ff).
4 »Appräsentation« oder »analogische Apperzeption« kennzeichnet eine Doppelung als Bestandteil von Bewusstseinstätigkeiten, in denen beispielsweise in Wahrnehmungsvorgängen der erscheinende Gegenstand eine andere, nicht präsente Gegebenheit hervorruft bzw. mit vergegenwärtigt (vgl. Schütz 2003 [1955]: 128ff)

Für das Phänomen ist die Gegebenheit konstitutiv, dass dann, wenn sich die Biographien zweier Personen kreuzen, die gemeinsame Erfahrung für die beiden Freunde einen existentiellen Charakter erhält und dass beide diese Erfahrung retrospektiv mit der alltagstranszendenten ›Idee der Freundschaft‹ identifizieren. Die ›Idee der Freundschaft‹ selbst, die stets im Nachhinein in einer zeitlichen Distanz zu den ihr zugrunde liegenden existentiell wichtigen Begegnungen steht und im Idealfall von beiden Partnern geteilt wird, gehört als Vorstellung eines ›einzigartigen Bundes‹ zweier Personen einer außeralltäglichen Wirklichkeit an. Der Freund ist Bestandteil der alltäglichen Wirklichkeit, in der wir handeln; entscheidend ist nun, dass die Einheit dieser zwei Personen – deren Zusammengehörigkeit – für den jeweils anderen die ›Idee der Freundschaft‹ *symbolisiert*, d. h. die besondere, einzigartige Beziehung der Freunde versinnbildlicht. Das Moment der *Symbolisierung* der Sozialbeziehung ist konstitutiv für die Herausbildung des Phänomens der Freundschaft und verleiht dieser Beziehungsform ihren existentiellen Status.

Die Freundschaft wird durch konkrete gemeinsame Erfahrungen der Partner ›untermauert‹, die sozusagen die materiale Basis der Sozialbeziehung darstellen. Dabei kann es sich um Erfahrungen gemeinsamen geistigen Schaffens, um gemeinsame Reiseerlebnisse, Abenteuer, sportliche Leistungen, die Bewältigung von Krisensituationen etc. handeln, Erfahrungen, die im Nachhinein von beiden Freunden einen besonderen Charakter zugeschrieben bekommen. Häufig werden die entsprechenden Geschichten rituell immer wieder neu erzählt, so dass sie die Freundschaft symbolisch am Leben erhalten und auf Dauer stellen. Diese Narrationen sind jedoch keineswegs für die Konstitution der Freundschaft unabdingbar, da die Sozialbeziehung auch ohne sie dauerhaft sein kann, wenn die Freundschaft als Idee in ihrer ›symbolischen Überhöhung‹ in der Erinnerung erhalten bleibt. Die Narrationen gehören zur alltäglichen Lebenswelt und verweisen auf die außeralltägliche ›Idee der Freundschaft‹ – ihr rituelles Nacherzählen ruft die emotionale Zuneigung zum Freund immer wieder erneut hervor. Mit den Narrationen der Freundschaftserfahrungen wird außerdem die symbolisierte Wir-Beziehung in den Alltag zurückgeführt, mit der Folge, dass sich die Individuen im alltäglichen Handeln auch an der so etablierten Sozialbeziehung ausrichten.

2. Strukturebene der symbolischen Konstitution der ›Freundschaft‹

Werden nun für die zweite protosoziologische Reduktion die mit der Freundschaft verbundenen kulturell geprägten, empirisch sich abzeichnenden Kategorien »eingeklammert«, so können spezifische Strukturgegebenheiten beschrieben werden. Lebensweltlich festgelegte Prinzipien der Konstitution der ›Freundschaft‹ werden erkennbar, die zeigen, dass beide an der Sozialbeziehung Beteiligten gemeinsam über die Erinnerung an die Einzigartigkeit der Relation zur anderen Person sowie geteilte Erfahrungen existentiellen Charakters – welche einen hervorgehobenen Status in der Biographie des einzelnen innehaben – verfügen müssen. Die Dauer der Beziehung ist kennzeichnend, wobei je nach Grad der Ausprägung der Freundschaft die Dimension der Zeit als Grenze irrelevant wird: Die Beständigkeit der Sozialbeziehung muss der Fall sein, so dass die Selbstverständlichkeit ihrer Wiederaufnahme immer gegeben ist. Auch die räumliche Distanz zwischen den ›Freunden‹ darf idealer Weise der Beziehung keinen Abbruch tun. Das auf beiden Seiten dem anderen entgegengebrachte Vertrauen resultiert aus einer unterstellten Vertrautheit mit der anderen Person und schafft somit eine Intimität innerhalb der Beziehung. Beide Personen müssen in der Lage sein, gemeinsame Erfahrungen, Ideen, die ›Freundschaft‹ selbst als Idee zu symbolisieren und somit auch zu objektivieren. In ihrer Extremform – in der Form der romantisierend überhöhten, ›ewigen‹ Freundschaft – kann sie über das Potential zur Überwindung der zwischen den Individuen existenten Grenzen innerhalb der Sozialwelt verfügen, die gezielt für die zweite Reduktionsebene in ihrer konkreten Ausprägung ›eingeklammert‹ werden: Generation, Geschlecht, Stand, Klasse, Kultur etc. können mit der Herausbildung des Phänomens der ›Freundschaft‹ überwunden werden. Grundsätzlich kommen Freundschaften jedoch innerhalb der entsprechenden sozialen Gruppierungen und Milieus wesentlich häufiger vor.

Zur symbolischen Überhöhung der Sozialbeziehung gehört unbedingt deren emotionale Festigung durch die Zuneigung, welche von beiden Freunden einander entgegengebracht wird. Die symbolische Überwindung der Transzendenz zum Anderen innerhalb einer Freundschaft, der symbolische Verweis auf die gemeinsam geteilte ›Idee der Freundschaft‹ stellen diese Sozialbeziehung auf Dauer, ohne dass sie ständig kommuniziert werden müsste – »das Symbol stiftet Gemeinschaft ohne Kommunikation« (Jaspers 1973: 24f). Durch die Symbolisierung wird die ›Freundschaft‹ zum Lebensphänomen und erhält den erwähnten existentiellen Charakter, d. h. sie wird zu einer emotional gefestigten Komponente der persönlichen Identität des Individuums. Der ›Freund‹ wird so zum Bestandteil der intersubjektiven Lebenswelt des Individuums, der einzelne definiert sich selbst über den ›Freund‹, wobei sich sein Ich in dem des ›Freundes‹, dem symbolisch überhöhten Anderen ›spiegelt‹. Es kommt zu einer gegenseitigen Reflexion der besonderen Individualität der einzelnen Person, die sozusagen mit Hilfe des ›Freundes‹ ihre Einzigartigkeit erlangt. Durch die Konstitution der ›Freundschaft‹ wird ein Bund zwischen zwei Individuen hergestellt, mit welchem die intersubjektiv etablierten Grenzen von Raum, Zeit, Sozialstruktur überwunden werden können – diese existentielle Beziehungsform resultiert aus der bewusstseinstheoretisch festgelegten Fähigkeit des erfahrenden und handelnden Subjekts zur Symbolisierung, mit welcher eine ›einzigartige‹ Sozialbeziehung objektiviert werden kann.

In diesem Sinne tragen Symbole dazu bei, dass außeralltägliche Bedeutungswelten intersubjektiv erfahrbar, d. h. kollektiv ›zugänglich‹ werden; darüber hinaus werden politische, religiöse, ästhetische, wissenschaftliche etc., im weitesten Sinne kulturell geprägte Wirklichkeitsbereiche, zu denen Freundschaft hinzugefügt werden kann, gleichzeitig auf der Basis der kontinuierlichen Verwendung von Symbolen in sozialen Kontexten erst konstituiert. Zentral für die Beschreibung der zweiten protosoziologischen Reduktionsebene ist nun, dass aufgrund der Strukturierung der Lebenswelt des Handlungssubjekts – insbesondere hinsichtlich deren Aufteilung in Alltagswelt und mannigfaltige Wirklichkeiten – sowie der Symbolfähigkeit des Individuums die ›Freundschaft‹ als Beziehungsform symbolisch konstituiert werden kann. Das Strukturmoment der symbolischen Etablierung dieser Beziehungsform erklärt insbesondere die Dauerhaftigkeit der ›Freundschaft‹, die nicht unbedingt auf Sinnlichkeit angewiesen ist. Getragen werden ›Freundschaften‹ durch die symbolisch konstituierte Sinnwelt, die im Bunde der ›Freunde‹ herausgebildet wird und in der die ›Idee einer einzigartigen Freundschaft‹ festgelegt ist.

3. Reduktionsstufe der sinnlichen Empfindung der Leiblichkeit des Anderen

Für die dritte protosoziologische Reduktionsebene rückt insbesondere die in der Begegnung der beiden Partner, welche auf den vorangegangenen Ebenen noch kulturelle Codierungen sowie das Strukturmoment der Symbolisierung gekennzeichnet ist, involvierte Leiblichkeit des einzelnen in den Vordergrund. Diese Abstraktionsstufe der sinnlichen Empfindung der Leiblichkeit des Anderen wird in der Folge der sozio-eidetischen Reduktion und der Strukturebene der symbolischen Konstitution von Freundschaft erreicht. Dabei geht es insbesondere um die Beschreibung der Bedeutung der face-to-face-Situation, für welche entscheidend ist, wie die Leiblichkeit des Gegenübers wahrgenommen wird. Thematisiert werden soll die formale Ebene der Begegnung mit dem Anderen, auf welcher die Intentionalität des subjektiven Bewusstseins das Gegenüber als anderen Menschen konstituiert, dem eine hervorgehobene Bedeutung zugesprochen wird. Empfindungen wie »Fremdheit« und Vertrautheit, »Anonymität« und »Unmittelbarkeit« prägen die subjektive Wahrnehmung des Anderen, dessen Erscheinungsbild als befremdend oder vertraut aufgefasst wird. Für diese Reflexionsebene werden Sprache und auch semiotische Symbolzusammenhänge ›eingeklammert‹ – eine vortheoretische, vorsprachliche

Ebene der leiblichen Begegnung⁵ wird hinsichtlich ihrer Relevanz für die Konstitution von ›Freundschaft‹ untersucht.

Grundsätzlich muss davon ausgegangen werden, dass Intersubjektivität hinsichtlich der Herausbildung des Ich des Individuums eine vorgängige Stellung einnimmt und insofern auch nicht transzendental-phänomenologisch erklärt werden kann. Intersubjektivität wird in Anlehnung an Schütz als ein nicht innerhalb der transzendentalen Sphäre lösbares Problem, sondern als eine Gegebenheit der Lebenswelt betrachtet. Intersubjektivität wird als ontologische Grundkategorie des menschlichen Seins und somit aller philosophischer Anthropologie verstanden. Die Möglichkeit der Reflexion auf das Selbst, die Entdeckung des Ich, die Fähigkeit zum Vollzug jeglicher Epoché, aber auch die Möglichkeit aller Kommunikation sind Schütz zufolge auf der Urerfahrung der Wir-Beziehung fundiert (Schütz 1971 [1957]: 116). Methodisch können dennoch diese Annahmen für die in diesem Abschnitt vollzogene 3. Reduktion außer Acht gelassen werden, so dass – immer noch in Abhängigkeit von diesen Annahmen – die Grundprinzipien der Begegnung mit dem Anderen und so auch der Beziehungsform der ›Freundschaft‹ beschrieben werden können.

Der Andere wird in diesem Sinne analogisch als anderer Mensch aufgefasst, wobei für die Konstitution des Phänomens der ›Freundschaft‹ der Leib des Anderen in der Begegnung als dem eigenen ähnlich aufgefasst wird.⁶ Alles, was in der Begegnung mit dem Anderen als »nicht eigen« wahrgenommen wird, wird als dem Anderen zugehörig aufgefasst. Zwischen ego und alter findet ein Sinntransfer statt, wobei nach dem Modus der Bewährung und Nicht-Bewährung Grade der Ähnlichkeit herausgebildet werden können. Darüber hinaus sind diese Sinnübertragungen für die spezifische Vertrautheit mit dem Gegenüber, der symbolisch überhöht zum Freunde auserkoren wird, verantwortlich und bilden die Basis für eine aus der leiblichen Begegnung resultierende Konstitution von Sympathie, durch die das Phänomen der ›Freundschaft‹ gekennzeichnet ist. Wenn kulturell codiert bezüglich der Freundschaft von »Liebe als freier Hingabe« die Rede ist, so hat diese ihren Ursprung in der leiblichen Begegnung, in welcher die besondere Vertrautheit mit dem ›Freund‹ konstituiert wird. Dass gerade mit der Geste der Umarmung in besonderem Maße Freundschaft versinnbildlicht wird, liegt in der an dieser Stelle beschriebenen Ebene der leiblichen Begegnung mit dem Anderen begründet. Das Phänomen der ›Freundschaft‹ in seiner idealtypischen, symbolisch überhöhten und auf Dauerhaftigkeit angelegten Form ist jedoch weniger auf die leibliche Konstitution angewiesen als das Phänomen der ›Liebe‹.

Im Rahmen einer phänomenologischen und sozialwissenschaftlichen Parallelaktion konnten einige Grundprinzipien der Konstruktion und Konstitution von Freundschaft bestimmt werden, die jedoch in keiner Weise den Anspruch einer universellen Gültigkeit erheben. Die Erkenntnisse einer Erfahrungswissenschaft – soziologische Reflexionen zur Konstruktion von Freundschaft – wurden konfrontiert mit bezüglich eines sozialen Phänomens vorgenommenen phänomenologischen, genauer gesagt, protosoziologischen Überlegungen, die die Konstitution des Phänomens der ›Freundschaft‹ konkretisierten. Der Parallelaktion, die sich einige Schnittstellen beider Forschungsrichtungen zu Nutze machte, kommt eine korrigierende Funktion zu; jede Disziplin wird für die andere zum *Korrektiv*. Die Soziologie der Freundschaft erhält durch die Phänomenologie entscheidende Hinweise zur epistemologischen Fundierung der Konstruk-

---

5 Es steht außer Frage, dass die an dieser Stelle präsentierte Reduktionsstufe nicht zur transzendentalen Subjektivität – wie dies in der Darstellung der Husserl'schen Überlegungen zur phänomenologischen Reduktion verdeutlicht wurde – führen kann, was aber nicht heißen soll, dass nicht jegliche Begegnung mit dem Anderen in dieser begründet ist.

6 Brieffreundschaften und Internet-Chat-Freundschaften, die ohne die face-to-face-Begegnung mit dem Freund auskommen, sollen an dieser Stelle vernachlässigt werden, da davon auszugehen ist, dass diese von den idealtypisch bestimmten, aus der leiblichen Begegnung resultierenden Freundschaftsvorstellungen profitieren bzw. gerade diese zu umgehen suchen.

tion dieses Phänomens, die protosoziologischen Beschreibungen der Konstitution der ›Freundschaft‹ werden durch die empirisch sich abzeichnenden, idealtypisch rekonstruierten soziologischen Erkenntnisse zur Freundschaft in eine bestimmte Richtung gewiesen und zeigen der Konstitutionsanalyse hinsichtlich ihrer Reichweite ihre Grenzen auf.

Literatur

Berger, Peter L. (1983), Das Problem der mannigfaltigen Wirklichkeiten: Alfred Schütz und Robert Musil in: R. Grathoff & B. Waldenfels (Hg.), *Sozialität und Intersubjektivität. Phänomenologische Perspektiven der Sozialwissenschaften im Umkreis von Aron Gurwitsch und Alfred Schütz*, München: Fink, S. 229–251

Dreher, Jochen (2003), The Symbol and the Theory of the Life-World. ›The Transcendences of the Life-World and their Overcoming by Signs and Symbols‹, *Human Studies* 26: 2, S. 141–163

Dreher, Jochen (2007), Konstitutionsprinzipien kultureller Differenz. Zur Analyse der Konstruktion kultureller Grenzbestimmungen in grundlagentheoretischer Absicht, in: J. Dreher & P. Stegmaier (Hg.), *Zur Unüberwindbarkeit kultureller Differenz. Grundlagentheoretische Reflexionen*, Bielefeld: transcript, S. 127–148

Husserl, Edmund (1954), *Die Krisis der europäischen Wissenschaften und die transzendentale Phänomenologie. Eine Einführung in die phänomenologische Philosophie*. Husserliana Bd. VI, Den Haag: Nijhoff

Husserl, Edmund (1992 [1929]), *Formale und transzendentale Logik. Versuch einer Kritik der logischen Vernunft*. Gesammelte Schriften, Bd. 7 (hg. v. Elisabeth Ströker), Hamburg: Meiner

Husserl, Edmund (1992 [1913]), *Ideen zu einer reinen Phänomenologie*. Gesammelte Schriften, Bd. 5, hg. v. Elisabeth Ströker. Hamburg: Meiner

Jaspers, Karl (1973), *Philosophie III. Metaphysik*. Berlin, Heidelberg, New York: Springer

Kracauer, Siegfried (1971), *Über die Freundschaft*. Frankfurt a. M.: Suhrkamp

Luckmann, Thomas (1974), Das kosmologische Fiasko der Soziologie, *Soziologie* 2, S. 16–32

Luckmann, Thomas (1983), Eine phänomenologische Begründung der Sozialwissenschaften?, in: D. Henreich (Hg.), *Kant oder Hegel? Über Formen der Begründung in der Philosophie. Stuttgarter Hegel-Kongreß 1981*, Stuttgart: Klett-Cotta, S. 506–518

Luckmann, Thomas (1991), Protosoziologie als Protopsychologie?, in: M. Herzog & C.F. Graumann (Hg.), *Sinn und Erfahrung. Phänomenologische Methoden in den Sozialwissenschaften*, Heidelberg: Asanger, S. 155–168

Luckmann, Thomas (1993), Schützsche Protosoziologie?, in: A. Bäumer & M. Benedikt (Hg.), *Gelehrtenrepublik – Lebenswelt*, Wien: Passagen, S. 320–326

Luckmann, Thomas (2007 [1970]), Über die Grenzen der Sozialwelt, in ders., *Lebenswelt, Identität und Gesellschaft. Schriften zur Wissens- und Protosoziologie*, (hg. v. Jochen Dreher), Konstanz: UVK, S. 62–90

Luckmann, Thomas (2007 [1999]), Wirklichkeiten: individuelle Konstitution und gesellschaftliche Konstruktion, in ders., *Lebenswelt, Identität und Gesellschaft. Schriften zur Wissens- und Protosoziologie*, (hg. v. Jochen Dreher), Konstanz: UVK, S. 127–137

Musil, Robert (1999 [1930/1943]), *Der Mann ohne Eigenschaften, 2. Bd.* Reinbek bei Hamburg: Rowohlt

Salomon, Albert (1979 [1921]), Der Freundschaftskult des 18. Jahrhunderts in Deutschland: Versuch zur Soziologie einer Lebensform, *Zeitschrift für Soziologie*, 8, 3, S. 279–308

Schelsky, Helmut (1957), *Die skeptische Generation*. Düsseldorf, Köln: Diederichs

Schütz, Alfred (1971 [1957]), Das Problem der transzendentalen Intersubjektivität bei Husserl, in ders., *Gesammelte Aufsätze, Bd. 3. Studien zur phänomenologischen Philosophie*, Den Haag: Nijhoff, S. 86–126

Schütz, Alfred (1994 [1956]), Die Notizbücher, in A. Schütz & T. Luckmann, *Strukturen der Lebenswelt, Bd. 2*, Frankfurt a. M.: Suhrkamp, S. 215–404

Schütz, Alfred (2003 [1955]), Symbol, Wirklichkeit und Gesellschaft, in ders., *Theorie der Lebenswelt 2. Die kommunikative Ordnung der Lebenswelt*. Werkausgabe, Bd. V.2 (hg. v. H. Knoblauch, R. Kurt & H.-G. Soeffner), Konstanz: UVK, S. 117–220

Schütz, Alfred (2004 [1932]), *Der sinnhafte Aufbau der sozialen Welt. Eine Einleitung in die verstehende Soziologie*. Werkausgabe, Bd. II (hg. v. M. Endreß & J, Renn). Konstanz: UVK
Simmel, Georg (1999 [1908]), *Soziologie. Untersuchungen über die Formen der Vergesellschaftung*. Gesamtausgabe, Bd. 11. Frankfurt a. M.: Suhrkamp.
Tenbruck, Friedrich H. (1964), Freundschaft. Ein Beitrag zu einer Soziologie der persönlichen Beziehungen, *Kölner Zeitschrift für Soziologie und Sozialpsychologie*, 16, S. 431–456
Tönnies, Ferdinand (2005 [1887]), *Gemeinschaft und Gesellschaft. Grundbegriffe der reinen Soziologie*, Darmstadt: Wissenschaftliche Buchgesellschaft

Dariuš Zifonun

Widersprüchliches Wissen
Elemente einer soziologischen Theorie des Ambivalenzmanagements

1. Protosoziologie – Gesellschaftstheorie – soziologische Theorie

In den *Strukturen der Lebenswelt* finden sich im Kapitel über den gesellschaftlichen Wissensvorrat – und nur dort! – auffällig häufig Formulierungen wie diese:

»[...]eine Aufgabe, die in den Problemkreis der empirischen Wissenssoziologie fällt [...]« (Schütz & Luckmann 2003: 355) – Schütz und Luckmann beziehen sich hier auf die Formulierung historisch-kausaler Deutungsschemata oder Hypothesen;

»[...] gehört zum Aufgabenbereich der empirischen Wissenssoziologie [...]« (Schütz & Luckmann 2003: 397) – gemeint sind die sozio-historischen Umstände der institutionalisierten Verselbständigung der Wissensvermittlung;

»[...] gehört zu den wichtigsten Aufgaben der empirischen Wissenssoziologie [...]« (Schütz & Luckmann 2003: 403) – diese Formulierung bezieht sich auf die strukturellen Faktoren und Dimensionen der relativ-natürlichen Weltanschauung, die in den historischen Vorgängen der Wissenskumulation eine entscheidende Rolle spielen;

»[...] gehört jedoch zu den Aufgaben der empirischen Wissenssoziologie [...]« (Schütz & Luckmann 2003: 409) – in diesem Fall ist die Überprüfung kausaler und funktionaler Hypothesen über die Entwicklung höherer Wissensformen in verschiedenen Gesellschaften gemeint;

»[...] wird von der Wissenssoziologie noch viel systematischer untersucht werden müssen« (Schütz & Luckmann 2003: 426) – diese Formulierung zielt auf den Zusammenhang zwischen dem Wandel im Inhalt und dem Wandel des Verhältnisses zwischen Allgemeinwissen und Sonderwissen.

Vordergründig erscheinen diese Einwürfe als notwendige Selbstbeschränkung der Autoren. Während sich die anderen Teile des Werkes ganz auf die protosoziologische Abklärung der universellen Strukturen menschlichen Weltzugangs konzentrieren, wagen sich Schütz und Luckmann in Kapitel IV mit der Diskussion der allgemeinen Strukturen des Wissens und der Voraussetzungen der Entstehung eines gesellschaftlichen Wissensvorrates in den Bereich der Gesellschaftstheorie. Anders aber als Peter Berger und Thomas Luckmann (1980), die in *Die gesellschaftliche Konstruktion der Wirklichkeit* eine differenzierte wissenssoziologische Sozialtheorie entwerfen, bleiben die gesellschaftstheoretischen Überlegungen bei Schütz und Luckmann dem Interesse an den Grundbausteinen der Erfahrung untergeordnet und werden nur eingeführt, da sich – aufgrund der gesellschaftlichen Natur des Menschen – eine Strukturbeschreibung der Lebenswelt ohne eine ansatzweise Diskussion von Gesellschaft nicht realisieren lässt. Dass die Autoren immer dann abbrechen, wenn sie den Bereich der protosoziologischen Konstitutionstheorie zu weit hinter sich lassen, hat also systematische Gründe.

Was den Leser am wiederholten Verweis auf empirischen Forschungsbedarf irritiert, ist mithin nicht die Selbstbeschränkung, sondern die Kluft, die sich zwischen den grundlagentheoretischen Formulierungen und dem diagnostizierten empirisch-wissenssoziologischen Forschungsbedarf auftut. Gerade die Stereotypizität der Setzung verweist darauf, dass es nicht empirische Forschung *per se* ist, derer es bedarf, sondern empirisch gewonnener *soziologischer Theorien*, die die Lücke zwischen Schütz & Luckmannscher Protosoziologie sowie Berger & Luckmannscher Gesellschaftstheorie einerseits und empirischen Mikrostudien andererseits zu schließen vermögen. Tatsächlich scheint dieser Bereich wissenssoziologisch wenig bearbeitet. So gibt es eine reichhaltige grundlagentheoretische Diskussion des Zusammenspiels von Phänomenologie und Soziologie[1], genauso wie Weiterentwicklungen der gesellschaftstheoretischen Grundlagentheorie von Berger und Luckmann[2]. Auch liegt eine Vielzahl qualitativer empirischer Studien vor, die direkt an phänomenologische und sozialtheoretische Konzepte anschließen, die jedoch keinen Beitrag zur Entwicklung solcher soziologischer Konzepte oder Theorien leisten, die soziologisches Verstehen und Erklären jenseits der untersuchten Einzelphänomene ermöglichen würden.

Die folgenden Ausführungen zielen auf diese vernachlässigte Ebene soziologischer Theoriebildung. Ich greife auf eine Passage in den *Strukturen* zurück, die von den Autoren mit großer Leichtigkeit und Selbstverständlichkeit formuliert wurde und keinen, den zitierten vergleichbaren Zusatz enthält. Für mich wurde die Passage zu einem Schlüssel für das Verständnis des Datenmaterials, das ich im Rahmen einer ethnographischen Studie erhoben habe, warf zugleich aber weitere, theoretische Fragen auf:

> »In der natürlichen Einstellung besteht keine Motivation, *alle* Wissenselemente grundsätzlich in Übereinstimmung zu bringen. Auch wenn Wissenselemente ›theoretisch‹ miteinander in Widerspruch stehen, das heißt, wenn sie innerhalb eines geschlossenen, formallogisch geordneten Wissenssystems miteinander in Widerspruch gerieten, brauchen sie in der natürlichen Einstellung nicht zu kollidieren« (Schütz & Luckmann 2003: 217).

Diese Betonung der Normalität der Widersprüchlichkeit des Wissens trifft sich mit einem Interesse innerhalb der amerikanischen Rollentheorie an der Thematik der Ambivalenz, das zur selben Zeit in den frühen 1960er-Jahren aufkam, in der Luckmann mit dem Manuskript der (dann erstmals 1973 auf englisch erschienenen) *Strukturen* beschäftigt war.[3] Die Studien von Robert Merton (Merton & Barber 1976) und Rose Coser (1966) zur ›soziologischen Ambivalenz‹ waren genauso gegen das univalente Denken des Strukturfunktionalismus gerichtet, das die Existenz von Gegennormen – wenn überhaupt – nur als dysfunktional zu beschreiben in der Lage war, wie gegen die marxistische Orthodoxie vom falschen Bewusstsein, die die Ignoranz der wahren Widersprüche unterstellte und deren Aufhebbarkeit reklamierte.

Weder in der phänomenologischen noch in der funktionalen Analyse finden sich jedoch systematische Aussagen über das Spektrum an Formen soziologischer Ambivalenz bzw. alltagsweltlicher Widersprüche oder über Formen des sozialen Umgangs mit Ambivalenz. Merton beschränkt sein Interesse auf Ambivalenz im Kontext sozialer Rollen, Schütz und Luckmann fokussieren die wechselseitige Irrelevanz von Wissenselementen, die verschiedenen Wirklichkeitsbereichen angehören sowie die alltagsweltliche Abwägung der Glaubwürdigkeit widersprüchlichen Wissens. Dennoch kann an die Schütz & Luckmannsche Perspektive angeschlossen werden, da sie mit ihrer am Pragmatismus geschulten Grundanlage die Frage eröffnet, ob denn nicht für soziokulturell bzw. sozialstrukturell begründete Erfahrungen von Ambivalenz

---

1 Vgl. etwa die Beiträge von Thomas Luckmann, Hans-Georg Soeffner und Bernt Schnettler in diesem Band.
2 Vgl. die Beiträg von Anne Honer (z. B. 1993, 1999) zu kleinen sozialen Lebenswelten, die modernitätstheoretischen und religionssoziologischen Arbeiten von Peter Berger (Berger, Berger & Kellner 1975, Berger 1992), Hubert Knoblauchs Kommunikationstheorie (1995) oder auch Hans-Georg Soeffners (2000) Symboltheorie sowie die Überlegungen zu einer Soziologie sozialer Welten bei Soeffner & Zifonun (2005).
3 Diese Normalität der Widersprüchlichkeit des alltäglichen Wissens (im Gegensatz zum Wissen von Experten) hebt Schütz bereits in *Der gut informierte Bürger* hervor (Schütz 1972). Zur Wissenssoziologie von Schütz s.a. die entsprechenden Kapitel bei Endreß (2006: 119ff). Zu Luckmanns Wissenssoziologie vgl. Schnettler (2006).

auch gesellschaftliche Lösungen existieren. Wenn Wissensbestände ›in der natürlichen Einstellung nicht zu kollidieren *brauchen*‹ ist damit noch lange nicht gesagt, dass sie dies nicht *dennoch tun*. Oder anders gesagt: Zu fragen wäre nach gesellschaftlichen Situationen, in denen Wissenselemente als unvereinbar wahrgenommen werden und nach den gesellschaftlichen Vorkehrungen, die das Problem soziologischer Ambivalenz entschärfen.[4]

Gesellschaftlichen Erfahrungen der Widersprüchlichkeit und auf sie reagierende Formen des Ambivalenzmanagements will ich im Folgenden exemplarisch anhand von ethnographischen Daten des ›interkulturellen‹ Kontakts im Fußballmilieu nachgehen.[5] Dabei zeigt sich, dass das Spektrum der institutionalisierten Formen des Umgangs mit Ambivalenz von personalen Handlungsstrategien über organisationsstrukturelle Vorkehrungen bis hin zu kollektiven Deutungs- und Handlungsmustern reicht. Ich greife im Folgenden also den Arbeitsauftrag zur empirischen Forschung auf, allerdings mit dem Ziel, in die diskutiere Lücke in der Theoriearchitektur zumindest einen kleinen Baustein einzufügen, indem ich Grundzüge einer in der Empirie gründenden soziologischen Theorie des Ambivalenzmanagements formuliere.

2. Ambivalenz im ›ethnischen‹ Milieu

›Kulturelle Ambivalenz‹: Widersprüchliche Werte im ›ethnischen‹ Milieu

Betrachten wir zunächst, was man ›kulturelle Ambivalenz‹ in ›ethnischen‹ Vereinen nennen könnte. Hier können wiederum zwei Aspekte unterschieden: Zum einen die Existenz widersprüchlicher Werte im ›ethnischen‹ Milieu, zum anderen den Widerspruch zwischen der Orientierung an Normen der Fußballwelt einerseits und der Gültigkeit ›ethnisch-kultureller‹ Deutungsschemata andererseits.

Diese Problematik lässt sich gut illustrieren anhand des Beispiels eines ›türkischen‹ Vereins im Fußballkreis Mannheim (vgl. im Detail Zifonun & Cındark 2004, Soeffner & Zifonun 2006). Der FC Hochstätt Türkspor besitzt ein Clubhaus, in dem er, was nicht unüblich ist, ein Lokal betreibt, in dem Alkohol ausgeschenkt wird. Erstaunlich ist jedoch, dass Tür an Tür mit dem Café ein Gebetsraum untergebracht ist. Wir haben es hier mit zwei Teilwelten dieser lokalen Sozialwelt zu tun, die ganz unterschiedliche Wertorientierungen und Relevanzen implizieren und sich um Aktivitäten geformt haben, die aus der Sicht der Handelnden in der Regel unvereinbar sind und die üblicherweise streng getrennt werden. Es drängt sich nun unmittelbar die Frage auf, wie es dem Verein gelingt, diese Pluralität und Widersprüchlichkeit zu stabilisieren und zu erhalten. Die Antwort ist: durch einen geteilten kollektiven Mythos besonderen Typs, den die Akteure selbst als ›Hochstätt-Philosophie‹ bezeichnen. Die Schlüsselelemente dieser Weltanschauung, die während der Feldforschung in den unterschiedlichsten Kontexten zutage getreten ist, sind Offenheit, Ehrlichkeit, Friedfertigkeit und gegenseitige Achtung. All das sind, wie man sofort erkennt, keine kulturspezifischen oder handlungskontextuellen Werte. Im Gegenteil: Die Hochstätt-Philosophie rekurriert auf Orientierungen, die sehr, sehr weit und

---

[4] Wenn im Folgenden von Ambivalenz die Rede ist, dann, dies klang bereits an, im eingeschränkten Sinne einer lebensweltlich erfahrenen Unvereinbarkeit und Widersprüchlichkeit von Wissen – bei Merton & Barber (1976: 6) ist die Rede von »attitudes, beliefs, and behavior«. Gemeint ist also weder die logische Unvereinbarkeit von lebensweltlichen Wissensbeständen noch allein die Doppelwertigkeit des Wissens. Ich argumentiere vielmehr, dass (1.) soziologisch nicht logische Widersprüche, sondern die soziale Wahrnehmung von Widersprüchlichkeit relevant ist und dass (2.) durch bestimmte Formen der gesellschaftlichen Bearbeitung diese Widersprüchlichkeit soweit entschärft werden kann, dass sie nicht mehr als solche erscheint, sondern als in einer gemeinsamen Form geeinte (›harmonisierte‹) Doppelwertigkeit.

[5] Für Anlage und methodisches Vorgehen der Studie vgl. Zifonun (2007).

unspezifisch sind und die im Allgemeinen als universell verstanden werden. Es handelt sich mit anderen Worten um einen Ordnungsrahmen, der so weit gespannt ist, dass darunter prinzipiell jeder und alles Platz findet, unabhängig von den jeweiligen Aktivitäten und Wertorientierungen. In diesem Sinne ist diese Moral integrativ und offen für Vielfalt.

Wenn man es nun bei einer Diskursanalyse dieser höchsten symbolischen Sinnschicht beließe, käme man zu dem – falschen – Ergebnis, in diesem Milieu existierten keine sozialen Ausschlüsse. Wenn wir uns also die soziale Handlungspraxis anschauen, stellen wir fest, dass diese Idealisierungen immer nur dann aktiviert werden, wenn es um die Erfahrungen einer historisch ganz spezifischen Gruppe geht: der männlichen türkischen Migranten der Fußballwelt ›auf der Hochstätt‹. Nur für diese Gruppe besitzt sie Gültigkeit, nur innerhalb dieser Gruppe und für ihre Handlungszusammenhänge wirkt sie integrativ. Die ›Hochstätt-Philosophie‹ zielt darauf, möglichst jedem Angehörigen der lokalen Gemeinde die Teilhabe zu ermöglichen, und lässt entsprechend Raum für die unterschiedlichsten Orientierungen und Präferenzen, solange diese keinen Anspruch auf alleinige und allgemeine Gültigkeit reklamieren.

Orientierung an Normen der Fußballwelt vs. Gültigkeit ›ethnisch-kultureller‹ Deutungsschemata

Die zweite Form ›kultureller Ambivalenz‹ im ›ethnischen‹ Milieu, die zu nennen ist, ist die doppelte Orientierung an der Fußballwelt und an der ethnischen Welt. Wir haben es mit zwei Welten zu tun, die gegenüber ihren Angehörigen einen Totalitätsanspruch erheben: Also zum einen: Wenn du Fußballer bist, bist du nur Fußballer und sonst nichts. Zum anderen: wenn du Deutscher (Türke, Amerikaner, etc.) bist, bist du Deutscher (Türke, Amerikaner, etc.) und sonst nichts. In der Handlungspraxis des Fußballmilieus zeigt sich jedoch, dass sich die Akteure sowohl an den Normen der Fußballwelt orientieren als auch ›ethnisch-kulturelle‹ Deutungsschemata Gültigkeit besitzen. Wieder ist der Fall des FC Hochstätt Türkspor illustrativ (vgl. Zifonun & Cındark 2004). Der Verein ist zum einen ins ›türkische‹ Migrantenmilieu eingebettet. Das zeigt sich unmittelbar in der Verwendung des Türkischen als uneingeschränkte Interaktionssprache bei Vereinstreffen. Das Deutsche wird in diesem Kontext lediglich zum Zitieren, Hervorheben oder in Form von Insertionen einzelner lexikalischer Ausdrücke verwendet. Diese Form des Code-switchings oder -mixings kommt aber bei Mannschaftssitzungen, bei denen auch Vorstandsmitglieder (in der Regel Angehörige der ersten Migrantengeneration) anwesend sind, seltener vor als bei Interaktionen zwischen Spielern oder im Internetgästebuch des Vereins.

Des Weiteren zeigt sich die Orientierung der Akteure auf ›türkische‹ Werte und Normen in Verwendungsweisen von türkischen Deutungsmustern und Anredeformen auch im Kontext des Fußballs. Eine zentrale Rolle spielt hier die Relevanz des Alters in der Hierarchisierung der kommunikativen und sozialen Praxis. In der alltäglichen Vereinskommunikation – auf und neben dem Fußballplatz – befolgen Jüngere relativ strikt die Regel, Ältere mit der Anredeform »NAME + abi« (älterer Bruder) oder nur mit »abi« anzusprechen. Eine ›türkische‹ Verhaltensmaxime, die bezüglich dieser Hierarchisierung nach Alterszugehörigkeit im Verein immer wieder aktiviert wird, lautet – so der Präsident zur Mannschaft: *küçük büyüğünü sayacak büyüğüde küçüğünü sevecek* (der Jüngere wird seinen Älteren respektieren und der Ältere wird seinen Jüngeren lieben). Diese Maxime kommt in den unterschiedlichsten Sprechhandlungen in verschiedenen Variationen vor.

Neben diesen Leitbildern aus der (lokalen) ›ethnischen‹ Sozialwelt existieren aber auch Deutungs- und Handlungsmustern aus der Fußballwelt. In der kommunikativen Praxis ist eine eindeutige Dominanz der fußballerischen Leitbilder des sozialen Handelns festzustellen. Nahezu alle Metaphern, soziale Kategorisierungen und Orientierungsrahmen stammen aus der Fußballwelt. Nur in Ausnahmefällen und ganz selten wird diese Regel des Sprechens durchbrochen und mit ›ethnischen‹ Kategorien ergänzt.

Trotz dieser Dominanz des Fußballwissens besteht hier aber eine gewisse Spannung. Wie lösen die Angehörigen des Vereins diese Uneindeutigkeit und Unentschiedenheit? Die Antwort lautet: Indem sie »›Versionen‹ des Allgemeinwissens« (Schütz & Luckmann 2003: 427) artikulieren: Es werden türkische Versionen der universellen Fußballsprache verwendet und die eigene, türkisch kodierte Praxis als Ausprägung von etwas allgemeinem behandelt. Ein wichtiges Beispiel ist hier das Konzept ›arkadaşlık‹, Freundschaft, das einen spezifischen, ethnokulturellen Erfahrungshorizont transportiert. ›Arkadaşlık‹ besitzt einen hohen Stellenwert im Deutungshaushalt der sozialen Welt von Hochstätt Türkspor. Das gilt für die Bedeutung von ›Freundschaft‹ in der ›Hochstätt-Philosophie‹ wie für die alltagsweltliche Verwendung des Konzeptes. Aber Freundschaft ist jenseits der kulturell spezifischen Kodierung ein Wert der Fußballwelt schlechthin, den es auch in einer deutschen Version gibt: »11 Freunde sollt ihr sein« ist einer der zentralen Sinnsprüche von Sepp Herberger. Freundschaft bezieht sich in der Herbergerschen Version auf die Opferbereitschaft, die man aufbringen soll für die Mannschaft, fürs Ganze. Freundschaft soll Egoismus eindämmen, der – vermeintlich – den Erfolg der Mannschaft gefährdet (vgl. auch den Beitrag von Dreher zur Soziologie der Freundschaft in diesem Band).

Ein zweites Beispiel für solche Versionen des Allgemeinwissens ist die türkische Kategorie ›kabadayı‹. Kabadayı lässt sich paraphrasiert als »furchtloser, rauflustiger Angeber« übersetzen. »Kabadayı Verhalten« wird von der Vereinsführung explizit abgelehnt und von den Spielern als lächerlich und ›dumm‹ disqualifiziert. Das spannende an dieser Kategorie ist, dass sie zum einen eine Version des Allgemeinwissens darstellt: Es ist ein geteiltes Wissen in der Fußballwelt, dass Schläger auf dem Platz nichts zu suchen haben. Zum anderen wird die Ablehnung dieses Verhalten, das in seiner ›türkischen‹ Version diskutiert wird, in der universellen Fußballsprache vollzogen: Es wird kontrastiert mit Verhaltenserwartungen, die dem englischen Ideal des Sportmanships entspringen und dabei wird explizit die Fairnessregel benannt. Für den Begriff »fair« gibt es im Türkischen wie im Deutschen keine Übersetzung.

Anders gesagt: Indem Deutungsschemata verwendet werden, die beiden Welten angehören, der ethnischen wie der Fußballwelt, wird Ambivalenz mit Ambivalenz bekämpft. Es ist unentscheidbar, ob ›arkadaşlık‹ ein türkisches Konzept ist oder eines der Fußballwelt. Wer wen ›kolonisiert‹ bleibt offen. Und auch in ›interkultureller Perspektive‹ gilt: Deutsche und Türken meinen Dasselbe und doch etwas Unterschiedliches. Versionen des Allgemeinwissens konstituieren ein Sowohl-als-auch, das Differenz nicht auflöst, aber die beiden Bereiche aufeinander bezieht.

Gegensätzliche Status in einer Position

Das nächste schließt unmittelbar an das eben über ›kulturelle Ambivalenz‹ gesagte an, bezieht sich aber nicht auf ›globale‹ Kulturunterschiede innerhalb des ›ethnischen‹ Milieus, sondern darauf, wie diese den Einzelnen in einer ganz konkreten Position betreffen. Ich beschränke mich wiederum auf die Position des Spielers und die Ambivalenz, die sich aus dem doppelten Status als ›ethnischer Spieler‹ ergibt und bediene mich des Beispiels des Spielers H. Dieser klagt darüber, dass er und die anderen Spieler vom Vereinsvorstand als Repräsentanten der Türkei bzw. des Türkisch-Seins verstanden werden. Der Trainer will, dass sie stolz und geschlossen, selbstbewusst als Türken auftreten, weist immer wieder darauf hin, dass sie eine Verantwortung dafür haben, wie Türken in Deutschland wahrgenommen werden. Demgegenüber sei er selbst vor allem an sportlichem Erfolg interessiert. Auch der ethnisierenden Zuschreibungen von deutscher Seite ist er sich bewusst: Sie werden als ›die Türken‹ wahrgenommen, nicht als Sportler.

Anders als im von Merton (1957) diskutierten Fall des Lehrers ist der Position ›ethnischer Fußballer‹ Ambivalenz strukturell inhärent. Sie ergibt sich nicht erst aus den unterschiedlichen Verhaltenserwartungen im Rollensatz der Position. Vielmehr ist die Position selbst doppelwertig: In ihr überschneiden sich der Status ›Türke‹ der ethnischen Sozialordnung mit dem des ›Spielers‹ aus der sportlichen Erfolgsordnung. Indem Spieler H die ethnische Rollenerwartung dem Trainer und den deutschen Zuschauern zuschreibt, sich selbst aber die sportliche, schafft er eine Differenzierung, die es ihm erlaubt, Ambivalenz subjektiv zu bearbeiten. In der öffentlichen Rollenperformanz sind derartige Segmentierungen jedoch ungeeignet, da die zu erbringende Leistung ›ethnischer Spieler‹ gerade darin liegt, die widersprüchliche Einheit expressiv zum Ausdruck zu bringen. So berichtet Spieler H nach einem Spiel, bei dem ein Mitspieler den Linienrichter niedergeschlagen hatte, Folgendes:

> Seine erste Reaktion war, sich auf das Spielfeld zu legen und in den Himmel zu starren. Dabei dachte er: ›oh nein, jetzt geht das wieder los, warum macht der nur so einen Scheiß, ich will damit nichts mehr zu tun haben, jetzt heißt es wieder »die Türken« ‹. Nach dem Spiel dann ging er zu Bekannten, die Anhänger der gegnerischen Mannschaft waren und das Spiel am Spielfeldrand verfolgt hatten und entschuldigte sich für den Zwischenfall, worauf diese antworteten, das müsse er nicht, denn es sei ja die Tat eines Einzelnen gewesen, die nicht er zu verantworten habe.

H tritt in dieser Szene als Individuum in Erscheinung, das in der Antizipation der ethnisierten Wahrnehmung der Handlung seines Mitspielers durch das Publikum zunächst deren Erwartungen unterläuft, indem er sich aus der Situation herausnimmt und weder mit seinen Mitspielern spricht noch den Schiedsrichter bedrängt, also gerade nicht ›typisch türkisch‹ reagiert. Mit seiner Entschuldigung allerdings präsentiert er sich dann als Repräsentant der türkischen Spieler und des türkischen Vereins, von denen er sich zuvor distanziert hatte. In dieser Stellvertreterrolle vertritt er nicht nur ›die Türken‹, sondern auch die verletzte moralische Ordnung des Fußballsports, die er durch die Entschuldigung wieder herzustellen trachtet.

Es handelt sich bei derartigen Darstellungen von Ambivalenz in Form eines ›expressiven Individualismus‹ um prekäre inszenatorische Balanceakte, die in die eine (›ich will einfach nur Fußball spielen‹) oder (häufiger) die andere (›die Türken‹) Richtung kippen können. In gelungenen Fällen allerdings erlangen Spieler, die die Spannung zwischen beiden Ordnungen in sich aufzunehmen und auszudrücken in der Lage sind, in der Fußballwelt ganz besondere Anerkennung.

3. ›Ethnische‹ Ambivalenz in der Fußballwelt

Es gibt aber neben der Ambivalenz, die auf Seiten von Migranten existiert, auch eine Ambivalenz gegenüber Einwanderern, die im letzten Abschnitt bereits anklang und die am Beispiel der Einstellungen gegenüber Türken sichtbar gemacht werden soll. Türkische Spieler werden in der Fußballwelt von deutscher Seite, wenn man es etwas pathetisch ausdrücken möchte, sowohl gehasst als auch geliebt, wie sich in den unterschiedlichen Zuschreibungen, die sie erfahren, ausdrückt: sie gelten als besonders gewalttätig, reizbar und empfindlich, als hinterlistig und unkontrolliert. Türkische Spieler gelten aber auch als im positiven Sinne leidenschaftlich, man sagt sie spielen einen besonders attraktiven, anspruchsvollen Fußball und seien im Gegensatz zu den deutschen Spielern nicht so ›verhätschelt‹. Schließlich sind sie faktisch unverzichtbar und aus diesem Grund auch relativ einflussreich und dessen ist man sich in der Fußballwelt auch bewusst.

Zwei Reaktionsmuster auf diese Ambivalenz gegenüber Migranten sind besonders charakteristisch. Zum einen bedienen sich die Angehörigen der Fußballwelt ambivalenter Deutungsmuster unter denen das Stereotyp vom ›heißblütigeren Südländer‹ besondere Bedeutung hat. Dieses Deutungsmuster wird sowohl von deutscher Seite als auch von Seiten ›südländischer‹ Migranten verwendet. Mehr noch als das Stereotyp an sich dienen die verschiedenen Arten seines Gebrauches der Regulierung der Spannungen im interethnischen Kontakt: Das Deutungsmuster kommt mal als Erklärung, mal als Entschuldigung oder auch als Vorwurf sowie auf ironisch-distanzierte Weise zum Einsatz und bringt so die unterschiedlichen Zuschreibungen, Beziehungsaspekte und situativen Relevanzen in von den beteiligten Akteuren akzeptierter Weise zum Ausdruck.

Zum anderen ergeben sich als Folge dieser Ambivalenz Konflikte in der Fußballwelt, die in der Regel nicht eskalieren, sondern auf niedrigem Niveau dauerhaft vorhanden sind und nach relativ klaren Mustern ablaufen. Ein kurzes Beispiel eines solchen milieutypischen geregelten Dauerkonflikts soll dies illustrieren:

> Eine Partie der SpVgg Sandhofen gegen einen ›türkischen‹ Verein wurde mit zunehmender Spieldauer immer hektischer und aggressiver. Das Geschehen auf dem Spielfeld mündete in gegenseitigen Vorwürfen und Beschuldigungen der Zuschauer. Nach Spielende stürmte der Trainer der 2. Mannschaft der SpVgg Sandhofen auf den Schiedsrichter zu und beschuldigt diesen lauthals, den türkischen Verein aus Angst bevorteiligt zu haben. Die Platzordner der türkischen Heimmannschaft schreiten ein, es kommt zu Gerangel und Geschubse, das sich erst legt, als der Kapitän der türkischen Mannschaft die beiden Hauptstreithähne, einen ›türkischen‹ Ordner und einen Zuschauer aus Sandhofen trennt und letzteren beiseite nimmt. Die beiden Männer kennen sich aus der Zeit als sie gemeinsam in der Jugendmannschaft eines anderen Mannheimer Vereins spielten. Es ist diese in der Fußballwelt begründete Jugendfreundschaft, die im Kapitän der Gegenmannschaft den ambivalenten ›ethnischen Spieler‹ hervortreten lässt, der dann zum Konfliktmoderator werden kann. Spieler, Zuschauer und Vereinsvertreter beider Mannschaften bleiben danach noch längere Zeit auf dem Sportgelände, diskutieren die Vorkommnisse, bringen nochmals ihre Verärgerung zum Ausdruck, wehren sich gegen Vorwürfe und verabschieden sich schließlich, noch immer sichtlich erregt. Es handelt sich beim beschriebenen Ereignis um keinen Einzelfall. Vielmehr knüpft es an frühere Vorkommnisse zwischen den Vereinen an, und steht darüber hinaus im Kontext von Spannungen zwischen ›türkischen‹ und ›deutschen‹ Vereinen, zwischen Vereinen aus dem Norden und aus dem Süden der Stadt wie aktuellen Spannungen innerhalb der Spielklasse, der beide Mannschaften angehören.

Eskalation wie Deeskalation folgen relativ festen Interaktionsmustern, die sich im Laufe vieler Jahre im regelmäßigen Aufeinandertreffen ausgeprägt haben. Im Konfliktzyklus bringen sich Distanz wie Nähe zum Ausdruck, die nicht in eine der beiden Richtungen aufgelöst werden, sondern im Streit ihre Arena erhalten.

4. Das Management ›soziologischer Ambivalenz‹

Was hier als widersprüchlich beschrieben wurde, ist keineswegs nur theoretisch widersprüchlich. Das wäre der Fall, wenn wir es entweder mit Wirklichkeiten zu tun hätten, an denen zwar ein und dieselbe Person teil hat, die aber im Bewusstsein des Einzelnen per se getrennt sind, also ohnehin nicht in Kontakt kommen und somit wechselseitig irrelevant sind (Schütz & Luckmann 2003: 216ff); oder aber, wenn hier Wirklichkeitsbereiche sozial streng separiert wären, so dass je geschlossene Personenkreise an ihnen partizipierten, ohne dass sie in Kontakt miteinander kämen. Tatsächlich aber haben wir es bei dem Fußballmilieu, von dem wir hier sprechen, mit einem ambivalenten Milieu zu tun, in dem sich, erstens, unterschiedliche soziale Welten notwendigerweise kreuzen.[6] Zweitens wird diese Kreuzung von den Handelnden alltagsweltlich fortlaufend erfahren, weil sie entweder an den unterschiedlichen Welten personal teilhaben oder mit ihnen und ihren Ansprüchen in der Interaktion mit anderen Angehörigen des Milieus konfrontiert werden oder eben beides.[7]

---

6 Hier ist nicht der geeignete Ort für eine Differenzierung und Dimensionalisierung des von Anselm Strauss propagierten Konzepts ›sozialer Welten‹. Ich belasse es bei dem Hinweis, dass sich soziale Welten in räumlicher wie zeitlicher Dimension unterschiedlich weit erstrecken und untergliedern können (vgl. Unruh 1980).
7 Rein (system-)theoretischer Natur sind dagegen die »Ambivalenzen«, die Bernd Schulze (2004) beschreibt.

Es stellt sich also die Frage, wie die Handelnden mit diesen Ambivalenzerfahrungen umgehen. Die Antwort lautet nicht Vernichtung oder Zerstörung von Ambivalenz. Es werden keine eindeutigen Welten geschaffen. Vielmehr wird die Ambivalenz aufrechterhalten und auf unterschiedliche Weisen bearbeitet. Zusammenfassend lassen sich die folgenden Formen des Ambivalenzmanagements unterscheiden:

(1.) Die *Segmentierung* der Lebenswelt in soziale Welten (hier: Fußball-, Migranten- und Lokalwelt) und Subwelten (Vereine, Mannschaften, Café, Gebetsraum, etc.). Die Bedeutung der Segmentierung liegt gerade darin, in einer Situation strukturell bedingter Kreuzung die Trennung von Wissensbereichen zu gewährleisten;

(2.) Die *Sequenzialisierung* von Tätigkeiten und Rollen. Die Rhythmisierung widersprüchlicher Orientierungen und Einstellungen leistet in zeitlicher Dimension, was durch Segmentierung in räumlicher und institutioneller Hinsicht vollzogen wird;

(3.) Die *Intensivierung von Aushandlungsprozessen* zwischen den verschiedenen separierten (›segmentierten‹) und doch aufeinander verwiesenen (›gekreuzten‹) sozialen Sphären. Strauss hat hierfür den Begriff der *Arena* verwendet (vgl. Strauss 1993: 225ff): wenn an den Schnittstellen sozialer (Teil-)Welten Handlungs- und Deutungsprobleme auftreten, entstehen Arenen, in denen Konfliktbearbeitung möglich ist. Spannung, Konflikt und Uneindeutigkeit werden also nicht durch Segregation bewältigt, sondern durch Verhandeln und Dauerreflexion, wobei im Fall der Fußballwelt deren Grundstruktur einer regelgeleiteten Konfliktaustragung diesen Aushandlungsprozessen eine besonders klar konturierte Form gibt und die Institutionalisierung des Dauerkonflikts mit einer Aura der Normalität versieht.

(4.) *Flache symbolische Überhöhung.* Im beschriebenen Fall erwies sich die ›Hochstätt-Philosophie‹ nicht als geschlossene, handlungsleitende Weltanschauung. Entscheidender für die Gestaltung des Alltags sind Deutungs- und Handlungsmuster der Akteure, die einer Vielzahl unterschiedlicher Wissensbestände (Fußball, türkische Kultur, Jugendkultur etc.) entstammen. Nicht in der Formgebung des Alltagshandelns liegt ihre Bedeutung, sondern in dessen *nachträglicher Transzendenz*: im ›Management‹ des Alltags durch die Bewältigung von Krisen und die Überbrückung von Grenzen zwischen den Teilmilieus. Die flache symbolische Überhöhung bildet das symbolische, der Reflexion sich gerade entziehende Gegengewicht zum Modus der Konflikt regulierenden Dauerreflexion;

(5.) *Versionen des Universalismus.* Wie die universalistische Weltanschauung dienen die ambivalenten Deutungsmuster – indem sie eindeutige kulturelle Zuordnung verweigern – der symbolischen Überformungen unauflösbarer Differenzen. Sie erscheinen universell und zugleich unübersetzbar und ermöglichen dadurch die Regulierung des Grenzkontakts zwischen den Welten und ihren Rollenanforderungen.

(6.) *Selbstcharismatisierung* als außergewöhnliches Individuum. Die Ambivalenz der Doppelrolle ›ethnischer Spieler‹ wird bewältigt durch die expressive Darstellung individueller Transzendenz der Widersprüche in der eigenen Person.

(7.) *Ambivalente Stereotype.* Im Austausch von Selbst- und Fremdklassifikationen erlaubt die widersprüchliche Stereotypisierung auf der Grundlage eines Konsenses über die Geltung des Stereotyps die Stabilisierung von Differenz wie deren kommunikative Bewältigung.

5. Ambivalenz und Soziologie

Merton und Schütz & Luckmann haben die Wirklichkeit widersprüchlichen Wissens erkannt und soziologisch thematisiert, lange bevor Ambivalenz als Konzept und Thematik aus benachbarten Disziplinen in die Sozialwissenschaften eingebracht worden ist. Von Zygmunt Bauman

(1991) wurde die Moderne als Zeitalter charakterisiert, das sich durch das Ausschalten von Ambivalenz, durch Dichotomisierung und Vernichtung des Unentscheidbaren auszeichnet. Damit ist allerdings nur die halbe Wahrheit gesagt. Das stimmt, wenn man sich die Selbstbeschreibungen der Moderne und ihre ideologischen Programme anschaut. Zwischen diesen und der lebensweltlichen Wirklichkeit besteht aber nicht notwendigerweise Übereinstimmung. Die dargestellten Fälle haben gezeigt, dass die Handelnden die Unentscheidbarkeit ihrer Situation angenommen haben. Sie haben sich eine Welt geschaffen, die eine widersprüchliche Einheit bildet, die mit ihren und durch ihre Widersprüche lebt und deren Angehörige diese Widersprüche selbst bewältigen. Die Gleichzeitigkeit von Integration und Segregation, Alltagsbewältigung und Ideologie, Fußball-, lokaler und ›ethnischer‹ Welt verweigert sich einer Vereindeutigung. Oder in den Worten Ashis Nandys:

> »A plurality of ideologies can always be accommodated within a single life style. Fittingly so; a living culture has to live and it has an obligation to itself, not to its analysts. Even less does it have any obligation to conform to a model, its own or someone else's« (Nandy 1983: 82).

Die Ambivalenzbewältigungsstrategien konstituieren ein Sowohl-als-auch, das Differenz nicht auflöst, aber die zueinander in Spannung stehenden Bereiche aufeinander bezieht, statt sie voneinander zu trennen. Die Analyse stellt damit auch die soziologische Frage nach der Integration in Frage, die sich nicht stellt als Alternative zwischen Assimilation und ›Parallelgesellschaft‹, zwischen Teilhabe und Segregation, sondern sich als unentscheidbar erweist, als Gleichzeitigkeit und Doppeltheit. Aus theoretischer Sicht erscheint es sinnvoll, in Anlehnung an Goffmans Studie des Stigmamanagements (Goffman 1967) eine umfassende Analyse und typologische Differenzierung des ›Ambivalenzmanagements‹ durchzuführen.[8] Zudem verdeutlicht die Differenzierung in Teilwelten die Perspektivik der Integration: was als Integration oder integriert gilt, hängt wesentlich vom Standpunkt der Akteure ab. Es gibt nicht ›die Integration‹, weil es nicht ›die Gesellschaft‹ oder auch ›die Fußballwelt‹ gibt. Wo diese unterschiedlichen Perspektiven aufeinander treffen, kommt es zu Konflikten, in denen die Frage der Integration verhandelt wird.

Schließlich bleibt zu sagen, dass Ethnographie innerhalb eines solchen Projektes nicht nur Datenerhebungsmethode ist, sondern ein Mittel zur systematischen Vorkehrung gegen theoretische Verabsolutierungen. Sie schützt vor solchen Formen theoretischer Vernunft, die alles ordnen wollen, und erst zufrieden sind, wenn wieder nur alles geordnet ist, die Alltagswissen mit formaler Logik verwechseln, die Theorie über Empirie stellen und die die produktive Beschränkung auf *Sociological Theories of the Middle Range* (um nochmals Merton zu bemühen) zugunsten der Suche nach der *Unified Theory* aufgegeben haben. Insofern ist bedauerlich, dass es sich bei einer Vielzahl aktueller Großtheorien um univalente Theorien handelt: Dies gilt sowohl für die RC-Theorie, die nur hier Nutzenmaximierung und Präferenzhierarchien und dort Kosten kennt, der ambivalente Orientierungen jedoch fremd sind (vgl. Smelser 1998), wie für die Systemtheorie, die alles aufgehoben sieht in Strukturdifferenzen, oder auch die Diskursanalyse, für die eine umfassende Logik der Macht am Wirken ist, und die *Cultural Studies*, die das marxistische ›falsche Bewusstsein‹ zum Widerstand verklären.

Literatur

Bauman, Zygmunt (1991), Moderne und Ambivalenz, in: U. Bielefeld (Hg.), *Das Eigene und das Fremde. Neuer Rassismus in der Alten Welt?* Hamburg: Junius, S. 23–49

Berger, Peter L. (1992), *Der Zwang zur Häresie. Religion in der pluralistischen Gesellschaft*, Freiburg: Herder

---

8 Goffman selbst hat in den frühen 60er-Jahren Ambivalenzerfahrungen beschrieben. Vgl. Goffman (1961, 1967: 133ff) vgl. auch Coser (1966).

Berger, Peter L. & Luckmann, Thomas (1980), *Die gesellschaftliche Konstruktion der Wirklichkeit. Eine Theorie der Wissenssoziologie*, Frankfurt a.M.: Fischer

Berger, Peter L. & Berger, Brigitte & Kellner, Hansfried (1975), *Das Unbehagen in der Modernität*, Frankfurt a.M., New York: Campus

Coser, Rose Laub (1966), Role Distance, Sociological Ambivalence, and Transitional Status Systems, *American Journal of Sociology* 72: 2, S. 173–187

Endreß, Martin (2006), *Alfred Schütz*, Konstanz: UVK

Goffman, Erving (1961), Role Distance, in ders.: *Encounters: Two Studies in the Sociology of Interaction*, Indianapolis: Bobbs-Merrill, S. 85–132

Goffman, Erving (1967), *Stigma: über Techniken der Bewältigung beschädigter Identität*, Frankfurt a.M.: Suhrkamp

Honer, Anne (1993), *Lebensweltliche Ethnographie*, Wiesbaden, DUV

Honer, Anne (1999), Bausteine zu einer lebensweltorientierten Wissenssoziologie, in: R. Hitzler, J. Reichertz & N. Schröer (Hg), *Hermeneutische Wissenssoziologie. Standpunkte zur Theorie der Interpretation*, Konstanz. UVK, 51–67

Knoblauch, Hubert (1995), *Kommunikationskultur: die kommunikative Konstruktion kultureller Kontexte*, Berlin, New York: de Gruyter

Merton, Robert K. (1957), The Role-Set: Problems in Sociological Theory, *The British Journal of Sociology* 8: 2, S. 106–120

Merton, Robert K. & Barber, Elinor (1976), Sociological Ambivalence, in: R. K. Merton, *Sociological Ambivalence and Other Essays*, New York: The Free Press, S. 3–31

Nandy, Ashis (1983), *The Intimate Enemy. Loss and Recovery of Self under Colonialism*, Delhi: Oxford University Press

Schnettler, Bernt (2006), *Thomas Luckmann*, Konstanz: UVK

Schulze, Bernd (2004), Fußball – Ambivalenzen einer populären Sportart, in: D. H. Jütting (Hg.), *Die lokal-globale Fußballwelt – wissenschaftlich beobachtet*. Münster: Waxmann, S. 181–193

Schütz, Alfred (1972), Der gut informierte Bürger, in ders: *Gesammelte Aufsätze II: Studien zur soziologischen Theorie*. Den Haag: Nijhoff, S. 85–101

Schütz, Alfred & Thomas Luckmann (2003), *Strukturen der Lebenswelt*, Konstanz: UVK

Smelser, Neil J. (1998), The Rational and the Ambivalent in the Social Sciences, *American Sociological Review* 63: 1, S. 1–16

Soeffner, Hans-Georg (2000), Zur Soziologie des Symbols und des Rituals, in ders.: *Gesellschaft ohne Baldachin: über die Labilität von Ordnungskonstruktionen*. Weilerswist: Velbrück, S. 180–208

Soeffner, Hans-Georg & Zifonun, Dariuš (2005), Integration – eine wissenssoziologische Skizze, in: W. Heitmeyer & P. Imbusch (Hg.), *Integrationspotenziale einer modernen Gesellschaft*. Wiesbaden: VS Verlag, S. 391–407

Soeffner, Hans-Georg & Zifonun, Dariuš (2006), Die soziale Welt des FC Hochstätt Türkspor, *Sociologia Internationalis* 44: 1, S. 21–55

Strauss, Anselm (1993), *Continual Permutations of Action*, New York: Aldine de Gruyter

Unruh, David R. (1980), The Nature of Social Worlds, *Pacific Sociological Review* 23: 3, S. 271–296

Zifonun, Dariuš (2007), Zur Kulturbedeutung von Hooligandiskurs und Alltagsrassismus im Fußballsport, *Zeitschrift für Qualitative Forschung* 8: 1, S. 97–117

Zifonun, Dariuš & İbrahim Cındark (2004), Segregation oder Integration? Die soziale Welt eines ›türkischen‹ Fußballvereins in Mannheim, *Deutsche Sprache* 32: 3, S. 270–298

Tobias Röhl

Symbole des Unfalltodes
Eine mundanphänomenologisch informierte Analyse
privater Erinnerungsmale[1]

1. Der Unfalltod im automobilen Zeitalter

Der plötzliche Tod eines Angehörigen, Freundes, Kindes, kurzum, eines geliebten Menschen führt den Hinterbliebenen nicht nur die eigene Vergänglichkeit vor Augen, sondern bewegt sie dazu, dem als übermächtig und sinnlos erscheinendem Tod etwas entgegenzusetzen. Der Mensch als »animal symbolicum« (Cassirer 1990: 31) bedient sich dazu in allen Kulturen der unterschiedlichsten Symbole.

Der Beitrag beschäftigt sich mit einer – in dieser Form – relativ neuen Art der Symbolsetzung. Seit rund 30 Jahren finden sich in vielen westlichen Gesellschaften verschiedenartige informelle Gedenkstätten an den Straßenrändern, die den Todesort von Verkehrsunfallopfern markieren (vgl. Köstlin 1992). In der deutschsprachigen Literatur, aber auch in den Massenmedien, werden sie meist als »Unfallkreuze« (z. B. Köstlin 1992) oder »Straßenkreuze« (z. B. Löwer 1999) bezeichnet. Das typische Unfallkreuz in katholischen Gebieten ist ein einfaches Holzkreuz, das oftmals von einem kleinen Dach zum Schutz vor der Witterung gekrönt wird (vgl. Sörries 1995: 42). Darauf findet sich meist eine eingebrannte oder aufgemalte Inschrift mit dem Vornamen des Verstorbenen und dem Todesdatum, oftmals ergänzt durch Nachnamen und Geburtsdatum. Gelegentlich sieht man auch Sinnsprüche, wie man sie auch als Teil der Inschrift auf Grabsteinen kennt. Rings um das Kreuz legen Angehörige und Freunde meist Blumen ab und stellen Kerzen auf. Hin und wieder werden Kerzen und Blumen durch weitere Gegenstände ergänzt: Teddybären, Trauerflore, persönliche Gegenstände des Verstorbenen, Briefe etc. Die häufigste Form in evangelischen Regionen ist hingegen das schlichte Birkenkreuz (vgl. Köstlin 1992: 310).

Zunehmend finden sich aber auch informelle Gedenkstätten, die ohne den Bezug auf das christliche Kreuz auskommen. So gibt es beispielsweise neben einfach gehaltenen Holztafeln Erinnerungsmale der türkischstämmigen Minderheit in Deutschland, die statt auf das Kreuz auf nationalstaatliche Symbole Bezug nehmen. Deshalb möchte ich im Folgenden in Anlehnung an den englischsprachigen Begriff für das Phänomen (»roadside memorials«; z. B. Hartig & Dunn 1998) von privaten Erinnerungsmalen am Straßenrand sprechen. Die Handelnden, die ein solches Erinnerungsmal zum Andenken ihrer verstorbenen Angehörigen errichten und pflegen, möchte ich als Stifter bezeichnen (vgl. Franke et al. 1994).

Im Folgenden sollen die privaten Erinnerungsmale als symbolische Arrangements analysiert werden.[2] Ausgehend vom Symbolbegriff Alfred Schütz' und Thomas Luckmanns (2003) sollen

---

1 Dies ist die stark überarbeitete Fassung des Vortragsmanuskripts zum Vortrag »Symbole und die Bewältigung von Kontingenzerfahrungen – Private Erinnerungsmale für Unfalltote«, gehalten in der Ad-Hoc-Gruppe 69 »Phänomenologie in der Soziologie. Die Leistungen bewusstseins- und leibphänomenologischer Ansätze für eine Soziologie der Erfahrung zwischen Natur und Kultur« auf dem DGS-Kongress 2006 in Kassel. Für ihre kritischen und instruktiven Anmerkungen bin ich Bernt Schnettler, Dirk Tänzler und Michaela Pfadenhauer zu Dank verpflichtet.

2 Die Analysen beruhen auf meiner Magisterarbeit zum Thema (Röhl 2006). Hierzu führte ich Interviews mit Stiftern im süddeutschen Raum durch und photographierte die entsprechenden Erinnerungsmale. Sozialwissenschaftliche Hermeneutik (Soeffner 2004, Hitzler & Honer 1997) und Grounded Theory (Glaser & Strauss 1998, Strauss & Corbin 1996) dienten als methodologischer Bezugs-

in einem ersten Teil mundanphänomenologisch informierte Überlegungen zu privaten Erinnerungsmalen vorgestellt und mit empirischem Material illustriert werden. In einem zweiten Teil sollen diese Überlegungen durch eine wissenssoziologische Analyse gesellschaftlicher Deutungsmuster erweitert werden.

2. Tod und Transzendenz: Mundanphänomenologische Überlegungen

In einem ersten Schritt soll der meinen Forschungsbemühungen zugrundeliegende Symbolbegriff erläutert und seine Bedeutung für die interpretative Sozialforschung aufgezeigt werden. Ausgehend von diesem mundanphänomenologischen Symbolbegriff sollen Überlegungen dazu angestellt werden, inwiefern private Erinnerungsmale als symbolische Arrangements von den Handelnden dazu benutzt werden, den Tod eines geliebten Menschen zu bewältigen.

2.1 Der mundanphänomenologische Symbolbegriff bei Schütz und Luckmann

Ausgehend von mundanphänomenologischen Überlegungen zur Zeichenkonstitution entwickeln Alfred Schütz und Thomas Luckmann (2003: 634–658) ihren Zeichen- und Symbolbegriff. Zeichen (und damit Symbole) gründen in einer spezifischen Syntheseleistung des menschlichen Bewusstseins: der Appräsentation. In appräsentativen Beziehungen verweist »etwas gegenwärtig unmittelbar Gegebenes auf etwas Abwesendes, das aber in der Erfahrung vermittels dieses Hinweises mit-vergegenwärtigt wird« (ebd.: 653).

Zeichen können dadurch das subjektive Bewusstsein transzendieren. Schütz und Luckmann differenzieren Zeichen nun anhand der jeweiligen Transzendenz, die diese zu überwinden in der Lage sind (ebd.: 634–658). An- und Merkzeichen verweisen auf die »kleinen« Transzendenzen von Raum und Zeit. So kann beispielsweise Rauch als Anzeichen für ein nicht sichtbares Feuer räumliche Grenzen überschreiten. Der gegenwärtige Rauch verweist auf ein räumlich abwesendes Feuer. In ähnlicher Weise kann ein (absichtlich umgeknicktes) Eselsohr in einem Buch dazu dienen, zeitliche Grenzen zu transzendieren: Schütz und Luckmann sprechen in diesem Fall von Merkzeichen. Einst als relevant erachtetes soll auch zukünftig erinnert werden. Zeichen (im engeren Sinne) überschreiten die »mittlere« Transzendenz der Intersubjektivität. Das Bewusstsein von alter ego wird dadurch – zumindest mittelbar – erfahrbar. Die Sprache als Zeichensystem ermöglicht so die intersubjektive Kommunikation. Symbole schließlich überwinden die »großen« Transzendenzen. Sie verweisen somit auf die außeralltäglichen Wirklichkeiten von Traum, Ekstase, religiöser Vision und – hier besonders von Interesse – des Todes.

Da Schütz und Luckmann den Zeichen- und Symbolbegriff aus allgemeineren mundanphänomenologischen Überlegungen zu menschlicher Transzendenzerfahrung und spezifischen Syntheseleistungen des subjektiven Bewusstseins (Appräsentationen) heraus entwickeln, erfährt er gleichsam seine mundanphänomenologische Weihe. Zeichen und Symbole sind hier ohne erfahrendes Subjekt und dessen Bewusstsein nicht denkbar. Dadurch erhält der Schütz-Luckmann'sche Symbolbegriff seine Bedeutung für die Erforschung außeralltäglicher Erfahrung im Rahmen einer Soziologie, die den subjektiven Sinn des sozialen Handelns im Weber'schen Sinne nicht aus dem Blick verlieren möchte.[3] Hier wird – ganz im Sinne der Wissenssoziologie Peter L. Bergers und

---

  rahmen. Die Interviews wurden mit Kodierverfahren der Grounded Theory bearbeitet und Schlüsselstellen sequenzanalytisch interpretiert. In einem separaten Schritt wurden die Prinzipien der Sequenzanalyse auf die Interpretation der Photographien übertragen (für ein ähnliches Vorgehen siehe Breckner 2003). Anschließend wurden die Ergebnisse der Interpretation der Interviews mit den Ergebnissen der entsprechenden Bildinterpretationen zusammengeführt. So dienten die Bilder als – im Sinne der Sequenzanalyse zunächst auszublendender – Kontext der Interviews und umgekehrt.

3 Angesichts der Tatsache, dass die Schütz'sche Soziologie als Versuch verstanden werden kann (und

Erinnerungsmale 319

Thomas Luckmanns (2004) – dem Umstand Rechnung getragen, dass Zeichen und Symbole trotz ihrer »objektiven Faktizität« letztendlich ihren Ursprung im Bewusstsein einzelner Akteure haben. Kurzum, aus methodologischer Sicht ist der Symbolbegriff, den Schütz und Luckmann in den »Strukturen der Lebenswelt« vorstellen, hervorragend geeignet, den konkreten Symbolgebrauch der Handelnden im Rahmen einer interpretativ vorgehenden Wissenssoziologie (wie sie hier zur Anwendung kommen soll) zu erforschen.

2.2 Symbole und die Bewältigung des Todes

Der moderne Verkehrstod ruft den Hinterbliebenen nicht nur die eigene Vergänglichkeit vor Augen, sondern ist als plötzlicher Tod im öffentlichen Raum »Straße« das Gegenteil des »guten Todes« (Sörries 2002: 114, 135), des sanften Todes im Kreise der Familie, im hohen Alter und im heimischen Bett. Der Verkehrstod erlaubt es in seiner Plötzlichkeit weder ansprechend Abschied zu nehmen noch traditionelle religiöse Riten wie die Sterbesakramente durchzuführen. Hieraus ergeben sich drei miteinander verbundene Probleme.

Erstens wird gerade dieser Tod als besonders kontingent erlebt. Der plötzliche Tod zumeist junger Menschen wird als sinnlos und unbegreiflich erfahren. Diese Kontingenzerfahrung muss deshalb in besonderer Weise mit Sinn belegt werden. Sie muss in einen »symbolisch ausgeformten Kosmos der Weltbilder und der in sie eingelagerten Traditionen« (Soeffner 2000: 188) eingeordnet werden.

Zweitens stellt der Unfalltod eine empfindliche Störung der alltäglichen Ordnung der Lebenswelt dar. Zum einen sind – offensichtlich – die Sozialbeziehungen zu einer geliebten Person auf einen Schlag beendet. Zum anderen sind die alltäglichen Routinen, die mit dieser Person einhergingen, ebenfalls aufgehoben. Mundanphänomenologisch gesprochen sind dadurch insbesondere die lebensweltlichen Idealisierungen des »Ich-kannimmer-wieder« und des »Und-so-weiter« (Schütz & Luckmann 2003: 34) in Frage gestellt. Der Zweifel schleicht sich ein in

Abb. 1: Fall I – Schuhe und Leine verweisen zusammen mit den Photographien auf eine verlorengegangene alltägliche Routine. (Quelle: Photographie der Interviewpartnerin)

die natürliche Einstellung des Alltags, die gerade durch ein Ausschalten des Zweifels, durch die selbstverständliche Gegebenheit der Welt gekennzeichnet ist. Der Tod von alter ego lässt den Menschen die wohl größte, weil im Leben nie erfahrbare, Transzendenz erahnen: den eigenen Tod (ebd.: 625–630). Das »Ich-kann-immer-wieder« und das »Und-so-weiter« werden durch ein »Bis-auf-weiteres« relativiert (ebd.: 628).

---

auch will), Webers Rede vom subjektiven Sinn des Handelns phänomenologisch zu fundieren, ist dies kaum überraschend (siehe hierzu insbes. Schütz 2004). Dennoch sei hier nochmals darauf hingewiesen.

Drittens muss dieser Todesort in besonderer Weise markiert werden. Die Landstraße ist als öffentlicher Raum ein unwürdiger Todesort; sie ist Weg und nicht Ziel. Im Zeitalter des Automobils verweilt man dort nicht (außer an eigens dafür ausgewiesenen Raststätten und Parkplätzen).

Die Erinnerungsmale leisten als symbolische Arrangements eine Bewältigung dieser drei Probleme.[4] Erstens helfen sie die Kontingenzerfahrung, die der plötzliche Tod eines Nahestehenden darstellt, auszudeuten und so – auch den eigenen Tod – mit Sinn zu belegen. Zweitens können die Erinnerungsmale die eben beschriebene Störung der alltäglichen Ordnung aufheben und die Ordnung wiederherstellen. Die Ordnung wird dabei auf zwei Ebenen wiederhergestellt. Die Pflege des Erinnerungsmals stellt einerseits die verloren gegangenen Routinen wieder her und erlaubt es andererseits, die Sozialbeziehung zum Verstorbenen über dessen Tod hinaus fortzuführen. Drittens deuten die Angehörigen mit der privaten Besetzung des öffentlichen Raums den Todesort, der ja gleichzeitig der Ort der letzten Lebenszeit der Verstorbenen ist, zum Ort der Erinnerung und des Gedenkens an einen geliebten Menschen um. Da über den Todesort eine negative Erinnerung appräsentiert wird, muss mithilfe des symbolischen Arrangements »privates Erinnerungsmal« eine neue Deutung geschaffen werden.

Exemplarisch lässt sich dies an der Geschichte von Frau Jehle (Fall I) darstellen. Hier wird der Gegensatz von alltäglicher Routine und der Störung dieser Routine durch den außeralltäglichen Unfall besonders deutlich. Die 82-jährige Mutter der Interviewten wurde beim allmorgendlichen Spaziergang mit dem Hund überfahren. Diese familiäre Routine wurde durch den Unfalltod jäh unterbrochen. Dementsprechend dient das Erinnerungsmal hier dazu, die verlorengegangenen Routinen durch ein ritualisiertes Aufsuchen des Erinnerungsmals zu ersetzen und symbolisch zu überhöhen: Der tägliche Spaziergang ist im Erinnerungsmal symbolisch repräsentiert. Die Schuhe der Verstorbenen und die Hundeleine sind entsprechend arrangiert (siehe Abb. 1). Die verstorbenen Familienmitglieder (Frau und Hund) sind durch die Photographien am Kreuz immer noch als Teil der Familiengemeinschaft präsent. Aus dem »Unort des Sterbens« (Frau Jehle) wird so eine Art »sakraler Raum« (Eliade 1998: 23–60), eine – wenn man so will – individualisierte »Wallfahrtsstätte«.[5]

3. Spannungen: Symbole zwischen subjektiven und objektiven Deutungen

Im Folgenden sollen die vorangegangenen mundanphänomenologischen Betrachtungen um eine wissenssoziologische Analyse der gesellschaftlichen Deutungsmuster rund um die Erinnerungsmale erweitert werden. Mehrere Spannungen lassen sich hier ausmachen. Erstens sind bereits die von den Stiftern vorgenommenen Deutungen Produkt des dialektischen Prozesses der »gesellschaftliche[n] Konstruktion der Wirklichkeit« (Berger & Luckmann 2004). Die Stifter können auf bereits vorhandene Symbole und Deutungen zurückgreifen, diese aber in ihrem Sinne umdeuten. So finden sich beispielsweise zwischen dem traditionellen Symbolrepertoire mit seinen Deutungsmustern und den privaten Erinnerungsmalen des 21. Jahrhunderts sowohl Kontinuitäten als auch Brüche. Zweitens erfahren die subjektiv gedeuteten Symbole, sobald sie in den öffentlichen Raum gestellt werden, neue Deutungen durch Unbeteiligte. Die Symbole erlangen als Teil der gesellschaftlichen Wirklichkeit »objektive Faktizität«. Die Deutungen der Mitmenschen können dabei von den Stiftern nicht kontrolliert werden. Diesen unterschiedlichen Spannungen zwischen subjektiven und objektiven Deutungen will ich hier nachgehen.

---

4 Bei Symbolen kann man grundsätzlich nach dem sozio-historischen Problem fragen, das diese zu lösen vermögen (vgl. Soeffner 2000: 201).
5 Für einen weiten Begriff der Wallfahrt siehe Reader & Walter (1993).

3.1 Traditionelles Symbolrepertoire: Kontinuitäten und Brüche

Die Praxis den Todesort im öffentlichen Raum symbolisch zu markieren ist keineswegs neu. Im Mittelalter konnte Mördern in einem Sühnevertrag auferlegt werden, im Namen der von ihnen Ermordeten Steinkreuze zu errichten (vgl. Werner & Werner 1996: 15ff, Paul 1975: 10f). Nach mittelalterlicher Rechts- und Glaubensverständnis mussten die Hinterbliebenen für das Seelenheil plötzlich Verstorbener Sorge tragen, da diese zu Lebzeiten nicht ausreichend Gelegenheit hatten, die entsprechenden »Seelgeräte« (Wachsspenden, Wallfahrten, Gebete etc.) durchzuführen. Zudem konnten diese ihre lässlichen Sünden nicht mehr beichten und erhielten auch keine Sterbesakramente. So waren die derart Verstorbenen dazu verurteilt, einige Zeit im Fegefeuer zu verbringen. Ein Mörder konnte dementsprechend in einem »Sühnevertrag« dazu verpflichtet werden, eben diese Seelgeräte im Namen des Ermordeten zu leisten, um dessen Zeit im Fegefeuer zu verkürzen. Dazu konnte auch gehören, dass der Mörder ein schlichtes Steinkreuz (in der Regel ohne Inschrift) am Ort des Verbrechens zu errichten hatte. Zahlreiche dieser – von der volkskundlichen Forschung als Sühnekreuze bezeichneten – Kreuze finden sich noch heute, vor allem in katholischen Gegenden, im deutschsprachigen Raum. Mit der Einführung der »Constitutio Criminalis Carolina« Kaiser Karls V., die der privaten Sühne die Rechtsgrundlage entzog, verschwand dieser Brauch nach und nach (vgl. Brockpähler 1983: 128). Zudem erschütterte die Reformation den Glauben an die guten Werke für das Seelenheil eines Toten und trug somit dazu bei, dass seit Ende des 16. Jahrhunderts keine neuen Sühnekreuze errichtet wurden.

Im katholischen Bayern und in Teilen Österreichs war es vom 16. bis ins 20. Jahrhundert hinein Brauch, für tödlich verunglückte oder ermordete Menschen ein Marterl zu errichten (vgl. Wieninger 1976: 31, Werner & Werner 1996: 86–90). Das typische Marterl umfasst neben dem Marterlbild einen begleitenden Text, der meist Angaben zur Person und zum Unfallhergang sowie eine Aufforderung zum Fürbittgebet beinhaltet. Dabei wurde als Standpunkt nicht unbedingt der Todesort, sondern ein todesnaher Ort am Rande von Wegen oder anderen viel begangenen Stellen gewählt, da man hier auf das Gebet der Vorübergehenden hoffen konnte (vgl. Werner & Werner 1996: 84). Zentrales Element der Marterln sind die nach Art der Votivtafeln gemalten Bilder. Im oberen Teil eines solchen Bildes ist typischerweise ein Heiliger abgebildet und im unteren Teil findet sich die Darstellung des Unglücks (z. B. Bergabsturz, Blitzschlag, Unfall beim Holzfällen). Daneben sind oft drei »arme Seelen« dargestellt, die sich in den Flammen des Fegefeuers befinden. Die Marterln selbst sind in der Regel einfache Holztafeln, die entweder mit einem hölzernen Wetterdach versehen für sich stehen oder aber in kleine, gemauerte Schreine eingelassen sind. Hin und wieder sind die Marterln mit einem Kreuz aus gleichem Material verbunden. Die Marterln setzen in gewisser Weise die mittelalterliche Tradition der Sühnekreuze fort. Hier wie dort geht es um das Seelenheil der plötzlich Verstorbenen, denen sich keine Gelegenheit bot, die Sterbesakramente zu erhalten und ihre lässlichen Sünden zu beichten. Dem Gebet der Passanten kommt bei den Marterln eine zentrale Rolle zu. Es galt, je mehr Gebete, desto stärker die Hilfe (vgl. Werner & Werner 1996: 81–86).

In der Forschungsliteratur zu Unfallkreuzen herrscht weitgehend Einigkeit darüber, dass Sühnekreuze und Marterln als Vorläufer der modernen Form der privaten Erinnerungsmale für Unfalltote gelten können (vgl. z. B. Köstlin 1992, Franke et al. 1994, Sörries 1995, Werner & Werner 1996). In der konkreten empirischen Beschäftigung mit dem Gegenstand hat sich jedoch ein weiterer möglicher Vorläufer gezeigt: die bayerischen Totenbretter. Die Totenbretter dienen vermutlich seit dem späten 18. Jahrhundert dem Totengedenken im ländlichen Bayern (vgl. Haller 1990: 9–14). Der Tote wurde dort auf einem der Körpergröße entsprechenden Brett aufgebahrt (Bahrbrett), bevor er schließlich in den Sarg gelegt wurde. Die Angehörigen brachten dieses Bahrbrett dann zum Schreiner, der es zurechtschnitt, mit einem Schutzdach versah und lackierte. Dieses zum Gedenkbrett gewandelte Totenbrett wurde dann an zentraler Stelle in der Flur, meist neben einem bestehenden Flurkreuz oder einer Kapelle aufgestellt. Die Totenbretter sind dabei nicht an den Todesort gebunden: oft stehen sie an zentralen Stellen im Dorf. Wie bei den Marterln findet sich hier neben dem Namen und dem Beruf des Verstorbenen oftmals die in Versform gehaltene Aufforderung, für den Toten zu beten. Auch dieser Brauch wurde bis weit ins 20. Jahrhundert hinein praktiziert.

Diese »Vorläufer« stellen für die privaten Erinnerungsmale des 21. Jahrhunderts und deren Stifter ein traditionelles Symbolrepertoire dar, auf das diese in unterschiedlicher Weise zurückgreifen können. Kontinuitäten, aber auch Brüche mit den tradierten Lösungen des Problems »plötzlicher Unfalltod im öffentlichen Raum« werden sichtbar. Sowohl auf Ebene der Formen, als auch auf Ebene der Deutung und der zugewiesenen Funktionen können diese Kontinuitäten und Brüche beobachtet werden.

Abb. 2: Fall II – Form und Gestaltung orientieren sich an den bayerischen Totenbrettern. (Quelle: Photographie der Interviewpartnerin)

Hier kann abermals auf Fall I verwiesen werden. Für Frau Jehle ist das Erinnerungsmal ein Ort, an dem sie ein »ewiges Licht« für die Verstorbene und deren Hund anzünden kann. Sie sorgt deshalb dafür, dass dort immerzu eine Kerze in einer Grablampe brennt. Dieses »ewige Licht« gemahnt bei Frau Jehle an den »Arme-Seelen-Glauben« vergangener Jahrhunderte, der sich in der katholischen Volksreligiosität[6] in das 21. Jahrhundert hinübergerettet hat. Somit erscheint dieses Erinnerungsmal als »modernes Marterl«, das die Funktion der traditionellen Marterln teilt. Den »Armen Seelen«, die durch den plötzlichen Tod keine Gelegenheit zur Beichte der »lässlichen« Sünden hatten, soll die Zeit im Fegefeuer durch die Gebete der Lebenden und das Anzünden von Kerzen verkürzt werden.[7]

Interviewauschnitt Fall I, Frau Jehle

Interviewer: »Was bedeutet des, wenn Sie ne Kerze, für Sie, wenn Sie ne Kerze anzünden?« [...]
Frau Jehle: »Das ewige Licht leuchte ihnen!« (Pause) »Herr, lass ruhen!«

Die Form dieses Erinnerungsmals (siehe Abb. 1) stellt jedoch eine Abweichung von der traditionellen Formensprache der Marterln dar. So fehlt beispielsweise die Gebetsaufforderung in Versform und das Marterlbild mit der Darstellung des Unfallhergangs oder des Toten im Himmelreich. Es gemahnt eher an die einfachen, provisorischen Holzkreuze auf Friedhöfen

---

6 Ich möchte den Begriff hier ohne die »völkische« Konnotation verstanden wissen. Er entspricht dem, was in der neueren Religionssoziologie als »populare Religiosität« bezeichnet wird (siehe Knoblauch 1999: 186ff, Ebertz & Schultheis 1986). Diese Form der Religiosität findet sich – so Knoblauch – vornehmlich bei Katholiken.

7 Siehe hierzu auch das »Herr, lass ruhen!« in unten stehendem Interviewschnitt. Diese Formel findet sich in zahlreichen katholischen Arme-Seelen-Gebeten.

bzw. an andere Straßenkreuze. Auf der Ebene der Form scheint hier die diachrone gegenüber der synchronen Dimension weniger relevant.

Ein weiteres Beispiel zeigt, dass sich umgekehrt traditionelle Formen finden lassen, die im Sinne der Stifter in neuer Weise interpretiert werden können. Der zum Zeitpunkt des Unfalls 18-jährige Sohn von Frau Bächle (Fall II) verlor durch übermütiges und unvernünftiges Rasen die Kontrolle über seinen Wagen und verunglückte tödlich. Als Vorlage für die Gestaltung des Erinnerungsmals diente ihr ein Artikel über bayerische Totenbretter in der Kundenzeitschrift ihrer Bank (siehe Abb. 2). Zwar wird hier ganz eindeutig die traditionelle Formensprache der Totenbretter kopiert, auf der Ebene der Deutung findet jedoch ein Bruch statt. Frau Bächle deutet das Totenbrett in ihrem Sinne als Appell an die Vernunft um. Es soll dazu dienen, die jugendlichen und leichtsinnigen Freunde des Sohnes vor den Folgen der Raserei und des unvorsichtigen Autofahrens zu warnen, damit sie das Schicksal des Sohnes nicht teilen müssen. Der »Arme-Seelen-Glaube« weicht einer (scheinbar) rationalen Weltsicht.

Interviewausschnitte Fall II: Frau Bächle

»Die Idee vo- mit=em Straßekreuz kam von mir, weil i woiß, dass viele sein Freundes- und Bekanntekreis isch viel von Holzen und dieser Umgebung und Reblinge isch so, jo do isch so ne Kneipe und ebe au e Tankstell und des wird sehr viel von, die Strecke wird sehr viel befahre von Jungen, weiß i jetz einfach von seine Freunde. Und i wollt do m=mehr mehr für die Andere, damit sie in dem Moment, wo sie an dem Kreuz vorbeifahret, vielleicht e klein weng vom Gas runtergange. Aus diesem Grund han=i=s ufgstellt oder wollt=s, dass=mer dass=mer was machet, dass einfach zur Erinnerung an seine Freunde, dass se /hm?/ vielleicht e klein weng vom Gas (nab gond), weil=s e ziemlich gefährliche Strecke ischt.«

»Einfach für seine Freunde, einfach zum ins Gedächtnis rufe äh, hey tün einfach e weng langsam.«

3.2 Kollektive und individuelle Deutungen

Sobald das private Erinnerungsmal von den Stiftern aufgestellt wird, steht es als symbolisches Arrangement im öffentlichen Raum und ist der Deutung anderer Menschen ausgesetzt. Die Formensprache der Erinnerungsmale ist intersubjektiv verstehbar. Erinnerungsmale wirken somit immer in zwei Richtungen. Zum einen sind sie individuell gedeutete symbolische Arrangements und damit subjektive Lösungen eines subjektiven Problems. Auf der anderen Seite sind sie auf Anhieb für jedermann verstehbare Symbole des Todes. Die Erinnerungsmale stehen somit in einem Spannungsverhältnis zwischen kollektiven und individuellen Deutungen.

Kehren wir zu Fall II zurück. Das Totenbrett mit dem eingebrannten christliche Kreuz und dem Grablicht ist für Frau Bächle kein Verweis auf den christlichen Glauben, sondern soll einerseits Appell an die Vernunft sein, andererseits dem Gedenken an ihren Sohn dienen. In ihrer pantheistischen Glaubensvorstellung gibt es zwar einen Gott, dem Christentum (und damit auch dem Kreuz) hat sie aber seit einigen Jahren abgeschworen. Dennoch greift sie auf eine eindeutig christlich konnotierte Formensprache zurück, da es bereits eine intersubjektiv verstehbare Symbolik des Todes im Allgemeinen (Kreuz, Grablicht) und des Verkehrstodes im Speziellen (Kreuz am Straßenrand) gibt. Nur so ist gewährleistet, dass ihr Erinnerungsmal auch als Appell an die Vernunft verstanden wird. Die vorbeifahrenden Autofahrer wissen beim Anblick eines Erinnerungsmals, hier ist ein Mensch bei einem Verkehrsunfall ums Leben gekommen.

3.3 Private Trauer und öffentliches Symbol

Mit der Spannung zwischen kollektiven und individuellen Deutungen einher geht die Spannung zwischen Privatsphäre und Öffentlichkeit. Die Erinnerungsmale machen aus der privaten

Trauer ein öffentliches, intersubjektiv verstehbares Symbol. Die Erinnungsmale verweisen für jedermann sichtbar auf die Trauer und den Schmerz der Angehörigen.

Manche Stifter nutzen die Erinnerungsmale dann auch bewusst dazu, ihren Schmerz nach Außen, in die Öffentlichkeit zu tragen. Erneut sei hier auf Fall I verwiesen. Im Erinnerungsmal von Frau Jehle drückt sich der Schmerz des Verlusts eindrücklich aus. Die leeren Schuhe führen im Kontext des Erinnerungsmals jedem Betrachter deutlich vor Augen, dass hier ein Mensch gestorben ist (siehe Abb. 1). Über die leeren Schuhe appräsentieren wir unweigerlich einen leibhaftigen Menschen. Dieses expressive Moment des Erinnerungsmals wird durch die Schuhe stärker akzentuiert als durch das Holzkreuz oder selbst die Bilder. Die Trägerin hat sich durch Spuren der Abnutzung in die Schuhe eingezeichnet.[8]

Andererseits finden sich Angehörige von Unfalltoten, die sich genau aus diesem Grund gegen ein Erinnerungsmal aussprechen. Sie wollen kein intersubjektiv verstehbares Symbol ihres Verlusts. Trauer soll bei der von mir interviewten Angehörigen Frau Gruber (Fall III) Teil der Privatsphäre bleiben. In der Öffentlichkeit hat die private Trauer von Frau Gruber keinen Platz. Zudem können die unbeteiligten Autofahrer die falschen Schlüsse aus einem Erinnerungsmal ziehen. Frau Grubers jugendliche Tochter ist aus nicht ganz geklärten Gründen zusammen mit zwei Freundinnen in ihrem Kleinwagen verunglückt. Ein Erinnerungsmal dokumentiert für viele Vorbeifahrende, dass hier jugendlicher Leichtsinn zum Tode geführt hat, obwohl dies möglicherweise gar nicht stimmt.

Interviewausschnitte Fall III, Frau Gruber:

»Warum müssen da Leute ähm, die mit der ganzen Geschichte gar nix zu tun hatten, warum müssen die überhaupt die Namen lesen, wieso?«

»Das ja das will ich will ich nich, also ich will nich, dass jemand da vorbeifährt und (denkt da), da is die Miriam rangerast.«

4. Mundanphänomenologischer Symbolbegriff und wissenssoziologische Analysen – Ein Resümee

Im Rahmen einer wissenssoziologischen Analyse von privaten Erinnerungsmalen kommt einem mundanphänomenologischen Symbolbegriff eine wichtige Rolle zu. Versteht man die Konstruktion gesellschaftlicher Wirklichkeit als dialektischen Prozess im Sinne Bergers und Luckmanns (2004), so kommt man nicht umhin beide Seiten dieser Dialektik zu berücksichtigen. Die subjektive und die objektive Seite der Erinnerungsmale sind dabei zwei sich ergänzende, nicht vollständig ineinander überführbare Perspektiven. Hieraus ergeben sich vielschichtige Analysen, die dem Gegenstand private Erinnerungsmale angemessen zu sein scheinen. Aus subjektiver Sicht stellt der plötzliche Verkehrstod die Hinterbliebenen vor ein spezifisches Problem. Einerseits erscheint der Tod des geliebten Menschen als sinnloses und kontingentes Ereignis. Andererseits wird die alltägliche Ordnung empfindlich gestört und der Todesort erscheint als »Unort des Sterbens«. Als symbolische Arrangements lösen die privaten Erinnerungsmale dieses Problem. Sie verleihen dem Tod einen Sinn, stellen als symbolische Arrangements die alltägliche Ordnung wieder her und deuten den Todesort zum Gedenkort um. In der Arena der gesellschaftlichen Deutung zeigen sich hingegen mehrere Spannungsverhältnisse. Traditionelle und moderne, kollektive und individuelle, sowie öffentliche und private Deutungen stehen sich gegenüber.

---

8 Vgl. hier den Peirce'schen Index in Abgrenzung zum Ikon (Peirce 1983).

Literatur

Berger, Peter L. & Thomas Luckmann (2004), *Die gesellschaftliche Konstruktion der Wirklichkeit. Eine Theorie der Wissenssoziologie*, Frankfurt a.M.: Fischer

Breckner, Roswitha (2003), Körper im Bild. Eine methodische Analyse am Beispiel einer Fotografie von Helmut Newton, *Zeitschrift für qualitative Bildungs-, Beratungs- und Sozialforschung* 1, S. 33–60

Brockpähler, Wilhelm (1983), *Steinkreuze in Westfalen*, Münster: Aschendorff

Cassirer, Ernst (1990), *Versuch über den Menschen. Einführung in eine Philosophie der Kultur*. Frankfurt a.M.: Fischer

Ebertz, Michael N. & Franz Schultheis (Hg. 1986), *Volksfrömmigkeit in Europa. Beiträge zur Soziologie popularer Religiosität aus 14 Ländern*, München: Chr. Kaiser

Eliade, Mircea (1998), *Das Heilige und das Profane. Vom Wesen des Religiösen*, Frankfurt a.M.: Insel

Franke, Anke, Ulrike Friedrichs & Heinrich Mehl (1994), Unfallkreuze an Schleswig-Holsteins Autostraßen, *Kieler Blätter zur Volkskunde* 26, S. 189–212

Glaser, Barney G. & Anselm L Strauss (1998), *Grounded theory. Strategien qualitativer Forschung*, Bern: Huber

Haller, Reinhard (1990), *Totenbretter. Brauchdenkmäler in Niederbayern und der Oberpfalz*. Grafenau: Morsak

Hartig, Kate V. & Kevin M. Dunn (1998), Roadside Memorials: Interpreting New Deathscapes in Newcastle, New South Wales, *Australian Geographical Studies* 36: 1, S. 5–20

Hitzler, Ronald & Anne Honer (Hg. 1997), *Sozialwissenschaftliche Hermeneutik. Eine Einführung*, Opladen: Leske + Budrich

Knoblauch, Hubert (1999), *Religionssoziologie*, Berlin/New York: de Gruyter

Köstlin, Konrad (1992), Totengedenken am Straßenrand. Projektstrategie und Forschungsdesign, *Österreichische Zeitschrift für Volkskunde* 95, S. 305–320

Löwer, Andrea (1999), *Kreuze am Straßenrand. Verkehrstod und Erinnerungskultur*, Frankfurt a.M.: Institut für Kulturanthropologie und Europäische Ethnologie

Paul, Ada (1975), *Steinkreuze und Kreuzsteine in Österreich. Eine Bestandaufnahme*, Horn: Ferdinand Berger und Söhne

Peirce, Charles S. (1983), *Phänomen und Logik der Zeichen*, Frankfurt a. M.: Suhrkamp

Reader, Ian & Tony Walter (Hg. 1993), *Pilgrimage in Popular Culture*, London: Macmillan

Röhl, Tobias (2006), »Roadside Memorials« – Private Erinnerungsmale für Unfalltote, Magisterarbeit Universität Konstanz: Fachbereich Geschichte und Soziologie

Schütz, Alfred & Thomas Luckmann (2003), *Strukturen der Lebenswelt*, Konstanz: UVK

Schütz, Alfred (2004), *Der sinnhafte Aufbau der sozialen Welt. Eine Einleitung in die verstehende Soziologie*, Konstanz: UVK

Soeffner, Hans-Georg (2000), Zur Soziologie des Symbols und des Rituals, in ders.: *Gesellschaft ohne Baldachin. Über die Labilität von Ordnungskonstruktionen*, Weilerswist: Velbrück, S. 180–208

Soeffner, Hans-Georg (2004), *Auslegung des Alltags – Alltag der Auslegung. Zur wissenssoziologischen Konzeption einer sozialwissenschaftlichen Hermeneutik*, Konstanz: UVK

Sörries, Reiner (1995), Friedhofskultur am Straßenrand: Gedenkzeichen für Unfallopfer, *Deutsche Friedhofskultur* 85: 3, S. 84–86

Sörries, Reiner (2002), *Großes Lexikon der Bestattungs- und Friedhofskultur: Wörterbuch zur Sepulkralkultur. Volkskunde und Kulturgeschichte*, Braunschweig: Thalacker Medien

Strauss, Anselm L. & Juliet Corbin (1996), *Grounded Theory: Grundlagen qualitativer Sozialforschung*, Weinheim: Beltz

Werner, Paul & Richilde Werner (1996), *Flurdenkmale in Oberbayern*, Berchtesgarden: Plenk

Wieninger, Karl (1976), *O Mensch bedenk die Ewigkeit. Bildstöcke, Marterln, Votivbilder, Grabinschriften und Haustafeln in Südtirol*, Bozen: Athesia

Sebastian Deterding

Introspektion
Begriffe, Verfahren und Einwände in Psychologie und Kognitionswissenschaft

1. Einleitung

Flüchtigeres Wild war nie: Körperlos, vermag es jeden Körper zu bewohnen, unsichtbar verwahrt in jedem wachen Augenblick, ungreifbar in seiner steten Präsenz – Bewusstsein. Vom Behaviorismus lange für eine Schimäre erklärt, fand sich Mitte der 1990er eine Gemeinde aus Neurowissenschaft und *Philosophy of Mind* unter dem Jagdschrei »Naturalising Consciousness« zusammen: Können wir das bewusste Erleben in ein naturwissenschaftliches Weltbild einfangen? Genauer: Können wir objektive Daten von Verhalten und Hirntätigkeit vereinen mit subjektiven Erlebnissen (Chalmers 2005)?

Als wichtigstes Jagdutensil entdeckte man dabei jene Methode wieder, die als einzige einen unmittelbaren Zugang zum Bewusstsein verspricht – die Introspektion, samt ihren drei großen historischen Traditionen, der Phänomenologie, der buddhistischen Meditation und der Psychologie (Varela & Shear 1999). Und während die Auslotung der Meditation für die westlichen Wissenschaften gerade erst beginnt, treffen phänomenologische und psychologische Introspektion in der Bewusstseinsforschung schon länger regelmäßig aufeinander.

Dieses Zusammentreffen soll hier in die Debatte des vorliegenden Bandes eingeholt werden. Ziel ist, die aktuelle Renaissance der (psychologischen) Introspektion als Fundus und Kontrastfolie für die (phänomenologische) Soziologie fruchtbar zu machen. Dafür sollen nach einer Begriffsklärung (2) aktuelle Verfahren der Introspektion skizziert werden (3), um danach klassische Einwände und Erwiderungen gegenüberzustellen (4). Der letzte Abschnitt (5) fragt nach dem Verhältnis der psychologischen Introspektion zur Phänomenologie, und ihrem Potential für die Soziologie.

2. Begriffsklärung

Introspektion, Bewusstsein und phänomenale Erlebnisse (*qualia*) sind so eng verknüpft, dass sie einander wechselseitig definieren können (Ziche 1999). Im Dienste der lesbaren Kürze werde ich hier keine Position verteidigen, sondern lediglich eine Landkarte der verschiedenen historischen Begriffsverwendungen skizzieren, um für das weitere Vorgehen eine Arbeitsdefinition vorzuschlagen (zum folgenden Lyons 1986, von Eckardt 1998, Rosenthal 1999).

Introspektion I: Bewusste Erlebnisse

Die historisch erste und zugleich umfassendste Begriffsvariante wurde von René Descartes eingeführt. Nach Descartes ist Introspektion die einzige Form von Erkenntnis, *notwendig* vollständig, unmittelbar und unfehlbar, und die Voraussetzung der Wahrnehmung der äußeren Welt. Will man diese Definition mit Sinn füllen, kann Introspektion nur »überhaupt etwas Erfahren« meinen, und in diesem weiten Sinne ist sie tatsächlich vollständig und unfehlbar.[1] Denn per Definition kann es nichts geben, was uns nicht als Erfahrung gegenübertritt, und demnach kann diese Erfah-

---

[1] Zu Descartes' These der Unfehlbarkeit der Introspektion allgemein Radovic (2005: 28ff), Kornblith (1998).

rung nicht »fehlerhaft« sein, weil sie mit nichts weiterem »Eigentlichen« mehr verglichen werden kann. *Introspektion I heißt also nichts anderes als »bewusstes Erleben«.*

Introspektion II: Das Subjektive

Eine zweite, engere Definition verbindet Introspektion mit der These, dass es eine Art »innere Seite« *aller* Phänomene gebe, einen Anteil, der eben nur einem bewussten Subjekt zugänglich ist. Dies ist die Sphäre des »Subjektiven«, »Qualitativen« oder »Symbolischen«. *Introspektion II heißt: »Bewusstes Erleben des subjektiven Anteils der Phänomene«.*

Den meisten Varianten dieser Auffassung ist die Überzeugung gemein, dass wir nicht »hinter« den subjektiven Anteil der Erfahrung blicken können; Wirklichkeit tritt uns *immer schon* als subjektiv gegliederte, gedeutete, gewertete entgegen. Wohl aber ist es möglich, über Analyse und Vergleich Eigenheiten der verschiedenen Subjektivitäten sowie subjektübergreifende Strukturen und Prozesse des Interpretierens offenzulegen.

Introspektion III: Qualia

Noch enger gefasst, nimmt man gerade in der *Philosophy of Mind* an, dass neben der physischen Wirklichkeit und den mentalen Zuständen, die diese in Subjekten auslösen, phänomenale Erlebnisse dieser mentalen Zustände existieren, die nur von *bewussten* Subjekten gemacht werden – in der kanonischen Formulierung Thomas Nagels (1979: 24): »There is something it is like to be a bat«. Und dieses »wie es ist«, einen bestimmten Zustand zu erleben, ist für uns genauso unmittelbare Erfahrungstatsache, wie es bis heute irreduzibel für ein physikalistisches Weltbild scheint. Typische Beispiele für solche Erlebnisse oder *qualia* sind »die Röte des Rot«, Schmerzen oder Gefühle. Wieder gibt es zahlreiche Varianten und offene Debatten – etwa, ob *qualia* ontologisch eigenständige Entitäten *neben* der physikalischen Wirklichkeit sind. So oder so, *Introspektion III heißt: »Bewusstes Erleben mentaler Zustände«.*

Introspektion IV: First Person Data

Die engste und zugleich am stärksten naturwissenschaftlich eingebettete Definition nimmt an, dass objektive Erfahrungen der äußeren Wirklichkeit prinzipiell möglich sind und von der Wissenschaft geleistet werden. Sie zeichnen sich durch direkte intersubjektive Zugänglichkeit aus und stehen damit im Gegensatz zu Erfahrungen, die keinem anderen Beobachter als mir zugänglich sind: Gefühle, Gedanken, usw. In der gängigen Terminologie werden diese beiden Arten von Erfahrungen *third* bzw. *first person data* genannt, introspektive Verfahren entsprechend *first person methods*. *Introspektion IV heißt: »Bewusstes Erleben mentaler Zustände, die äußeren Beobachtern nicht direkt zugänglich sind«.* Nicht nur diese variierende Verwendung macht den Begriff »Introspektion« problematisch; auch verfehlen es viele Definitionen, zu unterscheiden zwischen dem *alltäglichen Wahrnehmen* von inneren Erlebnissen, dem *introspektiven* (achtsamen, etc.) *Wahrnehmen* und schließlich dem *Berichten über* diese Wahrnehmungen.

Zwar ist empirisch noch offen, wie sehr introspektives von alltäglichem Wahrnehmen abweicht (*dass* es abweicht, wurde unlängst von Overgaard & Sørensen (2004) experimentell nachgewiesen). Auch theoretisch ist umstritten, ob man Introspizieren als (kategorial eigene) *Meta*-Kognition modellieren sollte, die eine bewusste Wahrnehmung zum *Inhalt* hat, oder als *Konfiguration* der bewussten Wahrnehmung, nämlich eine *achtsame* Wahrnehmung, deren Aufmerksamkeit auf die Wahrnehmung selbst gerichtet ist.[2] Fest steht aber, dass der Übersetzungsprozess zwischen bewusstem Phänomen und dem Bericht darüber eine einflussreiche wie

---

2 Hier knüpft die (h. ausgeklammerte) Introspektionsdebatte in der analyt. Philosophie an (Radovic 2005).

unbekannte *black box* ist, die von analytischer Schärfe erst einmal nur profitiert (Marcel 2003, Jack & Roepstorff 2003: xvi f).

Für den weiteren Verlauf möchte ich daher zwei Definitionen in Anschlag bringen, eine operationale und substanzielle, die alltägliches Wahrnehmen, gerichtetes Wahrnehmen und Berichten darüber sauber trennen. Als Ausgangspunkt und schärfster Minimalnenner soll Baars »operationale«, an beobachtbares Verhalten gebundene Definition von Bewusstsein dienen. Demnach sind solche mentalen Prozesse *bewusst* zu nennen, die

»1. can be reported and acted upon,
2. with verifiable accuracy,
3. under optimal reporting conditions,
4. and which are reported as conscious.« (Baars 2003: 4)

Introspektion ist dann – operational definiert – das tatsächliche Berichten über und Handeln in Bezug auf solche bewussten mentalen Prozesse.[3] Dies soll hier *introspektives Berichten* genannt werden.

Nun werden mentale Vorgänge auch dann erlebt und beobachtet, wenn sie sich nicht in äußerlichem Verhalten niederschlagen. Derart substanziell lässt sich Introspektion mit Rosenthal (1999: 419) definieren: »Introspection is a process by which people come to be attentively conscious of mental states they are currently in.« Dies soll im folgenden *Introspizieren* genannt werden, im Gegensatz zum alltäglichen, ungerichteten *bewussten Erleben mentaler Prozesse*. *Introspektion* schließlich soll die Einheit von *Introspizieren* und *introspektivem Berichten* benennen. Diese Definition geht sowohl mit den genannten Varianten II-IV als auch mit den beiden Modellierungen von Bewusstsein und Introspektion (Meta-Kognition vs. Konfiguration) konform.

3. Verfahren

Im Folgenden werden vier gängige Verfahren vorgestellt, die sich zum einen spezifisch auf introspektive Daten richten und zum anderen in der soziologischen Forschungspraxis einfach einsetzbar sind.

3.1 Lautdenken/Protokollanalyse

Lautdenken bzw. Protokollanalyse ist das derzeit wohl anerkannteste introspektive Verfahren. Es wird zur Analyse von Lernen und Problemlösen sowie der Rezeption von Medienangeboten eingesetzt und ist eine häufig verwendete Methode in der Erforschung von Mensch-Computer-Interaktion, Usability und beim Pretest von Fragebögen (vgl. Ericsson & Simon 1993, van Someren et al. 1994, Wallach & Wolf 2001, Ericsson 2003, Bilandzic 2005, Knoblich & Öllinger 2006).

Lautdenken bezeichnet »das gleichzeitige laute Aussprechen von Gedanken bei der Bearbeitung einer Aufgabe« (Knoblich & Öllinger 2006: 692), Protokollanalyse die anschließende Kodierung und Auswertung der aufgezeichneten Verbalisierungen. Lautdenken ist damit das einzig wirklich *konkurrente* Verfahren unter den vorgestellten – sprich eines, bei dem Introspizieren und introspektives Berichten gleichzeitig mit dem bewussten Erleben erfolgen. Werden Erlebnisse dagegen *nach* dem Erleben berichtet, spricht man von *retrospektivem* Lautdenken.

---

3 »Handeln in Bezug auf« meint hier Experimente, in denen bewusste mentale Zustände nichtverbal signalisiert werden – z. B. das Drücken eines Knopfes, sobald man einen Ton bewusst wahrnimmt.

Praktisch alle heutigen Arbeiten beruhen auf dem von Ericsson & Simon (1993) entwickelten Prozessmodell. Es nimmt an, dass Problemlösen im Kurzzeitgedächtnis geschieht, welches eine Abfolge mentaler Zustände enthält, die das Endprodukt der jeweils gerade abgelaufenen kognitiven Prozesse darstellen. Diese Zustände sind dem Bewusstsein teilweise zugänglich und werden beim Lautdenken verbalisiert. Lautdenken erfasst damit nach eigenem Anspruch nur eine *verbale Verhaltensspur von dem Bewusstsein zugänglichen Kognitionsprodukten*, aus der dann die zugrunde liegenden kognitiven Prozesse abgeleitet werden. Die verbalen Protokolle können und werden mit bewährten Messdaten wie Bearbeitungszeit, Reaktionszeit oder Fehlerrate korreliert.

Die derzeit gängigste Variante des Laudenkens ist das unterstützte Erinnern (*aided recall*), auch »mindtaping« genannt (Nielsen & Christiansen 2000). Hier beobachtet der Proband unmittelbar nach Aufgabenbearbeitung Video-Aufzeichnungen seines eigenen Verhaltens und erinnert dazu die ihm bei jedem Schritt durch den Kopf gegangenen Bewusstseinsinhalte.

3.2 Descriptive Experience Sampling (DES)

Seit den 1970ern arbeiten Russell T. Hurlburt und andere an der Descriptive Experience Sampling-Methode, kurz DES (Hurlburt & Heavey 2006). Bei dieser Methode tragen Probanden im Alltag einen Apparat mit sich, der in zufälligen Abständen piept. Die Probanden schreiben direkt im Anschluss ihren Bewusstseinsinhalt im letzten Moment *vor* Einsetzen des Piepens auf. Nach sechs Episoden wird ein »expositionales Interview« geführt, in dem jede Episode über Fragen detailliert beschrieben wird. Primäres Ziel der Methode ist, ideographische Porträts der Eigenheiten der Bewusstseinsinhalte einzelner Probanden zu erstellen, um dann ggf. Gemeinsamkeiten der Bewusstseinsinhalte bestimmter Probandengruppen zu ermitteln.

Das für die Methode charakteristische Sammeln zufälliger, thematisch unfokussierter Episoden mag wenig forschungsökonomisch erscheinen, hat laut Hurlburt und Heavy (2006: 63–70, 108–112) aber entscheidende Vorteile; insbesondere hilft es, Vorannahmen, generalisierte Meinungen und Selbsttheorien auszuklammern:

- Zufälliges Sampling und präzise Zeitfestlegung verhindern Verzerrungen in der *Auswahl* durch Subjekt und Interviewer.
- Die Aufzeichnung direkt nach dem Signal erfasst die unmittelbar gegenwärtigen bzw. im Kurzzeitgedächtnis vorhandenen Bewusstseinsinhalte. Damit werden Verzerrungen in der *Beschreibung* durch retrospektives Erinnern verringert.
- Piepsignal und Interview fokussieren jeweils ein konkretes, kurzes, zeitlich abgeschlossenes Erlebnis; diese sind präziser und valider beschreibbar als längere Episoden; Proband und Interviewer drohen nicht, in generalisierte Meinungen abzugleiten.
- Das Signal lenkt die Aufmerksamkeit auf die Bewusstseinsinhalte, ohne diese wesentlich zu stören.
- Anders als beim Lautdenken hat das Subjekt hinreichend Zeit zur vollständigen Beschreibung seiner Bewusstseinsinhalte.

Hauptkritikpunkt an der Methode ist, dass die Aufzeichnung nach dem Signal zwar noch die aktiven Bewusstseinsinhalte erfassen mag, das folgende expositionale Interview jedoch nur mit einer Erinnerung jener Inhalte arbeiten kann.

3.3 Systematic Self-Observation (SSO)

Direkt aus der Soziologie stammt die Systematische Selbstbeobachtung, kurz SSO (Rodriguez & Ryave 2002). Aus dem symbolischen Interaktionismus kommend, geht es ihren Entwicklern nicht allein um introspektive Daten; ihr Untersuchungsziel sind all jene taziten Erfahrungen und Handlungen, die gerade wegen ihrer Alltäglichkeit in der Regel unbewusst ablaufen und daher nur schwer aktiv erinnert werden (ebd.: 4f).

Methodisch besteht die SSO darin, eine Gruppe von Probanden nach einer Trainingszeit aufzufordern, ein bestimmtes Phänomen (eine Handlung, ein Bewusstseinsinhalt), sobald es im Alltag auftaucht, normal zu Ende zu führen, dabei bewusst zu beobachten und unmittelbar danach minimal strukturiert aufzuzeichnen. Nach einem festgelegten Zeitraum, in dem die meisten Probanden mehrere Aufzeichnungen angefertigt haben, werden diese anonymisiert eingesammelt und qualitativ, ggf. auch quantitativ ausgewertet. Die Anonymisierung soll gewährleisten, dass die Probanden auch sozial unerwünschte Erlebnisse berichten.

Mögliche Kritikpunkte am Verfahren sind zum einen die Frage, ob die Vorausrichtung der Aufmerksamkeit auf sonst unbewusste Phänomene genügt, um diese dem Bewusstsein zugänglich zu machen, zum anderen, ob Vorausrichtung und bewusste Beobachtung die beobachteten Phänomene verzerren.

3.4 Gruppengestützte dialogische Introspektion

Die gruppengestützte dialogische Introspektion ist eine spezifisch deutsche Wiederbelebung der Introspektion im Rahmen der heuristischen qualitativen Forschung. Konkret erforscht wurde bislang insbesondere der Prozess der Medienrezeption (Burkart & Wilhelm 1999, Burkart 2006).

Praktisch wird einer kleinen Gruppe die offene Anweisung gegeben, ihre inneren Erlebnisse bei der Wahrnehmung eines Erlebnisses zu notieren. Während der Präsentation des Erlebnisses halten die Teilnehmer bereits Stichpunkte fest; direkt danach erstellen sie ein umfassendes Protokoll, das anschließend reihum in der Gruppe vorgetragen wird. Dieser Dialog soll die eigenen Protokolle ergänzen, präzisieren und kontrastieren und für eine Variation der Perspektiven sorgen. Nun können alle ihre Protokolle nochmals ergänzen und Ergänzungen vortragen. Schließlich wird ein Mitschnitt der vorgetragenen Berichte transkribiert und analysiert. Ziel des Verfahrens ist es, zu verallgemeinerbaren Aussagen über Inhalte und Prozesse zu kommen, im konkreten Fall also über die Erlebnisqualität einzelner Medienangebote und den Prozess der Medienrezeption, für den verschiedene »Rezeptionsstile« ausgemacht wurden.

Aus der Warte der zuvor beschriebenen Verfahren sind insbesondere zwei Dinge kritisch zu sehen: erstens die offene Länge des introspizierten Erlebnisses, zweitens der in den konkreten Interpretationen gemachte Sprung von introspizierten Erlebnissen zu darunterliegenden kognitiven Prozessen.

4. Einwände und Erwiderungen

Wenn die Introspektion an so vielen Enden der Humanwissenschaft fröhliche Wiederkehr feiert – warum verschwand sie überhaupt? Welche Vorbehalte werden gegen sie vorgebracht? Bevor ich auf die einzelnen Einwände eingehe, seien zwei Einwände vorangestellt, die sich in praktisch allen Lehrbüchern der Psychologie finden.

Der erste ist, die Unzuverlässigkeit der Introspektion habe sich bereits im 19. Jh. darin gezeigt, dass die verschiedenen introspektiven Labore zu unvereinbaren Ergebnissen gekommen seien (Ziche 1999). Gemeint ist der Streit zwischen der Würzburger Schule um Oswald Külpe auf der einen und Wilhelm Wundt sowie später Eric Titchener auf der anderen Seite. Eine Kernannahme der Würzburger Schule war, dass es »bildlose Gedanken« gäbe – mentale Zustände, die als distinkte Zustände erlebbar sind, aber keinen sinnlichen Gehalt haben. Wundt und Titchener vertraten die gegenteilige Auffassung, beide Seiten kamen zu empirischen Ergebnissen, die jeweils ihre Position bestätigten.

Heute wird ein Großteil der unterschiedlichen Ergebnisse auf die unentwickelte und differierende Methodik der Labore zurückgeführt (Jack & Roepstorff 2003). Monson und Hurlburt (1993) haben zudem in einer Reanalyse nachgehalten, dass auch Titcheners Laborbuch bildlose Gedanken verzeichnet. Uneinig waren Titchener und Külpe sich lediglich in der *Interpretation* ihrer Beobachtungen. Als methodische Prinzipien für die eigene Arbeit leiten Hurlburt und andere daraus ab, so weit als möglich Vorannahmen und vorempirische Konzepte auszuklammern und nichtdirektive Interviewfragen zu stellen (Gallagher 2002, Jack & Roepstorff 2003, Hurlburt & Heavey 2006).

Der zweite Einwand entstammt dem heute kanonischen Aufsatz *Telling more than we can know* von Nisbett und Wilson (1977). In einem Überblick fremder und eigener Studien kommen die beiden zu dem Schluss, dass Selbstberichte über innere Vorgänge hoch unzuverlässig seien. Heutige Introspektionsforscher stimmen dem zu – mit einer Einschränkung: Unzuverlässig sind unsere eigenen *Vermutungen über Ursachen, Motive und Gründe* unseres Handelns und Erlebens. Sie enthalten meist nachträgliche Rationalisierungen und *verbal overshadowing*. Unzuverlässig ist jedoch nicht die reine *Beschreibung* inneren Erlebens (Wilson 2003, Wallach & Wolf 2001: 17, Hurlburt & Heavey 2006: 53ff). Sehen wir uns nun die weiteren Einwände an (zum folgenden Chalmers 2005, Burkart 1999):

Introspektion ist unmöglich

Die prominenteste Version dieser Ansicht ist das von Auguste Comte geprägte »Spaltungsargument«: Wir können Bewusstseinsvorgänge nicht gleichzeitig beobachten, weil dies eine unmögliche »Aufspaltung« des Bewusstseins bedeutete (Rosenthal 1999: 419). Eine abgeschwächte Version besagt, Introspektion nie ein Phänomen direkt erfassen kann, da diese Beobachtung eines Phänomens ja notwendig ein anderes, zweites Phänomen sei, welches das eigentliche Phänomen zum Gegenstand hat.

Bei beiden Argumenten handelt es sich weniger um empirische als theoretische Unmöglichkeiten innerhalb des Wahrnehmungsmodells des Bewusstseins, das Phänomene als voneinander getrennte Objekte denkt, die ein wiederum von ihnen getrenntes Bewusstsein wahrnimmt. Nicht nur gibt es Alternativen zu diesem Modell – alle empirischen Erfahrungen zeigen, dass Introspektion sehr wohl praktisch möglich ist. Retrospektive Berichte von Erinnerungen kurzfristig vergangener Erlebnisse haben sich als genau so valide wie gleichzeitiges Lautdenken erwiesen (Ericsson 2003).

Introspektion ist prinzipiell unvollständig

Es gibt eine ganze Reihe von Sinneseindrücken und mentalen Prozessen, die wir nicht *bewusst* wahrnehmen, die sich aber in unserem bewusst erlebten Verhalten zeigen. Am besten erforscht sind hier Priming und implizites Lernen: Reize, die zu kurz präsentiert werden, um sie *bewusst* zu erleben, beeinflussen nichtsdestotrotz messbar unsere emotionale und kognitive Reaktion auf danach präsentierte Bilder oder Wortstummel. Ohne es bewusst zu erleben, lernen wir Regelmäßigkeiten in schein-zufälligen Abfolgen und können diese danach überzufällig gut vorhersagen (Schacter 1999). Ein besonders eindrückliches Beispiel liefern Blindsicht-Patienten: Durch eine Hirnläsion bewusst erblindet, können sie in Experimenten Position, Farbe, Name und Bewegung eines präsentierten Objektes »raten«, während sie gleichzeitig leugnen, irgendein bewusstes visuelles Erlebnis dieser Objekte zu haben (Stoerig 1999).

Für psychologische Introspektionsforscher sind dies eindeutige Belege, dass unser bewusstes Erleben nur einen kleinen Ausschnitt von Ergebnissen kognitiver Prozesse erfasst. Einige relativieren aber, dass dies erstens *prinzipiell* auch für jede andere Datenquelle zutrifft und zweitens genau eine der leitenden Forschungsfragen ist: Was erfasst bewusstes Erleben, was nicht?

Introspektion kann nicht die gesamte Erfahrung auf einmal erfassen

Aus der Psychologie der Aufmerksamkeit wissen wir, dass die Zahl der Dinge, die wir gleichzeitig beobachten bzw. »im Kopf behalten« können, eng begrenzt ist; je aufmerksamkeitsintensiver Aufgaben sind, desto langsamer und fehlerreicher führen wir parallele Aufgaben aus. Das gilt auch für das parallele Beobachten von bzw. Berichten über innere Erlebnisse (Bilandzic 2005: 364).

Der Gegeneinwand hierzu lautet schlicht, dass keine Messung die gesamte Wirklichkeit auf einmal erfasst und man entsprechend vorher einfach das zu beobachtende Erlebnis definieren und die dafür angemessenste Methodik wählen muss.

Introspektion kann nicht reliabel sein

Da jedes Phänomen letztlich einzigartig ist, lässt sich das Ergebnis einer Introspektion nicht durch Wiederholung überprüfen. – Hierzu lässt sich erwidern, dass jedes Ereignis (auch physikalische Messungen) einzigartig ist. Die Kritik beruht also auf dem Vorurteil, Erlebnisse und innerpsychische Zustände seien *kategorial* erratischer und irreduzibler als extrapsychische. Genau diese Annahme gilt es zu prüfen (Jack & Roepstorff 2003: vi).

Introspektion kann nicht intersubjektiv sein

Da sie per Definition für jedes andere Subjekt unzugängliche Daten gewinnt, kann sie nicht intersubjektiv geprüft werden. – Es stimmt zwar, dass Introspizieren *first person data* erfasst, die sich präzise durch ihre Nichtöffentlichkeit auszeichnen. Dies ist jedoch insofern kein Hindernis, als Introspektion spätestens bei der Kommunikation über ihre Ergebnisse nur noch mit intersubjektiven *third person data* arbeitet: nämlich den *introspektiven Berichten über* die introspizierten Erlebnisse.

Introspektion ist reaktiv

Prinzipiell kann man diesem Einwand wieder nur zustimmen, allerdings ist noch völlig ungeklärt, wie sehr. Lautdenken etwa *verlangsamt* kognitive Prozesse, ändert aber die grundlegende Struktur nicht wesentlich (Bilandzic 2005: 365f, Wallach & Wolf 2001: 19). Eric Schwitzgebel (2004) hat auf eine wichtige Variante dieser Frage aufmerksam gemacht: Training verbessert nachweislich die Fähigkeit, »gute« introspektive Berichte abzugeben. Verfälscht man dadurch aber nicht gerade die Ergebnisse, sofern man natürliches Erleben erfassen will, wie es ungeschulten Personen widerfährt?

Introspektion ist nicht objektiv

Sinnestäuschungen sind nur das offensichtlichste Beispiel für diesen Einwand. Psychologische Studien von Augenzeugenberichten haben eindrücklich nachgewiesen, dass die subjektiv erlebte Evidenz oder Lebendigkeit einer Erinnerung nicht ihrer faktischen Richtigkeit entspricht – oft ist das Gegenteil der Fall (Jack & Roepstorff 2003: xii, Hurlburt & Heavey 2006: 47). Aus Psychotherapie und introspektiver Forschung wissen wir, dass wir regelmäßig Erlebnisse vergessen oder nicht berichten, die unseren Selbsttheorien widersprechen (Rodriguez & Ryave 2002: 25).

Damit ist jedoch kein Urteil über die Introspektion gesprochen, sondern lediglich der cartesianische Anspruch losgelassen, sie besitze eine natürliche Unfehlbarkeit. Um die Einfluss- und Störvariablen der Introspektion, das mögliche Maß ihrer Intersubjektivität und Reliabilität ebenso wie das Spektrum des überhaupt introspektiv Erfassbaren zu klären, hat sich die psychologische Introspektion daher *Korrelation und Triangulation* mit physiologischen, neurologischen und Verhaltensdaten auf die Fahnen geschrieben (Roepstorff & Jack 2004: xxi, Jack & Roepstorff 2003, Chalmers 2005, Gallagher 2002).

5. Abschluss: Kontraste, Gemeinsamkeiten, Potentiale

Wie stellt sich nun die skizzierte psychologische Introspektion im Verhältnis zur Phänomenologie und phänomenologischen Soziologie (wobei die Rede natürlich immer nur von dominanten Tendenzen sein kann)? Der größte Unterschied liegt wohl im epistemologischen Primat der Phänomenologie: Für Kognitionsforscher ist Phänomenologie keine *prima philosophia* oder Proto-Wissenschaft, sondern *eine* fruchtbare wie fehlbare Quelle von Daten und Argumenten unter vielen (Kornblith 1998).

Daraus ergibt sich zweitens ein Bruch mit der *Ausklammerung der Naturwissenschaft*. Relevant ist für Phänomenologen nur, was sich in der eigenen Anschauung zeigt. Kognitionsforschern geht es hingegen darum, möglichst viele unterschiedliche Zugänge zu einem Phänomen zusammenzutragen, Korrelationen zwischen diesen aufzudecken und zu interdisziplinär robusten Modellen zu verknüpfen.

Damit ist gleichzeitig der Unterschied in den Gütekriterien benannt: Bei der Phänomenologie sind es Ausklammerung (bzw. Reflexion und Explikation) der eigenen Voraussetzungen, Deckung und evidente Selbstgegebenheit. Die psychologische Introspektion zielt dagegen auf Objektivität, Reliabilität, Validität. Subjektives Evidenzerleben wird als unzureichend angesehen.

Dies mündet bei der Kognitionsforschung in der methodischen Skepsis gegenüber der traditionellen Phänomenologie als »lone-wolf autophenomenology« (Gallagher 2002); Allgemeingültigkeit ist nur über den intersubjektiven Vergleich introspektiver Berichte möglich. Die Phänomenologie gesteht dem einzelnen Forschenden in seiner kulturellen Prägung hingegen die Fähigkeit zur Aufdeckung sowohl der historischen und kulturellen Aprioris seiner Lebenswelt wie der darunter liegenden invarianten Universalien zu.

Ein vierter Bruch ist die Trennung zwischen Bewusstseinsinhalt und kognitiven Prozessen. Für Kognitionsforscher steht fest: Unsere kognitiven Prozesse sind uns »transparent«, d. h. durchsichtig, unsichtbar (Roepstorff & Jack 2004: xx). Bewusst erleben wir nur einen kleinen wie fehlbaren Ausschnitt von *Produkten* jener Prozesse. Die Phänomenologie vertritt dagegen tendenziell die Ansicht, die apriorischen Strukturen und Konstitutionsprozesse von Erfahrung ließen sich aus der ausschließlichen Analyse der Bewusstseinsinhalte selbst gewinnen. Anders gesagt: Gegenstand der Phänomenologie sind die Strukturen *im* Bewusstsein, die sie für die Strukturen *des* Bewusstseins nimmt, während die Kognitionsforschung nach *kognitiven* Strukturen sucht, die den Strukturen *im* Bewusstsein *zugrunde* lägen.

Angesichts der massiven Unterschiede mag man fragen: Gibt es überhaupt Schnittpunkte zwischen beiden Varianten der Introspektion, abgesehen davon, dass beide inneres Erleben zum Gegenstand machen? Es gibt sie. Diese Punkte mögen Humanwissenschaftlern trivial erscheinen, stellen aber einen teilweise radikalen Bruch mit dem behavioristischen Mainstream der Psychologie dar (Roepstorff & Jack 2004: xxi, Jack & Roepstorff 2003: xiv, Gallagher & Varela 2002, Thompson & Zahavi 2007):

1. Es gibt bewusste Erlebnisse bzw. bewusste Aspekte von mentalen Zuständen.
2. Diese Erlebnisse/Aspekte hängen geordnet mit anderen Prozessen der Kognition und des Verhaltens zusammen.
3. Bewusstes Erleben hat Zugang zu wenigstens einem Ausschnitt kognitiver Zustände und Prozesse.
4. Wir können vergangene bewusste Erlebnisse erinnern und vergangene und gegenwärtige bewusste Erlebnisse als ganze und in einzelnen Eigenschaften vergleichen.

5. Bewusste Erlebnisse können mit wissenschaftlicher Methodik erforscht werden.
6. Ihre Erforschung liefert Daten, die nicht (oder nur sehr mühsam) durch Daten aus anderen Methoden ersetzt werden können.
7. Wahrnehmung, Bewusstsein und Kognition sind stark emotionale, verkörperte, soziale und enaktive Prozesse.
8. Die bewusst wahrgenommene Welt ist Produkt subjektiver Konstruktionsprozesse.

In diesem »Minimalkonsens« liegt bereits ein erstes großes Potential der introspektiven Psychologie für die phänomenologische Soziologie. Denn die genannten Punkte können heute allesamt als naturwissenschaftlich bewährt angesehen werden. Wachbewusstsein, Schmerzempfinden, innere Monologe, Vorstellungsbilder machen einen *objektiv messbaren* Unterschied, besitzen neuronale Korrelate (Baars 2003). Als ebenso nachgewiesen kann die Möglichkeit introspektiver Verfahren entgegen aller oben angeführten Einwände gelten. Das erste Potential besteht also in einer interdisziplinären Fundierung der eigenen Forschungsgegenstände und der Introspektion als Methode.

Das zweite Potential ist ein methodisches: Zum einen sind die genannten Verfahren vier ganz konkrete Verfahren, die man dem eigenen Methodenfundus beifügen kann. Zum anderen haben sie empirisch fundierte methodische Leitlinien hervorgebracht, welche situativen (Stör-) Faktoren sich wie auswirken und wie diese minimiert werden können.

Ein drittes Potential liegt im Feld der Theoriebildung. Psychologische Introspektion und Kognitionsforschung leisten derzeit transdisziplinäre Grundlagenforschung zu Intentionalität, Volition, Subjektivität, Bewusstsein, die die phänomenologische Soziologie im Kern berührt. Das kann befruchten, es kann jedoch auch lieb gewonnene Gewissheiten herausfordern, wie der jüngste Streit um die Willensfreiheit zeigte.

Die wesentliche Frage bleibt jedoch, wie Ergebnisse und Verfahren zweier so verschiedener Ansätze überhaupt geordnet ins Verhältnis gesetzt werden können. In der qualitativen Sozialforschung wird hierfür die »Triangulation« als Lösung diskutiert. Auf Seiten der Kognitionsforschung haben Gallagher & Varela (2002) das Konzept der »wechselseitigen Einschränkung« angeboten: Jedes Modell eines kognitiven Prozesses muss demnach gleichzeitig sinnvoll erklären können, warum es zu den für ihn typischen Formen von (phänomenologisch ermittelten) Erlebnissen kommt. Umgekehrt müssen phänomenologische Theorien eine sinnvolle Einordnung für die Befunde neurologischer und psychologischer Studien finden. Das Feld möglicher Theorien wird also auf beiden Seiten eingeschränkt auf jene, die mit den Befunden auf beiden Seiten kompatibel sind. Diese Suche nach neuen Wegen der Interdisziplinarität könnte vielleicht das größte Potential sein – für einen Dialog der Disziplinen, die einander bislang oft stumm gegenüberstehen.

Literatur

Baars, Bernard J. (2003), Introduction. Treating Consciousness as a Variable: The Fading Taboo, in ders., W. P. Banks & J. B. Newman (Hg.), *Essential Sources in the Scientific Study of Consciousness*, Cambridge, S. 1–9

Bilandzic, Helena (2005), Lautes Denken, in: L. Mikos & C. Wegener (Hg.), *Qualitative Medienforschung. Ein Handbuch,* Konstanz, S. 362–370

Burkart, Thomas & Monika Wilhelm (1999), Introspektion bei der Rezeption eines Kurzfilms, Arbeitspapier, www.introspektion.net/html/filmrezeptionburkart.html

Burkart, Thomas (1999), Methodische Einwände und Kritik an Introspektionsverfahren, *Journal für Psychologie* 7: 2, S. 14–17

Burkart, Thomas (2006), Dialogische Introspektion in der qualitativen Medienpsychologie, Arbeitspapier, www.introspektion.net/html/medienpsychologie.html

Chalmers, David J. (2004), How Can We Construct A Science of Consciousness? in: M. Gazzaniga (Hg.), *The Cognitive Neurosciences III*, Cambridge: MIT Press, S. 1111–1119

Ericsson, K. Anders & Herbert Simon (1993), *Protocol Analysis. Verbal Reports as Data*, 2. Aufl. Cambridge: MIT Press
Ericsson, K. Anders (2003), Valid and Non-Reactive Verbalization of Thought During Performance of Tasks, *Journal of Consciousness Studies* 10: 9–10, S. 1–18
Gallagher, Shaun & F. J. Varela (2002), Redrawing the Map and Resetting the Time: Phenomenology and the Cognitive Sciences, in: St. Crowell et al. (Hg.), *The Reach of Reflection*, Electron Press: Center for Advanced Phenomenology (elektron. Publikation)
Gallagher, Shaun (2002), Experimenting with introspection (Comment), *Trends in Cognitive Sciences* 6: 9, S. 374–375
Hurlburt, Russel T. & Christopher L. Heavey (2006), *Exploring Inner Experience. The descriptive experience sampling method*, Amsterdam/Philadelphia: John Benjamins
Jack, Anthony & Andreas Roepstorff (2003), Why Trust the Subject? Editorial Introduction, *Journal of Consciousness Studies* 10: 9–10, S. v–xx
Knoblich, Günther & Michael Öllinger (2006), Die Methode des Lauten Denkens, in: J. Funke & P. Frensch (Hg.), *Handbuch der Psychologie*. Bd. 5: *Handbuch der Allgemeinen Psychologie – Kognition*, Göttingen et al., S. 691–696
Kornblith, Hilary (1998), Introspection, Epistemology of, in: E. Craig (Hg.), *Routledge Encyclopedia of Philosophy*. Bd. 4, *Genealogy–Iqbal*. London/New York: Routledge, S. 837–842
Lyons, William (1986), *The Disappearance of Introspection*, Cambridge: MIT Press
Marcel, Anthony J. (2003), Introspective Report: Trust, Self Knowledge and Science, *Journal of Consciousness Studies* 10: 9–10, S. 167–186
Monson, C. K. & Russell T. Hurlburt (1993), A comment to suspend the introspection controversy. Introspecting subjects did agree about imageless thoughts, in: R. T. Hurlburt (Hg.), *Sampling inner experience in disturbed affect*. New York: Plenum Press, S. 15–26
Nagel, Thomas (1979), What is it like to be a bat?, in ders., *Mortal Questions*, Cambridge: Cambridge University Press, S. 165–180
Nielsen, Janni & Nina Christiansen (2000), Mindtape: A Tool for Reflection in Participatory Design, in: T. Binder (Hg.), *Proceedings of the 6th Biennial Participatory Design Conference, November 28–December 1, 2000, New York*, Palo Alto: CPSR, S. 303–313
Nisbett, Richard E. & Timothy D. Wilson (1977), Telling More Than We Can Know: Verbal Reports on Mental Processes, *Psychological Review* 84: 3, S. 231–259
Overgaard, Morten & Thomas Alrik Sørensen (2004), Introspection Distinct From First-Order Experience, *Journal of Consciousness Studies* 11:7–8, S. 77–95
Radovic, Susana (2005), *Introspecting Representations*, Göteborg: Acta Universitatis Gothoburgensis
Rodriguez, Noelie & Alan Ryave (2002), *Systematic Self-Observation*, Thousand Oaks: Sage
Roepstorff, Andreas & Anthony Jack (2004), Trust or Interaction? Editorial Introduction, *Journal of Consciousness Studies* 11: 7–8, S. v–xxii
Rosenthal, David M. (1999), Introspection, in R. A. Wilson & F. C. Keil (Hg.), *The MIT Encyclopedia of the Cognitive Sciences*, Cambridge: MIT Press, S. 419–421
Schacter, Daniel M. (1999), Implicit vs. Explicit Memory, in R. A. Wilson & F. C. Keil (Hg.), *The MIT Encyclopedia of the Cognitive Sciences*, Cambridge: MIT Press, S. 394–395
Schwitzgebel, Eric (2004), Introspective Training Apprehensively Defended: Reflections on Titchener's Lab Manual, *Journal of Consciousness Studies* 11: 7–8, S. 58–76
Stoerig, Petra (1999), Blindsight, in R. A. Wilson & F. C. Keil (Hg.), *The MIT Encyclopedia of the Cognitive Sciences*, Cambridge: MIT Press, S. 88–90
Thompson, Evan & Dan Zahavi (2007), Philosophical Issues: Phenomenology, in: P. Zalazo, M. Moscovitch & E. Thompson (Hg.), *Cambridge Handbook on Consciousness*, Cambridge: Cambridge University Press, S. 67–88
van Someren, Maarten W. et al. (1994), *The think aloud method. A practical guide to modelling cognitive processes*, London: Academic Press
Varela, Francisco J. & Jonathan Shear (1999), First-person Methodologies. What, Why, How?, *Journal of Consciousness Studies* 6:2–3, S. 1–14
Von Eckardt, Barbara (1998), Introspection, Psychology of, in E. Craig (Hg.), *Routledge Encyclopedia of Philosophy*. Bd. 4, *Genealogy–Iqbal*, London/New York: Routledge, S. 842–846
Wallach, Dieter & Christian Wolf (2001), Das prozeßbegleitende Laute Denken. Grundlagen und Perspektiven, in J. Schneider (Hg.), *Lautes Denken. Prozessanalysen bei Selbst- und Fremdeinschätzungen*. Weimar: Dadder, S. 9–29

Wilson, Timothy (2003), Knowing When to Ask: Introspection and the Adaptive Unconscious, *Journal of Consciousness Studies* 10:9–10, S. 131–140

Ziche, Paul (1999), Einleitung, in ders. (Hg.), *Introspektion. Texte zur Selbstwahrnehmung des Ichs*, Wien & New York: Springer, S. 1–42

Michaela Pfadenhauer

Doing Phenomenology:
Aufgrund welcher Merkmale bezeichnen wir ein Handeln als »kompetentes Organisieren«?

In diesem Beitrag[1] stelle ich die Frage, wie man mit jener speziellen Datenart deutend umgeht, welche die Teilnahme im Sinne eines existentiellen Sich-Einlassens auf ein Geschehen generiert, also mit subjektiven *Erlebens*-Daten des sich engagierenden bzw. des sein Engagement reflektierenden Forschers. Dabei gehe ich davon aus, dass auch wenn das von uns Erlebte, als Erlebtes, uns vollständig gegeben zu sein scheint – jedenfalls dann, wenn es sich um Erleben im Zustand so genannten hellwachen Bewusstseins handelt –, dies keineswegs bedeutet, dass es uns »in Sprache« oder dass es uns gar sozusagen *textförmig* gegeben ist. Evident ist dieser Umstand in der Regel beim Beschreiben bzw. Erläutern von Träumen, von Musik, von Gefühlen, wohl auch von jener Körperlichkeit, die Phänomenologen als Leiblichkeit bzw. Leib-Sein beschreiben (vgl. Plessner 1981, Raab 2001, Gugutzer 2002, vgl. auch Honer 2008 und Saerberg 2008). Solcherart Wahrnehmungsweisen sind also evidente Hinweise darauf, dass *all* unser Erleben seine Vertextung auf nicht-sprachliche Handlungs-›Reste‹ hin transzendiert, dass wir also lediglich zur Vergegenwärtigung für bestimmte – weite – Bereiche des Erlebens kulturelle (und damit »vollständig« in Text fassbare) Deutungsmuster verwenden – und diese dann mit dem Erlebten gleichsetzen, ohne dass wir uns im täglichen Leben diesem Vorgang typischerweise zuwenden oder ihn gar analysieren.

Anders ausgedrückt: Erlebensdaten sind prinzipiell nur teilweise und selbst dann eher unzulänglich als Text fixierbar. Zur kontrollierten Befassung mit Daten des eigenen Erlebens bedarf es deshalb – im Unterschied zum Umgang mit allen objektivierbaren und fixierbaren Daten, welche mittels Verfahren interpretiert werden können, die dem weiten Kanon Sozialwissenschaftlicher Hermeneutik zugerechnet werden können (vgl. dazu die Beiträge in Hitzler & Honer 1997) – einer *spezifischen* Methode. Diese spezifische Methode zur Analyse eben *nicht* der kulturell approbierten Deutungen, sondern des Erlebens und des Erlebten selber, ist die (Mundan-)Phänomenologie. In der bzw. mit der phänomenologischen Methode (vgl. dazu auch Bochenski 1954) geht es darum, den Gegenstand *direkt* zu erfassen, d.h. also darum, ihn *weder* diskursiv *noch* theoretisch zu ›begründen‹. (Mundan-)Phänomenologie, soweit sie für die Sozialwissenschaften von grundlegender Bedeutung ist, ist vielmehr *Wesensschau* der gesellschaftlich konstruierten Wirklichkeit als einem – per se keineswegs stimmigen, aber per se subjektiven und subjektiv sinnhaften – Erlebenszusammenhang bzw. zielt ab auf die Beschreibung der *Strukturen* der Lebenswelt (eben als dem Insgesamt menschlichen Welt-Erlebens).

Eine solche Strukturbeschreibung resultiert, genau genommen, demnach also aus der Analyse von als solchen allenfalls höchst unzulänglich vertextbaren Daten des subjektiven Erlebens (vgl. dazu auch Hitzler 2007). Gleichwohl erfordert die Repräsentation des »Doing Phenomenology«, die ich hier versuchen will, zumindest eine ganz grobe Text-Skizze, die das in Frage stehende Erleben intersubjektiv zugänglich andeutet. In diesem Sinne einer kommunikativen Hilfskonstruktion skizziere ich deshalb zunächst meinen von mir als »Organisieren wissenschaftlicher Tagungen« etikettierten eigenen Erfahrungszusammenhang, den ich thematisiert und reflektiert habe, um von den empirischen Daten aus ethnographischen Studien über verschiedene Varianten der Organisation kulturell verschieden konnotierter Events zu einem

---

1 Der Beitrag beruht auf intensiven Gesprächen über Aspekte des Organisierens mit Ronald Hitzler – ausgehend von unserem gemeinsamen Forschungsprojekt zur Organisation des XX. Weltjugendtags 2005 in Köln (vgl. Forschungskonsortium WJT 2007).

analytisch brauchbaren allgemeinen Begriff von »Organisieren«, von »kompetentem Organisieren« und schließlich von »kompetentem Handeln« (schlechthin) zu kommen.

1. **Kurze Notizen zu meinen ›typischen‹ Erfahrungen mit der Organisation einer ›typischen‹ wissenschaftlichen Tagung**[2]

Die Vorstandschaft der Sektion hat beschlossen, zu einem bestimmten Thema eine Jahrestagung zu veranstalten. Unter der Maßgabe, dass ich das gewünschte Thema meinen Interessen entsprechend modifizieren und die Tagung auf einen bestimmten Termin legen könne, habe ich die Aufgabe übernommen, sie »für die Sektion« zu organisieren.

Da ich zuvor schon andere Tagungen (mit-)organisiert habe, ist mir die ›Logik‹ dieser Art wissenschaftlicher Kollegialveranstaltung vertraut: Ich muss mich um eine geeignete, möglichst kostenlose Räumlichkeit und um die tagungsnotwendige ›Logistik‹ kümmern. Bei der Vorstandschaft muss ich einen einigermaßen vorkalkulierten Zuschuss für die »sonstigen« mit der Tagung verbundenen Kosten beantragen (insbesondere für Tagungsteilnehmern von in der Sektion ›traditionell‹ kostenlos bereitgestellte Getränke und Gebäck). Ich muss einen (ungefähren) zeitlichen ›Rahmen‹ und eine (ungefähre) Ablaufstruktur für das Tagungsprogramm entwerfen. Ich muss mich darum kümmern, dass die Mitglieder der Sektion (und andere thematisch interessierte Kollegen) so zeitig über Thema, Termin und Ort der Tagung informiert (sein) werden, dass sie ihre Teilnahme (ein)planen können. Ich muss mich darum kümmern, dass ein »Call for Papers« geschrieben, von der Vorstandschaft gut geheißen und dann zu einem Zeitpunkt verschickt wird, der erwarten lässt, dass möglichst viele Kollegen möglichst gute Referatangebote einreichen. Und ich muss dafür sorgen, dass die nachmaligen Tagungsteilnehmer über Anreise- und Übernachtungsmöglichkeiten informiert werden.

Für die ganze Aktion benötige ich Hilfe von anderen. Ich überzeuge, überrede und verpflichte (dienstlich) wissenschaftliche und studentische Mitarbeiter und einen befreundeten Kollegen davon bzw. dazu, mich bei der Vorbereitung und Durchführung der Tagung zu unterstützen. Ich erstelle eine erste »To-do-Liste« und bespreche mit meinen Helfern, was nun ›vernünftigerweise‹ wann wie von wem unter Berücksichtigung wovon zu tun sein wird. Ich bitte um ihre Expertise in Angelegenheiten, mit denen ich nicht so vertraut bin (insbesondere im Hinblick auf gerätetechnische Details). Und ich versuche, ihren Kompetenzen zu entsprechen, ihren Neigungen entgegenzukommen und ihre Einwände und Vorbehalte auszuräumen, ehe ich versuche, die anstehenden Aufgaben und Funktionen hinlänglich verlässlich zu verteilen und zu delegieren. Ich erstelle eine neue Erledigungs- und Zuständigkeitsliste.

Aus den bis zur »Deadline« eingehenden Vortragsexposés wähle ich – in Relation zur insgesamt verfügbaren Zeit – zusammen mit dem Kollegen die ›besten‹ aus, lasse ein Raster aus Referats-, Diskussions- und Pausenzeiten entwerfen und lege – wieder in Rücksprache mit dem Kollegen – die thematisch (und ›dramatisch‹) ›plausibelste‹ Reihenfolge fest. Ich suche einen geeigneten Raum an der Universität und lasse kontrollieren, ob er für die Tagung verfügbar sein wird. Ich werde darüber informiert, dass die Tagung mit der im vorgesehenen Raum stattfindenden Veranstaltung eines Kollegen aus dem Institut kollidiert. Ich lasse einen ›Ausweichraum‹ ausfindig machen und bitte den Kollegen, seine Veranstaltung am Tag der Tagung in dem anderen Raum abzuhalten. Ich lasse Hausmeister und Pförtner über die Tagung informieren.

---

2 Unter einer »wissenschaftlichen Tagung« (mit gewissen Modifikationen gilt dies auch für den wissenschaftlichen Workshop und für die wissenschaftliche Konferenz) verstehe ich eine Veranstaltung mit einem Programm, das – im Unterschied zu einer Vortragsreihe – in *unmittelbarer* zeitlicher Abfolge, d. h. nur durch Pausen voneinander getrennt, *mehrere* vor *einem* an einem Ort versammelten Publikum von Kollegen (im weiteren Sinne) gehaltene und von diesem diskutierte wissenschaftliche Vorträge *verschiedener* Referenten im Rahmen einer vorgegebenen Thematik vorsieht.

Ich bitte einen »ortskundigen« unter meinen Helfern, ein geeignetes Restaurant zu suchen, in dem die nachmaligen Teilnehmer am Abend des ersten Tagungstages gemeinsam essen können. Von einem anderen Helfer lasse ich Lage und Preise von Hotels recherchieren und eine entsprechende Liste erstellen. Ich lege das Tagungsprogramm fest, lasse es ›designen‹ und zusammen mit der Bitte um eine fristgerechte Anmeldung zur Tagung als Anhang über den Email-Verteiler der Sektion sowie an die Kontaktadressen anderer Sektionen verschicken. Ich ernenne einen einschlägig sachkundigen Helfer zum »technischen Assistenten« und beauftrage ihn damit, ein Rednerpult, eine Lautsprecheranlage, Mikrofon, Laptop, Videoplayer, Beamer und Leinwand zu besorgen und vor Beginn der Tagung im Tagungsraum zu installieren. Ich bespreche mit meinen Helfern, wer ›unmittelbar‹ vor der Tagung und während der Tagung welche Funktionen und Aufgaben übernehmen wird.

Ich nehme (bedauernd) zur Kenntnis, dass ein Referent seine Teilnahme kurzfristig absagt, dass ein anderer mitteilt, vor dem Zeitpunkt abreisen zu müssen, zu dem sein Beitrag vorgesehen war, und dass ein dritter erst später als vereinbart zur Tagung kommen kann. Ich tausche die Programmplätze der Referate gegeneinander aus und setze den Beginn der Tagung am zweiten Tag etwas später an. Ich lasse das Programm entsprechend korrigieren und die korrigierte Version für die nachmals faktischen Tagungsteilnehmer in der Größenordnung der eingegangenen Anmeldungen vervielfältigen.

Die mit der Teilnehmer-Verpflegung beauftragten Helfer bitten um meine Entscheidung darüber, wie viel Wasser überhaupt und wie viel davon mit und wie viel davon ohne Kohlensäure gekauft werden soll, ob sie auch Apfel- und/oder Orangensaft und ob sie Papp- oder Plastikbecher besorgen sollen. Vor allem aber bin ich gehalten, ihre Meinungsverschiedenheiten zu schlichten darüber, ob es in den Pausen der Tagung nur ›normale‹ belegte Brötchen oder auch vegetarische geben soll, und in welchem Mengenverhältnis Käse-, Wurst- und vegetarische Brötchen gegebenenfalls zueinander stehen sollen. Nach kontroverser ›Aussprache‹ einigen wir uns auf Croissants, Butterbrezeln und süßes Dauergebäck. Später berichten mir die ›Verpflegungshelfer‹, dass es einigermaßen schwierig gewesen sei, vom Personal der von ihnen ausgewählten Bäckerei garantiert zu bekommen, dass zu den jeweiligen Abholzeiten auch jeweils frischgebackene Croissants und frisch bebutterte Brezeln vorbereitet würden.

Am (ersten) Tag der Tagung lasse ich »Wegweiser« zum Tagungsraum ausdrucken und im Gebäude anbringen. Ich lasse die kommunikationstechnischen Geräte im Tagungsraum installieren und kontrollieren. Ich lasse die Bestuhlung so umstellen, dass sie mir als unter den gegebenen Bedingungen für den Tagungszweck optimiert erscheint. Ich lasse einen »Informationstisch« aufstellen und mit dem Programm, der Liste der angemeldeten Teilnehmer sowie einigen Flyern und Büchern bestücken. Ich lasse auf dem – etwas separierten – Tisch für die Getränke und das Gebäck ein Körbchen für ›freiwillige Spenden‹ platzieren. Ich kontrolliere, ob alle Helfer dort sind, wo sie sein sollen, ihre Aufgaben kennen und auch tatsächlich willig und in der Lage sind, sie zu erledigen. Mein besonderes Augenmerk gilt dabei – wegen seiner situativen Unersetzbarkeit – meinem »technischen Assistenten«. Angesichts einer akuten zwischenmenschlichen Unverträglichkeit tauschen wir einvernehmlich zwei Personen zwischen Informations- und Verpflegungstisch aus. Alles, was »so weit in Ordnung« ist, hake ich auf meiner Check-Liste ab. Alles ist »so weit in Ordnung«.

Die Tagung selber verläuft im Großen und Ganzen erwartungsgemäß: Ich begrüße die Teilnehmer, die Referenten tragen vor – manche besser, manche schlechter, manche zu schnell und einige (wie immer) zu lang – und ihre Vorträge werden aus der Teilnehmerschaft teils schleppend, teils erregt diskutiert. Das an den Beamer angeschlossene Laptop erkennt den USB-Stick nicht, auf dem einer der Referenten seine Power-Point-Präsentation mitgebracht hat. Der »technische Assistent« löst das Problem rechtzeitig dadurch, dass er die Datei über einen zweiten Laptop auf seinen eigenen Stick transferiert, auf dem das Gerät die Präsentation dann identifizieren kann. Die Mitglieder des Vorstands wechseln sich in der ›Moderation‹ ab und sorgen mehr oder weniger rigide dafür, dass die ›Brutto-Zeiten‹ je Vortrag einigermaßen eingehalten werden. Die Pausen werden hingegen immer überzogen, obwohl ich jedes Mal zum Wiederbeginn dränge und drängen lasse. Beim Abendessen im Restaurant gibt es die ebenfalls üblichen Probleme mit Bestellungen und Bezahlungen. Am Ende der Tagung bekunden die Teilnehmer, dass (auch) diese (wieder einmal) »ganz gut« und vor allem »prima« organisiert gewesen sei.

Ich helfe meinen Helfern beim Aufräumen. Ehe sie sich verabschieden, deklariere ich die Tagung als – jedenfalls, aber nicht nur, organisatorisch – überaus gelungen und versichere der ganzen ›Mannschaft‹, dass sie Großartiges geleistet hat und dass ich jedem einzelnen von ihnen für seinen Einsatz entsprechend dankbar bin. Dann mache ich mir noch ein paar Notizen für den Tagungsbericht und schwöre mir, jetzt keine Tagung mehr zu organisieren – zumindest für einige Zeit.

2. Versuch zur Applikation der ›phänomenologischen Methode‹

Wenn ich mit Blick auf diese Notizen das eingangs bereits genannte Problem im Verweis auf darstellungspragmatische Zwänge ausklammern darf, dass ich damit nun doch eine *Textskizze* vorgelegt habe zu einer Art von Daten, die in ihrer Fülle und in ihren spezifischen Eigenschaften eben gerade *nicht* vertextbar (und damit auch nicht hermeneutisch interpretierbar) sind, dann appräsentieren sich hier, teilweise idealtypisiert, (einige der) subjektive Erfahrungen, die ich als »im Zusammenhang mit dem Organisieren von Tagungen stehend« sedimentiert habe. Im weiteren dient die phänomenologische bzw. genauer: die eidetische Reflexion dieser Daten meines subjektiven Erlebens als Tagungsorganisatorin, im Abgleich mit vielfältigen – im Kontext dieses Bandes nicht zu explizierenden, aber eben andernorts verarbeiteten – empirischen Daten von (diverse) Events organisierenden Akteuren über deren Erfahrungen und Handlungen, deren Motive und Dispositionen, deren Wissen und Relevanzen, deren Probleme und Problemlösungen (vgl. z.B. Pfadenhauer 2000 und 2008), der abstrahierenden Beschreibung und theoretisch ambitionierten Begriffsbildung.[3]

Dementsprechend verstehe ich mein ›Phänomenologisieren‹ einerseits – ganz in der Tradition der Luckmannschen Rede von der »Protosoziologie« (Luckmann, z.B. 1993) – dezidiert nicht bereits als Soziologie, sondern als eine Art Vor-Arbeit zur erkenntnistheoretischen Fundierung der Sozialwissenschaften, und teile deshalb einerseits die Luckmannschen Vorbehalte gegenüber einer »phänomenologischen Soziologie« (vgl. Psathas 1989; vgl. klärend dazu Knoblauch 2007). Andererseits aber erscheint auch mir zur Lösung vielfältiger analytischer Probleme sinnverstehender Soziologie »Doing Phenomenology« nicht nur mit Blick auf die Klärung von Fragen der Konstitution von Sinn, sondern auch in methodischer Hinsicht (vgl. grundlegend Hitzler & Eberle 2000; dazu auch Eberle 1984 und 1993) unabdingbar.

Mit der so verstandenen phänomenologischen Methode ziele ich also darauf ab, Organisieren und kompetentes Organisieren genau zu beschreiben – ansetzend bei meinen einschlägig typisierten subjektiven (eventuell auch idiosynkratischen) Erfahrungen und, im Sinne eidetischer Variationen unter Nutzung unterschiedlicher Datensorten, hinarbeitend auf deren transsubjektiv ›wesentliche‹ Elemente bzw. auf deren verallgemeinerbare Strukturen. Phänomenologisch arbeite ich dabei mit der mentalen Vergegenwärtigung (bzw. der »Repräsentation«) des von mir als erlebt Erinnerten und des als sachlich gewusst Vermeinten. Diese mentalen Vergegenwärti-

---

3 Die Verbindung von Phänomenologie und Soziologie bzw. von phänomenologischer Methode und interpretativer Sozialforschung entspricht damit ungefähr dem – von Ronald Hitzler übernommenen – Arbeitsschema: »1. Gedankliche Variationen des eigenen Vor-Wissens (Strukturhypothese); 2. Datensammlung und (interpretative) Auswertung; 3. Gedankliche Variation des nunmehrigen Wissens (Verstärkte Strukturhypothese); 4. Vervollständigung der Datenerhebung und (hermeneutische) Auswertung; 5. Erneute gedankliche Variation (phänomenologische Beschreibung der Struktur); 6. Nutzung der Strukturbeschreibung als Matrix zum Vergleich von Daten bzw. Dateninterpretationen.«

gungen ›reinige‹ ich (so gut wie möglich) von ihren je konkreten Anhaftungen, und zwar vor allem dadurch, dass ich sie ›entkontextualisiere‹ und dass ich alltägliche Meinungen, weltanschauliche Moralisierungen und theoretische Erklärungen über sie bzw. zu ihnen ausklammere.[4]

Ausgeklammert wird so jegliche normative Aussage, jegliches Werturteil über all das, *wovon* im Hinblick auf das Erlebte ›abgesehen‹ bzw. *wovon* das Phänomen ›gereinigt‹ worden ist. Das wiederum impliziert (und eben dies scheint mir wesentlich zu sein für die Nutzbarkeit phänomenologischer Struktur-Beschreibungen für die Soziologie bzw. für die Sozialwissenschaften), dass alle ausgeklammerten Elemente (theoretische, traditionelle und auch unsere eigenen subjektiven Deutungen) ›bei Bedarf‹ (wieder) zum Thema des Erkenntnisinteresses oder eines praktischen Interesses gemacht – und mit anderen Methoden untersucht – werden können.[5]

Wenn ich mich nun dergestalt eidetisch ›sensibilisiert‹ meinen obigen kurzen Notizen mit strukturanalytischem Interesse wieder zuwende, dann lässt sich zunächst einmal schwerlich übersehen, dass wissenschaftliche Tagungen (inklusive Workshops, Konferenzen, Kongresse usw.) zumindest organisatorisch wenig mit der Subsinnwelt der Theorie (vgl. Schütz 2003) – die gleichwohl die ganze Unternehmung ›letztlich‹ legitimiert – und sehr viel mit vehementer Berücksichtigung von etwelchen (vor allem personellen und örtlichen) Rahmenbedingungen und mit komplizierter ›Berechnung‹ von Machbarkeiten zu tun hat. Interessanter aber erscheint mir mit Blick auf diese Notizen jedoch die Frage, ob bzw. inwieweit sich mit ethnographisch angelegten Fall-Analysen ein ›lohnender‹ Fundus verallgemeinerungsfähiger und somit heuristisch wieder auf (thematisch ganz) andere Kontexte applizierbarer Erkenntnisse generieren lässt, wenn wir sie ins Verhältnis zu unserer subjektiven Erfahrungsdeskription setzen und dergestalt eine abstrakte »Matrix« gewinnen (Luckmann 1983; ausgeführt in Schütz & Luckmann 2003) zum typologischen Vergleich je individueller Konkretionen.

Zugleich evident und aus diversen einschlägigen Fallstudien gegenwärtig ist mir unter vielem anderen z. B., dass Akteure, die etwas (Komplexes) organisieren, sich nur bedingt an irgendwelchen ›essentiellen‹ Zielsetzungen der Initiatoren dessen, was sie bewerkstelligen sollen, orientieren; dass sie vielmehr im Prozess des Organisierens typischerweise *ihre* Relevanzen und Relevanzhierarchien setzen bzw. diese interaktiv (und durchaus situationsflexibel) aushandeln. Ähnliches lässt sich auch mit Blick auf das Phänomen des Zusammen-Wirkens konstatieren: des Zusammen-Wirkens im Sinne des beabsichtigten und beiläufigen Erzeugens funktionaler und dysfunktionaler Effekte durch das vielgestaltige Tun von an Prozessen des Organisierens beteiligten Akteuren in divergenten Positionen, Funktionen und Rollen. Zusammen-Wirken dessen, was in das Organisieren involvierte Akteure tun, bedeutet nämlich eben *nicht* notwendigerweise Zusammenarbeit im Verstande der in der Literatur zur Projektorganisation viel gepriesenen *Kooperation* (vgl. für viele z. B. Bartsch-Beuerlein 2007; vgl. grundlegend zum Kooperieren Schnettler 2003). Das Zusammen-Wirken von in komplexes Organisieren – freiwillig ebenso wie unfreiwillig – einbezogenen Akteuren in typischerweise auch unterschiedlichen hierarchischen Beziehungen und Konstellationen geschieht ebenso in Formen des Delegierens, des Integrierens, des Okkupierens, aber auch des Blockierens, des Ausschließens, des Verweigerns usw., kurz: es geschieht im Spiel auf der Klaviatur so genannter mikropolitischer Taktiken und Strategien (vgl. dazu bereits Burns 1961/62).

---

4 Im Unterschied zu hermeneutischen Verfahren, für deren Anwendung die Arbeit in Interpretationsgruppen empfohlen wird, bedarf ein derartiges ›Phänomenologisieren‹ der einsamen und hoch konzentrierten Zuwendung zum jeweiligen Bewusstseinsgegenstand: »I concentrate fully, and in an enduring way on what is appearing before me in and in my consciousness […] everything becomes available for self referral and self-revelation« (Moustakas 2004: 87).

5 Die eidetische Reduktion zielt also (auch ›programmatisch‹) keineswegs auf ein irgendwie ›geheimnisvolles‹ Wesen der Korrelate des Erlebens (vgl. Hitzler 2005), sondern im Gegenteil auf das, als was sich die Bewusstseinsgegebenheiten – wesensmäßig – zeigen, wenn man sie ihrer zufälligen, d. h. ihrer ›unwesentlichen‹ Umhüllungen entkleidet.

3. Annäherung(en) an das Phänomen kompetenten Organisierens

Definieren lässt sich – aus der damit hier lediglich angedeuteten Analyse von Beobachtungen organisierenden Handelns und aus der Interpretation von Gesprächen mit als »Organisatoren« identifizierten Akteuren in unterschiedlichen Handlungskontexten heraus und im Abgleich mit meinen eigenen, hier ebenfalls nur ganz grob skizzierten Erfahrungen als Tagungsorganisatorin – »Organisieren« dergestalt empirisch begründet demnach etwa folgendermaßen: Organisieren soll ein solches Handeln heißen, das ein anderes Handeln und das Handeln anderer *vorbereitet* (das impliziert grosso modo: das dessen materielle und immaterielle Voraussetzungen bereitstellt), das die vorbereiteten Handlungen in eine bestimmte Richtung *beeinflusst* und dieses Handeln hinsichtlich seines Beitrags zur Zielerreichung *bewertet*.

Dieser Vorschlag zur Begriffsdefinition steht also *nicht* etwa im Kontrast zu meinem auf einschlägige Erfahrungen rekurrierenden Alltagsverständnis von Organisieren als einem Vorgang, der irgendwie mit Planen, Vorbereiten, Durchführen und möglicherweise auch noch mit Nachbereiten zu tun hat. Die wissenschaftliche Arbeit am Begriff geht vielmehr vom Alltagsverstand aus, konfrontiert diesen mit methodisch gesicherten Deutungen empirisch gewonnener Daten, gleicht diese mit den reflektierend gewonnenen Daten meiner subjektiven Erfahrungen (hier: als Tagungsorganisatorin) ab und liefert im Idealfall Präzisierungen von derlei in den verschiedenen Modi »gewussten« Sachverhalten. Als Sozialforscherin bewege ich mich im alltäglichen Zusammenleben von Menschen. Und soziologische Kategorien machen folglich (jedenfalls für mich) nur dann Sinn, wenn sie sich verständlich auf die Begriffe beziehen lassen, die wir im Alltag verwenden (vgl. dazu auch Schütz 2004). (Hinlängliche) begriffliche Sicherheit aber gewinnen wir im abstrahierenden Vergleich dessen, was wir schlechthin zu wissen meinen, und dessen, was wir wissenschaftlich erkennen können, mit dem, was uns in der eidetischen Zuwendung zu unserem eigenen Erleben evident ist.

Eine analytische Präzisierung erfährt der Begriff dergestalt zum einen dahingehend, dass Organisieren nun als eine Art Meta-Handeln, mit Othmar Spann (1925) gesprochen als »Handeln bewirkendes Handeln«, erkennbar wird, während sich für den Alltagsverstand organisierendes Handeln ja typischerweise mit aus- und durchführendem Handeln ›vermengt‹. Eine Präzisierung erfährt das Alltagsverständnis von Organisieren aber auch dadurch, dass Organisieren analytisch *nicht* einfach als linearer Prozess zu begreifen ist, in dem die Phasen Vorbereitung – Durchführung – Nachbereitung zeitlich hintereinander geschaltet sind und in dem die vorhergehende mit dem Eintritt in die nächste Phase mehr oder weniger abgeschlossen ist. Organisieren ist analytisch gesehen eher so etwas wie ein sinnstiftendes ›Gehäuse‹ um vielfältige, über die Gesamtdauer des Organisationsprozesses mehr oder weniger gut ineinandergreifende Teilprozesse von Vorbereiten – Bereitstellen – Beeinflussen – Bewerten, in dem man zwar, nachdem man einmal begonnen hat, nie wieder *ganz* von Vorne beginnt, in dem man aber immer wieder aber an einen Punkt gerät, an dem zur Spezifizierung, zur Aktualisierung oder zur Neujustierung aufgrund unvorhergesehener oder unvorhersehbarer Ereignisse vorbereitende und bereitstellende Maßnahmen erforderlich sind, während Einflussnahmen und Evaluationen ohnehin als den gesamten Prozess begleitende Maßnahmen verstanden werden müssen.

Dementsprechend organisiert *kompetent* nun, wer organisatorische Prozesse in ›überschaubare‹ Aufgaben und (Teil-)Projekte zerlegt, diese in möglichst eindeutige Handlungsschritte gliedert, deren räumliche Anordnung und zeitliche Abfolge im Handlungsablauf festlegt und – weil es hier eben um das Organisieren des Handelns *anderer* geht – die Umsetzung bzw. Ausführung all dessen den jeweils relativ am besten ›geeigneten‹ Akteuren zur Realisierung zuweist. Dazu setzen kompetente Organisatoren Verfahren und Techniken der Aufgabengliederung ein (von schlichten Aufgabenlisten, wie ich sie in meinen Notizen erwähne, bis zur aufwändigen, weil voraussetzungsvollen Form der EDV-gestützten Netzplantechnik), die ihnen helfen, den

Überblick über die Details und das Gesamtgeschehen zu bewahren und die Einhaltung von Arbeits- und Zeitplänen zu kontrollieren und ggf. zu korrigieren.

Kompetent organisiert sozial *arbeitsteilige* Projekte, wer möglichst klar und präzise festlegt, was von wem wann, wo und auf welche Weise zu bewerkstelligen ist, und wer mit dieser ›Geschäftsordnung‹ eine verbindliche und verlässliche und zugleich gegenüber unbeabsichtigten Entwicklungen, Folgen und Nebenwirkungen flexible Grundlage für von anderen auszuführende Handlungen her- und bereitstellt. Kompetente Organisatoren rekurrieren dabei weniger auf Detailwissen über spezielle Vollzüge denn auf eine Art Struktur- bzw. eben »Matrix«-Wissen, das sie (jederzeit) zu einem zügigen Vordringen zum Kern und zur (Ersatz-)Lösung von im Prozess auftauchenden Problemen befähigt – unter Absehung von hierfür nicht bzw. nur am Rande relevanten Details.

Kompetent organisiert soziale Arbeitsteilung, wer dafür zu sorgen vermag, dass die an der Projektrealisierung beteiligten Akteure jeweils das tun, was den Ziel-, Form- und Zeitvorgaben entsprechend von ihnen zu tun ist. Zur Steuerung und Lenkung der funktional gegliederten, zeitlich und räumlich (an-)geordneten und sozial ver- bzw. zugeteilten Aktivitäten in die durch (interaktiv ausgehandelte) Zielsetzungen vorgegebene Richtung rekurriert ein kompetenter Organisator unter den heute typischerweise gegebenen Bedingungen nicht nur nicht mehr auf offene Gewalt, sondern auch nicht nur auf Überredungskünste. Neben altbewährten Motivationsmitteln wie versteckten und offenen Drohungen (bzw. Sanktionen) und versteckten oder offenen Versprechungen (bzw. Gratifikationen) werden zur Lenkung der Aktivitäten anderer in die gewünschte Richtung gezielt kommunikationstechnisch avancierte und immer öfter auch visualisierende Plausibilisierungs- und Überzeugungsstrategien eingesetzt – wie z. B. Powerpoint-Präsentationen (vgl. dazu Schnettler & Knoblauch 2007). Sensibilität für die so genannte »Schnittstellenproblematik«, d. h. für Anschlüsse und Übergänge zwischen den projektbezogenen Arbeitspaketen verschiedener ausführender Akteure, die für Missverständnisse anfällig sind und Anlass für Mißstimmung bieten und an denen deshalb (zielführungsrelevante) Informationen zu versickern drohen, eine solche Sensibilität und daraus erwachsende Vorkehrungen und Maßnahmen an den Stellen, an denen die Teilprozesse wie »Zahnräder« ineinander greifen, erweisen sich somit als wesentliche Elemente organisatorischer Kompetenz.

(Sozial) kompetent organisiert schließlich, wer die von wem, wie, wo und wann auch immer ausgeführten Handlungen hinsichtlich ihres sachadäquaten Beitrags für die Zielvorgaben auch sachangemessen reflektiert und bewertet. Anders ausgedrückt: Ein Organisator erweist sich letztlich dann und dadurch als kompetent, wenn und dass er einzuschätzen vermag, welche Resultate grundsätzlich ebenso wie typischerweise mit den jeweils eingesetzten Mitteln und Werkzeugen von welcher Art von Akteuren über welche Bedingungen in welcher Zeit erzielt werden können, und wenn er die konkret tatsächlich erbrachten Leistungen daran messen und beurteilen kann.

Kompetentes Organisieren soll folglich heißen ein soziales Handeln, das ein anderes Handeln oder das Handeln anderer nicht ›irgendwie‹, sondern unter Einsatz (einer bestimmten Art) von Wissen, von (bestimmten) Techniken und Verfahren, von (bestimmten) Strategien und einer (bestimmten Art von) Reflexionsvermögen vorbereitet, dessen Handlungsvoraussetzungen bereitstellt, es in Richtung einer Zielvorgabe beeinflusst und hinsichtlich seines Beitrags zur Zielerreichung beurteilt. Die Kompetenz zum Organisieren – dies sollten die hier skizzenhaften Hinweisen auf einige abstrahierte Erträge der eigenen einschlägigen empirischen Forschung im Verbund vor allem mit meinen einschlägigen eigenen (subjektiven) Erfahrungen andeuten –, setzt sich dementsprechend augenscheinlich aus diversen *Teil*kompetenzen zusammen, die ihrerseits wieder jeweils *alle* Arten von Handlungskompetenz tangieren. Wie *intensiv* sie das jeweils tun, ist eine empirische bzw. erfahrungsreflexive und keine apriorische bzw. definitorische Frage.[6]

---

6 Auf die Replikation der in der Kompetenzforschung gängigen Ausdifferenzierung von Handlungskompetenz in Sach-, Selbst- und Erzähl- bzw. Fach-, Methoden-, Sozial- und Reflexionskompetenz (vgl. grundlegend Roth 1971: 180 sowie Heyse & Erpenbeck 1997: 163) verzichte ich in diesem Zu-

4. Ein Denk-Weg von der Beobachtung über die Teilnahme zum Begriff

Ich konstatiere, dass eine empirisch begründete und mithin auch empirisch revidierbare soziologische Analyse von Kompetenz – als einer *Qualität* von (sozialem) Handeln – in Begriffs- und somit mittelbar in theoriebildender Absicht auch und unabdingbar auf eidetische (bzw. zeitgemäßer ausgedrückt: auf strukturelle) Deskriptionen verwiesen ist. Diese werden im soziologischen Normalbetrieb zumeist implizit genutzt, lassen sich aber im Sinne der von Luckmann empfohlenen Arbeit an einer Vergleichsmatrix in der mundanphänomenologischen Protosoziologie auch explizieren. Dies habe ich hier wenigstens in einer ersten Annäherung versucht: als Denk-Weg von a) der konkreten Beschreibung subjektiver Erfahrungen vor b) dem Hintergrund eigener ethnographischer Fallstudien über c) die interpretative Verallgemeinerung der dabei gewonnenen Erkenntnisse zu d) deren Nutzung als »Sensitizing Concepts« (Strauss & Corbin 1996) für die Klärung des hier in Frage stehenden Sachverhalts der Kompetenz zum Organisieren.

Formal betrachtet ist Kompetenz – welcher Art auch immer – im Verhältnis zum Handeln, zur Handlung und zum als Handeln und Handlung gedeuteten, beobachtbaren Verhalten zu klären (vgl. dazu auch Schulz-Schaeffer 2007 und 2008). Erst auf der Basis eines dergestalt gesicherten Begriffs von Organisieren lässt sich die Frage der hierfür zum Einsatz bzw. zur Darstellung gebrachten Kompetenzen systematisch überhaupt stellen. Eine phänomenologisch fundierte soziologische Kompetenzanalyse erfolgt (stark vereinfacht formuliert) also ausgehend von der (Selbst-)Beobachtung von (hier: organisierendem) Handeln und hin zum Begriff (hier: von Organisieren und einer dieses betreffenden Kompetenz). Wenn ich in diesem Sinne also vorschlage, sozusagen ›von der Beobachtung über die Teilnahme zum Begriff‹ zu arbeiten, dann votiere ich damit selbstverständlich weder für eine theorieabstinente oder begriffsleere Empirie, noch gar für eine empirielose »Wesensschau«. Im Gegenteil, ich plädiere für eine auf die Rekonstruktion von Ethnosemantiken und Ethnomethodologien (vgl. Maeder 2007 und Eberle 2007 und 2008) bzw. von Ethnotheorien (vgl. Schnettler 2008) abzielende, hierin aber auch Daten subjektiven Erlebens systematisch einbeziehende, ethnographische Feldforschung. Denn insbesondere über die einschlägigen Arbeiten von Anne Honer, Ronald Hitzler und Hubert Knoblauch ist bekanntlich augenfällig geworden, dass – *zusätzlich* zu dem, was Ethnographen gemeinhin machen, nämlich: das Geschehen zu beobachten, Dokumente zu beschaffen und mit den Leuten zu reden – sich durch (beobachtende) *Teilnahme* Daten einer besonderen Qualität gewinnen lassen, die *nicht* über andere Datengenerierungsverfahren zugänglich sind: Daten eben des *eigenen* subjektiven Erlebens (wobei der Forscher sich sozusagen selber als Datenerhebungsinstrument nutzt – vgl. dazu auch Trotman 2006).

Aus dieser Einsicht hat insbesondere Anne Honer (1993: 41ff, 2000, vgl. auch Hitzler & Honer 1988) das Konzept der lebensweltanalytischen Ethnographie entwickelt: Soziologische Lebensweltanalyse meint ihr zufolge »den methodischen Versuch, die Welt gleichsam durch die Augen eines idealen Typs (irgend-)einer Normalität hindurch sehend zu rekonstruieren.« Denn soziologische Lebensweltanalyse interessiert sich ja vorzugsweise für die *Perspektive*, aus der die Menschen, die Gegenstand der Untersuchung sind, die für sie relevanten Ausschnitte aus der sozialen Welt wahrnehmen. Solche je perspektivisch relevanten Ausschnitte werden – im Anschluss an Benita Luckmann (1970) – als ›kleine soziale Lebens-Welten‹ bezeichnet. Und die ideale Basis für die damit verbundene Form der *Ethnographie* ist »der Erwerb der praktischen Mitgliedschaft an dem Geschehen, das erforscht werden soll, also der Gewinn einer existentiel-

---

sammenhang vor allem deshalb, weil diese stereotypen Kategorisierungen *keine* Entsprechung in der sinnhaften Aufschichtung dessen haben, was wir organisierend bzw. aus der subjektiven Perspektive des Organisierenden (typischerweise) erleben. Meines Erachtens taugt diese literaturnotorische Binnendifferenzierung (mithin) allenfalls für eine gewisse heuristische Sensibilisierung, keinesfalls jedoch sollte sie schematisch oder gar nach dem ›Entweder-Oder-Prinzip‹ zum Sortieren je dominierender Kompetenzaspekte begriffen werden.

len Innensicht« (Honer 1993: 44). D. h., die warum auch immer interessierenden Phänomene sollen eben nicht nur erkundet, beobachtet und gedeutet, sondern – zumindest idealerweise – auch (mit-)erlebt werden.

Technisch gesprochen meint »beobachtende *Teilnahme*« (als das Verfahren, das die *lebensweltanalytische* Ethnographie besonders kennzeichnet) dabei: sich auf und in möglichst Vieles, was geschieht, einzulassen, in feldtypische Rollen zu schlüpfen, mit zu tun, was zu tun je ›üblich‹ ist, und dabei nicht nur andere, sondern auch sich selbst zu beobachten: beim Beobachten ebenso wie beim Teilnehmen.[7] »Teilnahme« per se dient (jedenfalls in der von mir hier intendierten Konzeption des »Doing Phenomenology«) aber *nicht* bzw. allenfalls beiläufig der besseren bzw. verständigeren Beobachtung. Teilnahme dient vielmehr vor allem der *Konstitution von Daten subjektiven Erlebens*. Wissenschaftliches Arbeiten im strengeren bzw. engeren Sinne schließlich besteht in der *Analyse* empirisch generierter in (einer weiter zu klärenden) Relation zu sinn- bzw. konstitutionsreflexiv generierten Daten. Eine solche Analyse bringt – gelingenderweise – die Beobachtungen und die Teilnahme-Erlebnisse auf den *Begriff,* dessen Eindeutigkeit, Alfred Schütz zufolge, wiederum unabdingbar ist für den Aufbau bzw. für die Bildung einer falsifizierbaren *Theorie.* (Auch) in diesem Verstande bleibt »Doing Phenomonology« (für mich) eine perrenierende Aufgabe...

Literatur

Bartsch-Beuerlein, Sandra (2007), *Virtuelle Projektorganisationen,* Berlin: Mensch-&-Buch
Bochenski, Innocent Marie-Joseph (1954), *Die zeitgenössischen Denkmethoden,* Bern: Francke
Burns, Tom (1961/62), Micropolitics: Mechanism of Institutional Change, *Administrative Science Quartely* 6, S. 257ff
Eberle, Thomas S. (1984), Sinnkonstitution in Alltag und Wissenschaft, Bern: Haupt
Eberle, Thomas S. (1993), Schütz' Lebensweltanalyse: Soziologie oder Protosoziologie?, in ders., *Lebensweltanalyse und Handlungstheorie,* Konstanz: UVK, S. 55–80
Eberle, Thomas S. (2007), Ethnomethodologie, in: R. Buber & H. Holzmüller (Hg.), *Qualitative Marktforschung,* Wiesbaden: Gabler, S. 93–110
Eberle, Thomas S. (2008), Phänomenologie und Ethnomethodologie, in diesem Band, S. 151–161
Forschungskonsortium WJT (2007), *Megaparty Glaubensfest.* Weltjugendtag 2005: Erlebnis – Medien – Organisation. Wiesbaden: VS
Gugutzer, Robert (2002), *Leib, Körper und Identität,* Wiesbaden: Westdeutscher
Heyse, Volker & John Erpenbeck (1997), *Der Sprung über die Kompetenzbarriere. Kommunikation, selbstorganisiertes Lernen und Kompetenzentwicklung von und in Unternehmen,* Bielefeld: Bertelsmann
Hitzler, Ronald (2005), Die Beschreibung der Struktur der Korrelate des Erlebens, in: U. Schimank & R. Greshoff (Hg.), *Was erklärt die Soziologie?,* Berlin: LIT-Verlag, S. 230–240
Hitzler, Ronald (2007), Phänomenologie, in: R. Buber & H. Holzmüller (Hg.), *Qualitative Marktforschung,* Wiesbaden: Gabler, S. 81–92
Hitzler, Ronald & Thomas S. Eberle (2000), Phänomenologische Lebensweltanalyse, in: U. Flick, E. v. Kardoff & I. Steinke (Hg.), *Qualitative Forschung – Ein Handbuch,* Reinbek b. Hamburg: Rowohlt, S. 109–118
Hitzler, Ronald & Anne Honer (1988), Der lebensweltliche Forschungsansatz, *Neue Praxis* 18: 6, S. 496–501

---

7 Demgegenüber impliziert »Teilnehmende Beobachtung« eine Unterform der Beobachtung. Unter »*Beobachtung*« wird die deutende Erkundung des – aktuellen und/oder sedimentierten – Verhaltens anderer als einer lehr- und lernbaren Technik zur Datengenerierung verstanden. »*Teilnehmende* Beobachtung« lässt sich generell dadurch spezifizieren, dass hier die Art des Beobachtens nicht vor dem Beobachtungsbeginn festgelegt ist und vor allem dadurch, dass die – üblicherweise restringierte – Teilnahme als Voraussetzung gilt dafür, dass, und nur insoweit stattfindet, als sie notwendig ist, um Beobachtungen überhaupt durchführen zu können (vgl. dazu u. v. a. Lüders 2000 und Lueger 2000).

Hitzler, Ronald & Anne Honer (Hg. 1997), *Sozialwissenschaftliche Hermeneutik,* Opladen: Leske + Budrich
Honer, Anne (1993), *Lebensweltliche Ethnographie,* Wiesbaden: DUV
Honer, Anne (2000), Lebensweltanalyse in der Ethnographie, in: U. Flick, E. v. Kardoff & I. Steinke (Hg.), *Qualitative Forschung – Ein Handbuch,* Reinbek.: Rowohlt, S. 194–204
Honer, Anne (2008), Verordnete Augen-Blicke, in diesem Band, S. 379–387
Knoblauch, Hubert (2007), Phänomenologisch fundierte Soziologie, in: R. Schützeichel (Hg.), *Handbuch Wissenssoziologie und Wissensforschung,* Konstanz: UVK, S. 118–126
Luckmann, Benita (1970), The Small Life Worlds of Modern Man, *Social Research* 4, S. 580–596
Luckmann, Thomas (1983), Eine phänomenologische Begründung der Sozialwissenschaften?, in: D. Henrich (Hg.), *Kant oder Hegel?,* Stuttgart: Klett-Cotta, S. 506–518
Luckmann, Thomas (1993), Schützsche Protosoziologie?, in: A. Bäumer & M. Benedikt (Hg.), *Gelehrtenrepublik – Lebenswelt,* Wien: Passagen, S. 321–326
Lüders, Christian (2000), Beobachten im Feld und Ethnographie, in: U. Flick, E. v. Kardoff & I. Steinke (Hg.), *Qualitative Forschung – Ein Handbuch,* Reinbek b. Hamburg: Rowohlt, S. 384–401
Lueger, Manfred (2000), *Grundlagen qualitativer Feldforschung,* Wien: WUV
Maeder, Christoph (2007): Ethnographische Semantik, in: R. Buber & H. Holzmüller (Hg.), *Qualitative Marktforschung,* Wiesbaden: Gabler, S. 681–696
Moustakas, Clark (1994), *Phenomenological Research Methods,* London: Sage
Pfadenhauer, Michaela (2000), Spielerisches Unternehmertum, in: W. Gebhardt, R. Hitzler & M. Pfadenhauer (Hg.), *Events.* Opladen: Leske + Budrich, S. 95–114
Pfadenhauer, Michaela (2008), *Organisieren,* Wiesbaden: VS (im Druck)
Plessner, Helmuth (1981), *Die Stufen des Organischen und der Mensch,* Frankfurt a. M.: Suhrkamp
Psathas, George (1989), *Phenomenology and Sociology,* Lanham, MD: University Press of America
Raab, Jürgen (2001), *Soziologie des Geruchs,* Konstanz: UVK
Roth, Heinrich (1971), *Pädagogische Anthropologie,* Bd. 2: Entwicklung und Erziehung, Hannover: Schroedel
Saerberg, Siegfried (2008), Das Sirren in der Dschungelnacht – Zeigen durch Sich-wechselseitig-aufeinander-Einstimmen, in diesem Band, S. 401–410
Schnettler, Bernt (2003), Sociability: The Ethnotheory of Co-operation, in: A. Müller & A. Kieser (Hg.), *Communication in Organizations,* Frankfurt a. M.: Lang, S. 201–218
Schnettler, Bernt (2008), Soziologie als Erfahrungswissenschaft. Zum Verhältnis von Mundanphänomenologie und Ethnophänomenologie, in diesem Band, S. 141–149
Schnettler, Bernt & Hubert Knoblauch (Hg. 2007), *Powerpoint-Präsentationen,* Konstanz: UVK
Schütz, Alfred (2003), Über die mannigfaltigen Wirklichkeiten, in ders., *Theorie der Lebenswelt 1* (hgg. v. Martin Endreß & Ilja Srubar), Konstanz: UVK, S. 177–248
Schütz, Alfred (2004): Common-Sense und wissenschaftliche Interpretation menschlichen Handelns, in: J. Strübing & B. Schnettler (Hg.), *Methodologie interpretativer Sozialforschung,* Konstanz: UVK, S. 155–197
Schütz, Alfred & Thomas Luckmann (2003), *Strukturen der Lebenswelt,* Konstanz: UVK
Schulz-Schaeffer, Ingo (2007), *Zugeschriebene Handlungen,* Weilerswist: Velbrück
Schulz-Schaeffer, Ingo (2008), Soziales Handeln, Fremdverstehen und Handlungszuschreibung, in diesem Band, S. 211–221
Spann, Othmar (1925): Organisation, in: L. Elster, A. Weber & F. Wieser (Hg.), *Handwörterbuch der Staatswissenschaften,* Band 6, Jena: G. Fischer, S. 766–776
Strauss, Anselm & Juliet Corbin (1996), *Grounded Theory: Grundlagen Qualitativer Sozialforschung,* Weinheim: Psychologie Verlags Union
Trotman, Dave (2006), Interpreting imaginative lifeworlds, *Qualitative Research* 6: 2, S. 245–265

Margarethe Kusenbach

Mitgehen als Methode
Der »Go-Along« in der phänomenologischen Forschungspraxis[1]

1. Einleitung

Phänomenologische Untersuchungen in Nachbardisziplinen der Soziologie haben ergeben, dass unsere Erfahrung der Umwelt in grundlegender Weise auf die Koordinaten unseres Leibes (*lived body*) aufbaut. Dies bedeutet letztendlich, dass der Begriff des Ortes (*place*) dem des Raumes (*space*) vorausgeht. Der Philosoph Edward Casey (1993: 43ff) beschreibt unsere ursprüngliche Wahrnehmung der Umwelt als eine Vielfalt von Orten, die von den Bewegungen des Leibes konstituiert ist. Caseys Darstellung, die sich auf das Werk Merleau-Pontys gründet, erinnert an den Begriff des »Wahrnehmungsraumes« (*perceptual space*), der von Edward Relph, einem phänomenologischen Geographen, entwickelt wurde. Relph (1976: 11) erklärt, dass der Wahrnehmungsraum »in vielerlei Orte oder Zentren von besonderer persönlicher Bedeutung ausdifferenziert ist« und nicht nur aktuelle, sondern auch vorgestellte und erinnerte Orte enthält. Als einer der Gründerväter der verstehenden Soziologie hob Alfred Schütz die Bedeutung der subjektiven Koordinaten des Leibes in seiner Beschreibung der Strukturen der Lebenswelt (Schütz & Luckmann 1989) hervor, ohne jedoch den Primat des Ortes (*place*) in unseren räumlichen Wahrnehmungen und Praktiken vollständig zu erkennen. Der besondere Stellenwert der Umwelt und die Bedeutung der Orte in der Alltagserfahrung sind Themen, denen sich phänomenologisch gesinnte Soziologen erst seit kurzem näher zugewandt haben (z. B. Milligan 1998). Generell sind phänomenologisch orientierte empirische Untersuchungen in der gegenwärtigen, zumindest der amerikanischen, Soziologie eher eine Seltenheit (Ostrow 1990 und Katz 1999 sind willkommene Ausnahmen).

Dieser Aufsatz hat das Ziel, zu einem besseren phänomenologischen Verständnis davon beizutragen, wie Menschen ihre materiellen und sozialen Umwelten im täglichen Leben begreifen und benutzen. Zu diesem Zweck untersucht der Beitrag die Methode des Go-Alongs als ein qualitatives Forschungsinstrument, welches die transzendenten und reflexiven Aspekte der gelebten Alltagserfahrung – und deren Verankerung in Orten – besonders hervorhebt. Ich beginne mit einigen Bemerkungen über das Verhältnis von Phänomenologie und soziologischer Forschung. Danach werfe ich einen kritischen Blick auf die herkömmlichen Haupttechniken der Ethnographie.[2] Im Anschluss daran erläutere ich die Methode des Go-Alongs etwas genauer. Der Hauptteil des Textes widmet sich dem analytischen Potential dieser Methode und bespricht zwei Themenbereiche, die insbesondere dazu geeignet sind, mittels Go-Along erforscht zu werden, nämlich Wahrnehmungsprozesse und Biographien. Abschließend weise ich auf einige Grenzen und Implikationen der Go-Along-Technik hin.

Dieser Text basiert auf meiner Teilnahme an einem dreijährigen ethnographischen Forschungsprojekt. In diesem Projekt haben wir untersucht, wie die Bewohner in fünf Stadtvierteln von Hollywood (Los Angeles) lokale Probleme wahrnehmen, und wie diese Eindrücke ihre alltäglichen Aktivitäten und Interaktionen prägen.[3] Ich war für zwei der fünf Stadtviertel ver-

---

1 Dieser Beitrag ist eine stark gekürzte und leicht überarbeitete Übersetzung meines Aufsatzes »Street Phenomenology. The Go-Along as Ethnographic Research Tool«, *Ethnography* 4:3, 2003, S. 449–479. Alle enthaltenen Zitate habe ich ebenfalls ins Deutsche übersetzt.
2 Der Begriff der »Ethnographie« wird hier im amerikanischen Sprachgebrauch verwendet und bezeichnet die Verwendung verschiedener qualitativer Untersuchungsmethoden.
3 Das Forschungsprojekt »Everyday Perceptions of Disorder, Self-Protection Against Crime, and Com-

antwortlich, die allesamt sozial und kulturell sehr unterschiedlich waren. In 61 narrativen Interviews von zwischen einer und drei Stunden Dauer habe ich die Biographien und Alltagserfahrungen der Bewohner »meiner« beiden Stadtteile ergründet. Zusätzlich habe ich über einen Zeitraum von 18 Monaten das Straßenleben und lokale Ereignisse in beiden Gegenden beobachtet und in detaillierten Feldnotizen festgehalten. Der Fokus des vorliegenden Beitrags ist jedoch auf eine dritte Methode und Datenquelle gerichtet: auf meine Aufzeichnungen von 50 sogenannten Go-Alongs, für die ich 30 meiner Informanten zum Teil wiederholt bei ihren »natürlichen« Alltagsroutinen begleitet habe.

2. Phänomenologie und soziologische Forschung

Über das komplizierte Verhältnis von Phänomenologie und Soziologie wurde in der Vergangenheit schon einiges gesagt (z. B. Luckmann 1973, Natanson 1973, Psathas 1977, 1989, Maso 2001, Holstein & Gubrium 2005).[4] Thomas Luckmann betont, dass die Phänomenologie einen wichtigen methodologischen Zweck erfüllt, mahnt aber zugleich, dass sie nicht »als eine empirische Ersatzmethode« verstanden werden soll (Luckmann 1973: 179). Phänomenologie sei vielmehr dazu bestimmt, die universalen und unveränderlichen Strukturen der Lebenswelt aufzudecken. Sie stelle der Forschung eine »Matrix« zur Verfügung, könne aber selbst nicht auf empirischen Daten beruhen, weil »alle Daten der Sozialwissenschaften historisch sind« (Luckmann 1973: 180). Seiner Auffassung nach können und sollen die Strukturen der Alltagserfahrung – und im Wesentlichen alle phänomenologischen Gegenstandsbereiche – also nicht der empirischen Forschung unterzogen werden.

In einem neueren Aufsatz, der Verbindungen zwischen Phänomenologie und Ethnographie herstellt, beschreibt Ilja Maso (2001) die Grenzen dieser traditionellen Auffassung des phänomenologischen Programms, die von Autoren wie Psathas, Luckmann und anderen an Schütz anschließenden Forschern vertreten wird:

> »Heutzutage muss das strenge Einklammern aller Vorannahmen und Urteile über Phänomene als Mythos angesehen werden. Seit Hanson wissen wir, dass Wahrnehmung und Interpretation voneinander untrennbar sind, was bedeutet, dass Theorien und Deutungen von Anfang an in jede Beobachtung miteingehen. [...] Diese [Theorien und Deutungen] einzuklammern, falls überhaupt möglich, würde jede Wahrnehmung und folglich alle Erfahrung unmöglich machen. Deshalb kann das Einklammern bestenfalls als ein Versuch angesehen werden, von denjenigen Vorannahmen und Urteilen über Phänomene abzusehen, die Phänomenologen als (äußerliche) Verunreinigung der puren Wahrnehmung dieser Phänomene ansehen. Was eingeklammert wird, und was folglicherweise dem Bewusstsein erscheint, hängt somit davon ab, wer das Einklammern vornimmt« (Maso 2001: 138).

Maso behauptet hier, dass die Methode der phänomenologischen Reduktion ein Ideal darstellt, welches nicht zu erreichen ist, ohne die Phänomene, an denen Soziologen besonders interessiert sind, zu beseitigen. Er betont, dass der Prozedur der Einklammerung die gleichen sozial bedingten Vorannahmen und Urteile zugrunde liegen, die sie abzubauen versucht. Und er warnt uns davor, phänomenologische Programme, Methoden und Einsichten in absolute Begriffe zu fassen. Meines Erachtens nach rückt Maso somit die Phänomenologie dorthin, wo sie hinge-

---

munity Policing« wurde zwischen 1996 und 1999 mit Unterstützung des amerikanischen National Institute of Justice (NIJ) durchgeführt. Das dreiköpfige Forschungsteam setzte sich aus Jack Katz als Projektleiter sowie Peter Ibarra und mir zusammen.
4 Zum Verhältnis von Phänomenologie und soziologischer Forschung vgl. auch die Beiträge von Luckmann, Dreher und Pfadenhauer in diesem Band.

hört: zurück in den Kanon wissenschaftlicher Disziplinen, die fest in ihren geistesgeschichtlichen und kulturellen Kontexten verankert sind.

Die Akzeptanz der fundamentalen Positionalität der Forschenden wird in der Ethnographie manchmal als »reflexive Wende« bezeichnet (Emerson 2001), ohne Ethnographen jedoch an der Ausübung ihres Handwerks gehindert zu haben – ganz im Gegenteil. Diese Einsicht hat eine grundlegende Verschiebung der Weisen, wie sich Ethnographen in ihrer Forschung und in ihrem Schreiben verorten, zur Folge gehabt (Coffey 1999). Gleichermaßen muss die neugefundene Positionalität und Historizität der phänomenologischen Methode nicht das Ende der phänomenologischen Praxis bedeuten. Vielmehr kann diese Einsicht zur Verbesserung und Weiterentwicklung der Phänomenologie beitragen. Zusammen mit Maso bin ich also der Meinung, dass die phänomenologischen Strukturen der Alltagserfahrung durchaus legitime Gegenstände empirischer Untersuchungen werden können – und besonders von ethnographischen. In dieser Hinsicht bietet der Versuch, eine phänomenologische Ethnographie zu entwickeln, eine Gelegenheit, die Grenzen der Phänomenologie als rein philosophische Disziplin zu überschreiten. Aber wie können wir die phänomenologischen Strukturen der Alltagserfahrung *empirisch* untersuchen? Welchen Beitrag können ethnographische Forschungsmethoden zu einer phänomenologischen Soziologie leisten? In diesem Beitrag behaupte ich, dass die neue Methode des Go-Alongs hierfür von Nutzen ist, indem sie einige Stärken der Beobachtung und des Interviewens zu verbinden und einige deren Schwächen zu vermeiden vermag.

3. Einige Nachteile der Beobachtung und des Interviewens

Ethnographische Methoden können grob in Interviews mit Informanten auf der einen Seite und Beobachtungen »natürlicher« Schauplätze und Ereignisse auf der anderen Seite eingeteilt werden. Beide Methoden haben Nachteile, wenn es darum geht, die Bedeutung der Orte in der Alltagserfahrung zu rekonstruieren.

Mein Hauptbedenken gegenüber der teilnehmenden Beobachtung lassen sich folgendermaßen zusammenfassen: Solitäre Beobachtungen können die umweltlichen Erfahrungen und Praktiken anderer Personen letztendlich nicht rekonstruieren, egal ob sie aus großer Nähe oder aus einiger Distanz angestellt werden. Normalerweise reden Menschen, während sie ihren Alltagsbeschäftigungen nachgehen, nicht darüber, was »hier gerade passiert«. Was Andere im Einzelnen wahrnehmen und tun, und was ihre situierten Erfahrungen und Handlungen letztendlich für sie bedeuten, bleibt oft ihr Geheimnis – selbst wenn sie von Ethnographen beobachtet werden, die vollwertige Mitglieder des erforschten sozialen Umfelds sind. Zweifellos bietet eine solche Stellung Ethnographen einen einzigartigen Zugang und sollte aus diesem Grund die bevorzugte Position aller sein, die Feldforschung betreiben. Mein Argument lautet, dass die Akzeptanz und Beteiligung als vollwertiges Mitglied keinen *automatischen* Zugang zu den Erfahrungen und Interpretationen anderer Gruppenangehöriger vermittelt. Wenn ich in meiner Feldforschung lediglich eine kompetente Nachbarin geblieben wäre und von dieser Position aus meine Beobachtungen angestellt hätte, ohne ein deutlich stärkeres Engagement an den Tag zu legen und einen proaktiveren Kurs einzuschlagen, hätte ich mit Sicherheit sehr viel weniger über die phänomenologisch interessanten Aspekte der alltäglichen Umwelterfahrung gelernt, als ich in diesem Aufsatz berichten kann. Die teilnehmende Beobachtung wird von vielen als die authentischste und verlässlichste ethnographische Methode angesehen. Dennoch ist sie weder die alleinige Wahl, noch das beste Mittel für alle soziologischen und phänomenologischen Untersuchungen.

Ähnliche Bedenken gelten der Methode des ethnographischen Interviewens. Statisches (*sitdown*) Interviewen erlaubt uns einen Zugang zu Dingen, die momentan nicht sichtbar und folglich nicht beobachtbar sind, weshalb es mitunter ein ausgezeichnetes Forschungsinstrument darstellt. Dennoch hat die Methode des Interviewens mindestens zwei Nachteile hinsichtlich ihrer Fähigkeit, die Alltags- und Umwelterfahrungen anderer Menschen zu rekonstruieren: Die erste Schwäche liegt in den Grenzen der Erzählbarkeit und die zweite in den Grenzen der Interviewsituation selbst. Es ist praktisch unmöglich, alle Aspekte der Alltagserfahrung durch Interviewen auszuleuchten – entweder weil sich Befragte dagegen wehren, über bestimmte Dinge zu reden oder weil sie einfach nicht dazu in der Lage sind. Wie sehr sie uns auch helfen wollen, unsere Informanten übersehen notwendigerweise vieles dessen, was in ihren Erfahrungen »wichtigeren« Dingen untergeordnet ist, Soziologen aber besonders interessiert. Ethnographische Interviews eignen sich daher nicht für Themen, die der gedanklichen und sprachlichen Reflexion enthoben sind, wie zum Beispiel die vorbewussten Wissensbestände und Praktiken des Leibes oder die zutiefst trivialen Einzelheiten der täglichen Umwelterfahrung. Und zweitens sind Interviews meistens relativ formale Begegnungen, in denen wir uns in erster Linie auf die Unterhaltung konzentrieren. Alle anderen Aktivitäten werden normalerweise als störend empfunden und in den Hintergrund gedrängt (siehe z. B. Berndt, in diesem Band). Die Grundstruktur der Interviewsituation unterdrückt somit viele der »natürlichen«, das heißt kontextsensitiven Reaktionen der Befragten und Interviewer gleichermaßen. Wichtiger noch, sie errichtet eine oppositionelle Beziehung zwischen den Teilnehmern, anstatt eine geteilte Perspektive und weniger gegensätzliche Verbindung zwischen ihnen zu fördern. Kurz gesagt kapseln die strukturellen Grenzen der meisten Interviewsituationen unsere Informanten von ihren Routineerfahrungen und Tätigkeiten in der »natürlichen« Umwelt ab. Dies ist besonders dann ein Nachteil, wenn das Hauptinteresse der Untersuchung diesen in den Hintergrund gedrängten Themen und Aspekten gilt.

4. Die Methode des Go-Alongs

Die Methode des Go-Alongs bezeichnet Situationen, in denen Feldforscher Informanten auf »natürlichen« Ausflügen (*outings*) begleiten und – durch Fragen, Zuhören und Beobachten – aktiv den Fluss ihrer Erfahrungen und Handlungen zu begreifen versuchen. Zusätzlich bieten Go-Alongs eine ausgezeichnete Gelegenheit zur unbeobachteten Beobachtung solcher sozialen Felder und Situationen, die Forschern im Alleingang nicht problemlos zugänglich sind. Genauer gesagt sind Go-Alongs eine bescheidenere und gezieltere Form des »Dabeiseins« (*hanging out*), das bekanntermaßen ein wichtiger Bestandteil ethnographischer Untersuchungen ist. Ethnographen sind meistens jedoch nur mit wenigen Schlüsselpersonen gut genug befreundet, um mit ihnen mitgehen zu können und folgen daher selten einer Reihe von Mitgliedern ihres Forschungsfelds in organisierter Form. Weiterhin konzentrieren sich Untersuchungen, die »Dabeisein« als Methode verwenden (wie eine ganze Reihe klassischer und auch neuerer Ethnographien es tun), normalerweise auf das Familien- oder Berufsleben ihrer Informanten an einem Ort oder an wenigen Orten. Insofern vernachlässigen sie andere wichtige Schauplätze sowie die räumlichen Praktiken, mittels derer verschiedene Orte miteinander verbunden werden. Obwohl »Mitgehen« also gelegentlich in der ethnographischen Forschung praktiziert wird, kenne ich keine Untersuchung, die diese Methode *systematisch* auf eine größere Anzahl von Informanten angewandt hat. Und es gibt meines Wissens bisher keine Veröffentlichung, die die phänomenologischen Implikationen dieser interessanten Forschungsstrategie diskutiert.

Die Methode des Go-Alongs sollte, wie gesagt, auf möglichst »natürliche« Situationen angewandt werden. Die Ethnographin sollte ihr Forschungssubjekt in dessen gewohnte Umgebung folgen und es bei solchen Ausflügen begleiten, die auch ohne ihre Anwesenheit in ähnlicher Weise stattgefunden hätten. Obwohl die Methode des Go-Along idealerweise an die »natürlichen« Alltagsroutinen unserer Informanten anknüpft, ist sie natürlich selbst keine normale Alltagssituation und kann daher das tieferliegende Problem der Reaktivität aller Forschungstätigkeit nicht umgehen. Zweifellos sind Go-Alongs, wie übrigens auch Interviews und teilnehmende Beobachtungen, künstliche Arrangements, die den »natürlichen« Ablauf der Dinge mehr oder weniger verändern und stören. Go-Alongs sind absichtlich darauf ausgelegt, den Fluss der Wahrnehmungen, Gefühle, Gedanken und Interpretationen unserer Informanten zu thematisieren, die sie normalerweise für sich behalten. Die Anwesenheit und Neugier des Ethnographen dringen gewollt in diese sonst sehr private Dimension der Alltagserfahrung einer anderen Person ein. Trotz ihrer grundsätzlichen Künstlichkeit scheint es jedoch sinnvoll, mehr oder wenige »natürliche« Varianten der Go-along Methode voneinander zu unterscheiden.

Die gebräuchlichsten und praktischsten Varianten des Go-Along sind Mitgehen (*walk-along*) und Mitfahren (*ride-along*), aber andere Formen sind durchaus denkbar und möglich. Go-Alongs kombinieren oft mehrere Aktivitäten und Transportweisen. Einige meiner Go-Alongs haben nur einige Minuten gedauert (zum Beispiel dann, wenn ich jemanden zur Tankstelle an der Ecke begleitet habe, um Zigaretten zu holen), während andere sich über halbe Tage hinzogen (zum Beispiel wenn ich viele Stunden mit einer Person verbrachte, während er oder sie arbeitete, Besorgungen machte und sich dann mit Freunden traf). Zwischen einer Stunde und neunzig Minuten ist meiner Erfahrung nach eine gute Zeitspanne für die Durchführung eines erfolgreichen und gleichzeitig überschaubaren Go-Alongs.

Bei der Durchführung von Go-Alongs achte ich darauf, meinen Informanten so wenig Hinweise wie möglich zu geben auf das, was ich in Erfahrung bringen will. Wenn sie mich zu genaueren Anweisungen drängen, bitte ich sie, mir das mitzuteilen, was immer ihnen in den Sinn kommt, während sie sich in von einem Ort zum anderen bewegen. Ebenso fordere ich sie auf, mir zu sagen, was sie normalerweise auf ihren Ausflügen denken und fühlen. Manchmal zeige ich einfach auf ein Objekt in der Umgebung und frage meine Informanten, was sie darüber denken oder fühlen um ihnen dadurch klarzumachen, auf welche Art von Information ich aus bin. Obwohl die Versprachlichung ihrer Erfahrungen zweifellos von meiner Präsenz abhängt, halte ich mich sehr damit zurück, zur Themenauswahl unserer Gespräche beizutragen. Ich kann nämlich nie vorher wissen, welche Orte und Einzelheiten der Umwelt in den Augen meiner Informanten bemerkenswert sind und wie sie diese wahrnehmen und auslegen.

Ich habe längere Zeit herumexperimentiert – aufnehmen und später transkribieren, genaue Notizen und Photos machen, oder gar nichts aufzeichnen und erst hinterher alles aus dem Gedächtnis abrufen – um die (für mich) beste Dokumentationsmethode von Go-Alongs zu finden. Generelle Empfehlungen sind hier schwierig. Letztendlich hängt diese Entscheidung vom Behagen der jeweiligen Informanten sowie den persönlichen Vorlieben der Forschenden ab (Emerson, Fretz & Shaw 1995). Wie immer ist es das Wichtigste, Notizen und Erinnerungen so schnell wie möglich hinterher in vollständige Feldnotizen zu verwandeln. Die Aufzeichnungen meiner Go-Alongs habe ich, wie auch meine regulären Feldnotizen und Interviewtranskripte, anhand der Prinzipien der »grounded theory« kodiert und analysiert.

5. Das phänomenologische Potential der Go-Along Methode

Meiner Ansicht nach gibt es fünf Themenbereiche, für deren Untersuchung sich die Go-Along Methode im Vergleich mit anderen Forschungstechniken besonders eignet: Erstens können Go-Alongs die komplizierte Filterung unserer Wahrnehmung enthüllen. Sie können Ethnographen zeigen, wie persönliche Relevanzen unsere Erfahrungen der materiellen und sozialen Umwelten strukturieren. Zweitens liefern Go-Alongs einen privilegierten Zugang zu Biographien. Sie machen die vielen Verbindungen zwischen Orten und Lebensverläufen sichtbar und zeigen, wie Menschen ihrer Umwelterfahrung Tiefe und Bedeutung verleihen. Drittens bieten Go-Alongs ordnende Einblicke in das Wirrwarr der alltäglichen Bewegungen im Raum (*spatial practices*), indem sie die Weisen und Grade der umweltlichen Einbindungen (*engagement with the environment*) unserer Informanten aufzeigen (Tuan 1974, Relph 1976, Seamon 1979). Viertens können Go-Alongs die interne Architektur sozialer Schauplätze verdeutlichen, wie zum Beispiel die von Nachbarschaften. Sie machen das komplizierte Geflecht sozialer Verbindungen sichtbar – die Beziehungen, Gruppierungen und Hierarchien von Personen – und zeigen, wie unsere Informanten sich selbst in ihrer lokalen sozialen Landschaft verorten. Fünftens erlauben Go-Alongs einen privilegierten Zugang zur sozialen Sphäre des kommunalen Lebens (*parochial realm*). Solitäres und mobiles Beobachten ist zweifellos die beste Methode zur Erforschung öffentlicher Räume, da hier die Anonymität regiert und das kategorische Kennen anderer Personen dem persönlichen Bekanntsein vorgeordnet ist (Lofland 1998). In der Untersuchung von Nachbarschaften und anderen kommunalen Kontexten ist jedoch der Go-Along von Vorteil, da diese Methode eine genauere Rekonstruktion der sehr viel intimeren sozialen Interaktionen und Beziehungen erlaubt, die hier dominieren (Kusenbach 2006).[5]

5.1. Wahrnehmungen

Man könnte sagen, dass unsere Wahrnehmung der Umwelt durch verschiedene Schleier gefiltert wird. Einige dieser Schleier, wie zum Beispiel die Kapazitäten und Leistungen unseres Wahrnehmungsapparats, sind von physiologischen und entwicklungsbedingten Faktoren gesteuert, die einem normalerweise nicht bewusst sind – es sei denn, es gibt eine plötzliche Veränderung oder ein Problem (Leder 1990). Andere Wahrnehmungsfilter – wie unsere Gefühle, Werte, früheren Erfahrungen und unser Geschmack – sind von sozialen Faktoren und Kontexten abhängig. Sie ändern sich beträchtlich im Verlauf unseres Lebens und manchmal sogar von einem Moment zum anderen. Im Folgenden stelle ich dar, wie Go-Alongs einen dieser Wahrnehmungsfilter, nämlich praktische Wissensbestände, sichtbar machen kann. Praktische Wissensbestände sind eng mit persönlichen Interessen, Talenten, Dispositionen und Empfindsamkeiten verflochten. Die Kombination dieser Elemente kann im Anschluss an Schütz (1970) »Relevanz« genannt werden (siehe Berndt 2008).

Drei meiner Informanten, die Immobilienmakler von Beruf waren, wiesen während unserer Go-Alongs wiederholt auf (zumindest mir) unsichtbare Elemente der städtischen Umgebung hin, zum Beispiel architektonische Details, die früheren und derzeitigen Immobilienwerte von Häusern, den steigenden oder fallenden Ruf verschiedener Stadtviertel oder Sicherheitsaspekte, wie Überflutungs- und Erdbebenrisiken. Tom erklärte mir, dass die dicht besiedelten Ausläufer der Gebirgskette vor unseren Augen »geologisch sehr sicher« sind, aber dass der ebenso dicht besiedelte Küstenstreifen von Los Angeles »geologisch gesehen eine Katastrophe« ist. Geologische Risiken sind somit eine der Relevanzen, die Toms umweltliche Wahrnehmungen stark beeinflussen. Mit einer fast magischen Sehkraft konnte Tom unterirdische Strukturen ausmachen, die vielen anderen mit Sicherheit verborgen bleiben. Diese besondere Fähigkeit ist für Immobilienmakler im katastrophenschwangeren Kalifornien ein wichtiger Bestandteil ihrer professionellen Kompetenz.

Ein zweites Beispiel stammt von meinem morgendlichen Go-Along mit Ross, einem Rentner. Es illustriert in ähnlicher Weise, wie professionelles Wissen die Bemerkbarkeit eines umweltlichen Details erzeugt, welches den meisten von uns bestimmt nicht auffällt – jedenfalls nicht tagsüber:

> »Ross deutet auf etwas hin, was ich vorher noch nie bemerkt habe: die Tatsache, dass die Straßenlampen in seiner Gegend nur auf einer Straßenseite installiert sind, und dass auf jedem Block nur drei davon stehen. Er erklärt, dass diese Art von Lampe aufgrund ihrer Form »Kobra« genannt wird und behauptet dann, dass sie »viel zu hoch« sei, was mir einleuchtet. Ross sagt, dass diese Lampen meistens nur die Oberseiten der Bäume beleuchten

---

5 Ich kann hier nur die ersten beiden Themenbereiche genauer besprechen und verweise interessierte Leserinnen und Leser auf die englische Originalversion des Beitrags.

und ihr Licht die Strassen und Gehsteige oft nicht erreicht. Aus diesem Grund seien diese Lampen weder sehr nützlich noch sehr sicher. [...] Ross fügt hinzu: »Ich achte immer auf die Straßenbeleuchtung.« Er erzählt mir, dass in Venedig, der Heimatstadt seiner Frau, die Straßenlampen »sehr gelbes« Licht abgeben, im Gegensatz zu den Lampen in den Vereinigten Staaten.«

Vor seiner Pensionierung arbeitete Ross viele Jahre lang in der städtischen Abteilung für Straßenbeleuchtung. Seine berufliche Erfahrung hat dazu beigetragen, dass Ross Straßenlampen als ein besonders auffälliges Merkmal der städtischen Landschaft betrachtet und sie daher regelmäßig wahrnimmt und begutachtet. Er war der einzige meiner Informanten, der das Thema Straßenbeleuchtung ansprach, ohne dass ich ihn (oder sie) danach gefragt habe, obwohl dies ein umweltliches Element ist, das – im Unterschied zu geologischen Risiken – problemlos von allen gesehen werden kann.

Ob man einen Ort hinsichtlich seines geologischen Risikos oder hinsichtlich der Angemessenheit seiner Beleuchtung begutachtet, hängt offensichtlich von den persönlichen und professionellen Relevanzen ab, die die Wahrnehmungen des Beobachtenden steuern. Mittels Go-Alongs können Ethnographen derartige Wahrnehmungsfilter, die nicht nur die Sichtbarkeit von Objekten erzeugen, sondern auch bestimmen, wie sie interpretiert werden, in ihrem Vollzug erkennen und untersuchen, und sie können durch Vergleiche allgemeine Muster und Prinzipien solcher Filter identifizieren.

Andere Beispiele zeigen, dass Geschmacksurteile und Werte ebenso wichtige Rollen in der Umweltwahrnehmung spielen und zu völlig entgegengesetzten Einschätzungen anderer Menschen, umweltlicher Objekte und lokaler Ereignisse führen können. Diese Prozesse sind somit ein wichtiger Bestandteil der soziologischen Analyse ortsgebundener sozialer Felder wie zum Beispiel Nachbarschaften. In der direkten Beobachtung der Wahrnehmungsprozesse ihrer Informanten treten die eigenen umweltlichen Vorannahmen und Urteile der Ethnographin, die ja letztendlich irrelevant und irreführend sind, besonders deutlich hervor. Während solitäre Beobachter auf ihre eigene Vorstellungskraft angewiesen sind, wenn sie die lokale Erfahrung bestimmter Orte und Objekte verstehen wollen, haben Interviewer aufgrund der vorbewussten Filterung der Wahrnehmung einen schweren Stand. Go-Alongs ermöglichen somit eine unabhängige und empirische Bestätigung von Phänomenen, die anderen Methoden nur schwer zugänglich sind.

5.2. Biographien

Im Idealfall bringen Go-Alongs die Assoziationsströme unserer Informanten – inklusive ihrer Erinnerungen und Erwartungen – an die Oberfläche, die sie auf ihren Ausflügen beschäftigen. Ob wir es begrüßen oder nicht, unsere alltägliche Umwelt ist wie ein persönlicher Biograph, der wichtige Teile unserer Lebensgeschichte aufzeichnet und bewahrt. In dieser Hinsicht ähnelt das Reisen durch vertraute Umgebungen, die viele persönliche Wahrzeichen (*landmarks*) enthalten, dem Blättern in einem privaten Fotoalbum oder Tagebuch. In seinem Aufsatz »Practices of Space« hat Michel de Certeau (1984: 143ff) dies übrigens bereits weitaus poetischer ausgedrückt und ich möchte hier keinesfalls mit ihm konkurrieren. Orte sind stille Zeugen der vergangenen Begebenheiten, die unsere Biographie ausmachen. Go-Alongs können die persönlichen, lebensgeschichtlichen Erfahrungen ans Licht bringen, die der gegenwärtigen Einbindung unserer Informanten in ihrer Umwelt zugrunde liegen. Diese Themen können nur sehr schwer durch Interviews hervorgelockt werden, und sie lassen sich kaum beobachten.

Begegnungen mit persönlich wichtigen Orten rufen bei meinen Informanten oft heimatliche und identifikatorische Gefühle hervor. Frühere Wohnungen und Häuser sind oft von einer nostalgischen Aura umhüllt, wie das folgende Beispiel meines Go-Alongs mit Tony, einem rüstigen Rentner in hohem Alter, illustriert:

»An der nächsten Straßenecke sagt Tony: »Ich möchte dir gerne etwas zeigen, das eine kleine Geschichte hat. Siehst die da vorne das Gebäude mit dem Schild NACKTE MÄDCHEN?« Ich sage ihm, dass ich es sehe – ich habe es schon oft bemerkt. »Da habe ich mal gewohnt!« ruft Tony. Ich bin erstaunt: Wie ist das möglich? Tony erzählt mir, wie er als Soldat aus dem [zweiten Welt-] Krieg zurückkam und dass er und seine Frau zu der Zeit kein Zuhause hatten. Glücklicherweise konnten sie eine Zeitlang in einem Haus wohnen, das einer der Zwillingsschwestern seiner Frau gehörte. »Siehst du das kleine Haus da hinten?«, fragt er mich, als wir nebeneinander durch den Zaun direkt neben dem Stripclub spähen. Ja, da ist ein kleines Holzhaus direkt hinter dem Club. Es sieht von außen leer und ziemlich heruntergekommen aus. Es stellt sich heraus, dass *dies* das Haus ist, im dem Tony und seine Frau zusammen mit ihren Verwandten gelebt haben. Ich frage ihn, ob es das andere Gebäude zur der Zeit schon gab. »Nein«, sagt Tony, »da war nur das Haus.« Sehr viel später habe die Schwester seiner Frau das Haus verkauft, und erst danach sei der Stripclub davor errichtet worden. »Jedes Mal wenn ich hier vorbeigehe, denke ich daran, dass ich hier einmal gelebt habe«, sagt Tony. Und dann erinnert er sich noch an etwas anderes: in einem Jahr bekamen die Kinder seiner Schwester ein Entenküken zu Ostern und zogen es auf. Das Küken wuchs zu einer riesigen Ente heran und war am Ende fast so groß wie eine Gans. Die Ente folgte den Kindern, wenn sie in der Einfahrt spielten, wie ein Hund. Sie war anderen gegenüber sehr aggressiv, beschützte aber die Kinder, wie ein Hund es getan hätte. Tony sagt mir, dass er sich oft auch daran erinnert, wenn er hier vorbeigeht.«

Tony bezeichnet das kleine Haus hinter einem der vielen Stripclubs der Gegend als ein Ort mit einer »kleinen Geschichte«, und unterscheidet es dadurch von den umliegenden Orten, die natürlich ebenfalls eine Geschichte haben. Die Tatsache, dass das unauffällige Haus in *seiner* Lebensgeschichte eine wichtige Rolle spielt, macht es für ihn sichtbar und gibt ihm eine besondere Bedeutung, die außenstehende Beobachter niemals sehen oder erahnen könnten. In Tonys Erinnerung existiert der Stripclub mit seinem riesigen Werbeschildern einfach nicht, obwohl dieser kaum zu übersehen ist und Beobachtern ohne seine Begleitung mit Sicherheit als das interessantere Gebäude erscheinen würde. Es könnte sein, dass das kleine Haus für Tony die Großzügigkeit seiner Schwägerin symbolisiert, die ihm und seiner jüngst verstorbenen Frau direkt nach dem Krieg ein Zuhause gab, während er sich nach Arbeit umsah. Dies war Tonys erste Adresse in der Nachbarschaft, in der er über fünfzig Jahre lang wohnen würde. Obwohl das kleine Haus nicht mehr wie früher aussieht, lebt es in Tonys Erinnerungen fast unverändert weiter, und trägt ihn auf seinen regelmäßigen Spaziergängen über das »hier« und »jetzt« hinaus in die Vergangenheit zurück.

Andere wichtige Orte verlagern das Bewusstsein meiner Informanten von der Gegenwart in die Zukunft, zum Beispiel, indem sie sie an ihre zukünftigen Berufspläne und Ambitionen erinnern. Unsere Erfahrung der Umwelt und unsere alltäglichen Praktiken umspannen somit den gesamten Bogen unseres Lebens: Vergangenheit, Gegenwart und Zukunft. Wir wissen dies sehr gut aus persönlicher Erfahrung. Go-Alongs erlauben Ethnographen jedoch, die transzendenten Aspekte der Umwelterfahrungen *Anderer* systematisch auszuleuchten und zu vergleichen.

6. Abschließende Bemerkungen

Ich möchte hier keinesfalls den Eindruck erweckt haben, dass die Go-Along-Methode traditionelle und andere innovative ethnographische Forschungstechniken ersetzen kann (vgl. hierzu die Beiträge von Pfadenhauer und Berndt in diesem Band). Go-Alongs eignen sich offensichtlich nicht zur Untersuchung sozialer Felder und Tätigkeiten, bei denen Gespräche nicht möglich sind, zum Beispiel weil sie körperlich zu anstrengend sind oder Stille erfordern. Desweiteren kann das volle Potential dieser Methode nicht ausgeschöpft werden, wenn sie auf Situationen angewandt wird, in denen Menschen stationären und geistigen Tätigkeiten nachgehen, die nur eine minimale Auseinandersetzung mit der Umwelt erfordern. Und manche Felder sind Ethnographen prinzipiell nicht körperlich zugänglich, oder jedenfalls nicht ohne grosse Risiken – wie zum Beispiel sehr gefährliche oder private Orte und Aktivitäten. Mein Ziel war es vielmehr, mit der Methode des Go-Along die Bandbreite unseres »Werkzeugkastens« zu vergrößern und dadurch neue Blickwinkel und Schwerpunkte zu ermöglichen. Wie Becker (1958: 657) schon vor langer Zeit feststellte, sollte es uns in unserer Forschung nicht darauf ankommen, möglichst viele Anekdoten eines einzelnen Phänomens zu sammeln, sondern darauf, viele verschiedene empirische Gewissheiten zu produzieren, die zusammen die Richtigkeit unserer Schlussfolgerungen stärken.

Die Methode des Go-Alongs fördert eine phänomenologische Perspektive, indem sie Soziologen in die mobilen Lebensräume ihrer Informanten versetzt – und zwar direkt an deren Seite – und Forschern dadurch einen authentischen Zugang zu Erfahrungen und Praktiken verschafft, die sich in Gleichzeitigkeit und an wirklichen Orten abspielen. Diese einzigartige Positionierung hebt einige Nachteile der Interviewsituation auf und sie verschiebt das Augenmerk des Beobachters von sich selbst auf andere. Die Go-Along Methode kann zu einer neuen phänomenologischen Sensibilisierung in der ethnographischen Forschung beitragen, indem sie uns Zugang zu Aspekten menschlicher Erfahrung verschafft, die traditionellen Beobachtern und Interviewern oft verborgen bleiben. In dieser Perspektive treten die transzendenten Qualitäten des »hier« und »jetzt« besonders deutlich hervor. Sie fördert zum Beispiel neue Einsichten in die Arten und Weisen, mittels derer Menschen ihre Wissensbestände und Lebenserfahrungen in aktuelle Situationen einbringen. Weil sie die »natürliche« Abfolge von Orten im praktischen Alltagsleben in den Mittelpunkt der Untersuchung stellt, verbessert die Methode des Go-Along unser Verständnis dessen, wie Menschen die vielen Schauplätze ihres täglichen Lebens und ihrer Identitäten verbinden und integrieren. Die verschiedenen Regionen des Alltagslebens und des Selbst werden von vielen Soziologen noch immer als separate und eigenständige Forschungsgebiete behandelt (eine seltene Ausnahme ist die Analyse von Nippert-Eng 1995). In der direkten Beobachtung und Befragung der Alltagsroutinen Anderer verschwimmen die scheinbar stabilen Trennlinien zwischen diesen Regionen, sowie die zwischen Bewohnern und Umwelt, oder Subjekten und Objekten der Wahrnehmung (Merleau-Ponty 1968). Auf diese Weise führen uns Go-Alongs letztendlich die grundlegende Reflexivität des In-der-Welt-Seins in ungewohnter Deutlichkeit vor Augen.

Literatur

Becker, Howard S. (1958), Problems of Inference and Proof in Participant Observation, *American Sociological Review* 23: 6, S. 652–660

Berndt, Thorsten (2008), Das beobachtende Interview. Zur relevanztheoretischen Rekonstruktion und innovativen Ergänzung qualitativer Interviews, in diesem Band S. 359–368

Casey, Edward S. (1993), *Getting Back Into Place. Towards a Renewed Understanding of the Place-World*. Bloomington and Indianapolis (IN): Indiana University Press

Certeau, Michel de (1984), Practices of Space, in: M. Blonsky (Hg.), *On Signs*, Baltimore (MD): John Hopkins University Press, S. 122–45

Coffey, Amanda (1999), *The Ethnographic Self. Fieldwork and the Representation of Identity*, London: Sage

Dreher, Jochen (2008), Protosoziologie der Freundschaft. Zur Parallelaktion von phänomenologischer und sozialwissenschaftlicher Forschung, in diesem Band, S. 295–306

Emerson, Robert E. (2001), Introduction. The Development of Ethnographic Field Research, in: R. E. Emerson (Hg.), *Contemporary Field Research. Perspectives and Formulations*, Prospect Heights (IL): Waveland Press, 2. Auflage, S. 1–26

Emerson, Robert E., Fretz, Rachel I. & Shaw, Linda L. (1995), *Writing Ethnographic Fieldnotes,* Chicago: University of Chicago Press.
Holstein, James & Gubrium, Jaber (2005), Interpretive Practice and Social Action, in: N. K. Denzin & Y. S. Lincoln (Hg.), *The Sage Handbook of Qualitative Research.* Newbury Park (CA): Sage, 3. Auflage, S. 483–505
Katz, Jack (1999), *How Emotions Work.* Chicago: University of Chicago Press
Kusenbach, Margarethe (2006), Patterns of Neighboring. Practicing Community in the Parochial Realm, *Symbolic Interaction* 29, 3, S. 270–306
Leder, Drew (1990), *The Absent Body,* Chicago: University of Chicago Press
Lofland, Lyn H. (1998), *The Public Realm,* New York: De Gruyter
Luckmann, Thomas (1973), Philosophy, Science, and Everyday Life, in: M. Natanson (Hg.), *Phenomenology and the Social Sciences.* Evanston: Northwestern University Press, S. 143–185
Thomas Luckmann (2008), Konstitution und Konstruktion: Phänomenologie und Sozialwissenschaft, in diesem Band, S. 33–40
Maso, Ilja (2001), Phenomenology and Ethnography, in: P. Atkinson, S. Delamont, J. Lofland & L. Lofland (Hg.), *Handbook of Ethnography.* Thousand Oaks (CA): Sage, S. 136–144
Merleau-Ponty, Maurice (1968), *The Visible and the Invisible.* Evanston (IL): University of Chicago Press
Milligan, Melinda J. (1998), Interactional Past and Interactional Potential. The Social Construction of Place Attachment, *Symbolic Interaction* 21: 1, S. 1–33
Natanson, Maurice (1973), Introduction. Phenomenology and the Social Sciences, in: M. Natanson (Hg.), *Phenomenology and the Social Sciences,* Evanston: Northwestern University Press, S. 3–46
Nippert-Eng, Christena (1995), *Home and Work,* Chicago: University of Chicago Press
Ostrow, James M. (1990), *Social Sensitivity. A Study of Habit and Experience,* New York: State University of New York Press
Pfadenhauer, Michaela (2008), Doing Phenomenology. Zur Analyse von Erlebnisdaten im Rahmen lebensweltanalytischer Ethnographie, in diesem Band, S. 339–348
Psathas, Georg (1977), Ethnomethodology as a Phenomenological Approach in the Social Sciences, in: R. M. Zaner, & D. Ihde (Hg.), *Interdisciplinary Phenomenology,* The Hague: Martinus Nijhoff, S. 73–98
Psathas, Georg (1989), *Phenomenology and Sociology,* Lanham (MD): University Press of America
Relph, Edward (1976), *Place and Placelessness,* London: Pion Limited
Schutz, Alfred (1970), *Reflections on the Problem of Relevance,* New Haven: Yale University Press
Schutz, Alfred & Thomas Luckmann (1973), *The Structures of the Life-World, Volume 1.* Evanston (IL): Northwestern University Press
Seamon, David (1979), *A Geography of the Lifeworld,* New York: St. Martin's Press
Tuan, Yi-Fu (1974), *Topophilia. A Study of Environmental Perception, Attitudes, and Values,* Englewood Cliffs (NJ): Prentice Hall

Thorsten Berndt

Das beobachtende Interview
Zur relevanztheoretischen Rekonstruktion und innovativen Ergänzung qualitativer Interviews

Einleitung

Aus der mehrjährigen Erforschung richterlicher Rechtspraxis[1] ist der Vorschlag hervorgegangen, die Praxis qualitativer Interviewführung unter dem Begriff des *beobachtenden Interviews* zu ergänzen.[2] Damit sollen forschungsrelevante Daten gewonnen werden, die über das hinausgehen, was durch die gewöhnliche Interviewführung möglich bzw. zulässig ist. Von dieser praktischen Seite der Verwendbarkeit ausgehend entstand der Bedarf, ein methodologisches Fundament zu erarbeiten, welches zweierlei Fragen zu beantworten im Stande wäre: Wie können einerseits die Vorgänge des *beobachtenden Interviews* in der Durchführung qualitativer Interviews theoretisch beschrieben werden und wie kann andererseits herausgefunden werden, welche strukturellen Prinzipien eine grundsätzliche Ergänzung der sozialwissenschaftlichen Methoden begründen können? Die Mundanphänomenologie von Alfred Schütz, insbesondere die Relevanztheorie, bietet hierfür sehr entscheidende Einsichten, wie dieser Beitrag zeigen soll.

Im Folgenden soll nun zunächst (1) das *beobachtende Interview* anhand eines Beispiels skizziert werden. Nachdem dann die wichtigsten Aspekte der Schützschen Überlegungen zur Relevanz dargelegt werden (2), wird die Forschungshaltung des *beobachtenden Interviews* relevanztheoretisch rekonstruiert (3). Im letzten Abschnitt (4) werden diese Überlegungen auf die qualitative Interviewsituation hin generalisiert, erweitert und vertieft. Die Analysen, so die Hoffnung, tragen zu einem phänomenologisch fundierten Verständnis der Praxis sozialwissenschaftlicher Forschung bei und sollen gleichsam neue Impulse für diese Praxis geben.

1. Interview und Kontext

Mit dem *beobachtenden Interview* werden verschiedene Datentypen vor ihrer Fixierung in ad-hoc-analytischer[3] Hinsicht fruchtbar gemacht. Geleitet von der Forschungsfrage soll die lokale bzw. situative Bedeutung des *Kontextes* (in Form von Beobachtungsdaten) im Forschungsgeschehen als aktiver Faktor verstanden und in die Datenerhebung integriert werden. Mit *Kontext* ist der Sozialraum gemeint, in dem das Interview stattfindet, mit all seinen Handlungen, mehr oder weniger bedeutungsvollen Objekten, Ereignissen und Personen. Dieser *Kontext* kann auf das Interview (im engeren Sinne) direkt oder indirekt einwirken und sich in mehr oder weniger starker Distanz zur Interviewhandlung selbst befinden. Wichtig ist, dass ein Verhältnis zum Interviewthema und -prozess besteht und dieses Verhältnis sorgfältig berücksichtigt wird. Dafür ist eine über das normale qualitative Interview hinausgehende Forschungshaltung erforderlich, welche sich in einem verstärkten beobachtend-ethnographischen Interesse an dem Feld, in dem sich das Interview abspielt, ausdrückt (vgl. Spradley 1979). Als aufmerksa-

---

1 Gemeint ist das DFG-Projekt »Recht als soziale Praxis – Von den Rechtsmethoden der Praxis zu einer Rechtsmethodik für die Praxis«. Vgl. zu seinen Grundlagen Morlok, Kölbel & Launhardt (2000), Morlok & Kölbel (2000). Siehe auch Kölbel, Berndt & Stegmaier (2006).
2 Hierzu gehörten Vorträge des Autors u. a. auf der Jahrestagung der AG Methoden der qualitativen Sozialforschung in der DGS in Frankfurt/O. am 9.5.2003 (siehe dazu Flick & Kalthoff 2003: 111).
3 Der Begriff »Ad-hoc-Analyse« wird später bei 4.1 näher erläutert.

mes »Hintergrundprogramm« ablaufend ermöglicht das *beobachtende Interview*, Sinnzusammenhänge im Umfeld des Interviews zu entdecken und zu nutzen.

Entweder wird der als relevant empfundene Sinnzusammenhang in das Interview selbst (*Kontexteinbezug*) importiert. Auf diese Vorgehensweise wird im Weiteren genauer eingegangen. Alternativ wird der *Kontext* nur passiv registriert und bekommt die Form eines ethnografischen Memos zum Interview (*Kontextnotiz*).[4] Drittens kann eine Form der Elizitierung zum Einsatz kommen, bei der zumeist in Verbindung mit im Raum befindlichen praxisrelevanten Objekten im Interview ein Impuls dazu gegeben wird, einen (möglichst aktuellen) Aspekt des Themas zu veranschaulichen (*Kontextveranschaulichung*).[5]

Ein typischer Fall des hier relevanten *Kontexteinbezuges* ereignete sich während des Interviews mit einem Richter eines Oberlandesgerichts. Schon beim Eintreten in das Büro des Richters, in dem das Interview geführt werden sollte, fiel dem Interviewer auf, dass keine Akten zu sehen waren. Dieser Umstand wurde als sehr untypisch empfunden, denn dem Forscher war bislang noch kein Richterbüro ohne Akten aufgefallen. Es musste also eine Erklärung für dieses Phänomen »leerer Tisch ohne Akten« geben. Dieses beobachtete Detail des *Kontextes* wurde bei einer günstigen Gelegenheit angesprochen. Der Richter machte deutlich, dass er schnell und organisiert arbeite und rasch den Zustand des »Nichtarbeitens« anstrebe. Es gehöre zu seiner Arbeitseinstellung, die Arbeit so effektiv wie möglich im zeitlich kleinen Rahmen zu begrenzen. Drei Aspekte der Arbeitsweise des Richters konnten so unter anderen präzisiert werden: Anders als andere Richter hielt sich dieser keinen Bestand an Akten im Büro. Er verzichtete darauf, zu signalisieren, wie viel Arbeit er noch hat. Es wurde auch klar, dass die Akten nicht zu Hause waren, was durchaus wahrscheinlich gewesen wäre.

Der Einbezug von *Kontext*information in das Interview sicherte ab, was in anschließender Interpretation als mögliche Lesart des Feldberichtes mitgeführt hätte werden können – ohne den *Kontexteinbezug* aber ohne empirische Evidenz im Transkript des Interviews gewesen wäre. Wenn die Beobachtung im Rahmen des Interviews überhaupt notiert worden wäre, hätte sie möglicherweise nur einen Hinweis ergeben, der als bloße Annahme zur Arbeitshaltung gegolten hätte und bei einem neuerlichen Besuch im Feld hätte überprüft werden müssen.

Die Besonderheiten des *Kontextes* in dieser Interviewsituation wurden vom Interviewer bemerkt, als wichtig eingestuft und aktiv in das Interview importiert. Damit wurde das allgemeine Prinzip der Nichtbeeinflussung[6] in der Interviewführung zwar tangiert, auf ähnliche Weise wie es für neue Erzählimpulse gilt, aber auch ein sehr spezifischer Mehrwert erzielt. Wie ist dieser Prozess des Gewahrwerdens von für die Fragestellung relevantem *Kontext* zu beschreiben und zu verstehen?

---

4 Dies ist für viele Interviewformen im Prinzip angedacht, wie etwa den Einsatz von Dokumentationsbögen, wie sie Flick vorschlägt (2002: 251f). Der Unterschied liegt aber in dem Gewicht, welches diesem *Kontext* besonders in Hinsicht auf die Analyse zugemessen wird.

5 In dieser Situation vollzieht der Respondent zusätzlich zum Reden Handlungen, die das Gesagte erläutern und erklären, denen aber im Interview normalerweise (wenn keine Videoaufnahme gemacht wird) keine Aufmerksamkeit geschenkt wird. Im Interviewtranskript stehen diese Daten in der Regel nicht mehr zur Verfügung. Das *beobachtende Interview* versucht auf diese Weise insbesondere nichtsprachliche arbeitspraktische Verrichtungen und Hinweise in Form von reproduzierbaren Daten zu gewinnen.

6 In der qualitativen Sozialforschung wird das Prinzip der Nichtbeeinflussung, etwa im fokussierten Interview (Flick 2002: 118) oder im narrativen Interview (Hopf 2000: 356), vertreten. Vgl. zum Verständnis des allgemeinen Umgangs mit dem *Kontext* auch die Beiträge von Heyl (2001: 369ff) im »Handbook of Ethnography« (Atkinson & Coffey 2001) und Warren (2002: 83ff) im »Handbook of interview research« (Gubrium & Holstein 2002). Für den Großteil quantitativer Sozialforschung ist das Nichtbeeinflussungsgebot fester Standard, vgl. z. B. Scholl (1993: 14), allgemein auch Roth (1995: 161) und Atteslander (2006: 104ff).

2. Phänomenologie der Relevanzen

Alfred Schütz versucht »auf phänomenologische Weise die Hintergründe des Prozesses darzustellen, in dessen Folge etwas das Interesse weckt, das Handeln bestimmt oder relevant wird« (Schütz 2004: 57). Er sieht das Problem der Relevanz als ein Grundproblem der sozialwissenschaftlichen Methodenlehre an. Dennoch kann die Relevanztheorie nicht zuvorderst als methodologische oder methodische Schrift gelten. Dies liegt daran, dass Schütz (2004: 128) zwar Möglichkeiten erahnen lässt, wofür die Relevanztheorie nutzbar sein könnte: für die Klärung des Wertbegriffs, der Wahl der Werte und eben auch für Innovationen zu Funktion und Sinn der Methodologie. Doch Schütz konnte diese Analysen nicht mehr zu Lebzeiten bewältigen, so dass der Anspruch von Erträgen der Relevanztheorie unerfüllt blieb. Glücklicherweise sind Ansätze dieses Thema betreffend z. B. im Text »Zur Methodologie der Sozialwissenschaften« (Schütz 1971: 1–110) vorhanden, auf den ich später Bezug nehme.

Schütz (2004: 80–113) entwickelt zunächst und für uns hier interessant drei Arten von Relevanzen: die *thematische Relevanz*, die *Auslegungsrelevanz* und die *Motivationsrelevanz*. Um die Unterscheidung dieser Relevanztypen zu verdeutlichen, wählt er mit dem Skeptiker Carneades das Beispiel von einem Mann, der sich fragt, ob das ihm auffallende Etwas in der dunklen Ecke des Raumes ein Seilknäuel oder eine Schlange ist.

Im Wahrnehmungsfeld, so Schütz, muss ausgewählt werden, was zum Thema und Gegenstand einer Auslegung werden kann. Erfahrungen die unproblematisch und/oder vertraut sind, stützen das Feld des Unproblematischen, welches den Referenzrahmen aller möglichen Auslegungen konstituiert. Erfahrungen, die problematisch und/oder unvertraut sind, lassen das Objekt relevant werden, es wird zum Thema: Das Feld unproblematischer Vertrautheit wird nun in Thema und Horizont untergliedert. Hier spricht Schütz von der *thematischen Relevanz*.

Es gibt zum einen eine *auferlegte thematische Relevanz*, eine unvertraute Erfahrung, die sich gerade wegen der Unvertrautheit aufdrängt. Sie ist auferlegt, weil sie nicht durch einen Willensakt thematisch wird. Dazu gehören auch Schockerfahrungen, nicht volitive Wechsel in der Schicht der involvierten Person und ein plötzlicher Wandel der Zeitdimension, in der jeder von uns gleichzeitig lebt. Generell gesprochen: jede Unterbrechung des »und so weiter« bzw. »immer wieder« ist eine *auferlegte thematische Relevanz*. Im Schützschen Beispiel geht es um das in der Ecke liegende Etwas, welches vorher nicht in dem Raum des Mannes lag, es ist unvertraut und wird nun zum auferlegten Thema.

Zum anderen gibt es die willentlichen, nichtauferlegten thematischen Relevanzen. Sie sind vor allem dadurch gekennzeichnet, dass das vorherrschende Thema erweitert oder vertieft wird und erhalten bleibt. Diese freiwillige Überdeckung eines Themas durch ein anderes aus dem gleichen Feld zieht also den ehemaligen Horizont des Feldes in den thematischen Kern. Diesen freiwilligen und volitiven Wechsel einander zusammenhängender Themen bezeichnet Schütz als *wesentliche thematische Relevanz*.

Den Sinn dessen zu erfassen, was im thematischen Zentrum des Wahrnehmungsfeldes steht, ist die Funktion der *Auslegungsrelevanz*. Elemente, die für eine Auslegung relevant sind oder als relevant erachtet werden, stammen aus dem zuhandenen Wissensvorrat oder/und sind Partikularmomente des wahrgenommenen Gegenstandes. Sie stammen aus »früheren Auslegungsrelevanzen, die zur Typizität unseres Wissens um vertraute Dinge führten« (Schütz 2004: 121). Auslegungen werden aufgestellt, durch Widerlegen und Widersprechen überprüft und notfalls gestrichen, konkurrierende gegeneinander abgewägt. Obwohl auch Bereiche des Horizontes gelegentlich in den Fokus gelangen und man so in den inneren thematischen Horizont des Ausgangsthemas tiefer einsteigt, bleibt letzteres das ausgezeichnete Thema, auf das sich alle Deutungen beziehen.

Die bisherigen Relevanzen finden nach Schütz in der vorprädikativen Sphäre statt und sind damit keine Ketten logischer Schritte, die von Prämissen zu Folgerungen führen. Prämissen stammen zum Teil sogar aus diesen vorprädikativen Erfahrungen. Die Vor-Erfahrung ist »genetisch und autobiographisch« bestimmt, sie ist ein »Sediment habituell erworbener Übung« (Schütz 2004: 105). Die für die Auslegung relevanten Aspekte müssen erst gelernt und in ihrer aktuellen Bedeutung erkannt werden. Das System der *Auslegungsrelevanzen* ist auf das Prinzip der Verträglichkeit gegründet, die Spielräume sind beschränkt. Bei konkurrierenden *Auslegungsrelevanzen* oder überhaupt der analytischen Unterscheidung von Gewissheiten einer Auslegung führt Schütz mit Bezug auf Carneades den Begriff der »Gewissheitsgrade« an: »Plausibilität, Wahrscheinlichkeit, Vermutlichkeit, Möglichkeit« (Schütz 2004: 106) sind je nach Situation in unterschiedlicher Stärke herzustellen, damit eine Auslegungsentscheidung getroffen werden kann. Das in der Ecke liegende Etwas kann ein Seil sein aber auch eine Schlange, und es gibt in der jetzigen Situation keine Anhaltspunkte, die das eine oder andere als wahrscheinlich herauszustellen erlauben würden. Kann keine Entscheidung getroffen werden, ist aber eine Entscheidung notwendig für nachfolgende Handlungen, so kommen nun *Motivationsrelevanzen* ins Spiel.

Zu dieser dritten Art der Relevanzen, die sich auf Planungen zukünftigen Verhaltens beziehen, gehören die *Weil-* und *Um-zu-Motive*. Schütz unterscheidet auf der einen Seite *Um-zu-Sätze* und *Weil-Sätze*, die in *Um-zu-Sätze* umgewandelt werden können, sogenannte *unechte Weil-Sätze*. Auf der anderen Seite stehen die *echten Weil-Sätze*. Der entscheidende Unterschied ist, dass die *Um-zu-Relevanzen* aus einem schon entworfenen Plan abzuleiten sind, in ihm motivationsmäßig begründet liegen, während die *Weil-Relevanzen* die Motivationsgrundlage für die Erstellung eines solchen Planes darstellen. Auf das Beispiel des Carneades übertragen, kann dieser Unterschied wie folgt dargelegt werden: Weil er Angst vor Schlangen hat, möchte der Mann das nicht eindeutig identifizierte Objekt aus der Ecke untersuchen. Dieser Satz ist ein *echtes Weil-Motiv*, es lässt sich nicht in einen *Um-zu-Satz* umwandeln. Die Angst vor Schlangen ist kein Plan in der Zukunft, sondern ein reales Zustandsmerkmal des Mannes. Die Umkehrung nämlich bringt kein sinnvolles Ergebnis: Um das nicht eindeutig identifizierte Objekt aus der Ecke zu untersuchen, oder wie Schütz sagt, »das Projekt« dafür »aufzustellen« (Schütz 2004: 111), hat der Mann Angst. Im Gegensatz dazu gelingt eine Umstellung aber bei folgendem Satz: Weil er das Objekt untersuchen möchte, nimmt er einen Stock zu Hilfe. Dies ist ein *unechter-Weil-Satz*, da er sich in einen *Um-zu-Satz* umwandeln lässt: Um das Objekt zu untersuchen, nimmt er einen Stock zu Hilfe. Für die Betrachtung des Entwerfens von Handlungsplänen sind nach Schütz nur die *Um-zu-Motive* von Bedeutung, die in ihrer typischen Verkettung als *auferlegt* empfunden werden. Sie sind ein spezifisches Problem des rationalen Handlungstypus.

Diese drei Relevanzsysteme (*thematische Relevanz*, *Auslegungsrelevanz* und *Motivationsrelevanz*) sind nicht kausal oder zeitlich aufeinander aufbauend zu verstehen, sondern gleich ursprünglich und potentiell je auseinander entwickelbar. Mit diesem relevanztheoretischen Instrumentarium soll nun zunächst das *beobachtende Interview* im Besonderen (3) und sodann die Forschungssituation des Sozialwissenschaftlers im Allgemeinen (4) untersucht werden.

3. Relevanztheorie und beobachtendes Interview

Der aktuelle *Kontexteinbezug*, der anhand des Beispiels mit dem »leeren Tisch ohne Akten« eingangs erläutert wurde, kann durch die Relevanztheorie wie folgt beschrieben werden: Zum Wissensvorrat, über den der Gerichtsforscher als Basis der *Auslegungsrelevanzen* verfügt, gehört die Erfahrung, dass zum alltagspragmatischen Handlungskontext eines Richters typischerweise gehört, dass sich in seinem Büro Akten befinden. Wenn nun diese Akten fehlen, entsteht eine Leere in der erwarteten Wahrnehmung. Die Abwesenheit drängt sich als unerwartet und problematisch auf: Das Thema »abwesende Akten« rückt vom bloß wahrgenommenen Horizont in den thematischen Mittelpunkt, es handelt sich um eine *auferlegte thematische*

Relevanz. Ist das Thema erst einmal in den Mittelpunkt gerückt, beginnt die noch als vorprädikativ geltende *Auslegungsrelevanz* weiter ihre Rolle zu spielen: Mögliche Auslegungen werden konstruiert, durch Widerlegen und Widersprechen überprüft und notfalls gestrichen, konkurrierende gegeneinander abgewägt. Dies könnten Alternativen sein wie: Sehe ich die Akten nicht, weil sie hinter mir stehen? Gibt es einen Schrank, der sie verschließt? Ist hier gerade renoviert worden und noch nicht alles zurückgestellt etc.? All diese Fragen, sofern sie nicht befriedigend durch die bestehenden *Auslegungsrelevanzen* beantwortet werden können, forcieren die Möglichkeit, dass *Motivationsrelevanzen* angesprochen werden. Um seine Fragen beantworten zu können, kann sich der Interviewer umschauen und umdrehen; nach Indizien einer Renovierung suchen etc. Er kann auch direkt nach diesem Umstand fragen. Der Bereich der *Motivationsrelevanzen* wird vordergründig, die vorprädikativen Wahrnehmungen und Auslegungen rücken zugunsten von Handlungsentwürfen und -durchführungen an den Rand des Geschehens, weil die *auferlegte thematische Relevanz* nach den zuhandenen *Auslegungsrelevanzen* (insbes. Wissensbeständen) zu den Forschungsfragen gehört. Der Forscher wird durch Nachfragen aktiv und verlässt in diesem Fall den vorstrukturierten Rahmen seines Interviews. Die Überschreitung ist abhängig von der Bereitschaft, Daten aus dem *Kontext* des Interviewgeschehens mit auf die sprachliche Ebene der Interviewführung zu heben.

Stammen die *auferlegten thematischen Relevanzen* hingegen aus dem Interview und nicht aus dem *Kontext*, haben wir es mit einer gewöhnlichen, weil in die Vorstrukturierung sich einfügenden Situation im Interview zu tun. Der Forscher wird durch die Äußerungen des Gegenübers veranlasst, ein Thema zu vertiefen oder einzelne Aspekte nachzufragen und zu klären, weil sie sich im Rahmen der Ad-hoc-Analyse dann als *wesentlich thematisch relevant* darstellen. Die Trennung von im Interview sprachlich vermittelter und in der *Kontext*situation wahrgenommener *thematischer Relevanz*, ist nicht durch das Wahrnehmungsfeld gegeben, sondern künstlich im Sinne einer vorgegebenen und tradierten methodisch zu kontrollierenden Forschung. So wichtig der Gesichtspunkt methodischer Kontrolle auch sein mag: es stellt sich doch die Frage, ob und inwieweit die gemeinhin für legitim genommene Aufnahme sprachlich vermittelter *thematischer Relevanz* im Interview »kontrollierbarer« oder »besser« ist als die Aufnahme einer in der *Kontext*situation wahrgenommenen *thematischen Relevanz*. Dies ist sicherlich eine Abwägung zwischen methodischer »Sauberkeit« im Sinne der nachvollziehbaren Anwendung einer (etablierten) Technik einerseits und der flexiblen Reaktionsfähigkeit einer Methode im Sinne einer optimalen forschungsfragenrelevanten Erhebung andererseits. Hier bedarf es noch weiterer methodischer und methodologischer Überlegungen.

4. Relevanztheorie und qualitative Forschungssituation

Im Folgenden unternehme ich den Versuch, die Schützsche Relevanztheorie zu erweitern. Hierfür beziehe ich sie zunächst auf die Forschungssituation beim qualitativen Interview, das ich als soziale Interaktion auffasse. Wichtig sind dabei zunächst die Klärung der Wechselbeziehungen der Relevanzsysteme und ihr Bezug zur wissenschaftlichen Einstellung.

4.1 Reziprozität der Perspektiven und wissenschaftliche Haltung im Interview

Schütz (1971: 12f) geht bei der Formulierung der Generalthese menschlicher Kommunikation von einer Reziprozität der Perspektiven aus, die neben der Idealisierung der Vertauschbarkeit der Standorte auf der Idealisierung der Kongruenz der Relevanzsysteme gründet.[7] Es stellt sich

---

7 In einer empirisch fundierten Analyse zeigt Göttlich (2007: 291f), dass diese prinzipielle Kongruenz der Relevanzsysteme von alter und ego (die er als Goldene Regel bezeichnet) für die empirische De-

nun die Frage, ob das auch auf die Forschungssituation zutrifft. Einerseits – so kann man konstatieren – ja, denn der Sozialwissenschaftler »tritt« im Moment der Durchführung seiner Forschung (dem Interview, der teilnehmenden Beobachtung) in die »mitmenschliche Wirkensbeziehung« ein und gibt damit »zumindest vorübergehend seine wissenschaftliche Einstellung« auf (Schütz 1971: 45). Er wird Teil der gerade untersuchten Sozialwelt. Dem entgegen hebt Schütz aber die spezifisch wissenschaftliche *Einstellung* als etwas anderes hervor. Während in der Alltagseinstellung das Relevanzsystem auf unhinterfragten sedimentierten Wissensbeständen *der* aktuellen biographischen Situation basiert bzw. sich *in dieser* in situ konstituiert, löst sich der Sozialwissenschaftler in seinem professionellen Handeln von dieser ab, um die wissenschaftliche Einstellung des *desinteressierten Beobachters* einzunehmen. In einer solchen idealen Einstellung leitet nur noch das gewählte wissenschaftliche Problem (auf dem Relevanzsystem, den Wissensbeständen der Wissenschaft basierend) die Auswahl relevanter Daten im Wahrnehmungsfeld. Wichtig ist dabei, zu klären, in welchem Verhältnis die *wissenschaftliche Einstellung* des *desinteressierten Beobachters* zur Wirkensbeziehung in der Sozialwelt steht: Wie verhalten sich diese verschiedenen Relevanzstrukturen zueinander?

In der Schützschen Tradition wird auf drei fundamentale Unterschiede zwischen der wissenschaftlichen und alltagsgebundenen Einstellung hingewiesen: Erstens ist der Wissenschaftler entlastet vom aktuellen Handlungsdruck. Zweitens werden systematisch alle Lesarten (Interpretationsmöglichkeiten) für den Handlungsrahmen entworfen, um die Spezifik einer Handlungsselektion zu rekonstruieren. Und drittens kommt es zu einer objektiv begründbaren abschließenden Interpretation in Gestalt einer sozialwissenschaftlichen Typenbildung. Die kognitiven Typisierungsleistungen des Alltags hingegen sind in der Regel dem Primat des problemlosen, ökonomischen Handlungsdrucks unterworfen. Neuartiges und Fremdes werden diesem Primat folgend typisiert und zu Bestandteilen der Normalität subsumiert (vgl. hierzu auch Soeffner 2004: 30ff).

Die wissenschaftliche Einstellung des desinteressierten Beobachters ist in der Regel diejenige Haltung, die während der Analyse der Daten oder der Vorbereitung der Forschung, des Erhebungsinstrumentes gegenwärtig ist bzw. sein soll. Sie wird vornehmlich außerhalb des Feldes eingenommen, z. B. am Schreibtisch. In der Erhebungssituation ist diese Einstellung allenfalls punktuell als Ad-hoc-Analyse in kurzen Reflexionspausen möglich, im konzentrierten Interview noch weniger als bei Beobachtungen. Die vorherrschende Einstellung dort ist die alltägliche Einstellung der Sozialwelt, deren *Auslegungsrelevanzen* durch die wissenschaftliche Haltung im Vorfeld beeinflusst sind.

In die Ad-hoc-Analyse des *beobachtenden Interviews* gehen sowohl die in der Interviewsituation gewonnenen Beobachtungsdaten als auch die durch die Befragung erhobenen Interviewdaten ein. Da dies aber während des Interviews stattfindet, ist keine der beiden Datensorten rekursiv zugänglich: Es gibt keine Beobachtungsprotokolle und keine Interviewtranskripte im Moment der Ad-hoc-Analyse. Grundlage sind aktuell in der Interviewsituation gewonnene Beobachtungs- und Hörwahrnehmungen, also sehr kurzfristige Eindrücke. Aus diesem Grund stellt sich die Frage, inwiefern die stattfindenden Prozesse der *Auslegungsrelevanz* bei erfolgter *auferlegter thematischer Relevanz* überhaupt als »Analyse« bezeichnet werden dürfen. Auf der einen Seite erscheinen bei Schütz (2004: 121f) die Begrifflichkeiten sehr analytisch: Aufstellen von Auslegungen, Überprüfungen und Streichungen etc. Andererseits werden sie als vorprädikativ eingestuft. Selbst die *Motivationsrelevanzen*, deren Aktivitätsseite als bewusster Prozess angesehen werden kann, sind aus methodischer Sicht nur schwer als wissenschaftliche Analyse auszugeben.[8] Aus

---

skription der Alltagswelt sehr viel geeigneter erscheint als eine vollständige Perspektivenaufgabe zugunsten des anderen (Supererogation), oder die Einnahme einer universalen Anspruch erhebenden Perspektive (Kategorischer Imperativ).

8 Das betrifft dann allerdings alle methodischen Anweisungen und inhaltlichen Interviewführungen der sozialwissenschaftlichen Forschung: Die in Interviewsituationen getroffenen Entscheidungen basieren streng genommen nicht auf wissenschaftlicher Analyse sondern auf Ad-hoc-Analysen eines Wissenschaftlers in situ.

diesem Grund schlage ich vor, in Unterscheidung zur Analyse in wissenschaftlicher Einstellung, z. B. am Schreibtisch, von Ad-hoc-Analyse in der Forschungssituation zu sprechen.

Die Forschungssituation begreife ich somit als primär alltagsweltlich. In sie kann die wissenschaftliche Haltung allenfalls in pragmatisch veränderter Form Einzug halten: mühsam aktiviert und erarbeitet, durch Techniken (z. B. der Interviewführung) immer wieder kontrolliert gestützt. Erst im Laufe eines längeren Wissenschaftlerlebens können sich solche Aufwandsübungen zu habituellen Sedimenten entwickeln, die dann gleichsam als Alltagswelt des Wissenschaftlers in Form seiner *Auslegungsrelevanzen* fungieren. Für diesen grundlegend alltagsweltlichen Bezug der Forschungssituation sind sowohl die Reziprozität der Perspektiven als auch das Grundschema der Relevanztheorie, aufgrund seines phänomenologischen Vorcharakters, konstituierend.

4.2 Relevanztheoretische Grundprobleme sozialwissenschaftlicher Forschung

Aus der hier eingenommenen relevanztheoretischen Sicht lassen sich somit zwei fundamentale Problemlagen der Interviewsituation identifizieren. Erstens die Schwierigkeit, eine wissenschaftliche Forschungsfragestellung in den vorprädikativen Bereich der *Auslegungsrelevanz* zu importieren. Zweitens die Bewältigung *auferlegter thematischer Relevanzen* aus der Sicht des Forschers trotz der Idealisierung der Kongruenz der Relevanzsysteme. Diese beiden relevanztheoretischen Grundprobleme betreffen die quantitative und qualitative Forschung gleichermaßen.

4.2.1 Relevanztheoretische Grundprobleme der quantitativen Forschung

Die herkömmliche quantitative Methodenlehre der Sozialwissenschaften geht davon aus, dass das Problem, eine wissenschaftliche Forschungsfragestellung in den vorprädikativen Bereich der *Auslegungsrelevanz* zu importieren, durch das Instrument des Fragebogens vermieden werden könne. Im vollstandardisierten Interview sind die *Auslegungsrelevanzen* seitens des Forschers vorgedacht und vorgegeben. Der Fragebogen und der Interviewer selbst werden faktisch als Instrumente gewertet, und der Forscher muss nicht zugegen sein, da seine *Auslegungsrelevanz* bereits im Vorfeld der Erhebung vollständigen Einfluss ausgeübt hat. Bei sorgfältiger Operationalisierung sind im Grunde genommen nur reflektierte *Auslegungsrelevanzen* im Spiel. Ein Import der Forschungsfragen in die *Auslegungsrelevanzen* des Interviewers ist prinzipiell unnötig. Das heißt aber auch, dass es nur *wesentliche thematische Relevanzen* gibt, die durch die Relevanzsysteme des Forschers bestimmt sind. Das leitet für die quantitative Forschung über zum zweiten Problembereich: Es gibt keine *auferlegten thematischen Relevanzen*, somit auch keine Notwendigkeit ihrer Bewältigung. Das zweite Problem scheint, wie das erste, elegant umgangen. Dass dies ein Trugschluss ist, ist bekannt: Da Wissen über andere Personen gewonnen werden soll, sind von vorneherein auch die Perspektive und die Relevanzsysteme des anderen von Bedeutung, um ihn zu verstehen. Eine Nichtbeachtung der Perspektive des anderen führt zu Verständigungsproblemen.[9] Eine Antwort der quantitativen Sozialforschung darauf ist, das Gewicht auf sorgfältige Pretests zu legen. In diesen werden für den Respondenten einschlägige *wesentliche thematische Relevanzen* berücksichtigt, die für den Forscher den Charakter von *auferlegten thematischen Relevanzen* haben, die außerhalb seines Instrumentes liegen. Dies funktioniert wiederum häufig in explorativen Verfahren, in denen der Forscher selbst zugegen ist, mit seinen vorprädikativen *Auslegungsrelevanzen,* die von Forschungsfragen inspiriert sind. Der Kreis zu den Problemen schließt sich also wieder. Um zu einem gültigen

---

9 Das schließt an das Thema der Reziprozität der Perspektiven an, siehe Fußnote 7. Eine sozialwissenschaftliche Methodenlehre, die die lebensweltlich integrierte Forschungssituation auf der Einnahme einer universalen Anspruch erhebenden Perspektive (Kategorischer Imperativ) bauen will, erschafft sich Probleme, weil sie die Konstitutionsbedingung einer solchen Situation (Goldene Regel) außer acht lässt.

Instrument zu gelangen, so sollte hiermit gezeigt werden, ist also selbst die quantitative Forschung auf eine Bearbeitung der beiden Probleme, wenn auch in augenscheinlich geringerem Ausmaß, angewiesen.

4.2.2 Relevanztheoretische Grundprobleme der qualitativen Forschung

Beginnen wir wieder mit dem ersten Problembereich, bei dem es um den Import der Forschungsfragestellung in die *Auslegugrelevanzen* des Forschers geht. Wird ein wissenschaftliches Interview vorbereitet, so geht es im Kern darum, zu entscheiden, welche inhaltliche Zielsetzung mit dem Interview verfolgt und welche methodischen Mittel dafür eingesetzt werden sollen. Hier werden die leitenden Forschungsfragen der Untersuchung bis hin zu der methodischen Kontrolle des Fragestellens ausgewählt, definiert und eingeübt. Dies alles dient der Einstimmung, Einstellung und Steuerung der *Auslegungsrelevanz* bzw. – sofern schon möglich – der Vorbereitung aktiver Ad-hoc-Analysen, die dann mittels der *Motivationsrelevanzen* im Interview umgesetzt werden können. Es ist der Bereich, der durch die sozialwissenschaftlichen Methoden der stärksten Bearbeitung unterliegt und auf den sicherlich ein Hauptaugenmerk von Schütz (2004: 128) lag, als er Ergebnismöglichkeiten der Relevanztheorie entwarf. Diesen hoffnungsvollen Aussichten von Schütz ist in weiteren Analysen noch vertieft Geltung zu verschaffen. Eine zentrale Stellung werden dabei die Vorbereitung der Erhebung mit Hinsicht auf das Vorwissen[10] sowie die Ad-hoc-Analysen einnehmen.

Dem zweiten Problem der *auferlegten thematischen Relevanzen* Herr zu werden, ist schon allein durch diese Benennung eine Sichtweise anheim gegeben, die einer tragfähigen Lösung im Wege steht. Wenn wir uns die lebensweltliche Situation des Interviews nochmals vergegenwärtigen, so stellt sie ein Wechselverhältnis gegenseitiger Relevanzsysteme dar, wie jede andere Interaktionsbeziehung auch. Die *wesentlichen thematischen Relevanzen* eines jeden stehen in einem Wechselverhältnis zu den *auferlegten thematischen Relevanzen* und sind je subjektiv definiert. Eine für den Interviewer *auferlegte thematische Relevanz* des Respondenten kann für letzteren ein nach seiner *Auslegungsrelevanz* passendes Hervorholen von thematischem Horizont sein und sich demnach als *wesentliche thematische Relevanz* auszeichnen. Dies führt dazu, dass es – beidseitig – immer wieder Unterbrüche gibt, die dem »und so weiter« Einhalt gebieten: Für den Interviewer etwa, indem das Thema verlassen wird, d. h. der gemäß seiner *Auslegungsrelevanz* brauchbare Bereich der *wesentlichen thematischen Relevanz*.

Dem Interviewer wird aber in gewisser Hinsicht eine inhaltliche Leitungsfunktion zugesprochen, was dazu führt, das dessen *Auslegungsrelevanzen* und besonders die aktiv formulierten *Motivationsrelevanzen* zumindest in Maßen beidseitig als vordringlich betrachtet werden. Der Respondent gesteht dem Interviewer zu, Nachfragen zu stellen und den einen oder anderen Aspekt vertiefen zu wollen. Für Äußerungen im engeren Interviewkontext gilt eine Art Kontrollgebot, denn der Interviewer muss in Sekundenbruchteilen der Ad-hoc-Analyse entscheiden, ob ein Beitrag des Respondenten im Rahmen des Themas liegt und damit weiterverfolgt werden muss oder nicht. Die Interviewsituation ist also durch verschiedene Wahrnehmungen von Unterbrüchen des »und so weiter« geprägt, die auf den Unterschieden der Relevanzsysteme

---

10 In der Methodenliteratur gibt es unterschiedliche Ansichten über den Status des Vorwissens bzw. der Vorbereitung. In der quantitativen Sozialforschung geht dieses Vorwissen in Form von zur Frage gestellten Hypothesen vollkommen im Messinstrument auf und bewirkt nur aus diesem heraus einen standardisiert gleichbleibenden Einfluss auf die Erhebungssituation (ohne damit die unterschiedliche Perzeption dessen berücksichtigen zu können). Die qualitative Sozialforschung hingegen ist auf die Nutzung des theoretischen Vorwissens in einem heuristischen Sinne bezogen, welcher zwischen dem Ideal der Naivität des offenen Auges in der ersten Feldbegegnung als dem Versuch, theoretische Vorstrukturierung zu meiden (Schröer 1997: 118), und der aktiven Nutzung des Vorwissens in Form sensibilisierender Konzepte (Flick 2002: 13) schwankt.

beruhen: Manche Unterbrüche stellen für beide Beteiligte, manche nur für einen eine Unstetigkeit dar. Auf manche Unterbrüche wird reagiert, andere werden in den Situationen negiert oder ausgeblendet, obwohl (oder weil) sie als *auferlegte thematische Relevanz* entdeckt werden. Insofern nun die Erforschung der Perspektive eines Handelnden *ein*, wenn nicht *das* zentrale Element qualitativer Sozialforschung ist, sind im Forschungsprozess den Relevanzen des Interviewpartners, besonders denen, die als *auferlegte thematische Relevanzen* an den Forscher herangetragen werden, besonderes Gewicht beizumessen.[11] Das »und so weiter« und die Reziprozität der Perspektiven zu hinterfragen, sich für das Abenteuer zu wappnen, wie es von Hitzler & Honer (1997: 14) im Rahmen der soziologischen Ethnographie gefordert wird, bedeutet im Verständnis der Relevanztheorie, den *auferlegten thematischen Relevanzen* methodisch kontrolliert mehr Aufmerksamkeit und Gewicht zukommen zu lassen.

5. Fazit

Die in diesem Beitrag relevanztheoretisch rekonstruierte Interviewsituation ist gekennzeichnet durch die prinzipielle Offenheit des Wahrnehmungsfeldes und der damit verbundenen Relevanzsysteme. Sie ist, lebensweltanalytisch verstanden, nicht auf das Gespräch reduziert, sondern beinhaltet alles, was in dieser Situation präsent ist, nämlich das Interview *und* den *Kontext*. Auch wenn der Forscher versucht, die *Auslegungsrelevanzen* hinsichtlich des Gesprochenen zu fokussieren, ist ihm dies – aufgrund ihres vorprädikativen Charakters – nicht vollends möglich. Es bestehen aus phänomenologischer Sicht zwar Unterschiede, aber keine »Abschaltungsmöglichkeiten«. Der Bedeutung der *Auslegungsrelevanzen* kann – wie hier vorgeschlagen – durch die grundlegende und sorgfältige Feld-Vorbereitung einerseits sowie durch die Stärkung der Ad-hoc-Analysen andererseits Rechnung getragen werden.

Sind in den Forschungsprozessen qualitativer Sozialforschung, *auferlegte thematische Relevanzen* (aus Sicht des Forschers) prinzipiell nicht ausgeschlossen, so ist ihnen sowohl betreffend des Antwortverhaltens der Respondenten als auch hinsichtlich des Interview*kontextes* Rechnung zu tragen. Für Letzteres habe ich die Ergänzung der qualitativen Interviewführung in Form des *beobachtenden Interviews* vorgeschlagen. Das *beobachtende Interview* integriert im Sinne eines *Kontexteinbezugs* forschungsfragenrelevante Beobachtungen, diese verbalisierend, in das Interview. So wird nicht nur die Bedeutung der *auferlegten thematischen Relevanzen* generell aufgewertet. Vielmehr kann das »und so weiter« theoretischer Vorüberlegungen durchbrochen werden, und die Sozialforschung vermag zu anderen und neuen Einsichten zu gelangen. Dabei ist die enge Grenze methodischer Kontrolle im Sinne des Nichtbeeinflussungsgebots von Interviews zugunsten eines erweiterten Erkenntnisgewinns dezidiert in Frage zu stellen.

---

11 Der Grund hierfür liegt darin, dass die *wesentlichen thematischen Relevanzen* zumindest mit ihrem Bezug auf die *Auslegungsrelevanzen* ein mehr oder weniger starkes »und so weiter« darstellen. Aus relevanztheoretischer Perspektive ist dies *der* zentrale Unterschied zwischen quantitativer und qualitativer Sozialforschung. Der verstärkte Einbezug einer explorativen Phase in der quantitativen und die Abkehr vom Ideal völliger Unvoreingenommenheit in der qualitativen Sozialforschung ist eine Art aufeinander Zugehen, das sich auf genau die hier behandelten Problemstellen und deren Lösung bezieht.

Literatur

Atkinson, Paul & Sarah Coffey (Hg. 2001), *Handbook of Ethnography*, London: Sage
Atteslander, Peter (2006), *Methoden der empirischen Sozialforschung*, Berlin: Schmidt
Flick, Uwe (2002), *Qualitative Sozialforschung. Eine Einführung*, Reinbek: Rowohlt
Flick, Uwe & Herbert Kalthoff (2003), Arbeitsgruppe ›Methoden der qualitativen Sozialforschung‹, Jahresbericht 2002/2003, *Soziologie* 32: 4, S. 109–113
Göttlich, Andreas (2007), Hegemoniale Moral: Die Einebnung kultureller Differenz in der Debatte um den 3. Golfkrieg, in: J. Dreher & P. Stegmaier (Hg.), *Zur Unüberwindbarkeit kultureller Differenz. Grundlagentheoretische Reflexionen*, Bielefeld: transcript, S. 269–94
Gubrium, Jaber F. & James A. Holstein (Hg. 2002), *Handbook of interview research. Context & method*, Thousand Oaks: Sage
Heyl, Barbara Sherman (2001), Ethnographic Interviewing, in: P. Atkinson & S. Coffey (Hg.), *Handbook of Ethnography*, London: Sage, S. 369–383
Hitzler, Ronald & Anne Honer (1997), Einleitung: Hermeneutik in der deutschsprachigen Soziologie heute, in: R. Hitzler & A. Honer (Hg.), *Sozialwissenschaftliche Hermeneutik*. Opladen: Leske + Budrich/UTB, S. 7–27
Hopf, Christel (2000), Qualitative Interviews – ein Überblick, in: U. Flick, E. v. Kardorff & I. Steinke (Hg.), *Qualitative Forschung. Ein Handbuch*, Reinbek: Rowohlt, S. 349–359
Kölbel, Ralf & Thorsten Berndt & Peter Stegmaier (2006), Abduktion in der justiziellen Entscheidungspraxis, *Rechtstheorie* 37: 1, S. 85–108
Morlok, Martin & Ralf Kölbel (2000), Zur Herstellung von Recht: Forschungsstand und rechtstheoretische Implikationen ethnomethodologischer (Straf-)Rechtssoziologie, *Zeitschrift für Rechtssoziologie* 21: 2, S. 387–417
Morlok, Martin, Ralf Kölbel & Agnes Launhardt (2000), Recht als soziale Praxis. Eine soziologische Perspektive in der Methodenlehre, *Rechtstheorie* 31: 1, S. 15–46
Roth, Erwin (1995), *Sozialwissenschaftliche Methoden. Lehr- und Handbuch für Forschung und Praxis.* München, Wien: Oldenbourg
Scholl, Armin (1993), *Die Befragung als Kommunikationssituation. Zur Reaktivität im Forschungsinterview*, Opladen: Westdeutscher Verlag
Schröer, Norbert (1997), Wissenssoziologische Hermeneutik, in: R. Hitzler & A. Honer (Hg.), *Sozialwissenschaftliche Hermeneutik*, Opladen: Leske + Budrich/UTB, S. 109–129
Schütz, Alfred (1971), *Gesammelte Aufsätze Band 1. Das Problem der sozialen Wirklichkeit*, Den Haag: Nijhoff
Schütz, Alfred (2004), *Relevanz und Handeln 1. Zur Phänomenologie des Alltagswissens*, Alfred Schütz Werkausgabe Band VI.1. Konstanz: UVK
Soeffner, Hans-Georg (2004), *Auslegung des Alltags – Alltag der Auslegung: zur wissenssoziologischen Konzeption einer sozialwissenschaftlichen Hermeneutik*, Konstanz: UVK
Spradley, James P. (1979), *The ethnographic interview*, New York: Holt, Rinehart and Winston
Warren, Carol A. B. (2002), Qualitative Interviewing, in: J. F. Gubrium & J. A. Holstein (Hg.), *Handbook of interview research. Context & method*, Thousand Oaks: Sage, S. 83–101

Ronald Kurt

Vom Sinn des Sehens
Phänomenologie und Hermeneutik als Methoden visueller Erkenntnis

Hermeneutik und Phänomenologie

Wenn Hermeneutik und Phänomenologie zwei Flüsse wären, dann ließe sich fragen: Wo entspringen sie? In welche Richtung fließen sie? In welches Meer münden sie? So gefragt, würde ich antworten: Ihre Quellen sind weit voneinander entfernt, ein Stück weit fließen sie nebeneinander und schließlich münden sie in verschiedene Meere.

Die Entstehung der Hermeneutik lässt sich auf Probleme antiker Textauslegung zurückführen. Quellpunkt der Phänomenologie ist demgegenüber die Transzendentalphilosophie. Und während der Fluchtpunkt der Hermeneutik die Rekonstruktion des subjektiven Sinns objektiv gegebener Zeichen ist – »Wir nennen den Vorgang, in welchem wir aus Zeichen, die von außen sinnlich gegeben sind, ein Inneres erkennen: *Verstehen*« (Dilthey 1957: 318) –, so zielt die Phänomenologie letztlich auf die Beschreibung und reflexive Analyse von Bewusstseinsphänomenen. Kurz: Hermeneutik ist Sinn rekonstruierende Zeicheninterpretation und Phänomenologie ist Bewusstseinsphilosophie beziehungsweise, wie es Husserl (1993: 177) einmal ausdrückte: »Hermeneutik des Bewusstseinslebens«. Trotz dieser trennenden Merkmale liegt eine Gleichheit der Richtung vor: Hermeneutik und Phänomenologie sind Philosophien der Subjektivität und Perspektivität. Sie fordern eine Denkhaltung, die die lebensweltlich fundierte Subjektivität, Perspektivität und Intentionalität des Bewusstseins-von-etwas beziehungsweise des Zeichensetzens und Zeichendeutens methodisch kontrolliert mitreflektiert.

Die Frage ist, ob sich Phänomenologie und Hermeneutik als Methoden wissenschaftlicher Erkenntnis ergänzen können. Sie können es – was ich im Folgenden zu zeigen versuche. Gegenstand des Textes ist das Sehen.

Das Sehen der Wahrheit

Das Auge hat im Abendland ein gutes Image. Wenn es um Wahrheit geht, dann trauen wir den Augen traditionell mehr zu als den Ohren, der Nase, der Zunge oder der Haut. Für uns ist das Sehen der Sinn, mit dem wir dem Sein am nächsten kommen können. Im Alltag glauben wir letztlich nur das, was wir mit den eigenen Augen gesehen haben – »Ich verlasse mich auf mich und meine beiden ofnen Augen« (Schiller 1984: 790) –, und in der Wissenschaft streben wir nach Evidenz (von lat. videre: sehen), also nach klar (von lat. clarus: hell) Ersichtlichem, nach unmittelbar Ein- und Ansicht – »Du zweifelst noch? Du wirsts mit Augen sehen« (Schiller 1984: 791).

Das hohe Ansehen des Sehens gehört zu den Selbstverständlichkeiten der abendländischen Philosophiegeschichte. Vom Höhlengleichnis Platons über Schopenhauers reines Subjekt, das als klares Weltauge die Ideen der Dinge erschaut, bis hin zu Husserls Eidoslehre und Sartres Blickbetrachtungen wird die Erkenntnis des Wahren, Schönen und Guten mit Metaphern aus dem Bereich Auge, Sonne, Licht und Glanz beschrieben. Im Westen ist das Sehen die Nr. 1 unter den Sinnen. In den auf Differenz beruhenden Erkenntnistheorien des Abendlandes befindet sich auf der einen Seite der Unterscheidung das vorstellende Subjekt, auf der anderen das vorgestellte Objekt. Die Nähe dieses Erkenntnismodells zur Form des Sehens ist offensichtlich, denn für das Sehen, das Etwas-mit-den-Augen-wahrnehmen, ist die Differenz zwischen Sehendem und Gesehenem fundamental. Ohne Abstand sieht man nichts.

Die Sehmetaphorik des klassischen abendländischen Erkenntnismodells wurzelt in der Überzeugung, dass objektive Erkenntnis möglich ist. Der alte griechische Glauben an die Erkenntnis der Dinge, wie sie wirklich, an sich, unabhängig vom Subjekt sind, hat sich in der Neuzeit mit dem Glauben gepaart, dass der Bauplan und die Gesetze der Natur mit den Mitteln der modernen Wissenschaften offen gelegt werden können. Bei dem Versuch, die Welt auf Formeln zu bringen, verpflichteten sich viele abendländische Naturwissenschaftler, Philosophen und Künstler dem Prinzip der ›Rationalität‹. Die Leitmaxime lautete: Alles ist rational; die Welt, der Mensch und natürlich auch die menschliche Wahrnehmung der Welt. Dem vornehmsten Sinnenorgan, dem Auge, wurde dabei eine doppelte Rationalität zugemutet: Nicht nur dem Gesehenen wurde Rationalität unterstellt, auch das Sehen selbst wurde als rational aufgefasst. Als Beispiel für die Rationalisierung von Welt, Mensch und Auge mag hier Leonardo da Vinci (1452–1519) dienen. Im *Traktat von der* Malerei, in dem er das die Schönheit der Welt widerspiegelnde Auge als den genauesten Sinn beschreibt – »das Auge (irrt) sich bei seinem Dienst weniger als irgend ein anderer Sinn« (Leonardo 1909: 11) – hat Leonardo versucht, dem Betrachten und Abbilden von Mensch und Natur durch die mathematisch exakte zentralperspektivische Bildkonstruktion eine wissenschaftliche Grundlage zu geben. Im 21. Jahrhundert haben wir nunmehr den (künstlichen, uns nunmehr ›natürlich‹ gewordenen) zentralperspektivischen Blick und das Wissen um das mathematische Maß der Dinge so sehr verinnerlicht, dass uns beim Unterscheiden zwischen groß und klein oder vorne und hinten keiner so schnell etwas vormachen kann. Gegen optische Täuschungen sind wir gewappnet. Auf die Müller-Lyersche Täuschung – den scheinbar ungleich langen, tatsächlich aber nachmessbar gleich langen Geraden – fällt heutzutage jedenfalls keiner mehr rein (vgl. Merleau-Ponty 1966: 24). Zur Not nehmen wir ein Lineal und messen nach. So leicht lassen wir uns nicht mehr täuschen – und genau damit täuscht man sich, schließlich kommt ja nicht der Gleichheits-, sondern der Ungleichheitswahrnehmung Evidenz zu. Wer sieht, was er weiß, weiß nicht, was er sieht – und wie er sieht. Von Künstlern und Kindern kann man lernen, mit anderen Augen und mit einem anderen Geist zu sehen. Der Schweizer Künstler Schang Hutter erzählt (in einem Interview mit mir aus dem Jahr 1996) von einem Kindheitserlebnis: »Da ist diese Geschichte als Kind […] ich war vielleicht so drei oder vier Jahre alt; da war ich also da hinten im Bett gelegen; von da sah ich die Zimmertür und ein Fenster. Da hab ich so geguckt, einfach so ((Schang Hutter kneift ein Auge zu und hält einen Daumen vor das offene Auge)), und dann konnte ich das ganze Fenster mit dem Daumen zudecken […] und dann hab ich gedacht: Mensch, irgendetwas stimmt da nicht.«

Die Wahrheit des Sehens

Um die Umkehrung der Denkrichtung zu markieren – vom Sehen der Wahrheit zur Wahrheit des Sehens – möchte ich zitieren, was Goethe 1819 an Friedrich von Müller schrieb: »Man erblickt nur, was man schon weiß und versteht.« Mit dieser Maxime gehe ich in einer Denkweise vor Anker, die das Auge nicht isoliert oder als Scanner des Geistes, sondern im Zusammenhang mit seinen subjektiven, sozialen und kulturellen Voraussetzungen betrachtet. Diese anti-objektivistische Art des Denkens haben sich insbesondere Hermeneuten und Phänomenologen zu eigen gemacht. Im Folgenden wird das Sehen zunächst vom Standpunkt der Hermeneutik als eine den ganzen Menschen beanspruchende Tätigkeit beschrieben. Dann wird es im Sinne der Phänomenologie Edmund Husserls als Bewusstsein-von-etwas begriffen.

Hermeneutik

Sehen ist kein Kopier-, sondern ein Konstruktionsprozess. Diese These ist nicht nur geistes- und sozialwissenschaftlich, sondern auch naturwissenschaftlich fundiert. Deshalb möchte ich meiner hermeneutischen Argumentation eine neurophysiologische voranstellen. Das, was wir sehen, ist nicht identisch mit dem, was wir im Auge haben. Das heißt, Seheindruck und Netzhautbild sind zweierlei. Gegen eine abbildtheoretische Interpretation des Netzhautbildes spricht, dass »es auf der Ebene der Retina noch nicht das (gibt), was man gewöhnlich als ›einfache‹ Wahrnehmung ansieht, d. h. Linien, Kanten, und erst recht nicht Gestalten und Figuren« (Roth 1992: 294). Außerdem ist das Gesehene *vor* den Augen und nicht *in* den Augen. Es ist Vor-stellung und nicht Ein-druck. Darüber hinaus wird die neuronale Hauptarbeit bei der Produktion visueller Wahrnehmungen nicht an der Peripherie des Nervensystems, sondern im Gehirn geleistet.

So gesehen wird das Sehen von außen angeregt und von innen gestaltet. Dieser naturwissenschaftliche Befund ist das Pendant zu der kulturwissenschaftlichen Auffassung, dass nicht das Auge, sondern der ganze Mensch sieht. Sehen ist in diesem Sinne kein bloßes Auf- und Fürwahr-nehmen, sondern eher ein Geben und Gestalten. Mit seinen Gedanken, Gefühlen, Erinnerungen, Phantasien und Interessen zu sehen bedeutet: hinzufügen, wegnehmen, projizieren, übersehen, verschieben, vergrößern, verkleinern, zentrieren und selektieren – und nicht: etwas von außen nach innen durchreichen und dabei dem Auge die Funktion des Fensters zwischen Seele und Welt zuweisen; wie sich das zum Beispiel Leonardo vorstellte. Er dachte, dass die durch die Augen aufgenommenen Dinge im Gehirn drei hintereinander angeordnete Kammern durchlaufen. Die erste Kammer enthält das Eindrucksvermögen (imprensiva), die zweite den Gemeinsinn (senso comune) – nach den Berechnungen Leonardos der mathematische Mittelpunkt des Gehirns und deshalb (!) Sitz der Seele – und die dritte das Gedächtnis (memoria) (vgl. Zöllner 2003: 207).

Die Geschichtlichkeit des Auges

In der Hermeneutik, der Kunstlehre des Verstehens, wird davon ausgegangen, dass wir den Dingen dieser Welt nicht unvoreingenommen, sondern vor dem Hintergrund unserer gesellschaftlichen und geschichtlichen Prägungen begegnen. Das heißt, das Sehen enthält kulturelle Codes – immer und überall. Das Auge ist ein Agent der Wir-Atmosphäre, die uns von Geburt an umgibt. Anfang des 20. Jahrhunderts beschrieb Wilhelm Dilthey (1958: 208f) das so: »Das Kind wächst heran in einer Ordnung und Sitte der Familie, die es mit deren anderen Mitgliedern teilt [...] Ehe es sprechen lernt, ist es schon ganz eingetaucht in das Medium von Gemeinsamkeiten.« Das Sehen ist hiervon nicht ausgenommen; es ist eingebettet in die Relativität der kulturellen Perspektive. Angesichts eines Kreuzes mit vier Haken fühlen und denken Deutsche etwas anderes als Inder. Für uns, die meisten von uns, ist das Hakenkreuz ein Zeichen des Bösen; für Menschen, die in Indien sozialisiert wurden, ist das Swastika-Zeichen ein unverdächtiges Glückssymbol.

Im Bezug auf die Voreingenommenheit des Auges lässt sich der Impressionismus als ein Versuch verstehen, den Blick von seiner Befangenheit zu befreien. Bekanntlich wäre Monet am liebsten blind auf die Welt gekommen, um plötzlich sehend zu werden, denn dann hätte er malen können, ohne zu wissen, was die Dinge wären. Diese unbefleckte Empfängnis von Farbe, Form und Licht ist in der Geschichte des Sehens ein unerfüllter Traum geblieben.

Die Erkenntnis des Bekannten: Das Sehen als Wiedersehen

Normalerweise neigen wir dazu, im Neuen das Alte zu sehen. Das ist Nietzsche (2000: 254) zufolge das, was das Volk unter Erkenntnis versteht: »Nichts weiter als dies: etwas Fremdes soll auf etwas Bekanntes zurückgeführt werden. [...] Das Bekannte, das heisst: das woran wir gewöhnt sind, so dass wir uns nicht mehr darüber wundern, unser Alltag, irgend eine Regel, in der wir stecken, Alles und Jedes, in dem wir uns zu Hause wissen.« Zu diesem unseren Zuhause gehören auch Schablonen des Sehens: grün, rund, Haus, Maus, Mensch. Wir halten für das, was wir mit dem Sehsinn empfangen, Formen bereit. Zu diesem visuellen Vorwissen gehören auch Perspektivenkenntnisse: Indem wir den übergroß erscheinenden Daumen, den wir uns vor die Augen halten, mit weiter entfernten Dingen in ein adäquates Größenverhältnis setzen, geben wir unserem Sehen eine Ordnung; eine Ordnung, die unsere Farb- und Formimpressionen von Natur aus nicht besitzen. Kantisch gesprochen: wir richten uns im Sehen nach den Regeln, die wir unseren Augen gegeben haben.

Unser Blick auf die Welt ist durch unsere Wissensvorräte schon vorfiguriert. So reduzieren wir die Überkomplexität des Sichtbaren in der Erfahrungswelt auf das in unseren Augen Bekannte und Relevante. Zugespitzt, in Anlehnung an Alfred Schütz (2004: 190) formuliert: Wir nehmen, im Rahmen dessen, was wir schon wissen, das Typische und nicht das Individuelle wahr. Schütz meint, dass unsere Wirklichkeitswahrnehmungen auf Typisierungen beruhen und dass demzufolge alles als typisch und in typischen Zusammenhängen erfahren wird. Es ist wie mit Hase und Igel: der Erkenntnisprozess läuft und läuft, aber der Typus ist immer schon da. So schafft sich das Auge des Alltags die Sicherheiten und Selbstverständlichkeiten, die zur Orientierung in der Lebenswelt vonnöten sind. Der Alltag des Auges beruht auf und vollzieht sich im Wesentlichen in schematischem Wiedererkennen.

Der hermeneutische Zirkel und die Vor-Struktur des Verstehens

Dem Verstehen ist ein eigentümliches Kreisen und Oszillieren eigen. Es ist eine Denkweise, die dem zu Verstehenden mit Vorverständnissen begegnet und die im Verständnis des Verhältnisses von Teil und Ganzem in Rotation gerät. Hier geht es um die heute als hermeneutischer Zirkel bekannte Denkfigur, »dass alles Einzelne nur verstanden werden kann vermittelst des Ganzen und also jedes Erklären des Einzelnen schon das Verstehen des Ganzen voraussetzt« (Schleiermacher 1995: 328). Man sieht das erste Bild eines Films und ordnet es sofort einem Genre zu: Western, Science Fiction, Heimatfilm etc. Auch angesichts einzelner Farben erblicken wir gestalthafte Ganzheiten. Man steht im Straßenverkehr vor einem roten Licht und imaginiert unwillkürlich das ganze Farbenspiel: Rot, Gelb und bei Grün darfst du gehen – vielleicht wäre man auch bei Rot gegangen, aber das im Augenwinkel gesehene grün-weiße Etwas ließ unwillkürlich ein »Vorsicht! Polizei!« ins Bewusstsein schießen. Das führt zu einem weiteren Strukturaspekt des Verstehens: Jedes Etwas wird Heidegger zufolge immer *als* Etwas erfahren. Etwas als Etwas zu verstehen, bedeutet nicht nur, etwas als einen bestimmten Gegenstand zu identifizieren. Es bedeutet, dass es mit diesem Etwas eine Bewandtnis hat. Das grün-weiße Etwas ist ein Polizeiauto und als ein solches steht es für den, der es erblickt, in einem komplexen, viele Gefühle, Gedanken und Handlungsweisen miteinander verbindenden Bewandtniszusammenhang.

Beim Verstehen, so betont Heidegger, gibt es kein erstes Mal, weil jedes Verstehen auf einem Vor-Verständnis beruht. Heidegger unterscheidet in diesem Zusammenhang zwischen *Vorhabe*, *Vorsicht* und *Vorgriff*. *Vorhabe* ist das Verständnis, das man schon vorher hat. Von diesem aus, also durch die Brille des Vor-Verstandenen, sieht man auf das zu Verstehende hin. *Vorsicht* bedeutet, dass die Richtung des Verstehens schon vor-gesehen ist. Die Vorsicht »fixiert, im Hinblick worauf das Verstandene ausgelegt werden soll« (Heidegger 1993: 150). *Vorgriff* heißt, dass man sich sprachlich in der Auslegung schon vorab für eine bestimmte Begrifflichkeit entschieden hat. Übersetzt in die Sprache des Sehens: Den mir zugesandten weißen Brief mit schwarzem Rand subsumiere ich der Kategorie »Todesanzeige« (Vorhabe); während ich den Brief öffne, habe ich bereits eine bestimmte Person im Auge (Vorsicht) – derweil stelle ich mir Bilder des Todes vor (Vorgriff).

Der Pragmatismus des Auges

Im Alltag sehen wir die Sachen zumeist pragmatisch. Schließlich stehen wir unter Handlungsdruck. Wir richten das Auge nach unseren Interessen aus. Geleitet von unseren Bedürfnissen sehen wir vor allem das, was uns in irgendeiner Form von Nutzen ist. Im Supermarkt schauen wir dementsprechend nicht auf zur Decke, sondern in das Regal, das uns im Hinblick auf die Lösung eines Ernährungsproblems weiterbringen kann. Der Durst nach den Dingen macht den Blick des Auges wählerisch. Er schweift umher, fokussiert, blendet aus und weitet sich. Je nach dem Projekt, in dem wir gerade stecken. Das Auge des Alltags hat nur Augen für das, was für den Geist von Interesse ist. Und schon bildet sich vor einem Hintergrund eine Gestalt, die das Wahrnehmen anderer Gestalten unmöglich macht. Sehenden Auges blind zu sein ist das Vorrecht des alltäglichen Augenblicks.

Phänomenologie

Der reiche Grundsatz der Phänomenologie von Edmund Husserl lautet: Bewusstsein ist immer Bewusstsein von etwas. Die Phänomenologie fragt nach diesem Etwas und nach der Art und Weise, wie dieses Etwas im Bewusstsein gegeben ist. In der Phänomenologie geht es also nicht darum, was die Dinge an sich sind, sondern darum, was und wie die Dinge für uns sind.

In seinen Bewusstseinsanalysen ist Husserl auf eine Reihe interessanter Phänomene gestoßen. Er entdeckte zum Beispiel, dass wir in unseren Wahrnehmungen mehr für wahr nehmen als eigentlich da ist. »Die gesehenen Dinge sind immer schon mehr als was wir von ihnen ›wirklich und eigentlich‹ sehen« (Husserl 1976: 51). Wir sehen ein Haus, obwohl in unserer Wahrnehmung eigentlich nur die Vorderseite des Hauses sinnlich gegeben ist. Das ist in der Tat merkwürdig: Nur ein Teil ist da, aber wir nehmen das Ganze wahr. Auf die Frage, wie so etwas möglich ist, antwortet Husserl (1973: 139) mit dem Prinzip der Appräsentation, dem »Als mitgegenwärtig-bewußt-machen«. In ihrer einfachsten Form ist die Appräsentation eine Verbindung eines hier, jetzt und so Gegebenem mit etwas, das in diesem Hier und Jetzt nicht gegeben ist. Das heißt, etwas ist (in der Einseitigkeit einer bestimmten Perspektive) präsent und etwas Nicht-Präsentes wird – hervorgerufen durch das Präsente – mit vorgestellt. Kurz: A ist da, und B ist, obwohl es selbst nicht da ist, mit da (vgl. hierzu Kurt 2002).

Die Grundlagen solcher Appräsentationen sind passive Synthesen. Das sind Bewusstseinsleistungen, in denen zu einem früheren Zeitpunkt aus gleichzeitig oder nacheinander Erfahrenem Einheiten geschaffen wurden. Diese passiven Synthesen fundieren unser Selbst- und Weltverständnis. Im Prozess des Appräsentierens werden diese in der Tiefe des Bewusstseins schlummernden Synthesen gleichsam geweckt und in einer analogisierenden Assoziation unwillkürlich auf das gerade Gegebene bezogen. In Appräsentationen kommt es sozusagen zu einer automatischen Ausschüttung unseres lebensweltlichen Wissens: Wir sehen ein kleines gelbes Buch und unweigerlich müssen wir hinzu denken: Reclam. (Wer ohne Reclam-Bücher sozialisiert wurde, kann diese assoziative Verbindung natürlich nicht herstellen.) Normalerweise vollzieht sich das Mitvergegenwärtigen nichtbewusst. Es ist aber auch möglich, das Prinzip des analogischen Assoziierens für künstlerische Zwecke zu nutzen, wenn man die eigenen Einbildungskräfte bewusst zu stimulieren vermag – so wie es Leonardo (1909: 64) tat: »wenn man nur einen Schwamm voll verschiedenerlei Farben gegen die Wand werfe, so hinterlasse dieser einen Fleck auf der Mauer, in dem man eine schöne Landschaft erblicke. Es ist wohl wahr, daß man in einem solchen Fleck mancherlei sieht – d. h. ich sage, wenn sie einer darin suchen will – nämlich menschliche Köpfe, verschiedene Tiere, Schlachten, Klippen, Meer, Wolken oder Wälder und andere derlei Dinge.« Diese Bemerkung Leonardos zeigt zweierlei. Sie zeigt einerseits, dass wir angesichts von Mauerrissen, Teppichflecken und Wolkenformationen ganze Bilderwelten zusammenphantasieren können. Und sie zeigt andererseits, dass man sich beim Appräsentieren in den Grenzen der Vorstellungswelt einer bestimmten Zeit und Gesellschaft bewegt. Leonardo assoziierte zeitgemäß, also rein gegenständlich. Kandinsky hätte in dieselben Mauerflecken wohl eher abstrakte Formen hineingesehen. Sehen ist eben ein subjektiver, sozial strukturierter, kulturell präfigurierter Konstruktionsprozess.

Bildbewusstsein

Das Phänomen des Sehens umfasst mehr als nur die visuelle Wahrnehmung. Schließlich gibt es ja auch Vorstellungen, Phantasiebilder, Erinnerungen, Tagträume und Traumbilder. Husserl hat sich mit einer Art des Sehens auseinandergesetzt, die mehrere Dimensionen des Visuellen umfasst: mit dem Bildbewusstsein (vgl. Husserl 1980). Seine phänomenologische Frage lautet in diesem Zusammenhang nicht: Was ist ein Bild? (vgl. Boehm 1994), sondern: Was ist Bildbewusstsein?

Husserl beschreibt das Bildbewusstsein als eine besondere Art der Appräsentation, in der drei verschiedene Wirklichkeitssphären aufeinander bezogen sind. Das Bildbewusstsein basiert auf drei verschiedenen Objektkonstruktionen, die als Bildmaterial, Bildobjekt und Bildsujet im Bewusstsein eine Einheit bilden: »1) Das physische Bild, das Ding aus Leinwand, aus Marmor usw. 2) Das repräsentierende oder abbildende Objekt, und 3) das repräsentierte oder abgebildete Objekt« (Husserl 1980: 19). Das wechselseitige Aufeinanderbezogensein dieser drei Arten des Gegenstandsbezuges ergibt die Form des Bildbewusstseins. Diese Form ist nicht als starr, sondern als spannungsvoll zu verstehen. Diese Spannung kommt durch das Verhältnis zwischen Präsentem und Nichtpräsentem zustande. »Das Bild macht die Sache vorstellig, ist aber nicht sie selbst« (Husserl 1980: 18). Anwesendes und Abwesendes kommen dabei nicht zur Deckung. Das appräsentierte Sujet konfligiert mit dem Bildobjekt und der Materialität der Fläche, ohne dass eine dieser Objektbezüge die anderen aus dem Bewusstseinsfeld schlagen könnte. In diesem dynamischen Hin und Her hat das Bildbewusstsein seine Stabilität. Bildbewusstsein ist eine Bewusstseinsbewegung, eine multiple Wirklichkeit, ein Tanz durch die Wirklichkeiten. Die Bildfläche ist dabei als »physischer Erreger« (Husserl 1980: 21) eine Art Sprungbrett, mit dem wir uns in unsere Phantasie und die Bestände unserer Lebenswelt abfedern können – bis wir schließlich wieder aus dem Bilderrahmen in die Alltagswelt zurückfallen.

Ausgehend von den beschriebenen Prinzipien der hermeneutischen und phänomenologischen Denktradition werden nun im letzten Teil des Textes Methoden der Bildinterpretation vorgestellt.

Hinsehen

Das A und O der Bildinterpretation heißt: Hinsehen. Aber wie soll man sehen? Soll man so sehen, wie man normalerweise im Alltag sieht, also schnell, flüchtig und pragmatisch? In der alltäglichen Wahrnehmung werden Bilder auf dem kürzest möglichen Wege verstanden und (bewusst oder auch nichtbewusst) routinemäßig einsortiert. Die Bild-Hermeneutik kann erst dann beginnen, wenn die Routinen des alltagsweltlichen Bildverstehens außer Kraft gesetzt werden. Der Ansatzpunkt der Hermeneutik ist nicht das Verständliche, sondern das Unverständliche. Unverständliches verständlich machen zu wollen, ist gleichsam der Urimpuls des hermeneutischen Denkens. Das Problem ist nur: Oft weiß man nicht, wo der Hebel anzusetzen ist, weil sich alles irgendwie von selbst versteht. Das Unverständliche ist so schwer zu erkennen, weil es in Selbstverständlichkeiten verborgen ist. Wer es bergen will, muss versuchen, das vertraut Erscheinende wie etwas Fremdes anzusehen.

Sehtechniken – Der erste Blick

Der Kunstphilosoph Konrad Fiedler (1841–1895) beschreibt in seiner Schrift *Über die Beurteilung von Werken der bildenden Kunst* (1876) die Anschauung als eine Erkenntnis eigener Art. Im Gegensatz zur Abstraktion hält Fiedler die Anschauung für eine eher verkümmerte menschliche Fähigkeit. Dem Menschen entschwindet die Anschauung, »sobald der Punkt erreicht ist, wo er mit seinem Begriffsvermögen gleichsam einhaken und aus der Anschauung herausziehen kann, was er nur zu häufig für deren einzig wesentlichen Inhalt hält« (Fiedler

1971: 36). Die eigentliche Anschauung beginnt für Fiedler da, wo das Interesse am Gegenständlichen und Gedanklichen erlischt und der Blick frei wird für eine künstlerische Sicht der Welt; »wer dem Künstler auf sein Gebiet folgen will, der muß von der Höhe seines geistigen Bewusstseins, zu der ihn die Arbeit des Lebens geführt hatte, herabsteigen, er muß die Welt noch einmal als eine ihm fremde betrachten, um sie in einer neuen Weise kennen zu lernen« (Fiedler 1971: 67). Diese Betrachtungsweise setzt einen Einstellungswechsel voraus. Phänomenologisch gesprochen geht es um eine besondere Art der Epoché. Der Betrachter klammert aus, was das Bild gegenständlich darstellt und fragt sich interesselos: was ist mir da im Hinblick auf die Fläche an Farben und Formen wie gegeben? Die bewusste Enthaltung vom Gegenstandsbezug ist konstitutiv für das Prinzip der formalen Bildbetrachtung (vgl. Wiesing 1997: 22). In dieser ersten Phase der Interpretation geht es nur um den Gestaltsinn und die Sinngestalt von Farb- und Formrelationen – von allem anderen wird abgesehen.

Max Imdahl (1994) spricht sich in seiner Ikonik für eine ähnliche Herangehensweise aus. Bei der Suche nach Antworten auf die Frage ›Was ist das Bild als Bild?‹ soll der erste – lange, sehr lange – Blick ausschließlich auf die ikonischen Relationen achten. Dabei kann sich das Sehen zum Beispiel an den folgenden Fragestellungen orientieren: Welche Farben und Formen sind sichtbar? Wie ist das Verhältnis zwischen den Teilen und dem Ganzen? Sind Sinn stiftende Punkte, Linien, Parallelen, Kurven oder andere geometrische Gestalten zu sehen? Zur Fundierung und zum Abgleich des eigenen Form- und Farbverständnisses empfiehlt es sich, Bücher über Form- und Farbtheorien heranzuziehen. Auf diese Weise erhält die subjektive Anschauung eine objektive Basis.

Über diese formale Analyse hinaus kann der Betrachter auch mit den Bildelementen experimentieren. Wenn das visuell Gegebene nicht als unveränderbare Wirklichkeit, sondern als manipulierbare Möglichkeit gesehen wird, dann besteht die Chance zur Variantenbildung. Gemäß des phänomenologischen Mottos »Die Wirklichkeiten müssen behandelt werden als Möglichkeiten unter anderen Möglichkeiten« (Husserl 1985: 421) können die Formen und Farben des Bildes variiert werden. Das Verschieben von Bildelementen oder das Ersetzen von Farben kann deutlich machen, welche Relationen das Bild im Innersten zusammenhalten (vgl. Imdahl 1994). Dementsprechend könnte etwa gefragt werden: Wie wäre es, wenn diese Linie dort wäre? Welche Konsequenzen hat es für die formale Struktur des Bildes, wenn man dieses Blau durch ein Rot ersetzen würde? Darüber hinaus ist es auch möglich, mit der eigenen Perspektive zu experimentieren. Man kann nah herangehen, sich entfernen und Seitenblicke versuchen. Auf diese Weise regt man sich selbst zu neuen Betrachtungsweisen an – und man sieht dann eben nicht so, wie man normalerweise sehen würde. Den Unterschied beschreibt Fiedler (1971: 40) so: »Viele gibt es, die die Vielseitigkeit darin suchen, daß sie einer Betrachtungsweise viele Dinge unterwerfen, wenige, die vielseitig sein können, indem sie ein Ding vielen Betrachtungsweisen unterwerfen.«

Die Suche nach Seharten ist deshalb so bedeutend, weil sie jenseits der Welt der Worte nach dem Bildhaften des Bildes fragt. Das Leitprinzip der Ikonik Max Imdahls (1994: 300) lautet entsprechend: Das »Thema der Ikonik ist das Bild als eine solche Vermittlung von Sinn, die durch nichts anderes zu ersetzen ist.« Auf der Grundlage der Fiedlerischen Art der Anschauung und mittelst der ikonischen Blicke, die Imdahl als sehendes Sehen bezeichnet, lassen sich im Hinblick auf die Sinnpotentiale des Bildes erste Hypothesen bilden. Je zahlreicher und gegensätzlicher die Seharten, desto besser für den Interpretationsprozess, denn auf diese Weise werden Hypothesen entwickelt, die in späteren Phasen der Auslegung überprüft werden können. Diese erste Phase der Interpretation ist vor allem heuristisch interessant, denn durch die Konzentration auf die Formen und Farben eines Bildes können Konfigurationen entdeckt werden, die ansonsten übersehen worden wären. Der Interpret deaktiviert seinen Alltagsblick und öffnet sich die Augen für neue An- und Einsichten. (Um Missverständnisse zu vermeiden: Das ›reine‹ sehende Sehen findet natürlich auch unter den Vorzeichen ›unreiner‹ sozio-historischer Prägungen statt.)

Der zweite Blick

Nach dem Blick auf das Bild als Bild kann die Interpretation im zweiten Schritt auf einer anderen Bedeutungsebene weitergeführt werden. Ewin Panofsky setzt mit seiner Methode der Bildinterpretation beim Gegenständlichen an, bei der Frage: Was ist was? Bei der Identifikation der abgebildeten Dinge soll differenziert werden in Tatsachenhaftes, ›das ist eine Frau‹, und Ausdruckshaftes, ›sie lächelt‹. (Angenommen, es handelt sich bei der eigentümlich lächelnden Frau um Leonardos Mona Lisa, so wäre dieses Wissen in dieser Phase der Interpretation noch auszuklammern.) Für diesen Auslegungsakt, die von Panofsky so genannte vor-ikonographische Beschreibung, reicht die praktische Erfahrung des Interpreten aus. Oder auch nicht. Gerade bei Bildern aus längst vergangenen Tagen ist es mitunter schwer, das Abgebildete adäquat einzuordnen. Um hier zu rechten Antworten zu kommen, empfiehlt Panofsky (1987: 50) das Studium der Stilgeschichte. So lässt sich ermitteln, »wie unter wechselnden historischen Bedingungen *Gegenstände* und *Ereignisse* durch *Formen* ausgedrückt werden.«

Auf die vor-ikonographische Beschreibung folgt die ikonographische Analyse. Hier gilt der Akt der Interpretation den Themen, Geschichten, Mythen, Anekdoten und Allegorien, die in einem Bild dargestellt werden. Wenn man weiß, was das letzte Abendmahl ist, dann lässt sich das Fresco Leonardos, auf dem 13 an einem Tisch sitzende Männer abgebildet sind, leicht zuordnen. Sofern man aber nicht erkennen kann, auf welche Geschichte das Abgebildete verweist, oder wenn bestimmte Bildelemente im Rahmen der dargestellten Thematik merkwürdig erscheinen, oder wenn man bei Bildern aus anderen Kulturen die literarischen Quellen nicht kennt, so sind auch hier Nachforschungen anzustellen. Panofsky rät hier zum Studium der Typen-Geschichte. Dadurch erhält man »Einsicht in die Art und Weise, wie unter wechselnden historischen Bedingungen bestimmte *Themen* oder *Vorstellungen* durch *Gegenstände* und *Ereignisse* ausgedrückt wurden« (Panofsky 1978: 50). Nach der Subsumtion des Gesehenen unter die jeweiligen Wissenskategorien und nach der methodischen Kontrolle und Korrektur der Interpretationen durch die Zuhilfenahme von Fachwissen aus der Stil- und Typengeschichte ist der ikonographische Teil der Auslegung abgeschlossen.

Durch die Hinwendung zum Ikonographischen wird der Interpret zu einem analytischen Blick gezwungen. Die Konzentration des Blicks auf besondere Sinndimensionen des Bildes – zuerst auf das Formale, dann auf das Ikonographische – lässt Zusammenhänge erkennen, die einem gewöhnlichen Sehen höchstwahrscheinlich entgehen würden. Auf diese Weise wird auch der Blick für Bruchstellen und Unstimmigkeiten geschärft.

Der dritte Blick

Die eigentliche, nämlich symbolische Bedeutung des Bildes wird Panofsky zufolge im Rahmen der ikonologischen Interpretation ermittelt. Hier geht es darum, die Prinzipien zu ermitteln, »die die Grundeinstellung einer Nation, einer Epoche, einer Klasse, einer religiösen oder philosophischen Überzeugungen enthüllen, modifiziert durch eine Persönlichkeit und verdichtet in einem einzigen Werk« (Panofsky 1978: 40). In diesem Sinne ist das Abendmahl Leonardos mehr als die bildliche Darstellung einer Geschichte aus dem Neuen Testament; es zeigt hin auf die Werte des neuen Zeitalters: Rationalismus und Individualismus.

Rationalistisch ist insbesondere die zentralperspektivische Bildkonstruktion, in der Leonardo die Fluchtlinien so über dem Kopf von Jesus zusammenkommen lässt, dass Form und Inhalt eins werden: Jesus bildet sowohl mathematisch als auch thematisch den Bildmittelpunkt.

Individualistisch ist die Darstellung der Personen. Hierzu ein Auszug aus Simmels Essay über Leonardos Abendmahl: »zum ersten Mal ist eine Situation gezeigt, die, eine große Anzahl von Personen gleichzeitig ergreifend, jede von ihnen zum stärksten, vollendetsten Ausdruck ihres besonderen Wesen bringt. [...] Wie etwas Selbstverständliches erscheint hier das Wunderbare:

ein äußeres Ereignis – das Wort des Heilands: ›Einer unter euch ist, der mich verraten wird‹ – kommt über eine Anzahl völlig verschiedener Menschen und veranlaßt jeden einzelnen von ihnen zur vollsten Entwicklung und Offenbarung seiner individuellen Eigenart. [...] Zum ersten Male ist hier in einem Gruppenbild jene volle innere Freiheit der Persönlichkeit errungen, mit der die Renaissance die Befangenheit des mittelalterlichen Menschen überwunden und der Neuzeit ihr Stichwort gegeben hat, die Freiheit, für welche die ganze Welt und ihr Geschehen nur ein Mittel und eine Anregung ist, durch die das Ich zu sich selbst kommt« (Simmel 1995: 305). Um den Interpretationsprozess auf eine solche Spitze treiben zu können, bedarf es »synthetischer Intuition« (Panofsky 1978: 48). Für diese Stufe der Interpretation führt Panofsky (1978: 50) als Korrektiv das Studium der Geschichte kultureller Symbole an. Sie gibt »Einsicht in die Art und Weise, wie unter wechselnden historischen Bedingungen *wesentliche Tendenzen des menschlichen Geistes* durch bestimmte *Themen* und *Vorstellungen* ausgedrückt werden.«

Dieses dreistufige Analysemodell versucht auf das Problem zu antworten, dass die meisten Bilder mehrere, in der Regel aufeinander bezogene, Bedeutungsebenen aufweisen: eine bildhafte, rein die Farben und Formen betreffende Sinndimension; eine gegenständliche, Dinge und Themen umfassende Sinndimension und schließlich eine symbolische, auf die Werte einer Kultur, Gemeinschaft oder Person verweisende Sinndimension. Durch die getrennte Analyse von formalen, inhaltlichen und symbolischen Aspekten des Bildes kann eine Vielzahl von Hypothesen gebildet werden. Diese teils zusammenstimmenden teils widersprüchlichen Hypothesen werden in der Schlussphase der Interpretation in ein Verhältnis gesetzt und getestet. In der Verknüpfung der Hypothesen, die sich in diesem Zusammenhang bewähren (das heißt: nicht falsifiziert werden), kommt die Interpretation zu ihrem Ende – zu ihrem vorläufigen, denn das Verstehen ist ein im Prinzip unabschließbarer, unendlicher Prozess, der immer offen bleibt für neue Deutungen. Und auf neue, bisher nicht gesehene Sichtweisen hinzuweisen, ist »vielleicht der höchste Triumph der Hermeneutik« (Dilthey 1957: 335) – und der Phänomenologie.

Literatur

Boehm, Gottfried (1994) (Hg.), *Was ist ein Bild?* München: Fink
Dilthey, Wilhelm (1958), *Der Aufbau der geschichtlichen Welt in den Geisteswissenschaften*. Gesammelte Schriften Band VII, Stuttgart: Teubner; Göttingen: Vandenhoeck und Ruprecht
Dilthey, Wilhelm (1957), *Die geistige Welt. Einleitung in die Philosophie des Lebens*. Gesammelte Schriften V. Band, Stuttgart: Teubner; Göttingen: Vandenhoeck und Ruprecht
Fiedler, Konrad (1971), Über die Beurteilung von Werken der bildenden Kunst, in: *Schriften zur Kunst I*, hg. von Gottfried Boehm, München: Wilhelm Fink Verlag
Heidegger, Martin (1993), *Sein und Zeit*, Tübingen: Niemeyer
Husserl, Edmund (1973), *Cartesianische Meditationen und Pariser Vorträge*, hg. v. S. Strasser, Husserliana Band 1, Den Haag: Martinus Nijhoff
Husserl, Edmund (1976), *Die Krisis der europäischen Wissenschaften und die transzendentale Phänomenologie. Eine Einleitung in die phänomenologische Philosophie*, hg. v. W. Biemel, Husserliana Bd. 6, Den Haag: Martinus Nijhoff
Husserl, Edmund (1980), *Phantasie, Bildbewusstsein, Erinnerung. Zur Phänomenologie der anschaulichen Vergegenwärtigungen*. Husserliana Bd. 23, Den Haag, Boston, London: Martin Nijhoff
Husserl, Edmund (1985), *Erfahrung und Urteil*. Untersuchungen zur Genealogie der Logik, redigiert und hg. v. L. Landgrebe, Hamburg: Meiner
Husserl, Edmund (1993), *Aufsätze und Vorträge (1922–1937)*, Husserliana Bd. 27, Dordrecht, Boston, London: Kluwer Academic Publishers
Imdahl, Max (1994), Ikonik. Bilder und ihre Anschauung, in: Gottfried Boehm (Hg.), *Was ist ein Bild?* München: Fink, S. 300–324
Kurt, Ronald (2002), *Menschenbild und Methode der Sozialphänomenologie*, Konstanz: UVK

Leonardo da Vinci (1909), *Traktat von der Malerei*, nach der Übersetzung von H. Ludwig neu hg. und eingel. v. M. Herzfeld, Jena: Eugen Diederichs

Nietzsche, Friedrich (2000), *Die fröhliche Wissenschaft*, Stuttgart: Reclam

Merleau-Ponty, Maurice (1966), *Phänomenologie der Wahrnehmung*, hg. v. R. Boehm, Berlin: de Gruyter

Panofsky, Erwin (1978), Ikonographie und Ikonologie. Eine Einführung in die Kunst der Renaissance, in ders.: *Sinn und Deutung in der bildenden Kunst*, Köln: DuMont, S. 36–67

Roth, Gerhard (1992), Das konstruktive Gehirn: Neurobiologische Grundlagen von Wahrnehmung und Erkenntnis, in: S. J. Schmidt (Hg.), *Kognition und Gesellschaft. Der Diskurs des Radikalen Konstruktivismus* 2, Frankfurt a.M.: Suhrkamp, S. 277–336

Schiller, Friedrich (1984), zitiert in: *Deutsches Wörterbuch von Jacob und Wilhelm Grimm,* Bd. 1, Artikel: Auge, dtv: München

Simmel, Georg (1995), Das Abendmahl Leonardo da Vincis, in: *Georg Simmel Gesamtausgabe. Aufsätze und Abhandlungen 1901–1908*, Bd. 1, hg. v. R. Kramme et al., Frankfurt a.M.: Suhrkamp

Schleiermacher, Friedrich Daniel Ernst (1995), *Hermeneutik und Kritik*, hg. u. eingl. v. M. Frank, Frankfurt a.M.: Suhrkamp

Schütz, Alfred (2004), *Der sinnhafte Aufbau der sozialen Welt. Eine Einleitung in die verstehende Soziologie,* hg. v. M. Endreß & J. Renn, Alfred Schütz Werkausgabe, Bd. II, Konstanz: UVK

Wiesing, Lambert (1997), *Die Sichtbarkeit des Bildes: Geschichte und Perspektiven der formalen Ästhetik*. Reinbek bei Hamburg: Rowohlt

Zöllner, Frank (2003), *Leonardo da Vinci. Sämtliche Gemälde und Zeichnungen*, Köln, London, Los Angeles, Madrid, Paris, Tokio: Taschen

Anne Honer

Verordnete Augen-Blicke
Reflexionen und Anmerkungen zum subjektiven Erleben des medizinisch behandelten Körpers

Eine phänomenologisch fundierte und anthropologisch orientierte Soziologie des Körpers und der Sinne wird in jüngerer Zeit – etwa mit Beiträgen zum Riechen (Raab 2001) oder zur Raumorientierung Blinder (Saerberg 2006) – (wieder) forciert (vgl. dazu auch Soeffner & Raab 1998, Soeffner 2000, Raab 2008 und Saerberg 2008). Unabweisbar kommt dabei dem Rekurs auf das eigene Erleben und auf die eigene Erfahrung des Forschers bzw. der Forscherin eine kaum zu überschätzende erkenntnisgenerierende Bedeutung zu (vgl. dazu Pfadenhauer 2008 und Kusenbach 2008). Die »Verstrickung« des Forschers bzw. der Forscherin in das je zu Erkundende ist deshalb auch das zentrale Spezifikum lebensweltlicher gegenüber allen anderen Spielarten von Ethnographie (vgl. dazu Honer, z. B. 1993, 2000, und Hitzler, z. B. 2008). In dieser ›Logik‹ fungiert die Subjektivität des Forschers bzw. der Forscherin, neben ihrer konstitutiven Rolle (vgl. Knoblauch 2008), also auch explizit (und reflektiert) als ›Instrument‹ der Datengenerierung und -sammlung. Ich freue mich deshalb, dass sich die Herausgeber entschlossen haben, diesen gegenüber seiner ersten Veröffentlichung (Honer 1999a) leicht veränderten und erweiterten Text in den vorliegenden Band aufzunehmen.

Gesichtsverlust

Ohne Ankündigung, mitten in der Arbeit tauchten plötzlich rußartige Schlieren im Sehfeld auf und verbreiteten sich rasch von unten nach oben; eine quasi-automatische Handbewegung bestätigte, dass es sich weder um ein Ereignis in der Außenwelt, noch um eines auf der Augenoberfläche handelte. Dieses Ereignis besetzte fortan nicht nur meine Aufmerksamkeit, sondern sozusagen meine gesamte Existenz und zwang mich im Verbund mit medizinischen Maßnahmen zu einem unbestimmt langen und hinsichtlich seiner Strenge kaum plan- und berechenbaren ›Innehalten‹: Mir schien, ich erblindete. Nach dem ersten, panikartigen Erschrecken, das diese spontane Autodiagnose begleitete, bzw. nach der spontanen Autodiagnose, die mit meinem ersten, panikartigen Erschrecken einherging, registrierte ich dann zwar, dass meine Sehfähigkeit nur auf einem Auge und auch da noch nicht vollständig eingebüßt war, gleichwohl war aber nachgerade alles, was ich seit jenem Moment nicht nur im Hinblick auf die optimale Nutzung des medizinischen Versorgungssystems unternommen, sondern vom medizinischen Versorgungssystem an diagnostisch-therapeutischen Behandlungen auch hingenommen hatte, von diesem originären Selbstbefund »Ich werde blind« geleitet.

Denn ›Sehen‹ bedeutet auch für mich selber das, was wir bei Helmuth Plessner darüber nachlesen können: ›Sehen‹ bedeutet, eine Richtung zu haben (1980: 241) und ein Verhältnis von Ferne und Nähe zu haben (1981: 333ff). Schlecht zu sehen und gar *nicht* zu sehen, bedeutet somit für den, der diesen Zustand nicht gewohnt ist, der diese Sinnesfunktion (noch) nicht durch die Schärfung anderer Sinne kompensiert hat: richtungslos zu werden und Distanzen zu konfundieren, also (räumliche, aber daran anschließend ›merkwürdigerweise‹ eben auch zeitliche und soziale) Orientierungsprobleme zu haben und sich schwerer bzw. gar nicht (mehr) zurechtzufinden.

Nun sind mir, wie vielen von uns, Probleme mit der Sehkraft an sich keineswegs fremd und neu: Die Dioptrienzahl meiner Augengläser erhöht sich mit unschöner Regelmäßigkeit von

Jahr zu Jahr. Kurz: Ich werde je älter um so kurzsichtiger. Auch hatte ich mich rund zehn Jahre zuvor schon einmal einer Laserbehandlung meiner Netzhaut unterzogen. Deshalb war ich auch nicht sonderlich beunruhigt gewesen, als einige Monate zuvor aufgrund einer von mir als ›leicht‹ konstatierten Sehstörung in der Augenklinik mittels »Laser-Koagulation« zwei »Hufeisenrisse« auf der Netzhaut des linken Auges ›geschweißt‹ wurden.

Dann aber kam das erwähnte Ereignis. Ich hatte den Eindruck, eine Sonnenfinsternis zu erleben, und ließ mich so schnell es irgend ging in die Klinik bringen. Von der dort diensttuenden Ärztin wurde eine »Glaskörperblutung« diagnostiziert. Ob es bereits zu einer Netzhautablösung gekommen war, ließ sich allerdings bei der »Kontaktglasuntersuchung« nicht feststellen, da die Blutung das gesamte Sehfeld des linken Auges verdeckte. Das heißt: weder konnte ich *aus* dem Auge, noch konnte die Ärztin *in* das Auge sehen. Der daraufhin zugezogene »Ultraschallspezialist« setzte nach seiner Untersuchung seine Ansicht durch, dass *keine* Netzhautablösung vorliege. Folglich wurde ich, nach Vereinbarung eines ›Kontrolltermins‹, zunächst mit dem Befund ›entlassen‹, dass eben keine Netzhautablösung vorliege und man deshalb abwarten wolle, ob sich das Blut von alleine wieder verteilen würde. Falls dies nicht geschehe, müsse das Blut operativ entfernt werden.

Verordnet wurde mir, ich solle, um den (erhofften) Selbstheilungsprozess zu unterstützen, auf keinen Fall lesen, allenfalls dürfe ich ein wenig fernsehen. Auch solle ich körperliche Anstrengungen jeder Art vermeiden, insbesondere keine schweren Lasten tragen oder heben, mich möglichst nicht bücken, am besten in erhöhter Rückenlage ruhen oder erhobenen Hauptes sitzen.

Zurück aus der Klink führte ich mir meine körperliche Lage sozusagen vor das noch verbliebene Auge und bemerkte nach und nach immer mehr Irritationen im Hinblick auf vielerlei alltagspraktische Gewohnheiten: Wie sollte ich arbeiten, wie mich entspannen, ohne zu lesen? Wie konnte ich meine Mobilität wahren, ohne Auto zu fahren? Durfte ich überhaupt noch meine Aktentasche aus dem Institut nach Hause tragen? Galt der Fußweg vom Institut bergauf nach Hause, der mich immer außer Atem brachte, bereits als körperliche Anstrengung? Wie liest man etwas vom Fußboden auf, ohne sich zu bücken? Usw.

Derlei banale Fragen markierten – nach dem pragmatischen Handlungsprinzip des ›first-things-first‹ – mein Bemühen, dort wieder Anschluss zu finden, wo das traumatische Ereignis und dessen Auslegung im medizinischen Expertenurteil jäh den gewohnten Gang der Dinge unterbrochen hatte. Genauer und vom gegenwärtigen Stand der Problemerfassung aus gesagt: sie markieren den Beginn jener Umorganisations- und Neuordnungsmaßnahmen, mittels derer ich versuchte, die medizinisch ›verordneten‹ Verhaltensmaßregeln ins Verhältnis zu setzen zu den alltäglichen Routinen und zu weiteren, übergeordneten Lebensplänen.

Obwohl ich mich damals noch gar nicht krank fühlte, sondern – nachdem ich den ersten ›Erblindungs-Schock‹ überwunden hatte – nur sozusagen ›vorübergehend beeinträchtigt‹ wähnte, wirkte sich also die medizinische Expertise über meine Ein-Sichtigkeit sofort auf die Selbst-Wahrnehmung meiner physischen und damit auch auf meine psychische Verfassung aus: Ich wurde von Stund an vorsichtiger, ängstlicher, unbeweglicher. Und doch bzw. gerade deshalb drohten ständig irgendwelche Rempel- und Stolperfallen. Mein Körper erschien mir hochgradig gefährdet: durch jeden unkontrollierten Schritt, durch jede unbedachte Bewegung, aber auch (und mehr noch) durch alles, was um ihn her im Fluss, was im Gange war, oder gar – womöglich unbemerkt – was auf ihn *zu* kam. Alle Geschwindigkeiten schienen sich zu erhöhen, alle Abläufe sich zu beschleunigen, die Welt schlechthin entwickelte mit einem Mal ein wahrhaft atemberaubendes Tempo. Demgegenüber entwickelte ich das dringliche Bedürfnis, mich ständig irgendwo festzuhalten, mein Gleichgewicht zu bewahren, mein Leben zu verlangsamen, Ruhe zu finden. Zum ersten Mal zum Beispiel wurde ich darauf aufmerksam, wie oft am Tage ich mich bislang ganz spontan und ohne einen Gedanken darauf zu verschwenden gebückt und etwas aufgehoben hatte.

Alsbald verbrachte ich mehr und mehr Zeit in halb sitzender, halb liegender Haltung bei geschlossenen Augen. Dabei sinnierte ich – unter vielem anderen – einerseits auch immer wieder über die (bis jetzt offene) Frage nach der *Ursache* der Glaskörperblutung und der Netzhautrisse und über einen womöglich notwendigen operativen Eingriff in mein linkes Auge, andererseits blieb ich zuversichtlich im Hinblick auf die Chancen einer Selbstheilung und hielt so an der Auffassung fest, dass ich ›im Prinzip‹ doch gesund und nur vorübergehend körperlich beeinträchtigt sei. In dieser fast ›oblomowschen‹ Wartehaltung verbrachte ich immerhin eine Woche.

Tatsächlich lockerte in diesem Zeitraum die Blutung auf, so dass ich vor dem Kontrolltermin mit dem defekten Auge wieder – wie durch eine dicke Milchglasscheibe hindurch – die Umrisse von Personen gegenüber denen von Gegenständen unterscheiden konnte. Mit der aus dieser *Eigenbeobachtung* des Augen-Körpers geschöpften Hoffnung, nunmehr bald wieder meine geplanten Arbeiten aufnehmen zu können, begab ich mich dann, fast schon beiläufig, zur Konsultation in die Klinik.

Meine ganze, sozusagen phänomenal begründete Zuversicht wurde jedoch jählings zunichte gemacht durch die ärztliche Mitteilung, dass die soeben durchgeführte »Kontaktglasuntersuchung« zwei Löcher auf der Netzhaut ›zwischen zwölf Uhr und halbzwei‹ zutage gefördert habe, deren Ränder sich ablösten, und dass somit eine alsbaldige Operation unumgänglich sei. Mit dieser Nachricht reduzierten die ophtalmologischen Experten also jene von Peter Gross (1994) so opulent ausgefaltete ›Multioptionalität‹ der Welt für mich dramatisch auf eine schlichte, quasi kierkegaardsche Alternative: *entweder* mich standepede operieren zu lassen *oder* in kürzester Zeit tatsächlich auf einem Auge zu erblinden. Die darauf folgenden weiteren Untersuchungen, die nochmalige Erläuterung der Diagnose als »Netzhautlöcher mit umgebender Amotio und starke Glaskörpertrübung«, die Schilderung der beiden in meinem Falle prinzipiell möglichen operativen Alternativen, meine schriftliche Zustimmung zur Therapie, die Fragen zu meiner bisherigen Krankengeschichte und die Belehrung über mögliche Komplikationen des Eingriffs sowie meine unterschriftliche Bestätigung der Aufklärung und vieles andere mehr registrierte ich eher ›mechanisch‹, als dass ich es noch reflektierend zur Kenntnis genommen hätte. Denn meine ganze Aufmerksamkeit wurde durch den Gedanken an die bevorstehende Operation absorbiert, in die ich bereits durch mein bloßes Verbleiben vor Ort quasi grundsätzlich eingewilligt hatte.

Im Guck-Loch

Die gegenüber meinem damaligen *subjektiven* Befinden so unerwartete und folglich schockartige Mitteilung der unaufschiebbaren Operationsbedürftigkeit, der Austausch der Alltagskleidung gegen das krankenhauseigene, charakteristische ›Flügelhemd‹ und vor allem die Verordnung einer »Lochbrille«, welche die Augen »justiert« und mich meines ohnehin eingeschränkten Gesichtsfeldes fast vollständig beraubte – das waren die in meiner retrospektiven Wahrnehmung wichtigsten medizinischen Maßnahmen, welche mit einem atemberaubenden Tempo meine ›Patientenkarriere‹ (Goffman 1972) einleiteten und mich vom Status einer ›Gesunden mit einem partiellen körperlichen Defekt‹ in den einer ›uneingeschränkt Kranken‹ beförderten.

Der therapeutische Sinn der Lochbrille besteht darin, zur Vorbereitung der *operativen* Therapie bzw. zur Überbrückung der Zeit bis zur Operation das Auge im Verhältnis zum Schädel weitestgehend zu fixieren und somit zu verhindern, dass durch die Rollbewegungen, die das Auge beim Sehen üblicherweise macht, das Blut im Glaskörper auf- und umhergewirbelt wird. Abstrakter ausgedrückt: Die ›normalen‹ Problemlösungskapazitäten des Gesunden werden künstlich begrenzt bzw. negiert, damit sich der Kranke in seiner labilen Verfassung und seiner verminderten Selbststeuerungsfähigkeit nicht selber (weiter) schädigt, bzw. um die Voraussetzungen zur Wiederherstellung seiner ›normalen‹ Handlungskompetenzen zu optimieren. Die Lochbrille repräsentiert somit eine historisch spezifische medizinische Organisation von Krankheit: sie ist eine Konsequenz des damals aktuell gewesenen Wissens einschlägiger Experten um das physiologische Geschehen im Augenkörper, das bei gewissen pathologischen Zuständen für die Therapie ›unterbunden‹ werden muss.

Diese Lochbrille aus schwarzem, steifem, vorgewölbtem Tuch, die ich also in der Zeit zwischen der ›Aufnahme‹ in die Klinik und der Operation am darauffolgenden Vormittag (bzw. handlungspraktisch genauer: bis vor dem Einschlafen in der Nacht zuvor) zu tragen hatte, befremdete, ja erschreckte nicht nur den mit solcherlei Gerät nicht vertrauten Besucher, für den mein Aussehen und mein Blickverhalten »etwas insektenartiges« bekam. Diese Lochbrille reduzierte und verwandelte auch nochmals ganz entschieden meine eigene Welterfahrung: Der Blick durch die punktgroße, etwa zwei Zentimeter vom Auge entfernte Öffnung gibt dem Schauenden zunächst kurzzeitig das Gefühl, sich in einem großen, dunklen Raum zu befinden, in dem weit entfernt eine kleine Öffnung angebracht ist, durch die spärlich Licht hereindringt. Wenn man sich dann besser an diesen ›Raum‹ gewöhnt hat – wobei offenbar das Sehvermögen die Fähigkeit besitzt, das Räumliche des Zwischenraums zu »negieren« und sich zu »eigen« machen kann – und versucht, hinauszusehen, dann hat man eine Art ›Schlüsselloch-Erlebnis‹: Man sieht von dem, was jenseits dieses Loches vor sich geht, eben nur das, was sich zufällig in diesem minimalen Ausschnitt des Sichtbaren abspielt. Nun versucht man dieses Handicap des völlig eingeschränkten Gesichtsfeldes dadurch zu kompensieren, dass man den Blick schweifen lässt, was natürlich nur dadurch möglich ist, dass man ständig den ganzen Kopf in alle möglichen Richtungen dreht – bzw. eben dorthin, wo man Interessantes vermutet. Fataler weise aber entschwindet eben schon bei einer leichten Veränderung der Kopfhaltung *alles*, was man eben noch gesehen hat, *vollständig* aus dem Blick, so dass das, was das Auge registriert, eher einer Folge von kaum zusammenhängenden Einzelbildern ähnelt als einem kontinuierlich ablaufenden Film (diese nicht-intendierte ›Schnitt‹-Wahrnehmung durch das Sehmedium hat somit gegenteilige Konsequenzen zu den von Hans-Georg Soeffner (2000) beschriebenen Funktionen der ›Schnitt-Techniken‹ der Filmmedien (vgl. dazu auch Soeffner & Raab 1998).

All das macht das Sehen durch die Lochbrille nicht nur ausgesprochen mühsam, sondern vermittelt einem ein deprimierendes Gefühl der Eingeschränktheit, ja der Ohnmacht, denn der Mensch nicht *hinter*, sondern vielmehr *in* der Lochbrille entbehrt gerade jene ›sinnliche‹ Erfahrung einer »unmittelbaren Vergegenwärtigung [...] der Dinge selbst«, von der Helmuth Plessner spricht (1983: 397). Damit auferlegt die Verordnung der Lochbrille dem kranken Menschen, der sein Leib *ist*, aber seinen Körper nicht mehr *hat* (bzw. genauer: nicht mehr im Griff hat), eine Reduktion seiner sinnlichen Möglichkeiten, verordnet ihm also tatsächlich quasi einen medizinisch zugerichteten, therapeutisch zurechtgestutzten Körper. Dies zwingt ihn – und zwar *unbeschadet* der Frage, ob er angesichts seiner Erfahrung, eingeschränkt, ja ohnmächtig zu sein, Disziplin zu wahren vermag oder womöglich seine Fassung, seine Beherrschung verliert (vgl. dazu Plessner 1982) dazu – der medizinischen Verordnung gegenüber eine »Haltung« einzunehmen: ›Haltung‹ manifestiert sich Plessner zufolge ja in zwei Grundformen der Weltzugewandtheit des Leibes, also des Sich-Verhaltens: im Ausdruck (also »frei von jeder Zielbestimmtheit«) und in der Handlung (die durch »eindeutige Gerichtetheit« gekennzeichnet ist) (1980: 195).

Meine Haltung zur Lochbrillen-Verordnung war, ebenso wie die zu den anderen ›rites de passage‹ vor der Operation, zwar ›eindeutig gerichtet‹, aber eben *nicht* im Plessnerschen Sinne zielgerichteten Handelns, sondern eher im Sinne einer Abwendung meines Interesses von diesen Geschehnissen zugunsten einer weitgehenden Absorption meiner Aufmerksamkeit durch den in sich kreisenden Dauergedanken an die Operation selber. Diese hat dann anscheinend auch ›irgendwie, irgendwann und irgendwo‹ stattgefunden – und zwar offenbar, wie ich danach vom behandelnden Arzt erfahren und auch aus meinen Unterlagen entnommen habe, in Form einer »Episkleralen Silikon-Plombe und Silikon-Cerclage«. ›Mitbekommen‹ hatte ich davon allerdings lediglich die Verabreichung von Beruhigungsmitteln und die *Einleitung* der Narkose *vor* sowie das Vorhandensein eines – in der Folgezeit immer wieder kontrollierten und gewechselten – Augenverbandes *nach* der Operation.

›Beruhigungsmittel schlucken‹ und Narkose ›erleiden‹ (i. S. v. einem widerfahren), also die medizin-technisch-medikamentös induzierte Bewusstlosigkeit, erinnert mich, jedenfalls in den *Übergängen* von den bewussten zu den halbbewussten und den bewusstlosen Zuständen, zum einen an die berühmten ›Sprünge‹ zwischen den Subsinnwelten, von denen Alfred Schütz schreibt (z. B. in 2003: 208, vgl. auch Schütz & Luckmann 2003: 56), zum anderen aber auch an den von Plessner beschriebenen Verlust von Fassung, ja von Haltung und von Exzentrizität in jenen Grenzsituationen des menschlichen Lebens, in denen wir unseren Körper überhaupt nicht mehr (unter Kontrolle) haben, sondern in denen wir völlig auf unsere Kreatürlichkeit zurückgeworfen werden, in denen wir nur noch Leib sind.

Entsprechend habe ich das sukzessive und immer wieder unterbrochene Erwachen aus der durch die Narkose künstlich herbeigeführten Bewusstlosigkeit als Rückkehr auch meiner Exzentrizität, meiner Fähigkeit, mich ins Verhältnis zu setzen zu meiner Welt und zu mir selbst erfahren: Das erste, woran ich mich *postoperativ* erinnern kann, waren – noch ›ferne‹ – Schmerzen und eine helle Gestalt, die sich über mich beugte und mit freundlicher Stimme etwas sagte. Dann war ich erst einmal wieder ›weg‹. Dann war ich wieder ›da‹. Und schon wieder ›weg‹. Und so weiter.

Ich habe dieses Erwachen also durchaus *nicht* als mit dem Aufwachen nach dem Schlafen vergleichbar erlebt. Denn diese ›Rückkehr‹ in die Wirklichkeit des sozialen Miteinanders dauerte, wie ich rekonstruktiv festgestellt habe, volle zwei Tage. Zwar war ich während der ›Rückkehr‹ anscheinend für relevante andere (Schwestern, Ärzte, Besucher) schon ›ansprechbar‹, aber für mich selber, für meine ›innere Dauer‹ ist diese Zeit sozusagen ›verloren‹. Erst ganz allmählich reduzierten sich die Wechsel von Situationen ›reiner‹ Gegenwart (d. h. Situationen des Erlebens ohne Anbindung an Vergangenes und Zukünftiges) und Perioden ›ohnmächtigen‹ Schlafens, und ich ›erkannte‹ wieder zusammenhängendere, sozusagen ›vollständige‹ Handlungsabläufe und deren Beziehungen zueinander und konnte ihnen eine Bedeutung, einen Sinn zumessen: Krankenhaus-Alltag.

Dieser Krankenhaus-Alltag ist ja in der einschlägigen ethnographischen Literatur vielfältig beschrieben und sozusagen wohldokumentiert (vgl. für viele die ›klassischen‹ Studien von Glaser & Strauss 1965, von Sudnow 1967, von Strauss et al. 1985 und auch von Goffman 1972). Auch wenn es in diesem Sinne auch über ›meine‹ Station, über meine Erlebnisse mit dem medizinischen Personal und den Mitpatienten und über mein Ringen sowohl um ›Haltung‹ als auch um eine akzeptable Position im Organisationsgefüge einiges zu berichten gäbe, beschränke ich mich hier auf den einen Aspekt der *medizinischen* Relevanz einer anthropologischen Betrachtungsweise des Körpers bzw. des – historisch und kulturell variablen – sozialen Umgangs mit dem Körper (vgl. dazu Gross, Hitzler & Honer 1989 und Hitzler & Honer 2005) sowie subjektiver, aber intersubjektiv vermittelbarer Körpererfahrungen. Meine Frage lautet also, wie problematisch gewordene bzw. problematisch werdende (stigmatisierte) Körper einerseits medizin-technisch ›behandelt‹ werden, und welche Probleme andererseits aus der medizintechnischen ›Behandlung‹ des Körpers resultieren (können) (vgl. dazu Gross & Honer 1990 und Honer 2001).

Klappe – Halten oder Weglassen?

Wenn die ›normale‹ Position des Menschen zu sich selber exzentrisch ist und die Fähigkeit (und die Notwendigkeit) meint, sich sich selber zum Gegenstand machen, also in ein Reflexionsverhältnis zu sich treten, sich im Spiegel erkennen zu können, also zugleich *in* sich und *außer sich* (sich gegenüber und damit für sich) zu sein (Plessner 1980: 309), dann besteht das psychische Korrelat von Krankheit darin, dass eben diese Exzentrizität mehr oder weniger stark eingeschränkt wird, dass der Mensch (wieder) ›kreatürlicher‹, im Sinne Plessners (1980: 226) sozusagen »geschlossener« lebt und eben die Fähigkeit (und die Notwendigkeit), zu sich selber in reflektierende Distanz zu treten, mehr oder weniger stark einbüßt. Denn ästhesiologisch gesehen ist die exzentrische Positionalität ohnehin nur ein Sonderfall der zentrischen, und der partielle oder auch vollständige Verlust der Exzentrik bedeutet deshalb immer einen Rückgang zu einer zentrierteren Art der Selbst- und Welterfahrung.

Auf dieses Eingeschränkt-Sein, auf diese relative Ohnmacht des Kranken gegenüber dem Gesunden antwortet die ärztliche Verordnung (vgl. z. B. Honer 1994a und 1994b). Sie gibt dem Patienten Handlungsanweisungen für den – aufgrund medizinischen Wissens als angemessen definierten – Umgang mit seinem Körper. Mit einem dergestalt ›verordneten‹ Körper zu leben, heißt – der Selbsterfahrung des Patienten nach – deshalb m. E. vor allem: die Ausübung eigenen Tätigseins, des Für-sich-selber-Zuständigseins überhaupt zu reduzieren bzw. als reduziert zu erfahren, und stattdessen verstärkt fremdes Tätigsein an einem selber, fremdes Zuständigsein für einen selber zu erleiden, zu ertragen – vielleicht mitunter auch zu genießen

Nicht erst nach, sondern auch schon vor der stationären Behandlung hatte es mich stark irritiert, dass ich auf meinen beiden Augen so ›ungleich‹ sah. In der Regel musste ich, um etwas annähernd klar erkennen zu können, das defekte Auge zukneifen. Außerdem hatte ich das Bedürfnis, für dieses Auge in besonderem Maße Sorge zu tragen, d. h. es zu schützen. Deshalb hielt ich das Auge möglichst oft und möglichst lange geschlossen. Da dies anfänglich aber nicht nur einer Willens-, sondern auch einer lästigen Muskelanstrengung bedurfte, suchte ich nach einer ›technischen‹ Lösung. Und so kaufte ich mir nahe liegender weise eine Augenklappe.

Mit dieser Klappe schlug ich denn auch sogleich erfolgreich mehrere ›Fliegen‹: Zum einen gewann ich, wie erhofft, ein nahezu klares, wenn auch auf die Hälfte und auf Zweidimensionalität reduziertes Sichtfeld und damit ein Mindestmaß an Handlungssicherheit. Zum anderen sorgte diese expressive Selbststigmatisierung dafür, dass meinem faktischen Kranksein, welchem bislang die nötigen Erkennungszeichen gefehlt hatten, als dass es in sozialen Situationen zur selbstverständlichen Entschuldigung etwelcher merkwürdiger Verhaltensweisen von mir hätte hinlänglich relevant werden können, nun die entsprechende Beachtung entgegengebracht wurde: Meine »Moshe-Dajan-Flagge« signalisierte der Umwelt überdeutlich »Hier kommt ein leidendes, mit besonderer Rücksicht zu behandelndes Wesen!«

Zu meiner Irritation und zu meinem Leidwesen war ›mein‹ Augenarzt jedoch keineswegs begeistert, als ich ihm bei einer Kontrolluntersuchung nach meiner Entlassung aus der Klinik meine ›Patentlösung‹ vorführte. Gleich nach der Begrüßung fauchte er mich an: »Also zuallererst einmal kommt ja diese verfluchte Klappe weg. Wer hat Ihnen denn *sowas* aufgeschwätzt?« – Darauf ich: »Ich mir selbe…« – Arzt: »ja::: nicht« – Ich: »Warum?« – Arzt: »*nie*::: eine Klappe vor dem Auge. *Unter* der Klappe wachsen die Bakterien. Sie müssen doch gut sehen können, wenn Sie die Brille drauf haben. Alles was recht ist…« – Wieder ich: »Ich seh immer *besser*, aber ich seh- ich bin verunsichert…« – Arzt [zweifelnd-ungläubig]: »ah«.

Daraufhin kontrollierte der Arzt das operierte Auge und ermahnte mich schließlich noch einmal: »Sie sind nicht mehr nur auf Ihr rechtes Auge angewiesen, deswegen, in Dreiteufelsnamen, die *Klappe* weggelassen! *Ganz* wichtig…« – Darauf ich [verhalten zustimmend und leicht zerknirscht]: »mhm«.

Die Relevanzen des Augenarztes, wie sie in den beiden kurzen Gesprächsausschnitten zum Ausdruck kommen, sind offenkundig: In paternalistischer Haltung und unter Verwendung magischer Beschwörungsformeln (»verfluchte Klappe« und »in Dreiteufelsnamen«) sucht er eindringlich auf mein Verhalten einzuwirken. Und in der Tat, auch diese postoperative Verordnung meines Körpers war erfolgreich: Trotz der damals nach wie vor bestehenden Seh-Irritationen sowie der subjektiven Erleichterung und sozialen Entlastung, die die Verwendung der Augenklappe mit sich brachte, benutzte ich ›das Ding‹ nach jener Ermahnung nurmehr ganz gelegentlich. Aber selbstverständlich resultierte meine Akzeptanz auch dieser fremden Zuständigkeit für meinen Körper nicht etwa aus Autoritätsgläubigkeit und Gehorsam, sondern aus meiner Fähigkeit als ›mündiger Patientin‹, das Problem mit den »Bakterien« einzusehen und die Expertise des Ophtalmologen zu meinem eigenen Wohle zu respektieren...

Für eine Erweiterung der Lebensweltanalyse in der Soziologie

Dass ich all das, was ich im Vorhergehenden zu beschreiben versucht habe, auch tatsächlich – jedenfalls »ungefähr *so*« – erlebt und erfahren habe, war mir seinerzeit evident, und evident ist mir anhaltend auch eine – allmählich verblassende – Erinnerung an das Beschriebene und vor allem auch daran, *dass* (nicht mehr so genau hingegen *wie*) ich es beschrieben habe. Das Beschreiben geschah als alltägliches Tun (nämlich: Schreiben eines Textes auf einem Laptop) in der Absicht, die in der Subsinnwelt der Theorie gewonnenen Einsichten kommunikativ an (mehr oder minder anonyme) andere zu vermitteln. Die in dieser nicht-alltäglichen, sondern eben theoretischen Bewusstseinsspannung gewonnenen Einsichten wiederum haben jene anderen Subsinnwelten der partiellen Entsinnlichung, der Schmerzen und Ängste, der Tagträume und des Halbschlafs, der Wahrnehmungsdeformationen, der Selbstgefährdung und der – teils gewünschten, teils auferlegten – Fremdsorge-Erfahrungen zum Gegenstand gehabt. Und das alles ist mir jetzt (während ich darüber nachdenke) wieder von theoretischem Interesse, das ich – mehr oder weniger – zugleich in einen jedenfalls für die Kollegenschaft wissenschaftsalltäglich rezipierbaren Text (dieses ›Nachwort‹) zu »übersetzen« versuche.

Mit dieser reflexiven Schleife habe ich mich nochmals bemüht, aufzuzeigen, dass die Lebenswelt den umgreifenden Sinnhorizont für »mannigfaltige Wirklichkeiten« (Schütz 2003) bildet, weshalb sie eben als das »*Insgesamt* von Sinnwelten« (Honer 1999b: 64) zu verstehen ist. Die Lebenswelt des Alltags ist folglich lediglich *eine,* wenngleich pragmatisch »ausgezeichnete« ›Ordnung‹ der Lebenswelt. Aber keineswegs nur die außeralltäglichen Erlebnisse und Erfahrungen sind fragil, auch die alltäglichen Selbstverständlichkeiten und Wichtigkeiten, ja unsere gesamten alltäglichen Koordinaten-›Systeme‹ sind ausgesprochen störanfällig, wie wir alle nicht zum wenigsten aus Zuständen sub-normaler (körperlicher) Befindlichkeiten wissen. Infolgedessen bedarf es ständiger (wenn auch oft hochgradig routinierter und mithin fast »unsichtbarer«) Anstrengungen, um die Fiktion alltäglicher Normalität aufrecht zu erhalten.

Gleich ›hinter‹ oder ›unter‹ diesem gewohnten Alltag betreten wir – freiwillig ebenso wie auferlegt – (zum Teil ganz) andere »Regionen« unserer Lebenswelt. Diese mögen insgesamt der soziologischen Forschung (bislang) faktisch als marginal erscheinen; erkenntnis- ebenso wie gesellschaftstheoretisch jedoch verdienen sie auch in unserer Disziplin eine deutlich höhere Aufmerksamkeit, denn in einer Gesellschaft, in der Menschen mit vielfältigen ›kulturellen‹ Hintergründen, mit unterschiedlichsten Vorlieben und Selbstverständlichkeiten und mit ausgesprochen heterogenen Wirklichkeitskonstruktionen eine *gemeinsame* Alltagswelt miteinander teilen (sollen), in einer Gesellschaft, in der die Partizipation von Menschen mit besonderten – was üblicherweise meint: mit »abweichenden« – Arten und Weisen geistig-körperlichen Erlebens und Verhaltens ein nachgerade notorisches (emanzipations-)politisches Anliegen ist, und schließlich in einer Gesellschaft, in der eine wachsende Zahl von Mitmenschen und Zeitgenossen anscheinend – appräsentiert durch den schrittweisen Abbau ihrer sozial als solchen erkennbaren Bewusstseinsleistungen – in einen Zustand ›veränderten‹ Welt- und Selbsterlebens gerät, der als ›Demenz‹ lediglich etikettiert, durchaus aber noch nicht verstanden ist (vgl. dazu auch die entsprechenden Vor-Erkundungen zum Forschungsvorhaben von Honer, Hitzler, Beer & Kotsch 2007), in einer solchen – unserer gegenwärtigen – Gesellschaft, die geprägt ist vom Mit-, In- und Gegeneinander nachgerade aller erdenklichen ›Erlebniswelten‹ (vgl. dazu die Beiträge in Gebhardt & Hitzler 2006 und in Hitzler, Honer & Pfadenhauer 2008, vgl. auch bereits Benita Luckmann 1970, sowie Berger, Berger & Kellner 1975) erscheint mir eine auf »Subjektivität« nicht nur rekurrierende, sondern auf dieser *gründende* Soziologie nachgerade unabdingbar.

Dass das tradierte analytische Instrumentarium der mundanphänomenologischen Beschreibung und Analyse subjektiven Erlebens zentral ist für eine so verstandene Soziologie steht m.E. außer Zweifel (vgl. dazu Honer 1993 sowie Hitzler & Eberle 2000). Ob neue Konzeptionen, wie die einer ›Ethnophänomenologie‹ (Schnettler 2001 & Knoblauch, Schnettler 2008: in diesem Band) sich als (ebenso) nützlich und tragfähig erweisen werden, muss in entsprechenden Studien erprobt und in der einschlägigen Kollegenschaft kritisch diskutiert werden. Schau'n mer mal...

Literatur

Berger, Peter L., Brigitte Berger & Hansfried Kellner (1975), *Das Unbehagen in der Modernität*, Frankfurt a. M., New York: Campus
Gebhardt, Winfried & Ronald Hitzler (Hg. 2006), *Nomaden, Flaneure, Vagabunden. Wissensformen und Denkstile der Gegenwart*, Wiesbaden: VS
Glaser, Barney & Anselm Strauss (1965), *Awareness of Dying*, Chicago: Aldine
Goffman, Erving (1972), *Asyle*, Frankfurt a. M.: Suhrkamp
Gross, Peter (1994), Die *Multioptionsgesellschaft*, Frankfurt a. M.: Suhrkamp
Gross, Peter, Ronald Hitzler & Anne Honer (1989), Diagnostische und therapeutische Kompetenz im Wandel, in: F. Wagner (Hg.), *Medizin: Momente der Veränderung*, Berlin u. a.: Springer, S. 155–172
Gross, Peter & Anne Honer (1990), Multiple Elternschaften. Neue Reproduktionstechnologien, Individualisierungsprozesse und die Veränderung von Familienkonstellationen, *Soziale Welt* 41: 1, S. 97–116
Hitzler, Ronald (2008), Von der Lebenswelt zu den Erlebniswelten. Ein phänomenologischer Weg in soziologische Gegenwartsfragen, in diesem Band, S. 131–140
Hitzler, Ronald & Thomas S. Eberle (2000), Phänomenologische Lebensweltanalyse, in: U. Flick, E. v. Kardorff, & I. Steinke (Hg.), *Qualitative Forschung – Ein Handbuch*, Reinbek: Rowohlt, S. 109–118
Hitzler, Ronald & Anne Honer (2005), Körperkontrolle. Formen des sozialen Umgangs mit physischen Befindlichkeiten, in: M. Schroer (Hg.), *Soziologie des Körpers*, Frankfurt a. M.: Suhrkamp, S. 356–370
Hitzler, Ronald, Anne Honer & Michaela Pfadenhauer (Hg. 2008), *Posttraditionale Gemeinschaften*, Wiesbaden: VS
Honer, Anne (1993), *Lebensweltliche Ethnographie*, Wiesbaden: DUV
Honer, Anne (1994a), Die Produktion von Geduld und Vertrauen. Zur audiovisuellen Selbstdarstellung des Fortpflanzungsexperten, in: R. Hitzler, A. Honer, Ch. Maeder (Hg.), *Expertenwissen*, Opladen: Westdeutscher, S. 44–61
Honer, Anne (1994b), Qualitätskontrolle. Fortpflanzungsexperten bei der Arbeit, in: N. Schröer (Hg.), *Interpretative Sozialforschung*, Opladen: Westdeutscher, S. 178–196
Honer, Anne (1999a), Verordnete Augen-Blicke. Zum subjektiven Erleben des medizinisch behandelten Körpers, in: A. Honer, R. Kurt, J. Reichertz (Hg.), *Diesseitsreligion. Zur Deutung der Bedeutung moderner Kultur*, Konstanz: UVK, S. 275–284
Honer, Anne (1999b), Bausteine zu einer lebensweltorientierten Wissenssoziologie, in: R. Hitzler, J. Reichertz, N. Schröer (Hg.), *Hermeneutische Wissenssoziologie. Standpunkte zur Theorie der Interpretation*, Konstanz: UVK, S. 51–67
Honer, Anne (2000), Lebensweltanalyse in der Ethnographie, in: U. Flick, E. von Kardorff, I. Steinke (Hg.), *Qualitative Forschung. Ein Handbuch*, Reinbek b. Hamburg: Rowohlt, S. 195–204
Honer, Anne (2001), »In dubio pro morbo«. Medizinische Dienstleistungen zwischen technischen Optionen und ethischen Ligaturen, in A. Brosziewski, T. S. Eberle & C. Maeder (Hg.), *Moderne Zeiten. Reflexionen zur Multioptionsgesellschaft*, Konstanz: UVK, S. 141–150
Honer, Anne, Ronald Hitzler, Thomas Beer & Lakshmi Kotsch (2007), Entscheidungsdilemmata und integrative Validation im potenziellen Widerstreit von Recht und Moral: Eine Ethnographie zur beruflichen Praxis und (Um-)Schulung von Pflegekräften altersdementer Personen, Antrag zur Förderung eines Projektvorhabens an die DFG
Knoblauch, Hubert (2008), Transzendentale Subjektivität. Überlegungen zu einer wissenssoziologischen Theorie des Subjekts, in diesem Band, S. 65–73
Knoblauch, Hubert & Bernt Schnettler (2001), Die kulturelle Sinnprovinz der Zukunftsvision und die Ethnophänomenologie, *Psychotherapie und Sozialwissenschaft. Zeitschrift für qualitative Forschung* 3: 3, S. 182–203

Kusenbach, Margarethe (2008), Mitgehen als Methode. Der ›Go-Along‹ in der phänomenologischen Forschungspraxis, in diesem Band, S. 349–358

Luckmann, Benita (1970), The Small Life-Worlds of Modern Man, *Sociological Research*, 4: 580–586

Pfadenhauer, Michaela (2008), Doing Phenomenology. Zur Analyse von Erlebnisdaten im Rahmen lebensweltanalytischer Ethnographie, in diesem Band, S. 339–348

Plessner, Helmuth (1980), *Anthropologie der Sinne, Gesammelte Schriften III*, Frankfurt a. M.: Suhrkamp

Plessner, Helmuth (1981), *Die Stufen des Organischen und der Mensch, Gesammelte Schriften IV*, Frankfurt a. M.: Suhrkamp

Plessner, Helmuth (1982), Lachen und Weinen, in ders., *Gesammelte Schriften VII*, Frankfurt a. M: Suhrkamp, S. 201–387

Plessner, Helmuth (1983), *Conditio Humana, Gesammelte Schriften VIII*, Frankfurt a. M.: Suhrkamp

Raab, Jürgen (2001), *Soziologie des Geruchs. Über die soziale Konstruktion olfaktorischer Wahrnehmung*, Konstanz: UVK

Raab, Jürgen (2008), Präsenz und mediale Präsentation. Zum Verhältnis von Körper und technischen Medien aus Perpektive der phänomenologisch orientierten Wissenssoziologie, in diesem Band, S. 233–242

Saerberg, Siegfried (2006), *Geradeaus ist einfach immer geradeaus. Eine lebensweltliche Ethnographie blinder Raumorientierung*, Konstanz: UVK

Saerberg, Siegfried (2008), Das Sirren in der Dschungelnacht – Zeigen durch Sich-wechselseitig-aufeinander Einstimmen, in diesem Band, S. 401–410

Schnettler, Bernt (2008), Soziologie als Erfahrungswissenschaft. Überlegungen zum Verhältnis von Mundanphänomenologie und Ethnophänomenologie, in diesem Band, S. 141–149

Schütz, Alfred (2003), Über die mannigfaltigen Wirklichkeiten, in ders.: *Theorie der Lebenswelt 1*, Werkausgabe Bd. V.1, Konstanz: UVK, S. 177–247

Schütz, Alfred & Thomas Luckmann (2003), *Strukturen der Lebenswelt*, Konstanz: UVK

Soeffner, Hans-Georg & Jürgen Raab (1998), Sehtechniken, in: W. Rammert (Hg.), *Technik und Sozialtheorie*, Frankfurt u. New York: Campus, S. 121–148

Soeffner, Hans-Georg (2000), Sich verlieren im Rundblick. Die ›Panoramakunst‹ als Vorstufe zum medialen Panoramenmosaik der Gegenwart, *Gesellschaft ohne Baldachin*, Weilerswist: Velbrück, S. 354–370

Strauss, Anselm et al. (1985), *Social Organization of Medical Work*, Chicago: University of Chicago Press

Sudnow, David (1967), *Passing On. The Social Organization of Dying*, Englewood Cliffs, N.J.: Prentice-Hall

Silvana K. Figueroa-Dreher

Musikalisches Improvisieren:
Die phänomenologische Handlungstheorie auf dem Prüfstand

Die folgenden Reflexionen verstehen sich als Beitrag zur sozialwissenschaftlichen Handlungstheorie, denn ihr Ziel ist es, die allgemeine Struktur, d. h. die konstitutiven »Elemente« des menschlichen Handelns und deren Zusammenhang zu beschreiben. Dabei soll das Handeln vom Standpunkt des Subjekts aus verstanden werden, wozu die phänomenologisch orientierte Handlungstheorie von Alfred Schütz und seinem Schüler Thomas Luckmann den geeignetsten Ausgangspunkt bietet. Im folgenden, ersten Abschnitt wird deren Konzeption des menschlichen Handelns erläutert, um sie anschließend auf ihre Anwendbarkeit auf das Phänomen des musikalischen Improvisierens hin zu überprüfen. Dabei beziehe ich mich auf Ergebnisse, die im Rahmen des von mir geleiteten empirischen Forschungsprojektes »Improvisation als ›neuer‹ Handlungstypus: Eine handlungstheoretische Exploration der musikalischen Improvisation« erzielt worden sind. Im Rahmen des Projektes wurden free-jazz-Musiker beim Improvisieren in Bild und Ton aufgenommen sowie unmittelbar danach über ihr improvisatorisches Handeln gemeinsam und einzeln interviewt (für weitere Informationen über die Datenerhebung sowie Fragen der Forschungsmethode vgl. Figueroa 2007).

1. Die phänomenologische Handlungstheorie von Alfred Schütz und Thomas Luckmann

Handlungsmodelle – also Beschreibungen der konstitutiven »Elemente« der Handlung als Ergebnis des Handelns und des Zusammenhangs dieser Elemente – werden in der sozialwissenschaftlichen Theorie oft vorausgesetzt, doch nicht immer explizit diskutiert. Thomas Luckmann setzte sich dagegen – im Anschluss an die Überlegungen von Alfred Schütz – mit seiner »Theorie des sozialen Handelns« ausführlich mit der internen Struktur der Handlung und mit dem Handeln auseinander, er formulierte ein explizites Handlungsmodell, das vom Standpunkt des Handelnden ausgeht. *Handeln* bezeichnet für Luckmann »den schrittweisen Vollzug einer Handlung« (1992: 48), also einen Vorgang in der Zeit, der sich einem bestimmten, vorweggenommenen Ende nähert. *Handlung* stellt im Kontrast dazu das vollzogene Handeln dar, »das vergangene Handeln, das die Geschichte der vorangegangenen Schritte, die zu ihm führten, in sich enthält« (ebd.). Handlung ist somit »kein Vorgang in der Zeit, sondern eine Sinnkonstellation, die sich auf etwas in der Zeit vorangegangenes bezieht« (ebd.). Luckmann behauptet, dass die handelnde Person eine Handlung vorentworfen haben muss, um überhaupt handeln zu können, so dass sich das Handeln an der entworfenen Handlung als seinem Ziel ausrichten kann (vgl. ebd.). Den *Entwurf* definiert Luckmann als eine Phantasie, die auf die als wirklich erwartete Zukunft gerichtet ist. Diese Phantasie setzt die Erreichbarkeit einer bestimmten Zukunft und die Durchführbarkeit eines bestimmten Plans voraus und muss eine Verwirklichungsabsicht enthalten. Dabei kann die vorgestellte Handlung entweder vage oder bis ins Einzelne bestimmt sein (vgl. ebd.: 51ff).

Beim gewohnheitsmäßigen Handeln (wie beispielsweise dem Zähne-Putzen) bleiben jedoch die Ziele mehr oder weniger unbewusst und das Gelernte wird einfach »wie immer« wiederholt.[1] Die Entstehung von neuen Handlungsweisen bzw. von neuen »Produkten« des Handelns

---

1 Dies ist möglich, weil Typisierungen von Handlungszielen im Wissensvorrat abgelagert werden können. Wenn solche Handlungsetikettierungen für gewohnheitsmäßig angestrebte Ziele vorliegen, die Ziele fest

bleibt beim gewohnheitsmäßigen Handeln ausgeschlossen. In »problematischen« Situationen hingegen, wenn das Ziel bzw. die Schritte ungewiss sind und die möglichen Folgen der Handlung bedeutsam werden können, müssen Entwurf und Endziel sorgfältig bedacht werden – in diesem Fall ist in unterschiedlichen Abstufungen Kreativität im Handeln gefordert. Handeln erfolgt gemäß Luckmann dann, wenn der Entschluss gefasst wird, den Entwurf tatsächlich zu verwirklichen. Bei routinisiertem Handeln ist der Entschluss kein schwieriger Willensakt; Entwurf und Entschluss stellen sich fast automatisch ein. Bei problematischen Handlungen jedoch wird der Entwurf bewusst vorgezeichnet und der Entschluss ist eine Angelegenheit von einigem Gewicht. Dies heißt nicht, dass die routinisierten Alltagshandlungen nicht entworfen werden, denn vor jedem Handeln steht, wie Luckmann argumentiert, ein Entwurf. Dieser tritt jedoch mit unterschiedlicher Deutlichkeit ins Bewusstsein, je nachdem, um welche Art des Handelns (problemlösendes oder routinisiertes) es geht. Bei problematischem oder unsicherem Handeln (also bei nicht routinisiertem Handeln) richtet sich der Handlungsvollzug, das Handeln, bewusst an der Aufeinanderfolge der einzelnen Schritte aus. Jeder Handlungsschritt ist ein Schritt »um-zu«: In der Zeitperspektive des Handelns konstituiert sich der aktuell-prospektive Sinn der Handlungsschritte als eine Kette von »um-zu-Motiven«, d. h. als das Erreichen-Wollen des entworfenen Ziels (vgl. ebd.: 52–57). Handeln ist somit für Luckmann, wie für seinen Vorgänger Alfred Schütz, eine Bewusstseinsleistung (vgl. ebd.: 38), die aufgrund von rationalen, ausgewogenen Entscheidungen stattfindet (vgl. ebd.: 63). Das Handlungsmodell, das Luckmann in Anlehnung an Schütz formuliert, baut auf eine Konzeption des menschlichen Handelns als rationales Tun (vgl. Wahl 2000: 98). Für Schütz setzt rationales Handeln »voraus, dass der Handelnde einen klaren und deutlichen Einblick in die Zwecke, Mittel und Nebenfolgen seines Handelns hat, dass er ›sowohl die Mittel gegen die Zwecke wie die Zwecke gegen die Nebenfolgen wie endlich auch die verschiedenen möglichen Zwecke gegeneinander rational abwägt: also jedenfalls weder affektuell (und insbesondere nicht emotional), noch traditional handelt‹« (Schütz 1971: 31f)

Schütz nimmt seinen Ausgang »von dem völlig wachen rationalen Wirken des Menschen in der natürlichen Einstellung [...] Und wir nehmen im besonderen das ›rationale‹ Wirken zum Thema, also ein Wirken, bei welchem dem Ich nicht nur Wirkensziel und Mittelwahl, sondern alle Phasen des Entwerfens, der Um-zu und Weil-Motive, der Zwischenspiele und ihrer Interdependenzen in einem Höchstmass von Klarheit und Deutlichkeit einsichtig sind« (Schütz 2003: 132).

Schütz übersieht nicht, dass nicht nur rationale, sondern auch andere Formen des Handelns existieren, die in seiner Perspektive Ausnahme- bzw. Grenzfälle darstellen, wie beispielsweise das, was er als »Pragma ohne Vorsatz und Entwurf« und »Pragma mit Vorsatz ohne Entwurf« (vgl. ebd.: 134) bezeichnet, jedoch hält er – im Gegensatz zu den eben dargestellten – diese Fälle für nicht sonderlich wichtig (vgl. ebd. und Schütz 1971: 31). Thomas Luckmann wiederum geht davon aus, dass völlig durchdachte, rationale Handlungen im Alltag eher seltener durchgeführt werden als vorentworfene, routinisierte Handlungen. Jedoch ist sein Handlungsmodell auf der Basis des rationalen, »ursprünglich« (vgl. Luckmann 1992: 66) entworfenen Handelns aufgebaut.

Die für Schütz und Luckmann definitorischen Merkmale des menschlichen Handelns – Zielgerichtetheit (vgl. Luckmann 1992: 6) und reflektierende Einstellung des handelnden Subjekts – stimmen mit den prinzipiellen Annahmen der meisten sozialwissenschaftlichen Handlungstheorien überein. Dies betrifft insbesondere die anglo-amerikanische Schule, die im Rahmen der Ökonomie und der politischen Philosophie die einflussreichsten Handlungstheorien formulierte (vgl. Luckmann 1992: 11). Trotz in konzeptionellem Sinne grundsätzlicher Unter-

---

in den Tagesablauf eingebaut sind und die Handlungsschritte, die zum Ziel führen sollen, schon einmal erfolgreich vollzogen wurden, dann braucht der Entwurf nicht scharf ins Auge gefasst zu werden. Er stellt sich sozusagen von selbst ein und gibt fast unbemerkt den Anstoß zum Handlungsbeginn.

schiede zwischen den verschiedenen Theorien, teilen diese die Zugrundelegung eines Zweck-Mittel-Schemas für eine Definition des Handelns, ob dieses nun als individualistisch motiviert (wie im utilitaristischen Ansatz[2]), normativ bedingt (wie bei Talcott Parsons[3]), als idealtypisch (Max Weber[4]) oder in der Praxis verankert (wie bei den Pragmatisten[5], George H. Mead, Hans Joas und Niklas Luhmann[6]) gesehen wird (vgl. auch Fuchs-Heinritz 1995: 263).

2. Musikalisches Improvisieren aus handlungstheoretischer Hinsicht

Offen bleibt die Frage, wie ein empirischer Zugang zum Handeln und speziell zum Phänomen des Improvisierens gewährleistet werden kann, um dieses zu interpretieren und ein theoretisches Modell ableiten zu können. Für Luckmann ist Handeln logischerweise nicht am beobachtbaren Verhalten ablesbar. Jedoch sind wir in der Lage, das Handeln der anderen abzuleiten aufgrund von im eigenen Wissensvorrat abgelagerten Typisierungen, was durch die Unterstellung der Wechselseitigkeit der Perspektiven ermöglicht wird: »Wir alle stellen einigermaßen feste Beziehungen (›empirische Korrelationen‹) zwischen eigenen Entwürfen und eigenem Verhalten fest« (Luckmann 1992: 36) und können deswegen folgerichtig das gleiche im Bezug auf andere Menschen machen. Daher ist *Beobachtung* ein erster Zugang zum Handeln anderer. Zu diesem Zweck wurden im Rahmen der Datenerhebung für das Forschungsprojekt improvisierende free-jazz-Musiker in Bild und Ton aufgenommen. Auch ist der Körper des Mitmenschen »ein Ausdrucksfeld (im eigentlichen Sinn des Wortes) für die Bewusstseinsvorgänge des Mitmenschen, für seine Erfahrungen und Handlungen. Als Beobachter der Mitmenschen lernen wir es, an ihren Körpern und Körperbewegungen abzulesen, was sie tun und was sie erfahren« (ebd.: 39; für den Unterschied zwischen Wirken und Denken vgl. 40ff). Zweitens

---

2 Hobbes und Locke – später von Bentham als »Utilitaristen« bezeichnet – betrachteten menschliches Handeln als individuell, zielgerichtet, rational und von egoistischen Subjekten durchgeführt (vgl. Joas 1996: 22).
3 Parsons hält Handeln ebenfalls für zielgerichtet. Jedoch befindet er das utilitaristische Handlungsmodell für unfähig, die Existenz sozialer Ordnung zu erklären, und betont daher die Bedeutung von Werten, die eine Gruppe gemeinsam konstruiert hat. Normative Orientierungen spielen für Parsons eine wesentliche Rolle bei der Festlegung von Handlungszielen und -mitteln (vgl. Joas 1996: 29). Wie im utilitaristischen Modell bleibt jedoch auch in der Theorie Parsons' das Zweck-Mittel-Schema bestimmend für jedwede Handlung (ebd.: 54).
4 Max Weber konstruiert seine Handlungstheorie ausgehend von den Gründen, aus denen wir uns absichtlich entscheiden, auf eine bestimmte Art zu handeln. Derart gelangt er zu den Kategorien des zweckrationalen, wertrationalen, affektuellen sowie traditionalen Handelns, die sämtlich auf einer Art »Rationalitätsskala« liegen. Handlungstypen, die vom rationalen Handeln abweichen, werden als defizitäre Modi aufgefasst (vgl. Joas 1996: 63). Jedoch bestimmt das Zweck-Mittel-Schema für Weber nicht jeden Handlungstypus; folglich sind auch Handlungen möglich, die einer zweckrationalen Struktur ermangeln, in dem Ausmaß, wie der/die Handelnde Sinn mit seiner/ihrer Handlung verbindet. Weber definiert: »›Handeln‹ soll […] ein menschliches Verhalten (einerlei ob äußeres oder innerliches Tun, Unterlassen oder Dulden) heißen, wenn und insofern als der oder die Handelnden mit ihm einen subjektiven Sinn verbinden« (Weber 2002: 1).
5 Aus Sicht der Pragmatisten planen wir Handlungsziele und -mittel nicht vor dem Handeln, sondern eher *in dessen Verlauf,* und sie werden stets bestimmt in Verbindung mit einer konkreten Situation.
6 Obwohl Niklas Luhmann, der bedeutendste Vertreter der Systemtheorie, in seinem Handlungskonzept das Zweck-Mittel-Schema nicht bestreitet, argumentiert er, dass Handeln ein Prozess ist, der *nicht* gemäß Zweck-Mittel-Ketten strukturiert ist und innerhalb dessen Zwecke zunehmend Mittel für höhere Zwecke werden können (vgl. Luhmann 1968). Für ihn sind stattdessen Handlungsziele meist relativ unsicher und werden erst durch die Entscheidung der Mittelwahl spezifiziert (vgl. ebd.: 227). Dies ist auch die Annahme von Pragmatisten wie Dewey, die ihr Handlungskonzept nicht von der Praxis entkoppeln (vgl. Joas 1996: 223).

»bleibt unbestritten, dass in jedem Einzelfall der Handelnde selbst die letzte Instanz dafür ist, ob er handelt und – falls er überhaupt handelt – auf welches Ziel hin er handelt (ebd.: 36). Somit sind *Gespräche und Interviews* mit den Handelnden ein unabdingbares Mittel, deren Handeln, Ziele, Motive etc. zu verstehen und zu erklären. Daher wurden offene, intensive Interviews mit den Musikern durchgeführt. Drittens kann unsere eigene Erfahrung, wie oben schon erwähnt, durch *Selbstbeobachtung* Rückschlüsse über Phänomene wie improvisatorisches Handeln ermöglichen. Auf diese drei Möglichkeiten wurde zurückgegriffen, um das Improvisieren zu verstehen; die hier dargestellten Thesen sind innerhalb dieser dreifachen Vorgehensweise entstanden und haben einen explorativen Charakter, insofern das empirische Forschungsprojekt, in dessen Rahmen sie formuliert wurden, noch nicht abgeschlossen ist.

Anders als beim dargestellten theoretischen Handlungsmodell gehe ich davon aus, dass menschliches Handeln nicht ausschließlich als eine zielgerichtete Bewusstseinsleistung konzipiert werden kann. Menschliches Handeln stellt *nicht nur* ein reflexives, rationales – bzw. habituelles, aber ursprünglich rational entworfenes –, mehr oder weniger bewusstes Tun dar, wie auch die Entstehung von Neuem im Handeln nicht nur aus der bewussten Reflexion[7] resultiert. *Am Beispiel des musikalischen Improvisierens kann die phänomenologische Konzeption des Handelns in Bezug auf seine definitorischen Merkmale revidiert und ergänzt werden,*[8] da es zu veranschaulichen vermag, dass diese Konzeption einerseits die spontanen, improvisatorischen Formen und andererseits die kontextuellen Bedingungen des Handelns nicht ausreichend berücksichtigt.

Für die vorliegenden Reflexionen ist ein besonderer Bereich des Handelns, das *musikalische Handeln* und dabei insbesondere das *Improvisieren*, von Interesse. *Musikalisches Improvisieren* definiere ich – vorläufig – als einen Typus des Handelns, der durch einen Doppelcharakter gekennzeichnet ist, d. h., dass in seinem Vollzug Automatismus mit Kreativität kombiniert wird. Das Paradox des musikalischen Improvisierens besteht darin, dass es einerseits als Teilmethode des Komponierens durch Kreativität gekennzeichnet ist, zum anderen scheint es eine reproduzierende Gestaltungsweise zu sein, in dem Sinne, dass automatisierte Vorgänge – verinnerlichte Sequenzen – während des Spielens hervorgebracht werden (vgl. Müller 1994: 84). *Automatismus* ist durch unflexibles, nicht reflektierendes, z. T. auch nicht bewusstes Handeln gekennzeichnet, das gelernte, meistens mechanische Handlungsweisen wiederholt. Im Prinzip ermöglicht Automatismus alleine keine Kreativität, jedoch sind Formen des menschlichen Automatismus beobachtet worden, die einen gewissen Grad an Kreativität ermöglichen (s. u.). *Kreativität,* also das Schaffen von Neuem, ist dagegen durch Flexibilität im Handeln gekennzeichnet und entsteht nicht immer – wie unten argumentiert wird – aus der bewussten Reflexion heraus. *Da das Improvisieren sowohl Kreativität als auch Automatismus in sich enthält, wird die Frage relevant, wie diese widersprüchliche Kombination möglich ist.* Im Folgenden werden automatisches und kreatives Handeln beschrieben, um danach eine Antwort auf diese Frage zu formulieren.

---

7 MacKinnon (1968: 438) betrachtet u. a. die »exzessiv analytische Einstellung« als Hindernis für kreatives Denken und Handeln. Dagegen seien Zustände wie der »Wachtraum« kreativitätsfördernd. Komponisten wie Beethoven, Chopin und Mozart – unter vielen anderen – schufen viele ihrer Werke im Wachtraum, kurz vor dem Einschlafen oder besonders beim Aufwachen (Rauchfleisch 1996: 32ff; für Trancezustand und die Bedeutung des Unterbewusstseins beim Komponieren siehe ebd.: 40ff).

8 Bourdieu geht schon in diese Richtung, wenn er von der *regulierten Improvisation* (*improvisation réglée*) als Produkt des *Habitus* schreibt. Das Problem zwischen Kreativität/Freiheit und Determinismus »löst« er bekanntlich mit seinem Begriff des Habitus, denn er erkennt im Habitus eine endlose Kapazität, Produkte zu erzeugen – Gedanken, Wahrnehmungen, Äußerungen, Handlungen –, deren Grenzen durch die historisch und sozial situierten Produktionsbedingungen abgesteckt sind, so dass die vom Habitus gesicherte konditionierte und konditionelle Freiheit ebenso weit entfernt ist von der Kreation einer nicht vorhersagbaren Neuheit wie von einer simplen »mechanischen« Reproduktion der Anfangsbedingungen. Bourdieus »Lösung« bleibt jedoch handlungstheoretisch betrachtet sehr vage (vgl. Bourdieu 1976: 139ff).

Automatismus könnte im Falle der Musik heißen, dass das gespielte Stück bzw. die gespielte Sequenz vorkomponiert sein muss, so dass sie automatisch wiederholt werden kann, wobei die maschinelle bzw. elektronische Reproduktion das beste Beispiel für die immer gleichbleibende Reproduktion der Musik darstellt (vgl. Müller 1994: 106). Jedoch ist im Falle des Improvisierens eine besondere Art des Automatismus vorhanden, *die sich auf das menschliche Handeln bezieht* und nicht nur die Wiederholung des schon Komponierten, sondern auch die Entstehung von Neuem ermöglicht; diese Ausprägung des Automatismus gilt es noch zu erforschen. »Automatisches« Spielen gehört – wie bereits erläutert wurde – zum grundlegenden Doppelcharakter des musikalischen Improvisierens. Die für die vorliegende Thematik ausgesprochen interessanten Forschungen der kognitiven Psychologie über den kognitiven Prozess, der während des musikalischen Improvisierens stattfindet, kommen zu folgenden Ergebnissen: Der geübte Improvisator erreicht ein Niveau, auf dem »the performer has become highly attuned to subtle perceptual information and has available a vast array of finely timed and tuneable motor programmes. [...] All motor organization functions can be handled automatically (without conscious attention) and the performer attends almost exclusively to a higher level of emergent expressive control parameters« (Pressing 1988: 139 und 161). Das Handeln wird somit nicht bzw. nicht an erster Stelle vom zentralen Nervensystem, sondern durch ein *parallel-processing* (ebd.: 136) gesteuert: »In this perspective, executive control of the system may be transferred between different ›levels‹ depending on the needs of the situation« (ebd.). Dies wird dadurch ermöglicht, dass das zentrale Nervensystem »allgemeine Programme«« steuert, während periphere Systeme die detaillierten Aufgaben steuern: «part of the result of extensive practice of improvisation is an abstraction to greater generality of motor and musical controls to the point where highly variable, often novel, *specific* results can be produced based on the automatic use of *general*, highly flexible and tuneable motor programmes« (ebd.: 140). Der kognitive Wechsel vom *kontrollierten* zum *automatischen* motorischen Verarbeiten (*motor processing*) als Ergebnis des extensiven Übens und Probens ist keine neue Idee in der Improvisationsforschung. Das begleitende Gefühl des Automatismus – über das zahlreiche metaphysische Spekulationen in der Literatur existieren – betrachten die kognitiven Psychologen als ein natürliches Ergebnis konsiderablen Übens, d. h. als Begleiterscheinung auf einer Stufe, auf der es dem Improvisator/der Improvisatorin möglich geworden ist, auf das bewusste Überwachen der motorischen Programme zu verzichten, so dass z. B. die Hände ein unabhängiges Leben zu haben scheinen, getrieben von den musikalischen Bedingungen (*constraints*) der Situation.[9] So berichten Musiker wie Al Jarreau – ein herausragender Gesangsimprovisator –, dass sie während des Improvisierens »von der Musik gespielt werden«. Obwohl Pressing ein Modell entwickelt, das die Kombination von Automatismus und Kreativität und die »getroffenen Entscheidungen« während des Improvisierens erklären will, kommt er am Ende seines Artikels zu folgendem Schluss: *Wie* diese Handlungsentscheidungen, die er als *residual decisions* bezeichnet, getroffen werden, könne anhand seines Modells nicht erklärt werden[10] (vgl. ebd.: 164f), denn Neues ergibt sich nicht (nur), indem gelernte Sequenzen geübt werden.[11] Das Erklärungsmodell von Pressing ist jedoch problematisch, denn die konkret gespielten Töne als Produkt von

---

9 Sudnow (1978: xiii) – der als experimentierter Klavierimprovisator eine phänomenologische Selbstanalyse des Improvisierens durchführte – argumentiert beispielsweise: »one sense I have [...] is that the fingers are making the music all by themselves«. Insgesamt stützt die Selbstanalyse Sudnows die in diesem Aufsatz vertretenen Thesen bezüglich des improvisatorischen Handelns.

10 Pressing formuliert folgendermaßen: »At the same time some fundamental philosophical questions remain about the origin of certain kinds of decision making in any such model, and four types of answers to these have been outlined: intuition, free will, physical causation, and randomness« (1988: 168).

11 Miles Davis kommentierte die Improvisationen seiner Musiker in eben diesem Sinne und stellte fest, dass »his sidemen only really got loose in the last set of the night, after they had used up all their well-learned tricks« (ebd.: 140).

residual decisions zu betrachten, ist unzureichend. In der Musikpsychologie existiert kein Übereinkommen bezüglich der Formulierung improvisatorischer Handlungsmodelle. Stoffer und Oerter beispielsweise stellen drei verschiedene Modelle dar, die unterschiedliche Aspekte des Improvisierens berücksichtigen (vgl. Stoffer & Oerter 2005: 932ff).

Die Analyse der Daten im Rahmen des oben genannten Projektes über das Improvisieren im free-jazz – eine der radikalsten Formen des musikalischen Improvisierens – weist darauf hin, dass beim Improvisieren meistens *keine Entscheidungen* getroffen werden, sondern dass das Gespielte öfter aufgrund von »impulshaften« Handlungen zustande kommt. In der Psychologie wird *Impuls* meistens als »aus dem Zentralnervensystem kommender Anreiz, Anstoß oder Antrieb zu einer (meist plötzlichen) Handlung verstanden. Bei *impulsivem Handeln* werden Einfälle und Ideen ohne weitere Bewusstseinskontrolle sofort in die Tat umgesetzt« (Eberle 1986: 162). Die »impulsive Handlung« ist für Fröhlich (1987: 186) eine »unüberlegt, unkontrollierte, ggf. unangemessene Verhaltensweise, die rasch und heftig auftritt und (nachträglich) als Folge eines ›unwiderstehlichen Dranges‹ oder ähnlichem interpretiert wird«. Eine Erforschung der Prozesse, die beim »impulsiven Handeln« stattfinden, kann sicherlich zur handlungstheoretischen Erklärung des Improvisierens beitragen und wird im Rahmen des aktuellen Projektes angestrebt (vgl. Figueroa-Dreher 2007).

Dass ein hoher Grad an Kreativität beim Improvisieren vorhanden ist bzw. sein kann (vgl. Bailey 1992: ix), wird durch die Tatsache bewiesen, dass »ein werkbestimmender und ein stimulierender Einfluss der Improvisation auf die kompositorische Tätigkeit einzelner Komponisten« (Müller 1994: 80) besteht. Das Improvisieren diente historisch der Auffindung und Generierung von musikalisch Neuem, auch als das kompositorische Prinzip bereits lange dominierte (vgl. Müller 1994: 81, Duchesneau 1986: 121).

Kreativität wird normalerweise definiert als die Fähigkeit, Neues, Originelles zu gestalten bzw. in Existenz zu bringen, oder als der psychologische Prozess bzw. die Prozesse, durch die neue und wertvolle Produkte kreiert werden (vgl. MacKinnon 1968: 435). Jedoch gilt nicht allein die »Neuheit, die möglicherweise vom Unsinnigen nicht zu unterscheiden wäre, als Kriterium, sondern auch irgendein Nutzen oder die zu irgendeinem Zeitpunkt erfolgende Anerkennung des Produkts durch eine Gruppe« (de la Motte-Haber 1985: 332). In der Kreativitätsforschung werden vier Untersuchungsbereiche unterschieden: kreative Produkte, kreative Prozesse, kreative Personen und kreative Situationen (vgl. MacKinnon 1968: 435). Für die vorliegenden Reflexionen – und für die von mir durchgeführte empirische Untersuchung – sind die Bereiche der kreativen Prozesse und Situationen von Interesse.

In der psychologischen Forschung wurde Kreativität öfter als Problemlösungsprozess gefasst (vgl. Asanger & Wenninger 1999: 367ff, MacKinnon 1968: 437), wobei vier Phasen des kreativen, »problemlösenden« Prozesses identifiziert wurden: Vorbereitungsphase, Inkubation, Auftauchen der Idee und Verifikation (vgl. de la Motte-Haber 1985: 333).

Auch für Thomas Luckmann entsteht Kreativität im Zuge problemlösenden Handelns. Luckmanns Theorie beschreibt das *kreative Handeln* als einen Typus des nicht routinisierten Handelns, der die Schöpfung von Neuem ermöglicht. Luckmann geht somit davon aus, dass das kreative Handeln aufgrund von *zwingenden* Situationen zustande kommt[12]: Wenn sich das routinisierte Handeln als nicht fähig erweist, ein »Problem« zu lösen – d. h. bei »Misserfolgsmeldungen«, wenn ein »Element« des Entwurfes nicht durchgeführt oder erreicht werden kann –, muss das Subjekt Alternativen reflektieren und dadurch neue Handlungsweisen schöpfen (vgl. Luckmann 1992: 51ff).

Der Prozess des Improvisierens unterscheidet sich jedoch, obwohl er kreativ ist, grundlegend von dem im herkömmlichen Sinne definierten ›kreativen Prozess‹: Es ist umstritten, ob es sich beim Improvisieren um eine Form des Problemlösens handelt. Der/die Improvisierende verfügt

---

12 Diese Annahme wird in meinem Forschungsvorhaben in Frage gestellt.

im Vergleich zum im herkömmlichen Sinne kreativen Prozess über sehr wenig Zeit, um »Handlungsentscheidungen« zu treffen. Darüber hinaus ist nicht sicher, ob alle Phasen des typischen kreativen Prozesses beim Improvisieren vorhanden sind und in welcher Reihenfolge. Improvisieren wäre in diesem Sinne eher mit kreativen Prozessen wie dem *Brainstorming* vergleichbar (vgl. de la Motte-Haber 1985: 337). Probleme zu lösen ist jedoch nur ein Teilaspekt der Kreativität (vgl. ebd.: 328); wie am Beispiel der Kunst deutlich wird, kann Kreativität oft als spontane Form der Selbstexpression dienen, ohne eine »Problemlösung« zur Absicht zu haben.

Wie oben ausgeführt, zeichnet eine nicht-reflektierende und nicht problemlösende Einstellung das automatische Handeln aus; im kreativen Handeln ist ebenfalls eine solche Einstellung durchaus möglich, obwohl es sich in beiden Fällen nicht um Reflexverhalten handelt, sondern um *Handeln*, d. h. um ein Tun oder Unterlassen, das vom Handelnden mit einem Sinn verknüpft wird. Nicht nur in improvisatorischen Prozessen wird dies festgestellt, sondern auch bei Phänomenen wie Musikspielen, Malen oder Tanzen unter dem Einfluss bewusstseinsverändernder Mittel, die spontanes im Gegensatz zu reflektierendem Handeln ermöglichen. Diese Phänomene, die in allen Kulturen reichlich präsent sind, sind von einer soziologischen handlungstheoretischen Perspektive aus kaum erforscht worden.

Das musikalische Improvisieren ist strukturell dadurch charakterisiert, dass es *undeterminiert* ist, dass also keine Handlungsziele und -schritte vor dem Handeln entworfen werden. »Undeterminiert« heißt nicht nur, dass die kontextuellen Bedingungen des Handelns unvorhersehbar sind, sondern zudem dass das Handeln – bzw. *die Handlung* als Ergebnis des Handelns – vor dem Handeln selbst *für den/die Handelnde/n unvorhersehbar ist.* Um eine musikalische Metapher zu benutzen: Die Handlung wird vor ihrer Durchführung nicht ›komponiert‹. Auf der theoretischen Ebene kann in diesem Sinne die phänomenologische Theorie des Handelns überprüft bzw. erweitert werden, da das Improvisieren *einen Typus des Handelns* darstellt, in dem *die Handlung nicht entworfen wird*[3] *und der nicht reflexiv, nicht zielorientiert und intern undeterminiert ist.* Zahlreiche Literatur über Improvisation – oder genauer ausgedrückt: das Improvisieren – existiert, die diese These unterstützt, wie anhand der folgenden Beispiele dargestellt wird.

Müller (1994: 82) definiert das Improvisieren als »das gleichzeitige Erfinden und Ausführen von Musik«, das eine selbständige Kunstform darstelle. Kennzeichnend für sämtliche Improvisationsarten ist das Moment des Unvorbereiteten und Spontanen gegenüber dem Determinierten und Durchdachten der Komposition. Im Unterschied zum Prinzip der Konstruktion und rationalen Planung der Komposition dominiert beim Improvisieren das Prinzip des *organischen Wachstums*: Während bei großen musikalischen Formen deren »Architektonik« der rationalen Vorausplanung bedarf, entwickelt sich improvisierte Musik prozesshaft, allmählich in kleinen Schritten. Jedoch stellen Komposition und Improvisation keine Gegensätze dar, sondern zwei Kategorien, die Mischformen nicht ausschließen (vgl. ebd.: 88). Kaden (1993: 57) vergleicht die musikalische Improvisation mit fraktalen Bildern und behauptet, Improvisation könne als fraktale[14] Struktur verstanden werden. Er definiert die musikalische Improvisation als »So-und-auch-anders«: Der Improvisator trifft seine Wahl, welchen Ton er spielt, aber er führt sich vor Augen (und Ohren), dass es eine Wahl ist und er beim nächsten Mal andere Möglichkeiten ergreifen kann. Improvisation bleibt somit im Unbeendeten, Unvollendeten; sie lebt, sich selbst stets relati-

---

13 Gustav Mahler gab an, dass er nicht auswählte, was er komponierte, sondern dass das Komponierte ihn auswählte (vgl. Amis & Rose 1989: 74). Joseph Haydn behauptete Folgendes in Bezug auf das Komponieren: »Musical ideas pursue me to the point of torture. I cannot get rid of them, they stand before me like a wall. If it is an *allegro* that pursues me, my pulse beats faster, I cannot sleep; if an *adagio*, I find my pulse beating slowly. My imagination plays upon me as if I were a keyboard. […] I really am a living keyboard« (ebd.: 78).

14 Was Fraktale besonders auszeichnet, ist laut Kaden (1993: 57) »eine gewisse Regulation des Chaotischen und eine Chaotisierung des Regelhaften. Anders gesagt: Strukturen dieser Art setzen sich nicht *gegen* das Chaos durch, sondern *zusammen* mit ihm, sie schließen das Chaos ein«.

vierend, in und mit Variabilität als ihrem Ideal (vgl. ebd.: 51). Schließlich spricht Ferand (1961) in Bezug auf musikalisches Improvisieren von musikalischer Reflexbewegung.

3. Ergänzungen der phänomenologischen Handlungstheorie Schütz' und Luckmanns

Die oben aufgeführten Beschreibungen und Reflexionen machen deutlich, dass das phänomenologische Modell des Handelns, das Schütz und Luckmann vorschlagen, das Improvisieren nicht berücksichtigt bzw. nicht erklären kann, obwohl ihr Modell einen Meilenstein in der sozialwissenschaftlichen Handlungstheorie darstellt. Auf ihm muss aufgebaut werden: Die zwei Typen des Handelns, die Luckmann formuliert – das Routinehandeln und das problemlösende, kreative Handeln – reichen nicht aus, um die Komplexität des improvisierenden Handelns zu erfassen. Außerdem unterschlägt sein Modell, dass improvisatorische Züge *in allem Handeln in unterschiedlicher Gradierung präsent sind.*

Die Beobachtung und Analyse von Improvisationsaufnahmen und Interviews mit free-jazz-Musikern, die im Rahmen des Forschungsprojektes durchgeführt wurden, führen zu folgenden Thesen[15]: Problematisch an Schütz' und Luckmanns Modell ist, dass die Existenz eines Handlungsziels beim Handeln (in diesem Fall beim Musikspielen) das Improvisieren blockieren würde. Letzteres kann erst verstanden werden, wenn man begreift, wie sich das Improvisieren als Prozess gestaltet: Geschaffen wird musikalisches Material von der/dem jeweiligen Musikerin/Musiker beispielsweise aufgrund von Impulsen – d. h. unreflektierten Handlungsanstößen –; derart erzeugte Klänge werden wiederum in Bezug auf die gegenwärtige Situation, also in Echtzeit, so *abgewandelt,* dass sie mit dem, was die anderen Musiker spielen, gut zusammenpassen. Diese Dynamik ist zirkulär zu denken. Die Möglichkeit des ständigen Umgestaltens und Anpassens des eigenen musikalischen Materials an die aktuelle musikalische Situation gilt als Prinzip. Ein Handeln, das vorentworfene Handlungen samt Ziele und Mittel im Sinne von Luckmann hervorbringt, würde das Improvisieren unmöglich machen. Improvisatorisches Handeln kann nicht als ein »Vorgang in der Zeit, der sich einem bestimmten, vorweggenommenen Ende nähert« (Luckmann 1992: 48) definiert werden: Das Ziel des Handelns ist dem Musiker/der Musikerin ungewiss, ergibt sich – wenn überhaupt – im Handeln selbst und nicht als Teil des Entwurfs vor dem Handeln. Handeln ist beim Improvisieren ein Vorgang in der Zeit, aber kein schrittweiser Vollzug einer davor entworfenen Handlung, sondern ein spontanes Tun. Im Falle des free-jazz[16] – der radikalsten Form des improvisatorischen Musizierens – weiß der/die Improvisator/in nur, dass er/sie in den nächsten Minuten Musik spielen wird – welche Noten, Schläge, mit welchem Tempo etc. er/sie spielen wird, ist ihm/ihr ungewiss, auch in welcher Richtung sich das Musikstück entwickeln und wann es zu Ende sein wird. Ein im Zuge der Datenauswertung aufgetretener Hinweis darauf, dass die Musiker nicht wissen, ob das aktuell gespielte Musikstück zu Ende ist, ist die Tatsache, dass sie in einer körperlichen Position verbleiben, die es ihnen ermöglichen würde, weiterzuspielen, falls dies erforderlich wäre, entweder weil sie selbst aus dem Impuls heraus weiterspielen oder weil die anderen Mitmusiker weiterspielen (diese Situation ergibt sich oft, z. B. nach einer kleinen Pause während eines Musikstückes). Dass die improvisierenden Musiker nicht wissen, welche Töne bzw. Schläge etc. sie wie – in welchem Takt etc. – spielen werden[17], wirkt sich nicht in einer Blockade ihres Handelns aus, im Gegenteil: Wenn die Musiker ein konkretes

---

15 Die Thesen beziehen sich zunächst auf den Bereich des free-jazz, um von dort aus in handlungstheoretischer Absicht explorativ zum »Kern« des Improvisierens vorzustoßen.
16 Der Name *Free Jazz* taucht erstmals auf einer Schallplatte von Ornette Coleman auf (*Free Jazz* 1960), in deren Gefolge sich dieser Jazzstil entwickelte.
17 Obwohl jede/r Musikerin/Musiker über ein begrenztes Repertoire verfügt, weiß sie/er vor dem Spielen nicht, welches konkrete Material sie/er spielen und wie sie/er dieses umgestalten wird, so dass es zum von den anderen Musikern aktuell Gespielten passen kann.

Ziel (z. B. eine bestimmte musikalische Sequenz mit einem bestimmten Takt etc.) vor Augen hätten, das ihr Spielen unflexibel machen würde, wären sie für das Improvisieren blockiert – so äußern sich die free-jazz-Musiker, die im Rahmen des Forschungsprojektes interviewt wurden. In diesem Sinne besteht beim Improvisieren keine Handlung als Phantasie vor dem Handeln, weder die Handlung noch das Ziel noch die Schritte dazu werden vor dem Handeln entworfen. Das Modell des Handelns, das sich beim Improvisieren abzeichnet, kann nicht vollends mit der Theorie von Schütz und Luckmann begriffen werden. Dass jedoch dabei von Handeln gesprochen werden muss, ist nicht zu bezweifeln, denn die Musiker verbinden mit ihrem Tun einen Sinn – beim Improvisieren handelt es sich nicht um Reflexverhalten. Die Idee eines Handlungsziels beim Improvisieren ist also hochproblematisch. Das Definitorische beim improvisatorischen Handeln ist, dass das Handeln »in der Schwebe« bleibt und die unterschiedlichen Möglichkeiten, so oder so zu spielen, nicht vor dem Spielen entworfen, sondern erst beim Spielen selbst ergriffen werden.

Wodurch ist ein rein improvisatorisches Modell des Handelns charakterisiert? Erste Ansätze eines solchen Modells, das von mir im Rahmen des laufenden Forschungsprojektes entwickelt wird, können hier diskutiert werden. Erstens gehört in diesem Modell *die aktuelle Situation* des Handelns dazu, die beim Luckmann'schen Modell nicht genügend berücksichtigt wird. Da der Kontext einen direkten Einfluss auf die *Struktur* des Handelns und der Handlung als vergangenes Handeln ausübt, kann, wie wir sehen werden, diese Struktur analytisch nicht von ihm getrennt werden, d. h. Handeln kann aufgrund eines Entwurfs stattfinden *oder auch nicht*. Die aktuelle Situation, in der ich mich beim Improvisieren befinde, beeinflusst mein Handeln, indem sie mir »Elemente« anbietet, auf die ich mein Handeln beziehen kann. Indem ich vor dem Handeln nicht weiß, welche diese Elemente sein werden, kann ich auch keine Handlung entwerfen bzw. auf habituelle, vorentworfene Handlungen zurückgreifen. Ich lasse beim Improvisieren »die Sachen passieren«, ich lasse die Situation auf mich zukommen und jede Sekunde bietet mir Möglichkeiten an, auf die ich zugreifen und somit mein Handeln spontan durchführen kann. Aber durchführen heißt nicht, »eine entworfene Handlung durchzuführen«, sondern spontan tun und unterlassen, z. B. je nach »Impuls«. Der/die Handelnde ist sozusagen passiver als im Luckmann'schen Modell, daher der oft berichtete Eindruck der improvisierenden Musiker, dass sie »durch die Musik gespielt werden«. Handlung ist im Falle des Improvisierens – in diesem Sinne stimme ich mit dem Luckmann'schen Modell überein – das Ergebnis vergangenen Handelns, das »die Geschichte der vorangegangenen Schritte, die zu ihm führten, in sich enthält« (Luckmann 1992: 48), ohne jedoch, dass sie vor dem Handeln entworfen worden wäre. Handlung ist somit nur Vergangenes und nicht, wie im Luckmann'schen Modell, eine vorentworfene »Phantasie«, die sich auf die Zukunft richtet. Sie bleibt somit »eine Sinnkonstellation, die sich auf etwas in der Zeit vorangegangenes bezieht« (ebd.). Anders als in Luckmanns Handlungsmodell ist beim Improvisieren der Bezug auf die Gegenwart entscheidend: Die/der Handelnde richtet sich nicht auf die Zukunft aufgrund einer entworfenen Handlung, die er/sie verwirklichen will, sondern er/sie konzentriert sich auf die aktuelle, gegenwärtige Situation und handelt, indem sie/er ihr/sein musikalisches Material ständig umgestaltet, um es der musikalischen gegenwärtigen Situation anzupassen. Improvisieren ist aber weder Reflexverhalten, das ohne eine Sinnverknüpfung zustande kommt, noch routinemäßiges Handeln im Sinne Luckmanns, das mehr oder weniger bewusst durchgeführt wird, weil es schon mal entworfen und öfter durchgeführt wurde.

Dass die handelnde Person unbedingt eine Handlung vorentworfen haben muss, um überhaupt handeln zu können, so dass sich das Handeln an der entworfenen Handlung als seinem Ziel ausrichten kann, kann am Beispiel des Improvisierens in Frage gestellt werden: Improvisation verlangt, sich *nicht* festzulegen. Da das Handeln immer innerhalb eines Rahmens (wie z. B. einer free-jazz-Session) stattfindet, der gewisse Entscheidungen vorwegnimmt, kann die Person den konkreten Verlauf ihres Handelns spontan durchführen und muss nicht alle Elemente des Handelns neu erfinden. Free-jazz-Musiker erfinden nicht jedesmal alles neu, was sie spielen, sondern setzen musikalische Materialien aus dem eigenen Repertoire ein und gestalten sie in der aktuellen Spielsituation um, so dass es musikalisch »funktioniert«. Durch impulsives Spielen (vgl. Figueroa 2007) und Umgestaltung der Klänge sind sie in der Lage, kreativ zu spielen und Neues zu entdecken.

Auf Alltagshandeln bezogen berücksichtigt das Luckmann'sche Modell zwar die Verzahnung von unterschiedlichen Handlungen und die Möglichkeit der Unterbrechung eines Handlungsvollzugs bzw. seine Dehnung in der Zeit, jedoch müsste ein erweitertes Modell des Handelns, wie es hier vorgeschlagen wird, *das improvisatorische Element in jedem Handeln integrieren*. Speziell soziale Interaktion nur im Sinne des Luckmann'schen Handlungsmodells wäre erschwert, insofern Ziele und Mittel des Handelns oft entweder erst in der konkreten Situation *beim* Handeln entstehen oder umgestaltet werden müssen, so dass eine Koordination mit der Umwelt und mit anderen Menschen stattfinden kann. Während Luckmann sein Handlungsmodell mit Bezugnahme auf die Typisierungen aufbaut, die im Wissensvorrat des Handelnden aufgrund seiner Erfahrungen vorhanden sind und beim Handeln abgerufen werden, geht das hier vorgeschlagene Modell darüber hinaus davon aus, dass Kontingenzen im Handeln nie auf null reduziert werden können, wobei der Akteur niemals ausschließlich auf der Basis von Typisierungen agieren kann: Immer – wenn auch in unterschiedlicher Gradierung – sind sowohl die vom Handelnden nicht entworfenen Elemente als auch in der aktuellen Interaktionssituation nicht vorhersehbare Kontingenzen[18] im Handeln präsent. Da die Kontingenzen beim Handeln einen gewichtigeren Einfluss auf die Struktur des Handelns üben, als Alfred Schütz und Thomas Luckmann annehmen, wird vorgeschlagen, die phänomenologische Handlungstheorie durch das hier entwickelte Modell zu ergänzen.

Ein erweitertes Modell des Handelns muss improvisatorische Handlungsweisen integrieren und erklären können, da jedes Handeln durch improvisatorische Züge gekennzeichnet ist. Handeln ist somit – mit Max Weber – zu definieren als ein menschliches Tun oder Unterlassen, das mit einem Sinn behaftet ist und sich zwischen zwei (idealtypischen) Polen befindet: dem Pol des gänzlich zielgerichteten, entworfenen Handelns und dem Pol des gänzlich improvisatorischen, spontanen, nicht entworfenen Handelns.

Literatur

Amis, John & Michael Rose (1989), *Words about Music*, London, Boston: Faber and Faber
Asanger, Roland & Gerd Wenninger (Hg. 1999), *Handwörterbuch Psychologie*, Weinheim: Beltz
Bailey, Derek (1992), *Improvisation: its Nature and Practice in Music*, London: British Library National Sound Archive
Blaukopf, Kurt (1996), *Musik im Wandel der Gesellschaft. Grundzüge der Musiksoziologie*, Darmstadt: Wissenschaftliche Buchgesellschaft
Bourdieu, Pierre (1977), *Outline of a Theory of Practice*, Cambridge: Cambridge University Press
de la Motte-Haber, Helga (1985), *Handbuch der Musikpsychologie. Mit 85 Abbildungen, 19 Notenbeispielen und 39 Tabellen*, Laaber: Laaber
Duchesneau, Louise (1996), *The Voice of the Muse: A Study of the Role of Inspiration in Musical Composition*, Frankfurt a. M., Bern, New York: Peter Lang
Eberle, Gerhard (1986), *Meyers kleines Lexikon Psychologie*, Mannheim: Bibliographisches Institut
Ferand, Ernest T. (1961), *Improvisation in Nine Centuries of Western Music. An Anthology with a Historical Introduction*, Köln: Arno Volk

---

18 Neues im Handeln entsteht beispielsweise laut George H. Mead aus dem Handeln selbst: Indem man handelt, entsteht Ambiguität, und in der Lösung der Ambiguität entstehen neue Definitionen der Welt: »The very nature of the act makes life partially unpredictable and indeterminate«, so Strauss im Anschluss an Mead (Strauss 1956: xi).

Figueroa-Dreher, Silvana (2007), Vom »Impuls« zur Sozialität: Reflexionen über die »Natur« des musikalischen Improvisierens, in: K.-S. Rehberg (Hg. 2007), *Die Natur der Gesellschaft«. Verhandlungen des 33. Kongresses der Deutschen Gesellschaft für Soziologie in Kassel 2006*, Frankfurt a. M., New York: Campus, CD-Rom

Fröhlich, Werner D. (1987), *dtv-Wörterbuch zur Psychologie*, München: Deutscher Taschenbuch Verlag

Fuchs-Heinritz, Werner (Hg. 1995), *Lexikon zur Soziologie*, Opladen: Westdeutscher Verlag

Joas, Hans (1996), *Die Kreativität des Handelns*, Frankfurt a. M.: Suhrkamp

Kaden, Christian (1993), *Des Lebens Wilder Kreis. Musik im Zivilisationsprozess*, Basel, London, New York: Bärenreiter

Luckmann, Thomas (1992), *Theorie des sozialen Handelns*, Berlin, New York: Walter der Gruyter

Luhmann, Niklas (1968), *Zweckbegriff und Systemrationalität*, Tübingen: Mohr

MacKinnon, Donald (1968), Creativity. I: Psychological Aspects, *International Encyclopedia of Social Sciences*, Vol. 3, New York: Macmillan & the Free Press, S. 434–442

Müller, Hermann-Christoph (1994), *Zur Theorie und Praxis indeterminierter Musik. Aufführungspraxis zwischen Experiment und Improvisation*, Kassel: Gustav Bosse

Pressing, Jeff (1988), Improvisation: Methods and Models, in: J. A. Sloboda, (Hg.), *Generative Processes in Music. The Psychology of Performance, Improvisation, and Composition*, Oxford: Clarendon Press, S. 129–178

Rauchfleisch, Udo (1996), *Musik schöpfen, Musik hören: ein psychologischer Zugang*, Göttingen, Zürich: Vandenhoeck und Ruprecht

Schütz, Alfred (1971), *Gesammelte Aufsätze. Bd. 1: Das Problem der sozialen Wirklichkeit*, Den Haag: Nijhoff

Schütz, Alfred (2003), *Theorie der Lebenswelt 1. Die pragmatische Schichtung der Lebenswelt*, Konstanz: UVK

Stoffer, Thomas H. & Rolf Oerter (Hg. 2005), *Allgemeine Musikpsychologie*, Göttingen, Bern: Hogrefe

Strauss, Anselm (1956), Introduction, in ders.: (Hg.), *The Social Psychology of George Herbert Mead*, Chicago: Phoenix, S. iv–xvi

Sudnow, David (1978), *Ways of the Hand. The Organisation of Improvised Conduct*, Cambridge, Massachusetts: Harvard University Press

Thiel, Eberhard (1973), *Sachwörterbuch der Musik*, Stuttgart: Kröner

Wahl, Klaus (2000), *Kritik der soziologischen Vernunft*, Weilerswist: Velbrück

Weber, Max (2002), *Wirtschaft und Gesellschaft. Grundriss der Verstehenden Soziologie*, Tübingen: Mohr

Siegfried Saerberg

Das Sirren in der Dschungelnacht –
Zeigen durch Sich-wechselseitig-aufeinander-Einstimmen

Geräusche sind ein Sinnzusammenhang, der nicht an ein Begriffsschema gebunden ist.[1] Er spielt sich zunächst im subjektiven Erleben eines Zuhörers ab. Und dennoch kann dieser Sinnzusammenhang ein Gegenstand der Kommunikation sein. Ja, er muss es sogar, soll das Geräusch Eingang in eine als verbindlich gesetzte Realität finden. Zwischen zwei oder auch mehreren Zuhörern, Teilnehmer am Prozess der Geräuschwahrnehmung und Geräuschinterpretation, herrschen soziale Beziehungen von einer höchst komplizierten Struktur. Der Kommunikationsprozess zwischen diesen Personen verlangt normalerweise eine Bezugnahme auf die geräuschhaft sich in Raum und Zeit erstreckende Umwelt.

In diesem Aufsatz soll anhand eines neu auftauchenden Geräusches beschrieben werden, wie jemand dieses Geräusches ›ursprünglich‹ gewahr wird. Dann soll rekonstruiert werden, wie dieser in einer sozialen Wir-Beziehung die Geräusch-Musik zusammen mit einem Gesprächs-, Zuhör- und Musikpartner gewissermaßen aufführt, um sie zum Gegenstand gemeinsamen Sprechens, Hörens, Interpretierens und Handelns zu machen. Schließlich hoffe ich, dass eine Studie der Wahrnehmungsprozesse und sozialen Beziehungen, die an der Geräuschdeutung haften, zu Einsichten führen wird, welche auch für andere Formen des sozialen Verkehrs gelten, ja ein Beispiel dafür sein kann, wie das Verhältnis einer formalen Matrix subjektiver Weltorientierung und deren inhaltlicher Konstruktion und Ausgestaltung in soziohistorischen und kulturellen Kontexten verstanden werden kann.

1. Die Entdeckung

Wie konstituiert sich ein noch nie da gewesenes Geräusch im subjektiven Erleben eines zunächst singulären Zuhörers? Diese Frage ist zu allgemein gestellt, um zu sinnvollen Antworten führen zu können. Zumindest ist sie zu allgemein, um damit anfangen zu können. Ich beginne deshalb mit einem konkreten Vorfall:

Es ist Sommer, das Fenster meines Arbeitszimmers in meinem kleinen Holzhaus ist geöffnet, und von draußen kann ich ein munteres Gemisch von Vogelstimmen, Insektengesumm und gelegentlichem Klappern, Sägen und Rumpeln menschlicher Aktivität vernehmen. Ich sitze am Computer und schreibe einen langwierigen Aufsatz über phänomenologische Extravaganzen.

Plötzlich ist etwas da, das vorher nicht da war. Nebelhaft, ungreifbar sirrt es da. »Oh Gott, was ist das?«, denke ich. Das einzige, was sich in diesem ersten Augenblick des Schreckens, außer eben dieser emotiven Befindlichkeit, genannt Schrecken, sagen lässt, ist, dass es sich um ein Geräusch handelt. Ein unangenehm hohes Geräusch, als spiele sich im Ohr eine propriozeptive Reizung ab. Ein Moskito kann es nicht sein, deren Sirren hat sofort Räumlichkeit, es bewegt sich, nimmt an Lautstärke ab und wieder zu. Der Beginn eines Tinnitus? Oder denkt nur jemand gerade an mich? Aber wer denkt in so hohen Frequenzen? Ich verharre sofort ganz ruhig, stoppe alles Phänomenologisieren. Ja, ich bin sogar hypochondrisch genug, um die

---

1 Die enge Anlehnung an die Einleitung des Aufsatzes »Gemeinsam musizieren« von Alfred Schütz (1972) in diesem ersten Abschnitt ist gewollt und soll sowohl die Anerkennung für die Exzellenz dieses Referenzpunktes anzeigen, als auch die Motivstruktur meines Textes zum Ausdruck bringen.

Augen zu schließen, da ich mir einbilde, dass vor nahenden Tinnitusanfällen nur absolute Stille, Abschottung von der Außenwelt und Bewegungslosigkeit rettet.

Nun habe ich zwar keine unmittelbare Erfahrung eines Tinnitus, aber ich weiß von Freunden und aus populärwissenschaftlichen Berichten, dass ein solches Ereignis oft unvermittelt mit hohen Tönen beginnt. Was ich allerdings aus eigener Geräusch-Erfahrung weiß, ist, dass es hochfrequente akustische Phänomene gibt, die lediglich auf Eigenreizung beruhen – das so genannte »Klingeln der Ohren«. Ebenso aus eigener Geräusch-Erfahrung ist mir bekannt, dass es ein irgendwie aus dem Takt geratenes Technikvehikel wie ein PC, ein Radio- oder Fernsehgerät sein könnte. Die grundlegende und erste Frage ist also diese: Handelt es sich um eine Täuschung, eine nervöse psycho-akustische Eigenwahrnehmung, oder findet dieses Geräusch in der äußeren Realität statt? Vereinfacht gesprochen: Ist es drinnen oder draußen?

Nun gibt es natürlich bestimmte alltägliche Strategien der Wirklichkeitsauslegung und des Wissenserwerbs, um auf diese Frage eine realitätsgesättigte Antwort geben zu können. Verschwindet das Geräusch wieder oder bleibt es? Im ersten Fall verliert es sofort an Dringlichkeit, was in einer körperlichen Entspannung unmittelbaren Ausdruck findet. Im zweiten Fall aber nimmt die Dringlichkeit der Beantwortung jener Schicksalsfrage weiter zu.

Eine weitere Alltagsstrategie, sich über den Realitätsgehalt jenes Sirrens Klarheit zu verschaffen, ist das Orten. Lässt sich dem Sirren ein räumlicher Ort zusprechen, von dem ausgehend es ertönt, so ist die Realitätsfrage entschieden: Was einen festen Platz im Kontinuum des Raumes hat, das ist draußen und kann somit nicht drinnen sein, denn ein Ding – aber der Ausdruck Ding ist eigentlich noch verfrüht, denn die dinghafte Grundlage des verorteten Geräusches ist noch unidentifiziert – kann nicht an zwei Orten gleichzeitig sein. Nun sind Sirr-Geräusche, das weiß ich aus Erfahrungen mit den oben erwähnten Technikvehikeln, insofern tückisch, als sie gelegentlich eine Ortung unmittelbar verhindern können. Es ist hier ein ähnlicher Effekt am Werke, den man auch vom Anschlagen hochtöner Klangschalen zu rituellen Verrichtungen kennt: Irgendwann tönen die eigenen Ohren so mit, dass das zunächst draußen klingende Klangschalen-Ding im Ohr und somit im Leibe des Hörenden selber zu sein scheint.

Die entscheidende Praktik perzeptiven Alltagswissens, die nun zum Einsatz kommt, ist, den Kopf zu drehen: Wandert dann das Geräusch vom einen Ohr ins andere, so handelt es sich um ein Geräusch der Außenwelt. Verharrt es dagegen, so muss man sich der unangenehmen Erkenntnis stellen, dass Drinnen etwas in Unordnung geraten ist.

Im Fall des Sirrens ist die Lage nun noch erheblich verworrener: nach einigen Minuten an buddhistische Leidenshingebung und Peinbeobachtung erinnerndes Innehalten hat sich herausgestellt, dass jenes Geräusch nicht permanent, sondern unregelmäßig erklingt. Dazu ist es noch so leise und kurz in seiner Dauer, dass eine Ortung extrem schwer fällt. Und dies bleibt auch so, nachdem eine weitere perzeptive Praktik zum Einsatz gekommen ist, die darin besteht, dass alle möglichen Störgeräusche so weit möglich eliminiert sind. Diese Regel bezieht sich hier zunächst auf den Computer, der sowieso einer der Hauptverdächtigen ist, und danach auf das Fenster, dessen Schließen die Geräusche aus der Siedlung abdämpft. Und nachdem diese Schallschluck-Maßnahme durchgeführt ist, verebbt das Geräusch. Es muss also außerhalb des Hauses anzusiedeln sein, wenn es eben nicht, was immer noch nicht ausgeschlossen ist, nur ein vorübergehender innerer Zustand gewesen ist. Dies aber interessiert das Alltagshandeln zunächst nicht. Der bisherige Wissenserwerb, die bis jetzt durchgeführte Auslegung des Sirrens, bleibt stehen, bis zu dem Zeitpunkt, an dem das Geräusch wieder auftauchen sollte.

Und dieser Fall tritt ein, als ich ein oder zwei Stunden später für eine kurze Pause auf meine kleine Veranda hinaustrete und mich dort zu einer Tasse Tee niedersetze. Nun allerdings trifft dieses Geräusch auf einen besser vorbereiteten Rezipienten. Der Schrecken ist weit weniger groß, und die weitere Auslegung des Geräusches kann dort ansetzen, wo sie vor zwei Stunden stehen geblieben ist. Nun kommt allerdings noch eine weitere perzeptive Strategie hinzu, die auf einer Veranda mit zwei mal acht Metern Fläche sinnvoll ist: Die Ortsveränderung des eigenen Körper-Leibes. Nachdem ich mich vom einen Ende der Veranda, an der ich meine Teepause habe verbringen wollen, zur entgegengesetzten, etwa acht Meter entfernten Seite geschlichen habe – um wenige Eigengeräusche wie Schritte oder Kleidungsgeräusche hervorzubringen –, lässt sich eine Erhöhung der Geräusch-Lautstärke konstatieren. Um der Sache nun auf den Grund zu gehen, steige ich sogar noch die kleine Holztreppe der Veranda hinunter, um in der angezeigten Richtung weiter zu forschen. Nach einigen Patrouillengängen entlang der von hohem Gebüsch bewachsenen Grenze zum Nachbargrundstück, kann folgendes zu Protokoll gegeben werden: Es spricht sehr viel dafür, dass das Geräusch im Nachbargrundstück seinen Ursprung hat. Der dinghafte Urheber desselben kann jedoch nicht ermittelt werden, da kein bisher bekanntes Geräusch gefunden werden kann, das dem hier zu beobachtenden in Tonhöhe, Lautstärke, Rhythmus und Dauer entspricht. Da ein Betreten des Nachbargrundstückes ohne weiteres nicht möglich ist, entfällt eine weitere Klärung des Geräusches nach Art und Urheber. Diese muss auf später verschoben werden.

Zusammenfassend können folgende Strategien der Geräuschortung und Geräuschidentifikation festgestellt werden: Konstanzbestimmung des Geräusches, Innehalten und Stillsein, Störgeräusche minimieren, schallschluckende Maßnahmen und Veränderungen in der Umwelt durchführen, Kopfdrehen und Kopfheben, Ortsveränderungen des eigenen Körper-Leibes.

Diese Praktiken bauen auf dem von Alfred Schütz herausgestellten allgemeinen Muster räumlicher Orientierung auf: Gemäß der von Schütz (Schütz & Luckmann 1975: 54) kurz umrissenen allgemeinen Struktur der räumlichen Aufschichtung des Alltages wird die Raumerfahrung als sowohl das unmittelbare Aktualitätsfeld als auch Zonen möglicher Erlang- und Wiedererlangbarkeit umfassende Reichweite begriffen. Sie strukturiert vom Zentrum des Leibsubjektes ausgehend das Erlebnisfeld zunächst in ein »hier« und »dort«. Sie differenziert einem grundlegenden Orientierungsschema folgend die Umwelt relativ zum Fixpunkt des eigenen Körperleibes richtungsmäßig nach links/rechts, oben/unten und vorne/hinten weiter aus und sie ist auf ein jeweiliges Bezugssystem Welt nach Zonen von Nähe und Ferne – darauf, wo der Weg ›hier‹ zuerst entlangführt, um danach ›dorthin‹ zu gelangen – hin mit wirkendem pragmatischem Interesse ausgerichtet.

2. Zeigen und Musizieren

Es hat sich also herausgestellt, dass ein Subjekt durch bestimmte Operationen in seiner alltäglichen Wahrnehmungswelt Klarheit darüber gewinnen kann, welchen Realitätsstatus, und damit eng verbunden, welchen Ort es einem Geräusch zusprechen kann. Die Identifizierung dieses Geräusches stößt in unserem Beispiel aber auf soziale Grenzen, nämlich der Tabuisierung des Nachbargrundstückes. Kann man also bei einem unbekannten Geräusch des dinghaft in der Außenwelt existierenden Urhebers des Geräusches nicht habhaft werden, ihn also weder visuell als Täter orten, noch ihn als solchen handfest ergreifen, so bleibt als letztendliche Möglichkeit, um sich über die Identität eines solchen Geräusches Klarheit zu verschaffen, die Frage an einen Mitmenschen, mit dem man sich innerhalb einer lebendigen Wir-Beziehung befindet:

»Hast DU das auch gehört? Weißt Du, was das ist?«

Oder noch konkreter, weil direkt an das Erleben zweier Bewusstseinsströme gebunden:

»Hörst Du das da jetzt auch? Kennst Du das?«

Und so verhält es sich auch in unserem Fall. Ich fiebere der Heimkehr meiner Frau so sehnsüchtig entgegen wie lange nicht mehr. Natürlich hat meine Frau noch keine Notiz vom neu aufgetauchten Geräusch genommen; sie ist ja fort gewesen. Somit muss ich ihr also in irgendeiner Weise dieses Geräusch zeigen. Dieses erweist sich nun aber als eine äußerst komplexe soziale Handlung. Hierbei ist natürlich das Hauptproblem, dass man während des eigenen Sprechens ständig in die Geräuschquelle hineinplappert. Paradox und heideggerianisch: Um auf das Geräusch zu zeigen, verdeckt man es gerade. Hier die Gesprächsfolge aus dem Gedächtnisprotokoll:

»Hörst DU das?«
»Was?«
»Na, dieses hohe Sirren!«
»Nein, keine Ahnung. Was meinst Du denn eigentlich?«
»Da war's grad wieder, Pass auf, jetzt.«
»Nein, da ist doch nix, ich weiß nich.«
»Psst, warte, gleich, da!«
»Nein!«
»Stimmt, ich hab da reingequatscht, es ist immer nur ganz kurz da, warte, (—) gleich.«

Der Zeigende, der Zuhörer, das Geräusch und die Geräuschumwelt werden zu Musikern, die zusammen ein modernes Stück aufführen. Klangumwelt und sirrendes Geräusch sind die kompositorischen Vorgaben der Partitur. Die Klangumwelt intoniert sich innerhalb eines festgelegten Variationsspektrums einem aleatorischen Prinzip folgend. Sie bildet einen Grundklang, der nicht ein einzelnes Geräusch ist, sondern eher als Summe allen geräuschhaften Vorkommens zu begreifen ist und der sich als ein Gesamtklang in einem Raum erst entwickeln kann. Dieser Grundklang bedarf also wesentlich der Ausbreitung im Raum, den er erfüllt und den er zum hörbaren Klingen bringt. Sie stört oder begünstigt durch Stille oder Krach die Aufführung des gemeinsamen Stückes und webt sich als Tutti in dieses ein.

Das Sirr-Geräusch ist extrem minimalistisch und iterativ durch Programmierung in Rhythmus und Tonqualität streng definiert. Es erklingt für etwa eine Sekunde in einem rhythmischen Abstand von etwa einer Minute.

Zuhörer und Zeigender spielen mit ihren Stimmen innerhalb eines relativ großen improvisatorischen Rahmens. Sie sind die Vokalsolisten, wobei der Zeigende die Hauptstimme innehat. Die Aufgabe des Zeigenden ist es, sich geschickt und virtuos in den Rhythmus von Erklingen und Verhallen des Sirr-Geräusches einzufädeln. Seine Bezugnahme auf das Sirr-Geräusch findet einmal in der Form einer ikonischen Nachahmung (Goodwin 2003: 229) statt, in der der Zeigende das gemeinte Geräusch stimmlich nachzubilden versucht, um es dem Zuhörer durch Anschauung kenntlich zu machen. Das Geräuschmusikstück, das er aufführt, ist für ihn ein Verlauf in der inneren Zeit, der durée. Es verbinden sich mit ihm Erinnerungen, Retentionen, Protentionen und Antizipationen. Das Warten auf das Sirren, das langsame Abschatten der Retentionen, die Erinnerung an das Sirren, seine Tonhöhe, seine Dauer, die Protentionen auf sein iteratives Wiedererscheinen und schließlich die Antizipation und spannungsgeladene Erwartung seines Wiedererschallens. All dies verbindet die Sukzession der Elemente dieses Musikstückes im Fluss der inneren Zeit. Dieses Sirren ist für den Zeigenden wie ein Mitspieler in einem – sagen wir – modernen Streichquartett, dessen Wendungen und Spielzüge er also antizipieren muss. Verpasst der zeigende Solist seinen Einsatz, so ist der kompositorisch intendierte Effekt zerstört. Verweist er zu früh auf das Sirren, so ist die gesteigerte Aufmerksamkeit des Zuhörers bereits vergangen, bevor das Geräusch ertönt. Wartet er zu lange, so spricht er wieder ins Geräusch hinein, wodurch es übertönt und also unhörbar wird. Hinzu kommt, dass er nur einen begrenzten Glaubwürdigkeitsvorschuss hat, der im Falle, dass der Zuhörer das Geräusch nach ein paar vergeblichen Versuchen nicht bemerkt haben sollte, dazu führt, dass er als Hypochonder etikettiert wird.

Was seine Antizipationen des auf sein eigenes Spiel bezogenen Antizipierens der anderen Mitspieler betrifft, so ist hier nur der Zuhörer relevant. Denn nur diese Beziehung ist wechselseitig.

Für den Zuhörer nun besteht die Aufgabe darin, sich irgendwie, er hat es hier ungleich schwerer als der Zeigende, in die Sukzession der ihm noch unhörbaren Sirr-Musik einzufinden.

Er muss versuchen, seine eigene innere Dauer auf die innere Dauer des Zeigenden einzustellen, sich mit dieser zu synchronisieren, wie Schütz sagt. Er muss an den richtigen Stellen schweigen und an den richtigen Stellen sprechen. Würde er nämlich an den falschen Stellen sprechen und zu den ungeeigneten Momenten schweigen, so misslänge die Vorführung, das Sirr-Geräusch würde verdeckt. Er muss unabdingbar seinen eigenen inneren Zeit-Fluss von Warten, Schweigen und Lauschen auf den des Zeigenden einstellen. In diesem Moment quasi gehörlosen gemeinsamen Musizierens wird Schütz' Satz bedeutsam: »Beide teilen nicht nur die innere Dauer, durch die sich der Inhalt der gespielten Musik selbst aktualisiert; jeder teilt unmittelbar in lebendiger Gegenwart den Bewusstseinsstrom des anderen« (Schütz 1972: 148).

»Nein.«
»Pass auf, es kommt von da drüben« (ich zeige dorthin).
»Hast Du es jetzt gehört?«
»Nein.«
»Es klingt so« (ich ahme ein hohes Piepen nach).
»Nein.«
»Komm, wir gehen da hin, da ist es besser zu hören.«

Nach dem Ortswechsel an die Grundstücksgrenze, wo das Geräusch nunmehr lauter zu vernehmen ist, da hier ein transparenteres Verhältnis und ein ausgewogenerer Zusammenklang von Klangumwelt bzw. des sich in ihr verwirklichenden Grundklangs und dem Einzelgeräusch des Sirrens intoniert wird, gelingt endlich die perfekte Aufführung:

»So, jetzt ganz still, da, warte ne Minute (—) gleich, da war's.«
»Hm, weiß nich.«
»Gleich noch mal, warte (——) da war's« (ich ahme piepen nach).
»Ja, ich weiß, was Du meinst.«
»Super, und, was ist das?«
»Tja.«

Wie wir gehört haben, verschränken Zeit- und Raum-Dimension sich hier auf höchst komplexe Weise. Hieran zeigt sich jenes allgemeine Prinzip, jene Grundlage aller Kommunikation: Jene »Beziehung des Wechselseitig-sich-aufeinander-Einstimmens, die Erfahrung des »Wir«, die Teilhabe am Erlebnis des anderen in der inneren Zeit, im Durchleben einer gemeinsamen lebendigen Gegenwart« (Schütz 1972: 145). Auch kommt die räumliche Dimension der Umwelt ins Spiel. Das Lauschen und Musizieren ist auf einen Raumausschnitt gerichtet, der aber nicht gesehen, sondern gehört wird. In unserem Beispiel ist er als ein Dort gekennzeichnet, er wird auch mit einer typischen Zeigegeste angezeigt und durch Leibbewegungen erreicht.

Schütz sieht die Möglichkeit dieser Abstimmung allerdings an das räumliche Teilen einer gemeinsamen Gesichtsfeldbeziehung gebunden. Diese leistet die Synchronisierung (durch Überschneidung) der inneren Dauer mit der kosmischen Zeit, der äußeren Zeit, die Schütz auch als die verräumlichte Zeit bezeichnet. In dieser äußeren Zeit findet sozusagen die hörbare Aufführung des Musik-Geräusch-Stückes statt. In ihr wird gemessen: Das Sirren ist eine Sekunde lang und ertönt in einer Rhythmik von einer Minute. In ihr aber ergießt sich gewissermaßen auch der subjektive Bewusstseinsstrom innerer Zeit und inneren Erlebens in eine räumliche Form, in Gestik, Mimik und Körperbewegung, die von Alter Ego wahrgenommen werden können. Der Raum tritt vermittelt in der verräumlichten Zeit als Anzeichen für den inneren Bewusstseinsstrom des Alter Ego in der inneren Dauer eines Welt-interpretierenden Subjektes auf (vgl. Schütz 1972: 146).

3. Die Erforschung der Dunkelheit

Nun ist wohl sowohl die Zeit als auch der Ort gekommen, eine bisher aus taktischen Erwägungen zurückgehaltene Information preiszugeben: Der eine der beiden Kommunikationspartner muss wohl als das gelten, was man landläufig mit dem Wort »blind« bezeichnet. Nun werden einige Eigenartigkeiten der Situation verständlich: Das Leugnen der Gesichtsbeziehung und die eminente Wichtigkeit der Geräuschhaftigkeit. Laut Schütz aber gibt es nun prinzipiell »keinen Unterschied zwischen einer Musikaufführung« und »den Leuten, die um ein Lagerfeuer sitzen und zu den Klängen einer Gitarre singen« (Schütz 1972: 149). Aber wie nun, wenn die Leute ganz im Dunkeln sitzen und dort entweder Musik zusammen spielen wie in Dunkelkonzerten oder auf ein Geräusch des dunklen und undurchsichtigen Dschungels – er ist dies bei Tag wie bei Nacht – lauschen.

In Dunkelveranstaltungen, die ich zusammen mit dem Verein »Blinde und Kunst« seit 1993 regelmäßig veranstaltet habe (vgl. Saerberg 2007), sind oft Life-Aufführungen von Musik gegeben. Alle Arten von Musik kommen dabei vor: Solche Musik, bei der ein einfaches Akkordschema zu Grunde liegt und ein dominierendes Gefüge aus Schlagzeug und Bass einen Rhythmus vorgibt, der als Orientierungsrahmen der wechselseitigen Einstimmung »angesehen« werden kann, aber auch Musikstücke, die aus einer auskomponierten komplexen Tonfolge und dem Ineinander-Greifen verschiedener Stimmen bestehen und die somit auf dem virtuosen Einstimmen der Musiker beruhen. Ein Beispiel hierfür ist die Komposition »Passacaglia« von Händel-Halvorsen. Zwei Musikerinnen – eine sehende Bratschistin und eine ebenfalls sehende Violinistin – führen dieses Stück auf. Eine Gesichtsfeld-Beziehung, die im hellen Konzertsaal als räumliche Vergegenständlichung innerer Zeitströme gelten kann, fehlt hier. Dennoch ist ein gemeinsames Musizieren hier sehr erfolgreich gelungen. Wie? Zunächst durch intensive Proben als allmähliches Sich-aufeinander-Einstimmen und durch Memorieren des Stückes als der niedergeschriebenen inneren Dauer des Komponisten. Dann ist die Atemtechnik ein wesentliches Mittel: Auf dem Mitschnitt der Aufführung hört man schon zu Beginn, gewissermaßen als ein Taktvorzählen, das gemeinsame tiefe Einatmen der Musikerinnen. Und diese Orientierung am Atem, als Rhythmusgeber und einer sinnlich ergreifbaren Äußerung des inneren Zeitflusses, zusammen mit dem in der Außenwelt hörbaren Fluss der Musik ermöglicht eine gelungene Aufführung.

Ein zweites Beispiel liefern uns die sozialen Begegnungen zwischen einem Blinden und sehenden Passanten im Straßenverkehr, welche den Zweck einer Wegauskunft verfolgen (vgl. Saerberg 2006). Zeigen wird hier zu einem Hauptproblem, da es die teilweise Entsprachlichung räumlicher Orientierung betrifft, die für Sehende eine routinehafte Orientierung im Raum darstellt. Dieser Vorgang ist so eingefleischt, dass er als unnützes optisches Medium auch Blinden gegenüber erscheint und sich nicht in Worte übersetzen lässt. Um einen Ausweg aus der Situation zu finden, ergreift der Sehende gelegentlich die freie Hand oder den Langstock des Blinden und zeigt damit in die gemeinte Richtung. Dieses Handanlegen ist ähnlich unerwünscht wie die folgende Methode. Der Blinde wird so gedreht, dass er frontal, mit Brust und Kopf, in die gemeinte Richtung »schaut«. Eine vom Blinden oft angewandte Methode besteht darin, mit eigener Hand und eigenem Arm in eine Richtung zu zeigen und sie dann langsam um sich zu drehen. Der Sehende kann dann durch verbale Korrektur der Handrichtung seine Botschaft übermitteln.

Als Zeigen unter Blinden ist mir vereinzelt Schnipsen aufgefallen. Als akustisches Zeigen wird das Schnipsen gleichzeitig mit einem Laut oder Wort des schnipsend Zeigenden hörbar. Es wird so eine räumliche Beziehung zwischen zwei Geräuschen hergestellt, indem eine gedankliche Strecke zwischen beiden konstruiert wird, die dann als Pfeil verlängert in den Raum hinaus geht. Eine weitere Form ist ein akustisches ikonisches Zeigen (Goodwin 2003: 229) als Nachahmung eines Geräuschs, das ich in den Dunkelausstellungen beobachten konnte. Um den sehenden Besuchern den Ausgang aus der Bar, der mit einem leise und gleichmäßig tackenden Geräusch gekennzeichnet worden war, anzuzeigen, ahmten die Guides dieses nach: »Hör mal das Tacken, tack tack«. Und schließlich ist eine Methode, den Blinden dorthin zu begleiten, worauf die Zeigegeste nicht mehr verweisen kann. Wir haben einige dieser Strategien in unserem Musikstück gefunden. Und es ist zu sagen, dass die sinnvollen Strategien in einer Kombination aus zeitlichen und räumlichen Elementen bestehen, dem Zeigen durch Einstimmung.

Ein drittes Beispiel für eine Orientierung, die ohne Einsatz visueller Ortungsstrategien auskommt, bietet die Ethnie der in Papua Neuguinea lebenden Kaloli, die u. a. von dem Ehepaar Schieffelin (1976, 1990) und von Steven Feld (1990, 1991, 1996) untersucht wurde. Im tropischen Regenwald sind Geräusche das Hauptmittel der räumlichen Orientierung, denn der Dschungel ist der visuellen Abtastung weitgehend unzugänglich. So identifizieren die Kaluli Vögel an deren Stimmen, und an deren geräuschhafter Entfernung lokalisieren sie sie beim Jagen. Sie ahmen die Vogelstimmen jagend nach, da die Vögel ihrem Territorialverhalten gemäß auf diese Imitationen antworten. Sie passen sich dabei den tageszeitlichen und saisonalen Änderungen der Vogelrufe an. Vogelstimmen dienen darüber hinaus der Identifizierung von bestimmten Orten: z. B. da, wo der Papageienvogel singt.

Weiterhin hat diese Ethnie am Paradigma von Vogelstimmen eine Taxonomie entwickelt, in der die stimmlichen Äußerungen über die Einteilung von Lebewesen entscheidet. So gibt es solche, die singen, die weinen, die viel Krach machen, die lediglich Geräusche machen, die pfeifen, die ihren Namen sagen und diejenigen, die die Sprache Bosavi sprechen (Feld 1991: 88f).

4. Der Begriff des Wahrnehmungsstils

Die Beispiele des Musikaufführens, der Blindheit und der Kaluli sind soziokulturelle Variationen dessen, was ich Wahrnehmungsstil nenne (Saerberg 1990 und 2006). Wahrnehmungsstile variieren darin, mit welchen Funktionen, in welcher Kombination und in welchem Umfang sie die verschiedenen Sinnesfelder in das Wahrnehmungs- und Erfahrungsgesamt einarbeiten.

Ich gehe hier auf einen Gedanken Merleau-Pontys zurück. Für diesen hat jeder Sinnesraum eine eigene Weise der Raumkonstitution, die ihn von derjenigen der anderen Sinne unterscheidet und die nicht ohne weiteres und erst allmählich ineinander übersetzbar ist, was sowohl die Schwierigkeiten operierter Blindgeborener (vgl. von Senden 1932, Révész 1938) sich im neu gewonnenen Sehraum zurechtzufinden als auch die hiermit verbundene Sehnsucht nach dem gewohnten Tastraum der Blindheit erklärt (Merleau-Ponty 1964: 262). Eine Einheit der Sinne in ihrer Raumkonstitution aber nur kann gewährleisten, dass das sinnlich Seiende vom leiblich existierenden Subjekt als »wahrhaft seiend zu setzen« ist.

Sinnesfelder formen Welt und sind geformt von Welt innerhalb eines räumlich-zeitlichen Kontextes. Denn der Körper-Leib ist nicht ein Ding in Raum und Zeit, sondern er konstituiert diese allererst und zwar – und dadurch ist auch er seinerseits wiederum von Raum und Zeit konstituiert – auf eine räumliche und zeitliche Weise.

Ich spreche dann von Wahrnehmungsstil, der eben die Prägung alltäglicher Erfahrung durch leiblich-sinnliche Raum-, Zeit- und Weltkonstitution meint. Wahrnehmung soll demnach eine bestimmte Art des Handelns sein, wahrnehmendes Handeln, das wesentlich von der Wahrnehmung geformt ist und in dessen Handlungsentwurf Wahrnehmung auch routinehaft mitberücksichtigt wird. Hierdurch wird der vorprädikative Bereich in den Fokus eines Wissensresp. Wahrnehmungserwerbs gestellt, in dem nicht lediglich die Strukturierung alltäglichen Wissens und Handelns, sondern die handelnde Veralltäglichung von wahrnehmendem Wissen und wissendem Wahrnehmen zu thematisieren ist, ein Prozess, der allererst den materialen Fundus von hörenden-tastenden-riechenden-spürenden-sehenden apperzeptiven Erfahrungs- und Deutungsschemata des Alltags erstellt.

Die Vielschichtigkeit des räumlich-zeitlich sich verästelnden Hörfeldes als eines Orientierungsmittels im Wahrnehmungsstil eines Blinden, in der Dunkelheit, bei der Ethnie der Kaluli und natürlich in einer modernen Musikauffassung, in welcher Hören sowohl eine andere Räumlichkeit als auch eine andere Funktion zukommt als im Wahrnehmungsstil des sehenden Alltags, müsste nach den vorhergehenden Ausführungen deutlich geworden sein. Hier zeigt sich in Raum- und Dingkonstitution ein Bereich akustischer Raumwahrnehmung, der weit über die in der (traditionell okzidentalen) Wahrnehmungspsychologie diskutierte Funktionszuweisung hinausgeht. Hören ist eben nicht nur ein zeitliches Organ, dessen Funktion in der Sprache und der Musik liegt (Keidel 1966: 520), sondern es kann ebenso – entgegen auch der klassischen Phänomenologie Husserls (vgl. Husserl 1973) – ein primär raumkonstituierender Sinn sein.

Die Funktionszuweisung traditioneller Theorien kann also nicht allgemeine Naturhaftigkeit beanspruchen, sie beruht zumindest zu einem großen Teil auf besonderen Faktoren, wie etwa der jeweiligen Ausprägung des Wahrnehmungsstils.

Gedanken der »Anthropology of the senses« (vgl. Howes 1991, Howes & Classen 1991) und der Ethnomusicology (Feld & Basso 1996, Murray-Schafer 1991), nach denen die Zuschreibung von Sinnesmodi und deren Funktionen von soziokulturellen Kontexten abhängig ist, lassen sich ebenso wie die Beschreibung körperlicher Eigenheiten im Begriff des Wahrnehmungsstils fassen. Kulturelle Setzungen und Präferenzen auf der einen und die Struktur einzelner Sinnesfelder auf der anderen Seite sind also Faktoren, die wechselseitig aufeinander wirken. Die Verbindung von Wissen und Sehen in der okzidentalen rationalisierten Zivilisation (vgl. Ong 1991), zwischen Kognition und Visualismus (Länger 2002), erweist sich von hier aus weder als reine Natur- noch als reine Kulturgegebenheit, sondern als eine Verbindung gegenseitiger Bedingtheit. Sinnesfelder sind also zugleich »shapers and bearers of culture« (Classen 1991: 253). Körperliches ist sowohl Produkt als auch Produzent von Sozialem (vgl. Guguzer 2004: 6f).

Die Grundklänge eines Gartens oder eines Dschungels, in die sich noch zusätzlich einzelne, individuelle Geräusche mit einer Richtung und Entfernung gebenden Lokation in Raum und Zeit hineinmischen, stellen eben auch Kognition generierende apperzeptive Schemata dar, durch die Welt und Raum wahrgenommen werden, und sind material natürlich Produkte sozialer Konstruktion oder musikalischer Komposition. Hier liegt keine »Prävalenz des Sehens« (Plessner 1970) vor.

So können also Zuordnungen zwischen einzelnen Sinnen und bestimmten kulturellen Funktionen variieren. Keine Funktion kann nur von einem Sinnesfeld erfüllt werden. Eine allgemeine, kultur- oder kontextunabhängige Sinnesfeldnatur – wie z. B. die eineindeutige Zuordnung von Zeit und Gehör – kann nicht unterstellt werden.

Wahrnehmung wird aber nicht lediglich sozial konstruiert durch einen bestimmten Haushalt an Wissenselementen, sie wird auch durch eine leibliche Faktizität konstituiert, die ihre räumliche Umgebung auf bestimmte Weise formt. Daher bleibt m. E. die Art und Weise der Funktionserfüllung nicht unabhängig vom Sinnesfeld, durch das sie erfüllt wird. Dies darf nicht im Sinne einer besseren oder schlechteren Erfüllung gedacht werden. Ein Sinnesfeld prägt eine Funktion innerhalb einer seiner eigenen Struktur gemäßen Bandbreite und innerhalb des Kontextes der Situation. Ich unterscheide so u. a. den Wahrnehmungsstil Blindheit, den sehenden Wahrnehmungsstil und den Wahrnehmungsstil bestimmter Kulturen wie etwa der Kaluli.

So bestimme ich im ersten Ansatz Wahrnehmungsstil innerhalb einer mundanphänomenologischen Protosoziologie wie folgt: Der Wahrnehmungsstil zählt zu jener formalen und invarianten Matrix, welche die universalen Strukturen subjektiver Orientierung in der Welt angibt (vgl. Luckmann 1979). Diese subjektive Orientierung in der Welt ist von wahrnehmungshaften leiblich-körperlichen Faktoren konstituiert. Der Wahrnehmungsstil leistet die Integration der verschiedensten Sinnesfelder zum intersensorischen Gesamt der Wahrnehmung. Die Art und Weise dieses Gesamt hängt sowohl im Sinne der »anthropology of the senses« von der zu lösenden Funktion als auch (im Sinne Merleau-Pontys) von den zur Verfügung stehenden Einzelsinnen ab. Im Wahrnehmungsstil versammeln sich also sowohl Momente formaler subjektiver Konstitution unmittelbarer Evidenz, die in den Bereich phänomenologischer Konstitutionsanalyse fallen, als auch Elemente materialer Konstruktion sozialer Wirklichkeit, deren Auffindung zur Aufgabe soziokultureller Rekonstruktion werden.

Auf diese Weise eröffnen sich aus der Deskription soziohistorischer und kultureller Variationen subjektiver Welterfahrung bis dato unbedachte Formen der Aufschichtung. Sie wurden nicht reflektiert, da sie auch innerhalb der phänomenologischen Gemeinschaft als selbstverständlich angenommen wurden. Variation kann also auf der einen Seite neue Ebenen deskriptiver Analyse eröffnen, reduziert deren Gehalt aber auf ein sehr formales und allgemeines Niveau, eben ein Grundprinzip subjektiver Welterfahrung. Im Grunde heißt dies, dass immer neue Gesprächspartner mit verschiedenen Sinnkonstruktionen ins Gespräch der Phänomenologen einbezogen werden, was dazu führen kann, dass die Phänomenologie trotz ihrer Suche nach transhistorischen und transkulturellen allgemeinen Sinnstrukturen offen bleibt für Neuerungen.

5. Der Täter ist immer der Gärtner

Nun gebietet wohl die Fairness gegenüber dem geduldigen Leser, dass wie am Ende eines Kriminalromanes, auch hier gewissermaßen der Täter – in diesem Falle also der dinghafte Urheber jenes Sirr-Geräusches – identifiziert wird: In einem Gespräch mit den Nachbarn konnte als Lösung jenes ursprünglich im Arbeitszimmer wahrgenommenen Sirrens endlich eine Anlage identifiziert werden, die am Eingang eines Maulwurfhügels deponiert wird und dort jene hochfrequenten Piepser von sich gibt, die den Zweck haben, die unterirdischen, blinden Bewohner zu terrorisieren und zu vertreiben.

Literatur

Feld, Steven (1990), *Sound and Sentiment: Birds, Weeping, Poetics, and Song in Kaluli Expression*, Philadelphia: University of Pennsylvania Press
Feld, Steven (1991), Sound as a Symbolic System. The kaluli drum, in: D. Howes (Hg.), *Varieties of sensory experience,* Toronto: University of Toronto Press, S. 79–99
Feld, Steven (1996), Waterfalls of Song. An Acoustemology of Place Resounding in Bosavi, Papua New Guinea in: Feld, Steven & Basso, K.H. (Hg), *Senses of Place,* Santa Fe: School of American Research Press, S. 91–131
Feld, Steven & Keith H. Basso (Eds.) (1996), *Senses of Place.* Santa Fe: School of American Research Press
Goodwin, Charles (2003), Pointing as Situated Practice, in: S. Kita (Hg.), *Pointing. Where Language, Culture and Cognition meet,* New Jersey and London: Lawrence Erlbaum Associates, S. 217–242
Gugutzer, Robert (2004), *Soziologie des Körpers.* Bielefeld: Transcript
Howes, David (Hg. 1991), *The varieties of sensory experience. A sourcebook in the anthropology of the senses.* Toronto: University of Toronto Press
Howes, David & Constance Classen (1991), Sounding Sensory Profiles, in: D. Howes (Hg.), *The varieties of sensory experience. A sourcebook in the anthropology of the senses*, Toronto: University of Toronto Press, S. 257–288
Husserl, Edmund (1973), *Ding und Raum. Vorlesungen 1907, in:* Husserliana, Bd. XVI, hg. von U. Claesges. Den Haag: Nijhoff
Keidel, Wolf-Dieter (1966), Das räumliche Hören, in: W. Metzger (Hg), *Handbuch der Psychologie: Allgemeine Psychologie – Der Aufbau des Erkennens. Halbband. 1: Wahrnehmung und Bewusstsein.* Göttingen: Hogrefe, S. 518–555
Länger, Carolin (2002), *Sehen im Spiegel von Blindheit. Eine Kultursoziologie des Sehsinnes*, Stuttgart: Lucius
Luckmann, Thomas (1979), Phänomenologie und Soziologie, in: W. Sprondel & R. Grathoff (Hg.), *Alfred Schütz und die Idee des Alltags in den Sozialwissenschaften.* Stuttgart: Enke, S. 196–206
Merleau-Ponty, Maurice (1964), *Phänomenologie der Wahrnehmung,* Berlin: de Gruyter

Ong, Walter (1991), The Shifting Sensorium, in: D. Howes (Hg.), *The varieties of sensory experience*, Toronto: University of Toronto Press, S. 25–30

Plessner, Helmuth (1970), Anthropologie der Sinne, in ders: *Philosophische Anthropologie*, Frankfurt: Suhrkamp

Révész, Geza (1938), *Die Formenwelt des Tastsinns*, Den Haag: Nijhoff

Schafer, Murray R. (1991), *Klang und Krach. Eine Kulturgeschichte des Hörens*, Bodenheim: Athenaeum Verlag

Saerberg, Siegfried (1990), *Blinde auf Reisen*, Wien, Köln, Weimar: Böhlau

Saerberg, Siegfried (2006), *Geradeaus ist einfach immer geradeaus. Eine lebensweltliche Ethnographie blinder Raumorientierung*, Konstanz: UVK

Saerberg, Siegfried (2007), The Dining in the Dark Phenomenon, *Disability Studies Quarterly* 27/3, http://www.dsq-sds.org/2007_summer_toc.html (vom 12.07.2007)

Schieffelin, Bambi B. (1990), *The Give and Take of Everyday Life: Language Socialization of Kaluli Children*, New York: Cambridge University Press.

Schieffelin, Edward L. (1976), *The Sorrow of the Lonely and the Burning of the Dancers*, New York: St. Martins Press

Schütz, Alfred (1972), Gemeinsam Musizieren in: A. Schütz: *Gesammelte Aufsätze*, Bd. 2, Den Haag: Nijhoff, S. 129–150

Schütz, Alfred & Thomas Luckmann (1975), *Strukturen der Lebenswelt*. Bd. 1. Neuwied/Darmstadt: Luchterhand

Senden, Marius von (1932), *Raum und Gestaltauffassung bei operierten Blindgeborenen vor und nach der Operation*. Leipzig: Barth

Autorenangaben

Thorsten **Berndt**, geb. 1969, M. A., wissenschaftlicher Mitarbeiter am Fachbereich Geschichte und Soziologie der Universität Konstanz. *Arbeitsgebiete und Forschungsschwerpunkte*: Rechtssoziologie, Methodologie und Methoden der Sozialwissenschaften, Soziologie der Gemeinschaft, Wissenssoziologie, soziale Ungleichheit. *Publikationen und weitere Informationen* unter: http://www.uni-konstanz.de/soziologie/georg/members/berndt/

Gregor **Bongaerts**, geb. 1972, Dr. phil., wissenschaftlicher Angestellter an der Fakultät für Soziologie der Universität Bielefeld, Wissenschaftliche Einheit 1: Theorie und Geschichte der Soziologie. *Arbeitsgebiete und Forschungsschwerpunkte*: Phänomenologie, soziologische Theorie, Gesellschaftstheorie, Wissenssoziologie. *Aktuelle Publikation*: »Soziale Praxis und Verhalten – Überlegungen zum Practice Turn in Social Theory«, in: Zeitschrift für Soziologie 2007, 36: 246–260

Jens **Bonnemann**, geb. 1970, Dr. phil., Lehrbeauftragter im Fachbereich Philosophie an der Ruhr-Universität Bochum. *Arbeitsgebiete und Forschungsschwerpunkte*: Sozialphilosophie, Politische Philosophie, Ethik, Phänomenologie, Kritische Theorie. *Aktuelle Publikationen*: »Anerkennende Erkenntnis. Erkenntnistheoretische und ethische Überlegungen zur Fremderfahrung im Ausgang von Lévinas, Adorno und Sartre«, in: Phänomenologische Forschungen 2006: 189–221; Der Spielraum des Imaginären. Sartres Theorie der Imagination und ihre Bedeutung für seine phänomenologische Ontologie, Ästhetik und Intersubjektivitätskonzeption, Hamburg: Felix Meiner 2007.

Sebastian **Deterding**, geb. 1978, M. A., Ph D Researcher im GATE Games für Training and Education Project am Institut für Medien und Re/Präsentation, Universität Utrecht (www.game-research.nl). *Arbeitsgebiete und Forschungsschwerpunkte*: Game Studies (Serious Games, Rollenspiel), digitale Medien-Szenen, Fiktion, kognitive und praxeologische Ansätze in den Humanwissenschaften. *Aktuelle Publikationen*: Herausgeber der Online-Dossiers »Computerspiele« www. bpb.de/computerspiele, Bonn 2006; »Open Source« http://www.bpb.de/opensource, Bonn 2007

Jochen **Dreher**, geb. 1970, Dr. rer. soc., leitender Geschäftsführer des Sozialwissenschaftlichen Archivs Konstanz, lehrt Soziologie an den Universitäten Konstanz und St. Gallen. *Arbeitsgebiete und Forschungsschwerpunkte*: Wissenssoziologie, Phänomenologie, Organisations- und Kultursoziologie, Gesellschaftstheorie, Qualitative Sozialforschung. *Aktuelle Publikationen*: »The Symbol and the Theory of the Life-World. The Transcendences of the Life-World and their Overcoming by Signs and Symbols«, in: Human Studies 2003, 26, 2: 141–163; Interkulturelle Arbeitswelten. Produktion und Management bei DaimlerChrysler, Frankfurt a. M., New York: Campus 2005; (als Herausgeber mit Peter Stegmaier) Zur Unüberwindbarkeit kultureller Differenz. Grundlagentheoretische Reflexionen, Bielefeld: transcript 2007; (als Herausgeber) Thomas Luckmann. Lebenswelt, Identität und Gesellschaft. Schriften zur Wissens- und Protosoziologie, Konstanz: UVK 2007. *Weitere Publikationen und Informationen* unter: http://www.uni-konstanz.de/soziologie/fg-wiss/ phpwebsite/

Thomas S. **Eberle**, geb. 1950, Dr. oec., Professor für Soziologie und Co-Leiter des Soziologischen Seminars an der Universität St. Gallen, ehemaliger Präsident der Schweizerischen Gesellschaft für Soziologie und Mitglied zahlreicher nationaler und internationaler Gremien. *Arbeitsgebiete und Forschungsschwerpunkte*: Phänomenologische Lebensweltanalyse, Kultur- und Wissenssoziologie, Ethnomethodologie und Konversationsanalyse, Kommunikations- und Organisationssoziologie, sozialwissenschaftliche Methodologie. *Aktuelle Publikationen*: (als Herausgeber mit Sabine Hoidn und Katarina Sikavica) Fokus Organisation: Sozialwissenschaftliche Perspektiven und Analysen, Konstanz: UVK 2007; (als Herausgeber mit Kurt Imhof) Sonderfall Schweiz, Zürich: Seismo 2007. *Weitere Publikationen und Informationen*: http://www. sfs.unisg.ch/org/sfs/web.nsf/wwwPubPersonGer

Martin **Endreß**, geb. 1960, Dr. phil., Privatdozent am Institut für Soziologie der Universität Tübingen, seit 2005 Lehrstuhlvertretung für Allgemeine Soziologie mit Schwerpunkt Makrostrukturelle Analyse am FB Bildungs- und Sozialwissenschaften der Bergischen Universität Wuppertal. *Ar-

beitsgebiete und Forschungsschwerpunkte: Soziologische Theorie, Allgemeine Soziologie, Politische Soziologie, Wissenssoziologie, Soziologie des Vertrauens. *Aktuelle Publikationen*: Alfred Schütz. Klassiker der Wissenssoziologie, Konstanz: UVK 2006; »Varianten verstehender Soziologie«, in: Klaus Lichtblau (Hg.): Max Webers ›Grundbegriffe‹. Kategorien der kultur- und sozialwissenschaftlichen Forschung, Wiesbaden: VS-Verlag 2006; »Zwischen den Stühlen – Zu Hartmut Essers Versuch einer Rekonzeptualisierung von ›Sinn‹ und ›Kultur‹ im Gespräch mit ›Rational Choice‹ und Max Weber«, in: Rainer Greshoff & Uwe Schimank (Hg.), Integrative Sozialtheorie? Esser – Luhmann – Weber, Wiesbaden: VS-Verlag 2006. *Weitere Publikationen und Informationen* unter http://www.soziologie.uni-wuppertal.de

Silvana K. **Figueroa-Dreher**, geb. 1966, Dr. rer. soc., Leitung des Forschungsprojektes »Improvisation als ›neuer‹ Handlungstypus: Eine handlungstheoretische Exploration der musikalischen Improvisation« im Fachbereich Geschichte und Soziologie an der Universität Konstanz. *Arbeitsgebiete und Forschungsschwerpunkte*: Handlungstheorie, Musiksoziologie, Kultur- und Wissenssoziologie, Argentinien. *Publikationen und weitere Informationen* unter: http://www.uni-konstanz.de/soziologie/improvisation/

Joachim **Fischer**, geb. 1951, Dr. rer. soc., seit 1999 wissenschaftlicher Mitarbeiter am Institut für Soziologie der TU Dresden, 1999 Mitbegründer der Helmuth-Plessner-Gesellschaft. *Arbeitsgebiete und Forschungsschwerpunkte*: Soziologische Theorie, Allgemeine Soziologie, Philosophische Anthropologie, Kultursoziologie, Architektur- und Stadtsoziologie. *Aktuelle Publikationen*: (als Herausgeber mit Wolfgang Eßbach & Helmut Lethen) Plessners ›Grenzen der Gemeinschaft‹. Eine Debatte, Frankfurt a. M. 2002; (als Herausgeber mit Hans Joas) Kunst, Macht und Institution. Studien zur Philosophischen Anthropologie, soziologischen Theorie und Kultursoziologie der Moderne. Festschrift für Karl-Siegbert Rehberg, Frankfurt a. M. 2003; (als Herausgeber mit Michael Makropoulos) Potsdamer Platz. Soziologische Theorien zu einem Ort der Moderne, München 2004; Philosophische Anthropologie – eine Denkrichtung des 20. Jahrhunderts, Freiburg, München 2008. *Weitere Publikationen und Informationen* unter: www.fischer-joachim.org

Andreas **Göttlich**, geb. 1970, M. A., wissenschaftlicher Mitarbeiter am Fachbereich Geschichte und Soziologie der Universität Konstanz, Forschungsgruppe Wissenssoziologie. *Arbeitsgebiete und Forschungsschwerpunkte*: Wissenssoziologie, Moralsoziologie, Gesellschaftstheorie, Methodologie. *Aktuelle Publikationen*: »König Fußballs neue Kleider. Die Integrationsvorstellungen deutscher Sportverbände«, in: Sighard Neckel & Hans-Georg Soeffner (Hg.), Mittendrin im Abseits. Ethnische Gruppenbeziehungen im lokalen Kontext, Wiesbaden: VS-Verlag 2008; »Hegemoniale Moral. Die Einebnung kultureller Differenz in der Debatte um den 3. Golfkrieg«, in: Jochen Dreher & Peter Stegmaier (Hg.), Zur Unüberwindbarkeit kultureller Differenz. Grundlagentheoretische Reflexionen, Bielefeld: transcript 2007

Ronald **Hitzler**, geb. 1950, Dr. rer. pol., Professor für Allgemeine Soziologie an der Technischen Universität Dortmund sowie Vorsitzender der Sektion Wissenssoziologie der Deutschen Gesellschaft für Soziologie. *Arbeitsgebiete und Forschungsschwerpunkte*: Soziologische Theorie, Kultursoziologie, Modernisierungsphänomene. *Publikationen und weitere Informationen* unter: http://www.hitzler-soziologie.de

Anne **Honer**, geb. 1951, Dr. rer. pol., Professorin für Empirische Sozialforschung mit Schwerpunkt qualitative Methoden am Fachbereich Sozial- und Kulturwissenschaften der Hochschule Fulda. *Arbeitsgebiete und Forschungsschwerpunkte*: Ethnografie, Methoden interpretativer Sozialforschung, Wissenssoziologie, Soziologie der Pflege, Soziologie professionellen Handelns. *Publikationen und weitere Informationen* unter: http://www.hs-fulda.de/index.php?id=2235

Michael **Kauppert**, geb. 1971, Dr. phil., wissenschaftlicher Mitarbeiter am Lehrstuhl für allgemeine und theoretische Soziologie, Institut für Soziologie an der Friedrich-Schiller-Universität Jena. *Arbeitsgebiete und Forschungsschwerpunkte*: Strukturale Anthropologie, Sozialtheorie, Kultursoziologie. *Aktuelle Publikationen*: (als Co-Author mit Michael Corsten & Hartmut Rosa) Quellen bürgerschaftlichen Engagements. Die biographische Entwicklung von Wir-Sinn und fokussierten Motiven, Wiesbaden: VS-Verlag 2007; »Der Rechtsfall als Fall des Rechts. Die verkehrte Welt der Gerechtigkeit in Kleists Michael Kohlhaas«, in: Sozialer Sinn, Zeitschrift für hermeneutische Sozialforschung 2005, 6, 1: 45–70

Hubert **Knoblauch**, geb. 1959, Dr. rer. soc., Professor für Allgemeine Soziologie und Theorie moderner Gesellschaften an der TU Berlin. *Arbeitsgebiete und Forschungsschwerpunkte*: Allgemeine Soziologie, Wissens- und Kultursoziologie, Sprache, Interaktion und Kommunikation, Religion in der Gegenwartsgesellschaft, Qualitative Methoden der empirischen Sozialforschung, Visuelle Soziologie. *Publikationen und weitere Informationen* unter: http://www2.tu-berlin.de/fb7/ifs/soziologie/Crew/knoblauch/

Ronald **Kurt**, geb. 1964, Dr. phil., apl. Professor am Kulturwissenschaftlichen Institut Essen (KWI)/Universität Konstanz. *Arbeitsgebiete und Forschungsschwerpunkte*: Kultursoziologie, Sozialphänomenologie, Hermeneutik, Musiksoziologie. *Aktuelle Publikationen*: Menschenbild und Methode der Sozialphänomenologie, Konstanz: UVK 2002; Hermeneutik. Eine sozialwissenschaftliche Einführung, Konstanz: UTB/UVK 2004

Margarethe **Kusenbach**, geb. 1967, Ph. D., Assistant Professor für Soziologie an der University of South Florida in Tampa, USA. *Arbeitsgebiete und Forschungsschwerpunkte*: Stadtsoziologie, Katastrophen und Krisen, Soziologie der Emotionen, Qualitative Forschungsmethoden. *Aktuelle Publikationen*: »A Hierarchy of Urban Communities: Observations on the Nested Character of Place«, in: City & Community (im Erscheinen); »Patterns of Neighboring: Practicing Community in the Parochial Realm«, in: Symbolic Interaction 2006, 29, 3: 270–306; »Across the Atlantic: Current Issues and Debates in US Ethnography«, in: *Forum: Qualitative Social Research* (FQS) 2005, 6, 3: Art. 47 (http://www.qualitative-research.net/fqs-texte/3-05/05-3-47-e.htm.)

Nico **Lüdtke**, geb. 1978, M. A., Wissenschaftlicher Mitarbeiter bei der Arbeitsgruppe Soziologische Theorie am Institut für Sozialwissenschaften, Fk. I, an der Carl von Ossietzky Universität Oldenburg. *Arbeitsgebiete und Forschungsschwerpunkte*: Soziologische Theorie, Philosophische Anthropologie. *Publikationen und weitere Informationen* unter: http://www.uni-oldenburg.de/ast/

Thomas **Luckmann**, geb. 1927, Ph D., Professor emeritus an der Universität Konstanz. *Arbeitsgebiete und Forschungsschwerpunkte*: Phänomenologie, Anthropologie, Wissenssoziologie, Religionssoziologie, Moralsoziologie, Soziologie der Kommunikation. *Publikationen* (Auswahl): (mit Peter L. Berger) Die gesellschaftliche Konstruktion der Wirklichkeit, Frankfurt a. M.: Fischer 1969; Die unsichtbare Religion, Frankfurt a. M.: Suhrkamp 1991; Wissen und Gesellschaft. Ausgewählte Aufsätze 1981–2002, Konstanz: UVK 2002; (basierend auf Notizbüchern von Alfred Schütz) Strukturen der Lebenswelt, Konstanz: UTB/UVK 2003; Lebenswelt, Identität und Gesellschaft. Schriften zur Wissens- und Protosoziologie, Konstanz: UVK 2007

Armin **Nassehi**, geb. 1960, Dr. phil., Professor für Soziologie an der Ludwig-Maximilians-Universität München. *Arbeitsgebiete und Forschungsschwerpunkte*: Kultur- und Wissenssoziologie, Politische Soziologie, Religionssoziologie. *Aktuelle Publikationen*: Soziologie. Zehn einführende Vorlesungen, Wiesbaden: VS-Verlag 2008; Der soziologische Diskurs der Moderne, Frankfurt a. M.: Suhrkamp 2006; (als Herausgeber mit Gerd Nollmann) Bourdieu und Luhmann. Ein Theorienvergleich, Frankfurt a. M.: Suhrkamp 2004. *Weitere Publikationen und Informationen* unter: http://www.nassehi.de

Michaela **Pfadenhauer**, geb. 1968, Dr. phil., Professorin für Soziologie – unter besonderer Berücksichtigung des Kompetenzerwerbs am Institut für Soziologie der Geistes- und Sozialwissenschaftlichen Fakultät an der Universität Karlsruhe (TH). *Arbeitsgebiete und Forschungsschwerpunkte*: Wissenssoziologische Kompetenzforschung, Eventorganisationsforschung, Soziologie professionellen Handelns, Methoden nichtstandardisierter Sozialforschung. *Aktuelle Publikationen*: Organisieren. Aspekte der Event-Organisation am Beispiel des XX. Weltjugendtags 2005 in Köln. Wiesbaden: VS 2008. *Weitere Publikationen und Informationen* unter: http://www.soziologie.uni-karlsruhe.de

Jürgen **Raab**, geb. 1964, Dr. rer. soc, Privatdozent am Fachbereich Geschichte und Soziologie der Universität Konstanz sowie Oberassistent am soziologischen Seminar der kultur- und sozialwissenschaftlichen Fakultät der Universität Luzern. *Arbeitsgebiete und Forschungsschwerpunkte*: Wissenssoziologie, Kultursoziologie, Visuelle Soziologie, Körpersoziologie, Qualitative Sozialforschung, Bildhermeneutik. *Aktuelle Publikation*: Sehgemeinschaften. Theoretische Konzeption und materiale Analysen einer visuellen Wissenssoziologie, Konstanz: UVK, im Erscheinen. *Weitere Publikationen und Informationen* unter: http://www.uni-konstanz.de/soziologie/fg-wiss/phpwebsite/

Thilo **Raufer**, geb. 1969, Dr. rer. soc., Fachbereichsreferent des Fachbereichs Geschichte und Soziologie an der Universität Konstanz sowie Mitglied der Forschungsgruppe Wissenssoziologie an der Universität Konstanz. *Arbeitsgebiete und Forschungsschwerpunkte*: Politische Soziologie, Wissenssoziologie, Politische Theorie. *Aktuelle Publikationen*: Die legitime Demokratie, Zur Begründung politischer Ordnung in der Bundesrepublik, Frankfurt a. M., New York: Campus 2005; »Handlungsträgerschaft und Identität in der postsozialen Gesellschaft«, in: Karl-Siegbert Rehberg (Hg.): Die Natur der Gesellschaft, Frankfurt a. M., New York: Campus, im Erscheinen. *Weitere Publikationen und Informationen* unter: http://www.uni-konstanz.de/soziologie/fg-wiss/phpwebsite/

Jo **Reichertz**, geb. 1949, Dr. phil., Professor für Kommunikationswissenschaft an der Universität Duisburg-Essen. *Arbeitsgebiete und Forschungsschwerpunkte*: Qualitative Text- und Bildhermeneutik, Kultursoziologie, Religionssoziologie, Mediennutzung. *Aktuelle Publikationen*: Die Bedeutung der Abduktion in der Sozialforschung, Wiesbaden: VS-Verlag 2002; (als Herausgeber mit Nadia Zaboura) Akteur Gehirn oder das vermeintliche Ende des handelnden Subjekts, Wiesbaden: VS-Verlag 2006; Die Macht der Worte und der Medien, Wiesbaden: VS-Verlag 2007

Joachim **Renn**, geb. 1963, Dr. phil., Privatdozent am Lehrstuhl für allgemeine und Organisations-Soziologie, Institut für Soziologie Erlangen (Vertretung). *Arbeitsgebiete und Forschungsschwerpunkte*: Gesellschaftstheorie, Pragmatismus, Hermeneutik, Phänomenologie, Systemtheorie, interkulturelle Kommunikation, Wissens- und Kultursoziologie. *Aktuelle Publikationen*: Übersetzungsverhältnisse – Perspektiven einer pragmatistischen Gesellschaftstheorie, Weilerswist: Velbrück 2006; (als Herausgeber mit Ilja Srubar & Ulrich Wenzel) Kulturen vergleichen – Kultur- und sozialwissenschaftliche Grundlagen und Kontroversen, Wiesbaden: VS-Verlag 2005; (als Herausgeber mit Jürgen Straub) Transitorische Identität. Der Prozesscharakter des modernen Selbst, Frankfurt a. M., New York: Campus 2002

Tobias **Röhl**, geb. 1978, M. A., wiss. Mitarbeiter im DFG-Projekt »Kommunikative Vermittlungsstrategien des Imaginären« in der Forschungsgruppe Wissenssoziologie der Universität Konstanz. *Arbeitsgebiete und Forschungsschwerpunkte*: Wissenssoziologie, Visuelle Soziologie, interpretative Methoden, Bildungssoziologie

Siegfried **Saerberg**, geb. 1961, Dr. phil., Dozent für Soziologie an der Universität Dortmund. *Arbeitsgebiete und Forschungsschwerpunkte*: Soziologie des Körpers und der Sinne, Soziologie der Behinderung, Disability Studies. *Aktuelle Publikationen*: »Eine Phänomenologie des Hörens und Riechens von der Natur in der Industrie-Kultur«, in: Senckenbergische Naturforschende Gesellschaft (Hg.), Tauschbörse. Mitteilungen der Fachgruppe naturwissenschaftlicher Museen, Frankfurt a. M. 2004, S. 29–34; Geradeaus ist einfach immer geradeaus. Eine lebensweltliche Ethnographie blinder Raumorientierung, Konstanz: UVK 2007

Bernt **Schnettler**, geb. 1967, Dr. phil., wissenschaftlicher Assistent am Institut für Soziologie der TU Berlin, Fachgebiet Allgemeine Soziologie und Theorie moderner Gesellschaften. *Arbeitsgebiete und Forschungsschwerpunkte*: Wissenssoziologie, Religionssoziologie, Phänomenologie, Interpretative Methoden der empirischen Sozialforschung insbes. Videoanalyse. *Publikationen und weitere Informationen* unter: www.berntschnettler.de

Rainer **Schützeichel**, geb. 1958, Dr. rer. soc., z. Zt. Vertreter der Professur für Sozialtheorie und Sozialpsychologie an der Fakultät für Sozialwissenschaft der Ruhr Universität Bochum. *Arbeitsgebiete und Forschungsschwerpunkte*: Sozialtheorie, Historische Soziologie, Kommunikationssoziologie, Wirtschaftssoziologie. *Aktuelle Publikationen*: (als Herausgeber) Handbuch Wissenssoziologie und Wissensforschung. Konstanz: UVK 2007; »Annäherungen an eine Wissenssoziologie des Exemplarischen«, in: Jens Ruchatz u. a. (Hg.), Das Beispiel. Epistemologie des Exemplarischen, Berlin: Kadmos 2007, S. 357–373

Ingo **Schulz-Schaeffer**, geb. 1963, Dr. rer. soc., Privatdozent für Soziologie an der TU Berlin und wissenschaftlicher Mitarbeiter am Fachgebiet Techniksoziologie der TU Dortmund. *Arbeitsgebiete und Forschungsschwerpunkte:* Handlungstheorie, Theorie der Handlungszuschreibung, Wissenschafts-, Technik- und Innovationsforschung, Rechtssoziologie. *Aktuelle Publikation:* Zugeschriebene Handlungen. Ein Beitrag zur Theorie sozialen Handelns, Weilerswist: Velbrück 2007. *Weitere Publikationen und Informationen* unter: http://www.tu-berlin.de/~soziologie/Crew/schulz-schaeffer/index.htm

Hans-Georg **Soeffner**, geb. 1939, Dr. phil., Professor emeritus an der Universität Konstanz sowie Leiter der Forschungsgruppe Wissenssoziologie und des Sozialwissenschaftlichen Archivs am Fachbereich Geschichte und Soziologie der Universität Konstanz; Vorsitzender der Deutschen Gesellschaft für Soziologie. *Arbeitsgebiete und Forschungsschwerpunkte:* Kultur-, Wissens- und Religionssoziologie. *Aktuelle Publikation:* (als Herausgeber mit Sighard Neckel) Mittendrin im Abseits. Ethnische Gruppenbeziehungen im lokalen Kontext, Wiesbaden: VS-Verlag 2007. *Weitere Publikationen und Informationen* unter: http://www.uni-konstanz.de/soziologie/fg-wiss/phpwebsite/

Ilja **Srubar**, geb. 1946, Dr. phil., Professor für Soziologie an der Universität Erlangen-Nürnberg. *Arbeitsgebiete und Forschungsschwerpunkte:* Soziologische Theorie, Kultur- und Wissenssoziologie, Soziologiegeschichte und Soziologie Osteuropas. *Aktuelle Publikationen:* (als Herausgeber mit Steven Vaitkus) Phänomenologie und soziale Wirklichkeit, Opladen: Leske + Budrich 2002; (als Herausgeber mit Joachim Renn & Ulrich Wenzel) Kulturen Vergleichen – Kultur- und sozialwissenschaftliche Grundlagen und Kontroversen, Wiesbaden: VS-Verlag 2005; Phänomenologie und soziologische Theorie. Aufsätze zur pragmatischen Lebensweltheorie, Wiesbaden: VS-Verlag 2007. *Weitere Publikationen und Informationen* unter: http://www.soziologie.phil.uni-erlangen.de /user.php?uid=22

Daniel **Šuber**, geb. 1973, Dr. rer. soc., wissenschaftlicher Mitarbeiter am Fachbereich Geschichte und Soziologie der Universität Konstanz. Seit 2007 leitet er im Rahmen des Exzellenzclusters 16 »Kulturelle Grundlagen von Integration« ein Projekt zur visuellen Kultur in Serbien. *Arbeitsgebiete und Forschungsschwerpunkte:* Soziologische Theorie, Kulturtheorie, Religionssoziologie und Soziologie Südosteuropas. *Aktuelle Publikation:* Die soziologische Kritik der philosophischen Vernunft. Zum Verhältnis von Soziologie und Philosophie um 1900, Bielefeld: transcript 2007

Peter **Stegmaier**, geb. 1969, Dr., Researcher am Centre for Society and Genomics, Institute for Science, Innovation and Society an der Radboud Universiteit Nijmegen in den Niederlanden und Dozent an der Université du Luxembourg, Faculté des Lettres, des Sciences Humaines, des Arts et des Sciences de l'Education. *Wichtigste Arbeitsgebiete:* Wissenschafts- und Rechtspraxisforschung, Sozial- und Gesellschaftstheorie, Wissen, Handeln und Normativität, Phänomenologie und Neurowissenschaften, ethnografisch-explorative Forschungsmethoden. *Publikationen und weitere Informationen* unter: www.society-genomics.nl/?page=473

Dirk **Tänzler**, geb. 1955, Dr. phil., apl. Professor am Fachbereich Geschichte und Soziologie der Universität Konstanz. *Arbeitsgebiete und Forschungsschwerpunkte:* Kultursoziologie, Wissenssoziologie, Politische Soziologie, Wirtschaftssoziologie, Geschichte der Soziologie, Soziologische Theorie, Hermeneutik von Wort und Bild. *Aktuelle Publikationen:* (als Herausgeber mit Hubert Knoblauch & Hans-Georg Soeffner) Neue Perspektiven der Wissenssoziologie, Konstanz: UVK 2006; »Politisches Charisma in der entzauberten Welt«, in: Peter-Ulrich Merz-Benz & Peter Gostmann (Hg.), Macht und Herrschaft. Zur Revision zweier soziologischer Grundbegriffe, Wiesbaden: VS-Verlag 2007, S. 107–137. *Weitere Publikationen und Informationen* unter: http://www.uni-konstanz.de/soziologie/fg-wiss/phpwebsite/

Dariuš **Zifonun**, geb. 1968, Dr. rer. soc., Wissenschaftlicher Mitarbeiter am Kulturwissenschaftlichen Institut Essen sowie Lehrbeauftragter für Soziologie an der TU Berlin. *Arbeitsgebiete und Forschungsschwerpunkte:* Kultur- und Wissenssoziologie, Migrationssoziologie, Methoden qualitativer Sozialforschung, Erinnerungspolitik, Politische Soziologie, Organisationstheorie. *Aktuelle Publikationen:* Gedenken und Identität. Der deutsche Erinnerungsdiskurs, Frankfurt a. M., New York: Campus 2004; »Zur Kulturbedeutung von Hooligandiskurs und Alltagsrassismus im Fußballsport«, in: Zeitschrift für Qualitative Forschung 2007, 8, 1: 97–117. *Weitere Publikationen und Informationen* unter: http://www.kulturwissenschaften.de/home/profil-dzifonun.html

Theorie

Dirk Baecker (Hrsg.)
**Schlüsselwerke
der Systemtheorie**
2005. 352 S. Geb. EUR 24,90
ISBN 978-3-531-14084-1

Ralf Dahrendorf
Homo Sociologicus
Ein Versuch zur Geschichte,
Bedeutung und Kritik der Kategorie
der sozialen Rolle
16. Aufl. 2006. 126 S. Br. EUR 14,90
ISBN 978-3-531-31122-7

Shmuel N. Eisenstadt
**Die großen Revolutionen und
die Kulturen der Moderne**
2006. 250 S. Br. EUR 34,90
ISBN 978-3-531-14993-6

Shmuel N. Eisenstadt
Theorie und Moderne
Soziologische Essays
2006. 607 S. Geb. EUR 49,90
ISBN 978-3-531-14565-5

Axel Honneth /
Institut für Sozialforschung (Hrsg.)
**Schlüsseltexte der
Kritischen Theorie**
2006. 414 S. Geb. EUR 29,90
ISBN 978-3-531-14108-4

Niklas Luhmann
Beobachtungen der Moderne
2. Aufl. 2006. 220 S. Br. EUR 24,90
ISBN 978-3-531-32263-6

Uwe Schimank
**Differenzierung und Integration
der modernen Gesellschaft**
Beiträge zur akteurzentrierten
Differenzierungstheorie 1
2005. 297 S. Br. EUR 27,90
ISBN 978-3-531-14683-6

Uwe Schimank
**Teilsystemische Autonomie
und politische Gesellschafts-
steuerung**
Beiträge zur akteurzentrierten
Differenzierungstheorie 2
2006. 307 S. Br. EUR 29,90
ISBN 978-3-531-14684-3

Ilja Srubar / Steven Vaitkus (Hrsg.)
**Phänomenologie
und soziale Wirklichkeit**
Entwicklungen und Arbeitsweisen
2003. 240 S. Br. EUR 25,90
ISBN 978-3-8100-3415-1

Erhältlich im Buchhandel oder beim Verlag.
Änderungen vorbehalten. Stand: Januar 2008.

www.vs-verlag.de

VS VERLAG FÜR SOZIALWISSENSCHAFTEN

Abraham-Lincoln-Straße 46
65189 Wiesbaden
Tel. 0611.7878-722
Fax 0611.7878-400